高职高专汽车类专业技能型教育系列教材

汽车电器设备构造与维修
第 2 版

主　编　纪光兰
副主编　戈秀龙
主　审　胡光辉

机械工业出版社

本书按照能力教育体系的要求,以模块式教学方式为主,介绍了现代汽车电器设备的结构、原理、性能、使用、检测和维修技术及有关实践操作技能。全书共分11个章,包括:绪论;蓄电池;交流发电机及电压调节器;起动系统;点火系统;汽车照明、信号装置;汽车仪表、报警装置;汽车辅助电器设备;汽车空调系统;汽车声像、通信及导航系统;汽车电气设备总线路。本书以国内常用汽车电器设备为研究对象,并及时介绍了一些国内外汽车电气新技术。

本书可作为各类职业院校汽车维修及相关专业的教材,并可供汽车运用、汽车修理、汽车营销、汽车管理等技术人员参考,同时也可作为汽车维修电工的培训教材。

图书在版编目(CIP)数据

汽车电器设备构造与维修/纪光兰主编. —2版. —北京:机械工业出版社,2015.1(2025.7重印)
高职高专汽车类专业技能型教育系列教材
ISBN 978-7-111-47802-7

Ⅰ.①汽… Ⅱ.①纪… Ⅲ.①汽车-电气设备-构造-高等职业教育-教材②汽车-电气设备-车辆修理-高等职业教育-教材 Ⅳ.①U472.41

中国版本图书馆CIP数据核字(2014)第199170号

机械工业出版社(北京市百万庄大街22号 邮政编码100037)
策划编辑:徐 巍 责任编辑:徐 巍 版式设计:霍永明
责任校对:张 薇 封面设计:鞠 杨 责任印制:邓 敏
北京华宇信诺印刷有限公司印刷
2025年7月第2版第21次印刷
184mm×260mm・26.5印张・646千字
标准书号:ISBN 978-7-111-47802-7
定价:59.00元

电话服务 网络服务
客服电话:010-88361066 机 工 官 网:www.cmpbook.com
　　　　　010-88379833 机 工 官 博:weibo.com/cmp1952
　　　　　010-68326294 金 书 网:www.golden-book.com
封底无防伪标均为盗版 机工教育服务网:www.cmpedu.com

序　言

　　2003年教育部启动了"国家技能型紧缺人才培养项目"，汽车运用与维修是其中的项目之一。2006年教育部和财政部又启动了国家示范性高等职业院校建设计划，其中的一个重要内涵就是以学生为主体，以就业为导向，建立新的职教课程体系、教育模式与教学内容，而教材建设是最重要的一个环节。

　　为适应目前高等职业技术教育的形势，机械工业出版社汽车分社召集了全国二十多所院校的骨干教师于2007年6月在广东省韶关大学组织召开"汽车类专业技能型教育系列教材"研讨会，确定了本套教材的编写指导思想和编写计划，并于2007年8月在湖南省湘江宾馆召开"汽车类专业技能型教育系列教材"主编会，讨论并通过了本套教材的编写大纲。

　　本套教材紧紧围绕职业工作需求，以就业为导向，以技能训练为中心，以"更加实用、更加科学、更加新颖"为编写原则，旨在探索课堂与实训的一体化，具有如下特点。

　　1. 教材编写理念：融入课程教学设计新理念，以学生为主体，老师为指导，以提高学生实践职业技能和创新能力为目标，理论紧密联系实践，思想性和学术性统一。理论知识够用为度，技能训练面向岗位需求，注重结合汽车后市场服务岗位群和维修岗位群的岗位知识和技能要求，使学生学完每一本教材后，都能获得该教材所对应的岗位知识和技能，反映教学改革和课程建设的新成果。

　　2. 教材结构体系：根据职业工作需求，采用任务驱动、项目导向的新模式构建新课程体系。理论教学与技能训练有机融合，系统性与模块化有机融合，方便不同学校、不同专业、不同实验条件剪裁选用。

　　3. 教材内容组织：精选学生终身有用的基础理论和基本知识，突出实用性、新颖性，以我国保有量较大的轿车为典型，注意介绍现代汽车新结构、新技术、新方法、新标准，加强"实训项目"内容的编写，引导学生在"做"中"学"。内容安排采用实例引导的方式，以激发学生的阅读兴趣，符合学生的认知规律。

　　4. 教材编排形式：图文并茂，通俗易懂，简明实用，由浅入深，深浅适度，符合高职学生的心理特点。每一章均结合国家劳动和社会保障部职业资格考试要求，给出复习思考题，使教学与职业资格考试有机结合。

　　此外，为构建立体化教材，方便教师和学生学习，本套教材配备了实训指导视频和多媒体教学课件。实训指导视频的内容为实训项目的规范性操作录像和相关资料，多媒体教学课件专供任课教师采用，可在机械工业出版社教育服务网（www.cmpedu.com）

免费下载。

虽然本套教材的各参编院校在教、学、做一体化教学方面进行了有益的探索，但限于认识水平和工作经历，教材中难免仍有许多不足之处，恳请各位专家、同行给予批评指正。

高职高专汽车类专业技能型教育系列教材编委会

第 2 版前言

高职高专汽车类专业技能型教育系列教材《汽车电器设备构造与维修》自 2008 年 7 月出版以来，第 1 版已第 14 次印刷，得到广大师生的欢迎。根据教育部最新制订的"高职高专'汽车电器设备构造与维修'教学大纲基本要求"，结合部分使用本书师生的意见，在使用过程中发现了该教材的一些错误和不合理之处，我们对其进行了修改，对教材的内容进行了修订。本次修订主要是为了适应高职高专教育人才培养模式和教学内容体系改革的需要。新版保持了原教材条理清晰、概念阐述清晰准确、简洁明了的特色。新版教材在内容上做了部分调整和修订。

具体调整和修订的内容是：(1) 增加了丰田轿车用集成电路式电压调节器电路；更换了电源系统部分电路图。(2) 增加了带自动变速器的起动控制电路及微电脑控制起动机电路。(3) 对传统点火系统的内容进行了删减。(4) 在汽车辅助电器设备各节中增加了辅助电器故障现象、故障原因及排除方法。(5) 对第 11 章中全车电路进行了放大排版，便于学生学习。

本教材选用的车型以轿车为主，并以桑塔纳 2000GSi 轿车为主线，对轿车电器结构原理与维修进行了详述。同时，有针对性地介绍了德国大众、日本丰田、美国通用等典型车系的电路分析方法。

本教材注重理论与实践的紧密结合，既有汽车电器设备的使用、检测、维修知识，又有电路故障的诊断与排除知识，并力求内容广泛，保持汽车电路分析知识的完整性。

本教材根据人才培养方案的要求，每章内容都安排了相应的实训项目和习题，各校可根据本校和所处地区的实际情况进行选择，或增加其他实训内容，以提高学生和培训者在实际生产中的知识应用能力。本书适合于高职高专汽车运用与维修、汽车检测与维修等相关专业使用，也可以作为成人高等教育相关课程的教材使用，还可供汽车维修人员、驾驶人、汽车行业工程技术人员阅读参考。

本书由甘肃交通职业技术学院纪光兰老师担任主编（编写第 1、2、3、11 章），嘉兴职业技术学院戈秀龙老师担任副主编（编写第 5、6、9 章）。参加本书编写的有甘肃交通职业技术学院岳丽老师（编写第 4、7 章），甘肃交通职业技术学院姚志君老师（编写第 8 章），兰州职业技术学院常亮老师（编写第 10 章），云南交通职业技术学院李佑慧老师（编写第 8、10 章）。

本书由甘肃交通职业技术学院纪光兰老师对全部修订版内容进行统稿，对该书修订版进行了全面、细致的审阅。

本书在编写过程中参考了大量的国内外技术资料，得到了许多同行的大力支持，在此谨向所有参考资料的作者及关心支持本书编写的同志们表示感谢。由于编者水平有限，经验不足，书中难免有疏漏和不当之处，恳请广大读者批评指正。

编 者

目 录

序言
第2版前言
第1章 绪论 1
 1.1 汽车电气设备的发展与应用 1
 1.2 汽车电气设备的组成 2
  1.2.1 电源 2
  1.2.2 用电设备 2
  1.2.3 全车电路及配电装置 3
 1.3 汽车电气设备的特点 4
  1.3.1 低压电源 4
  1.3.2 直流电源 4
  1.3.3 并联单线制 4
  1.3.4 负极搭铁 4
 1.4 课程的性质、任务、重要性 4
 1.5 课程的学习方法和考核方法 4
 本章小结 5
 习题与思考题 5
第2章 蓄电池 6
 2.1 铅蓄电池的分类与功用 6
  2.1.1 铅蓄电池的分类 6
  2.1.2 铅蓄电池的功用 6
 2.2 铅蓄电池的结构与型号 7
  2.2.1 普通铅蓄电池的结构 7
  2.2.2 改进的铅蓄电池 9
  2.2.3 铅蓄电池的型号 10
  2.2.4 蓄电池的选用 12
 2.3 铅蓄电池的工作原理和特性 12
  2.3.1 铅蓄电池的工作原理 12
  2.3.2 铅蓄电池的工作特性 13
  2.3.3 铅蓄电池的容量及其影响因素 16
 2.4 铅蓄电池的充电 18
  2.4.1 充电方法 18
  2.4.2 充电种类 19
  2.4.3 充电设备 20
 2.5 铅蓄电池的使用与维护 22
  2.5.1 铅蓄电池的正确使用及维护 22
  2.5.2 铅蓄电池常见故障与排除方法 23
  2.5.3 蓄电池典型故障诊断与排除 25
 2.6 电动汽车用蓄电池 26
 本章小结 27
 习题与思考题 27
 实训项目一 铅蓄电池技术状况的检测 29
 实训项目二 蓄电池的充电 33
第3章 交流发电机及电压调节器 36
 3.1 交流发电机的结构与型号 36
  3.1.1 交流发电机分类 36
  3.1.2 交流发电机的型号 37
  3.1.3 交流发电机的结构 38
 3.2 交流发电机的工作原理及特性 41
  3.2.1 交流发电机的工作原理 41
  3.2.2 交流发电机的工作特性 44
  3.2.3 交流发电机的性能指标 46
 3.3 交流发电机的电压调节器 46
  3.3.1 电压调节器的功用 46
  3.3.2 电压调节器的分类 46
  3.3.3 电压调节器的型号 47
 3.4 电压调节器的工作原理 48
  3.4.1 触点式电压调节器的工作原理 48
  3.4.2 晶体管式电压调节器的工作原理 49
  3.4.3 集成电路式电压调节器的工作原理 51
  3.4.4 计算机控制的电压调节器 53
 3.5 交流发电机及电压调节器的使用 54
  3.5.1 交流发电机及电压调节器的正确使用 54
  3.5.2 电压调节器的代换方法 55
 3.6 典型汽车电源系统的电路 55
  3.6.1 解放CA1092型汽车电源电路 56
  3.6.2 桑塔纳系列轿车电源电路 56
  3.6.3 丰田轿车电源电路 57
  3.6.4 上海别克轿车电源电路 58
 3.7 电源系统故障诊断与排除 60
  3.7.1 电源系统故障诊断的基本方法 60

  3.7.2 外装调节器的电源系统常见故障
    的诊断与排除 …………………… 61
  3.7.3 整体式交流发电机电源系统故障
    诊断与排除 …………………… 63
  3.7.4 典型故障诊断与排除 …………… 65
 本章小结 ……………………………………… 66
 习题与思考题 ………………………………… 67
  实训项目三 汽车电器常用检测工具的
      使用 …………………………… 69
  实训项目四 交流发电机的结构认识与
      检测 …………………………… 73
  实训项目五 交流发电机的试验 ………… 78
  实训项目六 电压调节器的检测与试验 … 80
  实训项目七 电源系统的故障诊断与
      排除 …………………………… 84

第4章 起动系统 …………………………… 87
 4.1 起动系统的组成及类型 ………………… 87
  4.1.1 起动机的组成 …………………… 87
  4.1.2 起动机的分类 …………………… 88
  4.1.3 起动机的型号 …………………… 89
 4.2 起动机的结构 …………………………… 89
  4.2.1 直流串励式电动机 ……………… 89
  4.2.2 起动机的传动机构 ……………… 92
  4.2.3 起动机的控制装置 ……………… 94
 4.3 减速式起动机 …………………………… 95
  4.3.1 外啮合减速式起动机的结构 …… 96
  4.3.2 行星齿轮啮合式减速起动机 …… 99
 4.4 起动机的正确使用 ……………………… 100
 4.5 起动系统控制电路 ……………………… 100
  4.5.1 起动系统电路的构成 …………… 100
  4.5.2 带自动变速器的起动控制电路 … 103
  4.5.3 微电脑控制起动机 ……………… 103
 4.6 起动系统的故障诊断与排除 …………… 104
  4.6.1 起动机不转的故障诊断与排除 … 104
  4.6.2 起动机起动无力的故障诊断与
    排除 ……………………………… 105
  4.6.3 起动机其他故障诊断与排除 …… 106
  4.6.4 典型故障诊断与排除 …………… 106
 本章小结 ……………………………………… 107
 习题与思考题 ………………………………… 108
  实训项目八 起动机的拆装与检测 ……… 110
  实训项目九 起动系统的故障诊断与
      排除 …………………………… 125

第5章 点火系统 …………………………… 128
 5.1 概述 ……………………………………… 128
  5.1.1 点火系统的发展 ………………… 128
  5.1.2 点火系统的作用与要求 ………… 128
 5.2 传统点火系统 …………………………… 129
 5.3 电子点火系统 …………………………… 130
  5.3.1 电子点火系统的分类 …………… 130
  5.3.2 电子点火系统的组成和工作
    原理 ……………………………… 131
  5.3.3 电子点火系统的主要元件 ……… 135
  5.3.4 电子点火系统的正确使用、
    检测与维修 ……………………… 140
  5.3.5 电子点火系统故障诊断与排除 … 146
 5.4 微机控制电子点火系统 ………………… 147
  5.4.1 微机控制电子点火系统的组成及
    功能 ……………………………… 148
  5.4.2 微机控制电子点火系统的工作
    原理 ……………………………… 149
  5.4.3 微机控制电子点火系统的故障
    诊断 ……………………………… 154
  5.4.4 典型故障诊断与排除 …………… 155
 本章小结 ……………………………………… 156
 习题与思考题 ………………………………… 157
  实训项目十 点火系统电路连接及各元件
      结构认识 ……………………… 159
  实训项目十一 点火系统各元件 ………… 160
  实训项目十二 点火正时的检查与
       调整 ………………………… 166
  实训项目十三 点火系统故障诊断与
       排除 ………………………… 168

第6章 汽车照明、信号装置 …………… 171
 6.1 概述 ……………………………………… 171
 6.2 汽车照明系统 …………………………… 172
  6.2.1 前照灯的基本要求 ……………… 172
  6.2.2 前照灯的组成 …………………… 172
  6.2.3 前照灯的防眩目措施 …………… 173
  6.2.4 前照灯的分类 …………………… 175
  6.2.5 前照灯的检查与调整 …………… 176
  6.2.6 前照灯电子控制装置 …………… 178
  6.2.7 汽车照明电路举例 ……………… 179
  6.2.8 照明电路故障诊断 ……………… 181
  6.2.9 典型故障诊断与排除 …………… 181
 6.3 汽车信号系统 …………………………… 183

- 6.3.1 汽车转向灯及闪光器 …………… 183
- 6.3.2 制动信号装置 …………………… 186
- 6.3.3 倒车信号装置 …………………… 186
- 6.3.4 电喇叭和电喇叭继电器 ………… 187
- 6.3.5 汽车信号电路举例 ……………… 189
- 6.3.6 故障诊断 ………………………… 190
- 6.3.7 典型故障诊断与排除 …………… 192
- 本章小结 ………………………………… 193
- 习题与思考题 …………………………… 194
- 实训项目十四 前照灯的检查与调整 … 196
- 实训项目十五 闪光器继电器的检测 … 198
- 实训项目十六 电喇叭的调整及电喇叭继电器的检测 …………… 199
- 实训项目十七 照明、信号电路检测 … 201

第7章 汽车仪表、报警装置 …………… 202
- 7.1 汽车仪表 ………………………………… 203
  - 7.1.1 汽车电流表及电压表 …………… 203
  - 7.1.2 机油压力表 ……………………… 204
  - 7.1.3 冷却液温度表 …………………… 206
  - 7.1.4 燃油表 …………………………… 208
  - 7.1.5 车速里程表 ……………………… 210
  - 7.1.6 发动机转速表 …………………… 212
  - 7.1.7 仪表稳压器 ……………………… 213
  - 7.1.8 数字仪表 ………………………… 214
  - 7.1.9 仪表电路举例 …………………… 216
  - 7.1.10 典型故障诊断与排除 ………… 217
- 7.2 汽车报警装置 …………………………… 218
  - 7.2.1 机油压力报警装置 ……………… 218
  - 7.2.2 冷却液温度报警装置 …………… 218
  - 7.2.3 燃油量报警装置 ………………… 219
  - 7.2.4 制动系统低压报警装置 ………… 220
  - 7.2.5 制动信号灯断线报警装置 ……… 220
  - 7.2.6 制动蹄片磨损过量报警装置 …… 221
  - 7.2.7 制动报警装置 …………………… 221
  - 7.2.8 空气滤清器堵塞报警装置 ……… 222
  - 7.2.9 典型故障诊断与排除 …………… 222
- 本章小结 ………………………………… 226
- 习题与思考题 …………………………… 226
- 实训项目十八 仪表及报警装置的结构认识及电路连接 …………… 228
- 实训项目十九 传统仪表故障诊断 …… 229
- 实训项目二十 电子仪表故障诊断 …… 231

第8章 汽车辅助电器设备 ………………… 232
- 8.1 电动刮水器、洗涤及除霜装置 ……… 232
  - 8.1.1 电动刮水器 ……………………… 232
  - 8.1.2 风窗玻璃洗涤装置 ……………… 235
  - 8.1.3 雨滴感知型刮水装置 …………… 237
  - 8.1.4 刮水系统和风窗洗涤系统常见故障 …………………………… 238
  - 8.1.5 除霜装置 ………………………… 239
- 8.2 起动预热装置 …………………………… 239
  - 8.2.1 电热塞 …………………………… 239
  - 8.2.2 进气加热器 ……………………… 240
- 8.3 电动车窗和电动天窗 …………………… 241
  - 8.3.1 电动车窗 ………………………… 241
  - 8.3.2 电动天窗 ………………………… 244
  - 8.3.3 电动车窗及天窗的故障诊断 …… 245
- 8.4 电动后视镜 ……………………………… 246
  - 8.4.1 电动后视镜的组成 ……………… 247
  - 8.4.2 电动后视镜的控制电路及工作原理 …………………………… 247
  - 8.4.3 电动后视镜的检修 ……………… 247
- 8.5 电动座椅 ………………………………… 249
  - 8.5.1 普通电动座椅的组成 …………… 249
  - 8.5.2 电动座椅的控制电路 …………… 250
  - 8.5.3 座椅加热系统 …………………… 250
  - 8.5.4 带储存功能的电动座椅 ………… 251
  - 8.5.5 电动座椅的检修 ………………… 253
- 8.6 中控门锁 ………………………………… 254
  - 8.6.1 中控门锁的组成 ………………… 254
  - 8.6.2 中控门锁的控制电路 …………… 256
  - 8.6.3 遥控门锁系统 …………………… 257
  - 8.6.4 中控门锁系统的检修 …………… 258
- 8.7 汽车防盗系统 …………………………… 259
  - 8.7.1 汽车防盗系统的功用与种类 …… 259
  - 8.7.2 汽车防盗系统的组成及工作原理 …………………………… 259
  - 8.7.3 汽车防盗系统的电路及实例 …… 260
  - 8.7.4 防盗系统的常见故障及诊断方法 …………………………… 261
- 8.8 汽车安全气囊系统 ……………………… 262
  - 8.8.1 安全气囊的功用和类型 ………… 262
  - 8.8.2 安全气囊的组成和原理 ………… 263
  - 8.8.3 安全气囊系统的有效范围 ……… 265
  - 8.8.4 安全气囊系统的控制电路 ……… 265
  - 8.8.5 安全气囊的使用与维修注意

事项 … 267
本章小结 … 268
习题与思考题 … 269
实训项目二十一　风窗玻璃刮水及洗涤装置故障的诊断与检测 … 271
实训项目二十二　后窗除霜故障的诊断与检测 … 273
实训项目二十三　电动车窗故障的诊断与检测 … 275
实训项目二十四　电动后视镜故障的诊断与检测 … 278
实训项目二十五　中控门锁故障的诊断与检测 … 279
实训项目二十六　电动座椅故障的诊断与检测 … 282
实训项目二十七　典型汽车安全气囊的使用与维修 … 285
实训项目二十八　座椅安全带故障及检修 … 288
实训项目二十九　防盗系统故障的诊断与检测 … 289

第9章　汽车空调系统 … 292
9.1　概述 … 292
　9.1.1　汽车空调系统的功能 … 292
　9.1.2　汽车空调系统的特点 … 292
　9.1.3　制冷剂和冷冻机油 … 293
9.2　汽车空调制冷系统 … 294
　9.2.1　制冷的基本原理 … 294
　9.2.2　制冷系统的组成及制冷循环工作过程 … 294
　9.2.3　制冷系统的主要零件 … 295
　9.2.4　汽车空调控制部件 … 301
9.3　采暖系统与通风系统 … 306
　9.3.1　采暖系统 … 306
　9.3.2　通风系统 … 307
9.4　汽车空调系统的自动控制 … 309
　9.4.1　传感器 … 309
　9.4.2　执行器 … 310
　9.4.3　空调ECU … 310
9.5　汽车空调系统的使用与维护 … 311
　9.5.1　汽车空调系统的使用注意事项 … 311
　9.5.2　汽车空调系统常用的故障诊断方法 … 312

9.5.3　汽车空调系统的使用维护基本操作 … 313
9.6　汽车空调控制电路举例 … 314
本章小结 … 317
习题与思考题 … 318
实训项目三十　制冷系统制冷剂的检漏、回收、抽真空和充注 … 321
实训项目三十一　压缩机的检修 … 324
实训项目三十二　空调系统的维护及故障诊断 … 325

第10章　汽车声像、通信及导航系统 … 326
10.1　汽车音响系统 … 326
　10.1.1　概述 … 326
　10.1.2　汽车音响的基本组成 … 326
　10.1.3　汽车收音机 … 326
　10.1.4　汽车磁带录放机 … 328
　10.1.5　汽车激光唱机 … 329
　10.1.6　车载MP3 … 331
10.2　汽车多媒体 … 333
　10.2.1　汽车VCD/DVD播放机 … 333
　10.2.2　车载电视 … 334
10.3　汽车通信系统 … 334
　10.3.1　车载电话的组成 … 334
　10.3.2　车载电话的发展方向 … 336
10.4　汽车导航系统 … 336
　10.4.1　概述 … 336
　10.4.2　车载卫星导航系统 … 336
本章小结 … 337
习题与思考题 … 337
实训项目三十三　汽车音响的检测与维修 … 339

第11章　汽车电气设备总线路 … 342
11.1　汽车电路常用部件 … 342
　11.1.1　汽车导线、线束及插接器 … 342
　11.1.2　汽车常见开关、继电器及保护装置 … 346
　11.1.3　汽车电器配件的选用 … 350
11.2　汽车电路图识读 … 352
　11.2.1　电路图的种类、表示方法 … 352
　11.2.2　常用图形符号及标志 … 354
　11.2.3　接线柱标记 … 368

　11.2.4　汽车电路图识读的一般方法 …… 370
11.3　典型汽车电路分析 …………………… 371
　11.3.1　大众车系电路分析 ……………… 371
　11.3.2　丰田车系电路分析 ……………… 392
　11.3.3　通用车系电路分析 ……………… 397
11.4　汽车电气故障的检修方法 …………… 401
　11.4.1　常见电路故障 …………………… 401
　11.4.2　检修故障的思路 ………………… 401
　11.4.3　汽车电气故障诊断的一般
　　　　　程序 …………………………… 402
　11.4.4　故障诊断的基本方法 …………… 402
　11.4.5　利用电路图检查故障 …………… 405

　11.4.6　一般电路故障诊断与检修注意
　　　　　事项 …………………………… 405
本章小结 ……………………………………… 406
习题与思考题 ………………………………… 406
　实训项目三十四　开关、熔断器、继电器、
　　　　　　　　　插接器及相关线路的
　　　　　　　　　检测 ………………… 408
　实训项目三十五　桑塔纳轿车全车线路
　　　　　　　　　识读 ………………… 411
参考文献 ………………………………………… 414

第 1 章 绪 论

学习目标：
- 了解汽车电气设备及电子技术的发展状况。
- 掌握汽车电气设备的组成。
- 掌握汽车电气设备的特点。
- 了解课程的性质、任务、重要性。
- 掌握本课程的学习方法及考核方式。

汽车电气设备是汽车的重要组成部分，随着汽车技术的进步，汽车电气设备的结构与性能也在不断进步，特别是电子技术在汽车上的广泛应用，在解决汽车能耗、行车安全、减少排放污染等方面起着越来越重要的作用。

1.1 汽车电气设备的发展与应用

汽车自问世以来，在很长一段时间内其技术发展主要表现在机械设备的更新换代上，电气设备在汽车上的应用相对较少，只是一些必备的电源和用电设备。在 20 世纪 50 年代以后，随着电子技术的发展、社会需求的增强，使汽车电子技术的运用得到了迅速发展。汽车电子技术的发展经历了四个阶段。

第一阶段：20 世纪 50 年代初到 20 世纪 70 年代初，主要是开发分立元件和集成电路组成的汽车电子产品，应用电子装置代替传统的机械部件，如汽车最初采用硅整流交流发电机，之后有电子式电压调节器、电子控制高能点火等。

第二阶段：20 世纪 70 年代中期到 20 世纪 80 年代中期，主要发展专用的独立系统，电子装置被应用在某些机械装置所无法解决的复杂控制功能方面，如电子控制汽油喷射系统（EFI）、电子控制自动变速器（ECT）、制动防抱死系统（ABS）等。

第三阶段：20 世纪 80 年代中期到 20 世纪 90 年代中期，主要是开发可以完成各种功能的综合系统及各种车辆整体系统的计算机控制，汽车上的电子装置不仅能承担基本控制任务，而且还能处理外部和内部的各种信息，如集发动机控制、自动变速器控制为一体的动力控制系统，制动防抱死/防滑转控制系统。

第四阶段：20 世纪 90 年代中期开始至今，主要是研究发展车辆的智能控制技术，模拟人的思维和行为对车辆进行控制，如汽车自动驾驶系统、汽车通信及导航系统等。

今后汽车电子技术将集中围绕如下几个方面发展：

1）满足用户需求，大幅度提高汽车的性能，使之更灵活、方便、安全、可靠。
2）满足社会需求，保护环境，节约能源，节约资源。
3）实现包括道路在内的交通系统智能化，将汽车和人有机地结合起来。

进入 21 世纪以来，汽车电子技术获得了更大的发展。可以预见，汽车今后的发展将主要是电气设备及自动控制设备的发展，汽车电气设备将会体积更小、性能更高、维修更简单，能更好地满足汽车用户的要求。

1.2　汽车电气设备的组成

现代汽车的电气设备种类和数量很多，但总的来说可以分为三大部分，即电源、用电设备以及全车电路和配电装置。

1.2.1　电源

汽车电源有两个：蓄电池和发电机。发电机是主要电源，蓄电池是辅助电源。在发动机停转或起动时，由蓄电池供给电能；发动机达到某一转速后，由发电机供电。当发电机向用电设备供电的同时，也给蓄电池充电。发电机供电时要采用电压调节器来保持其输出电压的稳定。

1.2.2　用电设备

用电设备主要由以下几个系统组成。

1. 起动系统

起动系统用来起动发动机，起动系统主要包括起动机及控制电路。

2. 点火系统

点火系统用来产生电火花，点燃汽油机气缸中的可燃混合气。它有传统点火系、电子点火系和计算机控制点火系之分。传统点火系包括点火线圈、分电器、电容器、火花塞等。电子点火系包括点火线圈、信号发生器、电子点火器、配电器、火花塞等。计算机控制点火系包括点火线圈、电子点火器、火花塞、各种传感器、电子控制单元等。

3. 照明系统

照明系统包括车外和车内照明灯具，提供车辆夜间安全行驶的必要照明。

4. 信号装置

信号装置包括音响信号和灯光信号两类，提供安全行车所必备的信号。

5. 仪表及报警装置

用来监测发动机及汽车的工作情况，使驾驶人能够通过仪表、报警装置及时检视发动机和汽车运行的各种参数及异常情况，确保汽车正常运行。它包括车速里程表、发动机转速表、冷却液温度表、燃油表、机油压力表、电压（电流）表、气压表和各种警报灯等。

6. 辅助电器设备

辅助电器设备包括风窗清洁装置（刮水器、洗涤器、除霜装置）、空调系统、低温起动预热装置、汽车视听设备、电动车窗、中控门锁、电动座椅、电动后视镜、防盗装置等。车用辅助电器设备有日益增多的趋势，主要向舒适、娱乐、保障安全等方面发展。

7. 汽车电子控制系统

汽车电子控制系统主要指利用计算机控制的各个汽车系统，包括汽油机电控燃油喷射系统、计算机控制点火系统、电控自动变速器、防抱死系统、驱动防滑系统、电控悬架系统、自动巡航系统、安全气囊、自动空调等。电控系统的采用可以使汽车上的各个系统均处于最佳工作状态，达到提高汽车动力性、经济性、安全性、舒适性，降低汽车排放污染的目的。

1.2.3　全车电路及配电装置

全车电路及配电装置包括中央接线盒、熔断装置、继电器、电线束及插接件、电路开关等，使全车电路构成一个统一的整体。

由于现代汽车所采用的电控系统越来越多，所占的比例越来越大，且汽车电控系统往往都自成系统，将电子控制与机械装置相结合，形成了较为典型的机电一体化系统，因此本教材除了涉及传统电气设备中的电子控制装置外，不涉及诸如电控燃油喷射、电子控制自动变速器、制动防抱死系统，这些计算机控制系统将由专门的教材予以介绍。

综上所述，电气设备的组成如图1-1所示。

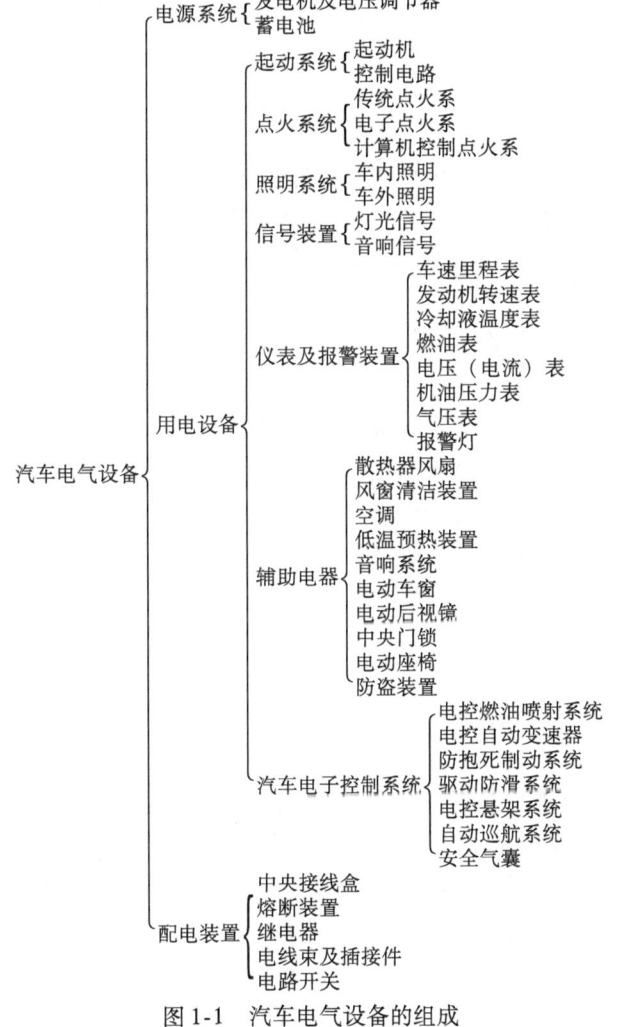

图1-1　汽车电气设备的组成

1.3 汽车电气设备的特点

1.3.1 低压电源

汽车电系的标称电压有三个等级：6V、12V和24V，但以12V和24V居多，汽油车多采用12V，柴油车多采用24V。这一电压的主要优点是安全性好。

1.3.2 直流电源

由于蓄电池的充、放电电流均为直流电，所以发电机输出的也是直流电。

1.3.3 并联单线制

汽车电系的用电设备很多，为了使各电器相互独立、便于控制和提高电气线路的可靠性，用电设备和电源间均为并联连接。单线制即从电源到用电设备使用一根导线连接，而另一根导线则用汽车车体或发动机机体的金属部分代替。单线制可节省导线，使线路简化、清晰，便于安装与检修。

1.3.4 负极搭铁

采用单线制时，蓄电池的一个电极需接在车架上，称为"搭铁"。若蓄电池的负极接车架就称为"负极搭铁"，反之则称为"正极搭铁"。负极搭铁对车架或车身连接处的电化学腐蚀较轻，对无线电干扰小。我国汽车电气系统均为负极搭铁。

1.4 课程的性质、任务、重要性

本课程是汽车类专业的一门重要专业课，同时也是学好汽车专业其他相关专业课程的基础。其任务是讲解汽车用各种电气设备的构造、基本工作原理、使用与维修方法、故障判断与排除等方面的内容。通过学习达到以下目的：掌握汽车电气设备的构造、原理和维修，以及全车线路的分析方法；掌握主要电器的使用、维护、调整方法；熟悉汽车电气设备检测、维修专用仪器、设备的原理，并掌握其使用方法；掌握新型汽车电器的构造特点及检修方法。

1.5 课程的学习方法和考核方法

在课程的学习中本着理论与实践并重的原则，要加强实践环节，要勤于动手、熟练操作，切实掌握实践技能。

要勤于思考，善于将学到的内容与实际结合、与生产结合、与生活联系，并不断归纳、总结，逐步培养举一反三的能力。

对于结构复杂及实践性较强的内容，要充分利用实物，采用边学习、边实践的学习方法，加强对所学内容的理解。

对于理论部分的教学内容，应加强预习和复习，以提高学习效果。

本课程的考核采用理论与实践考核相结合的方法。理论考核的知识点是每章节中需掌握和理解的内容，技能考核内容是每章节实训内容，考核时随机抽取 1/4～1/3 的项目进行考核，检验技能的掌握情况。

本 章 小 结

1. 汽车电气设备的组成包括 3 大部分：电源、用电设备和全车电路及配电装置。
2. 电源包括蓄电池和发电机。
3. 用电设备包括起动系统、点火系统、照明系统、信号装置、仪表及报警装置、辅助电器、汽车电子控制系统等。
4. 汽车电气设备的特点是：低压电、直流电、单线制、负极搭铁。

习题与思考题

1. 汽车电气设备由哪些系统组成？
2. 汽车电气设备有哪些特点？

第 2 章 蓄 电 池

学习目标：

- 了解蓄电池的分类、型号及选择方法。
- 熟知蓄电池的功用、结构、工作原理。
- 掌握蓄电池的充、放电特性及充电方法。
- 熟知蓄电池的容量及影响容量的因素。
- 学会蓄电池的正确使用及日常维护方法。

2.1 铅蓄电池的分类与功用

2.1.1 铅蓄电池的分类

蓄电池是一种可逆的低压直流电源，它既能将化学能转化为电能，也能将电能转换为化学能。蓄电池可分为碱性蓄电池和酸性蓄电池两大类。

汽车上一般采用铅蓄电池（又称铅酸蓄电池），其主要目的是起动发动机。目前汽车上常用的蓄电池有：普通蓄电池、干荷电铅蓄电池、少维护或免维护蓄电池、封闭式免维护蓄电池等，此外还有混合型蓄电池和重组式蓄电池。

2.1.2 铅蓄电池的功用

汽车上装有蓄电池与发电机两个直流电源，全车用电设备均与直流电源并联连接，电路图如图 2-1 所示。

蓄电池的功用包括：

① 发动机起动时，向起动机提供强大的起动电流，同时给点火系统、仪表、电子控制系统等用电设备供电。

② 发动机低速运转时，向一切用电设备和发电机励磁绕组供电。

③ 发动机中、高速运转时，将发电机剩余电能转化为化学能储存起来。

④ 发电机过载时，协助发电机向用电设备供电。

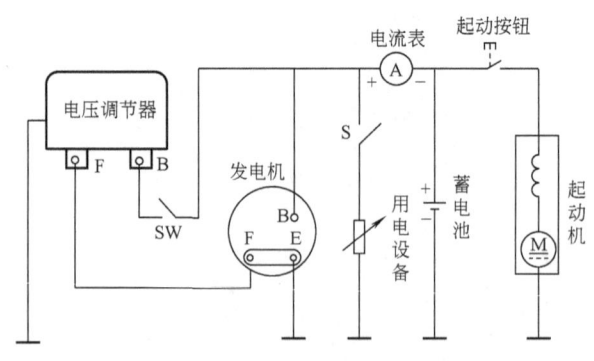

图 2-1　汽车电源系统组成

⑤ 稳定电源电压、保护电器部件。它能吸收电路中出现的瞬时过电压，保护电子元件和集成电路不被击穿，延长其使用寿命。

2.2 铅蓄电池的结构与型号

2.2.1 普通铅蓄电池的结构

蓄电池由 3 个或 6 个单格电池串联而成，每个单格电池电压约为 2V，串联成 6V 或 12V 以供汽车选用。普通铅蓄电池主要由极板、隔板、电解液、外壳、极桩等组成。其结构如图 2-2 所示。

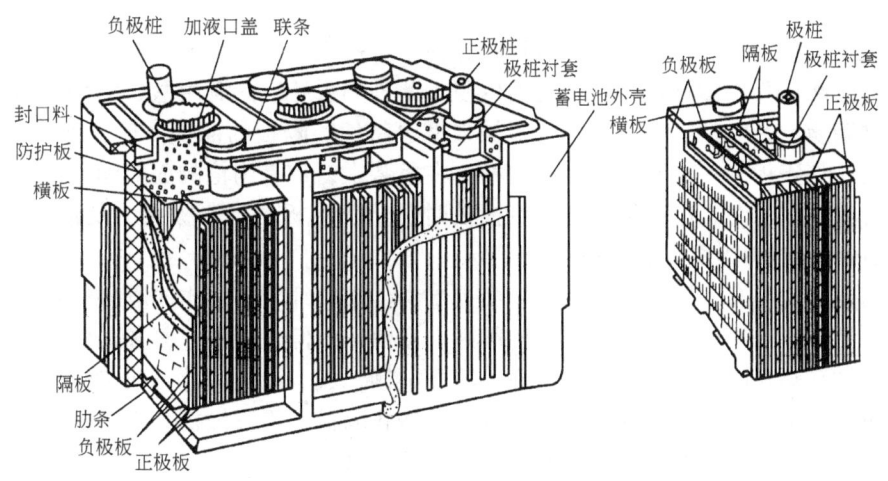

图 2-2 蓄电池的结构

1. 极板

极板是蓄电池的核心部分，蓄电池充放电过程中，电能与化学能的相互转换依靠极板上的活性物质与电解液中的硫酸进行化学反应来实现。

蓄电池极板分正、负极板，由栅架和活性物质组成。活性物质填充在铅锑合金铸成的栅架上，正极板上的活性物质是褐色的二氧化铅（PbO_2），负极板上的活性物质是青灰色海绵状铅（Pb）。

一片正极板和一片负极板浸入电解液中，可得到 2V 左右的电动势，为增大蓄电池容量，常将多片正、负极板分别并联组成正、负极板组，如图 2-2 所示。

在栅架的铅锑合金中，锑的质量分数为 5%～7%，加入锑是为了提高栅架的机械强度和浇铸性能。但是锑会加速氢的析出而加速电解液的消耗，还会引起蓄电池自放电和栅架腐蚀，缩短蓄电池使用寿命。目前，多采用铅——低锑合金栅架（含锑质量分数 2%～3%）或铅——钙——锡合金栅架（无锑栅架）。在栅架合金中加入质量分数 0.1%～0.2% 的砷，可以减缓腐蚀速度，提高栅架的硬度和机械强度，增强其抗变形能力，延长蓄电池的使用寿命。目前国内外已使用铅锑砷合金栅架。

为降低蓄电池内阻，改善起动性能，现代汽车蓄电池采用了高强度、低电阻值的放射形栅架。如图 2-3 所示。

因为正极板附近的化学反应剧烈,所以蓄电池使用寿命主要决定于正极板。因此正极板设计得比负极板厚。一般正极板厚度为 2.2~2.4mm,负极板厚度为 1.6~1.8mm。近几年出现了一种薄型极板,厚度为 1.1~1.5mm。薄型极板对提高蓄电池的比容量和改善起动性能都是很有利的。

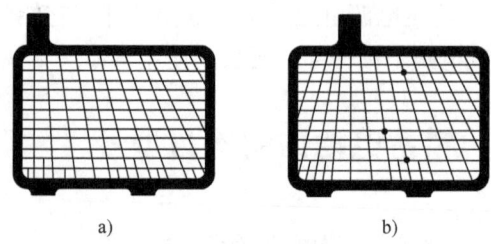

图 2-3 放射形栅架结构
a) 切诺基吉普车用蓄电池栅架 b) 桑塔纳轿车用蓄电池栅架

注意:因为正极板的强度较低,所以在单格电池中,负极板总比正极板多一片,使每一片正极板都处于两片负极板之间,保持其放电均匀,防止变形。

2. 隔板

为避免正、负极板彼此接触而导致短路,在正负极板间用绝缘的隔板隔开。隔板具有多孔性,以利电解液自由渗透,减小蓄电池内阻。此外隔板还应具有耐酸、耐热、不氧化、不变形、不含杂质、亲水性好,有一定的机械强度等特性。隔板的面积一般比极板稍大一些,有些蓄电池还将隔板的一面制成带纵向沟槽。在组装中,带有沟槽的面应朝着正极板,且与底部垂直,使充放电时,电解液能通过沟槽及时供给正极板,当正极板上的活性物质 PbO_2 脱落时能迅速通过沟槽沉入容器底部。

常用的隔板材料有木质、微孔橡胶、微孔塑料、玻璃纤维等。木质隔板价格便宜,但耐酸性能差,已很少采用。微孔橡胶隔板性能好、寿命长,但生产工艺复杂、成本高,故尚未推广使用。微孔塑料隔板孔径小、孔率高,薄而柔韧,成本低,因此目前广泛使用。

近年来,免维护蓄电池通常将隔板制成所谓袋式隔板,将正极板装入,起到良好的分隔作用,这样可以增大极板的面积,进而增大蓄电池容量。

3. 电解液

电解液的作用是与极板上的活性物质发生电化学反应,进行电能和化学能的相互转换。由密度为 $1.84g/cm^3$ 的化学纯硫酸和蒸馏水配制而成,密度一般在 $1.24~1.30g/cm^3$,使用时根据当地最低气温或制造厂的要求进行选择,见表 2-1。

表 2-1 不同地区和气温条件下的电解液密度

使用地区气候条件	完全充足电的蓄电池在 25℃ 时的电解液密度/(g/cm^3)		使用地区气候条件	完全充足电的蓄电池在 25℃ 时的电解液密度/(g/cm^3)	
	冬 季	夏 季		冬 季	夏 季
冬季温度低于 -40℃	1.30	1.27	冬季温度高于 -20℃	1.26	1.23
冬季温度高于 -40℃	1.28	1.25	冬季温度高于 0℃	1.23	1.23
冬季温度高于 -30℃	1.27	1.25			

电解液的纯度是影响蓄电池性能和使用寿命的重要因素,一般工业用硫酸和普通水中,因含有铁、铜等有害杂质,绝对不能加入到蓄电池中去,否则容易自行放电,并且容易损坏极板。因此,蓄电池电解液要用规定的专用硫酸和蒸馏水配制。使用中应注意,电解液的腐蚀性极强,溅到皮肤上或眼睛里会受伤。如果接触了蓄电池电解液,要立即用苏打水冲洗;酸液溅到眼睛应立即用清水或医用眼睛清洗器冲洗,然后请医生处置。

4. 外壳

蓄电池外壳用于盛放电解液和极板组。早期生产的蓄电池大都采用耐酸、耐热、耐振、绝缘性能好的硬橡胶制成，但由于近年来发展的聚丙烯塑料其韧性、强度、耐酸、耐热等方面的性能优于硬橡胶，且制作工艺简单、生产效率高、外形美观、透明、成本低，且便于观察液面高度，因此逐步取代硬橡胶。

蓄电池外壳为一整体式结构的容器，一组蓄电池正负极板产生的电动势为2V，为获得6V或12V电动势，蓄电池需将3组或6组蓄电池串联起来，因此在制造时，将整个壳体制成3个或6个互不相通的单格，安装3组或6组极板，形成6V或12V的蓄电池。为防止极板的活性物质脱落后造成短路，在每个单格的底部有突起的肋条以搁置极板组。肋条之间的空隙可以积存极板脱落下来的活性物质。

每个单格电池都有一个加液孔，可以加注电解液或检测电解液密度。孔盖上设有通气孔，便于排出蓄电池内部的H_2和O_2气体，防止外壳涨裂，发生事故。

5. 联条和极桩

联条的作用是将各单格电池串联起来，极桩用来与外部电路接线，都是用铅锑合金浇铸而成的。

传统蓄电池的联条是外露式的，安装在蓄电池外壳上，不仅浪费材料、容易损坏，还易导致蓄电池自放电，所以这种连接方式被穿壁式联条所取代。采用穿壁式联条连接单格电池时，所用联条尺寸小，并设在蓄电池内部，如图2-4所示。

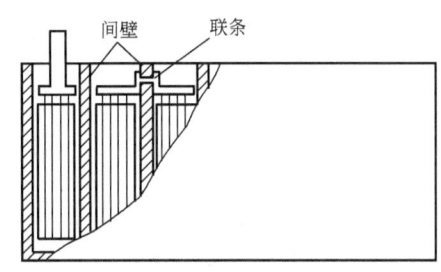

图2-4 穿壁式联条连接单个电池示意图

2.2.2 改进的铅蓄电池

改进的铅蓄电池是在普通铅蓄电池的基础上经多次改进、研究开发了切拉金属板栅技术、玻璃纤维隔板、单格电池之间穿壁连接技术，及热封塑料外壳与盖等先进技术后开发的。

1. 干荷电铅蓄电池

干荷电铅蓄电池与普通铅蓄电池的区别是极板组在完全呈干燥的状态下，能够长期（一般为2年）保存其化学过程中所得到的电量。

干荷电铅蓄电池加足电解液后，静放20～30min即可使用。

干荷电铅蓄电池的工艺特点：

① 在负极板的铅膏中加入松香、油酸、硬脂酸等抗氧化剂。

② 在化成过程中，有一次深度放电或反复充放电循环。

③ 负极板在化成过程中进行水洗和浸渍。

④ 正负极板和隔板用特殊工艺干燥处理。

因此，干荷电铅蓄电池提高了负极板上的海绵状纯铅的憎水性和抗氧化性。

2. 免维护蓄电池

免维护蓄电池简写为MF蓄电池，其结构如图2-5所示。与普通蓄电池相比，其在结构与使用上具有很多特点。

（1）免维护蓄电池的结构特点

1）极板栅架采用铅钙锡合金制成，消除了锑的副作用。

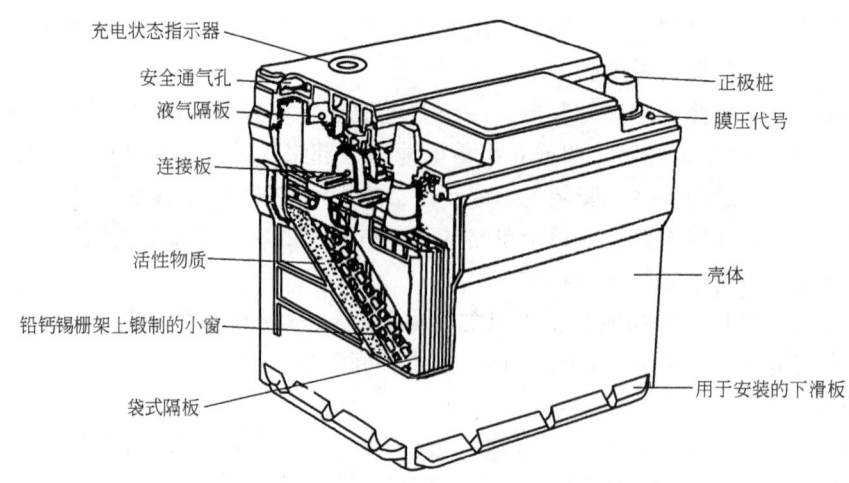

图 2-5 免维护蓄电池

2）采用袋式聚氯乙烯隔板,可避免活性物质脱落、极板短路。

3）采用新型安全通气装置,孔塞内装有氧化铝过滤器和催化剂钯,帮助排出的氢离子和氧离子结合成水。

4）外壳由聚丙烯塑料制成,槽底无筋条,极板组可直接安放在壳底上,使极板上部容积增大33%左右,电解液储存量增大。

有些免维护蓄电池在内部装有一只指示荷电状况的密度计,如图2-6所示。

（2）免维护蓄电池的优点

1）在整个使用过程中无须补加蒸馏水,减少了维护工作量。

2）自放电少,可储存2年以上,使用寿命长,一般为普通蓄电池的2~3倍。

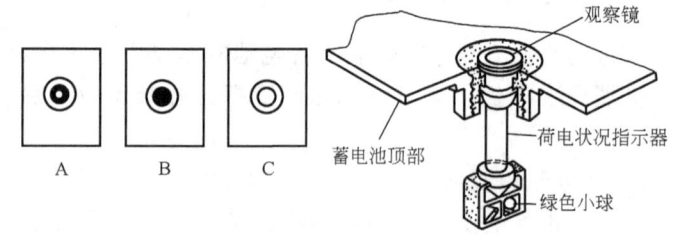

图 2-6 密度计

A—绿色圆点明显（蓄电池荷电状况良好） B—绿色圆点模糊（荷电不足） C—透亮或黄色（需更换蓄电池）

3）耐过充电性能好,过充电电流在充满电时可接近零,减少了电和水的消耗。

4）内阻小,起动性能好。

2.2.3 铅蓄电池的型号

1. 国产铅蓄电池的型号

按 JB/T 2599—1993《铅酸蓄电池产品型号编制方法》规定,国产蓄电池型号共分3段5部分,其排列含义如下：

第1部分表示串联的单格电池数,用阿拉伯数字表示,蓄电池的标准电压是该数字的2倍。

Ⅰ		Ⅱ		Ⅲ	
1. 串联的单格电池数	—	2. 电池类型	3. 电池特征	—	4. 额定容量 5. 特殊性能

第2部分表示电池类型,用汉语拼音字母表示。大写字母"Q"表示起动用铅蓄电池,"M"表示摩托车用。

第3部分表示蓄电池特征,用大写字母表示,干封普通极板铅蓄电池可省略不写,铅蓄电池特征代号见表2-2。

第4部分表示20h放电率的额定容量,用阿拉伯数字表示,单位是A·h(安培·小时)。

第5部分表示特殊性能,用大写字母表示(无字为普通性能蓄电池),如薄型极板的高起动率电池用"G"表示;塑料槽用"S"表示;用"D"表示低温起动性好。

表2-2 铅蓄电池特征代号

特征代号	蓄电池特征	特征代号	蓄电池特征	特征代号	蓄电池特征
A	干荷电	J	胶体电解液	D	带液式
H	湿荷电	M	密闭式	Y	液密式
W	免维护	B	半密闭式	Q	气密式
S	少维护	F	防酸式	I	激活式

例1:东风EQ1091型车用6-QA-105型蓄电池:由6个单格电池组成,额定电压为12V,额定容量为105A·h的起动用干荷电蓄电池。

例2:桑塔纳系列轿车用6-QAW-54型蓄电池:由6个单格电池组成,额定电压为12V,额定容量为54A·h的起动用干荷电免维护蓄电池。

国产部分车型的蓄电池型号和主要性能见表2-3、表2-4、表2-5。

表2-3 国产部分车型的蓄电池型号和主要性能

车 型	铅蓄电池			车 型	铅蓄电池		
	型 号	额定电压/V	额定容量/A·h		型 号	额定电压/V	额定容量/A·h
红旗 CA722AE	6-QA-63S	12	63	解放 CA1091	6-QAW-100	12	100
奥迪 100	6-QAS-63	12	63	东风 EQ1090	6-QA-105D	12	105
桑塔纳 2000	6-QAW-54	12	54	南京依维柯 35.10	—	12	110
富康	L.250A-12V	12	42 或 50	江西五十铃 NHR54	—	12	80
北京切诺基	58-39 或 58-475	12	60 或 75	江西五十铃 APR59	—	12	60
天津夏利	6-QA-40S	12	40				

表2-4 保定蓄电池厂按日本标准 JIS5301 生产的 12V 汽车用蓄电池

型 号	每单格极板片数	20h放电率(5h放电率)容量/A·h	-15℃冷起动电流/A	型 号	每单格极板片数	20h放电率(5h放电率)容量/A·h	-15℃冷起动电流/A
NS40Z	9	36(28)	150	N70	11	70(56)	300
N40	9	40(32)	150	N70Z	15	70(56)	300
N50	9	50(40)	150	N100	17	100(80)	300
N50Z	11	60(48)	300	N100Z	19	105(83)	300
NS70	13	65(52)	300	N200	29	200(160)	500

2. 进口蓄电池型号和规格

进口蓄电池的型号和规格是美国蓄电池协会(BIC)和美国汽车工程师协会(SAE)联

合制定的。部分进口蓄电池型号和规格见表 2-6。

表 2-5 保定蓄电池厂按德国 DIN 标准生产的 12V 汽车用蓄电池

型号	每单格极板片数	20h 放电率容量/A·h	-15℃冷起动电流/A	型号	每单格极板片数	20h 放电率容量/A·h	-15℃冷起动电流/A
55415	13	54	265	65012①	—	150	500
56316	15	63	300	66514	27	165	540
62034①	—	120	420	68025①		180	580
63530	—	135	420				

① 为设计数据。

表 2-6 部分进口蓄电池型号和规格

蓄电池规格	电压/V	冷起动能力 0°F, 30s 放电电流/A	蓄电池规格	电压/V	冷起动能力 0°F, 30s 放电电流/A
17HF	6	400	48	12	440
21	12	450	49	12	600
22F	12	430 380 330	56	12	450 380
22NF	12	330	58	12	425
24	12	525 450 380 325 290	71	12	450 395 330
24F	12	524 450 410 380 325 290	72	12	490 380
27	12	560	74	12	528 525 505 450 410 380 325
27F	12	560			
41	12	525			
42	12	450 340			
45	12	420			
46	12	460			

2.2.4 蓄电池的选用

蓄电池的选用原则如下：
① 电压必须和汽车电气系统的额定电压一致。
② 容量必须满足汽车起动的要求。
③ 外形大小也必须合适。

2.3 铅蓄电池的工作原理和特性

2.3.1 铅蓄电池的工作原理

蓄电池的工作原理就是化学能与电能的相互转化。当蓄电池将化学能转化为电能而向外供电时，称为放电过程；当蓄电池与外界直流电源相联而将电能转化为化学能储存起来时，称为充电过程。

蓄电池充满电时，正极板活性物质为二氧化铅（PbO_2），负极板的活性物质为海绵状纯铅（Pb）；放电时，正、负极板的活性物质都逐渐变为硫酸铅（$PbSO_4$），消耗电解液中的硫酸而产生水。铅蓄电池充放电的过程如图2-7所示。

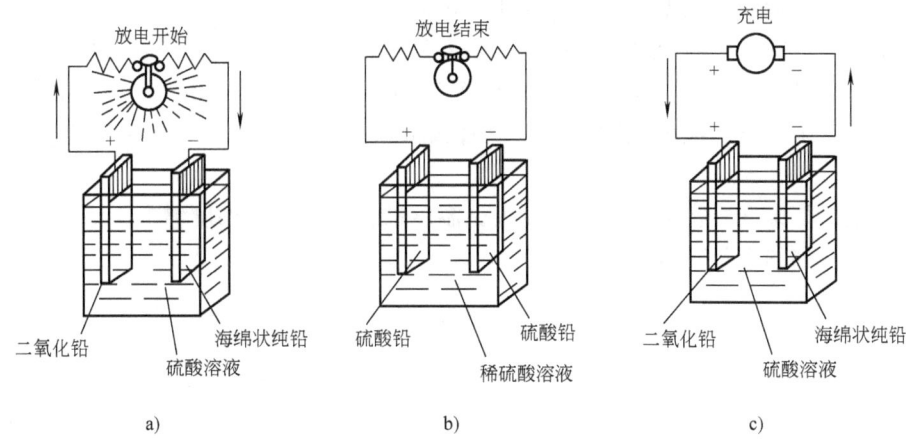

图2-7 铅蓄电池的工作原理图
a) 放电 b) 放电结束 c) 充电

蓄电池的充放电过程中的总化学反应式如下：

$$PbO_2 + 2H_2SO_4 + Pb \underset{充电}{\overset{放电}{\rightleftharpoons}} 2PbSO_4 + 2H_2O$$

正极板　电解液　负极板　正、负极板　电解液

充放电过程的特性如下。

① 具有可逆性。

② 放电过程中，消耗了硫酸（H_2SO_4），生成了水（H_2O），所以电解液的密度不断下降。

③ 充电过程中，消耗了水（H_2O），生成了硫酸（H_2SO_4），所以电解液的密度不断上升。

2.3.2　铅蓄电池的工作特性

蓄电池的工作特性主要包括蓄电池的电动势、内阻以及充、放电特性。

1. 静止电动势和内阻

（1）静止电动势　蓄电池在静止状态下（即不充电、不放电的情况下），正负极板间的电位差称静止电动势，用 E_j 表示。

静止电动势 E_j 可用直流电压表或万用表（直流电压档）直接测得，也可以测出电解液密度，然后根据经验公式换算取得

$$E_j = 0.85 + \rho_{25℃}$$

式中　E_j——蓄电池的静止电动势（V）；

$\rho_{25℃}$——温度为25℃时电解液的密度（g/cm^3）。

如果测量电解液密度时的电解液温度不是标准温度 25℃，则需要进行密度换算，换算公式如下

$$\rho_{25℃} = \rho_t + \beta(t - 25)$$

式中　ρ_t——实测电解液的密度（g/cm^3）；

　　　t——实测时电解液温度（℃）；

　　　β——相对应的密度温度系数，$\beta = 0.00075$。

汽车用蓄电池的电解液密度一般在 1.12～1.30g/cm^3 之间，因此 $E_j = 1.97～2.15$（V）。

(2) 内阻　铅蓄电池的内电阻包括电解液、极板、隔板、联条和极桩等的电阻。

在正常使用条件下，极板电阻很小，只有极板发生硫化故障时，极板的电阻才会明显增大。

电解液电阻与温度、密度有关。密度大，温度低，电解液的粘度增大，渗透力下降，电解液电阻增大，如图 2-8 所示。

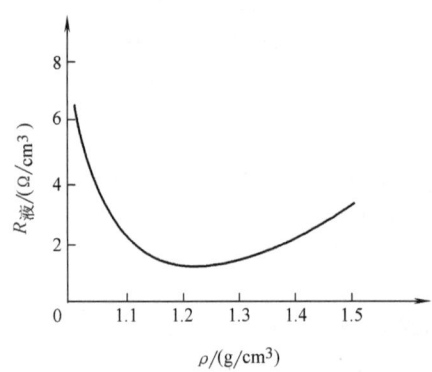

图 2-8　电解液电阻与密度的关系图

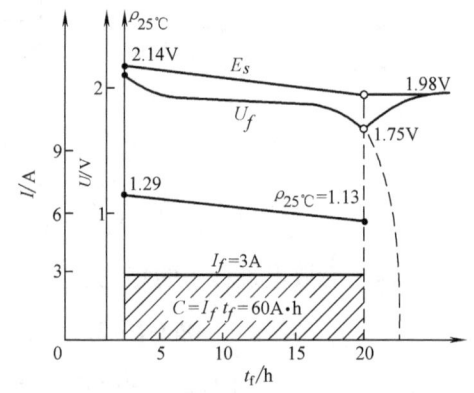

图 2-9　蓄电池的放电特性

隔板电阻主要取决于隔板的材料、厚度及多孔性。在常用的隔板中，微孔塑料隔板的电阻较小。

联条和极桩的电阻本来就很小，尤其是采用了穿壁式结构后，已降到很低，可忽略不计，但在使用中因维护不当，极桩氧化腐蚀时，电阻将显著增大。

总之，铅蓄电池的内阻是很小的，如美国标准 SAEJ546 明确规定，12V 蓄电池在标准负荷时的内阻为 0.014Ω。

2. 铅蓄电池的放电特性

蓄电池的放电特性是指恒流放电过程中，蓄电池的端电压 U、电解液密度 $\rho_{25℃}$ 随放电时间 t 的变化规律。完全充足电的蓄电池其 20h 放电率恒流放电的特性曲线如图 2-9 所示。

$\rho_{25℃}$ 按线性规律下降。由于恒流放电，电流值一定，化学反应速度一定，单位时间消耗的硫酸量一定。密度每下降 0.01g/cm^3，蓄电池放电 6% 左右。

放电时，由于蓄电池内阻 R_0 上有压降，则蓄电池端电压 U 总小于其电动势 E，即：

$$U = E - I_f \cdot R_0$$

放电可分为 4 个阶段。

① 开始放电阶段（2.1～2.0V），此阶段电压下降较快。由于极板孔隙内硫酸迅速消耗，电解液密度迅速下降，端电压迅速下降。

② 相对稳定阶段（2.0~1.85V），此阶段电压下降缓慢。由于极板孔隙外向孔隙内扩散的硫酸与孔隙内消耗的硫酸达到动态平衡，孔内外电解液密度一起缓慢下降，所以端电压缓慢下降。

③ 迅速下降阶段（1.85~1.75V），由于放电接近终了时，化学反应渗入到极板内层，而放电时生成的硫酸铅体积较原来的活性物质的体积大，硫酸铅聚集在极板孔隙内，缩小了孔隙的截面积，使电解液渗入困难，因而极板孔内消耗的硫酸难以补充，孔隙内的电解液密度便迅速下降，端电压也随之急剧下降。

④ 过度放电阶段（<1.75V），此时应停止放电，如果继续放电，端电压在短时间内将急剧下降到零，导致蓄电池产生硫化故障，缩短其使用寿命。

蓄电池是否放完电，通常以测量其电压和电解液密度来判断。但是，允许终止电压与放电电流强度有关，放电电流越大，连续放电时间越短，允许终止电压越低，见表2-7。

表2-7 放电电流与终止电压的关系

放电电流/A	0.05C	0.1C	0.25C	1C	3C
连续放电时间	20h	10h	3h	30min	5.5min
单格电池终止电压/V	1.75	1.7	1.65	1.55	1.5

注：C表示蓄电池额定容量。

蓄电池放电终了的标志为：

① 单格电压下降到放电终止电压值（以20h放电率放电时，此值为1.75V）。

② 电解液密度下降到最小许可值，约为$1.11g/cm^3$。

3. 铅蓄电池的充电特性

在恒流充电过程中，蓄电池的端电压U和电解液密度$\rho_{25℃}$随时间t而有规律地变化。恒流充电特性曲线如图2-10所示。

$\rho_{25℃}$按线性规律上升。恒流放电，电流值一定，化学反应速度一定，单位时间生成的硫酸量一定。

充电时，电源电压必须克服蓄电池的电动势和内部的电阻压降，因此充电过程中，蓄电池的端电压，总是大于电动势，即：

$$U = E + I_c R_0$$

① 充电开始阶段（2.0~2.1V），由于开始充电时，孔隙内迅速生成硫酸，使孔隙中电解液密度增大，端电压迅速上升。

② 稳定上升阶段（2.1~2.4V），由于孔隙内生成的硫酸向孔隙外扩散，当硫酸生成的速度与扩散速度达到平衡时，端电压随整个容器内电解液密度变化而缓慢上升。

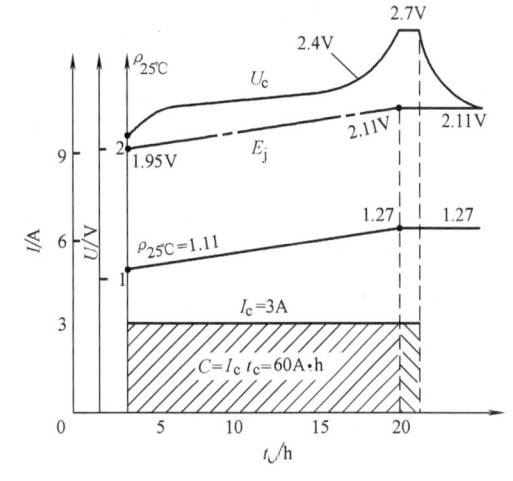

图2-10 蓄电池的充电特性

③ 充电末期（2.4~2.7V），当电压达2.3~2.4V时，极板外层的活性物质基本都恢复为PbO_2和Pb了，继续充电，便使电解液中水电解，产生H_2和O_2，以气泡形式出现，形成"沸腾"现象。由于产生的H_2以离子状态H^+集结在溶液中负极板处，来不及立即全部变成

气泡放出,使得溶液与极板之间产生约0.33V的附加电压,因而使得U上升至2.7V左右。此时应切断电源,停止充电。否则将会造成"过充电"。长时间过充电易加速极板活性物质脱落,使极板过早损坏,因此必须避免。

④ 充电停止后,由于充电电流为零,端电压迅速回落,极板孔隙电解液和容器中的电解液相对密度趋于平衡,端电压逐渐下降至静止电动势。

蓄电池充电终了的标志为:
① 电解液中剧烈冒汽泡,呈"沸腾"现象。
② 端电压上升到最大值2.7V,且在2~3h内不再上升。
③ 电解液密度上升到最大值,且在2~3h内不再上升。

2.3.3 铅蓄电池的容量及其影响因素

1. 铅蓄电池的容量

蓄电池的容量标志着蓄电池对外供电的能力,是指一完全充足电的蓄电池,在允许的放电范围内所输出的电量。当电池以恒流放电时,其容量C为:

$$C = I_f t_f$$

式中　C——蓄电池的容量（A·h）；

　　　I_f——放电电流（A）；

　　　t_f——放电时间（h）。

蓄电池的容量与放电电流的大小和电解液的温度等因素有关,因此,一般蓄电池容量分为额定容量和起动容量。

(1) 额定容量　充足电的蓄电池用20h放电率容量表示。我国国家标准GB 5008.1—2013《起动用铅酸蓄电池技术条件》规定:额定容量是指完全充足电的蓄电池在电解液初始温度为(25±5)℃,密度为(1.28±0.1)g/cm³(25℃)条件下,以20h放电率的放电电流(0.05C_{20}),连续放至单格电池平均电压降到1.75V时所输出的电量。

例如,6-QA-60型蓄电池,在电解液温度为25℃时,以3A的放电电流持续放电20h后单格电池电压降至1.75V,其额定容量: $C_{20} = 3 \times 20 = 60$ A·h。

(2) 起动容量　起动容量表示蓄电池在发动机起动时的供电能力,一般可分为低温起动容量和常温起动容量。

1) 常温起动容量。常温起动容量是指电解液平均温度为30℃时,以5min放电率的电流(约3倍额定容量的电流)持续放电至单格电压下降至1.5V所放出的电量。

例如:6-QA-105型蓄电池,在电解液初始温度为25℃时,以3×105=315A大电流放电5min至单格电压下降至1.5V时(蓄电池的端电压为9V),其起动容量为315×5/60 = 26.25(A·h)。

2) 低温起动容量。电解液在平均温度为-18℃时,以3倍额定容量的电流持续放电至单格电压下降至1V所放出的电量。持续时间应在2.5min以上。

例如:对桑塔纳、奥迪等欧洲车用蓄电池,这一性能指标规定为:将蓄电池至于-18℃低温箱内存放24h,使其在-18℃环境下以300A连续放电30s,蓄电池极间电压不能低于9V(对12V蓄电池),一直放电到极间电压等于6V时,连续放电时间至少为150s,所以也称低温放电容量。

(3) 额定储备容量　额定储备容量,按国际电工委员会(IEC)的标准中规定,汽车蓄电池的容量用额定容量和储备容量表示均可,我国采用额定容量表示。额定储备容量是不分蓄电池规格大小,一律以25A电流放电直至单格电池平均电压降到1.75V时的放电时间,以分钟计算。例如:北京切诺基吉普车用58-475型蓄电池,额定储备容量为82min,6-QA-60型蓄电池额定储备容量为94min。

额定储备容量表达了在汽车充电系统失效时,蓄电池能为照明及点火系统等用电设备提供25A恒流放电的能力。

2. 影响铅蓄电池容量的因素

(1) 构造因素对容量的影响

① 极板厚度越薄,活性物质的利用率就越高,容量就越大。

② 极板面积越大,同时参与反应的物质就越多,容量就越大。

③ 同性极板中心距越小,蓄电池内阻越小,容量越大。

(2) 使用因素对容量的影响

① 放电电流。放电电流越大,蓄电池容量越低。因为放电电流越大,单位时间所消耗的硫酸越多,极板孔隙内硫酸消耗较快,造成孔隙内电解液下降更快,电解液来不及渗入极板内部,就已被表面生成的硫酸铅堵塞,致使极板内部大量的活性物质不能参加化学反应,因而蓄电池容量减小。蓄电池容量与放电电流关系如图2-11所示。

注意:在使用起动机时,必须严格控制起动时间,每次接入起动机的时间不得超过5s,两次起动应间隔15s以上。

② 电解液温度。电解液温度降低,蓄电池输出的容量减小。电解液温度与容量关系如图2-12所示。因为电解液温度降低,电解液的粘度增大,离子运动速度慢;另一方面,极板的收缩使得极板表面的孔隙缩小,电解液向极板孔隙内层渗入困难,使极板孔隙内的活性物质不能充分利用,使蓄电池放电容量下降。一般地讲,在正常范围内,电解液温度每下降1℃,蓄电池容量约下降1%。

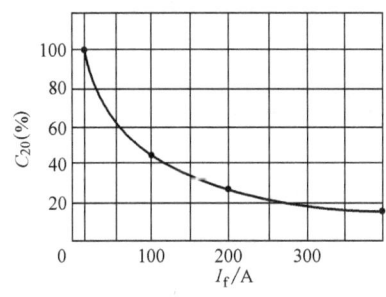

图2-11　蓄电池容量与放电电流关系

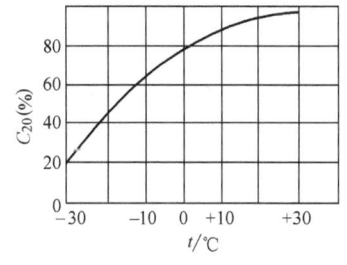

图2-12　电解液温度与容量关系

由于上述原因,冬季起动时,蓄电池的端电压将会大幅度降低,往往导致起动、点火困难,因此冬季应注意对蓄电池的保温。

③ 电解液密度。适当增加电解液密度,可以提高蓄电池的电动势及电解液的渗透能力,并减小电解液的内阻,使蓄电池容量增加。但密度过大,将使其粘度增加,可使渗透能力降低,内阻增大,端电压及容量减小。电解液密度与蓄电池容量关系如图2-13所示。

实践证明：电解液密度偏低有利于提高放电电流和容量。冬季使用的电解液，在不使其结冰的前提下，尽可能采用稍低的电解液密度。

2.4 铅蓄电池的充电

2.4.1 充电方法

无论是启用新的蓄电池和修复后的蓄电池，还是装在车上使用的蓄电池以及存放的蓄电池，都必须对其进行充电，这对蓄电池的寿命有很大影响。

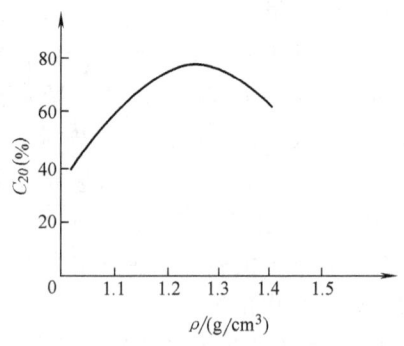

图 2-13 电解液密度与蓄电池容量的关系

蓄电池的常规充电方法有定流充电和定压充电两种，非常规充电方法有脉冲快速充电。

1. 定流充电

在充电过程中，充电电流保持不变的充电方法称定流充电（通过调整电压，保证电流不变）。

定流充电采用两阶段充电法，在第一阶段用较大电流充电，当单格电池电压升到 2.4V，电解液开始产生气泡后，将充电电流减小一半进行第二阶段定流充电，直到蓄电池完全充足电为止。定流充电特性曲线如图 2-14 所示。

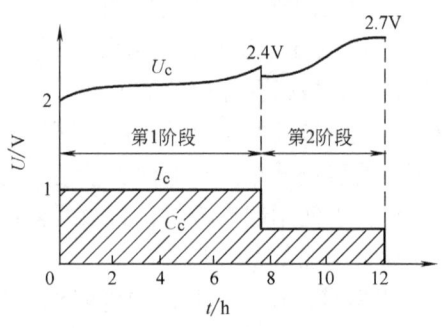

图 2-14 定流充电特性曲线

定流充电的优点为：充电电流可任意选择，有益于延长蓄电池寿命，可用于初充电和去硫化充电。可减少活性物质脱落，又能保证蓄电池充满电，完成一次初充电需 60~70h，补充充电需 10~13h。定流充电的缺点是充电时间长，且需要经常调整充电电流。

2. 定压充电

在充电过程中，充电电压保持不变的充电方法称定压充电，是蓄电池在汽车上由发电机对其进行充电的方法。定压充电特性曲线如图 2-15 所示。

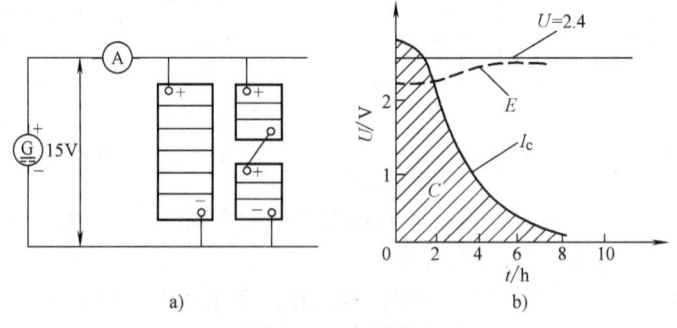

图 2-15 定压充电
a) 连接简图　b) 充电特性

定压充电的优点为：充电速度快，充电时间短，充电电流会随着电动势的上升而逐渐减小到零，使充电自动停止，不必人工调整和照管。

定压充电的缺点是：充电电流大小不能调整，所以不能保证蓄电池彻底充足电，也不能用于初充电和去硫化充电。

在定压充电过程中，充电电压对充电的效果影响很大，如果充电电压合适，蓄电池充足电后，充电电流可自动减小到 0。如果充电电压低，蓄电池将充不满电，对蓄电池的使用寿命会产生很大的影响。如果充电电压过高，在蓄电池充满电后还会继续充电，此时的充电即为过充电，过充电将会消耗电解液中的水，也会影响蓄电池的使用寿命。

3. 脉冲快速充电

快速充电，也为分段充电法。该方法的显著特点是充电速度快，即充电时间大大缩短。一次初充电只需 5h 左右，补充充电只需 1h。采用这种方法充电，还可以使蓄电池容量增加，使极板去硫化明显。但其缺点是出气率高，即充电过程中产生大量的气泡，对极板活性物质的冲刷力强，易使活性物质脱落，因而对蓄电池的寿命有一定影响。快速充电的基本方法有脉冲快速充电和智能快速充电。

（1）脉冲快速充电　整个充电过程为：正脉冲充电、停充（25ms）、负脉冲（瞬间）放电或反充、再停充、再正脉冲充电。其充电电流波形如图 2-16 所示。

① 大电流恒流充电 $I_c = (0.8 \sim 1)C_{20}$，至单格电压升至 2.4V。

② 前停充 15~25ms。

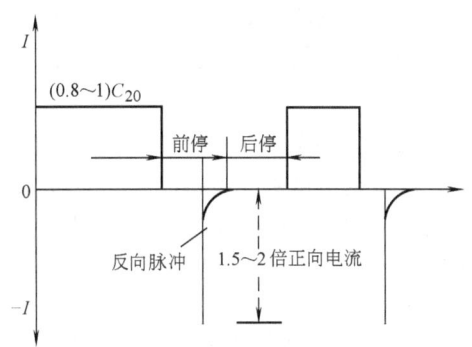

图 2-16　脉冲快速充电的电流波形

③ 反向脉冲充电 $I_c = (1.5 \sim 2.0)C_{20}$，时间为 150~1000μs。

④ 后停充 25~40ms，如此循环，直至充足电。

（2）智能快速充电　利用单片机的智能功能，控制充电电流按照最佳充电电流变化而实现快速充电的方法。

2.4.2　充电种类

1. 初充电

对新蓄电池或更换极板后的蓄电池在使用之前的首次充电称初充电。它的目的在于恢复蓄电池在存放期间，极板上部分活性物质缓慢放电和硫化而失去的电量。初充电的特点：充电电流小，充电时间长，必须彻底充足。

初充电的程序如下。

（1）加注电解液　新电池在出厂时没有装电解液，电解液是由使用者加注的，密度要符合厂家规定，液面高出极板上沿 15mm。加注电解液后，蓄电池应静置 3~6h，待温度低于 35℃后才能进行充电。

（2）初充电过程　将蓄电池接入充电机。用定流充电法。第一阶段充电的电流约为额定容量的 1/15，充电至电解液中逸出气泡，单格电压达到 2.4V 时为止。第二阶段充电的电流减半，充电至电解液沸腾，密度和端电压连续 3h 不变为止。整个初充电时间约 60h

左右。

（3）充电注意事项 充电过程中应经常测量电解液温度，上升到40℃时应将充电电流减半；上升到45℃时应停止充电，待冷却至35℃以下再进行充电。初充电接近完毕时应测量电解液密度，如果不符合规定值，应用蒸馏水或密度为 $1.4g/cm^3$ 的电解液调整，调整后再充电2h。新电池充电完毕后，要以20h放电率放电，再次充电，然后又以20h放电率再次放电。如果第二次放电的蓄电池容量不小于额定容量的90%，就可以使用了。

2. 补充充电

蓄电池在汽车上使用时，经常有充电不足的现象，应根据需要进行补充充电。需补充充电情况如下。

① 起动无力时（非机械故障）。

② 前照灯灯光暗淡，表示电力不足时。

③ 电解液密度下降到 $1.20g/cm^3$ 以下时。

④ 冬季放电超过25%，夏季放电超过50%时。

补充充电可采用定流充电，也可采用定压充电。采用定流充电与初充电相似，但充电电流可以略大一些。其充电过程如下。

① 充电前不需要加注电解液；若液面高度不够，应补加蒸馏水。

② 将蓄电池接入充电机。第一阶段充电的电流约为额定容量的1/10，充电至电解液中逸出气泡，单格电压达到2.4V时为止。第二阶段充电的电流减半，直到充足。总的充电时间约为13~16h。

3. 间歇过充电

间歇过充电是避免使用中蓄电池极板硫化的一种预防性充电。一般应每隔3个月进行一次。充电方法是先按补充充电方法充足电，停歇1h后，再以减半的充电电流进行过充电，直至充足电为止。

4. 循环锻炼充电

蓄电池在使用中常处于部分放电的状态，参加化学反应的活性物质有限，为迫使相当于额定容量的活性物质都能参加工作，以避免活性物质由于长期不参与化学反应而收缩，每隔一段时间（如：3个月）应对蓄电池进行一次循环锻炼充电。即按补充充电方法将蓄电池充足电，然后以20h放电率放完，再按补充充电的方法充足。

5. 去硫化充电

蓄电池发生硫化故障后，内阻将显著增大，充电时温升也较快。硫化严重的蓄电池只能报废，硫化程度较轻的可以用去硫化充电法消除硫化。去硫化充电的程序如下。

① 倒出电解液，加入蒸馏水冲洗两次后，再加入蒸馏水。

② 用初充电的电流或更小的电流进行充电，当密度上升到 $1.15g/cm^3$ 时，倒出电解液，再加蒸馏水继续充电，直至密度不再上升。

③ 以20h放电率电流放电至单格电压降到1.75V时，再进行上述充电。反复进行以上过程，直至输出容量达到额定容量的80%以上，即可使用。

2.4.3 充电设备

充电设备有以下两类。

① 车上的充电设备为发电机。
② 充电专用设备：硅整流充电机、晶闸管整流充电机、脉冲快速充电机、智能充电机。硅整流充电设备型号表示如下：

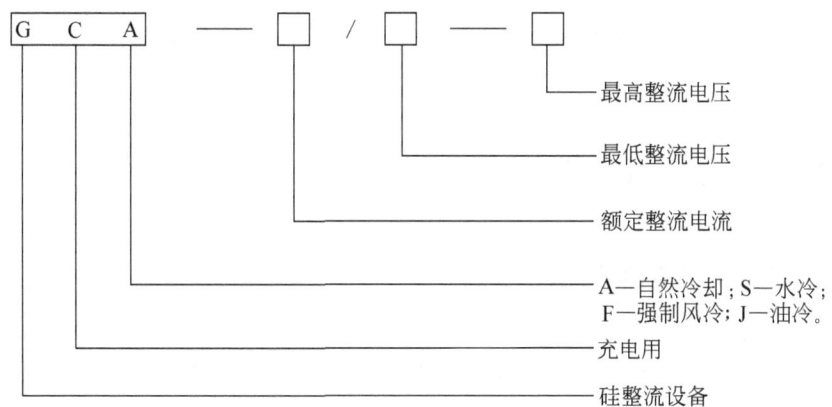

目前常用的充电设备是晶闸管整流充电机，现对它作简单介绍。

KGCA-20/100VIII型晶闸管整流充电机正面如图2-17a所示。它的背面如图2-17b所示。

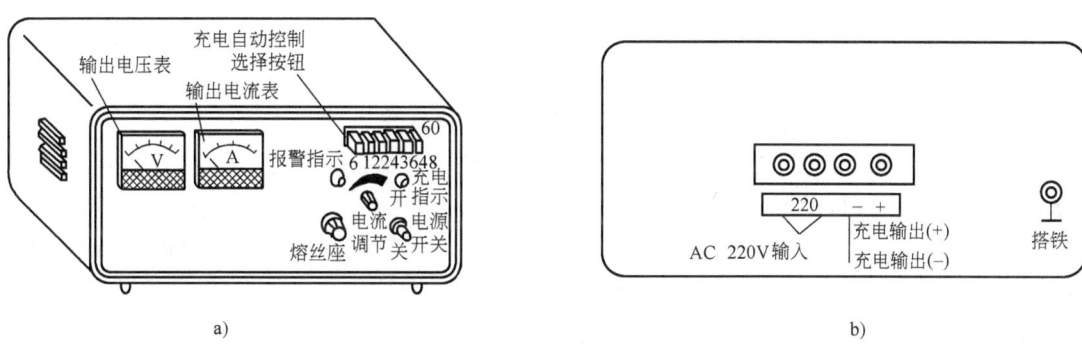

图2-17 充电机
a) 充电机正面 b) 充电机反面

(1) 主要性能指标
① 输出电流在0~20A范围内连续可调。
② 输入电压在150~250V范围内均可调。
③ 电压自动控制有6V、12V、24V、36V、48V、60V六档。

(2) 使用方法
① 交流输入用三根铜导线分别对应连接220V交流电源及搭铁。
② 将被充电蓄电池连接（一般为串联）成电池组，然后将电池组正、负极对应连接输出接线的正、负极（一般连接正极的导线采用红色）。
③ 使用自动控制方式时，若要对一只12V蓄电池充电，应按下12V按键；若为两只12V蓄电池串联，则应按下24V按键，依次类推。
④ 若不使用自动控制，则不需按自动控制键。

(3) 充电过程

① 连接蓄电池与充电机，先将电流调节到最小值，按下相应电压按键。

② 起动电源开关后，旋转电流调节旋钮，使电流表读数逐步增大到所需的充电电流，此时电压表指示充电电压，充电指示灯点亮。蓄电池充足电后会自动停机，并发出警报声。

③ 若设备有故障时，充电机会自动断电，红色指示灯点亮。此时应切断交流电源，消除故障，然后再充电。

2.5 铅蓄电池的使用与维护

2.5.1 铅蓄电池的正确使用及维护

1. 蓄电池的储存

(1) 新电池的储存 未启用的新电池，其加液孔盖上的通气孔均已封闭，不要捅破。储存方法和储存时间应以出厂说明为准。

保管蓄电池时应注意以下几点：

① 应存放在室温为 5~30℃，干燥、清洁及通风的地方。

② 不要受阳光直射，离热源（暖气片、火炉）距离不小于 2m。

③ 避免与任何液体和有害气体接触。

④ 不得倒置或卧放，不得叠放，不得承受重压，相邻蓄电池之间应相距 10cm 以上。

⑤ 新蓄电池的存放时间不得超过两年（自出厂之日算起）。

(2) 暂时不用的铅蓄电池的储存 对暂时不用的铅蓄电池，可采用湿储存方法，即先将蓄电池充足电，再将电解液密度调至 $1.24~1.28g/cm^3$，液面调至规定高度，然后将加液孔盖上的通气孔密封。存放条件与新蓄电池相同，存放期不得超过半年，期间应定期检查，如容量降低 25%，应立即补充充电，交付使用前也应先充足电。

(3) 长期停用的铅蓄电池的储存 停用期长（超过 1 年）的铅蓄电池，应采用干储存法，即先将充足电的铅蓄电池以 20h 放电率放完电，然后倒出电解液，用蒸馏水反复冲洗多次，直到水中无酸性，晾干后旋紧加液孔盖，并将通气孔密封后储存，存放条件与新蓄电池相同。重新启用时，以新蓄电池对待。

2. 启用新蓄电池

普通铅蓄电池启用时，首先擦净外表面，旋开加液孔盖，疏通通气孔，注入新电解液，静置 4~6h 后，调节液面高度到规定值，按初充电规范进行充电后即可使用。

干荷电铅蓄电池在规定存放期（一般为两年）内，启用时可直接加入规定密度的电解液，静置 20~30min 后，校准液面高度即可使用。若超期存放或保管不当损失部分容量，应在加注电解液后经补充充电方可使用。

3. 蓄电池的拆装

① 拆装、移动蓄电池时，应轻搬轻放，严禁在地上拖拽。

② 安装前应检查待用蓄电池型号是否和本车型相符，电解液密度和高度是否符合规定。

③ 安装时必须将蓄电池固定在托架上，塞好防振垫，以免汽车行驶时蓄电池在框架中

振动。

④ 极桩上应涂上凡士林或润滑脂，以防腐防锈。极桩卡子应紧固，与极桩之间保持接触良好。

⑤ 蓄电池搭铁极性必须与发电机一致，不得接错。

⑥ 接线时先接正极后接负极，拆线时相反，以防金属工具搭铁，造成蓄电池短路。

4. 蓄电池的维护

① 保持蓄电池外表面的清洁干燥，及时清除极桩和电缆卡子上的氧化物，并确定蓄电池极桩上的电缆连接牢固。

清洗蓄电池时，最好从车上拆下蓄电池，用苏打水溶液冲洗整个壳体，然后用清水冲洗蓄电池并用纸巾擦干。对蓄电池托架，可先用腻子刀刮净厚腐蚀物，然后用苏打水溶液清洗托架，之后用水冲洗并干燥。托架干燥后，漆上防腐漆。

对极桩和电缆卡子，可先用苏打水溶液清洗，再用专用清洁工具进行清洁，清洗后，在电缆卡子上涂上凡士林或润滑脂防止腐蚀。

注意：清洗蓄电池之前，要拧紧加液孔盖，防止苏打水进入蓄电池内部。

② 保持加液孔盖上通气孔的畅通，定期疏通。

③ 定期检查并调整电解液液面高度，液面不足时应补加蒸馏水。

④ 汽车每行驶 1000km 或夏季行驶 5~6 天，冬季行驶 10~15 天，应用密度计或高率放电计检查一次蓄电池的放电程度，当冬季放电超过 25%，夏季放电超过 50% 时，应及时将蓄电池从车上拆下进行补充充电。

⑤ 根据季节和地区的变化及时调整电解液的密度。冬季可加适量的密度为 $1.40g/cm^3$ 的电解液，以调高电解液的密度（一般比夏季高 $0.02~0.04g/cm^3$ 为宜）。

⑥ 冬季向蓄电池内补加蒸馏水时，必须在蓄电池充电前进行，以免水和电解液混合不均而引起结冰。

⑦ 冬季蓄电池应经常保持在充足电的状态，以防电解液密度降低而结冰，引起外壳破裂。

2.5.2 铅蓄电池常见故障与排除方法

铅蓄电池在使用过程中出现的故障，按部位可分为外部故障和内部故障。

① 外部故障：外壳破裂、极桩腐蚀、极桩松动、封胶干裂。

② 内部故障：极板硫化、自放电、极板短路、活性物质脱落、极板栅架腐蚀、极板拱曲。

本节重点介绍铅蓄电池的内部故障。

1. 极板硫化

（1）故障现象

① 蓄电池容量降低，用高率放电计检测，单格电压迅速下降。

② 电解液的密度下降到低于规定的正常数值。

③ 蓄电池在开始充电及充电完毕时电压过高，可达 2.7V 以上。

④ 蓄电池在充电时过早地产生气泡，甚至一开始充电就有气泡。

⑤ 蓄电池在充电时电解液温度上升得过快，易超过 45℃。

⑥ 蓄电池放电时电压下降过快（用低放电率放电），过早地降至终止电压。

⑦ 在极板上生成坚硬、不易溶解的白色大颗粒物。

（2）故障原因

① 蓄电池在放电与半放电状态下长期放置，由于硫酸铅在存在昼夜温差的情况下，不断在电解液中有溶解与结晶两个相反的过程交替发生，产生再结晶，经过多次再结晶，便在极板上形成粗大的不易溶解的硫酸铅晶粒。

② 蓄电池经常过量放电或小电流深度放电，从而在极板细小孔隙的内层生成硫酸铅，平时充电不易恢复。

③ 电解液液面过低，极板上部的活性物质露在空气中被氧化，汽车行驶时电解液的波动使其接触氧化了的活性物质，生成粗晶粒的硫酸铅。

④ 初充电不彻底或不进行定期补充充电。蓄电池初充电不彻底或使用期间不进行定期补充充电，使其在半充电状态长期使用，极板上的放电产物硫酸铅长期存在，也会通过再结晶形成粗大的颗粒。

⑤ 电解液不纯或其他原因导致蓄电池自行放电，均会产生硫酸铅，从而为硫酸铅再结晶提供物质基础。

（3）故障排除　蓄电池出现轻度硫化故障，可用 2~3A 的小电流长时间充电，即过充电；或用全放、全充的充放电循环方法使活性物质还原。也可用去硫化充电的方法消除。硫化严重的蓄电池，应予以报废。

2. 自行放电

（1）故障现象　充足电的蓄电池放置不用，逐渐失去电量的现象。普通蓄电池由于本身结构的原因，会产生一定的自放电。一般自放电每昼夜容量下降在 1% 以内，可视为正常现象，如果每昼夜容量下降超过 2%，就应视为故障。

（2）故障原因

① 电解液不纯，电解液中的杂质沉附于极板上产生局部放电。

② 蓄电池溢出的电解液堆积在盖板上，使正负极桩形成回路。

③ 蓄电池长期放置不用，硫酸下沉，下部密度较上部大，极板上下部发生电位差引起自行放电等。

④ 极板活性物质脱落，下部沉淀物过多使极板短路。

（3）故障排除　发生自行放电故障后，应倒出电解液，取出极板组，抽出隔板，再用蒸馏水冲洗极板和隔板，然后重新组装，加入新的电解液重新充电。

3. 极板短路

（1）故障现象

① 充电时电解液温度迅速升高，而端电压和电解液密度上升缓慢。

② 充电末期气泡少，用高率放电计检查时，端电压迅速下降为零。

（2）故障原因

① 隔板损坏。

② 极板拱曲（由充、放电电流过大引起）造成隔板破损。

③ 活性物质大量脱落沉积于蓄电池底部，使极板底部短接。

（3）故障排除　拆开蓄电池，查明原因方可排除。

4. 活性物质脱落

(1) 故障现象 充电时有褐色物质自底部上升,主要指正极板上的 PbO_2 脱落,蓄电池容量明显不足。

(2) 故障原因

① 充电电流过大或过度充电时间太长。

② 低温时大电流放电,极板拱曲。

③ 电解液不纯。

④ 蓄电池使用中受到过于剧烈振动。

(3) 故障排除 活性物质脱落不严重的蓄电池,可将蓄电池全放电,倒出电解液,用蒸馏水冲洗蓄电池内部,最后对蓄电池补充充电后可继续使用,严重时更换极板或报废。

5. 蓄电池反极

(1) 故障现象

① 蓄电池组电压下降,输出容量下降。

② 极板、极桩颜色异常,严重时会造成活性物质脱落和极板拱曲。

(2) 故障原因

① 多个蓄电池串联使用时,如果个别蓄电池或蓄电池单格的容量比其他的蓄电池单格都低,成为一个反极充电电池,其实质就是严重的过量放电。

② 充电时,蓄电池与充电机接线错误,造成充电电流反向。

(3) 故障排除 当发现有反极蓄电池时,应立即对反极蓄电池进行单独充电。并对反极蓄电池进行多次充放电循环锻炼,直至与其他蓄电池一致。

2.5.3 蓄电池典型故障诊断与排除

案例一 蓄电池发生爆炸

1. 故障现象

一辆解放 CA1091 型装运水泥的货车,在炎热的夏天行驶时,突然发生蓄电池爆炸,幸好驾驶人处理得当,才没有发生交通事故。

2. 故障检修

停车检查被炸蓄电池时,发现蓄电池加液孔盖上的通气孔已被尘土和氧化物堵塞,将被炸的蓄电池碎片清除干净,换上充足电的新蓄电池,故障排除。

3. 故障分析

驾驶人因长期没有很好地维护和冲洗蓄电池外壳,使蓄电池加液孔盖的小孔不畅通。这样,在充电时,蓄电池内部电解液温度上升,电解液分解出的氢气、氧气较多而不能及时排出,造成蓄电池内部气体膨胀,特别是在炎炎夏日,往往会引起蓄电池爆炸。另外,蓄电池内部联条虚焊,产生火花,H_2 遇火花也会引起蓄电池爆炸。

案例二 富康 ZX 型(1.36L)轿车免维护蓄电池损坏故障

1. 故障现象

点火开关置于起动档,起动机不能运转;按动喇叭开关,响声低微;灯光暗淡无光。

2. 故障检修

故障现象表明,蓄电池严重亏电。富康轿车安装的免维护蓄电池,其状况可从蓄电池顶部的检查指示器看出。指示器指示为绿色,蓄电池电量充足;指示器指示为暗灰色,表明蓄电池需要充电;指示器指示为透明无色则表明蓄电池电解液已消耗到极限,蓄电池应当报废。

查视结果,免维护蓄电池电解液已消耗到极限,指示器为透明无色。更换免维护蓄电池。

3. 故障分析

免维护蓄电池性能较普通铅蓄电池性能优越,使用寿命较长。但在过充电电流冲击下同样会损坏。免维护蓄电池当检查指示器为暗灰色时,同样需要充电。持续充电需3天,充电电压为13.9~14.9V,充电电流小于25A。当蓄电池电解液从出气孔溢漏冒气或电解液温度高于45℃时,每隔1h就要查看充电状态,至指示器出现绿点,则充电完毕。

2.6 电动汽车用蓄电池

汽车上所用的蓄电池由于比容量小、需经常充电,不宜作为电动汽车的动力源。电动汽车上使用的蓄电池应符合以下要求:使用寿命长、比容量高、使用持续里程长、质量小、充放电性能好。目前电动汽车用蓄电池的种类很多,例如镉镍(Ni—Cd)电池、氢镍(Ni—MH)电池、钠硫(Na—S)电池、锂电池、锌—空气电池、飞轮电池、燃料电池、太阳能电池等。

1. 镉镍电池

镉镍电池的比能量可达53W·h/kg,其比功率超过190W/kg,可以快速充电,过充放电性能好,深度放电性能好,循环使用寿命较长。

2. 氢镍电池

氢镍电池是由以储氢合金作为活性物质的负极、以氢氧化镍作为活性物质的正极及隔膜组成,其比能量可望超过80W·h/kg,循环使用寿命可望超过2000次。

3. 钠硫电池

钠硫电池是一种新型高能电池,其理论比容量可高达760W·h/kg,目前实际上达到300W·h/kg,而且充电持续里程长、循环寿命长。

4. 锂电池

锂电池(这里主要指二次锂电池)具有比能量高等一系列优点。锂电池有锂离子电池、高温锂熔盐电池、锂聚合物电池(常温)及锂聚合物固体电解质电池(常温)。

(1) 高温锂熔盐电池 该种电池负极是锂合金,正极是硫化铁,硫化铁有两种,即FeS和FeS_2。该种电池目前一般水平为:比能量100W·h/kg,比功率100~120W/kg,100%放电时的循环寿命约350次。

(2) 锂聚合物电池(常温) 这种电池用锂合金做阳极,高分子导电材料做阴极,有机溶剂做电解质,导电材料的种类很多,有聚乙炔、聚苯胺、聚对苯酚等,聚苯胺电池比能量有望达到350W·h/kg,但比功率目前只有50~60W/kg,寿命也只有300次左右,过充电、快充电、价格等问题还有待解决。

5. 锌—空气电池

锌—空气电池的比容量可达400W·h/kg。充电状态时,正极是空气电极,活性物质是空气中的氧。负极是纯锌电极,电解液为 KOH 水溶液。充电时,锌—空气电池的工作电压为 1.1~1.4V,放电终止电压为 0.9V。

本 章 小 结

1. 蓄电池是一种既能将化学能转化为电能,也能将电能转换为化学能的可逆低压直流电源。

2. 蓄电池在发动机起动时供电,在发动机停止或怠速时也由蓄电池供电。

3. 每当出现供电需求超出发电机输出时,蓄电池也参与供电。

4. 蓄电池可以缓和电气系统中的冲击电压。

5. 蓄电池主要包括极板、隔板、电解液和外壳等。

6. 蓄电池正极板上的活性物质是二氧化铅,负极板上的活性物质是海绵状纯铅。

7. 电解液由蒸馏水和纯硫酸组成,其密度为 1.24~1.30g/cm^3。

8. 蓄电池在放电过程中,正负极板上的活性物质都转变为硫酸铅。

9. 干荷电蓄电池在加入电解液,静置 20~30min 后即可投入使用。

10. 蓄电池的型号中第一部分表示蓄电池的单格数,第二部分表示蓄电池的类型,第三部分表示极板类型,第四部分表示额定容量,第五部分表示特殊性能。

11. 蓄电池放电终了的特征是单格电压降低到最低允许值,电解液密度下降到最低许可值。

12. 蓄电池充电终了的特征是单格电压上升到最大值;电解液密度上升到最大值;电解液呈沸腾状况。

13. 蓄电池容量的单位为 A·h(安培·小时),常用的容量有额定容量和起动容量。

14. 影响蓄电池容量的影响因素有:放电电流、电解液的温度和电解液的密度。

15. 接通起动机的时间不要超过 5s,两次起动之间的间隔为 15s。

16. 如果能确认蓄电池的电解液没有泄漏,在电解液不足时,应补加蒸馏水。

17. 蓄电池的充电方法有定电流充电、定电压充电和快速充电等。

18. 充电种类有初充电、补充充电、去硫化充电等。

19. 蓄电池极板硫化的原因主要是长期充电不足,电解液不足等。

20. 蓄电池技术状况的检查主要包括电解液液面高度的检查,电解液密度的检查等。

21. 一般情况下,电解液密度每下降 0.01g/cm^3 相当于放电 6%。

习题与思考题

一、选择题

1. 铅蓄电池的内阻大小主要取决于_____。
   A. 极板的电阻　　　　B. 电解液的电阻　　　　C. 隔板的电阻

2. 蓄电池亏电长期放置不用,容易造成_____。
   A. 极板硫化　　　　B. 极板短路　　　　C. 活性物质脱落

3. 蓄电池额定容量与_____有关。
   A. 单格数　　　　B. 电解液数量　　　　C. 单格内极板片数　　　　D. 温度

4. _____铅蓄电池使用前,一定要经过初充电。

A. 干荷电   B. 普通   C. 免维护

5. 蓄电池电解液的相对密度一般为_____。

A. 1.24～1.28   B. 1.15～1.20   C. 1.35～1.40

6. 蓄电池在补充充电过程中，第一阶段的充电电流应选取其额定容量的_____。

A. 1/10   B. 1/15   C. 1/20

7. 下列原因哪一个可造成蓄电池硫化_____。

A. 大电流过充电   B. 电解液液面过高   C. 长期充电不足

8. 蓄电池在放电过程中，其电解液的密度是_____。

A. 不断上升   B. 不断下降   C. 保持不变

9. 蓄电池在正常使用过程中，如发现电解液的液面下降，应及时补充_____。

A. 电解液   B. 稀硫酸   C. 蒸馏水

10. 蓄电池放电时，端电压逐渐_____。

A. 上升   B. 平衡状态   C. 下降   D. 不变

11. 蓄电池电解液的温度下降，会使其容量_____。

A. 增加   B. 下降   C. 不变

12. 蓄电池极板上的活性物质在放电过程中都转变为_____。

A. 硫酸铅   B. 二氧化铅   C. 铅

二、判断题

1. 汽车行驶中充电指示灯亮表示蓄电池处于充电状态。（　　）
2. 将蓄电池的正负极板各插入一片到电解液中，即可获得12V的电动势。（　　）
3. 在放电过程中，蓄电池的放电电流越大，其容量就越大。（　　）
4. 蓄电池主要包括极板、隔板、电解液和外壳等。（　　）
5. 蓄电池极板硫化的原因主要是长期充电不足，电解液不足。（　　）
6. 在一个单格蓄电池中，负极板的片数总比正极板多一片。（　　）
7. 在定电压充电过程中，其充电电流也是定值。（　　）
8. 蓄电池可以缓和电气系统中的冲击电压。（　　）
9. 如果将蓄电池的极性接反，后果是有可能将发电机的励磁绕组烧毁。（　　）
10. 在放电过程中，正负极板的上的活性物质都转变为硫酸铅。（　　）
11. 免维护蓄电池在使用过程中不需补加蒸馏水。（　　）
12. 蓄电池正极板上的活性物质是二氧化铅，负极板上的活性物质是海绵状纯铅。
（　　）

三、简答题

1. 为什么单格电池内负极板比正极板多一片？
2. 汽车蓄电池产生硫化的原因？怎样才能避免硫化和解决硫化？
3. 影响蓄电池容量的使用因素有哪些？应注意什么？

实训项目一　铅蓄电池技术状况的检测

车辆牌号	车辆识别代码	发动机型号

一、实训目的

1. 了解蓄电池的检测仪器。
2. 掌握蓄电池的检测方法。

二、实训仪器和设备

1. 蓄电池若干个、电解液密度计、温度计、高率放电计、玻璃棒及玻璃管、盛水容器各若干。
2. 适量凡士林、润滑脂、蒸馏水、电解液、万用表。

三、实训步骤

1. 蓄电池外部检查

1）检查蓄电池封胶有无开裂和损坏，极桩有无破损，壳体有无泄漏，否则应修复或更换。

2）用温水清洗蓄电池外部的灰尘泥污，再用碱水清洗。

3）疏通加液盖通气孔，用钢丝刷或极桩接头清洗器除去极桩和接头的氧化物，并涂一层薄薄的工业凡士林或润滑脂。

2. 静止电动势（断路电压）检测

若蓄电池刚充过电或车辆刚行驶过，应接通前照灯远光30s，消除"表面充电"现象，然后熄灭前照灯，切断所有负载，用万用表测量蓄电池的断路电压，根据表2-8判断放电程度。

3. 电解液液面高度检测

如图2-18所示，用内径为4～6mm、长度约150mm的玻璃管检测电解液液面高度。要求液面高出隔板上沿10～15mm。对于半透明式蓄电池，液面应位于最高和最低液面标记之间。液面过低时，应补加蒸馏水；液面过高时，应用密度计吸出部分电解液。

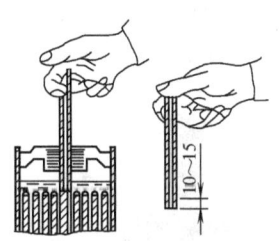

图2-18　检查电解液液面高度

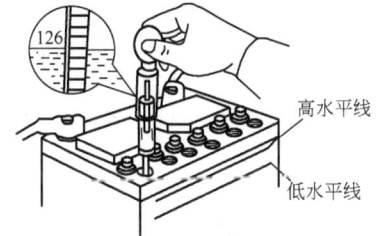

图2-19　检查电解液密度

4. 电解液密度检测

电解液密度的大小是判断蓄电池容量的重要标志。测量蓄电池电解液密度时，蓄电池应处于稳定状态。蓄电池充、放电或加注蒸馏水后，应静置0.5h后再测量。

1）用吸式密度计测量电解液密度，其测量过程如图2-19所示。

首先，捏住密度计的橡胶球，将密度计下端的吸管插入单格电池的加液孔内，慢慢放开橡胶球，使电解液吸入到玻璃管中，吸入的电解液的量以能使密度计浮子浮起而不会顶

(续)

车辆牌号	车辆识别代码	发动机型号

住为宜。然后，使密度计的浮子浮在玻璃管的中央（不要与管壁接触），慢慢将密度计提出液面，密度计不要离开蓄电池加液孔上方，读出电解液密度值。要求读数时密度计刻度线与眼睛保持平齐，测得的密度值应换算至标准温度 25℃ 时的密度（采用公式 $\rho_{25℃} = \rho_t + \beta(t-25)$ 校正），同时测量电解液温度。

用吸式密度计依次检查每个单格的电解液密度，每单格密度差应小于 0.025g/cm^3，大于该值则说明蓄电池失效。对于免维护蓄电池多数均设有内装式密度计（充电状态指示器），根据指示器的颜色判定。绿色表示充足电；当变黑色和深绿色时，说明存电不足，应予以充电；当显示浅黄色或者无色透明时，必须更换蓄电池。

2）放电程度的判断。电解液密度与放电程度的关系是：密度每下降 0.01g/cm^3 相当于蓄电池放电 6%。当判断蓄电池在夏季放电超过 50%，冬季放电超过 25% 时，不宜再继续使用，应及时进行补充充电，否则会使蓄电池早期损坏。

5. 负荷试验检测

（1）高率放电计测试

1）对于只能检测单格蓄电池电压的普通高率放电计（如图 2-20a 所示），测量时将两个叉尖紧压在单格电池的正负极柱上，若电压稳定，根据表 2-8 判断放电程度；若在 5s 内电压迅速下降，或某一单格电池比其他单格要低 0.1V 以上时，则表示有故障。

表 2-8 蓄电池电压与放电程度对照表

蓄电池断路电压/V	≥12.6	12.4	12.2	12.0	≤11.7
高率放电计检测蓄电池电压/V	11.6~10.6	9.6~10.6		≤9.6	
高率放电计(100A)检测单格电压/V	1.7~1.8	1.6~1.7	1.5~1.6	1.4~1.5	1.3~1.4
放电程度(%)	0	25	50	75	100

2）对于新式 12V 高率放电计，如图 2-20b 所示。将两放电针压在蓄电池正负极桩上，保持 5s，若电压稳定，根据表 2-8 判断放电程度；若电压迅速下降，说明蓄电池已损坏。

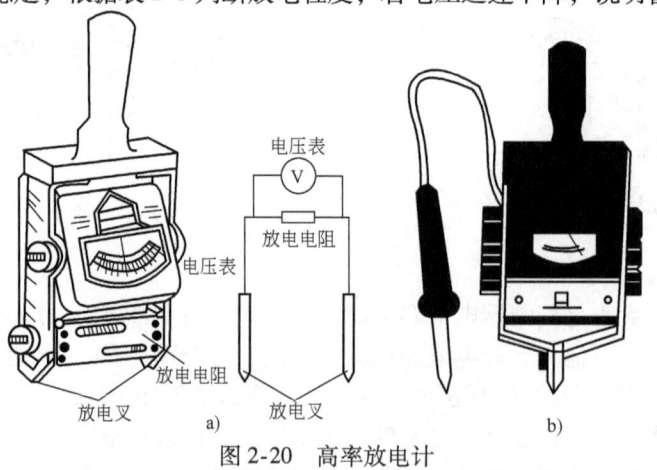

图 2-20 高率放电计

a）单格电池用高率放电计　b）整体电池用高率放电计

(续)

车辆牌号	车辆识别代码	发动机型号

(2) 利用专用测试仪测量端电压

1) 对于奥迪轿车应使用蓄电池测试仪检查放电程度。该测试仪实际上就是大功率、大量程的高率放电计，如图 2-21 所示。

将蓄电池测试仪连接到蓄电池的正极桩和负极桩上，当负载电流近似为 110A 时，必须达到最小电压 9.6V；如果在测量过程中（最后 5~10s）电压下降到规定值以下，则说明蓄电池已过放电或出现故障（桑塔纳轿车的蓄电池测量方法相同）。

2) 对于许多车型，检查蓄电池的放电程度可使用两种方法，即测量电解液密度换算放电程度和大负荷放电测量端电压法。

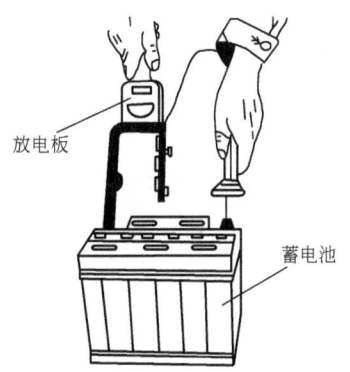

图 2-21 奥迪轿车蓄电池测试仪

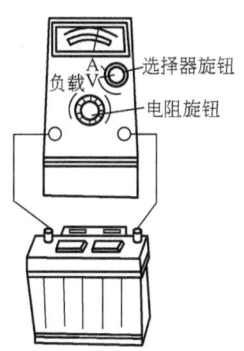

图 2-22 SVAT-40 型测试仪

(3) 大负荷放电测试蓄电池端电压法 使用 SVAT-40 型测试仪（如图 2-22 所示）进行测试，方法如下：

将电阻旋钮旋至 OFF（断开）档，选择旋钮旋至 AMP（安培）档，顺时针方向旋转负载旋钮，直至仪表显示所需电流值，保持 15s 后，旋转选择旋钮至 VOLTS（伏特）档，观察电压表值。若电解液温度在 21℃ 以上，电压大于 9.6V，说明蓄电池良好；若电压低于 9.6V，说明蓄电池亏电或存在故障。

(4) 车上起动测试 拔下分电器中央线并搭铁，将万用表接在蓄电池正负极桩上，接通起动机 5s，电压应不低于 9.6V。

四、实训注意事项

1. 测密度和液面高度时注意不要将电解液落到地面和其他物面上。
2. 密度计、温度计、玻璃管用后立即用清水洗净放好，以免接触物受损和仪器损坏。
3. 用高率放电计测量电压时，接通时间不超过 5s，以防止蓄电池长时间大电流放电。

五、实训数据或现象记录、处理、分析

将数据填入表 2-9，并加以分析。

(续)

车辆牌号	车辆识别代码	发动机型号

表2-9 蓄电池技术状况检查

序号	检查项目	测量结果						结果分析及处理方法
1	蓄电池断路电压的检测							
2	电解液液面高度的检测	1	2	3	4	5	6	
3	电解液实测温度							
4	电解液相对密度的检测 ρ_t							
4	电解液相对密度的检测 $\rho_{25℃}$							
5	负荷实验的检测							
6	按放电电压估算放电程度							
7	加液孔盖情况							

六、思考题或讨论题

用高率放电计测量蓄电池电压时为什么测量时间不得超过5s?

实训项目二 蓄电池的充电

车辆牌号	车辆识别代码	发动机型号

一、实训目的
1. 掌握电解液的配制方法和安全操作规程。
2. 掌握蓄电池充电设备的使用方法及充电电路连接。
3. 掌握蓄电池初充电、补充充电的方法。

二、实训仪器和设备
各种蓄电池若干个,充电机若干台;玻璃杯、玻璃棒、密度计、温度计若干个;蒸馏水、浓硫酸适量。

三、实训步骤
1. 电解液的配制

配制电解液时,应选择符合标准的纯硫酸和蒸馏水,根据当地的气温条件,参照表2-1选择合适的电解液密度。配制电解液时,先用耐酸的容器装蒸馏水,然后将浓硫酸慢慢注入水中,同时用清洁的玻璃棒或木棒搅拌,使其混合均匀。测量密度和温度,若不符合要求,适当调整,直至合格为止。

2. 蓄电池充电接线方法

(1) 定流充电的接线方法

1) 如要将容量不同、电压不同的蓄电池同时充电时,可按图2-23所示方法接线。选择各种充电电流时,可分别调节变阻器。此法适用于大容量的充电机对大批量蓄电池充电。

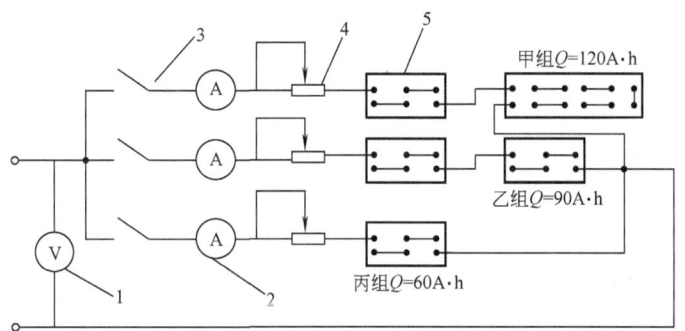

图2-23 按容量分组的定流充电电路
1—电压表 2—电流表 3—充电开关 4—变阻器 5—蓄电池

2) 用小容量充电机对蓄电池充电时,可根据充电机的最高电压将几只蓄电池串联起来(可串联的12V蓄电池个数 $N=$ 充电机的额定电压$/6×2.7$)进行充电,但各蓄电池的容量尽可能相同,否则充电机电流应以小容量的蓄电池来计算,接线方法如图2-24所示。调节充电电流时,只要旋转电压调节钮即可得到不同的充电电流。本实验即按此种方法进行。为观察不同充电阶段蓄电池的情况,三只蓄电池可分别用放完电的、进入第二阶段充电的和进入充电终了阶段的蓄电池。

(续)

车辆牌号	车辆识别代码	发动机型号

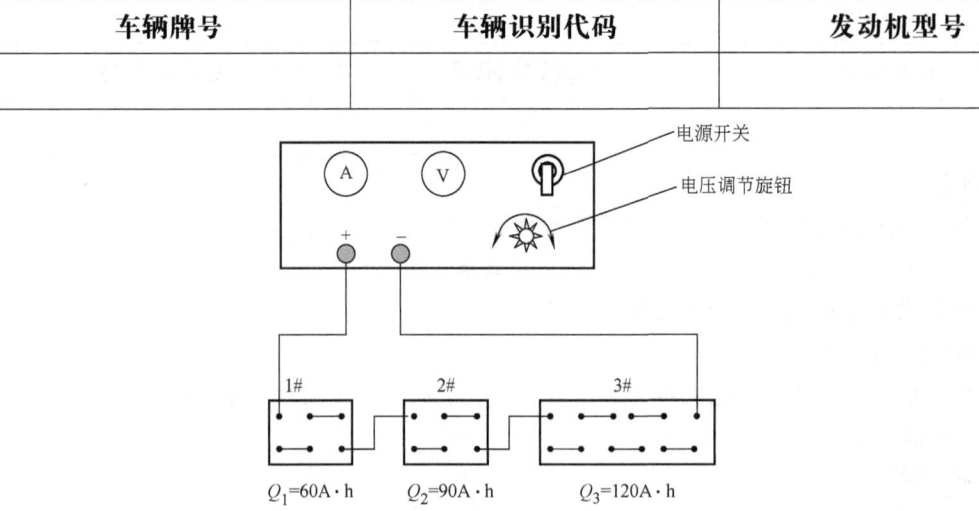

图 2-24　不同容量不同电压的蓄电池定流充电

（2）定压充电的接线方法　蓄电池容量不同但额定电压相同，且充电机输出电压受条件限制时，可用定压充电方法充电，其接线方法可按图 2-25 所示进行。本实验不进行此项内容。

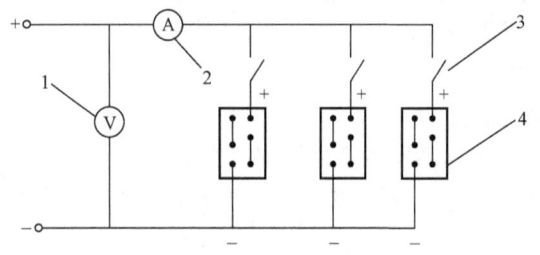

图 2-25　定压充电电路
1—电压表　2—电流表　3—充电开关　4—蓄电池

3. 蓄电池的初充电

对于干荷蓄电池初次使用，只需按规定加足电解液后，静放 20~30min 即可装车使用。

4. 蓄电池的补充充电

① 从汽车上拆下蓄电池，清洁蓄电池外部的脏污以及极桩上的氧化物，疏通加液孔盖上的通气小孔。

② 旋下加液孔盖，检查电解液的液面高度，如不符合规定要求，应添加蒸馏水，但如果确定是电解液逸出，导致液面下降，则应用密度为 $1.40g/cm^3$ 的稀硫酸调配，电解液液面高出极板上缘 10~15mm。

③ 用高率放电计检查各单格电池的放电情况，要求蓄电池的各个单格电压读数基本一致。

④ 将蓄电池与充电机连接，充电机的正、负极接到蓄电池的正、负极，准备充电。

⑤ 补充充电常采用改进恒流充电法。分两个阶段：第一阶段的充电电流约为蓄电池额定容量的 1/10，充至单格电压达 2.3~2.4V；第二阶段的充电电流约为蓄电池额定容量

(续)

车辆牌号	车辆识别代码	发动机型号

的 1/20，充至单格电压达 2.5～2.7V，电解液密度达到规定值，并在 2～3h 内基本不变，蓄电池内产生大量气泡，电解液呈"沸腾"状态。此时表示蓄电池电已充足，整个充电时间约需 13～16h。

⑥ 将加液孔盖拧紧，擦净蓄电池表面，便可使用。

四、实训注意事项

1. 配制电解液的器皿必须是陶瓷、塑料或玻璃的耐酸材料制成。
2. 配制电解液前必须戴好耐酸手套，戴上防护眼镜。
3. 凡沾有电解液的器皿用完后应立即用清水冲洗干净，放在指定的地方。
4. 不得向蓄电池中添加自来水、井水、河水等代替蒸馏水。
5. 处于寒冬天气的蓄电池在充电之前需检查电解液是否结冰，不可对结冰的蓄电池进行充电，否则会引起爆炸。
6. 充电过程中应注意测量电解液的温度，当温度超过 40℃ 时应将电流减半，如温度继续升高达到 45℃ 时应停止充电，待冷却至 35℃ 以下时再充电。也可采用风冷和水冷的方法来降温。
7. 充电室要安装通风设备。
8. 充电时，蓄电池上部有易爆气体，不得在附近吸烟、使用明火或制造火花。

五、实训数据或现象记录、处理、分析

数据记入表 2-10 和表 2-11，并加以分析。

表 2-10 电解液配制用表

配制过程	蒸馏水用量/mL	硫酸用量/mL	温度/℃	密度 ρ_t/(g/cm^3)	密度 $\rho_{25℃}$/(g/cm^3)
调整前					
调整后					

表 2-11 蓄电池充电

充电电压/V									
充电电流/A									
蓄电池编号	1	2	3	1	2	3	1	2	3
蓄电池型号									
蓄电池端电压									
电解液密度/(g/cm^3)									
蓄电池内部观察情况									

六、思考题或讨论题

为什么在打开充电机的电源开关前应将电压调节旋钮调至最小的位置？

第 3 章 交流发电机及电压调节器

学习目标：

- 了解交流发电机的功用、分类。
- 掌握交流发电机的结构、工作原理及检测维修方法。
- 了解电压调节器的工作原理。
- 学会电压调节器的检测方法。
- 掌握汽车充电系的组成、电路及检测维修方法。

3.1 交流发电机的结构与型号

发电机是汽车电器的主要电源，由汽车发动机驱动，在发动机正常工作时，发电机对除起动机以外的所有用电设备供电，并向蓄电池充电以补充蓄电池在使用中所消耗的电能。

3.1.1 交流发电机分类

1. 按结构分类

（1）外装电压调节器式交流发电机 在载货汽车和大型客车上应用较普遍，如东风 EQ1090 型载货汽车使用的 JF132 型交流发电机，解放 CA1091 型载货汽车使用的 JF1522A 型交流发电机等。

（2）整体式交流发电机（内装电压调节器式） 内装电压调节器式交流发电机多用于轿车，如一汽奥迪、上海桑塔纳等轿车用 JFZ1913Z 型交流发电机。

（3）带泵交流发电机 带泵交流发电机多用于柴油车，在发电机后端带有真空制动助力泵，如 JFB1712 型交流发电机。

（4）无刷交流发电机 即无电刷、集电环结构的交流发电机。如 JFW1913 型交流发电机。

（5）永磁交流发电机 即转子磁极采用永磁材料的交流发电机。

2. 按励磁绕组搭铁方式分类

（1）内搭铁式交流发电机 即励磁绕组的一端引出来形成励磁接线柱，而另一端与发电机壳相连接，如东风 EQ1090 型车用的 JF132 型交流发电机。

（2）外搭铁式交流发电机 即励磁绕组的两个端子都和发电机外壳绝缘，引出来形成两个励磁接线柱，励磁绕组是通过调节器搭铁的，如解放 CA1091 型车使用的 JF152D、

JF1522A 型交流发电机。

3. 按装用的二极管数量分类

（1）6 管交流发电机 其整流器由 6 只硅二极管组成，这种型式应用最为广泛，如东风 EQ1090 车使用的 JF132 型、解放 CA1091 型车使用的 JF1522A、JF152D 型交流发电机等。

（2）8 管交流发电机 指具有两个中性点二极管的交流发电机，其整流器总成共有 8 只二极管，如天津夏利 TJ7100、TJ7100 微型轿车所用的 JFZ1542 型交流发电机。

（3）9 管交流发电机 指具有三个励磁二极管的交流发电机，其整流器总成共有 9 只二极管，如北京 BJ1022 型轻型载货车用的 JFZ141 型交流发电机。

（4）11 管交流发电机 指具有中性点二极管和励磁二极管的交流发电机，其整流器总成共有 11 只二极管。如桑塔纳轿车所用的 JFZ1913Z 型交流发电机。

3.1.2 交流发电机的型号

根据中华人民共和国汽车行业标准 QC/T 73—1993《汽车电气设备产品型号编制方法》规定，国产汽车交流发电机型号主要由下列五大部分组成，即

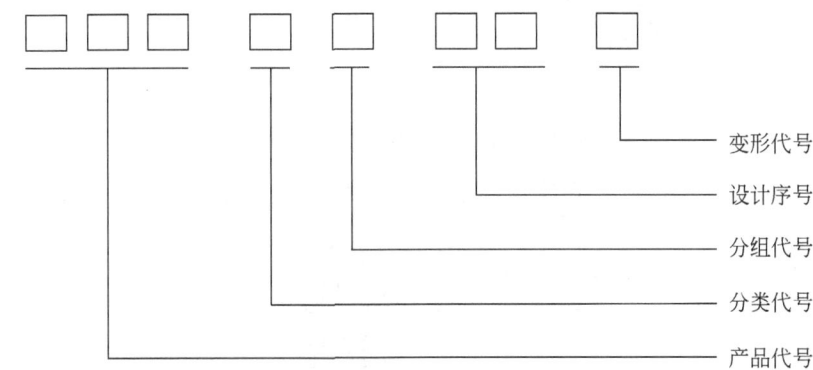

第一部分为产品名称代号。交流发电机产品名称代号为 JF；整体式交流发电机产品名称代号为 JFZ；带泵交流发电机产品名称代号为 JFB；无刷交流发电机产品名称代号为 JFW。J 表示"交"，F 表示"发"，Z 表示"整"，B 表示"泵"，W 表示"无"。

第二部分为分类代号，即电压等级代号，用一位阿拉伯数字表示：1——12V；2——24V；6——6V。

第三部分为电流等级代号，用一位阿拉伯数字表示，见表 3-1。

第四部分为设计序号，按产品设计先后顺序，用阿拉伯数字表示。

第五部分为变型代号，交流发电机以调整臂的位置作为变形代号。从驱动端看，Y——右边；Z——左边。

表 3-1 发电机电流等级代号

电 流 等 级	1	2	3	4	5	6	7	8	9
电流/A	≤19	20~29	30~39	40~49	50~59	60~69	70~79	80~89	≥90

例如：桑塔纳、奥迪 100 型轿车所使用的 JFZ1913Z 型交流发电机，其含义为电压等级为 12V、输出电流大于 90A、第 13 次设计、调整臂位于左边的整体式交流发电机。

3.1.3 交流发电机的结构

交流发电机从整体上看,由一台三相同步交流发电机和硅二极管整流器所组成。普通式与整体式的车用交流发电机在结构上大同小异,而无刷式和永磁式在结构上有较大的差异。

1. 整体式交流发电机

整体式交流发电机的结构如图 3-1 所示,它主要由定子、转子、电刷、整流器、前后端盖、风扇及传动带轮等组成。

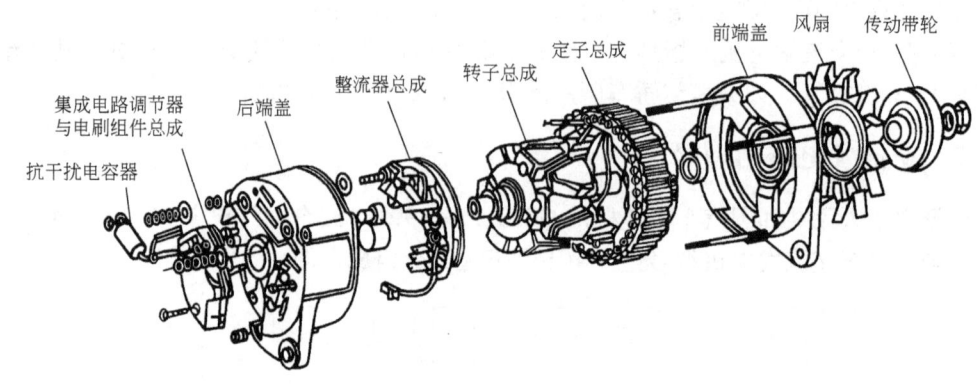

图 3-1 整体式交流发电机结构

(1) 定子总成 又叫电枢,它的作用是产生三相对称交流电。定子总成由铁心和定子绕组组成,如图 3-2 所示。

定子铁心由圆环状相互绝缘的硅钢片叠成,其内圆有沟槽,定子绕组就嵌装在沟槽内。

三相绕组的形状、尺寸完全相同,对称地安装在定子铁心的槽内,三相绕组大多数为星形联结形式。少数车型采用三角形联结。

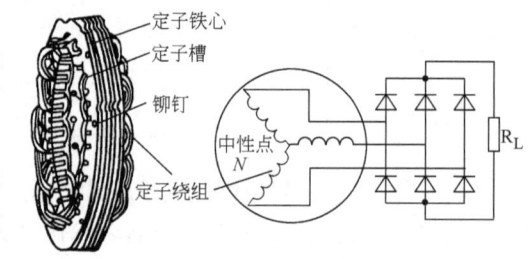

图 3-2 定子总成

(2) 转子总成 转子的总成作用是产生磁场,它主要由两块爪极、励磁绕组、集电环及轴等组成,如图 3-3 所示。

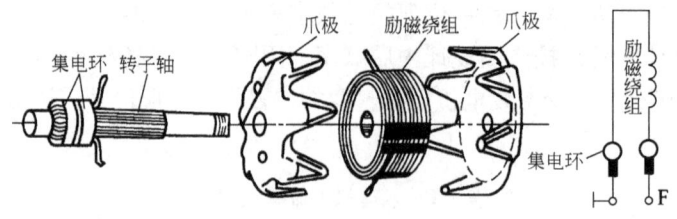

图 3-3 转子总成

转子轴上压装有导磁铁心(也称磁轭),铁心上绕有励磁绕组,两块爪极压装在转子轴上并与铁心压紧,绕组的两端线引出后,分别焊接在两个彼此绝缘的集电环上。电刷受弹簧作用与发电机集电环紧密接触。当电刷与电源接通时,励磁绕组有电流通过,产生磁场。两块爪极一块被磁化为 N 极，另一块被磁化为 S 极。于是在转子的表面形成了 N、S 极相互交错的六对磁极，并沿圆周方向均匀分布。转子每转一周，定子的每相绕组上就能产生周期个数等于磁极对数的交流电动势。

（3）整流器　整流器由正、负整流板组成，如图 3-4 所示。其作用是将电枢绕组产生的三相交流电转换成直流电。

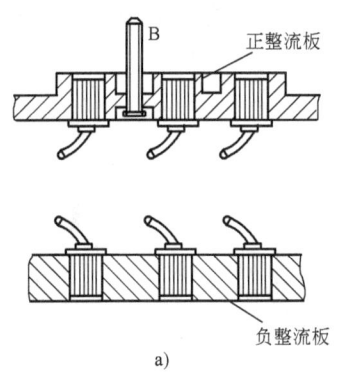
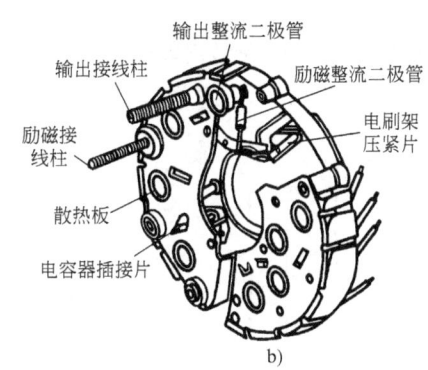

图 3-4　整流板
a) 正、负整流板　b) 整流板总成

交流发电机的整流器一般是由 6 只二极管组成的三相桥式整流电路，另外也有 8 管、9 管、11 管组成的整流器。外壳为正极、中心引线为负极的二极管，称负极二极管，一般在管壳上注有黑色（或绿色）标记；外壳为负极、中心引线为正极的二极管，称正二极管，一般在管壳上注有红色标记。

将正极管安装在一块铝制散热板上，称为正整流板；将负极管安装另一块铝制散热板上，称为负整流板，也可用发电机后盖代替负整流板，两块板绝缘地安置在一起，它与后端盖用尼龙或其他绝缘材料制成的垫片隔开且固定在后端盖上。

安装在正整流板上并与之绝缘的三个接线柱分别固定正、负管子的引线和来自三相绕组某一相的端头。与正整流板连接在一起的螺栓引至后端盖绝缘作为发电机的电源输出，其标记为"B"（"+"、"A"或"电枢"）。

（4）前、后端盖　前、后端盖上均有轴承座孔，用于安装滚子轴承以支撑转子。两端盖分别有挂脚，利用挂脚和调整臂将发电机安装固定在发动机上，改变调整臂的固定位置可以调整传动带的松紧程度。

前后端盖用铝合金材料制成，铝合金是非导磁材料，它既可以防止漏磁，又具有良好的导热性能，有利于散热。

（5）电刷及电刷架　电刷架安装在后端盖上。两电刷分别装在电刷架的两个方形孔内。电刷用石墨粉压制而成，带有一条多股铜质引线。电刷外端装有弹簧，依靠弹簧使电刷与集电环紧密接触。电刷架结构有两种形式，如图 3-5 所示，一种是拆装电刷可在

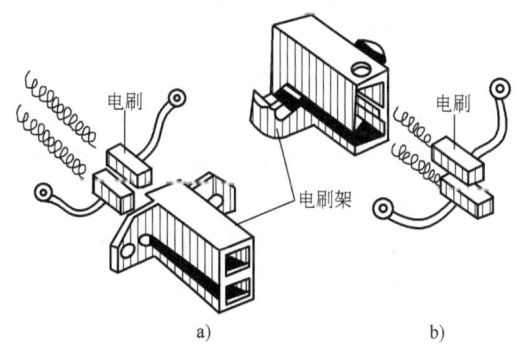

图 3-5　电刷架的结构
a) 外装式　b) 内装式

发电机外部进行的，另一种是拆装电刷必须在发电机内部进行的。

两电刷的引线分别接后端盖上的两个接线柱，按接线柱形式的不同，发电机被分成内搭铁和外搭铁两种形式。其中，内搭铁式发电机的一个接线柱与后端盖绝缘，称为"励磁"接线柱，标记"励磁"或"F"，另一接线柱与后端盖直接接触（搭铁），称为"搭铁"接线柱，标记"搭铁"或"−"。外搭铁式发电机的两接线柱都与后端盖绝缘，分别标记"F_1"、"F_2"。工作时，外搭铁式的励磁绕组的一端须经电压调节器在发电机外部搭铁。两种发电机励磁绕组的搭铁形式如图3-6所示。

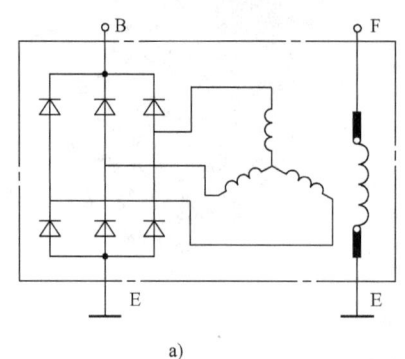
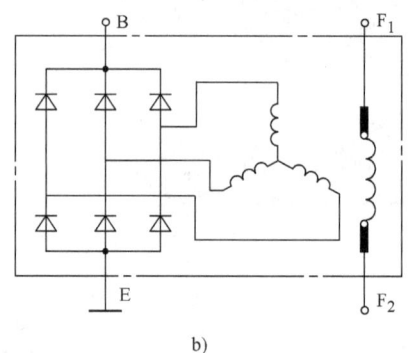

图3-6 励磁绕组的搭铁形式
a）内搭铁 b）外搭铁

（6）风扇及传动带轮 风扇一般用低碳钢板冲压而成，在发电机工作时，对发电机进行强制通风冷却。传动带轮一般用铸铁或铝合金铸造而成，有双槽和单槽之分。

2. 无刷交流发电机

汽车用无刷交流发电机是指没有电刷和集电环的交流发电机，工作时无火花，也减小了无线电干扰，它结构新颖、性能优良、工作稳定、故障少。缺点是爪极间连接工艺困难，发电机输出相同功率下需加大励磁电流。

无刷交流发电机分为爪极式、励磁机式、永磁式和感应子式四种。其中爪极式和感应子式比较常见。

（1）爪极式无刷交流发电机 爪极式无刷交流发电机的结构与一般交流发电机的结构大致相同，只不过其励磁绕组是静止的，不随转子转动，所以绕组两端可直接引出，不再需要电刷与集电环。

爪极式无刷交流发电机的结构如图3-7所示。励磁绕组装在发电机中部的磁轭托架上，磁轭托架用螺栓固定在端盖上。这样尽管磁极转动，励磁绕组并不转动。两爪极中，只有一爪极直接固定在发电机转子轴上，另一爪极则用非导磁材料将其与上一个爪极连接在一起。当转子旋转时，其上固定的爪极就带动不接转子的爪极一同在定子内转动。连接两个爪极的常用方法有非导磁连接环法和铜焊接法。

爪极与轴之间有一空腔，磁轭托架由此深入爪极的腔内，磁轭托架与爪极、转子磁轭之间均留出附加间隙 g_1 和 g_2 以便转子转动。

（2）感应子式无电刷交流发电机 感应子式无电刷交流发电机由定子、转子、整流器和机壳组成。它的转子是由齿轮状钢片铆成，其上有若干个沿圆周均匀分布的齿形凸极，而没有励磁绕组。励磁绕组和电枢绕组均安放在定子槽中，如图3-8所示。

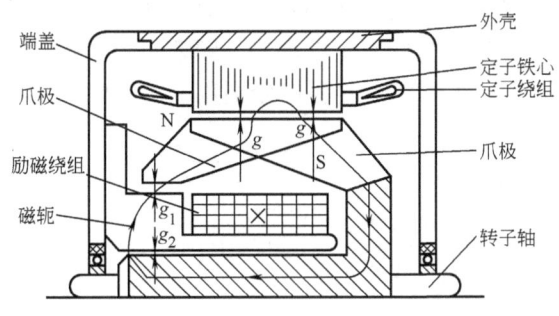

图3-7 爪极式无刷交流发电机的结构

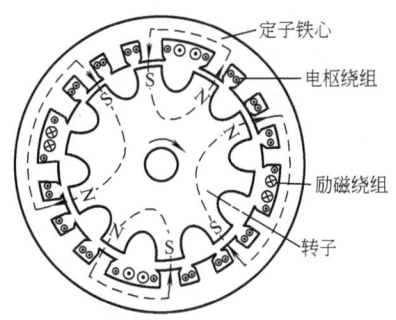

图3-8 感应子式无电刷交流发电机

当励磁绕组通入直流电后，在定子铁心中产生固定磁场（右上部、左下部为S极；左上部、右下部为N极）。由于转子4凸齿部分磁通容易通过，磁感应强度最大，从而形成磁极。但转子的每个凸齿是没有固定极性的，当它对着定子N极就是S极，对着S极就是N极。

转子凸齿在不运动的磁场内旋转时，当凸齿对着定子凸齿时，磁通量最大，当转子槽对着定子凸齿时则磁通量最小。因此，转子旋转时，定子凸齿内产生脉动磁通，在定子绕组中感应出交变电动势。将电枢绕组以一定的方式连接起来，并经整流，便可得直流电。

感应子式交流发电机与普通交流发电机的本质区别在于其交流电动势的频率恒等于$Zn/60$（Z为转子齿数，n为转子转速），与励磁绕组形成的磁极对数无关。此外，感应子式无刷交流发电机的质量比功率较低。

3.2 交流发电机的工作原理及特性

3.2.1 交流发电机的工作原理

1. 发电原理

交流发电机的三相定子绕组是对称的。即每相绕组的个数及每个线圈的匝数都相等，绕组的绕法也相同，且按相同的规律分布在定子铁心的槽中，它们之间互差120°电角度，发电机的工作原理如图3-9所示。

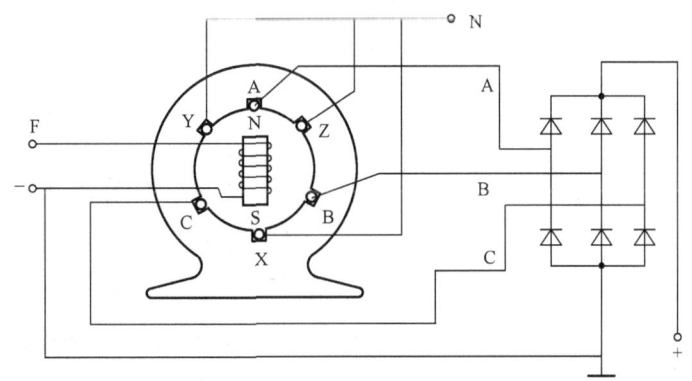

图3-9 交流发电机的工作原理

当励磁绕组有电流通过时,转子的两块爪极被磁化,形成了 N、S 极相互交错的六对磁极。发电机工作时,磁场同时旋转。于是,定子三相绕组与磁场发生相对运动,定子绕组切割磁极磁感线,产生感生电动势。三相定子绕组所产生的感生电动势是频率相同、最大值相同、相位相差 120°的三相对称正弦交流电动势。三相交流电动势分别用 e_A、e_B、e_C 表示,其瞬时值方程为

$$e_A = E_m \sin\omega t = \sqrt{2} E_\Phi \sin\omega t$$

$$e_B = E_m \sin(\omega t - 120°) = \sqrt{2} E_\Phi \sin(\omega t - 120°)$$

$$e_C = E_m \sin(\omega t + 120°) = \sqrt{2} E_\Phi \sin(\omega t + 120°)$$

式中　　E_m——每相电动势的最大值(V);

　　　　E_Φ——每相电动势的有效值(V);

　　　　ω——角频率($\omega = 2\pi f$)(rad/s)。

交流发电机每相绕组产生的交流电动势的有效值与发电机的转速和磁通的乘积成正比,可表示为

$$E_\Phi = C_1 n \Phi$$

式中　　C_1——发电机常数(与发电机的结构有关);

　　　　n——发电机转速(r/min);

　　　　Φ——磁极磁通(Wb)。

当发电机的三相绕组与整流器连接在一起时,三相绕组向整流器输出三相交流电,发电机输出的交流电压 u_A、u_B、u_C 也是对称的,电压波形如图 3-10b 所示。

2. 整流原理

(1) 二极管的导通原则

① 正极管的导通原则:瞬间正极电位最高者导通。

② 负极管的导通原则:瞬间负极电位最低者导通。

(2) 整流过程　以 6 个二极管构成的三相桥式整流电路为例,如图 3-10a 所示。3 个正二极管 VD_1、VD_3、VD_5 负极并联在正整流板上,3 个负二极管 VD_2、VD_4、VD_6 的正极并联在负整流板上。每个时刻有两个二极管(正、负二极管各一个)同时导通,同时导通的两个二极管总是将发电机的电压加在负载两端。

整流器的整流过程(如图 3-10b、c 所示):在 $t_1 \sim t_2$ 时间内,A 相电压最高,B 相电压最低,因而二极管 VD_1、VD_4 导通。电流由 A 点→VD_1→负载 R→VD_4→B 点。

在 $t_2 \sim t_3$ 时间内,二极管 VD_1、VD_6 导通;在 $t_3 \sim t_4$ 时间内,二极管 VD_3、VD_6 导通;在 $t_4 \sim t_5$ 时间内,二极管 VD_3、VD_2 导通。

依此类推,6 只二极管两两轮流导通,于是,

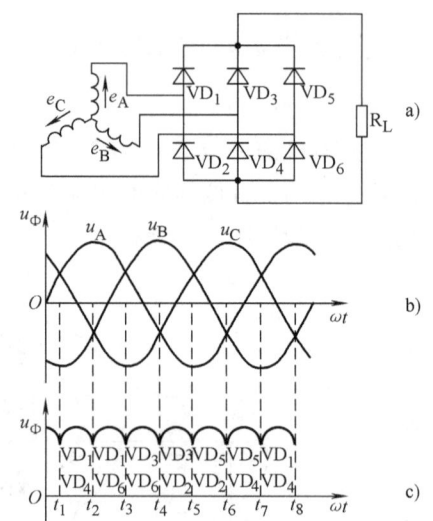

图 3-10　三相桥式整流器整流原理
a) 整流电路　b) 整流前三相交流电波形
c) 整流后负载上的电压波形

将电枢绕组产生的三相交流电转换为脉动的直流电，向负载 R 供电。输出电压波形见图 3-10c 所示。

在发电机空载运行时，如将三相绕组和二极管内阻的电压降忽略不计，发电机的直流电动势数值为三相交流电线电压的 1.35 倍，是三相交流电相电压的 2.34 倍。每一只硅二极管在一个周期内只导通 1/3 的时间，流过每个二极管的电流为负载电流的 1/3。

$$U_{AV} = 2.34 U_\Phi = 1.35 U_2$$

式中　U_{AV}——输出直流电压平均值（V）；

　　　U_Φ——发电机相电压有效值（V）；

　　　U_2——发电机线电压有效值。

某些型号的交流发电机把中性点用导线引出，接在中性点接线柱（一般用"N"标记）上。中性点电压 U_N 等于发电机端电压的 1/2，这一电压常用来控制充电指示灯或某些继电器。

除了部分交流发电机采用 6 个二极管构成的桥式整流电路外，还有部分交流发电机采用 8 个二极管、9 个二极管、11 个二极管构成的整流电路，如图 3-11 所示，其整流过程基本相似。

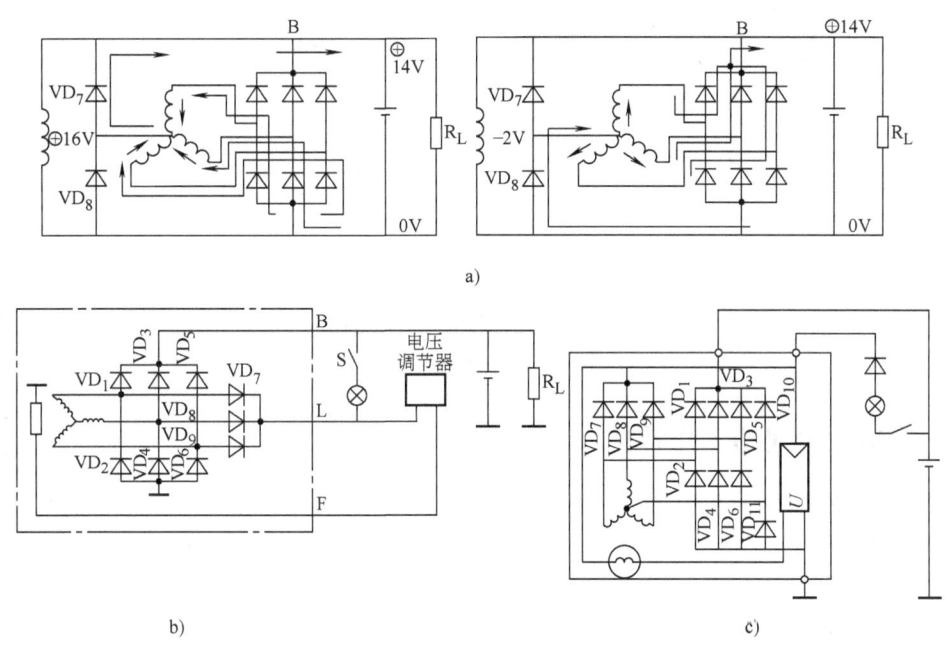

图 3-11　多管交流发电机的整流电路

a）8 管交流发电机的整流电路　b）9 管交流发电机的整流电路　c）11 管交流发电机的整流电路

图 3-11a 为 8 管交流发电机的整流电路，其特点是利用中性点的输出来提高发电机的输出功率。实践证明，加装中性二极管后，在发电机转速超过 2000r/min 时，其输出功率可提高 11%～15%。

图 3-11b 为由 6 只大功率整流二极管和 3 只小功率励磁二极管组成的 9 管交流发电机。其中 6 只大功率整流二极管组成三相全波桥式整流电路，对外负载供电。3 只小功率管二极管与 3 只大功率负极管也组成三相全波桥式整流电路，专门为发电机励磁绕组供电及控制充电指示灯，所以称 3 只小功率管为励磁二极管。

图 3-11c 为 11 管交流发电机的整流电路,由 8 只大功率整流二极管(其中 2 只中性点二极管)和 3 只励磁二极管组成。桑塔纳、奥迪 100、丰田皇冠轿车等均装有此类交流发电机。11 管交流发电机兼有 8 管与 9 管交流发电机的特点和作用。

3. 励磁方式

图 3-12 所示为交流发电机的励磁电路。由于交流发电机转子的剩磁较弱,发电机只有在较高转速时,才能自励发电,因而不能满足汽车用电的要求。为了使交流发电机在低速运转时的输出电压满足汽车用电的要求,在开始发电时,采用他励方式,即由蓄电池提供励磁电流增强磁场,使电压随发电机转速很快上升。这就是交流发电机低速充电性好的主要原因。当发电机输出电压高于蓄电池电压,一般发电机的转速达到 1000r/min 左右时,励磁电流便由发电机自身供给,这种励磁方式称为自励。由此可见,汽车交流发电机在输出电压建立前后分别采用他励和自励两种不同的励磁方式。

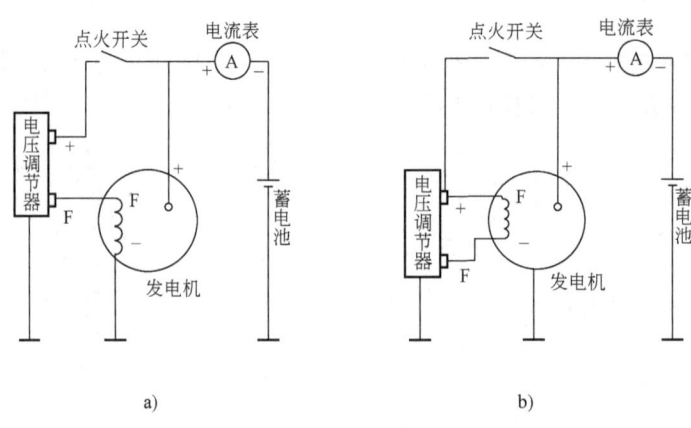

图 3-12 交流发电机励磁电路
a) 内搭铁控制形式 b) 外搭铁控制形式

3.2.2 交流发电机的工作特性

交流发电机的特性有输出特性、空载特性和外特性,其中以输出特性最为重要。

1. 输出特性

输出特性是指在发电机保持输出端电压不变的情况下,输出电流与转速之间的关系。即 $I=f(n)$ 的输出特性曲线,如图 3-13 所示。

1) 发电机的转速甚低时,其端电压低于额定电压,此时发电机不能向外供电;当转速达到空载转速 n_1 时,电压达到额定值;当转速高于空载转速 n_1 时,发电机才有能力在额定电压下向外供电。所以空载转速值 n_1 常用作选择发动机与发电机之间传动比的主要依据。

2) 当转速超过 n_1 时,发电机输出电流 I 将随着转速 n 的升高而增大;当转速等于 n_2 时,发电机输出额定功率(即额定电流与额定电压之积),故将转速 n_2 称为满载转速。

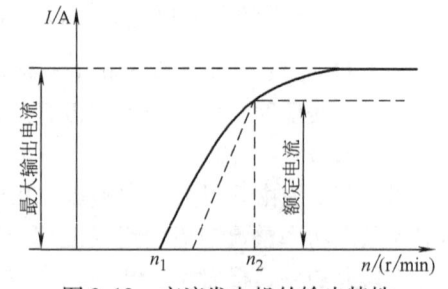

图 3-13 交流发电机的输出特性

空载转速和满载转速是交流发电机的主要性能指标,在产品说明书中均有规定。在使用中,定期测量这两个数据,与规定值相比较,就可判断发电机性能是否良好。

3)当发电机转速达到一定值时,发电机的输出电流就不再随转速的升高而增大。这时的电流值称为发电机的最大输出电流或限流值。这个性能表明,交流发电机具有自动限制电流的自我保护能力。交流发电机的最大输出电流约为额定电流的1.5倍。

交流发电机能自动限制输出电流的原因如下:

① 交流发电机定子绕组的阻抗随发电机转速的升高而增加。阻抗越大,电源内压降越大,输出电流下降。

② 随着发电机输出电流增大,电枢反应加强,励磁磁场减弱,可使定子绕组中的感应电动势下降。

两者共同作用的结果,就使发电机的输出电流不再增加。因而交流发电机具有自身限制输出电流的作用。

2. 空载特性

空载特性是指发电机无负荷时,发电机输出电压与转速的变化规律。即 $I=0$,$U=f(n)$ 的空载特性曲线,如图3-14所示。

由空载特性曲线可以看出,发电机空载时,随转速增加,端电压增加。空载特性可以判断发电机充电性能的好坏。从曲线的上升速率和达到蓄电池电压的转速高低可判断发电机的性能是否良好。

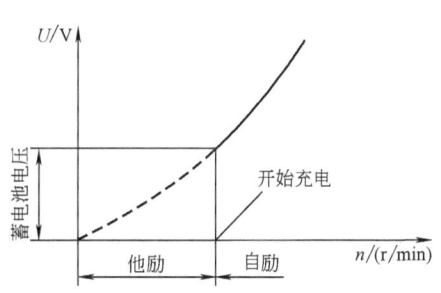

图3-14 交流发电机的空载特性

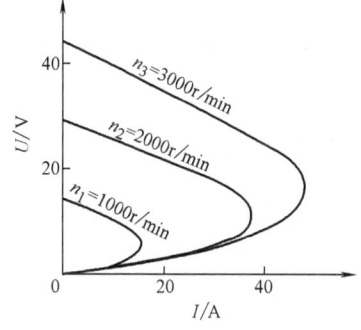

图3-15 交流发电机的外特性

3. 外特性

外特性是指发电机转速一定时,端电压与输出电流之间的关系。即 $U=f(I)$ 的外特性曲线。图3-15是交流发电机在 n_1、n_2、n_3 三种情况下的外特性曲线。由图可见:

① 发电机转速不同,端电压也不同,转速越高,端电压也越高。

② 当发电机输出电流达到一定值时,再继续减小电阻,输出电流反而减小。这是由于电枢反应增强,导致定子绕组中的感应电动势下降,引起端电压的进一步下降。因此必须配用电压调节器才能保持恒定的电压值。

③ 当发电机处于正常工作状态的高速运转时,如果突然失去负载,发电机电压会急剧升高,致使发电机及电压调节器等内部电子元件有被击穿的危险。因此应该避免外电路断路或短路的现象。

3.2.3 交流发电机的性能指标

国产交流发电机的性能指标见表3-2。

表 3-2 国产交流发电机型号及主要性能指标

交流发电机型号	额定数据			空载转速/(r/min)	满载转速/(r/min)
	功率/W	电压/V	电流/A		
JF11 JF13 JF132	350	14	25	1000	2500
JF12 JF23	350	28	12.5	1000	2500
JF21 JF152 JF153	500	14	36	1000	2500
JF22 JF25	500	28	18	1000	2500
JF1000 JF210	1000	28	36	1000	2250
JF200	200	14	15	1000	3500
JF01	175	14	13	1300	3500
JFZ1913Z JFZ1813Z	1200	14	90	1050	6000

3.3 交流发电机的电压调节器

3.3.1 电压调节器的功用

电压调节器的作用是使交流发电机的输出电压保持恒定。由于交流发电机的转子是由发动机通过传动带驱动旋转的，且发动机和交流发电机的速比为1.7~3，因此交流发电机转子的转速变化范围非常大，这样将引起发电机的输出电压发生较大变化，无法满足汽车用电设备的工作要求。为了满足用电设备恒定电压的要求，交流发电机必须配用电压调节器，使其输出电压在发动机所有工况下基本保持恒定。

3.3.2 电压调节器的分类

电压调节器可按工作原理分类，也可按搭铁形式分类。

1. 按工作原理分类

交流发电机电压调节器按工作原理可分为以下几类。

（1）触点式电压调节器 有单级触点式和双级触点式，这种电压调节器对无线电干扰大、可靠性差、寿命短，现已被淘汰。

（2）晶体管调节器 其特点是：晶体管的开关频率高，且不产生电火花，调节精度高，还具有质量轻、体积小、寿命长、可靠性高、无线电干扰小等优点，现广泛应用于多种中低档车型。

(3) 集成电路调节器 除具有晶体管调节器的优点外,还具有体积小,可安装于发电机内部(又称内装式调节器)的优点,减少了外接线,并且冷却效果得到了改善,现广泛应用于桑塔纳、奥迪等多种轿车上。

(4) 计算机控制调节器 是现代轿车采用的一种新型调节器,由电负载检测仪测量系统总负载后,向发动机控制单元发送信号,然后由发动机控制单元控制发电机电压调节器,适时地接通和断开励磁电路,即能可靠地保证电气系统正常工作,使蓄电池充电充足,又能减轻发动机负荷,提高燃料经济性。上海别克、广州本田等轿车发电机上使用了这种调节器。

2. 按搭铁形式分类

可分为内搭铁式(与内搭铁式交流发电机配套使用)和外搭铁式(与外搭铁式交流发电机配套使用)。

3.3.3 电压调节器的型号

按 QC/T 73—1993《汽车电气设备产品型号编制方法》的规定,汽车交流发电机电压调节器的产品型号编制规则如下:

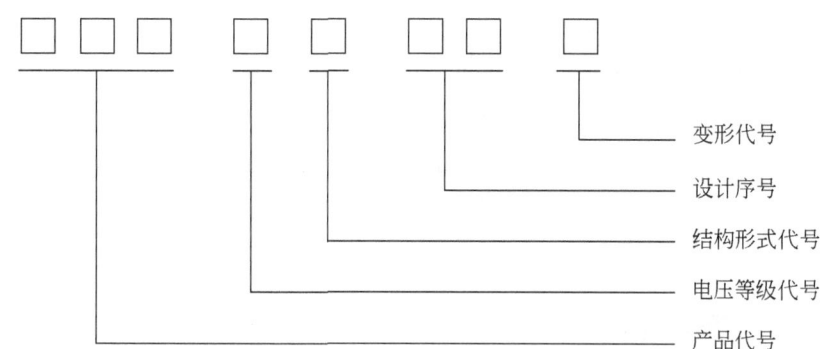

(1) 产品代号 交流发电机电压调节器的产品代号有 FT 和 FTD 两种,分别表示发电机电压调节器和电子式发电机电压调节器(字母 F、T、D 分别为发、调、电的汉语拼音第一个字母)。

(2) 电压等级代号 该代号与交流发电机相同,电压等级代号用一位阿拉伯数字表示:1 表示 12V 系统,2 表示 24V 系统,6 表示 6V 系统。

(3) 结构形式代号 结构形式代号用一位阿拉伯数字表示,见表 3-3。

表 3-3 发电机调节器结构形式代号

结构形式代号	1	2	3	4	5
电压调节器	单联	双联	三联	—	—
电子式电压调节器	—	—	—	晶体管	集成电路

(4) 设计代号 按产品设计先后次序,用 1~2 位阿拉伯数字表示。

(5) 变形代号 用汉语拼音大写字母 A、B、C……顺序表示(不能用 O 和 I)。

例如:FT126C 表示 12V 的双联机械电磁振动式调节器,第 6 次设计,第 3 次变形。FTD152 表示 12V 集成电路调节器,第 2 次设计。

3.4 电压调节器的工作原理

由交流发电机的工作原理可知,交流发电机的三相绕组产生的相电动势的有效值

$$E_\Phi = Ce\Phi n$$

式中 E_Φ——电动势(V);

Ce——发电机的结构常数;

n——发电机转子转速(r/min);

Φ——转子的磁极磁通(Wb)。

上式说明交流发电机所产生的感应电动势与转子转速和磁极磁通成正比。所以,交流发电机调节器的工作原理是:当交流发电机的转速升高时,调节器通过减小发电机的励磁电流 I_f 来减小磁通 Φ,使发电机的输出电压 U_B 保持不变。

触点式电压调节器通过触点开闭,接通和断开励磁电路,来改变励磁电流 I_f 大小;晶体管调节器、集成电路调节器等利用大功率晶体管的导通和截止,接通和断开励磁电路,来改变励磁电流 I_f 大小。这种调节器没有触点,使用过程中无需保养和维护,结构简单,体积小,重量轻,目前已经逐步取代触点式调节器。

3.4.1 触点式电压调节器的工作原理

触点式电压调节器目前应用不多,双级触点式仍有少量车采用,现简单介绍如下。

其结构如图 3-16 所示。双级触点式调节器有两对触点,K_1 为常闭触点(也称低速触点),K_2 为常开触点(也称高速触点),有三个电阻,分别是加速电阻、附加电阻、温度补偿电阻。

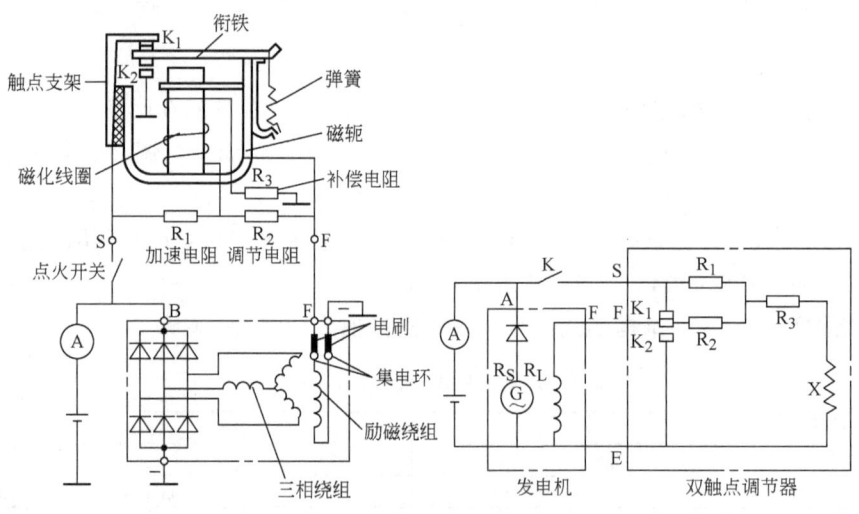

图 3-16 FT61 型双级电压调节器原理电路

低速时通过低速触点振动使附加电阻串入励磁回路从而调节励磁电流;高速时高速触点振动,附加电阻串入励磁回路,同时还将发电机励磁绕组短路,使发电机电压恒定。

3.4.2 晶体管式电压调节器的工作原理

晶体管式电压调节器有多种形式，其电路各不相同，基本结构一般由 2～4 个晶体管、1～2 个稳压管和一些电阻、电容、二极管组成，再由印制电路板接成电路，然后用轻而薄的铝合金外壳将其封闭。调节器对外伸出有"+"（或"K"、"点火"）、"F"（或"励磁"）、"E"（或"搭铁"、"-"）等字样的接线柱或引线，分别与交流发电机等连接构成整个汽车电气装置的充电系统。

晶体管式电压调节器与内或外搭铁形式的交流发电机配套使用，也有内、外搭铁的区别，使用前一定要判断其搭铁形式，并与发电机相应的接线柱正确连接。

1. 内搭铁式

内搭铁式晶体管电压调节器如图 3-17 所示。电路由三个电阻 R_1、R_2、R_3，两个晶体管 VT_1、VT_2，一个稳压管 VS 和一个二极管 VD 组成。

调节器的"B"（或"+"）接线柱接点火开关，"F"接线柱接发电机励磁绕组"F"，"+"和"F"之间为晶体管的集电极与发射极之间形成的开关电路，"+"与"-"之间有两个电阻 R_1、R_2 组成的分压器，其 P 点电压正比于发电机电压，P 点与放大器之间接有稳压管 VS，用来感受电压，其工作过程如下。

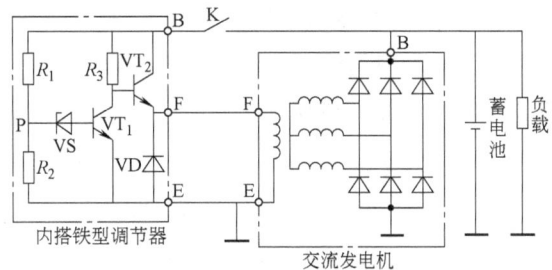

图 3-17 内搭铁式电压调节器

在发电机电压较低的情况下，分压器中间 P 点电压也较低，此时稳压管处于截止状态，此状态经放大器放大，给晶体管的基极一个高电位信号，使晶体管导通，励磁电流可以通过晶体管流入发电机励磁绕组，使发电机电压上升，当电压上升到调节器电压调整值时，P 点电压升高至稳压管的击穿电压，稳压管被击穿，此信号经放大器 VT_1 放大后给晶体管 VT_2 一个低电位信号，使晶体管 VT_2 截止，切断了励磁电流，发电机无励磁电流，电压便下降，这样又使晶体管导通，如此反复，使发电机的电压稳定在一调定值。

VD 为续流二极管，它与励磁绕组反向并联，当 VT_2 截止时，可使励磁绕组中产生的自感电动势经它与励磁绕组自成回路，保护 VT_2 免受损坏。

2. 外搭铁式

外搭铁式电压调节器内部电路可简化成如图 3-18 所示的基本电路。

该电路的特点是 B+ 和 F 之间，与内搭铁式晶体管调节器存在显著不同，内搭铁是通过大功率晶体管控制 B+ 与 F 的通与断，而外搭铁是通过大功率晶体管控制 F 与"-"的通与断，但其电路工作原

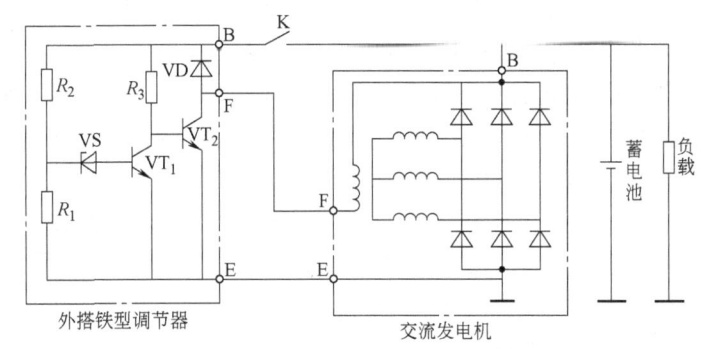

图 3-18 外搭铁式电压调节器基本电路

理和结构与前述内搭铁式晶体管调节器类似，故不再赘述。

3. 晶体管电压调节器实例

例如 CA1091 等汽车装用的 JFT106 型调节器。该调节器是晶体管外搭铁式调节器。它与 14V、750W 发电机配套使用。调节电压为 13.8～14.6V，如图 3-19 所示。该调节器共有"B"、"F"、"E"三个接线柱。

电阻 R_1、R_2、R_3 和稳压管 VS_1 构成电压敏感电路，其中 R_1、R_2 组成分压器，R_3 是微调电阻。通过调整 R_3 的电阻值，就可以改变电压调节器的调节电压值。电阻 R_2 两端所分得的电压反向加在稳压管 VS_1 两端，稳压管 VS_1 为感受元件，随时感受着发电机端电压的变化。当加在稳压管 VS_1 上的反向电压低于稳压管 VS_1 的击穿电压时，稳压管 VS_1 截止，高于它的击穿电压时 VS_1 则导通。

VT_1 为小功率晶体管，VT_2、VT_3 组成了复合管，三者组成二级开关电路，利用其开关特性控制励磁电路的接通或切断。

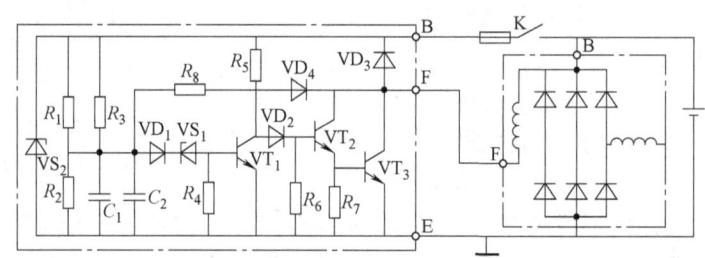

图 3-19　JFT106 型电压调节器电路

调节器的工作过程：

① 闭合点火开关 K，起动发动机，当发电机转速低，输出电压低于蓄电池端电压时，分压器 R_2 所分的电压加在稳压管 VS_1 两端，由于此电压低于稳压管的击穿电压，VS_1 截止，使 VT_1 截止，VT_2、VT_3 导通，这时蓄电池经大功率晶体管 VT_3 供给励磁电流，其励磁回路为：蓄电池"＋"→点火开关→发电机"F_1"接线柱→励磁绕组→发电机"F_2"接线柱→调节器"F"接线柱→大功率晶体管 VT_3→搭铁→蓄电池"－"。发电机处于他励状态。

② 当发电机转速逐渐升高，发电机端电压高于蓄电池端电压时，输出电压未达到调节电压值，VT_1 仍然截止，VT_2、VT_3 导通，这时由发电机提供励磁电流，励磁回路同上，只不过将蓄电池换成发电机，发电机处于自励。

③ 当发电机转速继续升高到使输出电压达到调节值时，分压器 R_2 所分的电压加在稳压管 VS_1 两端，由于此电压高于稳压管的击穿电压，VS_1 反向击穿导通，使 VT_1 导通，VT_2、VT_3 截止，切断发电机的励磁电流，发电机端电压下降。当发电机端电压下降到稍低于调节电压时，稳压管 VS_1 两端的反向电压低于击穿电压而截止，VT_1 由导通变为截止，VT_2、VT_3 又导通，接通励磁回路，发电机端电压又升高。如此反复，通过 VT_3 的导通与截止，使发电机的输出电压恒定在调节值上。

其他元件的作用：

① VS_2 是稳压二极管，起过电压保护作用。它的击穿电压较高，发电机正常工作时，VS_2 呈截止状态。当发电机高速运转突然失去负载或由于其他原因产生瞬时高压

时，VS_2 击穿导通，使发电机电压保持在 VS_2 的击穿电压不再上升，保护电子元件不被损坏。

② VD_1 接在稳压管 VS_1 之前，以保证稳压管安全可靠工作。当发电机输出电压很高时，它能限制稳压管 VS_1 电流不致过大而被烧坏。

③ VD_2 接在晶体管 VT_1 的集电极与 VT_2 的基极之间，提供 0.7V 左右的电压，使 VT_2 导通时迅速导通，截止时迅速截止。

④ VD_3 为续流二极管。它与励磁绕组并联，用来保护晶体管 VT_3 不被击穿。当 VT_3 截止时，在励磁绕组中将产生很高的感生电动势，容易将 VT_3 击穿。当接入 VD_3 以后，使感生电流形成通路。感生电动势就不会升得很高，对 VT_3 起保护作用。

⑤ VD_4 为分压二极管，其作用是保证晶体管 VT_2、VT_3 处于截止状态时可靠截止。

⑥ R_8 是正反馈电阻。用来提高大功率管晶体 VT_1 的翻转速度，降低它的耗散功率。R_4、R_5、R_6、R_7 为晶体管的偏置电阻，为晶体管设置合适的工作点。

⑦ C_1、C_2 是电解电容器。用来降低晶体管的工作频率，以减小其功耗，延长其寿命。

3.4.3 集成电路式电压调节器的工作原理

集成电路式电压调节器是利用集成电路（IC）组成的调节器，可分为全集成电路式电压调节器和混合集成电路电压调节器两类。前者是将二极管、晶体管、电阻、电容等电子元件同时制成在一块硅基片上；后者是用厚膜或薄膜电阻与集成的单片芯片或分立元件组装而成，使用最广泛的是厚膜混合集成电路调节器。

1. 集成电路式电压调节器的特点

集成电路式电压调节器除具有晶体管调节器的优点外，还有以下特点：

① 体积小、质量轻，因此可以直接装在发电机内部或壳体上成为整体式交流发电机的一个零件，这样可以省去调节器和发电机之间的导线，减小了线路损失减少了线路故障，使调节器的调节精度可达 ±0.3V，工作更为可靠。

② 耐高温性能好，可在 130℃ 高温下正常工作。

③ 更加耐振动，使用寿命长。

集成电路式电压调节器的基本工作原理与晶体管电压调节器完全一样，都是利用晶体管的开关特性控制发电机励磁电流来达到稳定发电机输出电压的目的。它也有内搭铁和外搭铁之分，而且以外搭铁式使用得较多。

2. 集成电路式电压调节器电压检测法

（1）发电机电压检测法　集成电路调节器直接在发电机上检测发电机的输出电压，称为发电机电压检测法，如图 3-20 所示。加在分压器 R_1 和 R_2 上的电压是励磁二极管输出端 L 的电压 U_L，$U_L = U_B$，因此，检测点 P 的电压加到稳压管 VS_1 上，其电压与发电机的端电压 U_B 成正比，所以该检测法称为发电机检测法。

（2）蓄电池电压检测法　如果用连接导线检测蓄电池的端电压来调节发电机的输出电压，称为蓄电池电压检测法，如图 3-21 所示。加在分压器 R_1 和 R_2 上的电压为蓄电池端电压，由于通过检测点 P 加到稳压管 VS_1 上的反向电压与蓄电池端电压成正比，所以该检测法称为蓄电池电压检测法。

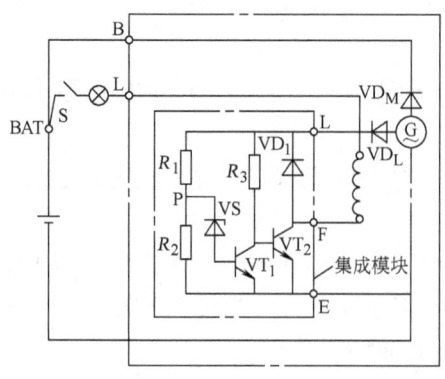

图 3-20 发电机电压检测电路

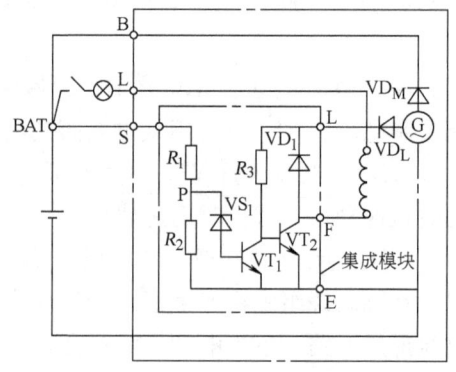

图 3-21 蓄电池电压检测电路

在这两种基本检测法中,前者发电机的引出线可以少一根,但是发电机 B 到蓄电池的接线柱之间的电压降较大时,蓄电池的充电电压将会降低,使蓄电池充电不足,因此一般大功率发电机宜采用蓄电池电压检测法。

采用蓄电池电压检测法,如 B—BAT 之间或 S—BAT 之间断线时,调节器便不能检测出发电机的端电压,发电机便会失控。为了克服这一缺点,有些内装集成电路调节器的发电机采取了一定的控制措施。图 3-22 为实际采用的蓄电池电压检测法的线路,在这个线路中,在调节器的分压器与发电机 B 点之间增加了一个电阻 R_4 和一个二极

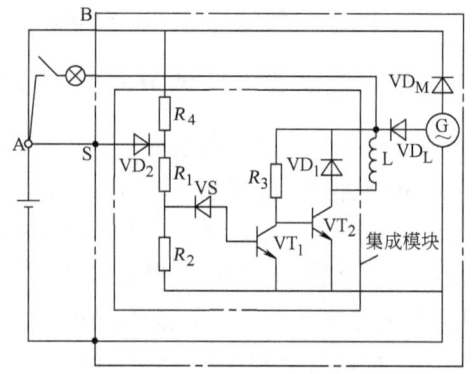

图 3-22 具有保护作用的蓄电池电压检测法原理电路

管 VD_2。这样,当 B 点与蓄电池正极之间或 S 点与蓄电池正极之间出现断路时,由于 R_4 的存在,仍能检测发电机的端电压 U_B,使调节器正常工作,可以防止发电机电压过高的现象。

(3) 综合电压检测法 是一种集发电机电压检测和蓄电池电压检测优点的取样方法。丰田 RB20 型客车、日产蓝鸟轿车和五十铃汽车调节器采用了综合电压检测方法。

3. 集成电路式电压调节器实例

丰田轿车发电机内装集成电路调节器及充电系统线路如图 3-23 所示,该发电机调节器是由一块单片集成电路和晶体管等元件组成的混合集成电路调节器,装于发电机内部,构成整体式交流发电机,调节器为内装式外搭铁型,综合电压检测法。

该调节器有内部 3 个接线端子 F、P、E,这 3 个端子用螺钉直接和发电机连接。F 端子控制励磁绕组搭铁;P 端子接至交流发电机定子绕组某一相上,为调节器检测交流发电机电压检测点;E 端子与发电机壳体连接,保证调节器可靠搭铁;B 端用螺母固定在发电机的输出端子"B"上,为发电机励磁绕组提供供电电压。外部也有 3 个接线端子 IG、S、L,3 个端子用金属线引到调节器的外部接线插座上。IG 是点火开关接线端子,IG 经点火开关接至蓄电池,为调节器提供供电电压;S 是蓄电池感应端子,接蓄电池,给调节器集成芯片 MIC 提供蓄电池电压信号;L 是充电指示灯接线端子,控制充电指示灯。该调节器除具有电压调

节功能外，当发电机停止发电以及充电条件异常时发出警告。

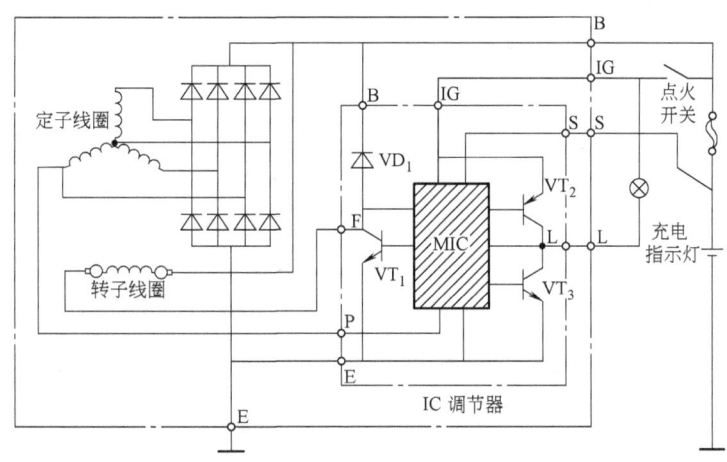

图 3-23　丰田轿车用集成电路式电压调节器电路

调节器工作过程如下：

1）当点火开关为 ON，发动机停机时，蓄电池电压经点火开关加到整体式交流发电机的"IG"端和调节器的"IG"端，单片集成电路检测出这个电压使 VT_1 导通，于是转子线圈电路接通。其电路为：蓄电池正极→发电机"B"端→电刷→转子线圈→电刷→调节器"F"端→VT_1（c→e 极）→E 端→搭铁→蓄电池负极。此时，为他励状态。

交流发电机因未运转不发电，故 P 端电压为零，单片集成电路检测出该电压，使 VT_3 导通，于是充电指示灯亮，表示蓄电池放电。

充电指示灯电路为：蓄电池正极→点火开关→充电指示灯→"L"端子→VT_3（c→e 极）→E 端→搭铁→蓄电池负极

2）当发电机转速升高，电压超过蓄电池电压时，P 端电压信号（电枢 B 输出电压的一半）使集成电路控制调节器晶体管 VG_3 截止，于是充电指示灯熄灭，表示发电机进入自励状态。其电路为：发电机"B"端→电刷→转子线圈→电刷→调节器"F"端→VT_1（c→e 极）→E 端→搭铁→发电机负极。同时，开始向蓄电池充电，并向用电设备供电。

3）当发电机转速升高，电压达到调节电压（一般为 13.8～14.5V 时），"B"端信号使集成电路控制 VT_1 截止，切断转子线圈电路，发电机输出电压下降。当电压下降到低于调节器下限值时，集成电路控制 VT_1 导通，转子线圈电路又接通，发电机输出电压又升高，该过程反复进行，使"B"端输出电压稳定于调节电压值。

4）当转子线圈断路、短路或 S 端子、B 端子脱开，集成电路检测到这些情况后，控制 VT_3 导通，使充电指示灯点亮，从而告知驾驶人充电系统出现故障。

3.4.4　计算机控制的电压调节器

图 3-24 为广州本田雅阁轿车直列 4 缸发动机配用的发电机电压调节器电路图，发电机整流器为 8 管。调节器为内装式外搭铁型，由发动机控制单元控制。

在汽车电路中有一个负载检测仪，检测电路中总电流负载大小，送信号到发动机控制单元，调节器 C 接线端子送发电机电压信号到发动机控制单元，发动机控制单元根据这两个信号判断励磁电路应该接通还是断开，输出控制信号到 FR 端子，驱动调节器的控制电路，适时地接通和断开励磁绕组电路，以此控制发电机的输出电压。

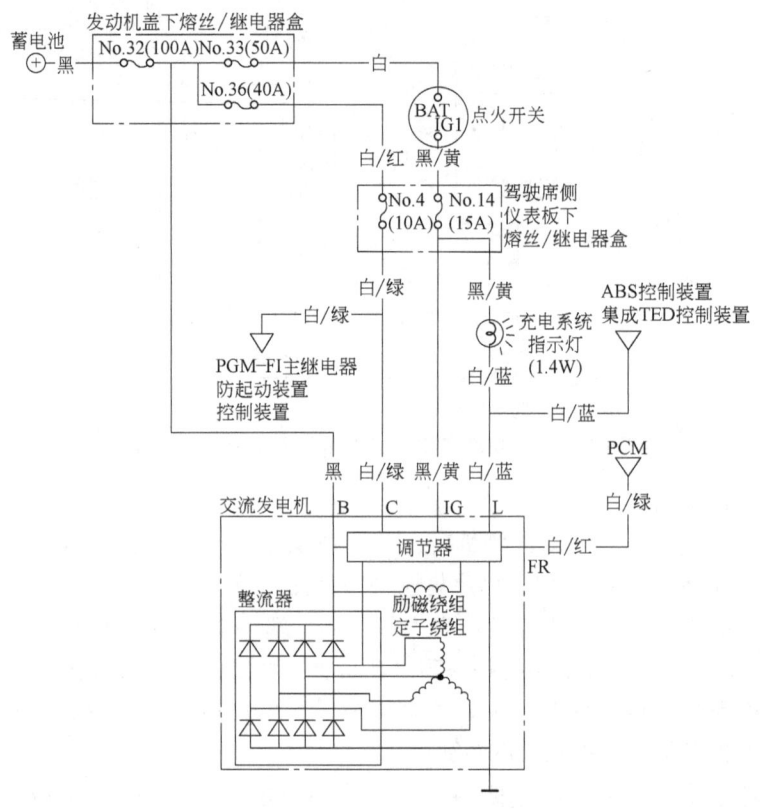

图 3-24　广州本田雅阁轿车发电机调节器电路

在发动机起动前，首次将点火开关转至 RNU 位置时，蓄电池电压通过熔丝加到充电系统指示灯上，该指示灯通过交流发电机的端子"L"搭铁。此时充电指示灯点亮。发动机运转后，交流发电机工作正常，蓄电池电压仍通过熔丝加在指示灯上，同时，交流发电机通过端子"L"也供给指示灯电压，因指示灯两侧电压相等，指示灯熄灭。当发动机运转，而发电机未发电时，充电系统指示灯通过交流发电机端子"L"搭铁，此时，充电指示灯点亮，警告驾驶人电源系统不正常。

3.5　交流发电机及电压调节器的使用

3.5.1　交流发电机及电压调节器的正确使用

① 蓄电池的搭铁极性必须与交流发电机搭铁极性相同。国产及进口交流发电机均为负极搭铁，蓄电池必须负极搭铁。否则，蓄电池将通过整流器大电流放电，很短时间内就会把整流管烧坏。

② 发电机运转时，不能使用短接"试火"的方法检验交流发电机是否发电，否则容易损坏二极管及调节器电子元件。

③ 发现交流发电机不发电或充电电流较小时，应及时找出故障予以排除，如长期带故障运行，发电机可能出现严重故障或损坏。一个二极管短路，将会使其他二极管和定子绕组烧坏。

④ 绝对禁止用220V以上交流电压或绝缘电阻表检验发电机的绝缘性能，否则将损坏整流二极管及调节器中的电子元件。

⑤ 发电机正常运行时，切不可任意拆卸各电器的连接线，以防引起电路中的瞬时过电压，损坏二极管及调节器中的电子元件或其他电子设备。

⑥ 发电机与蓄电池之间的导线一定要连接可靠。当发电机高速运转时，如果该导线突然断开，会产生瞬时高压，损坏电子元件。

⑦ 发动机熄火后，应及时断开点火开关。否则蓄电池会通过励磁绕组放电，浪费蓄电池电能，同时还容易烧坏发电机励磁绕组或调节器内大功率管。

⑧ 交流发电机与电压调节器的搭铁形式必须一致。内搭铁型调节器只能与内搭铁型交流发电机配合使用，外搭铁型调节器只能与外搭铁型交流发电机配合使用，否则发电机无励磁电流而不发电。

⑨ 交流发电机与电压调节器的电压等级必须一致，否则充电系统不能正常工作。

⑩ 电压调节器与发电机的连线必须正确，否则会烧坏发电机或调节器。

⑪ 电压调节器的调节功率必须满足要求，否则会烧坏调节器或造成浪费。

3.5.2 电压调节器的代换方法

进口车车型复杂，改型也快，原厂调节器有时买不到，可以考虑用国产调节器代换，不过应遵循以下原则：

① 标称电压应相同。14V、28V发电机应配14V、28V调节器。

② 代用调节器所配发电机功率应与原厂发电机功率相同或接近。

③ 搭铁形式相同，即发电机和调节器的搭铁形式相同。若两者搭铁不同，可通过改变发电机的搭铁形式来处理。

④ 代用调节器的结构形式应尽量相同或相近（如同是晶体管式，或同是集成电路式等），这样可使接线变动最小。

⑤ 安装代用调节器时，应尽量装在原位置或离发电机较近处。

3.6 典型汽车电源系统的电路

汽车电源系统电路包括蓄电池、交流发电机、电压调节器、电流表或充电指示灯等。

现代汽车大部分都用充电指示灯来表示电源系统的工作情况，但也有用电流表指示蓄电池充、放电的。控制充电指示灯的常用控制方法有三种：第一种，利用交流发电机中性点电压，通过继电器或电子控制器进行控制；第二种，利用交流发电机输出端电压，通过电子控制器进行控制；第三种，利用9管交流发电机进行控制。

用来自动接通和断开蓄电池充电指示灯电路的继电器，称为充电指示继电器。以前充电指示继电器一般都与电压调节器制作在一起，现在汽车上充电指示灯是利用发电机中性点电压通过起动组合继电器控制的。

带有集成电路调节器的整体式交流发电机与外部（蓄电池、线束）连接端子通常用B+（或+B、BATT）、IG、L、S（或R）和E（或"-"）等符号表示，这些符号通常在发电机端盖上标出，其代表的含义如下：

B+（或+B、BATT）为发电机输出端子，用一根粗导线连接至蓄电池正极或起动机上。

IG通过线束连接至点火开关，在有的发电机上无此端子。

L为充电指示灯连接端子，通过线束接充电指示灯或充电指示继电器。

S（或R）为调节器的电压检测端子，通过导线直接连接蓄电池的正极。

E为发电机和调节器的搭铁端子。

下面介绍几种车型电源系电路。

3.6.1 解放CA1092型汽车电源电路

该车型电路由JF152D或JF1522A型交流发电机与JF106型晶体管电压调节器和6—QA—100型干荷电蓄电池组成。既有电流表也有充电指示灯来显示蓄电池充、放电状况，充电指示灯利用中性点电压，通过起动组合继电器控制，其电路见图3-25所示。

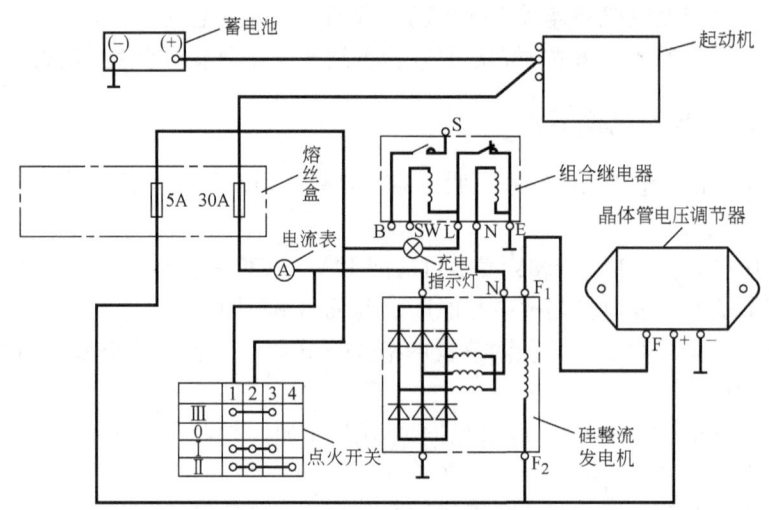

图3-25　CA1092型汽车电源电路

K_2为保护继电器常闭触点，除对起动机具有防止误起动作用外，还用来控制充电指示灯的亮灭；L_2为保护继电器磁化线圈，承受发电机中性点电压。

充电指示灯的电路为：蓄电池"+"→起动机电源接线柱→30A熔丝→电流表→点火开关→充电指示灯→组合继电器L接线柱→常闭触点K_2→搭铁→蓄电池"-"。

发电机励磁绕组电路为：蓄电池"+"→起动机电源接线柱→30A熔丝→电流表→点火开关→5A熔丝→发电机F_2接线柱→励磁绕组→发电机F_1接线柱→调节器F接线柱→搭铁→蓄电池"-"极（F_1与F_2两接柱上的导线可互换）。

3.6.2 桑塔纳系列轿车电源电路

桑塔纳及桑塔纳2000系列轿车电源电路如图3-26所示。

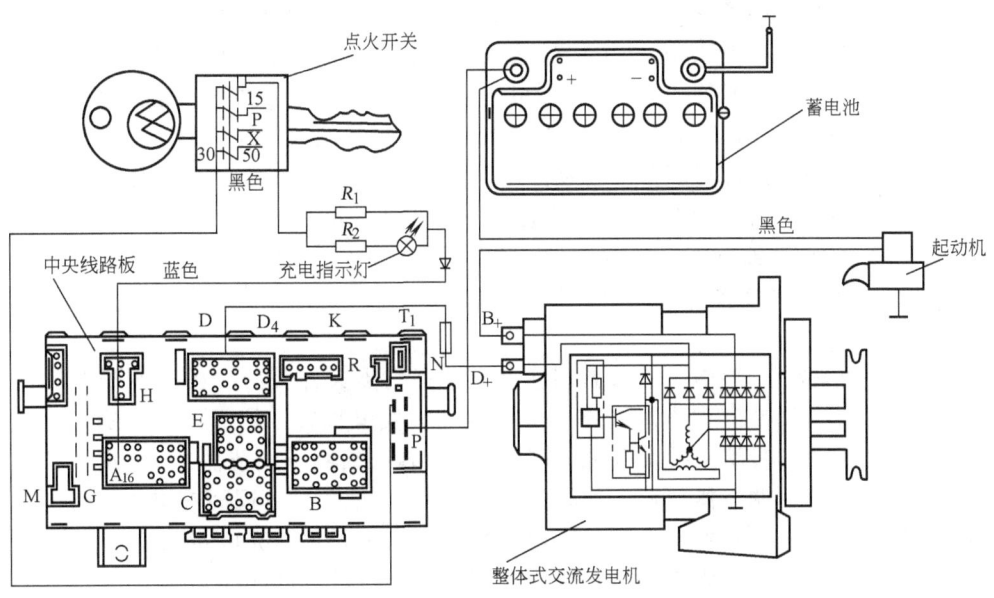

图 3-26 桑塔纳系列轿车电源电路

整体式交流发电机的 3 只正极管与 3 只负极管组成一个三相桥式全波整流电路，称为输出电流整流电路。其输出端 B+ 用红色导线与起动机 30 端子连接（1996 年后部分轿车输出端 B+ 用红色导线经 80A 易熔线与蓄电池正极柱连接，易熔线支架固定在蓄电池附近的发动机室后围板上）。3 只励磁二极管与 3 只负极管也组成一个三相桥式全波整流电路，称为励磁电流整流电路。其输出端 D+ 用蓝色导线经蓄电池旁边的单端子插接器 T_1 后与中央线路板 D 插座的 D_4 端子连接，再经中央线路板内部线路与 A 插座的 A_{16} 端子相连。点火开关 30 端子用红色导线经中央线路板上的单端子插座 P 与蓄电池正极连接，点火开关 15 端子用黑色导线与仪表盘左下方 14 端子黑色插座的 12 号端子连接（图中未画出，可参见原版线路图），经仪表盘印制电路板上的电阻 R_1、R_2 和充电指示灯（R_2 和充电指示灯串联后再与 R_1 并联）和二极管接回到 14 端子黑色插座 12 端子，再用蓝色导线与中央线路 A 插座的 A_{16} 端子连接。

由桑塔纳轿车原版线路图和电源系统电路图可见，充电指示灯及发电机励磁绕组线路为：蓄电池正极→中央线路板单端子插座 P 端子→中央线路板内部线路→中央线路板单端子插座 P 端子→点火开关 30 端子→点火开关→点火开关 15 端子 R_1→电阻 R_2 和充电指示灯（发光二极管）→二极管→中央线路板 A_{16} 端子→中央线路板内部线路→中央线路板 D_4 端子→单端子插接器 T_1（蓄电池旁边）→交流发电机 D+ 端子→发电机的励磁绕组→电子电压调节器大功率晶体管→搭铁→蓄电池负极。当发电机高于蓄电池电压后，则由 3 只励磁二极管的共负极端（D+）直接向励磁绕组提供电流。

3.6.3 丰田轿车电源电路

在丰田轿车电源系统电路中，发电机为内置冷却风扇，整流器为八管，调节器为内装集成电路式外搭铁（属于综合电压检测）的整体式交流发电机，如图 3-27 所示，其端子与外部连接说明如下。

发电机外部有4个端子（分别为B、IG、S、L端子），B为发电机输出端子，用一根粗导线连接至蓄电池正极或起动机"30"号接线柱上；LG为小功率火线端子，给调节器供电，通过导线连接至点火开关；S为调节器电压检测端子，通过导线直接连接蓄电池的正极，属于蓄电池电压检测法；L为充电指示灯连接端子，通过导线连接充电指示灯，该端子控制充电指示灯搭铁回路。内部与调节器连接也有4个端子（B、F、P、E），分别用螺钉直接和发电机连接。"B"端子用螺钉固定在发电机的输出端子B上；"F"端子通过电刷与转子线圈相连；"P"为调节器电压检测端子，与发电机某一相定子线圈相连，检测发电机电压；"E"端子与发电机壳体连接，保证调节器可靠搭铁。

工作过程：

1）当点火开关处于"ON"的位置时，蓄电池通过点火开关的"IG"端子之间的导线为调节器提供电压，调节器内部大功率晶体管导通，发电机转子线圈处于他励。他励电路为：蓄电池正极→大容量熔丝→发电机"B"端子→转子线圈→调节器"F"接线柱→调节器内部大功率晶体管→调节器"E"接线柱→搭铁→蓄电池负极。同时充电指示灯亮，其充电指示灯电路为：蓄电池正极→大容量熔丝→熔丝→点火开关→充电指示灯→发电机"L"端子→调节器内部小功率晶体管→调节器"E"接线柱→搭铁→蓄电池负极。

2）随着发电机转速上升，当发电机电压大于蓄电池电动势时，发电机转子线圈进入自励。自励电路为：发电机"B"端子→转子线圈→调节器"F"接线柱→调节器内部大功率晶体管→调节器"E"接线柱→搭铁→发电机负极。由于发动机发电，充电指示灯熄灭。发电机向用电设备供电，同时向蓄电池充电。其充电电路为：发电机"B"端子→大容量熔丝→蓄电池正极→蓄电池负极→搭铁→发电机负极。

3）当发电机转速升高，电压达到调节电压（一般为13.8~14.5V时），调节器切断转子线圈电路，发电机输出电压下降。当电压下降到低于调节器下限值时，调节器使转子线圈电路又接通，发电机输出电压又升高，该过程反复进行，使"B"端输出电压稳定于调节电压值。

4）当转子线圈断路、短路或S端子、B端子脱开，集成电路检测到这些情况后，使充电指示灯点亮，从而告知驾驶人电源系统出现故障。

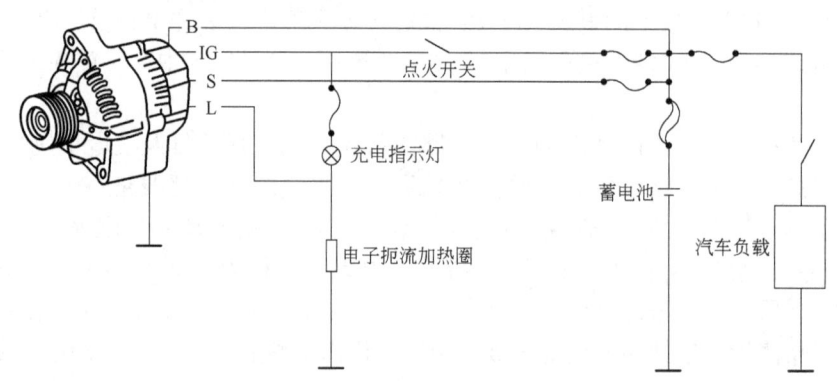

图3-27 丰田威驰汽车电源系统电路

3.6.4 上海别克轿车电源电路

上海别克君威2.5GL、3.0GS轿车电源电路主要由交流发电机、数字式电压调节器、动力控制模块（PCM）、熔丝等组成，其电路如图3-28所示。

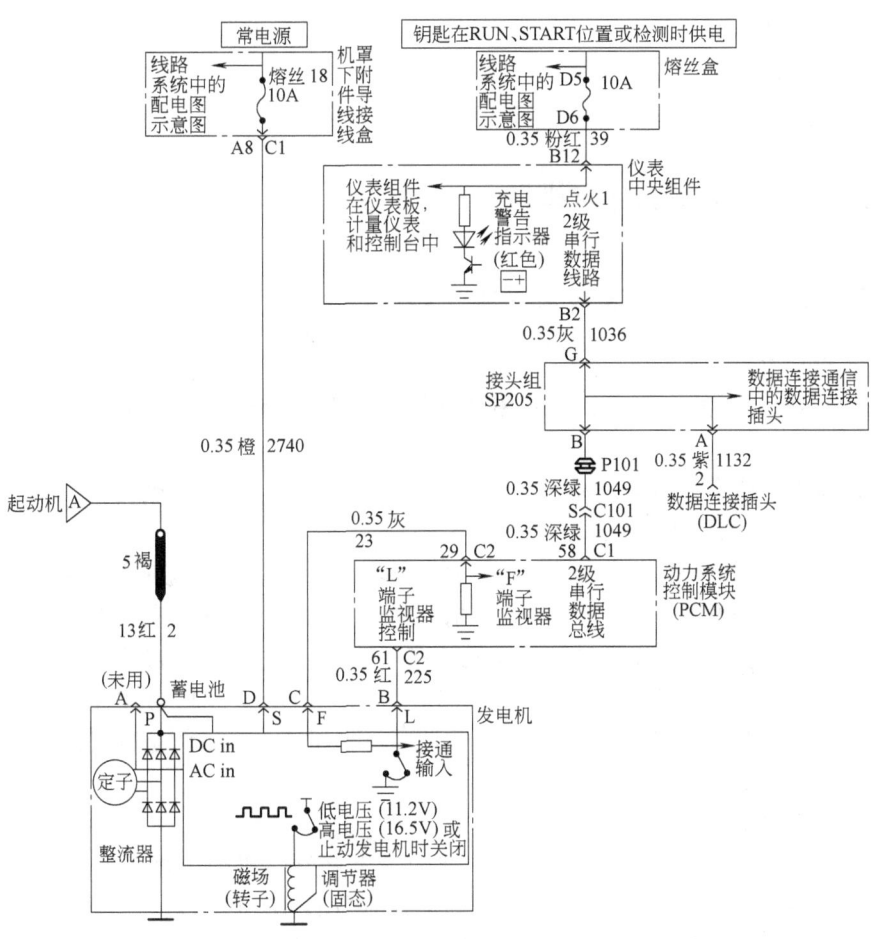

图 3-28 上海别克轿车电源电路

由图 3-28 可见，发电机 P 端子未使用。发电机内调节器是否工作取决于其 L 端子的指令，在发动机正常运转时，动力系统模块 PCM 向发电机 L 端提供 5V 电压，调节器根据发电机电压向励磁绕组提供具有合适占空比的励磁脉冲；当点火开关接通但发动机没有运转或发动机转速过低时，PCM 切断向 L 端子的电压输出，此时调节器将切断励磁绕组的电流，以减小不必要的额外负荷。

发电机 F 端子是磁场脉冲数据输出端，动力系统模块 PCM 用该数据计算发电机 PWM（脉宽调制）。PCM 利用发电机 PWM 信号辅助控制怠速稳定。

充电报警控制：别克君威轿车充电报警灯是由动力系统控制模块 PCM 通过 2 级串行数据总线控制的，仪表上的报警灯与发电机之间没有直接连线。PCM 控制报警灯点亮的条件是 PCM 插头 C2 之 61 脚检测到发电机 L 端接地。在发电机内部，调节器有一个直流电压输入端（DC in）和一个交流电压输入端（AC in）。直流输入端可以在发电机插头未连接时（S、L、F、P 断开），用来向调节器提供工作电源和调节参考电压；调节器通过交流电压输入端感知发电机是否运转。在以下情况下，调节器控制 L 端接地，PCM 收到此信号后，通过 2 级串行数据总线控制充电报警灯点亮。

① 系统电压低于 11.2V。
② 系统电压高于 16.5V。
③ 发电机不转。
④ S 端参考电压丢失。

3.7 电源系统故障诊断与排除

3.7.1 电源系统故障诊断的基本方法

1. 充电指示灯诊断

在装有充电指示灯的汽车上，可利用充电指示灯来诊断充电系统有无故障，具体方法如下。

① 首先预热发动机，起动发动机后，使其急速或将发电机转速控制在 1200r/min 左右运转 10min，然后断开点火开关，使发动机停止运转。

② 再接通点火开关（将点火开关转到 ON 位，并不起动发动机），观察充电指示灯是否发亮。此时，充电指示灯应当发亮，如果不亮，说明充电指示灯线路或充电指示灯控制器有故障。

③ 再次起动发动机，并逐渐升高发动机转速（即逐渐加大节气门开度），当发动机转速升高到 600~800r/min（即发电机转速升高到 1200~2000r/min）时，充电指示灯自动熄灭，说明充电指示灯线路正常，发电机能够发电。此时，电压调节器工作是否正常，还需用电压表或万用表进行检测诊断。

2. 用电压表诊断

1）起动前，用万用表直流电压（DC）档的正极接发电机输出端子（B），负极搭铁；此时电压表指示的电压为蓄电池的空载电压，正常值为 12.0~12.6V；

2）起动发动机，并逐渐踩下加速踏板使发动机转速升高。当发动机转速升到高于急速转速（600~800r/min），电压表指示的电压应高于蓄电池的空载电压，并随转速升高而稳定在某一调节电压值不变。

若电压表指示的电压高于调节器的调节电压，且随发电机转速升高而升高，则说明发电机能发电，调节器或其线路有故障；若电压表指示的电压随发电机转速升高而保持蓄电池空载电压值不变或低于蓄电池空载电压值，则说明发电机或调节器有故障，此时可将发电机和调节器从车上拆下分别进行检测，也可继续进行以下检测。

① 另取一根导线将调节器中大功率晶体管的集电极与发射极短接。其方法是：对外搭铁型调节器，导线的一端接发电机的励磁端子 F，另一端接发电机的搭铁端子 E；对内搭铁型调节器，导线的一端接发电机的励磁端子 F，另一端接发电机的输出端子 B，这样便可将发电机励磁绕组的电路直接接通。

② 起动发动机，并将其转速升到比急速稍高，观察电压表指示的电压，若仍等于或低于蓄电池空载电压，则说明发电机有故障（发电机不发电）；若此时电压表电压随转速升高而升高，则说明发电机能发电，故障出在调节器或其连接电路上。

3. 空载与负载性能的诊断

（1）空载性能诊断

① 将电压表的正负极分别与蓄电池的正负极相联，将钳形直流电流表的检测夹夹到发电机输出端子 B 上的引出导线上，如图 3-29 所示。

② 起动发动机，并将其转速升高到 2000r/min 运行，此时电压表指示的电压（即调节电压）应为 13.9～15.1V（25℃），电流表读数应小于 10A。调节电压过高或过低应检修或更换电压调节器；电流过大说明蓄电池充电不足或有故障，应补充充电或更换蓄电池。

（2）负载性能诊断

① 检测仪器的连接同空载性能诊断。

② 起动发动机，并使其以 2000r/min 运行。

③ 接通前照灯和暖风电动机（夏季则接通空调器），此时电压调节器的调节电压也应为 13.9～15.1V，电流表读数应大于 30A。若小于 30A，则说明发电机功率不足，应拆下检修或更换发电机。

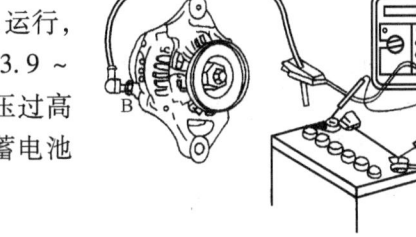

图 3-29 检测电源系统性能

3.7.2 外装调节器的电源系统常见故障的诊断与排除

电源系的故障主要是以是否充电来表现，主要有不充电、充电电流过小、充电电流过大、充电电流不稳等故障。

1. 不充电

（1）故障现象

① 发动机中高速运转，电流表仍指示放电或充电指示灯不熄灭。

② 开前照灯，电流表指示放电。

（2）故障原因

① 发电机传动带打滑或断裂、连接线断开或短路。

② 电流表损坏或接反、充电指示灯灯丝烧断。

③ 发电机故障：定子绕组、转子绕组有断路、短路、搭铁；整流二极管烧坏；集电环脏污，电刷磨损过甚等。

④ 电压调节器调整不当或有故障。

（3）故障诊断与排除 步骤如图 3-30 所示。

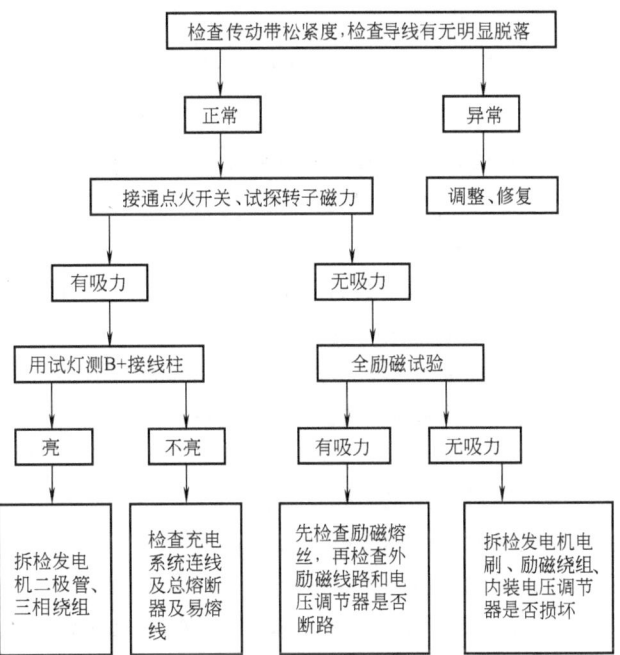

图 3-30 电源系不充电故障诊断与排除

2. 充电电流过小

（1）故障现象

① 蓄电池在亏电情况下，发动机中速以上运转时，电流表指示充电电流过小。

② 蓄电池经常存电不足。

③ 打开前照灯，灯光暗淡，按动电喇叭声音小。

（2）故障原因

① 发电机传动带过松、打滑。

② 发电机故障：发电机电刷过短，弹簧张力减弱，集电环油污、烧蚀；个别二极管损坏；定子绕组局部短路或一相接头断开；励磁绕组局部短路。

③ 电压调节器有故障。

④ 线路接触不良。

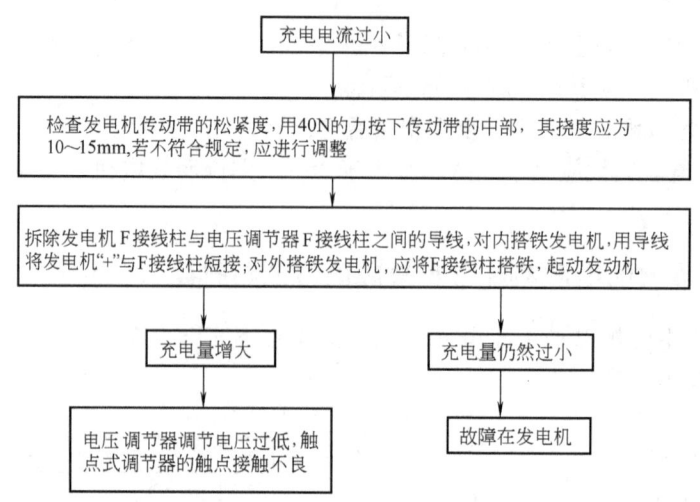

图3-31 充电电流过小故障诊断与排除

（3）充电电流过小故障诊断与排除 如图3-31所示。

3．充电电流过大

（1）故障现象

① 在蓄电池不亏电的情况下，充电电流仍在10A以上。

② 蓄电池电解液损耗过快。

③ 分电器断电器触点经常烧蚀；各种灯泡经常烧坏。

④ 点火线圈和发电机有过热现象。

（2）故障原因

① 发电机和励磁接线柱短路。

② 电压调节器调节电压过高或失控。

③ 蓄电池亏电太多，或蓄电池内部短路。

（3）充电电流过大故障诊断与排除 先检查蓄电池是否严重亏电或内部短路；再仔细检查发电机，将发电机励磁接线柱上的导线取下，看是否仍有充电电流，若有，说明发电机内部电枢接线柱与励磁接线柱短路；若无，则应检查电压调节器调节电压是否过高或失控。外搭铁式为F线与"－"线间短路。所以在检查时，应对电压调节器及其连线进行检查。若电压调节器有问题，应更换调节器总成。

4．充电电流不稳

（1）故障现象 发动机在怠速以上运转时，出现时而充电、时而不充电，电流表指针不断摆动或充电指示灯时亮时灭故障。

(2) 故障原因

① 发电机传动带过松、跳动或带轮失圆。

② 充电系统连接导线接触不良。

③ 发电机转子或定子线圈某处有时出现断路或短路故障，集电环脏污，电刷与集电环接触不良或电刷弹簧过松。

④ 调节器触点接触不良，励磁电路接触不良。

(3) 充电电流不稳故障诊断与排除　步骤如图 3-32 所示。

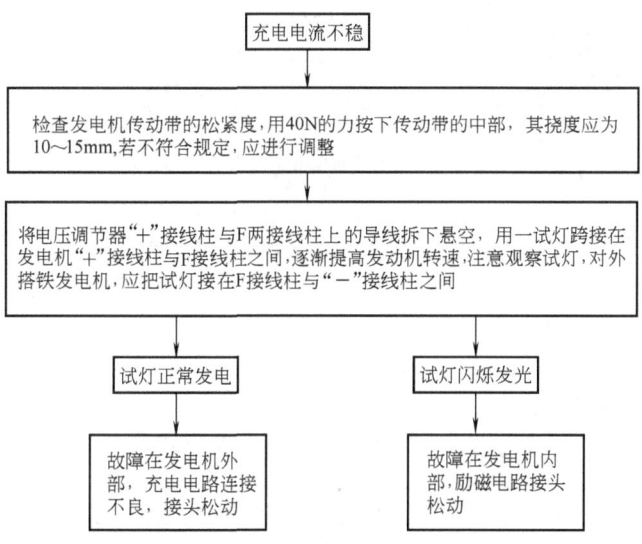

图 3-32　充电电流不稳故障诊断与排除

5. 发电机异响故障

(1) 故障现象　发电机在运转过程中有异响产生。

(2) 故障原因

① 发电机装配时不到位，风扇传动带过紧、松动及其表面轻度不规则。

② 发电机轴承损坏，发电机转子与定子相碰。

③ 电刷磨损过大或电刷与集电环接触角度不当。

(3) 故障诊断　先检查发电机传动带方面的原因，再通过仔细听响声发出的部位来确定故障的确切位置。

6. 交流发电机电源系常见故障部位

交流发电机电源系统常见故障部位如图 3-33 所示。

3.7.3　整体式交流发电机电源系统故障诊断与排除

整体式交流发电机的常见故障有不充电或充电电流过小等故障，以上海桑塔纳轿车为例（参见图 3-34），说明整体式交流发电机电源系故障的诊断方法。

1. 不充电故障

(1) 检查条件

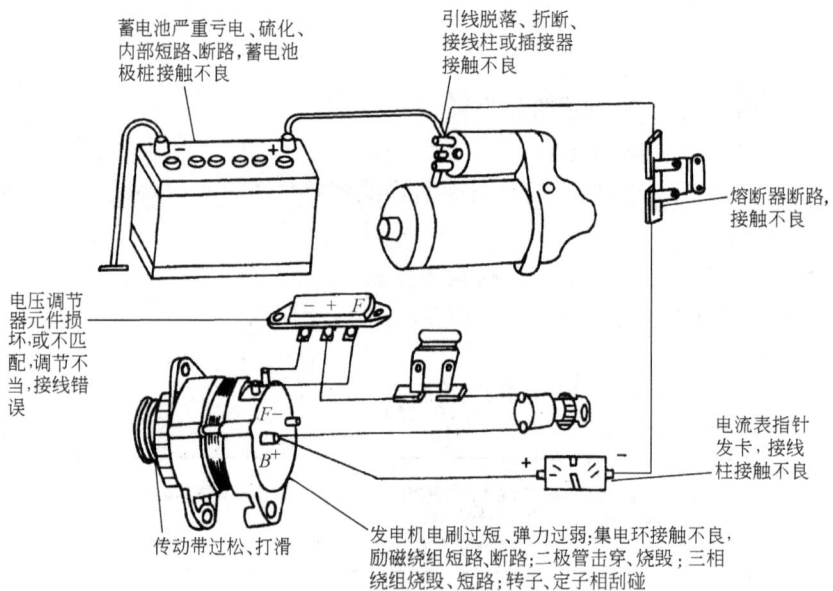

图 3-33　交流发电机电源系统常见故障部位图

① 发电机传动带的张力正常。
② 蓄电池电充足。
③ 发电机的搭铁线接触良好。

（2）不充电故障诊断与排除步骤　按图 3-34 所示顺序进行。

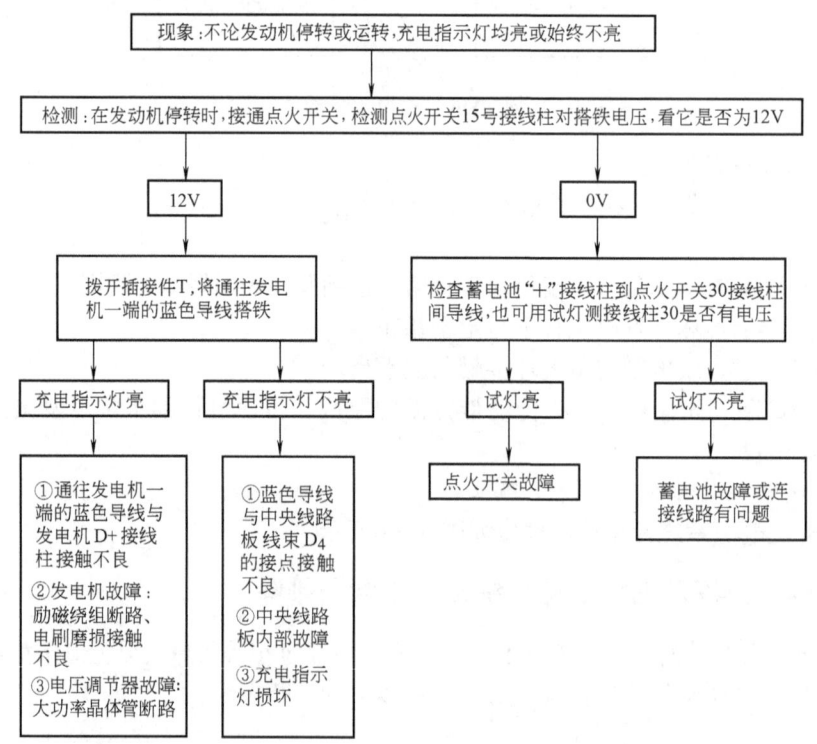

图 3-34　整体式交流发电机电源系统不充电故障的诊断与排除

2. 充电电流过小的故障诊断与排除方法

故障诊断与排除步骤可按图 3-35 所示顺序进行。

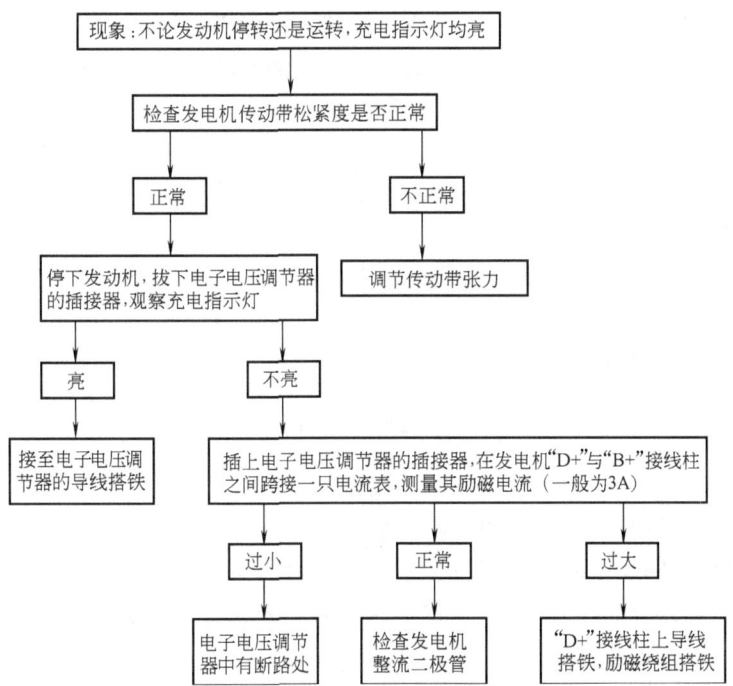

图 3-35 整体式交流发电机电源系统充电电流过小故障的诊断与排除

3.7.4 典型故障诊断与排除

案例一 充电指示灯常亮故障

1. 故障现象

一辆桑塔纳 2000 型轿车，充电指示灯常亮。

2. 故障检修

检查发电机传动带的张力，属正常，各导线的连接部位也无破损及松脱现象。用万用表测量发电机"B+"与壳体间的电压为 12V，说明蓄电池至发电机线路正常。起动发动机后保持中速运转，用万用表测量发电机"B+"与壳体间的电压仍为 12V（正常电压为 13.5～14.5V），说明发电机输出电压有问题。拆下发电机"D+"接线柱上的蓝色导线，打开点火开关，测量该线与发电机接线柱"D+"接线柱上的励磁电流只有 58mA（正常值为 170mA），说明励磁电路有问题，经过检查发现充电指示灯盒内的并联电阻 R_1 烧毁。

3. 故障分析

由于 R_1 烧毁，15 号线提供给励磁绕组的电流只能通过 R_2 和发光二极管，故电流减小，磁场减弱，使发电机的输出电压降低，同时发电机"D+"点的电压也降低，充电指示灯两端的电位差大，所以充电指示灯常亮。

案例二 丰田皇冠轿车开前照灯时充电指示灯时亮时灭故障

1. 故障现象

该车白天行驶时，充电指示灯熄灭。晚上开前照灯，充电指示灯时亮时灭，若开前照灯时间过长，则第二天早晨蓄电池亏电严重。

2. 故障检修

根据经验判断故障原因有两种：一是充电线路有接触不良处；二发电机发电量不足。

检查发电机充电线路，无接触不良处。用万用表测蓄电池两端电压为12V，起动发动机后约为14V，开前照灯后电压降为12.5V，不正常。

拆开发电机检查，发现电刷长度还可以，但集电环已磨出很多沟槽，电刷与集电环接触面积很小，于是将集电环车削平整，再将发电机装复，故障排除。

3. 故障分析

发电机集电环磨出沟槽，使其与电刷的接触面积减小，发电机输出电流不足，不开前照灯时，尚可满足电器设备需要，开前照灯后，前照灯耗电量很大，发电机发电量不能满足电器设备用电需要，充电指示灯就要闪亮。

本 章 小 结

1. 交流发电机由转子、定子、整流器、端盖与电刷总成等部分组成。
2. 交流发电机的转子是发电机的磁场，定子是发电机的电枢。
3. 交流发电机的的定子绕组通常为Y形联结，整流器为三相桥式整流电路。
4. 交流发电机的整流有的采用了6管整流、有的采用了8管整流、有的采用了9管整流、有的采用了11管整流。工作原理大同小异。
5. 交流发电机的励磁方法为先他励，后自励。
6. 交流发电机的特性有输出特性、空载特性和外特性，其中以输出特性最为重要。
7. 交流发电机的维护包括单机静态测试与交流发电机零部件的检查。
8. 单机静态测试包括各接线柱间阻值测量、试验台动态试验与交流发电机的就车检验。
9. 交流发电机零部件的检查包括硅二极管的检查、定子绕组的检查、励磁绕组的检查、转子轴的检查、集电环的检查与电刷的检查。
10. 交流发电机转子转速及负载在很大范围内变化，均可引起发电机的输出电压发生较大变化，因此交流发电机必须配备电压调节器，使其输出电压保持稳定。
11. 晶体管式电压调节器是利用晶体管的开关特性，来控制发电机的励磁电流，使发电机的输出电压保持恒定。
12. 集成电路电压调节器将所有的二极管、晶体管的管芯都集成在一块基片上，实现了电压调节器的小型化，并将其装在发电机内部，减少了外部线路，缩小了整个充电系统的体积。
13. 电压调节器有内外搭铁的区别，必须与发电机匹配使用。
14. 晶体管电压调节器的检查包括内搭铁式晶体管电压调节器的测试与外搭铁式晶体管电压调节器的测试。
15. 集成电路电压调节器的检查包括3引线集成电路电压调节器的测试与4引线集成电路电压调节器的测试。
16. 在进行发电机性能测试时，可进行空载试验和满载试验。
17. 交流发电机的常见故障有不发电、充电电流过小、充电电流过大、充电不稳等故障。

习题与思考题

一、选择题

1. 硅整流器中每个二极管在一个周期的连续导通时间为_____
   A. 1/2 周期　　　　B. 1/3 周期　　　　C. 1/4 周期
2. 交流发电机发电的首要条件是_____
   A. 具有剩磁　　　　B. 依靠外部电源　　　　C. 充磁
3. 交流发电机中产生磁场的装置是（　　）。
   A. 定子　　　　B. 转子　　　　C. 电枢　　　　D. 整流器
4. 外搭铁式电压调节器中的大功率晶体管是接在调节器的（　　）。
   A. "＋"与"－"之间　　B. "＋"与"F"之间　　C. "F"与"－"之间
5. 交流发电机定子作用是（　　）。
   A. 发出三相交流电动势　　B. 产生磁场　　C. 变交流为直流
6. 发电机电压调节器是通过调整（　　）来调整发电机电压的。
   A. 发电机的转速　　B. 发电机的励磁电流　　C. 发电机的输出电流
7. 发电机出现不发电故障，短接触点式调节器的"＋"与 F 接线柱后，发电机开始发电，这说明故障出在（　　）。
   A. 发电机　　　　B. 电流表　　　　C. 调节器
8. 外搭铁式电压调节器控制的是励磁绕组的（　　）。
   A. 火线　　　　B. 搭铁　　　　C. 电流方向
9. 交流发电机采用的整流电路是（　　）。
   A. 单相半波　　B. 单相桥式　　C. 三相半波　　D. 三相桥式
10. 11 管整流的交流发电机有（　　）个负二极管。
    A. 3　　　　B. 6　　　　C. 9
11. 发电机正常工作后，其充电指示灯熄灭，这时灯两端应（　　）。
    A. 电压相等　　B. 电位相等　　C. 电位差相等　　D. 电动势相等
12. 检测电刷时，如发现电刷磨损应更换，其最小高度是（　　）。
    A. 5～6mm　　B. 7～8mm　　C. 9～10mm　　D. 10～11mm
13. 发电机转子绕组断路、短路，可用万用表检查。若是转子线圈良好，则电阻值必定符合规定；若是转子线圈有短路，则电阻值比规定值（　　）。
    A. 小　　　　B. 大　　　　C. 略小　　　　D. 略大
14. 若要检查硅二极管是否断路或短路，则需用（　　）。
    A. 绝缘电阻表　　B. 万用表　　C. 百分表　　D. 其他表

二、判断题

1. 交流发电机的励磁方法为：先他励，后自励。（　　）
2. 如果将蓄电池的极性接反，后果是有可能将发电机的励磁绕组烧毁。（　　）
3. 内搭铁电压调节器和外搭铁电压调节器可以互换使用。（　　）
4. 通过检查发电机的励磁电路和发电机本身，查不出不充电故障的具体部位。（　　）
5. 电子电压调节器中稳压管被击穿时，其大功率晶体管一定处于导通状态。（　　）

6. 交流电的瞬时值加在二极管的正极电位高于负极时就导通。（　　）
7. 充电指示灯亮就表示蓄电池处于充电状态。（　　）
8. 交流发电机严禁采用试火的方法检查故障。（　　）
9. 电压调节器是通过改变交流电机的励磁电流来实现电压调节的。（　　）
10. 外搭铁式的电压调节器控制的是励磁绕组的火线。（　　）
11. 交流发电机中性点 N 的输出电压为发电机电压的一半。（　　）
12. 交流发电机用硅二极管可用普通整流二极管代替。（　　）

三、简答题

1. 为什么交流发电机不需要限流器？
2. 如果发电机的"电枢"接线柱搭铁，将对发电机、电流表、蓄电池等的工作产生什么影响？
3. 交流发电机的定子绕组，有一相断路，这对发电机和蓄电池组成的充电系统有什么影响？如果一只二极管短路，又将产生什么影响？
4. 为什么 8 管交流发电机能够提高发电机的输出电流？
5. 汽车交流发电机电压调节器的电压调节原理与调节方法是什么？
6. 集成电路式电压调节器信号电压监测电路的电压取样方法有哪些？
7. 充电系统不充电的现象是什么，不充电的原因有哪些，怎样诊断与排除？
8. 交流发电机高速运行时突然失去负载有何危害？

实训项目三 汽车电器常用检测工具的使用

车辆牌号	车辆识别代码	发动机型号

一、实训目的
掌握汽车电器常用检测工具的正确使用。

二、主要实验仪器
跨接线、试灯、发光二极管、试电笔、指针式万用表、数字式万用表、实训用车或电气实训台架若干台。

三、实训步骤

1. 跨接线

跨接线就是一段多股导线，如图3-36所示，两端分别接有鳄鱼夹或不同形式的插头。用来对被怀疑断路的导线起替代鉴别作用，也可以在不需要某部件的功用时，用跨接线短路，而将其隔离出去，以检查部件的工作情况。

2. 测试灯

（1）12V无源测试灯　它是由12V（2～20W）灯泡或发光二极管、导线和各种型号的插头组成，如图3-37所示。

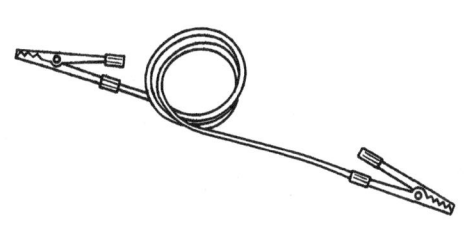

图3-36　跨接线

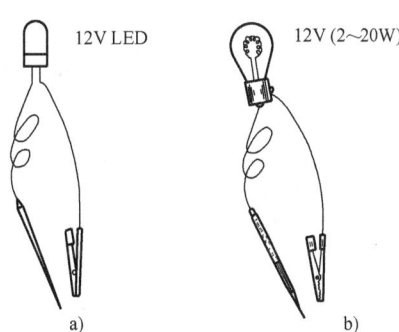

图3-37　测试灯
a）LED型　b）小灯泡型

它可以用来检查电源电路是否有电。将12V测试灯一端接电气部件电源接头，另一端搭铁，如试灯亮，说明电气部件的电源电路无故障；若灯不亮，顺电源方向找出第二接点测试，如灯亮，则电路在第二接点与电源接头间有故障。如灯仍不亮，再顺着电源方向测试第三接点……直到灯亮为止。故障若在最后一个被测接头与上一个被测接点间的电路上，大多为断路故障。

（2）12V有源测试灯　12V有源测试灯与12V无源测试灯基本相同，它只是在手柄内加装两节1.5V电池，如图3-38所示。

它可以用来检查电路断路和短路故障。

① 断路检查。首先断开与电气部件相连接的电源电路，将测试灯一端搭铁，另一端接电路各接点（从电路首端开始）。如果灯不亮，则断路出现在被测点与搭铁之间；如灯亮，则断路出现在此被测点与上一个被测点之间。

② 短路检查。首先断开电气部件电路的电源线和搭铁线，测试灯一端搭铁，一端与余下电气部件电路相连接。如灯亮，表示有短路故障（搭铁）存在。然后逐步将电路中

车辆牌号	车辆识别代码	发动机型号

插接器拨开，开关打开，拆除各部件，直到灯灭为止，则短路出现在最后断路部件与上一个断路部件之间。

需要注意的是不可用测试灯检查发动机计算机控制系统，除非维修手册中有特殊说明。

3. 汽车专用电笔

它可以用于汽车电路测试，代替测试灯，如图3-39所示。而且可以直接从电笔的灯光指示上判断发电机、电压调节器的工作是否正常。在这方面，它甚至比万用表更实用。它的组成电路如图3-40所示。

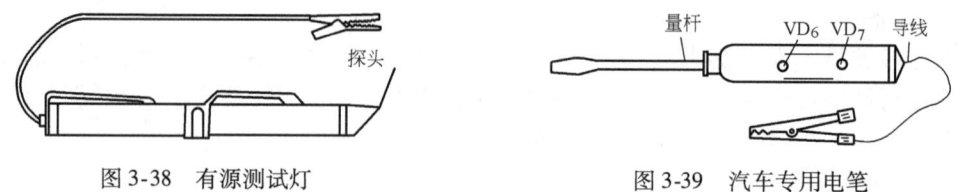

图 3-38 有源测试灯　　　　　图 3-39 汽车专用电笔

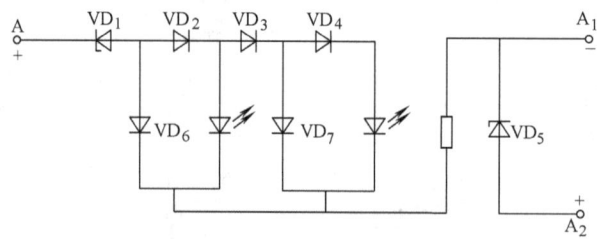

图 3-40 汽车专用电笔组成电路

汽车专用电笔分 A 型、B 型两种，A 型用于 12V 电源检测，B 型用于 24V 电源检测。

使用时，根据电源电压，将电笔负极用鳄鱼夹与搭铁可靠地相接（12V 电系时用 A_1 接负极，24V 时用 A_2 接负极），而将电笔头逐次碰触被测点，这时电笔上的两只双色二极管可组合指示 6 种颜色，分别对应不同的电压值。各种颜色对应的电压值见表 3-4。

表 3-4 汽车专用电笔显示色与电压状态对应表

对应电压显示情况		12V 电源/V	24V 电源/V	备　　注
VD_6	红	11	23	
	橙	12	24	VD_7 不亮
	橙绿	12.6	24.6	
VD_7	红	13	25	
	橙	14	26	VD_6 显示橙绿色
	橙绿	15	27	

4. 万用表

常用的万用表有指针式和数字式两种。

(1) 指针式万用表　指针式万用表有 500 型、MF47 型、MF9 型、MF10 型等多种型号，尽管型号或功能有所不同。一般都可以测量直流电压、直流电流、交流电压、静态电

车辆牌号	车辆识别代码	发动机型号

阻、音频电平等,有的还可以测量交流电压、电容、电感量以及晶体管的某些参数等。图3-41所示即为500型万用表。

1)操作方法:

① 使用之前需调整归零,将旋钮旋至"Ω"档,红色表笔插入"+"插孔,黑色表笔插入"-"插孔,两表笔短接,使指针准确地指示在标度尺的零位上。若不能调到零,说明万用表电池电压不足,需更换电池。

② 电阻测量:将旋钮旋至"Ω"档,根据被测元件选量程,在 R×1、R×10、R×100、R×1k、R×10k 量程范围选,据测得值确定需乘倍数的关系。

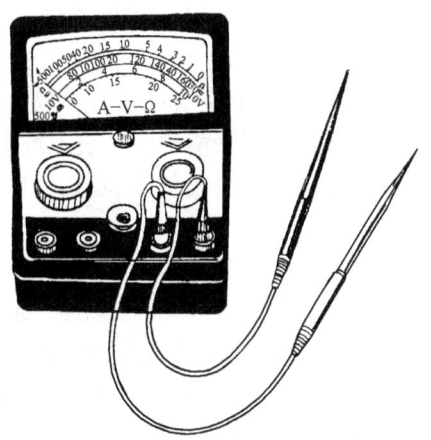

图3-41 指针式万用表(500型)

③ 直流电压测量:将旋钮旋至测量直流电压的相应量程位置上,将红色表笔放在火线上或高电位端,黑色表笔放在搭铁或低电位端。

④ 交流电压测量:将旋钮旋至测量交流电压的相应量程位置上,测量方法与直流电压测量相似。

⑤ 直流电流测量:将旋钮旋至测量直流电流的相应量程位置上,将红色表笔放在火线上或高电位端,然后将测试表笔串接在被测电路中,就可测量出被测电路中的直流电。

2)使用注意事项:

① 万用表在测试时,严禁旋转开关。

② 当被测元件不能确定其数字时,应将量程转换开关旋到最大量程位置上,先进行初步检测再选择适当的量程,使指针得到最大的偏转。

③ 测量直流电流时,万用表应该与被测电路串联,禁止将仪表直接跨接在被测电路的两端,以防止万用表过载而损坏。

④ 测量电路中的电阻时,应将被测电路的电源断开,拆下元器件与电路连接;测线路时,也应将导线两端的接线拆下,切勿在电路带电情况下测量电阻。

⑤ 为了确保安全,测量交直流 2500V 量程时,应将测试表笔一端固定在电路零线(搭铁)上,将测试表笔的另一端去接触被测高压电源。测试过程中,应严格执行高压操作规程,双手必须带高压绝缘橡胶手套,地板上应铺置高压绝缘橡胶板,测试时应谨慎从事。

⑥ 万用表不使用时应旋到电压档,这样可节约电池的电能;还应经常保持万用表清洁和干燥,以免影响准确性和造成损坏。

(2)数字式万用表

图3-42 所示为 UR89 系列数字式万用表。

1)操作方法:

① 电阻测量:拔出表笔,旋转"功能/量程开关"到"Ω"范围,选择合适的量程;将红色表笔插入 VΩ 插孔,黑色表笔插入 COM 插孔,将测试表笔并接到被测电阻两端。

(续)

车辆牌号	车辆识别代码	发动机型号

② 直流电压测量：拔出表笔，旋转"功能/量程开关"到"V—"范围，选择合适的量程；将红表笔插入 VΩ 插孔，黑色表笔插入 COM 插孔，将红表笔放在火线上或高电位端，黑色表笔放在搭铁或低电位端。否则显示为负值。

③ 交流电压测量：拔出表笔，旋转"功能/量程开关"到"V～"范围，选择合适的量程。测量方法与直流电压测量相似。

④ 直流电流测量：拔出表笔，旋转"功能/量程开关"到"A—"范围，选择合适的量程；红色表笔插 mA 插孔或 10A 插孔，黑色表笔插入 COM 插孔。将表笔串接在被测电路两端。

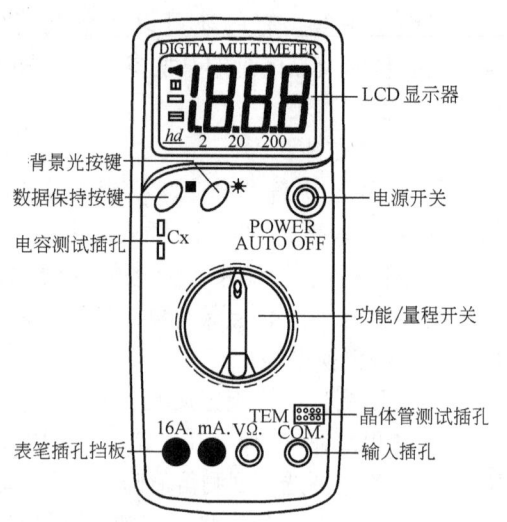

图 3-42　数字式万用表

⑤ 交流电流测量：拔出表笔，旋转"功能/量程开关"到"A～"范围，选择合适的量程；红色表笔插 mA 插孔或 10A 插孔，黑色表笔插入 COM 插孔。将表笔串接在被测电路两端。

⑥ 电容测量：旋转"功能/量程开关"到"F"档，选择合适的量程；将红色表笔插入 VΩ 插孔，黑色表笔插入 COM 插孔，将表笔并接到被测电容两端。

⑦ 频率测量：旋转"功能/量程开关"到"Hz"档，选择合适的量程；将红色表笔插入 VΩ 插孔，黑色表笔插入 COM 插孔，将测试表笔并接到被测信号源的两端。

⑧ 温度测量：旋转"功能/量程开关"到"TEMP"档，将热电偶的红色插头插入 VΩ 插孔，黑色表笔插入 COM 插孔，热电偶测量端置于测温点，从仪表显示屏读取温度值，读数单位为℃。

⑨ 二极管测试：旋转"功能/量程开关"到"二极管"档，将红色表笔插入 VΩ 插孔，黑色表笔插入 COM 插孔，将测试表笔跨接在待测线路的两端。被测线路电阻小于约 30Ω 时，仪表发出蜂鸣声响作为提示，表示通路。

2）使用注意事项：
① 使用时，注意功能档位和量程的选择。
② 在更换功能档位时，应将表笔取出，再进行选择。

四、思考题或讨论题
1. 指针式万用表和数字式万用表测试电阻时有什么不同？
2. 使用指针式万用表和数字式万用表的注意事项？

实训项目四　交流发电机的结构认识与检测

车辆牌号	车辆识别代码	发动机型号

一、实训目的
1. 熟悉交流发电机的拆检及装复，并且能够正确使用拆装工具。
2. 认识交流发电机各零部件的结构特点，并熟悉其基本技术要求。
3. 掌握交流发电机的不解体与解体的检测及维修方法。

二、主要实验仪器
交流发电机若干台、万用表若干个、小型顶拔器、拆装工具若干套。

三、实训步骤
1. 就车拆卸

将交流发电机从汽车上拆下时，应按以下步骤进行：
① 拆下蓄电池负极柱上的搭铁电缆接头。
② 拆下发电机上的导线接头或插接器接头。
③ 拆下发电机固定螺栓和传动带张力调节螺栓，并松开传动带。
④ 取下发电机，并用干净棉纱擦净发电机表面的灰尘和油污，以便解体检修。

2. 交流发电机不解体检测

1）认识交流发电机"电枢"、"励磁"、"搭铁"、"中性点"接线柱（载货车用）或轿车用交流发电机 B+、D+ 等接线柱。

2）判断交流发电机的搭铁形式：
① 直观法。看通过两个电刷接出的接线柱有无搭铁片，若有为内搭铁发电机。
② 测试法。用万用表 R×1 档或数字万用表二极管档测电刷接出的两个接线柱与发电机外壳有无搭铁，若有为内搭铁发电机。

3. 交流发电机各接线柱电阻的检测

用万用表测量各接线柱间的电阻值，可初步判断发电机是否有故障。对内搭铁的发电机，其方法是用万用表 R×1 档测量发电机 F 与 E、B 与 E、N 与 B、N 与 E 各接线柱之间的电阻，并记录所测各值，与相应的标准值比较。对于外搭铁的发电机必须变成内搭铁的发电机才能测量除发电机 F 与 E 以外的其他接线柱间的电阻。几种交流发电机各接线柱之间的电阻见表 3-5。

表 3-5　常用交流发电机各接线柱之间的电阻标准值

万用表型号	交流发电机型号	F-E 端子	B-E 端子		B-N 端子		N-E 端子	
			正向	反向	正向	反向	正向	反向
MF47	JF11、JF13、JF15、JF21	5～7Ω	40～50Ω	>10kΩ	13～15Ω	>10kΩ	13～15Ω	>10kΩ
	JF12、JF22、JF23、JF25	19.5～21Ω						
	JFW14（无刷）	3.5～3.8Ω						
	JFW28（无刷）	15～16Ω						
	夏利 JFZ1542	2.8～3.0Ω						
	桑塔纳 JFZ1913	2.8～3.0Ω						

(续)

车辆牌号	车辆识别代码	发动机型号

① 用指针式万用表 R×1 档,一表笔接发电机励磁 F 接线柱,一表笔接发电机 E 接线柱,若值符合规定,则表明励磁绕组良好;若值小于规定,则说明励磁绕组有短路故障;若值为∞大,则说明励磁绕组有断路故障。

② 用指针式万用表 R×1 档,黑表笔接发电机 B 接线柱,红表笔接发电机外壳,测得电阻在 40~50Ω,调换表笔,此值 >10kΩ 或为∞,说明无故障;若阻值在 10Ω 左右,调换表笔,此值 >10kΩ 或为∞,说明有不同极性二极管击穿;若正反向测得阻值为 0,说明有击穿的二极管;若正反向测得阻值为∞,说明有多个正负二极管断路。

③ 若交流发电机有中性点接线柱(N),用万用表 R×1 档,测 B 与 N 之间的正反向电阻值,正向电阻一般为 10~15Ω,调换表笔,此值 >10kΩ 或为∞,说明无故障;若正向电阻为无穷大,说明 N 端子引线所连绕组或正二极管断路,或 3 只二极管均断路;若正反向电阻值均为 0,则正二极管中至少有一只二极管短路。同理,测 N 与 E 之间的正反向电阻值,可进一步判断故障是在负二极管还是在定子绕组。

4. 发电机的拆装与结构的认识

(1) 普通发电机的拆装

① 拆下电刷组件。
② 拆下后轴承防尘盖,再拆下后轴承处的紧固螺母。
③ 拆下前后端盖的连接螺栓,轻敲前后端盖,使前后端盖分离。
④ 从后端盖上拆下定子绕组端头,使定子总成与后端盖分离。
⑤ 拆下整流器总成。
⑥ 拆下传动带轮、半圆键、风扇和前端盖。
⑦ 用布或棉纱蘸适量清洗剂擦洗转子绕组、定子绕组、电刷及其他机件。

(2) 整体式交流发电机的拆装

① 拆下带轮。
② 拧下 B 端子上的固定螺母并取下绝缘套管。
③ 拆下后端盖罩。
④ 拧下电刷架和集成电路式调节器的固定螺钉,取下电刷架和集成电路式调节器(注意:电刷要轻取)。
⑤ 将与整流器相连接的三相绕组引线及中性点引线的连接螺钉用螺钉旋具拧下,取下整流器。
⑥ 拆卸整流器端座。
⑦ 从驱动端盖里取出转子,用棉纱蘸适量清洗剂擦洗转子绕组、定子绕组、电刷及其他机件。

5. 交流发电机的解体检测与维修

(1) 发电机转子的检测

1) 转子绕组断路与短路的检查。如图 3-43 所示,用万用表 R×1 档或数字万用表的低电阻档检测两集电环之间电阻,应与标准相符。若阻值为∞,说明转子绕组断路;若阻值过小,说明集电环之间短路。断路或短路应焊修或更换转子总成。

第3章 交流发电机及电压调节器

(续)

车辆牌号	车辆识别代码	发动机型号

2)转子绕组搭铁的检查。如图3-44所示,用指针式万用表电阻最大档检测集电环与铁心(或转子轴)之间的电阻,应为∞,否则说明转子搭铁。或用数字式万用表导通档位,若为零万用表发出响声,说明有搭铁故障。若搭铁应更换转子总成。

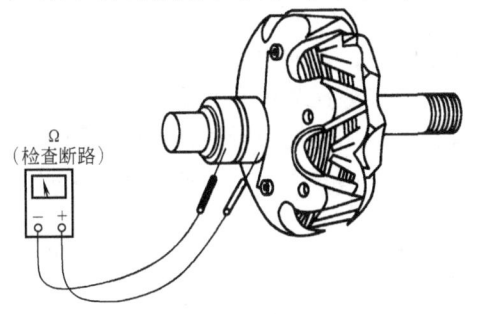

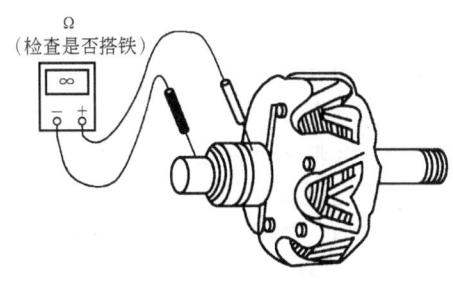

图3-43 转子绕组断路与短路的检查　　　图3-44 转子绕组搭铁情况检查

3)集电环的检查。集电环表面应平整光滑,若有轻微烧蚀,用"00"号砂纸打磨;烧蚀严重,应在车床上精车加工,集电环圆度误差不超过0.025mm,厚度不小于1.5mm,否则应更换。

4)转子轴的检查。用百分表检查轴的弯曲,弯曲度不超过0.05mm(径向圆跳动不得超过0.1mm),否则应予校正。爪极磁极在转子轴上应固定牢靠、间距相等,如图3-45所示。

(2)检测发电机定子

1)定子绕组断路的检测。如图3-46所示,用万用表R×1档检测定子绕组三个接线端,两两相测,阻值应在0.2~0.5Ω之间,若阻值为∞,说明绕组断路。断路故障应用35W220V的电烙铁焊接修复,若不能修复,应更换定子绕组或定子总成。

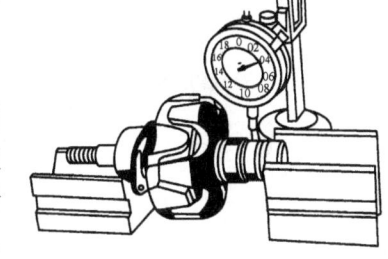

图3-45 转子轴的检查

2)定子绕组搭铁检测。如图3-47所示,用万用表电阻最大档检测定子绕组接线端与定子铁心间的电阻,应为∞,否则说明有搭铁故障。或用数字式万用表导通档位,若为零万用表发出响声,说明有搭铁故障。若搭铁应更换定子绕组或定子总成。

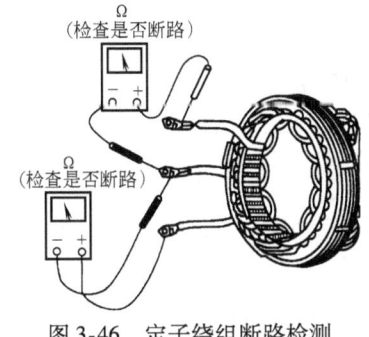

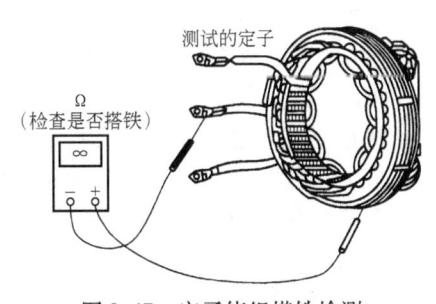

图3-46 定子绕组断路检测　　　图3-47 定子绕组搭铁检测

(续)

车辆牌号	车辆识别代码	发动机型号

3) 定子绕组短路检测。将一个 6V 蓄电池串联适当的负载及电流表,分别接到各相绕组的首末端,如果三相绕组的电流不相等,则说明有故障的某相绕组有匝间短路故障。应更换定子绕组或定子总成。

(3) 整流器的检查

1) 检测正二极管。用万用表 R×1 档测正反向电阻,正向电阻为 8~10Ω,调换表笔,此值>10kΩ 或为∞大,说明正二极管无故障;或用数字式万用表导通档位,黑表笔接整流器的输出端子,红表笔分别接整流器各接线柱,万用表均应导通,否则说明二极管断路,应更换整流器总成;更换两表笔进行测试,此时万用表均应不导通,否则说明二极管短路,亦应更换整流器总成,如图 3-48a 所示。

2) 检测负二极管。用万用表 R×1 档测正反向电阻,正向电阻为 8~10Ω,调换表笔,此值>10kΩ 或为∞大,说明负二极管无故障;或用数字式万用表导通档位,红表笔接整流器的负极管的外壳,黑表笔分别接整流器各接线柱,万用表均应导通,否则说明二极管断路,应更换整流器总成;更换两表笔进行测试,此时万用表均应不导通,否则说明二极管短路,亦应更换整流器总成,如图 3-48b 所示。

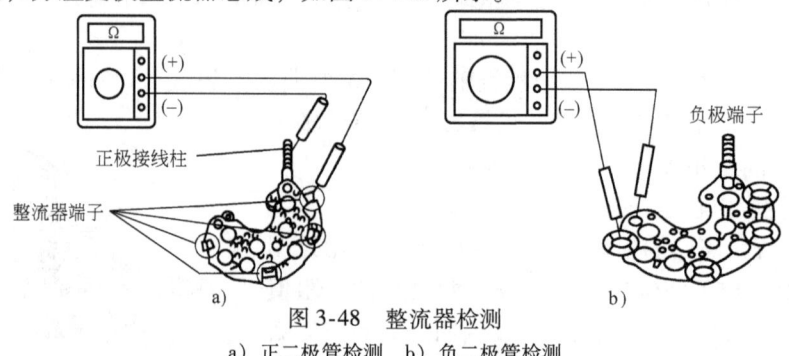

图 3-48 整流器检测
a) 正二极管检测 b) 负二极管检测

(4) 检查电刷 电刷表面应无油污,无破损、变形,且应在电刷架中活动自如。电刷磨损不得超过原高度的 1/2;当电刷的外露长度小于 7mm 时,应更换电刷或电刷弹簧。

(5) 其他零件检查 检查发电机各接线柱绝缘情况,发现搭铁故障应拆检;检查轴承轴向和径向间隙均应不大于 0.20mm,滚子、滚道应无斑点,轴承无转动异响;检查前后端盖、传动带轮等应无裂损,绝缘垫应完好。

6. 交流发电机的装复

首先向轴承中填充 2/3 的润滑脂,再按拆解的反顺序装复。

① 将前端盖、风扇、半圆键和传动带轮依次装到转子轴上,并用螺母紧固。
② 将整流板、定子绕组依次装入后端盖。
③ 将两端盖装合在一起,并拧紧连接螺栓。
④ 拧紧后端盖轴承紧固螺母,装好轴承盖。
⑤ 装电刷组件。
⑥ 装复后,转动发电机传动带轮,转动应平顺,无摩擦及碰击声。

(续)

车辆牌号	车辆识别代码	发动机型号

四、注意事项

① 拆装过程中不得丢失、损坏和漏装零部件。

② 不可用汽油清洗转子和定子线圈,以防绝缘损坏。

五、实训数据或现象记录、处理、分析

将数据记录入表 3-6 至表 3-9,并加以分析。

表 3-6 交流发电机搭铁形式的测量

发电机编号	发电机型号	类型判别结果(内、外搭铁)	适应车型

表 3-7 交流发电机各接线柱之间阻值

万用表型号	交流发电机型号	F-E 端子		B-F 端子		B-E 端子		B-N 端子		N-E 端子	
		正向	反向	正向	反向	正向	反向	正向	反向	正向	反向
结果分析											

表 3-8 交流发电机定子及转子总成的检查

发电机型号	励磁绕组电阻/Ω			励磁绕组绝缘检查	励磁绕组质量分析
电枢绕组端线间电阻值/Ω	X—Y	Y—Z	Z—X	电枢绕组绝缘检查	电枢绕组分析

表 3-9 交流发电机整流器的检查

正整流板二极管电阻值						负整流板二极管电阻值					
1		2		3		1		2		3	
正向	反向	正向	反向	正向	反向	正向	反向	正向	反向	正向	反向
根据测试结果分析质量											

六、思考题或讨论题

在汽车上对发电机进行不解体检测时,为什么必须将发电机上的各导线拆下?

实训项目五 交流发电机的试验

车辆牌号	车辆识别代码	发动机型号

一、实训目的

1. 熟悉交流发电机的控制。
2. 掌握交流发电机的技术性能测试方法。

二、主要实验仪器

万能实验台若干台，交流发电机若干台，蓄电池若干个，常用工具若干套。

三、实训步骤

1. 交流发电机空载试验

1）将被试交流发电机紧固在试验台夹具上，选好套筒与橡胶接头，调整夹具，找好电动机主轴同轴，夹具夹紧程度应适当，不能过紧或过松，并用手转动电动机，观察电动机与发电机是否同轴。

2）按图 3-49 接线：

① 用附件连接试验台上的插孔 40 与 41（此时试验台的蓄电池为负极搭铁）。

② 将附件（电枢与励磁接线）一头插入 39 中，另两头分别接交流发电机"电枢"（+）与"励磁"（F）接线柱。用附件连接 35 与 37 插孔，由试验台的蓄电池对发电机进行他励。

③ 旋转调速电动机转换开关至低速位置，此时调速电动机指示灯亮，并将转速表量程控制开关相应拨至低速位置。顺时针摇转电动机手轮，使检视孔箭头向右偏转，观察转速表所指示的电动机转速，当转速升至 700~800r/min 时，将附件从座孔中拔下，此时发电机为自励状态，电动机转速略有下降。

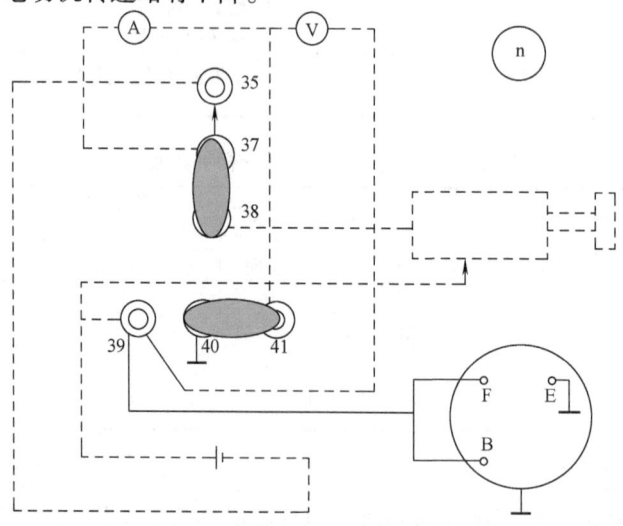

图 3-49 交流发电机的空载试验接线图

3）顺时针摇转手轮，使转速缓慢上升，同时观察电压表，当发电机电压稳定在 14V 时，停止升速，记下转速表所指示的转速，与表 3-2 对比，若符合，说明发电机空载性能良好；若大于此值，说明空载性能差。

(续)

车辆牌号	车辆识别代码	发动机型号

2. 交流发电机满载试验

1）交流发电机在试验台上的安装与空载试验相同。

2）将可变手轮逆时针转到底，此时调节电阻器达到最大值。

3）旋转调速电动机开关至高速档位置，转速量程开关拨至高速档位置（0~5000 r/min）。顺时针摇转电动机手轮，使检视孔箭头向右偏转，电动机转速逐渐上升。

4）当转速升至700~800r/min时，用插销将插座35、37暂时短接，进行他励，同时观察电流表，当转速上升，电流表指针由"0"向右偏转2A充电电流时，先将37、38两座孔用附件连接起来，再将35和37插孔中从座孔中的附件拔下，此时发电机转入自励发电状态，并向负载（可变电阻）供电。

5）缓慢顺时针转动调速电动机手轮，使电动机转速逐渐升高，同时注意观察电压表，当电压读数达到额定14V时，停止升速。

6）顺时针摇转可变电阻手轮，使负载电阻减小，负载电流增大；此时发电机电压将自动随之下降，当电压下降至13V时，停止摇转可变电阻手轮。

7）重复5）、6）两步骤，至直发电机电压达到额定值14V，输出电流、转速符合表3-2，记下转速表的转速读数。若转速低于规定转速，说明发电机负载性能好；若高于此值，说明发电机负载性能差。

四、注意事项

① 注意安全操作，防止转动部分伤人。
② 调试电路必须连接正确。
③ 电动机的转速调整必须稳步进行，且要求准确。
④ 指示表的读数应准确。
⑤ 进行部件调整时，应停止运转以防发生事故。

五、实训记录

实训数据记录在表3-10中。

表3-10 交流发电机的性能测试

发电机型号	检测内容 实训项目	电压/V	电流/A	转速/(r/min)	
	空载试验			标准	
				实测	
	负载试验			标准	
				实测	

六、思考题或讨论题

在试验台上进行交流发电机空载试验时，在开始他励工作状态下，若在发电机转速较高（1000r/min）的情况下才将附件从35、37座孔中拔出，将会出现什么情况？为什么？

实训项目六　电压调节器的检测与试验

车辆牌号	车辆识别代码	发动机型号

一、实训目的
1. 了解触点式电压调节器的常规检查和维护方法。
2. 掌握电子电压调节器的动态检测。
3. 学会使用万能电器实验台对电压调节器进行检测。
4. 能够根据相关的标准对检测结果做出正确的结论。

二、主要实训仪器
① 万能电器实验台若干台，直流可调电源若干台，蓄电池若干个，万用表若干块，变阻器若干个、开关若干个；2W/12V 试灯若干个，导线及接头夹子若干。
② 触点式电压调节器、内外搭铁型晶体管电压调节器各若干个，集成电路电压调节器若干个。

三、实训步骤
1. 触点式电压调节器的检测
① 外观检查。
② 静态阻值检测。
2. 晶体管电压调节器搭铁形式的检测

对 12V 系统的电压调节器，用一个 12V 蓄电池和一个 12V、2W 的小灯泡按图 3-50 所示连接好线路。

灯泡接在"F"与"-"接线柱之间发亮，则该调节器为内搭铁型调节器；灯泡接在"F"与"+"接线柱之间发亮，则该调节器为外搭铁型调节器。

如电压调节器有 4 个引出端 (D+、B、F、D-)，试验时，可将 D+ 与 B 连接为一点，再按上述方法识别；如电压调节器有 5 个引出端 (D+、B、F、D-、L)，则将 L 端子不接线，并将 D+ 与 B 连接在一起，再按上述方法识别。

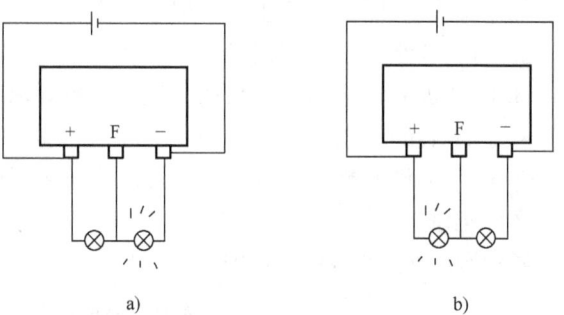

图 3-50　晶体管式调节器的识别接线图
a) 内搭铁式　b) 外搭铁式

3. 晶体管电压调节器的性能检测

对晶体管电压调节器进行性能检测时，同样要区分其搭铁极性，采用不同的检测方法。

(1) 静态法检测　对于 JFT 系列晶体管电压调节器可测各接线柱之间的电阻值判断好坏，但由于各晶体管所使用的管子型号不同，所测阻值不同，不好判断，一般不用此法。

(2) 动态检测法

1) 内搭铁式晶体管调节器的测试。将可调直流电源与调节器按图 3-51a 所示的线路

(续)

车辆牌号	车辆识别代码	发动机型号

接好,逐渐提高电源输出电压。当电压达到 6V 左右时,指示灯点亮。继续提高电源电压,当电压达到 13.5~14.4V 左右时,指示灯熄灭,熄灭时的电压即为调节器的调节电压,并与性能参数相比较。若指示灯在电压达 6V 时不亮,或电压超过规定值后,指示灯仍不熄灭,则说明该调节器有故障。

2) 外搭铁式晶体管调节器的测试。外搭铁式晶体管调节器的测试与内搭铁式晶体管调节器的测试方法一样,只是要求按图 3-51b 所示,连接好可调直流电源与晶体管式电压调节器。

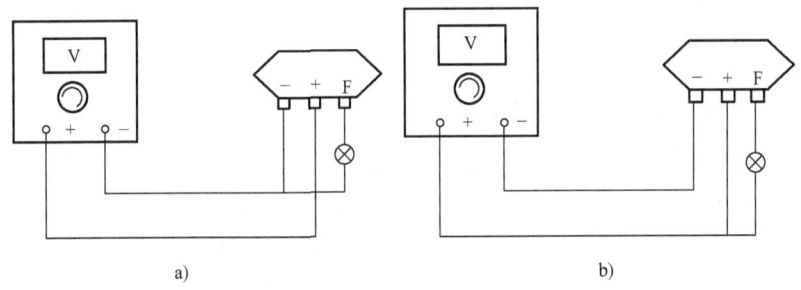

图 3-51 晶体管式电压调节器性能测试接线图
a) 内搭铁式 b) 外搭铁式

(3) 万能电器实验台测试 将晶体管电压调节器和配套标准发电机装在万能电器实验台上,按图 3-52 连接好线路,然后逐步提高发电机转速到规定值,再逐步变化负载电流,电压调节器的调压值和各种负载下的电压差值应符合试验技术要求。否则,应予以检修或更换。

4. 集成电路电压调节器的性能及故障检测

集成电路电压调节器一般为内装式,也有内搭铁和外搭铁调节器之分,外搭铁集成电路电压调节器应用较多。检测前应先从发电机内拆下。并弄清楚集成电路电压调节器各引线含义,以防实验时电源极性接错。

集成电路电压调节器一般有 3 接线柱和 4 接线柱两种。3 接线柱的集成电路电压调节器采用发电机电压检测法,4 接线柱的集成电路电压调节器采用蓄电池电压检测法。

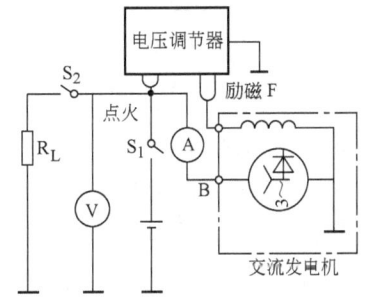

图 3-52 电压调节器性能的测试接线图

(1) 3 接线柱式的集成电路电压调节器的检测

1) 对电压调节器进行检测时按图 3-53 的方法进行线路连接。

2) 在电压调节器 B 与 E 接线柱间接一个 0~16V 的可调直流电源,B 与 F 接线柱间接一个 12V/2W 的直流灯泡(替代交流发电机励磁绕组),L 与 IG 间接一只 12V/2W 的仪表灯泡(替代充电指示灯),并在 IG 与 B 间接一个开关 S_1。当开关 S_1 闭合时,试灯1、2 应点亮。

3) 在 P 与 B 间接一个 6V 蓄电池(模拟交流发电机发电时的相电压)和一个开关 S_2,

车辆牌号	车辆识别代码	发动机型号

当开关 S_2 闭合时,试灯 1 应熄灭;当开关 S_2 断开时,试灯 1 应点亮。

4)调节可调直流电源,当电压升高到 15.0~15.5V 以上时,试灯 2 应熄灭;当电压下降到 13.5V 以下时,试灯 2 应又点亮。若结果不符合上述要求,表明集成电路电压调节器损坏。

(2)4 接线柱式的集成电路电压调节器的检测

1)检测 4 接线柱电压调节器时,按图 3-54 所示方法进行接线。

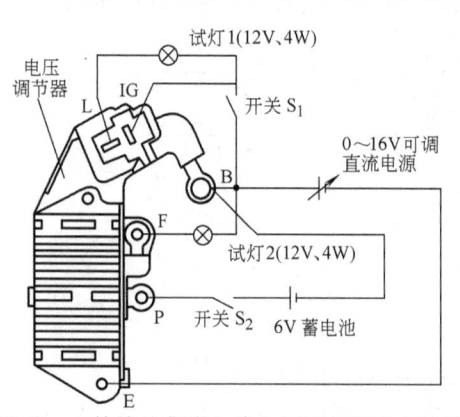 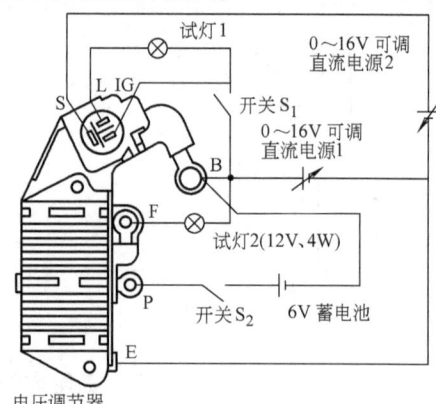

图 3-53 3 接线柱集成电路电压调节器检查接线图　　图 3-54 4 接线柱集成电路电压调节器检查接线图

2)检查时,在电压调节器 B、S 与 E 接点间各接一个 0~16V 的可调直流电源,B 与 F 接点间接一个 12V/2W 的直流灯泡(代替交流发电机励磁绕组),L 与 IG 间接一个 12V/2W(代替充电指示灯)的仪表灯泡,并在 IG 与 B 间接一个开关 S_1。开关 S_1 闭合时,试灯 1、2 应点亮。

3)在 P 与 B 间接一个 6V 蓄电池和一个开关 S_2,开关 S_2 闭合时,试灯 2 应熄灭;当 S_2 断开时试灯 2 应点亮。

4)调节可调直流电源 1,当电压升高到 15.0~15.5V 以上时,试灯 2 应熄灭;当电压下降到 13.5V 以下时,试灯 2 应又点亮。

5)调节可调直流电源 2,当电压下降到 13.5V 以下时试灯 1 应又点亮。

若结果不符合上述要求,表明集成电路电压调节器损坏。

四、注意事项

① 使用万用表检测时,应注意档位的选择。

② 使用直流可调电源时,也应注意正确操作。

③ 在使用汽车电器万能试验台检测发电机及电压调节器性能时,应先插好试验台后面的直流电源插头 F2,后接通实验台的交流电源。试验完毕,应断开交流电源,后拔直流电源插头。

五、实训记录

实训数据记录在表 3-11、表 3-12、表 3-13 中。

(续)

车辆牌号	车辆识别代码	发动机型号

表 3-11　晶体管电压调节器搭铁形式检查

调节器编号	调节器型号	类型判别结果（内、外搭铁）	试灯熄灭时的电压/V	试灯重新亮时的电压/V	结果分析

表 3-12　晶体管式电压调节器的检测

调节器型号	额定电压/V	负载特性/V	调节电压及电压差值/V	结果分析

表 3-13　集成电路式电压调节器的检测

调节器型号	额定电压/V	负载特性/V	调节电压及电压差值/V	结果分析

六、思考题或讨论题

1. 绘图说明晶体管电压调节器类型判别与检测原理？
2. 集成电路电压调节器的电压检测方法有哪些？有何特点？

实训项目七　电源系统的故障诊断与排除

车辆牌号	车辆识别代码	发动机型号

一、实训目的
1. 熟悉电源系的线路连接及电流走向分析。
2. 掌握电源系线路故障的检测方法和步骤。

二、实训仪器
① 实训汽车若干辆或发动机实训台架若干台。
② 试灯若干个，万用表若干块，常用工具若干套，导线等。

三、实训步骤
1. 电源系线路分析
见本章 3.7 中的内容。
2. 电源系线路检测

检测时使用试灯或万用表电压档，采用逐点搭铁检测法可确诊断路部位，采用依次拆断检测法可确诊短路、搭铁部位。检测程序可从前向后，也可从后向前，或从中间向前、向后依次选择各个节点进行。主要分两个线路的检测：一是励磁线路（在点火开关 ON 时逐点检测）；二是充电线路（在点火开关 OFF 时逐点检测，注意在拆下连接电枢的导线时应先断开蓄电池的火线或搭铁线，防止因大电流而烧线）。

3. 电源系常见故障的诊断与排除

（1）电源系不充电故障的诊断与排除

1）检查发电机传动带的松紧度，用手指压下传动带的中部，若压下量过大，说明发电机传动带过松，应调整。查看各接线头有无明显脱落。

2）接通点火开关 ON 档，用小铁器（如旋具）靠近发电机后轴承或传动带轮探测转子的电磁吸力，如图 3-55 所示。若有明显吸力，说明励磁回路正常，故障在电枢回路。检查时可用试灯一端搭铁，另一端接触发电机"电枢"（B+）接线柱，如图 3-56 所示。若灯亮，表明蓄电池到发电机接线柱连线良好，不充电故障就在发电机内的二极管、三相绕组、元件板等处；若试灯不亮，表明蓄电池到发电机"电枢"（B+）线路有断路，这时应先检查电源总熔断器或易熔线有无熔断，然后用试灯逐段检查各连线有无断路或接触不良。

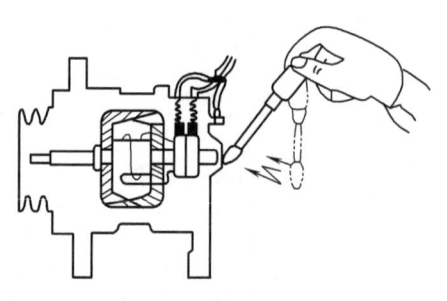

图 3-55　试探电磁吸力

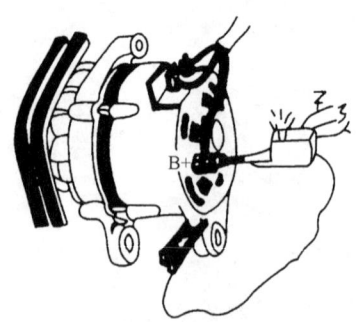

图 3-56　用试灯侧外电枢电路

(续)

车辆牌号	车辆识别代码	发动机型号

3）若无吸力或吸力微弱，说明励磁回路有接触不良或局部短路。检查时应做"全励磁"试验，对于内搭铁式调节器可短接发电机电枢"B+"、励磁"F"接线柱；对于外搭铁式调节器可将发电机电枢"B+"、励磁"F"接线柱短接，且将"F_2"与"E"短接，如图3-57所示。若磁力变强，说明发电机内部励磁电路正常，故障在外部励磁电路断路；若磁力仍不增强，说明故障在发电机内部，应检查电刷、励磁绕组。

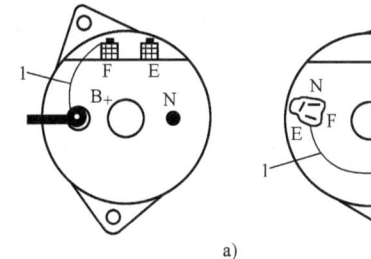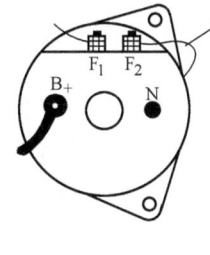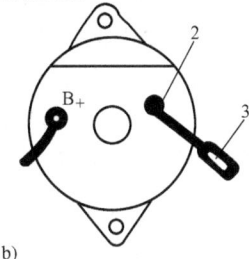

图3-57 全励磁试验
a）内搭铁 b）外搭铁
1—短接线 2—测试孔 3—旋具

4）外部励磁电路故障诊断。先检查发电机励磁熔丝有无烧断、接触不良，然后用试灯依次检查外部励磁线路、调节器等。

5）若发电机有故障，关断点火开关，拆掉发电机各接线柱上的导线，可用万用表R×1档和R×10k档，测量各接线柱之间的电阻值，粗略判断故障所在，其阻值应符合规定，若不符合规定，应对发电机进行拆检。

6）若电压调节器有故障：
① 对于晶体管电压调节器，应更换。
② 对于触点式调节器：
a. 检查低速触点有无烧蚀或脏污，若有，应用砂纸或砂布条研磨或清洁。
b. 检查高速触点能否分离，若不能分离应修复。

（2）充电电流过小的诊断与排除

1）外观检查：
① 检查发电机传动带的松紧度，用40N的力按下传动带的中部，其挠度应为10~15mm，若不符合规定，应进行调整。
② 检查充电线路各导线接头是否接触不良或锈蚀脏污。

2）拆下发电机电枢接线柱的导线，用试灯的两根接线分别触及电枢（B+）和发电机外壳搭铁处，起动发动机，并逐渐提高转速，如试灯发红，可再提高转速试验，若试灯亮度不变或变化很小，说明发电机内部有故障，应拆检发电机；若试灯随发动机转速增加而亮度增加，则说明发电机良好，故障在调节器及外部励磁电路。

3）若是故障在发电机，应进行解体检查。

4）若是故障在电压调节器：
① 对于晶体管电压调节器，应更换。
② 对于触点式电压调节器，应拆下调节器盖进行检查。

(续)

车辆牌号	车辆识别代码	发动机型号

（3）充电电流过大的故障诊断与排除　起动发动机，开前照灯特别亮、常烧灯泡，点火线圈过热，蓄电池电解液消耗异常，用万用表检测发电机"B+"端子显示电压过高，证明充电电流过大。

1）首先检查蓄电池是否有内部短路或亏电太多，若是蓄电池故障，则更换蓄电池；若蓄电池良好，则进行下一步检查。

2）检查发电机"+"接线柱是否与调节器的"F"接线柱短路（拆下"F"接线柱上的导线，看是否有充电电流）。

3）检查调节器是否正常调节，把可调电源输出电压调至12V，将其正极、负极分别与调节器的正、负接线柱相连。对于外搭铁调节器，在其正极与励磁接线柱之间连一小灯泡，灯泡发亮，当电压从12V逐渐升高14V时，灯泡应熄灭，否则说明调节器不起调节作用；对于内搭铁调节器，将灯泡连接在其励磁接线柱与负极之间，也应有上述现象发生。

（4）充电电流不稳的诊断与排除　起动发动机，保持中速运转，用万用表检测发电机"B+"接线柱的电压，如出现电压值跳动不稳，无法读清，则为发电机发电不稳；回路中串了电流表的，可以直接读取电流值。一般故障部位如下：

1）发电机的传动带过松、跳动或带轮失圆。

2）发电机内部接线松动、接触不良。

3）发电机电刷磨损过多，电刷弹簧弹力减退或折断，集电环脏污或失圆。

4）调节器工作不良，励磁线圈接触不良。

故障诊断与排除的方式如下：

1）检查发电机传动带张紧度。

2）拆下发电机"F"接线柱上的导线，试灯的两端分别接"B+"和"F"接线柱（对与外搭铁发电机还应将"E"端子搭铁），起动发动机，逐步提高转速，观察试灯的亮度：

① 试灯亮度不随转速升高而增加，或亮度增加不明显，说明发电机内部有故障，需检修或更换发电机。

② 试灯亮度随转速升高而增强，说明发电机发电工作正常，故障在电压调节器，需检修或更换电压调节器。

四、实训数据或现象记录、处理、分析

实训数据记录于表3-14中，并加以分析。

表3-14　电源系测试

发电机型号	起动前电压	起动后电压	加速后电压	负载电流	结果分析

五、思考题或讨论题

简述交流发电机不充电故障的诊断方法和步骤？

第 4 章 起动系统

📋 **学习目标：**

- 了解起动系统的组成与功用。
- 熟知起动机的结构和工作原理。
- 了解起动机的类型与型号。
- 掌握起动机的控制过程及控制电路。
- 学会起动机的正确使用与检修方法。
- 掌握起动系统的故障诊断与排除方法。

4.1 起动系统的组成及类型

4.1.1 起动机的组成

起动机的作用就是起动发动机，发动机起动之后，起动机便立即停止工作。

常规起动机一般由直流串励式电动机、传动机构和控制装置（也称电磁开关）三部分组成。

图 4-1 所示是起动机和发动机飞轮的啮合关系，图 4-2 所示是起动机的组成。

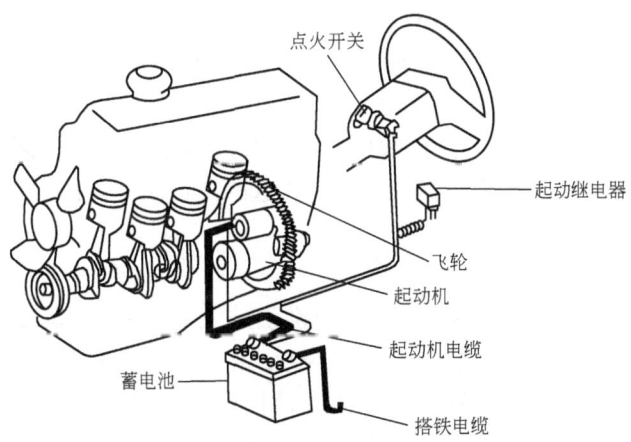

图 4-1 起动机和发动机飞轮的啮合关系

起动机一般由三部分组成：

① 直流串励式电动机，其作用是产生起动转矩。

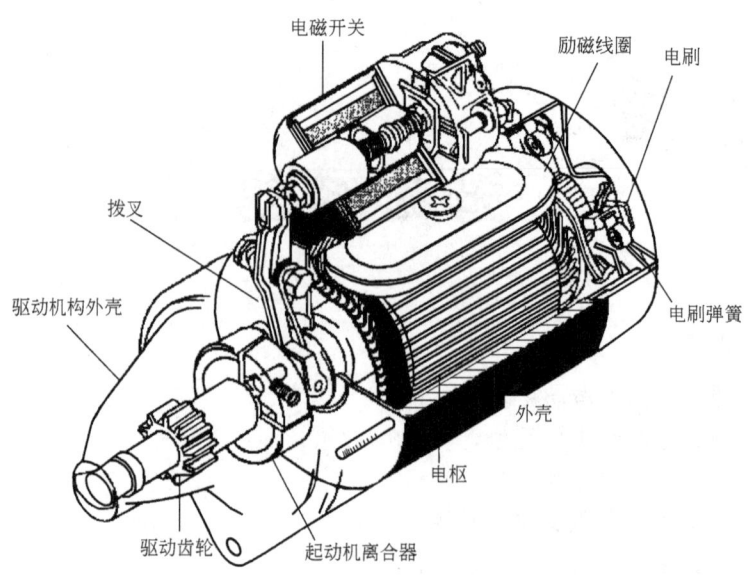

图 4-2 常规起动机的组成

② 传动装置（啮合机构）——起动时，啮合传动；起动后，打滑脱开。
③ 控制装置（电磁开关）——接通、切断电动机与蓄电池之间的电路。

4.1.2 起动机的分类

起动机的种类很多，在各种起动机的三个组成部分中，电动机部分一般没有本质的差别，而控制方法和传动机构的啮入方式则有很大差异，因此起动机是按控制方法和传动机构的啮入方式的不同来分类的。

1. 按控制方法分

（1）机械控制起动机　由脚踏或手拉杠杆联动机构直接控制起动机的主电路开关，来接通或切断起动机主电路。解放 CA10B 型、跃进 NJ130 型汽车即采用这种方式。这种方式虽然结构简单、工作可靠，但由于要求起动机、蓄电池靠近驾驶室，而受安装布局的限制，且操作不便，因此目前已很少采用。

（2）电磁控制起动机　用按钮或钥匙控制电磁铁，再由电磁铁控制主电路开关，以接通或切断起动机主电路。由于装有电磁铁，可进行远距离控制，操作省力，因此现代汽车大都采用这种控制方式。

2. 按传动机构啮入方式分

（1）惯性啮合式起动机　起动机旋转时，驱动齿轮借惯性力自动啮入飞轮齿环。其特点是啮合结构简单，不能传递较大转矩，可靠性差，目前已很少使用。

（2）强制啮合式起动机　靠人力或电磁力拉动杠杆，强制拨动驱动齿轮啮入飞轮齿环。其特点是啮合机构简单、动作可靠、操作方便，目前广泛使用。

（3）电枢移动式起动机　靠磁极磁通的电磁力，使电枢轴向移动，将驱动齿轮啮入齿环。目前广泛使用于大功率柴油发动机上。

（4）减速式起动机　减速起动机采用高速、小型、低力矩电动机，在传动机构中设有减速装置。质量和体积比普通起动机可减小 30%~35%。但结构和工艺比较复杂。

3. 按电动机磁场产生的方式分

（1）励磁式　电动机磁场是由线圈通电而在铁心中产生的磁场。即常规起动机。

（2）永磁式　电动机磁场是由永久磁铁产生。即永磁起动机。由于磁极采用永磁材料制成，无需励磁绕组，因此，电动机结构简化、体积小、质量轻。

4.1.3　起动机的型号

根据国家汽车工业行业标准 QC/T 73—1993《汽车电气设备产品型号编制方法》的规定，起动机的型号如下：

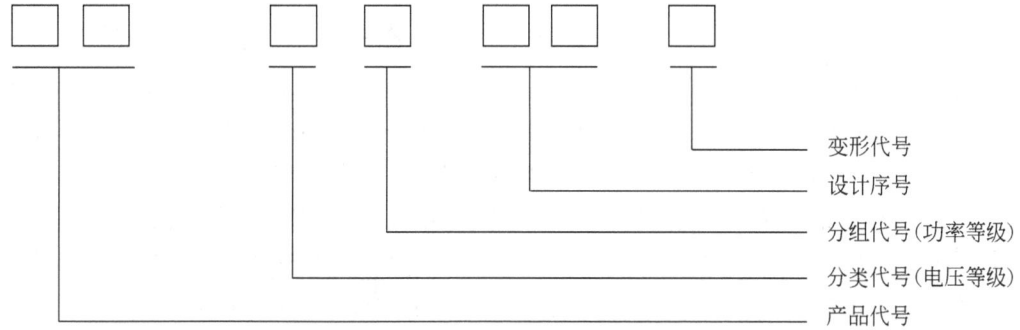

第 1 部分产品代号为 QD：其中 Q 表示起，D 表示动，其产品代号有 QD、QDJ、QDY 分别表示起动机、减速起动机及永磁起动机。

第 2 部分为电压等级代号：1—12V；2—24V；6—6V。

第 3 部分为功率等级代号：其值符合表 4-1 中的规定。

第 4 部分为设计序号。

第 5 部分为变形代号。

例如：

① QD124 表示额定电压为 12V、功率为（1~2）×0.736kW，第四次设计的起动机。

② QD27E 表示额定电压为 24V、功率为（7~10）×0.736kW，第五次设计的起动机。

表 4-1　起动机的功率等级代号

分组代号	1	2	3	4	5	6	7	8	9
功率等级/kW	~0.736	>(1~2)×0.736	>(2~3)×0.736	>(3~4)×0.736	>(4~5)×0.736	>(5~7)×0.736	>(7~10)×0.736	>(10~15)×0.736	>15×0.736

4.2　起动机的结构

起动机一般由直流串励式电动机、传动机构（或称啮合机构）和控制装置（即开关）三部分组成。

4.2.1　直流串励式电动机

1. 直流串励式电动机的结构

直流电动机的作用是产生力矩。一般均采用直流串励式电动机。"串励"是指电枢绕组与励磁绕组串联。

直流串励式电动机主要由机壳、磁极、电枢、换向器及电刷等组成。如图4-3所示。

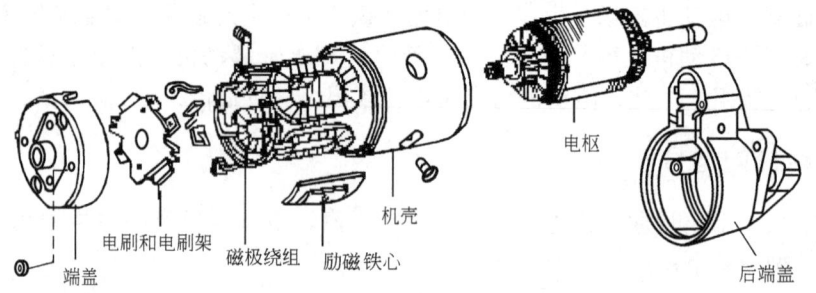

图4-3 串励直流电动机的组成

（1）机壳 机壳的作用是安装磁极，固定机件。机壳用钢管制成，一端开有窗口，用于观察和维护电刷和换向器，平时用防尘箍盖住。机壳上只有一个电流输入接线柱，并在内部与励磁绕组的一端相接。壳内壁固定有磁极铁心和励磁绕组。如图4-4所示。

（2）磁极 磁极的作用是产生磁场。由固定在机壳上的磁极铁心和励磁绕组组成，一般是四个，两对磁极相对交错安装在电动机定子内壳上，如图4-4所示。四个励磁线圈可互相串联后再与电枢绕组串联，也可两两串联后并联再与电枢绕组串联，如图4-5所示。

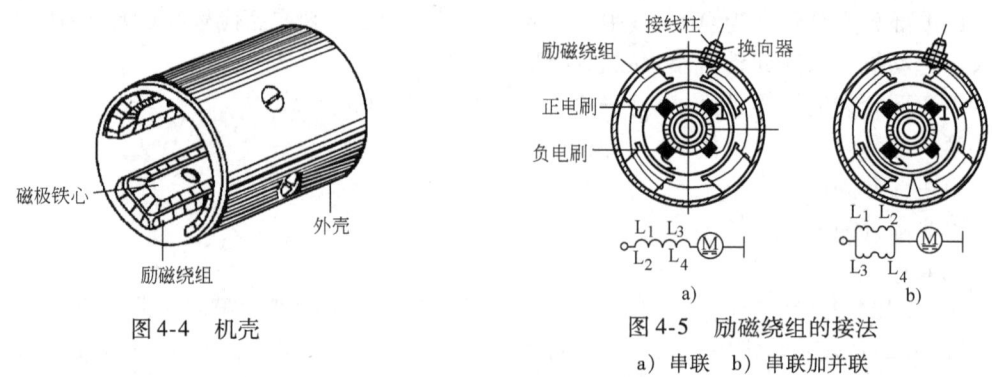

图4-4 机壳

图4-5 励磁绕组的接法
a）串联 b）串联加并联

（3）电枢 电枢的作用是产生电磁转矩。它主要由电枢轴、电枢铁心、电枢绕组和换向器等组成。

电枢总成如图4-6所示，电枢铁心是由许多相互绝缘的硅钢片叠装而成，其圆周表面上有槽，用来安放电枢绕组，电枢绕组用矩形截面的裸铜条绕制，绕线型式多采用波绕法。

（4）换向器 换向器装在电枢轴上，它由许多换向片组成。换向片嵌装在轴套上，各换向器片之间用云母绝缘。

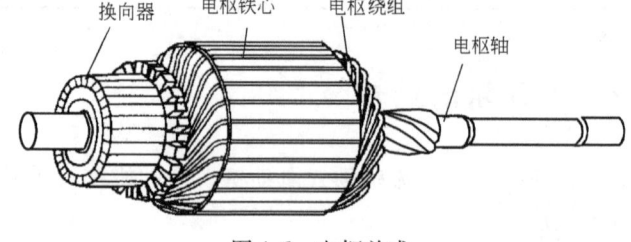

图4-6 电枢总成

（5）电刷及电刷架 电刷及电刷架的作用是将电流引入电动机。一般有四个电刷及电刷架，如图4-7所示。电刷架固定在前端盖上，其中两个对置的电刷架与端盖绝缘，称为绝缘电刷架；另外两个对置的电刷架与

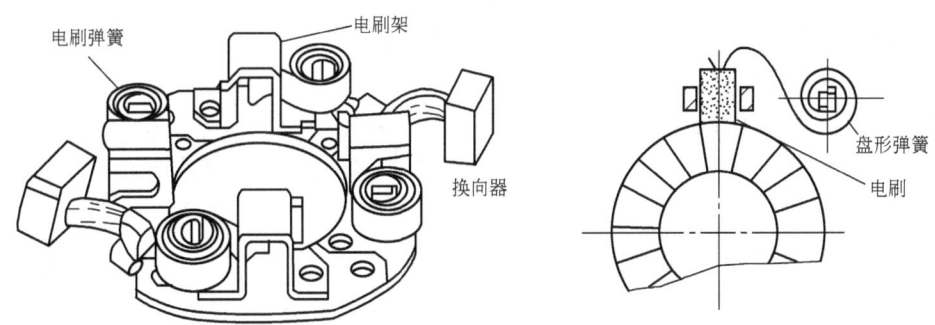

图 4-7 电刷及电刷架的组合

端盖直接铆合而搭铁,称为搭铁电刷架。

电刷由铜粉与石墨粉压制而成,加入铜粉是为了减少电阻并增加耐磨性。电刷装在电刷架中,借弹簧压力将它紧压在换向器铜片上。电刷弹簧的压力一般为 12~15N。

(6) 端盖　端盖有前、后之分。前端盖一般用钢板压制而成,其上装有四个电刷架,后端盖为灰铸铁浇铸而成。它们分别装在机壳的两端,靠两根长螺栓与起动机机壳紧固在一起。两端盖内均装有青铜石墨轴承套或铁基含油轴承套,以支承电枢轴。

2. 直流电动机的工作原理

直流电动机的基本工作原理是通电的导体在磁场中会受电磁力作用,电磁力的方向遵循左手定则,如图 4-8 所示。

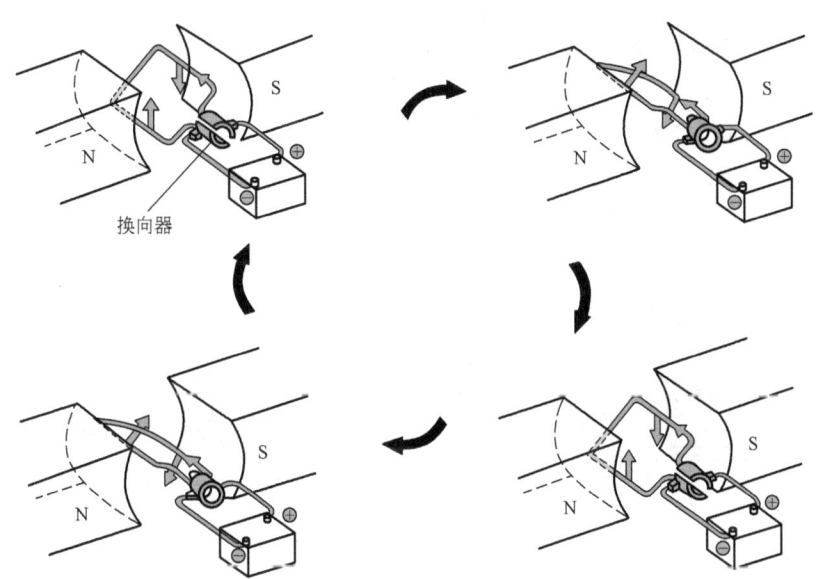

图 4-8 直流电动机的工作原理图

为了增大输出力矩并使运转均匀,实际的电动机中电枢采用多匝线圈。随线圈匝数的增多,换向器片的数量也增多。

3. 直流电动机的工作特性

直流串励式电动机的转矩 M、转速 n 和功率 P 随电枢电流变化的规律,称为直流串励式电动机的工作特性。图4-9所示为直流串励式电动机的工作特性曲线，其中曲线 M、n 和 P 分别代表转矩特性、转速特性和功率特性。

1）转矩特性：起动瞬间：$I=\max$，$n=0$，处于完全制动状态。转矩 M 与 I^2 成正比，在起动瞬间，转矩很大，使发动机易于起动。

2）转速特性：串励式电动机具有轻载转速高，重载转速低的特性，可以保证起动安全可靠，但轻载或空载时，易造成"飞车"事故。对于功率很大的直流串励式电动机，不允许轻载或空载下运行。

3）功率特性：
完全制动时：P 和 $n=0$ 时，$M=\max$
空载时：$I=\min$，$n=\max$，$P=0$
当 $I=0.5I_{\max}$，$P=\max$，在短时间内能达到最大功率，所以能保证迅速起动。

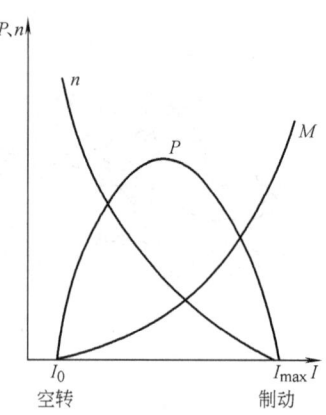

图4-9　直流串励式电动机的特性

4.2.2　起动机的传动机构

传动机构的作用是把直流电动机产生的转矩传递给飞轮齿圈，再通过飞轮齿圈把转矩传递给发动机的曲轴，使发动机起动；起动后，飞轮齿圈与驱动齿轮自动打滑脱离。传动机构一般由驱动齿轮、单向离合器、拨叉、啮合弹簧等组成。

传动机构中，结构和工作情况比较复杂的是单向离合器，它的作用是传递电动机转矩，起动发动机，而在发动机起动后自动打滑，保护起动机电枢不致飞散。常用的单向离合器主要有滚柱式、摩擦片式和弹簧式等几种。

1. 滚柱式单向离合器

（1）构造　如图4-10所示，滚柱式单向离合器的驱动齿轮与外壳制成一体，外壳内装有十字块和4套滚柱、压帽和弹簧。十字块与花键套筒固连，壳底与外壳相互扣合密封。

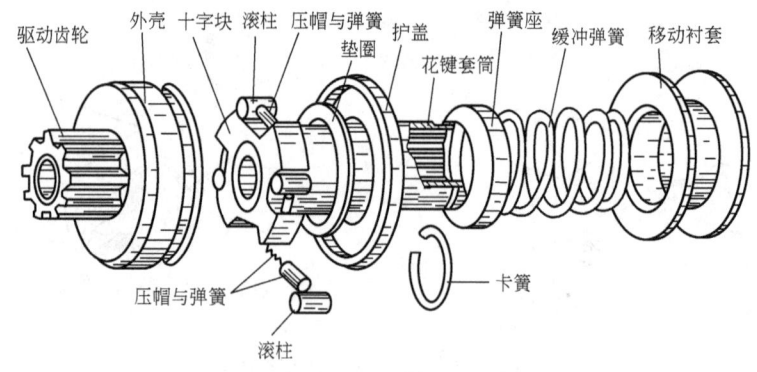

图4-10　滚柱式单向离合器

在花键套筒外面套有移动衬套及缓冲弹簧。整个单向离合器总成利用花键套筒套在电枢轴的花键上，离合器总成在传动拨叉作用下，可以在轴上轴向移动，也可以随轴转动。

（2）工作过程　滚柱的受力分析如图4-11所示，当起动机电枢旋转时，转矩经套筒带动十字块旋转,滚柱滚入楔形槽窄端,将十字块与外壳卡紧,使十字块与外壳之间能传递力矩,如图4-11a所示。发动机起动以后,飞轮齿圈会带动驱动齿轮旋转,当转速超过电枢转速时,滚柱滚入宽端打滑,这样发动机的力矩就不会传递至起动机,起到保护起动机的作用,如图4-11b所示。

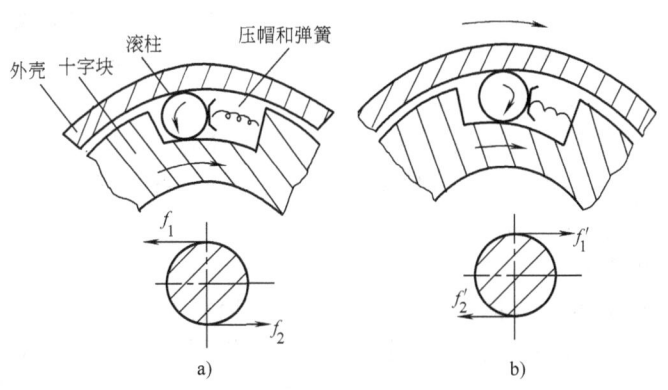

图4-11 滚柱的受力分析示意图

a) 起动时 b) 起动后

滚柱式单向离合器结构简单、坚固耐用、体积小、质量轻、工作可靠;在中、小功率的起动机中得到最为广泛的应用。但其传递转矩受限制,不能用于大功率起动机上。

2. 摩擦片式单向离合器

该离合器的结构如图4-12a所示,外接合鼓固定在起动机电枢轴上,两个弹性圈和压环依次沿起动机轴装进外接合鼓中,青铜的主动摩擦片5以其外凸齿装入外接合鼓的轴向切槽中,钢制的从动摩擦片以其内凸齿插入内接合鼓10的轴向切槽中。内接合鼓具有螺旋线孔,并拧在起动机驱动齿轮柄的三线外螺纹上,齿轮柄则自由地套在起动机轴上,内垫有减振弹

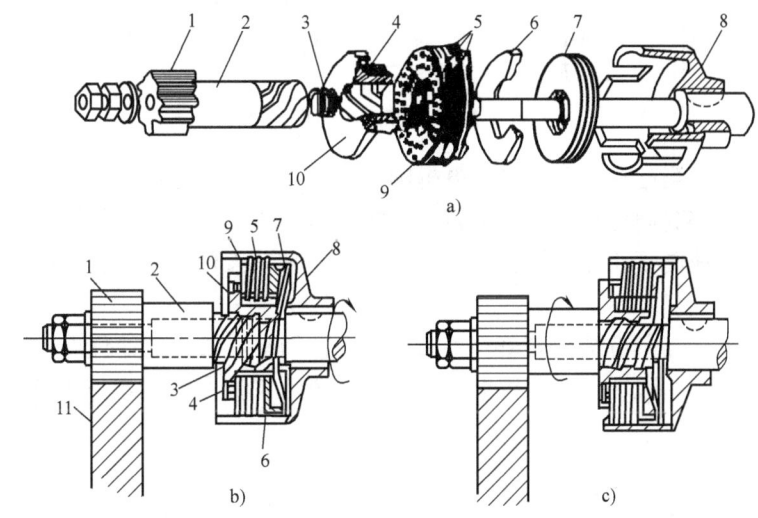

图4-12 摩擦片式单向离合器

a) 结构 b) 压紧 c) 放松

1—驱动齿轮 2—齿轮柄 3—减振弹簧 4—小弹簧 5—主动摩擦片 6—压环 7—弹性圈
8—外接合鼓 9—从动摩擦片 10—内接合鼓 11—飞轮

簧,并用螺母锁紧以免轴向脱出。内接合鼓上具有两个小弹簧,轻压摩擦片,以保证它们彼此接触。

其工作原理是:起动机带动曲轴旋转时,内接合鼓沿螺旋线向右移动,将主、从动摩擦片压紧(如图4-12b所示),利用摩擦力将电枢的转矩传给飞轮。发动机发动后,起动机驱动齿轮被飞轮带着转动,当其转速超过电枢转速时,内接合鼓则沿螺旋线向左退出,主、从动摩擦片松开(如图4-12c所示)而打滑,这时仅驱动齿轮随飞轮高速旋转,但不驱动起动机电枢,从而避免了电枢超速飞散的危险。

摩擦片式单向离合器具有传递大转矩、防止超载损坏起动机的优点,被大功率起动机所采用。但摩擦片磨损后,摩擦力会大大降低,因此需经常检查、调整或更换摩擦片;且零部件多、结构复杂、加工费时、不便于维修。

3. 弹簧式单向离合器

弹簧式单向离合器的结构如图4-13所示,花键套筒套在电枢轴的螺旋花键上,驱动齿轮套在轴的光滑部分,两者间用两个月形键连接,使驱动齿轮与花键套筒之间不能作轴向相互移动,但可以相对转动。在驱动齿轮柄和花键套筒外装有扭力弹簧,弹簧的两端各有1/4圈内径较小,分别箍紧在齿轮柄和花键套筒上。

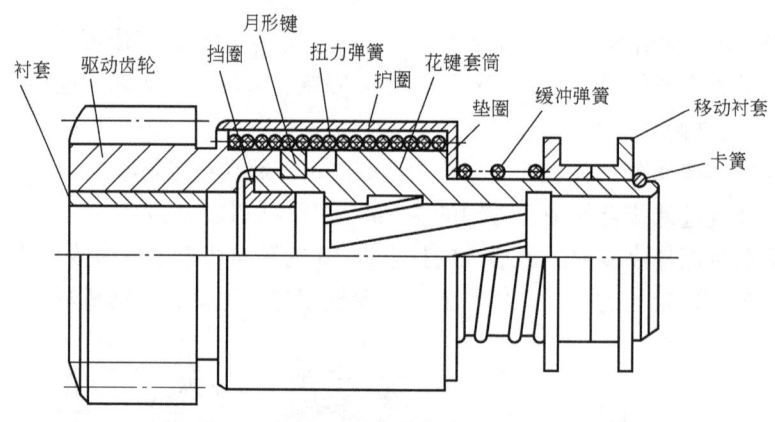

图 4-13 弹簧式单向离合器

其工作原理是:当起动发动机时,电枢轴带动花键套筒稍有转动,扭力弹簧顺着其螺旋方向将齿轮柄与花键套筒包紧,起动机转矩经扭力弹簧传给驱动齿轮起动发动机。发动机起动后,驱动齿轮转速高于花键套筒,扭力弹簧放松,驱动齿轮与花键套筒松脱打滑,发动机的转矩不能传给电枢。

弹簧式单向离合器具有结构简单、寿命长、工艺简单、成本低的优点,但其轴向尺寸较大,因此主要用在一些大功率起动机上,例如国产黄河牌汽车和日本五十铃TX50型汽车的起动机都采用这种形式。

4.2.3 起动机的控制装置

控制装置的作用是控制驱动齿轮和飞轮的啮合与分离,并且控制电动机电路的接通与切断。常用的装置有机械式和电磁式,现代汽车上广泛使用电磁式控制装置(电磁开关)。

图4-14所示为电磁式控制装置的结构。电磁式控制装置主要由吸引线圈、保持线圈、

回位弹簧、可动铁心，接触片等组成。其中，端子50接点火开关，通过点火开关再接电源，端子30直接接电源。

电磁式控制装置的基本工作过程：如图4-15所示，当起动电路接通后，保持线圈的电流经起动机端子50进入，经线圈后直接搭铁，吸引线圈的电流也经起动机端子50进入，但通过线圈后未直接搭铁，而是进入电动机的励磁线圈和电枢后再搭铁。两线圈通电后产生较强的电磁力，克服回位弹簧弹力使活动铁心移动，一方面通过拨叉带动驱动齿轮移向飞轮齿圈并与之啮合，另一方面推动

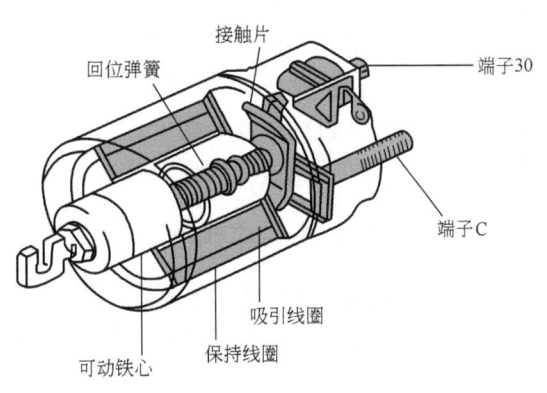

图4-14　电磁式控制装置结构

接触片移向端子30和端子C的触点，在驱动齿轮与飞轮齿圈进入啮合后，接触片将两个主触点接通，使电动机通电运转。在驱动齿轮进入啮合之前，由于经过吸引线圈的电流经过了电动机，所以电动机在这个电流的作用下会产生缓慢旋转，以便于驱动齿轮与飞轮齿圈进入啮合。在两个主接线柱触点接通之后，蓄电池的电流直接通过主触点和接触片进入电动机，使电动机进入正常运转，此时通过吸引线圈的电路被短路，因此，吸引线圈中无电流通过，主触点接通的位置靠保持线圈来保持。发动机起动后，切断起动电路，保持线圈断电，在弹簧的作用下，活动铁心回位，切断了电动机的电路，同时也使驱动齿轮与飞轮齿圈脱离啮合。

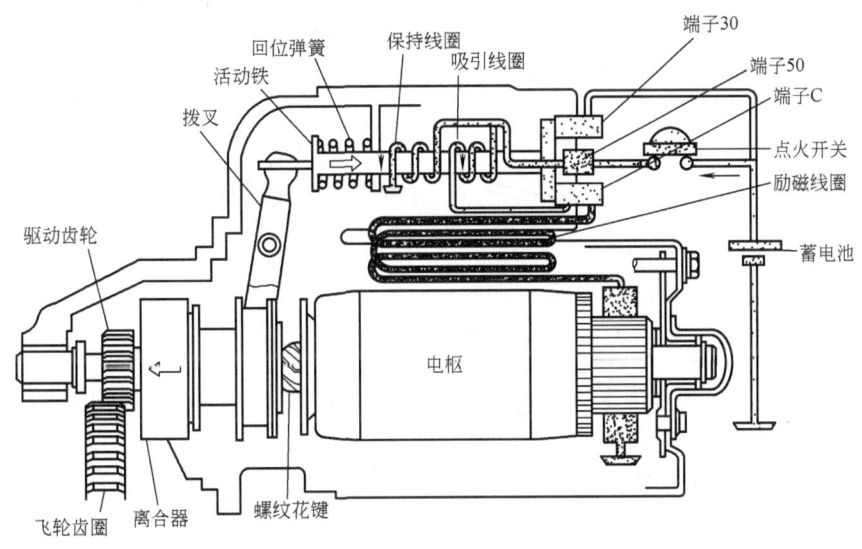

图4-15　起动系统控制电路

4.3　减速式起动机

减速式起动机的结构特点是在电枢和驱动齿轮之间装有一级或多级减速齿轮（一般减

速比为 3~4），其特点是可采用小型高速低转矩的电动机，使起动机的体积减小、质量轻，并便于安装；提高了起动机的起动转矩，有利于发动机的起动。减速齿轮的结构简单、效率高，保证了良好的机械性能，同时拆装维修方便。

减速起动机减速机构根据结构可分为内啮合式、外啮合式和行星齿轮啮合式三种类型。常用的有外啮合式和行星齿轮啮合式减速起动机。

4.3.1 外啮合减速式起动机的结构

外啮合式减速机构在电枢轴和起动机驱动齿轮之间利用惰轮作中间传动，且电磁开关铁心与驱动齿轮同轴心，直接推动驱动齿轮进入啮合，无需拨叉。因此，起动机的外形与普通的起动机有较大的差别。图 4-16 是丰田车系用外啮合式减速起动机的结构。但有些外啮合式减速机构中间不加惰轮，驱动齿轮必须通过拨叉拨动才能进行啮合。

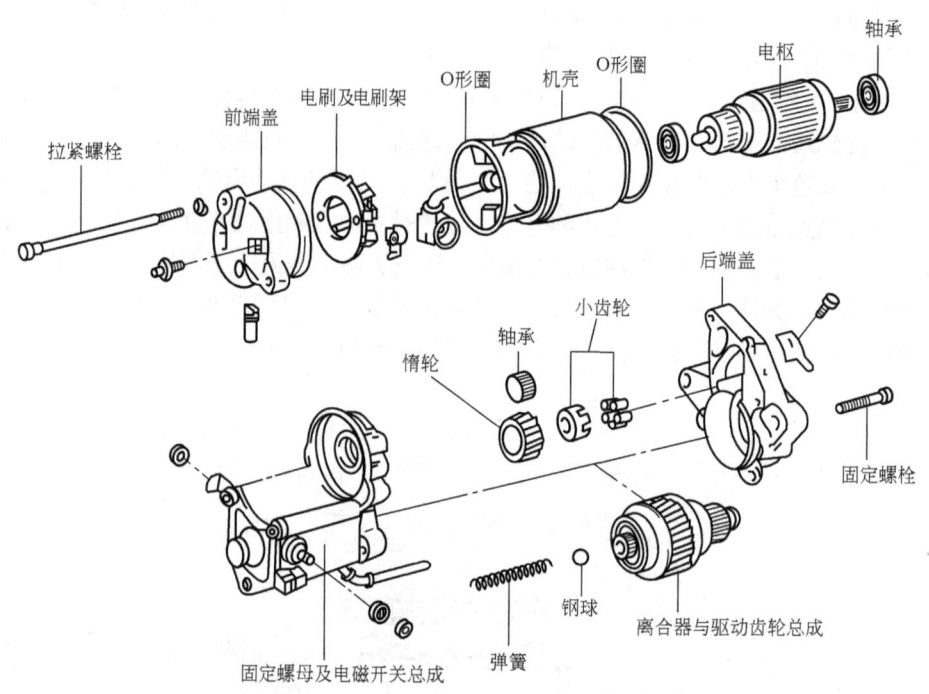

图 4-16　丰田车系用外啮合式减速起动机

其结构如图 4-17 所示。主要包括电动机、平行轴减速装置、传动机构和控制装置。

1. 电动机

该电动机四个励磁绕组相互并联后再与电枢绕组串联，仍为串励式直流电动机，其基本部件与常规起动机相似，此处不再重复其工作原理。

2. 传动机构及减速装置

传动机构和减速装置的位置关系如图 4-17。图 4-18 所示为减速装置中齿轮的啮合关系和传动机构中单向离合器示意图。

减速齿轮装置采用平行轴外啮合减速齿轮装置，该装置中设有三个齿轮，即电枢轴齿轮，惰轮（中间齿轮）及减速齿轮。从图中可以看出，与常规起动机相比该减速装置传动比较大，输出力矩也较大。

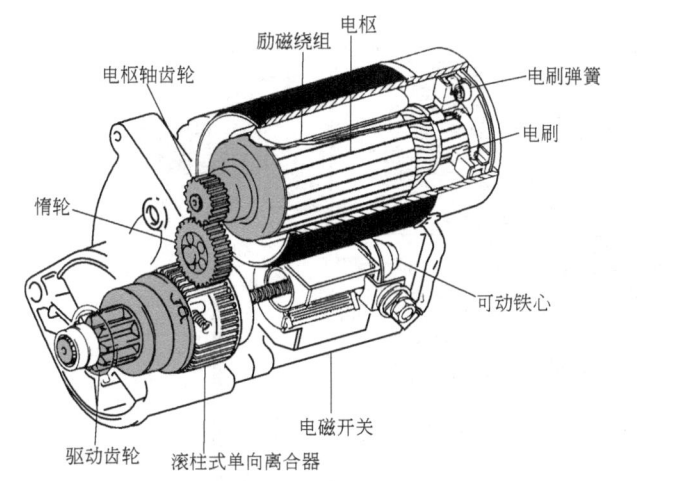

图 4-17 外啮合式减速起动机的构造

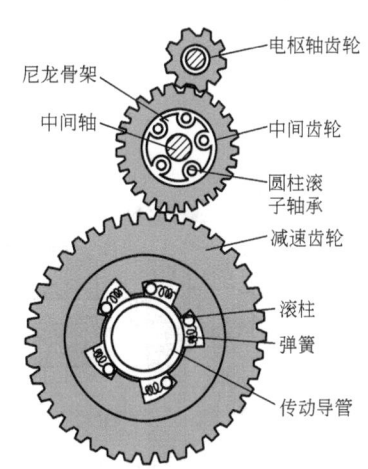

图 4-18 减速齿轮啮合关系和单向离合器

3. 控制装置及工作过程

现以丰田花冠轿车中平行轴式减速起动机为例讲述。如图 4-19 所示，控制装置的结构同传统式电磁控制装置大致相同，不同之处在于可动铁心的左端固装的挺杆，经钢球推动驱动齿轮轴，可动铁心的右端绝缘地固装着接触片。起动机不工作时，触盘与触点分开，驱动齿轮与飞轮分离。

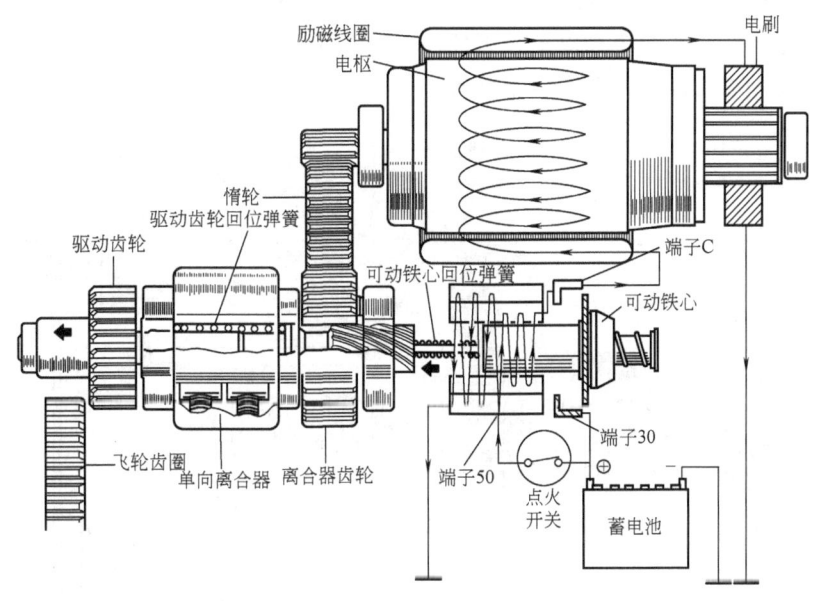

图 4-19 外啮合式减速起动机结构及电路图

控制装置工作过程如下：

接通起动开关，吸引线圈和保持线圈通电，此时的电流流向为：蓄电池→点火开关→端子 50→保持线圈→搭铁；蓄电池→点火开关→端子 50→吸引线圈→端子 C 励磁线圈→电枢绕组→搭铁。此时电动机低速运转，如图 4-20 所示。

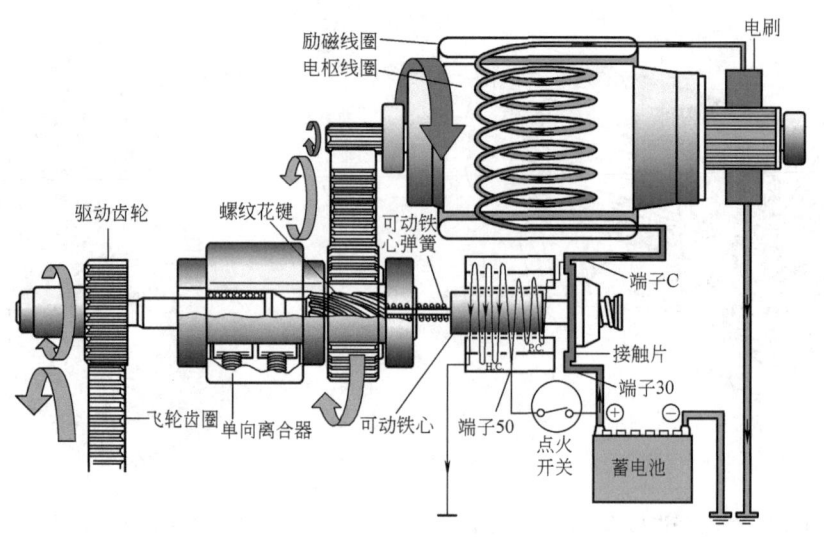

图 4-20 驱动齿轮和齿圈啮合过程

如图 4-21 所示,吸引线圈和保持线圈的电磁力吸引可动铁心左移,推动驱动齿轮轴迫使驱动齿轮与飞轮啮合,这种动作过程称为直动齿轮式。驱动齿轮与飞轮齿圈进入啮合后,接触片和触点接触,此时电流的方向为:蓄电池→点火开关→端子 50→保持线圈→搭铁。这样保持线圈产生的磁场使可动铁心保持在原位。同时,电流还流经励磁线圈,电路为:蓄电池"+"→端子 30→接触片→端子 C→励磁线圈→电枢绕组→搭铁。这样电枢电路接通并开始旋转。电枢轴产生的力矩经电枢轴齿轮→惰轮→减速齿轮→滚柱式单向离合器→驱动齿轮轴→驱动齿轮→飞轮齿圈,带动曲轴旋转,使发动机起动。

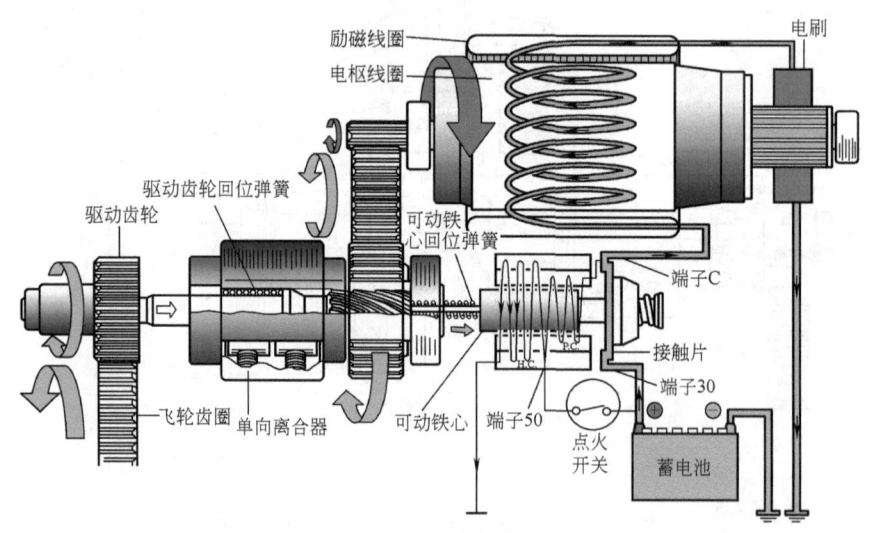

图 4-21 驱动齿轮和齿圈脱离

发动机起动后,放松起动开关,点火开关回到"点火"档。吸引线圈和保持线圈断电,铁心在回位弹簧张力作用下回位,接触片与触点分离,电枢停止转动。同时,驱动齿轮轴在回位弹簧作用下回位,拖动驱动齿轮与飞轮分离,恢复到初始状态。

4.3.2 行星齿轮啮合式减速起动机

行星齿轮啮合式减速起动机具有结构紧凑、传动比大、效率高等优点。由于输出轴与电枢轴同轴、同旋向，电枢轴无径向载荷，可使整机尺寸减小。此外，由于行星齿轮啮合式减速起动机的轴向位置结构与普通起动机相同，因此配件可通用。其结构如图4-22所示。

1. 电动机

该电动机的结构有两类，一类与常规起动机类似采用励磁线圈产生磁场，此处不再重复。另一类采用永久磁铁磁场代替励磁绕组，减小了起动机的体积，提高了起动性能。

2. 传动机构及减速齿轮装置

该起动机的传动机构采用滚柱式单向离合器，用拨叉拨动驱动齿轮使之移动。其结构与工作过程和传统式起动机类似。

行星齿轮减速装置中设有三个行星轮，一个太阳轮

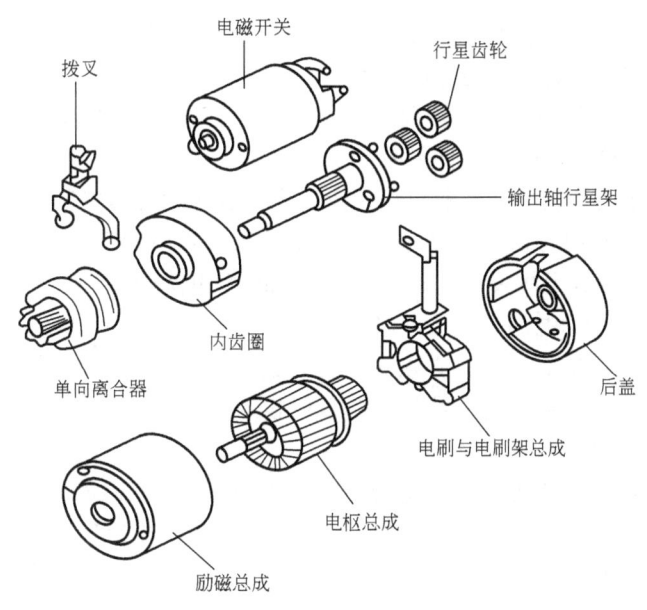

图 4-22　行星齿轮式减速起动机

（电枢轴齿轮）及一个固定的内齿圈，其结构如图4-23所示。

内齿圈固定不动，行星架是一个具有一定厚度的圆盘，圆盘和驱动齿轮轴制成一体。三个行星齿轮连同齿轮轴一起压装在圆盘上，行星齿轮在轴上可以边自转边公转。驱动齿轮轴一端制有螺旋键齿，与离合器传动导管内的螺旋键槽配合。

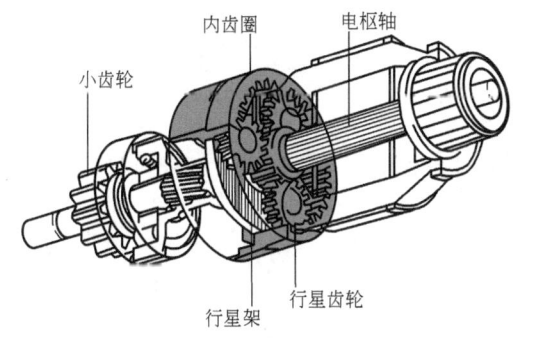

图 4-23　行星齿轮减速装置结构

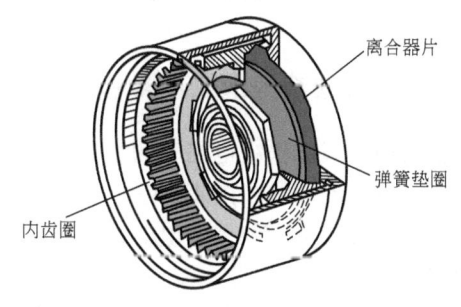

图 4-24　减速装置中内齿圈的结构

如图4-24所示，为了防止起动机中过大的转矩对齿轮造成损坏，弹簧垫圈把离合器片压紧在内齿轮上，这样当内齿圈受到的扭力过大时，离合器片和弹簧垫圈可以吸收过大的扭力。

该起动机的控制装置和内啮合起动机相似，此处不再进行分析。

4.4 起动机的正确使用

1. 起动时的注意事项

① 应注意起动机使用前的准备工作是否做好，如是否对发动机进行过检查而确认其能正常工作；经检查起动机安装是否正常，以及起动机电路各连接导线接触是否良好；经检查蓄电池存电是否充足，注意避免在蓄电池亏电的情况下进行起动，以便保证起动机良好的工作状态和延长起动机的使用寿命。

② 当已做好上述使用前的准备工作时，即可接通起动机控制电路，起动机驱动齿轮与发动机飞轮齿环啮合，使发动机开始运转。在正常情况下，一次即能起动。若一次未能起动，则必须等起动机电枢与驱动齿轮完全静止后方可进行第二次起动。

③ 起动机每次的起动时间不得超过5s，再次起动时应间隔2min左右，连续第三次起动时，应在检查无故障的基础上停歇15min后再使用。

④ 冬季和低温情况下起动时，应先将发动机手摇预热后，再使用起动机起动。

⑤ 发动机起动后，必须立即切断起动机控制电路，使起动机停止工作。

⑥ 发动机旋转时，严禁将起动机投入工作。

2. 起动机的维护要点

① 经常检查各紧固件是否牢固，要保证起动机在车上安装牢固。

② 经常检查起动机与蓄电池、起动机继电器或组合继电器、开关之间的各连接导线及连接片的连接是否牢固，其连接处接触是否良好、导线的绝缘是否损坏，发现导线与接线柱有油污或氧化情况应清除，使之保持干净，并将其各部连接状态保持紧固。

③ 定期拆去防尘带，检查换向器表面是否光洁，电刷架内的电刷应上下滑动自如，是否有卡住现象，电刷弹簧压力是否正常，并清除其积尘。如发现电刷磨损过多和换向器表面烧蚀，应立即修理或调换。

④ 为保证起动机起动时的可靠性，应每年大修一次，并经常检查。

4.5 起动系统控制电路

4.5.1 起动系统电路的构成

目前，起动系统电路有两种形式。一种是不带起动继电器，如图4-25所示；另一种是带起动继电器的，如图4-26所示。

不论带或不带起动继电器，都可将起动电路分为两个部分：一部分是主电路，另一部分为控制电路。

1. 无起动继电器的起动系统线路

无起动继电器的起动线路中，由点火开关直接控制起动机的电磁开关。例如桑塔纳轿车的起动系统线路如图4-27所示。

当点火开关置于起动档时，接通起动机电磁开关内的吸引和保持线圈，其电磁开关电流走向为：蓄电池正极→红色导线→中央线路板单端子插座P_6端子②→中央线路板内部线路→

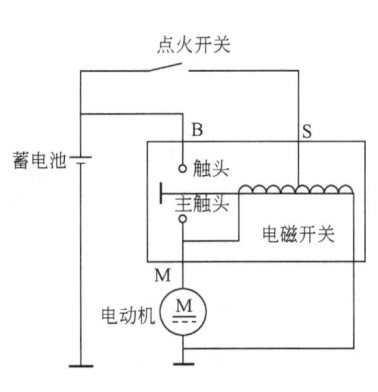

图 4-25　不带起动继电器的起动电路

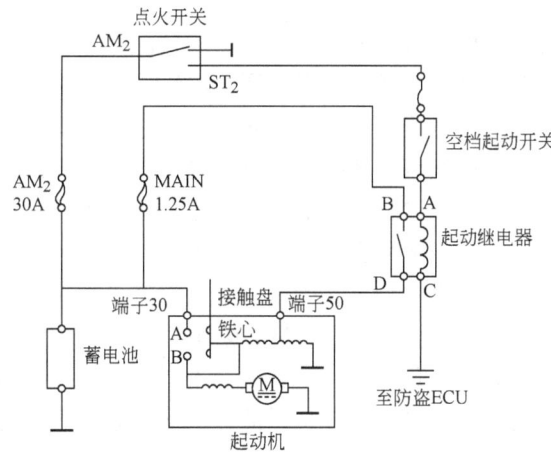

图 4-26　带起动继电器的起动电路

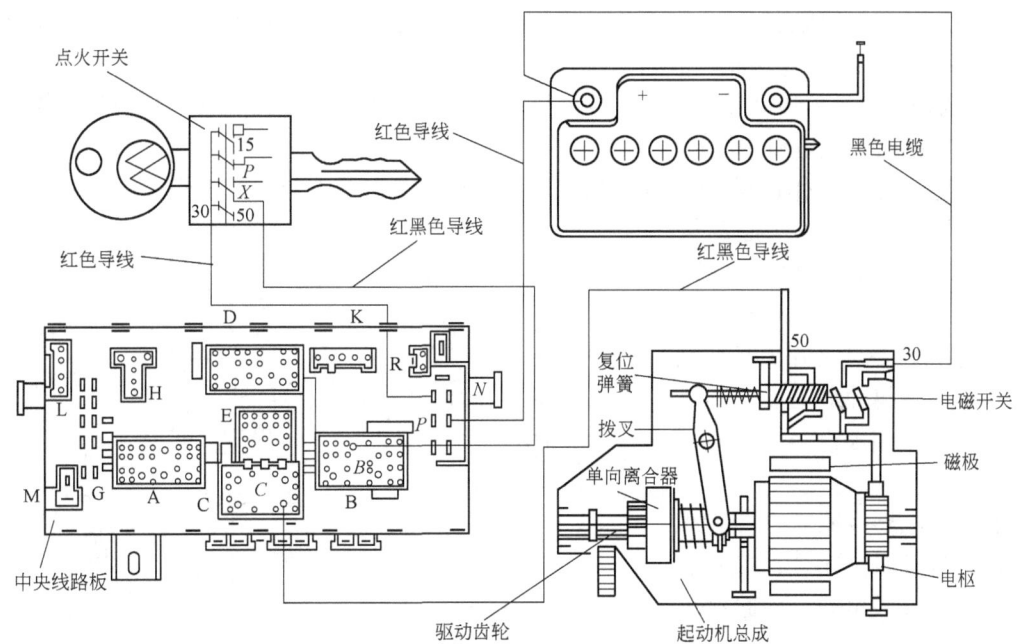

图 4-27　桑塔纳轿车起动线路

中央线路板单端子插座 P_2 端子6→红色导线→点火开关30 端子→点火开关50 端子→红黑双色导线→中央线路板 B_8 端子→中央线路板内部线路→中央线路板 C_{18} 端子→起动机 50 端子→进入电磁开关→搭铁→蓄电池负极；产生电磁力接通起动机主电路，其主电路电流走向为：蓄电池正极→黑色蓄电池线→起动机 30 号端子→电磁开关接触盘→起动机→搭铁→蓄电池负极。

2. 带起动继电器的控制电路

装起动继电器的目的是减小通过点火开关的电流，防止点火开关烧损。起动继电器有四个接线柱分别标有起动机、蓄电池、搭铁和点火开关，点火开关与搭铁接线柱之间是继电器的电磁线圈，起动机和蓄电池接线柱之间是继电器的触点。接线时，"点火开关"接线柱接点火开关的起动档，"蓄电池"接线柱接电源，"搭铁"接线柱直接搭铁，"起动机"接线柱接起动机电磁开关上起动机接线柱。

发动机起动时，将点火开关起动档接通，继电器的电磁线圈通电，使触点闭合，电源的电流便经继电器的触点通往起动机电磁开关的起动机接线柱，电磁开关通电后，便控制起动机进入工作状态，从电路中可以看出，起动期间流经点火开关起动档和继电器线圈的电流较小，大电流经过继电器触点流入起动机电磁开关，保护了点火开关。起动过程的工作原理如前述，此处不再重复。

为了防止发动机起动以后起动电路再次接通，一些起动电路中还安装了带有保护功能的组合式继电器。下面以CA1090型汽车起动电路为例，介绍其作用和工作过程。

（1）组合继电器　它由两部分构成，一部分是起动继电器，其作用与前述起动继电器的作用相同；另一部分是保护继电器，它的作用是与起动继电器配合，使起动电路具有自动保护功能，另外还控制充电指示灯。

组合继电器中的起动继电器、保护继电器都由铁心、线圈、磁轭、动铁、弹簧触点组成，其中起动继电器触点 K_1 为常开式，保护继电器触点 K_2 为常闭式。由于起动继电器线圈与保护继电器触点 K_2 串联，因此，当 K_2 打开时，K_1 不可能闭合。组合继电器共有六个接线柱分别为B、S、SW、L、E、N，分别接电源、起动机电磁开关、点火开关起动档、充电指示灯、搭铁和发电机中性点。

（2）起动系的工作过程　CA1091型汽车的起动电路如图4-28，其工作过程如下。

1）当点火开关置于起动档（Ⅱ档）时，起动继电器线圈通电，电流回路为蓄电池正极→熔断器→电流表→点火开关起动触点1-4触点→起动继电器线圈→保护继电器常闭触点→搭铁→蓄电池负极。

起动继电器线圈通电使起动继电器的常开触点闭合，接通了起动机电磁开关电路，使起动机进入起动状态。

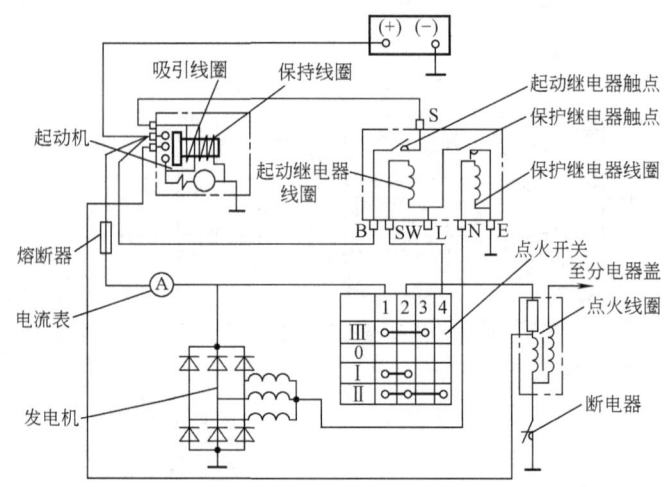

图4-28　CA1091型汽车起动系统电路图

2）发动机起动后，松开点火开关，钥匙自动返回点火档（Ⅰ档），起动继电器触点打开，切断了起动机电磁开关电路，电磁开关复位，停止起动机工作。

3）发动机起动后，如果点火开关没能及时返回Ⅰ档，这时组合继电器中保护继电器线圈由于承受交流发电机中性点的电压，使常闭触点断开，自动切断了起动继电器线圈的电路，触点断开，使起动机电磁开关断电，起动机便自动停止工作。发动机起动后，由于触点的断开，也切断了充电指示灯的搭铁电路，充电指示灯也熄灭。

4）在发动机运行时，如果误将点火开关置于起动档，由于在此控制电路中，保护继电器的线圈一直加有交流发电机中性点电压，常闭触点处于断开状态，起动继电器线圈不能通电,起动机电磁开关不能动作,避免了发动机在运行中使起动机的驱动齿轮进入与飞轮齿圈的啮合而产生的冲击,起到了保护作用。

有的汽车起动继电器线圈通过防盗系统搭铁,发动机起动时,只有防盗系统发出起动信号后,继电器线圈才能搭铁,如果防盗系统没有收到起动信号,则继电器线圈中无电流,起动机就不能工作,实现了防盗功能。

4.5.2 带自动变速器的起动控制电路

带自动变速器的起动电路是由自动变速器的档位开关控制,只有自动变速器的档位处于 P 或 N 位才可以接通起动电路。下面以本田雅阁(HONDA)轿车起动系统为例介绍其控制电路,如图 4-29 所示。

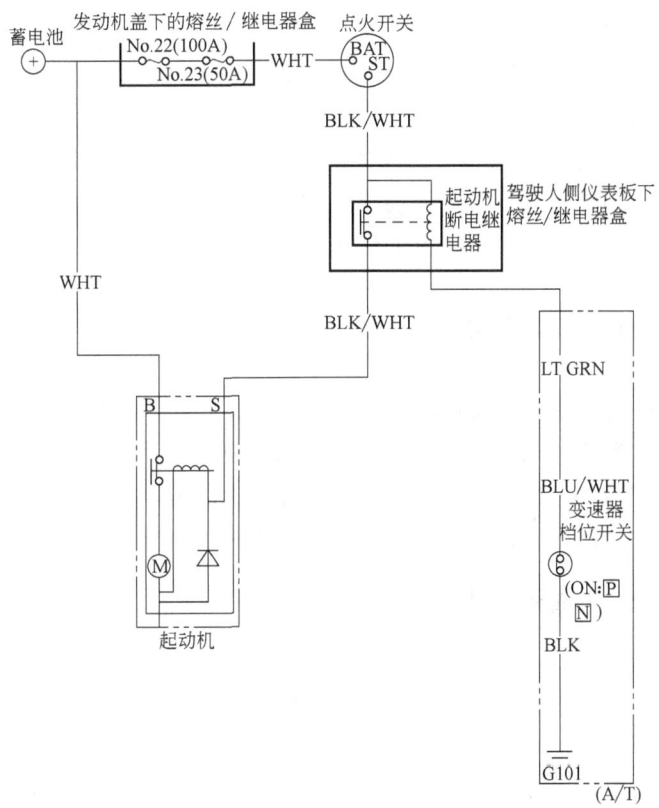

图 4-29　广州本田雅阁轿车起动系控制电路

4.5.3 微电脑控制起动机

图 4-30 为丰田凌志 LS400 型轿车微电脑控制起动电路图,它由起动继电器、起动机、空档起动开关、防盗器等组成。

汽车起动前,应先将变速器变速杆置于 P 位(停车档或驻车档)或 N 位(空档)。此时空档起动开关处于闭合接通状态,以向发动机和自动变速器 ECU 传送空档起动开关 NSW 信号,然后才能起动发动机。如果发动机和自动变速器 ECU 收不到空档起动开关传来的 NSW

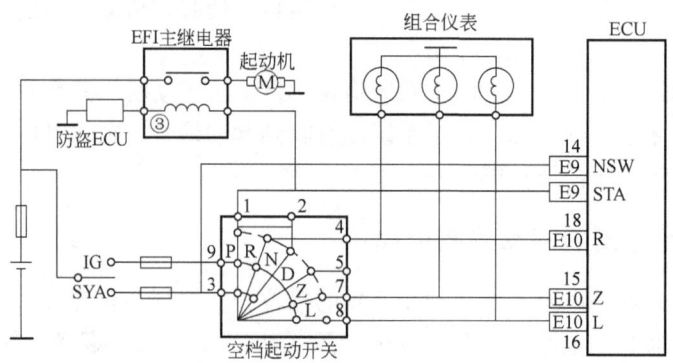

图 4-30 丰田凌志 LS400 型轿车电脑控制起动系统电路

信号，发动机便不能起动运转。

防盗器是一种安全保护装置，串接在起动继电器线圈的供电回路中。正常情况下，防盗器内的有关电路将起动继电器线圈的③脚搭铁，可以使起动系统正常起动工作。

当防盗器处于守候防盗状态时，其内的有关电路将起动继电器线圈的③脚与搭铁间断开，从而切断了起动继电器线圈的电流通路。此时，即使小偷强行打开了汽车车门，也不能将发动机起动并开走，从而起到了防盗的作用。

4.6 起动系统的故障诊断与排除

起动系统主要由蓄电池、起动机、继电器、点火开关（或起动开关）、连接导线等组成，其故障包括电气和机械两个方面。常见的故障主要有起动机不转、起动机运转无力，及其他故障等几种。在诊断与排除故障时，要根据控制电路的不同情况来具体分析。现以带起动继电器的控制电路为例，来说明起动系统的故障诊断与排除。

4.6.1 起动机不转的故障诊断与排除

1. 故障现象

起动发动机时，将点火开关转到"起动"（Ⅱ）档，起动机不运转。

2. 故障原因

起动机不转的故障可以归纳为三类，即电源及线路部分、起动继电器、起动机故障。

（1）电源及线路部分的故障

1）蓄电池严重亏电。

2）蓄电池正、负极桩上的电缆接头松动或接触不良。

3）控制线路断路。

（2）起动继电器的故障

1）继电器线圈绕组烧毁或断路。

2）继电器触点严重烧蚀或触点不能闭合。

（3）起动机的故障

1）起动机电磁开关触点严重烧蚀或两触点高度调整不当，从而导致触点表面不在同一平面内，使触盘不能将两个触点接通。

2）换向器严重烧蚀而导致电刷与换向器接触不良。

3）电刷弹簧压力过小或电刷卡死在电刷架中。

4）电刷与励磁绕组断路或电刷搭铁。

5）励磁绕组或电枢绕组有断路、短路或搭铁故障。

6）电枢轴的铜衬套磨损过多，使电枢轴偏心或电枢轴弯曲，导致电枢铁心"扫膛"（即电枢铁心与磁极发生摩擦或碰撞）。

3. 故障诊断与排除方法

根据故障排除从易到难的一般原则，首先应检查蓄电池储电情况和蓄电池搭铁线、接线的连接是否有松动，然后再进行进一步的检查。故障诊断与排除程序如下。

1）打开前照灯开关或按下喇叭按钮，若灯光较亮或喇叭声音响亮，说明蓄电池存电较足，故障不在蓄电池；若灯光很暗或喇叭声音很小，说明蓄电池容量严重不足；若灯不亮或喇叭不响，说明蓄电池或电源线路有故障，应检查蓄电池接线及搭铁电缆的连接有无松动以及蓄电池储电是否充足。

2）若灯亮或喇叭响，说明故障发生在起动机、电磁开关或控制电路。可用螺钉旋具将电磁开关的 30 号端子与 C 端子接通。若起动机不转，则起动机有故障；若起动机空转正常，说明电磁开关或控制电路有故障。

3）诊断起动机故障时，可用螺钉旋具短接 30 号端子与 C 端子时产生火花的强弱来判断。若短接时无火花，说明励磁绕组、电枢绕组或电刷引线等有断路故障；若短接时有强烈火花而起动机不转，说明起动机内部有短路或搭铁故障，需拆下起动机进一步检修。

4）诊断电磁开关或控制电路故障时，可用导线将蓄电池正极与电磁开关 50 号端子接通（时间不超过 3~5s），如接通时起动机不转，说明电磁开关故障，应拆下检修或更换电磁开关；如接通时起动机转动，说明开关回路或控制回路有断路故障。

5）判断是开关回路故障还是控制回路故障时，可以根据是否有起动继电器吸合的响声来判断。若继电器有吸合的响声，说明是开关回路有断路故障；若继电器无吸合的响声，说明是控制回路有断路故障。

6）排除线路的断路故障，可用万用表或试灯逐段检查排除。

4.6.2 起动机起动无力的故障诊断与排除

1. 现象

将点火开关转至起动档时，起动机能运转，但功率明显不足，时转时停。

2. 故障原因

1）蓄电池储电不足或有短路故障，致使供电能力降低。

2）起动机主回路接触电阻增大，使起动机工作电流减小。接触电阻增大的原因包括蓄电池正、负极桩上的电缆紧固不良；起动机电磁开关触点与接触盘烧蚀；电刷与换向器接触不良或换向器烧蚀等。

3）起动机励磁绕组或电枢绕组匝间短路使起动机输出功率降低。

4）起动机装配过紧或有"扫膛"现象。

5）发动机转动阻力矩过大。

3. 故障诊断与排除方法

1）检查蓄电池容量（用高率放电计检查），若容量不足，可用容量充足的蓄电池辅助供电的方法加以排除。

2）检查蓄电池桩头接线柱及起动电磁开关主触头接线柱的松动情况，若松动，加以紧固。

3）若怀疑是起动机内部故障，可用同型号无故障的起动机替换加以排除。确认是起动机内部故障时，应进一步拆检起动机。

4.6.3 起动机其他故障诊断与排除

起动机其他故障包含起动机空转、驱动齿轮与飞轮齿圈啮合异响、电磁开关异响等故障。

1. 起动机空转的故障诊断与排除

（1）现象　起动发动机时，起动机运转且转速很高，响声较大而发动机不运转。

（2）故障原因　单向离合器打滑，不能传递驱动转矩。

（3）排除方法　更换单向离合器故障即可排除。

2. 驱动齿轮与飞轮齿圈啮合异响的故障诊断与排除

（1）现象　起动发动机时，驱动齿轮不能顺利啮入飞轮齿圈，有齿轮撞击声。

（2）故障原因

1）驱动齿轮轮齿或飞轮齿圈轮齿磨损过甚，或个别齿损坏。

2）起动机调整不当，驱动齿轮端面与端盖凸缘间的距离过小。当驱动齿轮与飞轮齿圈尚未啮合或刚刚啮合时，起动机主电路就已接通，于是驱动齿轮高速旋转着与静止的飞轮齿圈啮合而发生的撞击声。

（3）排除方法　若是齿轮磨损或个别齿损坏，则更换驱动齿轮、飞轮齿圈。若是起动机调整不当，则按要求调整好起动机。

3. 起动机电磁开关异响的故障诊断与排除

（1）现象　起动发动机时，电磁开关发出"哒、哒、哒"的响声。

（2）故障原因

1）电磁开关保持线圈断路或搭铁不良。

2）蓄电池严重亏电或内部短路。

3）起动继电器触点断开电压过高。

（3）排除方法　起动发动机时，用万用表检测蓄电池电压不得低于9.6V。如电压过低，说明严重亏电或内部短路，应予更换。若蓄电池没有问题，起动时电磁开关时仍有"哒、哒、哒"的响声，应拆检电磁开关的保位线圈，看是否断路或搭铁不良。对于个别车型，还有可能是起动继电器断开电压过高，故应检查其断开电压。

4.6.4 典型故障诊断与排除

东风EQ1091型载货汽车用起动机不转的诊断与排除方法。

1）接通点火开关或喇叭，若充电指示灯发亮或喇叭发响，说明蓄电池存电充足，同时充电线路无故障。故障不在蓄电池，若充电指示灯不亮或喇叭不响，则说明蓄电池至电流表之间的线路有断路故障,在确定蓄电池和充电线路等状况良好后,诊断线路,故障部位可用试灯分段检查。将试灯一端搭铁,另一端接起动机进线端。如试灯不亮,说明蓄电池搭铁线或火线端子连接松动;如试灯点亮,说明蓄电池至起动机进线端之间线路良好,故障可能在起动机进线端至电流表间线路断路。若是 CA1091 型载货汽车的话,故障基本上为 30A 熔断器断路,把烧坏的熔断器换掉即可。

2)若灯亮或喇叭响,则说明故障在起动机、开关或控制电路,可用旋具将起动机两接线柱接通,使起动机空转。若起动机不转,则起动机内部有故障;若起动机空转正常,说明电动机正常,故障出在电磁开关或控制线路,需进一步检查。

3)判断电动机故障时,可根据旋具搭接两接触螺钉时火花情况来判断。若接触时无火花,则说明励磁绕组、电枢绕组或电刷引线等有断路故障,若接触时有强烈火花而起动机又不起动,则说明起动机内部有短路或搭铁故障,必须拆下起动机进一步检修。

4)为判断电磁开关、起动继电器和控制线路故障,可用导线将起动继电器 B 端子和 S 端子接通 3~5s。若接通时起动机转动,说明控制线路良好,起动机继电器内部有故障,一般是起动继电器线圈搭铁不良或触点严重烧蚀;若接通 B、S 端子时起动机不转,说明控制线路断路或电磁开关有故障。

5)为了判断是控制线路断路还是电磁开关故障,可用旋具将起动机电磁开关上的进线端子与 50 端子分别接电源。如起动机运转,说明电磁开关和电动机均良好,故障是控制线路断路;若起动机不转。则故障出在电磁开关,需拆下起动机进行检修。

本 章 小 结

1. 起动机由直流串励电动机、传动机构和操纵机构三个部分组成。

2. 起动机按操纵机构分为直接操纵式起动机和电磁操纵式起动机。按传动机构的啮合方式分为惯性啮合式起动机、强制啮合式起动机、电枢移动式起动机、齿轮移动式起动机、减速式起动机。而减速式起动机又有外啮合式、内啮合式和行星齿轮啮合式三种类型。

3. 直流串励电动机由电枢、磁极、换向器等主要部件构成。

4. 起动机用直流电动机多为串励直流电动机,是因为串励直流电动机的特性可满足需要。起动机的特性取决于直流电动机的特性,而串励直流电动机特性的特点是起动转矩大,机械特性软。

5. 起动机由于其轻载或空载时转速很高,容易造成"飞散"事故,故对于功率较大的串励直流电动机,不允许在轻载或空载下运行。

6. 电枢电流接近制动电流的一半时,电动机输出功率最大,最大功率为额定功率。

7. 影响起动机功率因素主要有接触电阻和导线电阻、蓄电池容量、温度。

8. 起动机的传动机构包括离合器和拨叉两个部分。传动机构中的离合器分为滚柱式离合器、摩擦片式离合器、弹簧式离合器几种。

9. 起动机的电路可归纳为三条回路,即主回路、电磁开关回路、控制回路。其控制关系是:控制回路控制电磁开关回路,电磁开关回路控制主回路。

10. 起动机每次起动时间不超过 5s,再次起动时应停止 2min,使蓄电池得以恢复。如果有连续第三次起动,应在检查与排除故障的基础上停歇 15min 以上。

11. 发动机起动后,必须立即切断起动机控制电路,使起动机停止工作。

12. 起动机性能可通过空载试验和全制动试验来检验。它也是故障诊断的基本方法。
13. 起动机常见的故障有起动机不转、起动运转无力、起动异响等。

习题与思考题

一、选择题

1. 讨论起动机励磁线圈与电枢线圈的连接方式，甲认为串联，乙认为并联，你认为（　　）
   A. 甲对　　　　B. 乙对　　　　C. 甲乙都对　　　　D. 甲乙都不对

2. 为了获得足够的转矩，通过电枢绕组的电流很大，一般汽油机的起动电流为（　　）。
   A. 20~60A　　B. 100~200A　　C. 200~600A　　D. 2000~6000A

3. 探讨起动系，下面哪项是正确的（　　）。
   A. 测量吸拉线圈是指测量起动机接线柱与壳体
   B. 起动机的工作原理是动电生磁
   C. 四个磁极起动机相对的两个磁极的内侧是同性磁极
   D. 起动机换向器的作用是维持电枢定向运转

4. 起动机无力起动时，短接起动开关两主线柱后，起动机转动仍然缓慢无力，甲认为起动机本身故障，乙认为蓄电池电量不足，你认为（　　）。
   A. 甲对　　　　B. 乙对　　　　C. 甲乙都对　　　　D. 甲乙都不对

5. 在将起动机传动叉压到极限位置时，驱动小齿轮与止推垫圈之间必须保持适当的间隙，这个间隙一般为（　　）。
   A. (1.5±1)mm　　B. (2.5±1)mm　　C. (3.5±1)mm　　D. (4.5±1)mm

6. 起动机在汽车的起动过程中是（　　）。
   A. 先接通起动电源，然后让起动机驱动齿轮与发动机飞轮齿圈正确啮合
   B. 先让起动机驱动齿轮与发动机飞轮齿圈正确啮合，然后接通起动电源
   C. 在接通起动电源的同时，让起动机驱动齿轮与发动机飞轮齿圈正确啮合
   D. 以上都不对

7. 起动系故障分析：点火开关在起动位置时，不能起动，但有磁吸声，用一字旋具短接，电源接线柱与电磁开关接线柱，能起动，甲认为控制电流过小，导致磁力不足，乙认为起动继电器触点接触不良或连接线接触不良。你认为（　　）。
   A. 甲对　　　　B. 乙对　　　　C. 甲乙都对　　　　D. 甲乙都不对

8. 起动机电刷的高度如不符合要求，则应予以更换。一般电刷高度不应低于标准高度的（　　）。
   A. 1/2　　　　B. 2/3　　　　C. 1/4　　　　D. 1/5

9. 空载试验的持续时间不能超过（　　）。
   A. 5s　　　　B. 10s　　　　C. 1min

10. 全制动试验每次接通电路的时间不能超过（　　）。
    A. 5~7s　　　　B. 10s　　　　C. 1min

二、判断题（对打"√"，错打"×"）

1. 串励直流式电动机中"串励"的含义是四个励磁绕组相串联。（　　）

2. 起动机转速越高，流过起动机的电流越大。（   ）
3. 对功率较大的起动机可在轻载或空载下运行。（   ）
4. 驱动小齿轮与止推垫圈之间的间隙大小视不同的起动机型号而稍有出入。（   ）
5. 判断起动机电磁开关中吸拉线圈和保持线圈是否已损坏，应以通电情况下看其能否有力地吸动活动铁心为准。（   ）
6. 发动机在起动时需要的转矩较大，而起动机所能产生的最大转矩只有它的几分之一，因此，在结构上就采用了通过小齿轮带动大齿轮来增大转矩的方法解决。（   ）
7. 单向滚柱式啮合器的外壳与十字块之间的间隙是宽窄不等的。（   ）
8. 起动机开关断开而停止工作时，继电器的触点张开，保持线圈的电路便改道，经吸拉线圈、电动机开关回到蓄电池的正极。（   ）
9. 起动机电磁开关保持线圈断路时，在起动过程中电磁开关会出现反复的咔嗒声。（   ）
10. 起动机空载测试时，转速过高，耗电过大，表明电枢绕组有短路故障。（   ）

三、简答题

1. 起动机由哪些部分组成？各组成部分的作用是什么？
2. 起动机是如何分类的？
3. 起动机单向离合器有哪几种？
4. 简述起动机的工作过程。
5. 复合继电器为何对起动机具有保护功能？
6. 起动机的正确使用和维护要求有哪些？
7. 何谓起动机的空载试验和全制动试验？试验时，应注意哪些问题？
8. 起动机不转的故障是哪些原因引起的？怎样判断与排除？
9. 起动机起动时为什么要严格控制接通时间？
10. 起动机需要调整的内容有哪些？

实训项目八 起动机的拆装与检测

车辆牌号	车辆识别代码	发动机型号

一、实训目的与要求
1. 掌握起动机的拆装方法。
2. 掌握起动机不解体与解体的检测与和维修方法。
3. 掌握起动机的技术性能试验方法。

二、实训仪器与设备
1. 电器万能试验台、起动机、蓄电池若干个；常用工具若干套。
2. 扭力扳手各一个，呆扳手一套，台虎钳若干架。
3. 万用表、游标卡尺、百分表及 V 形架、弹簧秤、塞尺、锯片若干个、00 号砂纸。

三、实训步骤
1. 起动机的拆装

起动机解体前应清洁外部的油污和灰尘，然后按下列步骤进行解体：

1) 旋出防尘盖固定螺钉，去下防尘盖，用专用钢丝钩取出电刷；拆下电枢轴上止推垫圈处的卡簧，如图 4-31 所示。

2) 用扳手旋出两个紧固长螺栓，取下前端盖，抽出电枢，如图 4-32 所示。

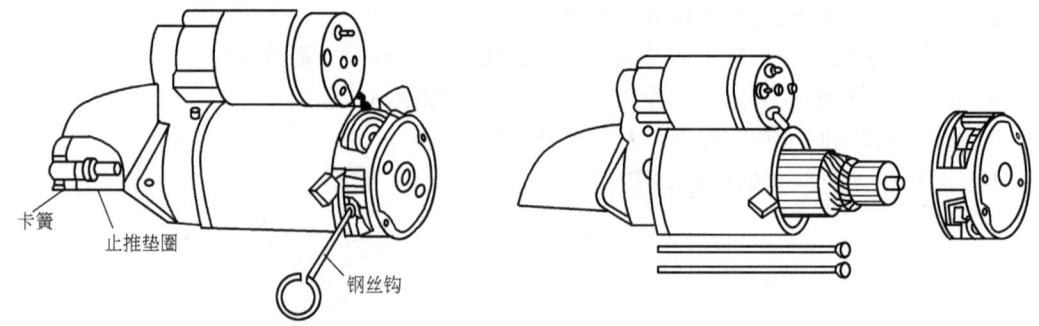

图 4-31 拆卸电刷　　　　　　　　图 4-32 拆卸前端盖和电枢

3) 拆下电磁开关主接线柱与电动机接线柱间的导电片；旋出后端盖上的紧固螺钉，使电磁开关后端盖与中间壳体分离，如图 4-33 所示。

4) 从后端盖上旋下中间轴承支撑板紧固螺钉，取下中间支撑板，旋出拨叉轴销螺钉，抽出拨叉，取出离合器，如图 4-34 所示。

5) 将已解体的机械部分浸入清洗液中清洗，电气部分用棉纱蘸少量汽油擦拭干净。必要时，可分解电磁开关，其步骤是：

① 拆下电磁开关前端固定螺钉，取下前端盖。
② 取下触盘锁片、触盘、弹簧，抽出引铁。
③ 取下固定铁心卡簧及固定铁心，抽出铜套及吸引和保持线圈。

(续)

车辆牌号	车辆识别代码	发动机型号

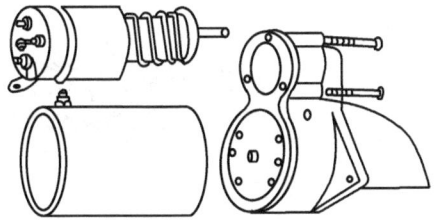

图 4-33 拆卸电磁开关

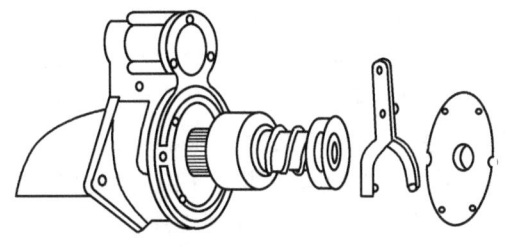

图 4-34 拆卸离合器

2. 起动机解体检修

（1）电枢（转子）的检修

1）电枢绕组的检修：

① 电枢绕组断路故障的检修：电枢绕组断路故障一般多发生于电枢绕组线头与换向器连接处。有时由于长时间大电流运转，或定子与转子发生相互摩擦而使温度急剧升高，特别是采用锡焊工艺的电枢，其焊接处出现抛锡现象而导致断路。图 4-35 所示为电枢绕组断路的检查，先目测电枢绕组的导线是否甩出或脱焊，然后用试灯检查，如图 4-35a 所示。用两触针依次与两相邻换向器铜片接触，或其中一触针不动另一触针依次下移与相邻的换向片接触（换向器上的电枢绕组线头应相通），如试灯均亮，说明其无断路；若试灯不亮或暗淡，则说明其有断路。也可用万用表检查，将万用表拨至 R×1 档，然后用两触针依次与两相邻换向器铜片接触，如图 4-35b 所示。所测电阻值均接近零，说明其无断路；若电阻值为无穷大（∞），则说明其有断路。

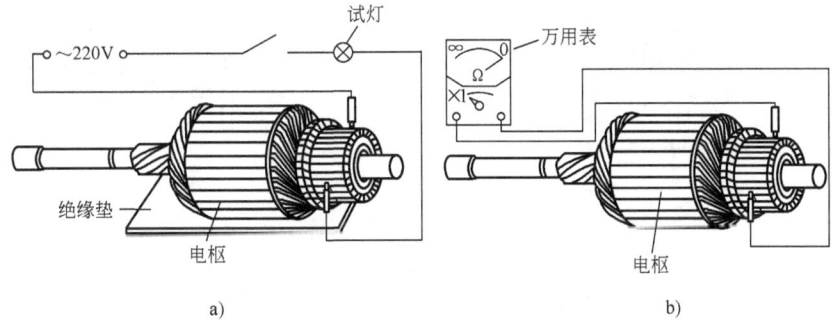

图 4-35 电枢绕组断路的检查
a）用试灯检查电枢绕组断路 b）用万用表检查电枢绕组断路

② 电枢绕组短路故障的检修：电枢绕组短路的检查，如图 4-36 所示，把电枢放在电枢短路检验器上，接通 50Hz、220V 交流电源。该交流电源将在 V 形架内产生很强的交变磁场，而该磁场将使闭合导体产生交变感生电流与磁性。当拿一薄钢片平行地接触电枢铁心上方的线槽上，钢片位置不动，徐徐地转动电枢一圈或几圈，若出现薄钢片振动、吸向铁心、发出蜂鸣声，则表明电枢绕组有短路。由于起动机电枢绕组采用波绕法，若电枢

(续)

车辆牌号	车辆识别代码	发动机型号

的两相邻线圈在端部有一处短路，则其在电枢短路检验器上的电枢会出现四槽钢片跳动；若电枢在同一槽内上下两层的导线发生短路，则其在短路检验器上的电枢短路槽不振动，而其余槽上（或多数槽）的钢片会跳动，这是因为该短路槽未被磁化，所以放在该槽上的钢片不振动。

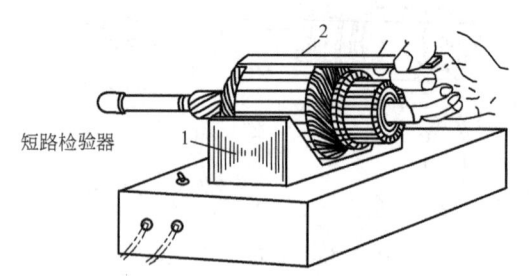

图 4-36 电枢绕组短路的检查
1—V 形架 2—薄钢片

经检查电枢绕组短路，如果短路部位在电枢外表只需排除即可，如果短路部位在电枢槽内，则应更换电枢。

③ 电枢绕组搭铁故障的检修：电枢对搭铁绝缘的检查，如图 4-37 所示，图 4-37a 所示为用 220V 试灯检查电枢对搭铁绝缘，将一触针与换向器铜片接触，另一触针与铁心接触，如试灯不亮，则说明其电枢对搭铁绝缘良好；若试灯亮，则表示电枢绕组有搭铁故障。图 4-37b 所示为用万用表检查电枢对搭铁绝缘，将万用表拨至 R×10k 档，然后将一触针与换向器铜片接触，另一触针与铁心接触，若所测电阻值为无穷大（∞），则说明搭铁电枢对搭铁绝缘良好；若所测电阻值很小或接近于零，则表示电枢绕组有搭铁故障。

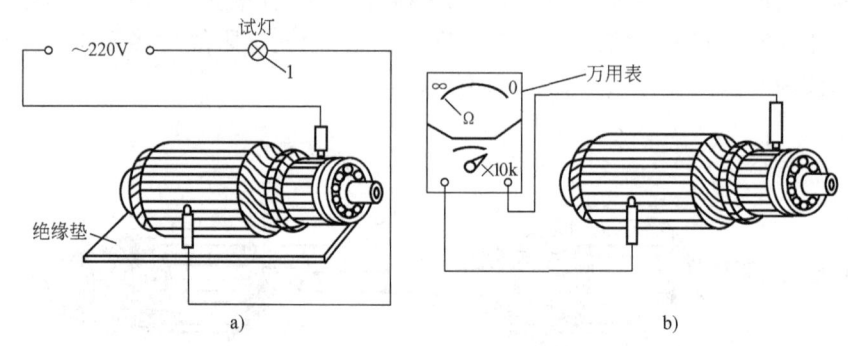

图 4-37 电枢对搭铁绝缘的检查
a) 用试灯检查电枢对搭铁绝缘 b) 用万用表检查电枢对搭铁绝缘

若经过检查确认电枢绕组搭铁，则应更换电枢。

2) 换向器的检修。检查换向器表面有无烧蚀和测量圆度误差。轻微烧蚀用 00 号砂纸打磨，严重时应车削，换向器与电枢轴的同轴度误差应不大于 0.03mm，否则在车床上修整（见图 4-38）。换向器直径不小于标准值 1.10mm，换向片高出云母片 0.40～0.80mm，如图 4-39 所示。

① 换向器径向圆跳动的检查：图 4-40 所示为换向器径向圆跳动的检查，检查前先目测换向器外圆表面，其应光滑、平整、无污垢、无轻微烧蚀，否则应用 00 号细砂纸打光；

(续)

车辆牌号	车辆识别代码	发动机型号

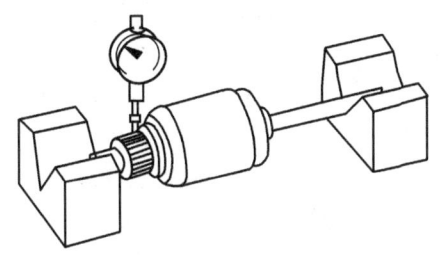

图 4-38 电枢轴与换向器同轴度的检测

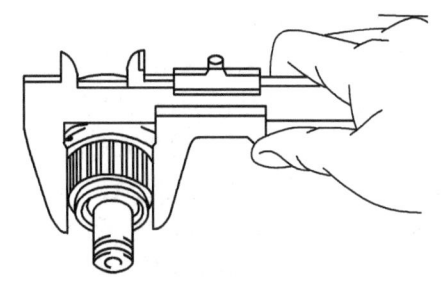

图 4-39 换向器直径的检测

然后将 V 形架放在平板上，将电枢支撑在 V 形架上，用千分表（或百分表）检查换向器的径向圆跳动，其径向圆跳动应小于 0.05mm。如果不能满足上述技术要求，可将电枢上车床精车（精光）换向器外圆。但车削其外圆后，换向器铜片径向厚度不得小于 2mm。

② 换向器外圆尺寸的检查：换向器的外圆尺寸可用游标读数值为 0.02mm 的游标卡尺进行测量，如图 4-41 所示。换向器测得外圆尺寸小于极限尺寸时应更换电枢。一般起动机换向器外圆尺寸技术数据在汽车产品与起动机使用说明书中均可找到。

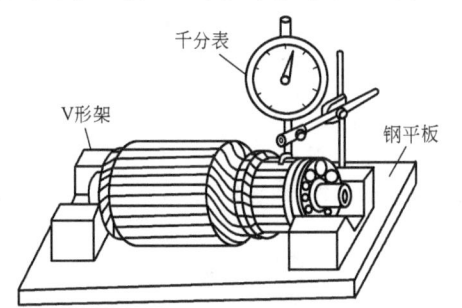

图 4-40 换向器径向圆跳动的检查

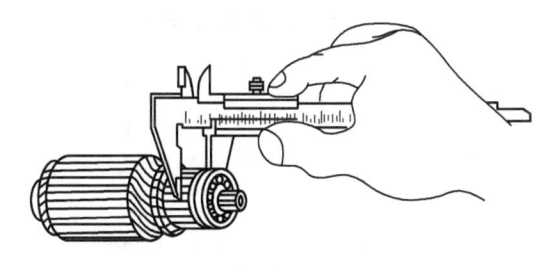

图 4-41 换向器外圆尺寸的检查

游标卡尺是较精密的量具，测量换向器外圆尺寸时，应轻而平稳，不得使游标卡尺测量面或刀口与工件发生磕碰现象。

③ 电枢轴：用游标卡尺检测轴颈外径与衬套内径，配合间隙应为 0.035~0.077mm。最大不超过 0.15mm，间隙过大应更换衬套并重新铰配。电枢轴弯曲可用百分表检测，其径向圆跳动应不大于 0.10~0.15mm，否则应予以校正。

（2）定子的检修　定子故障主要有励磁绕组匝间短路、断路、搭铁、外壳企口拉毛与失圆、磁极内孔与电枢外圆相摩擦等故障。但检修前，首先应对定子进行清洗与擦拭，可用清洁的布稍稍蘸一点汽油或煤油清除定子外表上的积尘与油污，然后再对上述各项可能的故障进行逐项检查与酌情修理。

1）励磁线圈断路故障的检修：励磁线组断路故障一般多发生于励磁线圈各线头连接

（续）

车辆牌号	车辆识别代码	发动机型号

处。有时由于长时间大电流运转，或因定子与转子发生相互摩擦而使温度急剧升高，特别是采用锡焊工艺的励磁线圈线头连接处，其焊接处易出现脱焊现象而导致励磁线圈断路。图 4-42 所示为励磁线圈断路的检查，先目测励磁线圈的线头是否脱焊，然后可用试灯进行检查，如图 4-42a 所示。用两触针依次与励磁线圈的线头接触，如试灯均亮，则说明励磁线圈没有断路；若试灯不亮或暗淡，则说明励磁线圈断路。也可用万用表检查励磁线圈是否断路，将万用表拨至 R×1 档，然后用两触针依次与励磁线圈的线头接触，如图 4-42b 所示，所测电阻值均近于零，则说明其无断路；若电阻值为无穷大（∞），则说明其有断路。

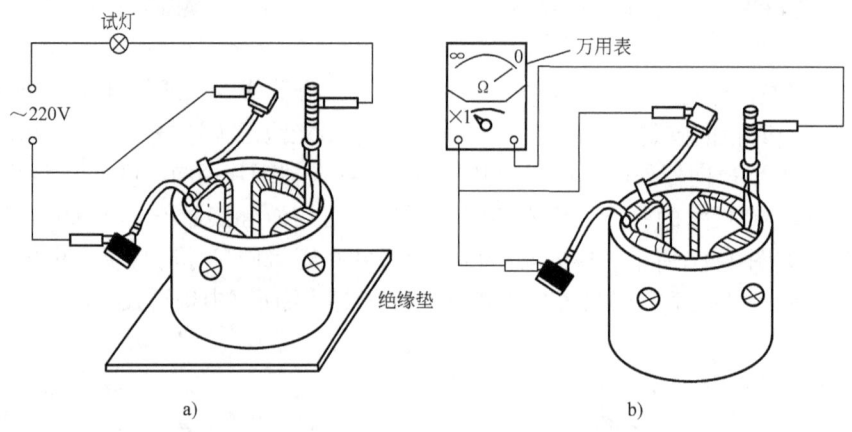

图 4-42　励磁线圈断路的检查
a）用试灯检查励磁线圈断路　b）用万用表检查励磁线圈断路

2）励磁线圈匝间短路故障的检修：定子励磁线圈匝间短路的检查，如图 4-43 所示。蓄电池（6V）正极接起动机接线柱，负极接电刷（或连接电刷的励磁线圈线头），将旋具放在每个磁极上，按下按钮（注意：每次通电时间一般为 5s，以免励磁线圈过热而烧损）检查磁极对旋具的吸力，应相同；若某磁极吸力弱，则说明该励磁线圈有匝间短路。

3）定子内励磁线圈搭铁故障的检修。定子内励磁线圈对搭铁绝缘的检查，如图 4-44 所示。图 4-44a 所示为用 220V 试灯检查定子内励磁线圈对搭铁绝缘，将一触针与外壳接触，另一触针与连接电刷的励磁线圈线头接触，若试灯不亮，则说明其定子内励磁线圈对搭铁绝缘良好；若试灯亮，则表示定子内励磁线圈有搭铁故障。图

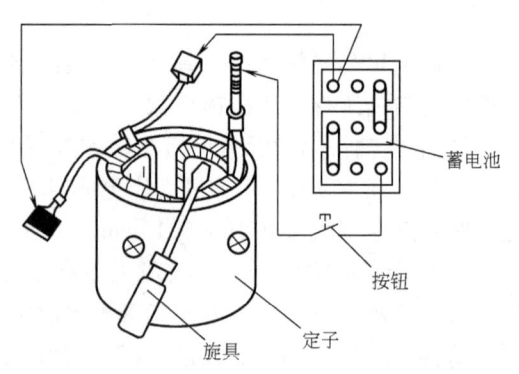

图 4-43　定子励磁线圈匝间短路的检查

(续)

车辆牌号	车辆识别代码	发动机型号

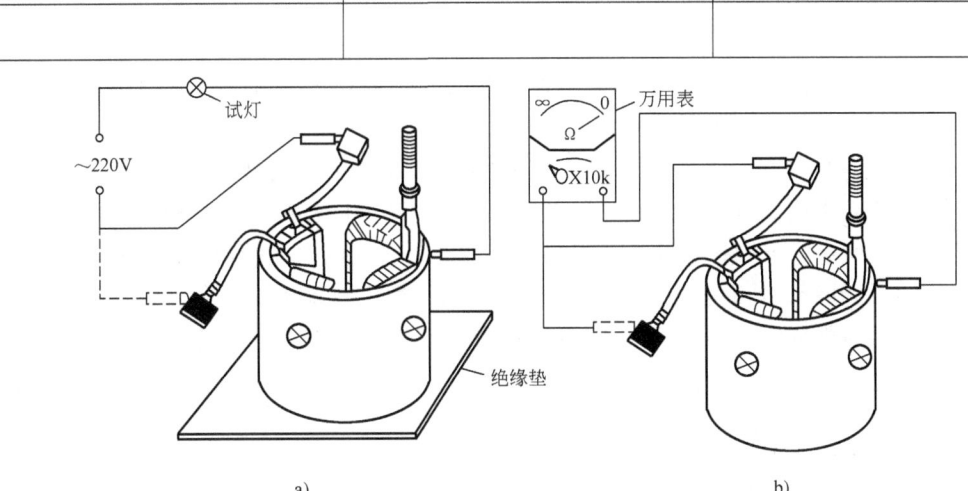

图 4-44 定子励磁线圈对搭铁绝缘的检查
a) 用试灯检查定子内励磁线圈对搭铁绝缘 b) 用万用表检查定子内励磁线圈对搭铁绝缘

4-44b 所示为用万用表检查定子内励磁线圈对搭铁绝缘,将万用表拨至 $R×10k$ 档,然后使一触针与外壳接触,另一触针与连接电刷励磁线圈线头接触,若所测电阻值为无穷大(∞),则说明其电枢对搭铁绝缘良好;若所测电阻值很小或近似为零,则表示定子内励磁线圈有搭铁故障。

4) 定子的机械不良引起的电磁故障的检修:定子的机械不良引起的电磁故障主要有外壳端口配合处、磁极背与外壳内孔接合处有漆膜、污垢,外壳配合处变形等。

检查磁极背与外壳内孔接合处是否有漆膜、污垢。如有,这些漆膜和污垢将明显增加起动机的磁耗,可用细砂纸或铲刀轻轻地将其清除,清除后在其磁极背与外壳内孔接合处用布蘸些轴承润滑脂将余尘擦净,还可兼起防锈作用。

检查外壳配合处是否变形,其内径、端口配合处尺寸是否明显超差,如有,则将导致起动机运转机械阻力加大,也将影响起动机的电气性能。修理部门应按生产企业产品的规定检查外壳内径、端口配合处的尺寸,其内径平均值不应明显超过公差,圆度误差不应超过公差的 2 倍,端口配合面对孔的端面圆跳动量不应超过 0.1mm。

(3) 电刷及电刷架总成的检查 电刷及电刷架总成的检查主要有以下项目:电刷及电刷架配合移动性的检查、电刷高度与接触弧面的检查、绝缘刷架对搭铁绝缘的检查、搭铁刷架的检查等。

1) 电刷与电刷架配合移动性的检查:检查电刷及电刷架总成时先目测电刷架是否有变形或歪斜,电刷在电刷架内是否活动自如、有无卡滞现象。如果电刷在电刷架内因有污垢而不能自如活动,应清除污垢;如果电刷尺寸导致其不能自如活动,则应修正电刷尺寸或更换电刷;如果电刷架变形或歪斜,则应校正或更换电刷架。

2) 电刷高度与接触弧面的检查:汽车起动机用电刷应满足汽车起动机低电压、大电

(续)

车辆牌号	车辆识别代码	发动机型号

流、低磨损、低噪声的要求,其导线采用直接压入法,使用寿命应不小于 35000 次。因此,更新电刷时应采用相同牌号与规格的电刷。

  检修起动机时要检查电刷的磨损状况。图 4-45a 所示为电刷高度的要求,电刷正常使用高度不应低于新电刷高度的 2/3,否则应更新。电刷与换向器外圆的接触弧面应不小于 75%。图 4-45b 所示为电刷接触弧面的简易修磨方法,可利用电枢的换向器,在换向器外圆上包上 00 号细砂纸,然后套上起动机后盖与电刷,用手转动电枢进行修磨,待电刷与换向器外圆的接触弧面大于等于 75% 即可。检查电刷的引线,不应有松动现象,否则应进行更换。

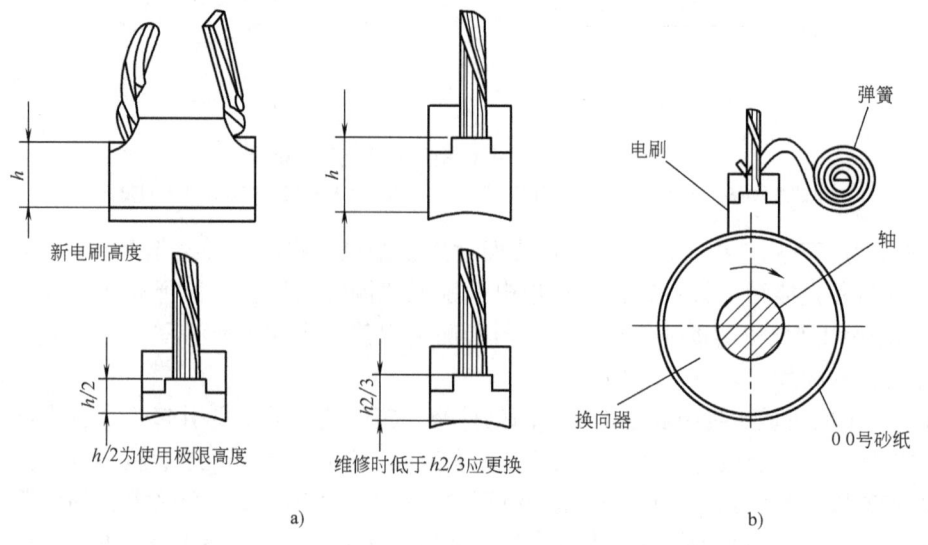

图 4-45 电刷的高度与接触弧面的检查
a) 电刷高度的要求   b) 电刷的接触弧面的简易修磨方法

3) 电刷弹簧的检查:电刷弹簧的压力可用弹簧秤检查,如图 4-46a 所示,其电刷弹

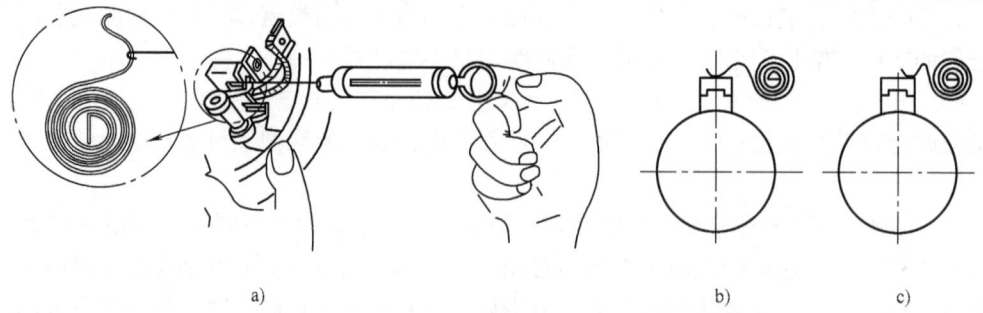

图 4-46 电刷弹簧的压力与压力点位置的检查
a) 电刷弹簧的压力检查   b) 电刷弹簧压力点位置正确   c) 电刷弹簧压力点位置不正确

(续)

车辆牌号	车辆识别代码	发动机型号

簧的压力应与技术要求规定相符。如无资料可查,对于普通汽车起动机,其电刷弹簧的压力一般为 10~15N;对于重型汽车,其电刷弹簧的压力应控制在 16~22N 内。如果电刷弹簧的压力不足,可将电刷弹簧向螺旋相反方向拨动一些,以增强其弹力;如果拨动后仍无效,则应更换电刷弹簧。维修起动机时应检查电刷弹簧压力点位置,图 4-46b 所示的电刷弹簧压力点位置正确;图 4-46c 所示的电刷弹簧压力点位置不正确,应予以校正。

4)绝缘刷架与搭铁刷架的检查:图 4-47 所示为绝缘刷架对搭铁绝缘的检查,图 4-47a 所示为用 220V 试灯检查绝缘刷架对搭铁绝缘,将一触针与刷架金属底板接触,另一触针与绝缘刷架接触,如试灯不亮,说明其绝缘刷架对搭铁绝缘良好;若试灯亮,则表示绝缘刷架有搭铁故障。图 4-47b 所示为用万用表检查绝缘刷架对搭铁绝缘,将万用表拨至 R×10k 档,然后将一触针与刷架金属底板接触,另一触针与绝缘刷架接触,若所测电阻值为无穷大(∞),则说明绝缘刷架对搭铁绝缘良好;若所测电阻值很小或近似为零,则表示绝缘刷架有搭铁故障。用万用表 R×1 档测量搭铁刷架和后盖间的电阻,应为零。

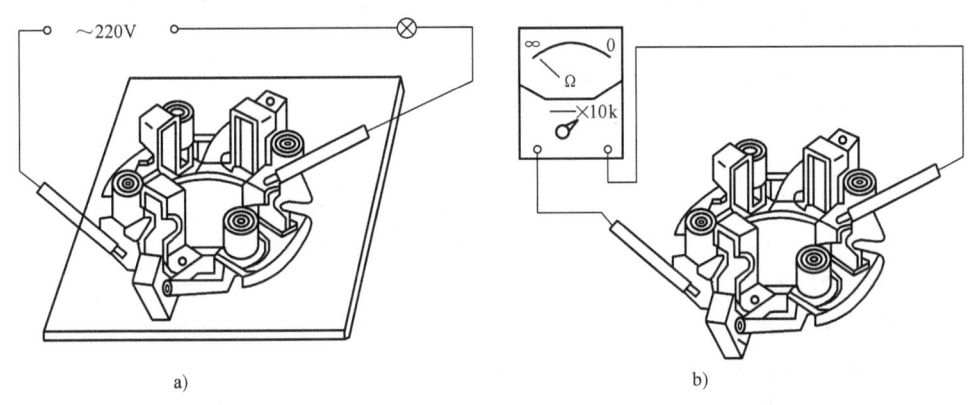

图 4-47 电刷架对搭铁绝缘的检查
a) 用试灯检查电刷架对搭铁的绝缘　b) 用万用表检查电刷架对搭铁的绝缘

(4) 电磁开关的检修　电磁开关的故障主要有触点烧蚀,吸拉线圈短路、断路、搭铁,保持线圈短路、断路等。

1) 触点故障的检修:拆下起动机电磁开关与定子励磁接线柱的引线头,卸下紧固电磁开关塑料盖的安装螺钉,目测检查静触点、接触圆盘烧蚀程度。若只是轻微烧损可用 00 号细砂纸打光;若其烧蚀严重,则应更新静触点螺栓、接触圆盘。然后,按下面 2) 的方法检查吸拉线圈与保持线圈,确认无故障后,则可装复于起动机上,测试起动机,其电磁开关主触点电压降不超过 0.2V,电磁开关性能合格即可使用。

2) 吸拉线圈及保持线圈故障的检修:吸拉线圈与保持线圈故障的检查方法如下,经 1) 中的触点故障检修后,可用万用表 R×1 档检查吸拉线圈如图 4-48a 所示,将一触针与粗线始端接触,另一触针与粗线末端接触,若所测电阻值很小或接近零(如 0.2~0.6Ω),

车辆牌号	车辆识别代码	发动机型号

则说明吸拉线圈为正常;若所测电阻值为零,则表示线圈短路;若所测电阻值为无穷大(∞),则说明其断路。用万用表 R×1 档检查保持线圈,将一触针与细线始端接触,另一触针与细线末端接触,若测得的电阻值接近零(如 0.5~2Ω),则说明其为正常;若所测电阻值为零,则表示该线圈短路;若所测电阻值为无穷大(∞),则说明其断路或其绕线始端有假焊。如果保持线圈搭铁点虚焊或假焊,则可在清除氧化物与污垢后重新用松香焊锡将其焊牢。如吸拉线圈、保持线圈内部短路或断路,则应重绕线圈或更换电磁开关。

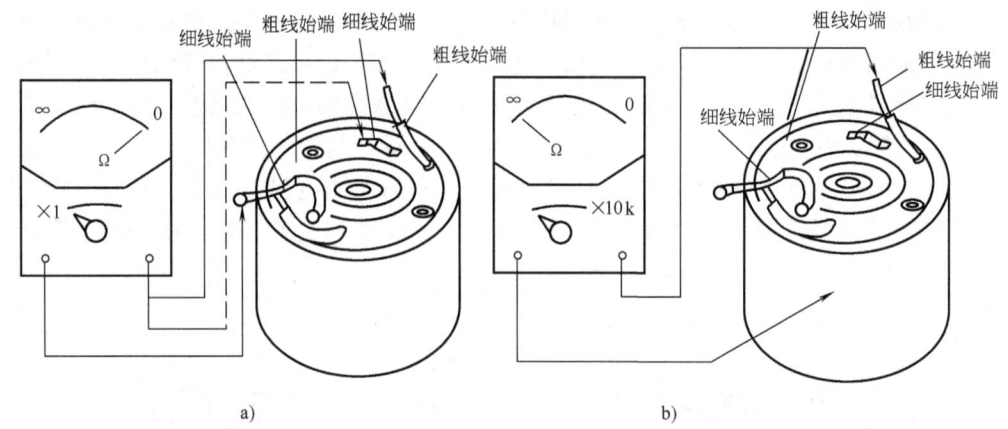

图 4-48 吸拉线圈与保持线圈故障的检查
a) 吸拉线圈与保持线圈断路的检查 b) 吸拉线圈搭铁的检查

3)检查吸拉线圈搭铁的故障,如图 4-48b 所示。可用万用表 R×1k 档检查吸拉线圈,将一触针与粗线始端 1 接触,另一触针与开关壳接触,若所测电阻值近于零,则说明其搭铁;若所测电阻值为无穷大(∞),则说明其对搭铁绝缘良好。

4)用手将接触盘铁心压住,让电磁开关上的电源接线柱与起动机接线柱连通,测量两接线柱间的电阻应为零,否则为接触不良。

(5) 端盖、轴衬的检修 在起动机修理过程中,其轴衬(俗称铜套)虽只是个小零件,但起动机的许多常见故障却都与其有关。所以检查端盖与轴衬的配合是否准确是维修起动机的重要一环。轴衬因使用过久严重磨损而过于松旷,轻者导致起动机运行振动、起动无力,重者会致使起动机电枢轴弯曲,定、转子严重相互摩擦。拆卸定、转子检查电枢铁心与定子磁极表面是否有明显擦痕,如有擦痕,则说明在运转中定、转子相互碰擦,甚至会发现定、转子线圈烧毁。检修后由于缺少润滑,轴衬与电枢轴配合过紧,而导致起动机运转阻力大、耗电大、起动无力,甚至因咬死而无法起动。发现上述情况,应检修或更换轴衬。电枢轴外径可用千分尺测量,如图 4-49 所示;轴衬的内孔可用内径千分尺测量,如图 4-50 所示。

(6) 传动机构的检查

1)驱动齿轮、单向离合器的检查:按图 4-51 所示,检查单向离合器的单向性能,顺时针转动驱动齿轮时应能锁紧,逆时针转动时应能转动自如。检查中间齿轮、驱动齿轮齿

(续)

车辆牌号	车辆识别代码	发动机型号

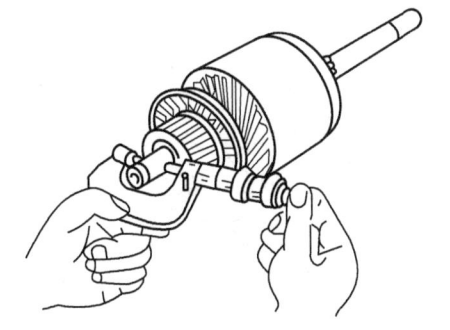

图 4-49 电枢轴的测量

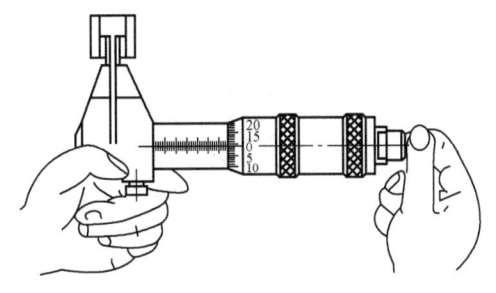

图 4-50 轴衬的测量

形及单向离合器内花键槽应无严重磨损、变形，不得有齿牙崩角、碎裂、严重磨损、扭曲变形现象，否则应予以更换。

2）单向离合器最大转矩的测量：若要检验单向离合器传递转矩的能力，可测量单向离合器的最大转矩，其简单测量最大转矩的方法如图 4-52 所示。将单向离合器驱动齿轮用布包好夹在台虎钳上，在单向离合器花键内插入一花键轴（可用起动机电枢轴改制），轴端用螺母锁牢，通过套筒将花键轴与扭力扳手相连接，按其工作的方向扳转扭力扳手，应能承受制动试验时的最大转矩而不打滑。若其转矩小于该起动机全制动时的转矩值甚至近乎为零，则说明其内件已磨损并存在打滑，应更换单向离合器。

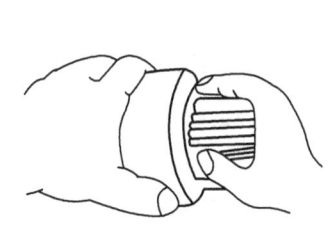

图 4-51 检查单向离合器单向性能

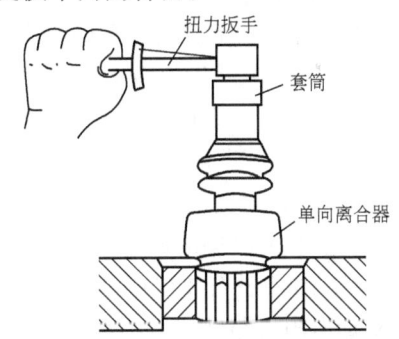

图 4-52 单向离合器最大转矩测量

更换新的轴衬后，其驱动齿轮轴衬孔与轴颈外圆的配合、轴衬与驱动齿轮孔的配合应符合要求。

（7）轴承的检查、清洗与更换方法　检查减速式单向离合器轴承，如图 4-53 所示，用手转动轴承，其轴承转动时手感不应有阻力，其应转动自如、均匀。如果转动时有异物卡住之感，可用清洁的毛刷将其在汽油中清洗至转动自如、均匀为止，如图 4-54 所示。待晾干，在轴承中加入钙基润滑脂达轴承空间的 2/3，对轴承、齿轮及单向离合器金属外表面，用清洁布蘸些钙基润滑脂进行擦拭，以清洁其表面并起到防锈作用。如果轴承已磨损、变形或严重锈蚀，则应更新轴承。

(续)

车辆牌号	车辆识别代码	发动机型号

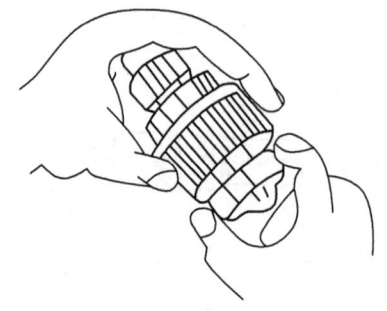

图 4-53 用手转动轴承应转动自如、均匀

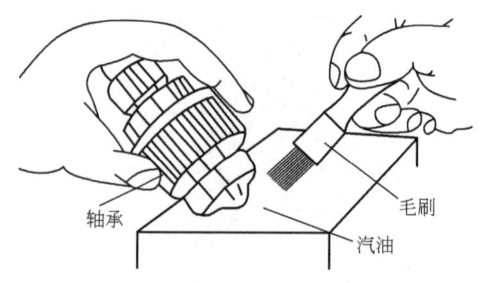

图 4-54 单向离合器与轴承的清洗方法

3. 起动机的装复

起动机的形式不同，具体装复的步骤也不可能完全相同，但基本原则是按分解时的相反步骤进行。

装复的一般步骤是：先将离合器和拨叉装入后端盖内，再装中间轴承支撑板，将电枢轴装入后端盖内，装上电动机外壳和前端盖，并用长螺栓拧紧，然后装电刷和防尘罩，装起动机开关可早可晚。

4. 起动机的调整

（1）驱动齿轮端面与端盖凸缘距离的调整 起动机不工作时，驱动齿轮端面与端盖凸缘之间的距离应符合规定值。间距不当，可通过定位螺钉调整或加减垫片等进行调整，如图 4-55 所示。

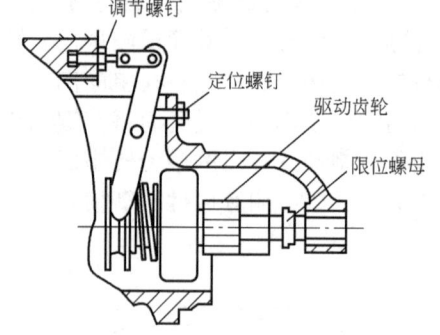

图 4-55 起动机调整

（2）开关接通时间的调整

1）主开关接通时间的调整。开关接通时，驱动齿轮端面与限位螺母之间的间隙应为 0.3~1.5mm。如不符合要求可调整调节螺钉。

2）附加电阻短路开关的调整。一般电磁开关内，短接点火线圈附加电阻是利用主接线柱触头前面的辅助接触片。在主电路接通的同时或略早一点，应短接附加电阻，如有不当，只需要将辅助接触片进行适当弯曲调整就可以了。

5. 起动机试验

装复调整后的起动机，应进行空转和全制动试验，以确定其技术状况是否良好。试验时必须保证蓄电池的实际电压与被试起动机的额定工作电压相等，且容量足够；起动机与蓄电池之间的连接导线截面积要足够大，导线电阻要小，其线路电压降不允许超过 0.2~0.3V；还要求具有足够量程的直流电流表。

（1）空转试验 起动机的空转试验即起动机不带负荷，接通电源使起动机运转。测量起动机的空转转速和电流，并与标准值比较，从而判断起动机内部有无电路故障和机械故障。

(续)

车辆牌号	车辆识别代码	发动机型号

试验方法如图4-56。将起动机装于电器试验台（或台虎钳）上，按图4-56接好实验线路。接通电源后，测量起动机的空转转速与电流，并与标准值比较，其各项数据应符合规定。

在空转试验中，若出现电流大而转速低的现象，说明起动机阻力大，其原因有装配过紧、电枢轴弯曲、轴套与电枢轴不同轴、轴套损坏而有碰擦等，以及电枢绕组、励磁绕组有局部短路或搭铁故障。若出现电流和转速均低于标准值而蓄电池电压正常时，说明导线连接不良和起动机内部线路连接不良，如电刷与换向器接触不良、电刷弹簧弹力过小等。空转试验每次历时不得超过1min，并要求电刷处不应有火花，电枢运转应平稳，无机械摩擦声。

（2）全制动试验　全制动试验的目的是测量起动机在完全制动时所消耗的电流和其最大制动转矩，并与标准值比较（转矩允许降低10%），以判断起动机有无电路故障和单向离合器是否打滑。

试验方法如图4-57所示。将起动机夹在试验台上，按图接好实验线路。将制动器一端的两个夹爪夹住起动机驱动齿轮，另一端挂在弹簧杆上，检查电流及弹簧拉力计的转矩值，应符合规定。

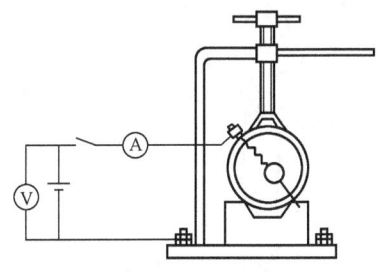

图4-56　起动机空转试验图

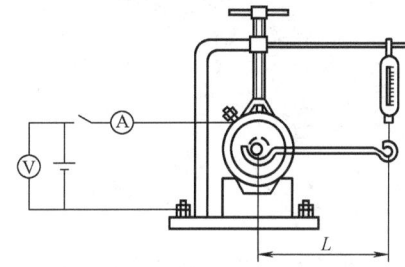

图4-57　起动机全制动试验图

全制动试验时，若测得的电流大而转矩小，说明起动机运转阻力过大或电枢及励磁绕组有短路或搭铁故障。若电流和转矩均低于标准值，说明线路中有接触不良之处。若驱动齿轮锁止而电枢轴有缓慢转动，表明单向离合器打滑。全制动试验每次历时不得超过5s。

6. 起动机通电测试

1）吸引线圈功能测试，如图4-58，拆下起动机开关接线柱的励磁引线头，将蓄电池负极接起动机壳及开关C端子，正极接吸拉线圈和保持线圈的共用接头（50号端子），接通电源后，观察吸拉线圈应能迅速使起动齿轮推至工作位置，断开起动机开关接线柱的导线，起动齿轮能保持在此位置而不缩回，说明保持线圈良好。断开起动机壳体导线和共用接头，起动齿轮迅速回位，说明电磁开关复位弹簧良好（通电时间不超过3~5s）。

2）保持线圈功能测试如图4-59。

3）驱动齿轮复位测试如图4-60。

4）驱动齿轮间隙的测量如图4-61。

（续）

车辆牌号	车辆识别代码	发动机型号

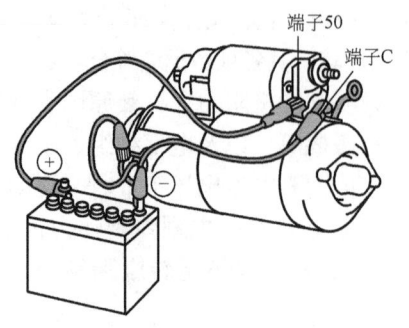

图 4-58　电磁开关吸引线圈功能测试
注：驱动齿轮应能伸出，否则表明其功能不正常

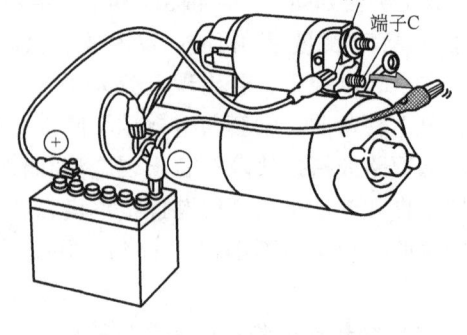

图 4-59　电磁开关保持线圈功能测试
注：驱动齿轮仍能保留在伸出位置，否则表明保持线圈损坏或搭铁不正确

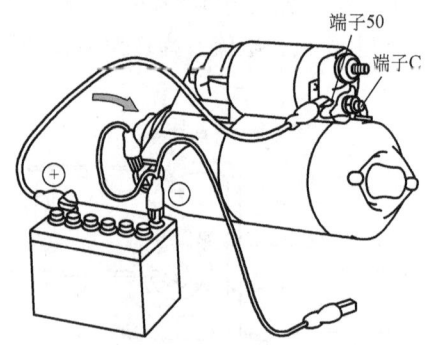

图 4-60　驱动齿轮复位测试
注：拆除蓄电池负极接外壳的接线夹后，驱动齿轮能迅速返回原始位置即为正常

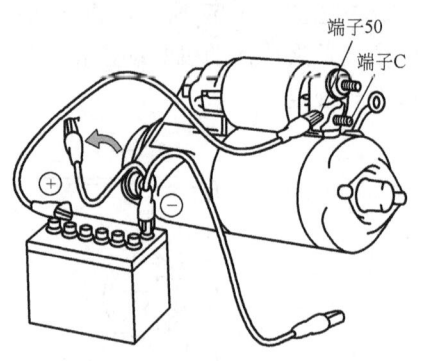

图 4-61　驱动齿轮间隙测量的接线

5）空载测试：
① 固定起动机。
② 按照图 4-62 的方法连接导线。
③ 检查起动机应平稳运转，同时驱动齿轮应移出。
④ 读取电流表的数值，应符合标准值。
⑤ 断开端子 50 后，起动机应立即停止转动，同时驱动齿轮缩回。

四、注意事项
① 起动机零部件较笨重，拆装过程中要防止打滑跌落。

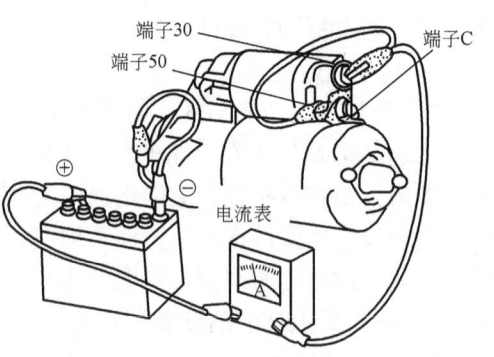

图 4-62　起动机空载测试

(续)

车辆牌号	车辆识别代码	发动机型号

② 用蓄电池测试电磁开关和起动机时,检查时间不宜过长。
③ 每次空载试验不要超过1min,以免起动机过热。
④ 全制动试验时间不要超过5s,以免烧坏电动机,对蓄电池使用寿命造成不利影响。起动机夹在电器万能试验台夹具上时,注意一定要和驱动轴同轴。
⑤ 要认真观察电流表及电压表数值,保证实验记录的准确。
⑥ 在用万用表、游标卡尺的检测过程中要认真仔细。
⑦ 实训过程中要保证记录时间的准确性。

五、实训数据或现象记录、处理、分析

数据记录入表4-2、表4-3、表4-4和表4-5中,并加以分析。

表4-2 起动机解体后测试

项目 起动机型号	励磁绕组			电枢绕组			吸引线圈 电阻/Ω	保持线圈 电阻/Ω
	断路	短路	搭铁	断路	短路	搭铁		
结果分析								

表4-3 空转实验数据

项目		额定电压 /V	额定功率 /kW	转速 /(r/min)	电流 /A	适用车型
标准值	QD124H型	12	1.47	≥5000	≤90	解放CA1091
	QD124F型	12	1.47	≥5000	≤90	东风EQ1090
	QD1225型	12	0.96	≥6000	≤100	上海桑塔纳
实测数值						
结果分析						

表4-4 全制动实验数据

项目		电压/V	电流/A	转矩/N·m	适用车型
标准值	QD124H型	8	≥650	≤29.4	解放CA1091
	QD124F型	8	≥650	≤29.4	东风EQ140
	QD1225型	7	≥480	≤13.0	上海桑塔纳
实测数值					
结果分析					

（续）

车辆牌号	车辆识别代码	发动机型号

表4-5　起动机各部件通电测试

测试项目	通电情况	结果分析
吸引线圈性能测试		
保持线圈性能测试		
驱动齿轮回位测试		
驱动齿轮间隙的测量		
空载测试		

六、思考题

1. 简述减速齿轮式起动机拆装过程。
2. 简述定子绕组的检验。
3. 起动机空载试验测得的电流超出标准值，转速低于标准值的故障原因。
4. 在起动机制动试验时，测得的电流和转矩都小，而电压比标准值高。原因何在？

实训项目九 起动系统的故障诊断与排除

车辆牌号	车辆识别代码	发动机型号

一、实训目的
1. 熟悉起动系线路连接及电流走向分析。
2. 掌握起动系统故障诊断与排除的方法和步骤。

二、实训器材
1. 起动性能良好的发动机实训台架一台或汽车一辆。
2. 常用工具一套，万用表一个，导线、试灯若干。

三、实训步骤
1. 起动系线路分析

参见本章 4.5 中的内容。

2. 起动系线路检测

检测时使用万用表或试灯，采用逐点搭铁检测法可确诊断路部位，采用依次折断检测法可确诊短路搭铁部位。检测程序可从前向后，也可从后向前，或从中间向前、向后依次选择各个节点进行。主要分两个线路的检测：一是起动控制线路，主要检测线路的通断情况；二是起动机供电线路，重点检测线路各节点的电压降情况，各节点连接处的电压降不得大于 0.2V。

3. 起动系统的故障诊断与排除

（1）起动机不转　如果将点火开关转到起动位置时，起动机不转动。可能是蓄电池亏电过多、起动继电器不能闭合、点火开关接触不良。

吸引线圈断路，起动机内部短路、断路或搭铁，连接导线松脱，接线柱处接触不良等故障造成的。检查方法与步骤如下：

1）检查蓄电池的存电情况。

方法是开前照灯、看灯光、按喇叭、听声音。

若前照灯灯光很暗，喇叭声音太小，则证明蓄电池亏电严重，输出电流太小，不能使起动机转动；也可能是导线接头松动或蓄电池极桩氧化、脏污等造成接触不良、严重时相当于断路，此种情况，前照灯不亮，喇叭不响。

如果灯光和声音正常，则证明蓄电池不亏电，连接线良好，可能是点火开关、起动继电器或起动机有故障。

如果实训台架没有安装照明、信号设备，可用高率放电计检查蓄电池的技术状况，蓄电池极桩是否氧化脏污和导线接头是否松动比较直观，直接观察即可发现是否接触良好。

2）通过以上检查，证明蓄电池和连接导线良好时，可按图 4-63 所示的①、②、③、④、⑤的顺序分别将相应接线柱短接后，根据是否转动和其他一些现象进行故障诊断与排除。

① 将接线柱 1、2 短接，若起动机仍不转动，则证明故障出在串励直流电动机上。如果短接处无火花（接触火花），则表明起动机内部有断路故障。若短路处有强烈火花，起

(续)

车辆牌号	车辆识别代码	发动机型号

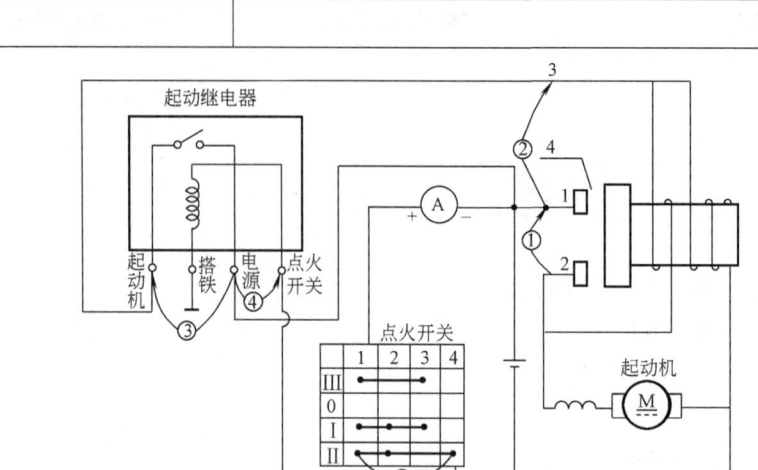

图 4-63 电磁操纵强制啮合起动线路及故障判断与排除
1～4—接线柱

动机又不转动,则表明起动机内部有短路或搭铁故障;如果起动机运转正常,故障是出在电磁开关或起动继电器或点火开关上,需进行进一步检查。

② 将接线柱1、3短接,若起动机仍不转动,则证明起动机的电磁开关有故障(电磁开关不能闭合,或虽能闭合而接触盘与触点接触不良);如果起动机运转正常,则表明电磁开关良好,故障是在起动继电器或点火开关上,也可能是连接导线接触不良,需进行进一步检查。

③ 将起动继电器上的"电源"、"起动机"两接线柱短接(在确定"电源"接线柱有电的前提下)。若起动机仍不转动,则为起动继电器"起动机"接线柱至起动机电磁线圈接线柱3之间导线断路;若起动机转动正常,则为起动继电器触点有故障在(卡住不能闭合;因烧蚀或油污而接触不良)。

④ 将起动继电器上的"电源","点火开关"两接线柱短接,若起动机仍不能转动,则说明起动继电器线圈有故障(短路或断路),也可能是蓄电池与起动继电器电池接线柱之间的线路有断路处;若起动机运转正常,则表明起动继电器良好。故障是在点火开关或其连接导线上。

⑤ 将点火开关上的接线柱1、4短接,若起动机仍不转动,则证明点火开关至起动继电器"点火开关"接线柱之间或蓄电池与点火开关之间的线路有断路处;若起动机运转正常,则表明点火开关内部有故障。

起动机不转动故障,也可能同时有两处或多处故障并存。所以,在诊断故障的过程中,应先从电源入手,然后按照以上顺序一步一步地进行检查,一旦确定某处有故障,并及时排除后,起动机仍不能正常工作,就必须接着上一处故障部位继续进行检查(不必从头开始),一直到把全部故障都排除为止。

(2) 起动机运转无力 若将点火开关转到起动位置时,起动机能转动,但转速很低(转矩小的缘故),不能正常起动,故障多发生在蓄电池、起动机及其之间的电路上。例

(续)

车辆牌号	车辆识别代码	发动机型号

如：蓄电池亏电较多，导线接触不良，起动机内部的励磁绕组和电枢绕组有短路或搭铁处、电刷与换向器之间接触不良、电磁开关的触头接触不良以及轴承与转轴过紧或过松等，检查步骤如下：

1）检查蓄电池是否亏电较多，方法同上。

2）如果蓄电池正常时，再用旋具短接起动机的接线柱1、2，观察短接处的火花强弱和起动机的运转情况。

① 火花强（表示电流很大），起动机运转正常，证明蓄电池到起动机之间的线路和起动机良好，故障出在电磁开关上，例如：接触盘和触头烧蚀严重或脏污而造成接触不良等。

② 火花强，起动无力，则可能是起动机内部绕组局部短路或有搭铁处，也可能是转轴与轴承配合过紧（摩擦阻力大）或过松而使电枢与磁极碰擦（有摩擦声）。

③ 火花弱（表示电流小），运动无力，则可能是接线柱与接线头之间氧化、脏污或松脱，引起接触不良，也可能是电刷与换向器之间接触不良。

3）起动机的驱动小齿轮与齿环不能啮合，且有撞击声，可能是驱动小齿轮和飞轮齿环的轮齿损坏，开关闭合过早或电磁开关吸力不足。

4）起动机驱动小齿轮周期性地敲击飞轮齿环，发出"哒、哒……"声，一般是电磁开关的保持线圈断路、短路或搭铁不良；蓄电池亏电。

5）起动机空转，一般是啮合器损坏（打滑），不能传递转矩。

6）发动机起动后，起动机不能停转，一般是电磁开关的接触盘和触头烧结在一起，或是附加继电器触头烧结在一起。

四、注意事项

① 做短接检查时，先明确所要短接的接线柱后，方可进行短接。

② 严格控制短接时间，不能过长（不超过5s）。

③ 用蓄电池作电源时，起动次数不能太多。以免蓄电池过放电。

④ 如果在汽车上实训，应把变速杆置于空档位置，并拉紧制动器。

五、实训数据或现象记录、处理、分析

将数据记录入表4-6，并加以分析。

表4-6 起动系统的故障诊断与排除

检查项目	结　果	处理方法
连接导线		
蓄电池电量		
串励式电动机		
电磁开关		
起动继电器		
点火开关		

六、思考题

1. 简述起动机运转无力的故障诊断与排除方法。

2. 简述起动机不转的故障诊断与排除方法。

第 5 章 点火系统

> **学习目标：**
> - 了解点火系统的发展状况。
> - 掌握点火系统的结构组成。
> - 理解点火系统的工作原理及工作特性。
> - 掌握点火系统的元件性能检测方法。
> - 掌握点火系统常见故障的诊断与故障排除方法。

5.1 概述

点火系统的作用是适时地为汽油发动机气缸内已压缩的可燃混合气，提供足够能量的电火花，使发动机能及时、迅速地燃烧做功。点火系统性能的好坏对发动机的工作有着十分重要的影响，故点火系统应在发动机各种工况和使用条件下，均能保证可靠而准确地点火。

5.1.1 点火系统的发展

汽油发动机的点火系统主要历经了四个阶段：

1）磁电机点火系统：19 世纪末出现了汽油机的磁电机点火系统。

2）传统点火系统：1908 年，美国人首先在汽车上使用蓄电池点火装置，这种以蓄电池和发电机为电源的点火系统称之为传统点火系统。

3）电子点火系统：20 世纪 60 年代，出现了电子点火系统。20 世纪 70 年代，无触点的电子点火系统开始应用并得到了迅速发展。

4）电控点火系统：20 世纪 70 年代末期，以微机控制点火时刻的点火系统开始在汽车上使用。

5.1.2 点火系统的作用与要求

1. 点火系统的作用

点火系统的作用是将汽油发动机工作时吸入气缸的可燃混合气，在压缩行程终了时，及时地用电火花点燃，并满足可燃混合气充分地燃烧，及发动机工作稳定性的要求，使汽油发动机顺利地运转。

2. 对点火系统的要求

根据发动机各工况的要求，点火系统应保证在各种使用条件下可靠地点燃可燃混合气。

因此，对点火系统的要求如下。

(1) 点火系统应能迅速及时地产生足以击穿火花塞电极间隙的高电压　使火花塞电极之间产生火花的电压称为击穿电压。影响击穿电压的因素有：火花塞电极间隙、气缸内混合气的压力与温度、电极的温度与极性。发动机正常工作时击穿电压一般均在 15kV 以上；发动机在满载低速时击穿电压为 8～10kV；起动时需 19kV。考虑各种不利因素的影响，通常点火系统的设计电压为 30kV。

(2) 电火花应具有足够的点火能量　正常工作情况下，可靠点燃可燃混合气的点火能量为 50～80mJ，起动时需 100mJ 左右的点火能量。

(3) 能根据发动机各种工况提供最佳的点火时刻　发动机的温度、负荷、转速和燃油品质等，都直接影响混合气的燃烧速度。点火系统必须能适应上述情况的变化，并实现最佳点火时刻的变化。

5.2　传统点火系统

1. 传统点火系统的组成

传统点火系统的组成如图 5-1 所示，主要由电源（蓄电池或发电机）、点火开关、点火线圈、附加电阻、断电器-配电器、电容器、火花塞、高压导线等组成。

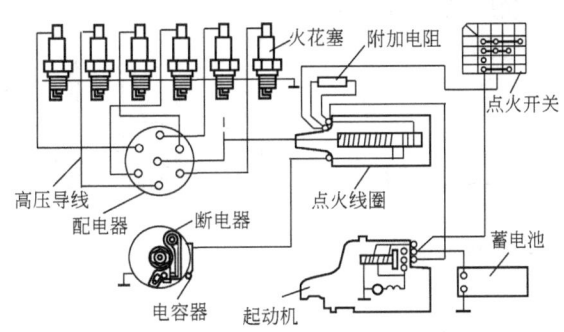

图 5-1　传统点火系统的组成

蓄电池为点火系统提供 12V 低压电能；点火开关接通或断开点火系统的低压电路；点火线圈存储点火能量，并将蓄电池电压转变为 20kV 的高压点火电压。分电器由断电器、配电器及点火提前机构组成。断电器的作用是接通或切断点火线圈初级回路；配电器的作用是配送高压电；点火提前机构的作用是随发动机转速、负荷和汽油辛烷值变化调节点火提前角。火花塞将点火高压引入气缸燃烧室，并在电极间产生电火花，点燃混合气。

低压电路中初级电流 i_1 的回路为：从蓄电池正极→电流表→点火开关 SW→点火线圈"+"开关接线柱→附加电阻→"开关"接线柱→点火线圈初级绕组→点火线圈"—"接线柱→断电器触点→搭铁→蓄电池负极。

次级线圈中高压电流 i_2 的回路为：次级绕组→点火线圈"开关"接线柱→附加电阻→点火线圈"+"开关接线柱→点火开关 SW→电流表→蓄电池→搭铁→火花塞侧电极、中心电极→配电器旁电极、分火头、门央电极→次级绕组。

2. 传统点火系统的工作原理

传统点火系统的工作原理如图 5-2 所示。

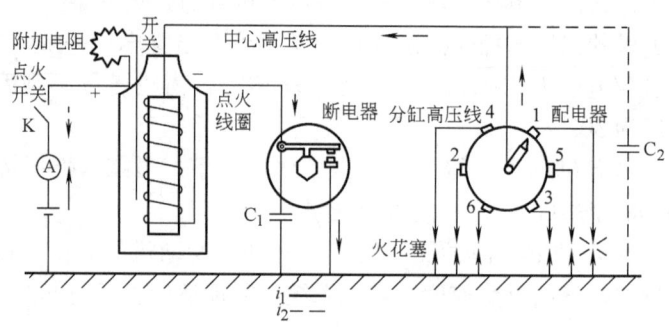

图 5-2 传统点火系统的工作原理

发动机工作时,由发动机凸轮轴以 1:1 的传动关系驱动分电器轴。分电器上的凸轮使断电器触点交替地闭合和打开。当触点闭合时,接通点火线圈初级绕组的电路;当触点打开时,切断点火线圈初级绕组的电路,使点火线圈的次级绕组中产生高压电,经火花塞的电极产生电火花,点燃混合气。其工作过程可分为三个阶段。

1)触点闭合,初级电流逐步增长。如图 5-3a 所示。

2)触点断开,次级绕组中产生高压电。如图 5-3b 所示。

3)火花塞电极间隙被击穿,产生电火花,点燃可燃混合气。如图 5-3c 所示。

分电器轴每转一圈,各缸按点火顺序轮流点火一次。发动机工作时,上述过程周而复始地重复,若要停止发动机的工作,只要断开点火开关,切断电源电路即可。

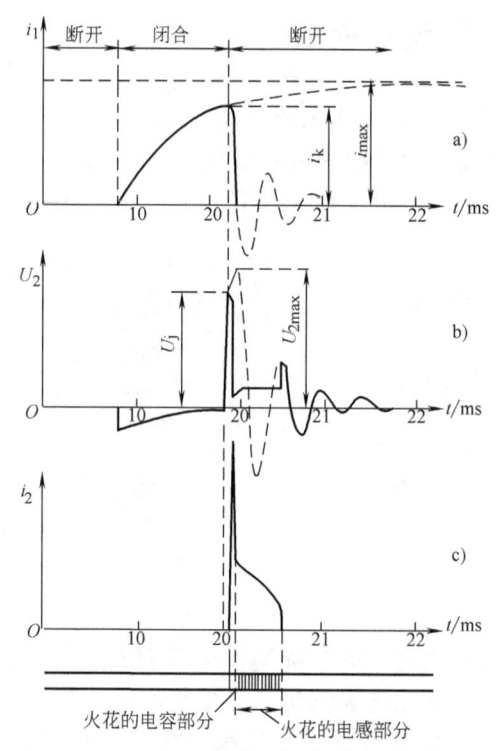

图 5-3 传统点火系统工作过程波形图
a)初级电流的变化 b)次级电压的变化
c)次级电流的变化和放电情况

5.3 电子点火系统

5.3.1 电子点火系统的分类

当前,国内外正在研制和应用的汽车电子点火系统的种类较多,大致可分为以下几种类型。

1. 按控制点火线圈初级电流的电子元件分类

包括以下三类：

1）晶体管点火系统。

2）晶闸管点火系统。

3）集成电路点火系统。

2. 按点火系统有无触点分类

包括触点式和无触点式两类。

1）触点式电子点火系统，又称半导体管或晶体管辅助点火系统。

2）无触点电子点火系统，又称全晶体管点火系统。

3. 按点火提前角的控制方式分类

包括普通式和微机控制式。

1）普通电子点火系统。

2）微机控制电子点火系统。

4. 按点火能量的储存方式分类

包括电感式和电容式。

1）电感储能式电子点火系统，其储能元件是点火线圈。它结构简单，得到广泛应用

2）电容储能式电子点火系统，其储能元件是专用的电容器。它结构复杂，仅应用在少数高速发动机上。

电感储能式电子点火系统按有无微机控制，可分为普通电子点火系统和微机控制电子点火系统两类；早期的普通电子点火系统按有无触点，可分为有触点式和无触点式，而有触点电子点火系统目前基本被淘汰。按点火信号发生器的性质不同，无触点电子点火系统又可分为电磁式、霍尔式和光电式三种。

本节将只对目前应用广泛的无触点式、普通型电子点火系统的相关知识进行阐述。

5.3.2 电子点火系统的组成和工作原理

1. 电子点火系统的组成

普通电子点火系统一般由低压电源、点火信号发生器、电子点火器、配电器、点火线圈、火花塞等主要部件组成，其中点火信号发生器、配电器一般和点火提前机构合在一起，称为分电器，如图5-4所示。

其基本工作原理如图5-5所示：转动的分电器根据发动机作功的需要，使点火信号发生器产生某种形式的电压信号（有模拟信号和数字信号两种），该电压信号经电子点火器大功率晶体管前置电路的放大、整形等处理后，

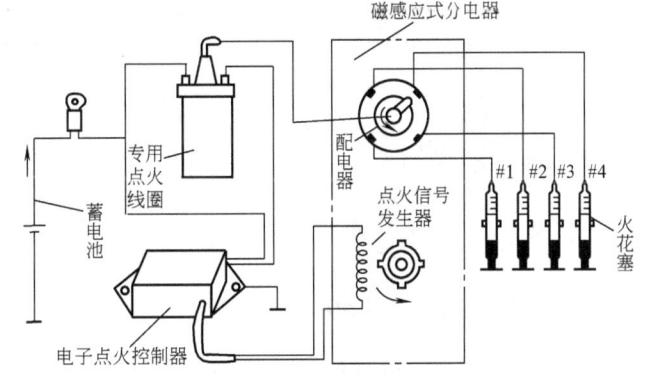

图 5-4 无触点式电子点火系统的组成

控制串联于点火线圈初级回路的大功率晶体管的导通和截止。大功率晶体管导通时，点火线圈初级电路为通路，点火系统储能；大功率晶体管截止时，点火线圈初级电路为断路，次级绕组便产生高压电。

因光电式电子点火系统在我国应用较少，在此不予介绍。下面将按霍尔效应式、磁脉冲式两种不同的点火信号来阐述普通型电子点火系统的工作过程。

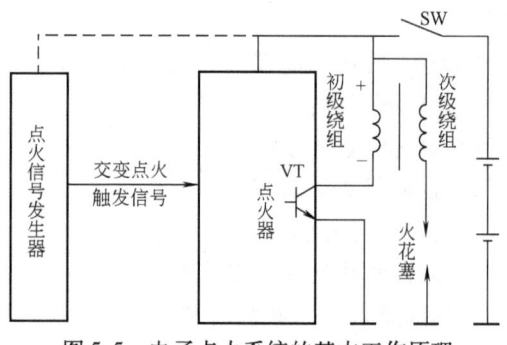

图 5-5　电子点火系统的基本工作原理

2. 霍尔效应式电子点火装置工作过程

（1）霍尔效应原理图　霍尔效应原理如图 5-6 所示。当电流 I 通过放在磁场中的半导体基片（即霍尔元件），且电流方向与磁场方向垂直时，在垂直于电流和磁场的半导体基片的横向侧面上将产生一个电压 U_H（通常称之为霍尔电压）。霍尔电压的高低与通过的电流和磁感应强度成正比，可用下式表示

$$U_H = \frac{R_H}{d}IB$$

式中　R_H——霍尔系数；

　　　d——半导体基片厚度（mm）；

　　　I——电流（A）；

　　　B——磁感应强度（T）。

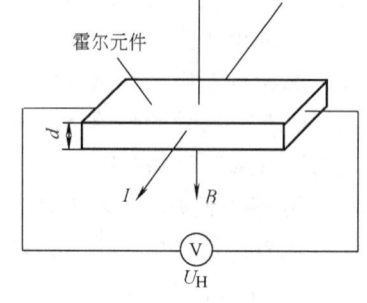

图 5-6　霍尔效应原理

由上式可知，当通过的电流 I 为一定值时，霍尔电压 U_H 随磁感应强度 B 的大小而变化。

（2）霍尔效应式点火信号发生器的工作原理　霍尔信号发生器正是利用霍尔效应来产生点火信号的。霍尔式信号发生器的结构组成如图 5-7 所示，其工作原理如图 5-8 所示。

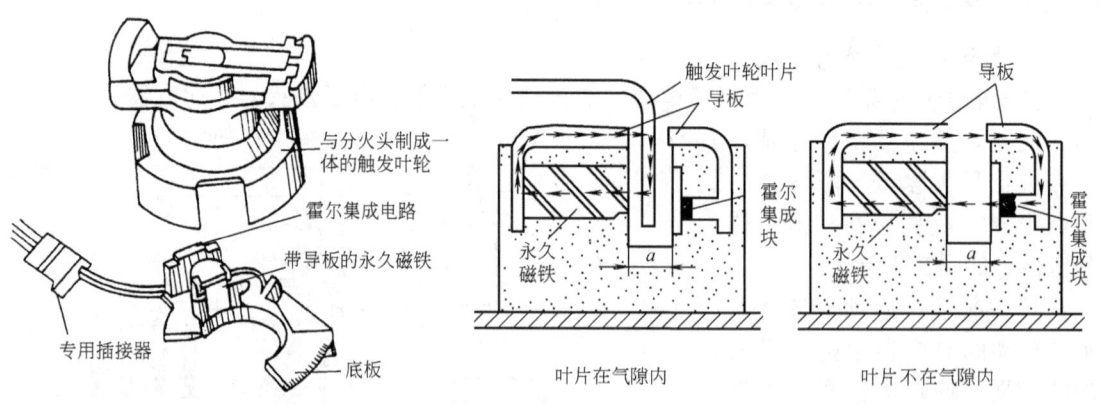

图 5-7　霍尔信号发生器的组成　　　　图 5-8　霍尔信号发生器工作原理

在与分火头制成一体的触发叶轮的四周，均布着与发动机气缸数相同的缺口，当触发叶轮由分电器轴带着转动，转到触发叶轮的本体（没有缺口的地方）对着装有霍尔集成块的

地方时（叶片在气隙内），通过霍尔集成块的磁路被触发叶轮短路，此时霍尔集成块中没有磁场通过，不会产生霍尔电压；当触发叶轮转到其缺口对着装有霍尔集成块的地方时（叶片不在气隙内），永久磁铁所产生的磁场，在导板的引导下，垂直穿过通电的霍尔集成块，于是在霍尔集成块的横向侧面产生一个霍尔电压 U_H，但这个霍尔电压 U_H 是 mV 级，信号很微弱，还需要进行信号处理，这一任务由集成电路完成。这样霍尔元件产生的霍尔电压 U_H 信号，经过放大、脉冲整形，最后以整齐的矩形脉冲（方波）信号 U_g 输出，如图5-9 所示。

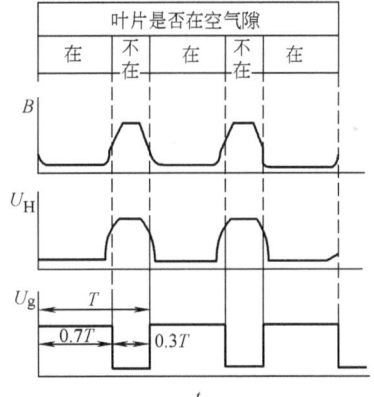

图 5-9　霍尔信号发生器的输出信号

（3）霍尔式电子点火器的工作原理　霍尔式电子点火器一般由专用点火集成块 IC 和一些外围电路组成，比较接近微机控制的点火系统（但还是有根本的区别）。除了具有控制点火线圈初级电流的通断外，还具有其他辅助控制，如限流控制、停车断电保护等功能。这使该点火系统显示出更多的优越性，如点火能量高，在发动机转速范围内基本保持恒定，高速不断火，低速耗能少，起动可靠等。图5-10 为霍尔式点火装置的工作电路。

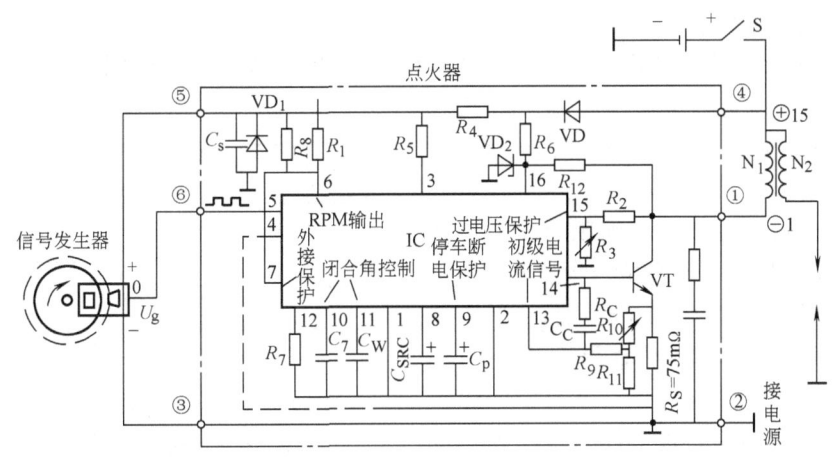

图 5-10　霍尔式点火装置的工作电路

霍尔式点火装置的基本工作过程如下：

接通点火开关，发动机转动，当霍尔信号发生器输出信号 U_g 为高电位，该信号通过点火器插座⑥端子和③端子进入点火器。此时，点火器通过内部电路，驱动点火器大功率晶体管 VT 导通，接通初级电路。其电路是：蓄电池（或发电机）"+"极→点火开关→点火线圈初级绕组 N_1→点火器大功率晶体管 VT→反馈电阻 R_S→搭铁→蓄电池（或发电机）"-"极。当霍尔信号发生器输出信号 U_g 下跳为低电位时，点火器大功率晶体管 VT 立即截止，切断点火线圈初级电路，次级绕组产生高压电。

霍尔式点火装置的其他辅助控制的工作过程如下：

① 初级电流的恒流控制。工作过程参见图5-11。

② 闭合角控制。闭合角是指传统点火系中断电器的触点闭合时相对曲轴的转角。

电子点火装置中闭合角控制原理如图 5-12 所示。

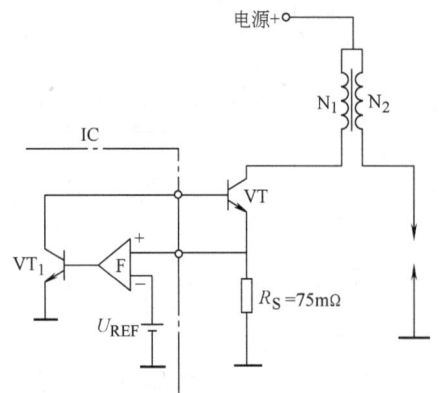

图 5-11　初级电流的恒流控制原理图

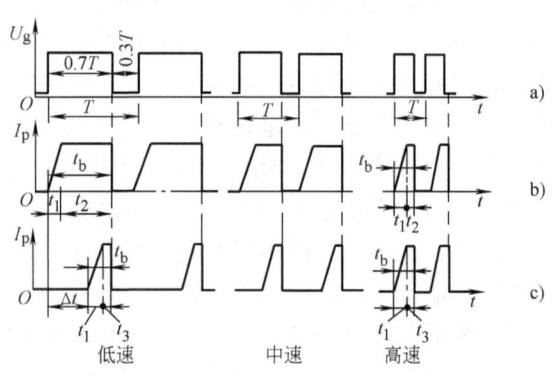

图 5-12　电子点火装置中闭合角控制原理

a. 图 5-12a 为不同转速下加在点火器上的信号电压 U_g 与时间的关系，T 为点火信号电压的周期；

b. 图 5-12b 为不同转速下没有闭合角控制时点火线圈初级电流与时间的关系，t_b 为初级电路接通后的通电时间，t_1 为初级电流达到某一恒定值的必须时间，t_2 为初级电流达到某一恒定值后的富余时间；

c. 图 5-12c 为不同转速下有闭合角控制时点火线圈初级电流与时间的关系，t_3 为稳定初级电流在某一恒定值的保守时间，Δt 为相同转速情况下与无闭合角控制相比，初级电路接通的滞后时间。

从图 5-12 可以看出，与无闭合角控制的电子点火系统相比，有闭合角控制的电子点火系统缩短了点火线圈的有效工作时间，从而使点火线圈的性能与使用寿命得到进一步的改善。

③ 停车断路保护。具有停车保护作用的电子点火系统的工作波形如图 5-13 所示。当

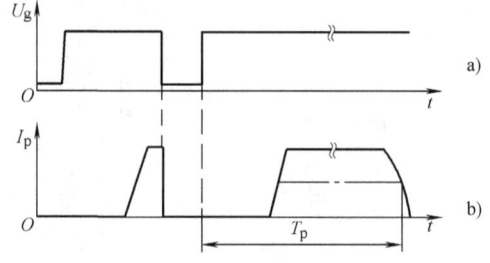

图 5-13　具有停车保护作用的电子点火系统的工作波形

发动机熄火而点火开关处于"ON"位置时，点火信号发生器因停车后长时间不能发出点火（切断初级电流）信号，而使初级电路处于长时间的接通状态。设置停车保护装置后，当初级电路接通时间大于某一设定时间 T_p 时，停车保护装置将发出信号，切断点火线圈的初级电流，使点火线圈得到保护。

3. 磁脉冲式电子点火装置的工作过程

图 5-14 是丰田汽车常用的磁脉冲式无触点电子点火装置。它由点火信号发生器、电子点火器、分电器、点火线圈、火花塞等组成。

（1）磁脉冲式点火信号发生器的工作原理　信号转子上有与发动机气缸数相同的凸齿。永久磁铁的磁通经信号转子凸齿、线圈铁心构成回路。当信号转子由分电器轴带动旋转时，转子凸齿与线圈铁心间的空气间隙将发生变化，磁路的磁阻随之改变，使通过线圈的磁通量发生变化，因而在线圈内感应出交变电动势，如图 5-15 所示。

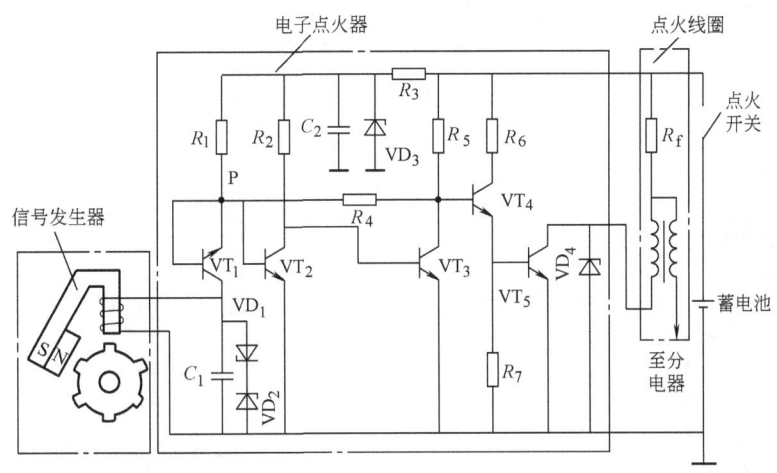

图 5-14　丰田汽车磁脉冲式无触点电子点火装置

磁脉冲式点火信号发生器具有点火信号电压的大小随发动机转速的变化而变化的特点。发动机转速升高时,点火信号发生器磁路的磁阻变化速率提高,相应磁通量的变化速率也提高,传感线圈产生的信号电压也就随之增大。

(2) 磁脉冲式电子点火器的工作原理　如图 5-14 所示。接通点火开关时,蓄电池的电压使 VT_1 导通,其直流电路为:蓄电池(或发电机)正极→点火开关→R_3→R_1→VT_1→信号线圈→搭铁→蓄电池(或发电机)负极构成回路。

当点火信号发生器产生正向脉冲时,信号电压与 VT_1 的正向电压降叠加后,高于 VT_2 的导通电压,VT_2 导通。VT_2 的导通使 VT_3 的基极电位下降而截止,VT_3 的截止使 VT_4 的基极电位上升而导通、VT_5 因 R_7 的正向偏置而导通。于是初级

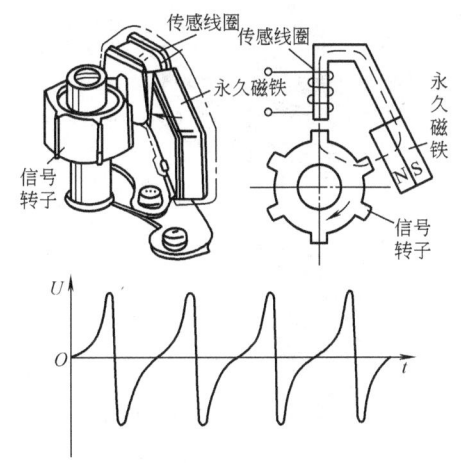

图 5-15　磁脉冲式点火信号发生器工作原理图

电流回路为:蓄电池(或发电机)正极→点火线圈→点火线圈附加电阻 R_f→点火线圈初级绕组→VT_5→搭铁→蓄电池(或发电机)负极构成回路,点火线圈储能。

5.3.3　电子点火系统的主要元件

1. 点火信号发生器

电子点火器与点火信号发生器配套使用,点火信号发生器一般安装在分电器内,按点火信号产生的性质不同,可分为三类,即磁脉冲式、霍尔式和光电式(光电式应用较少此处略去)。

(1) 霍尔式点火信号发生器　霍尔式分电器总成的结构组成如图 5-16 所示。与传统点火装置的分电器相比,只是由霍尔式电子点火信号发生器取代了断电器。霍尔式电子点火信号发生器的结构组成如本章前面图 5-8 所示,主要由触发叶轮、霍尔集成块、导板及永久磁

铁构成，其工作原理前面的章节已作描述。

（2）磁脉冲式点火信号发生器 磁脉冲式（又称磁感应式）分电器总成的结构组成如图 5-17 所示，与传统的分电器相比，只是由磁脉冲式点火信号发生器取代了断电器，并取消了电容器。

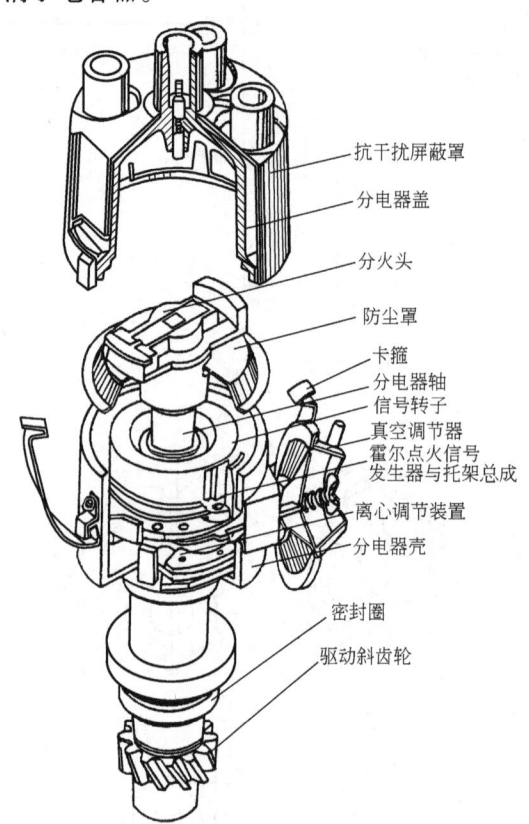

图 5-16 霍尔式分电器总成的结构组成

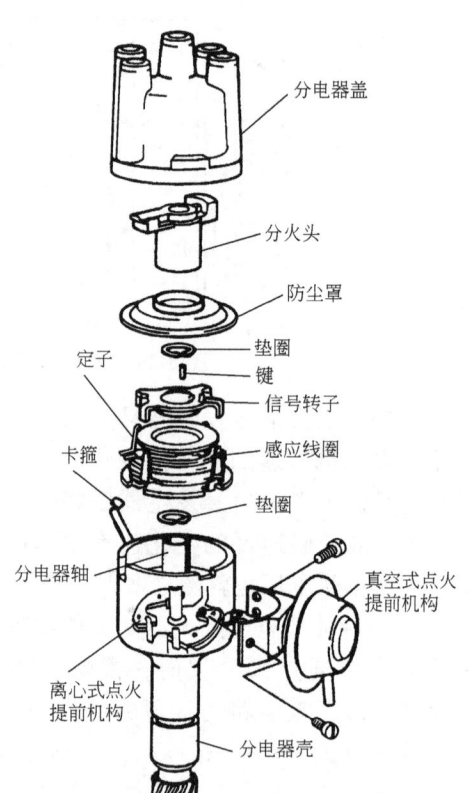

图 5-17 磁脉冲式分电器总成的结构组成

磁脉冲式点火信号发生器的组成如图 5-18 所示，主要由信号转子、感应线圈、定子、永久磁铁等组成。

信号发生器的定子套在分电器的轴上可随分电器轴一起转动，定子与永久磁铁构成一定的磁场与磁路，当信号转子转到与定子对齐时，磁路被接通并形成闭合的磁路，磁场增强，当信号转子转离定子时，磁路被切断，磁场减弱。于是在感应线圈中产生交变的电压信号并输出。

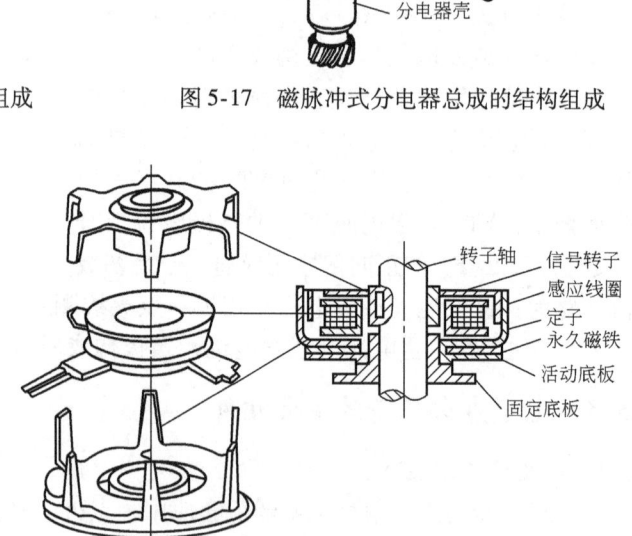

图 5-18 磁脉冲式点火信号发生器的组成

2. 电子点火器

电子点火器是电子点火系的核心部件，其功能是：控制点火线圈初级电路的接通与切断，大多数点火器还有限流控制、导通控制、停车断电控制和过电压保护控制等功能。

（1）霍尔效应式电子点火器　这是与霍尔效应式点火信号发生器相匹配的电子点火器，一般由专用点火集成块和一些外围电路组成。该点火器除具有一般汽车点火器的开关功能（即接通和切断初级电路）外，还具有许多功能，如限流控制、闭合角控制、停车断电保护等功能。图5-10是用于奥迪轿车、桑塔纳轿车的霍尔效应式无触点电子点火装置原理图。

（2）电磁感应式电子点火器　解放CA1092型载货汽车采用电磁感应点火系统，其电子点火器的外形如图5-19所示，工作原理同前节所述，此处不再重复。

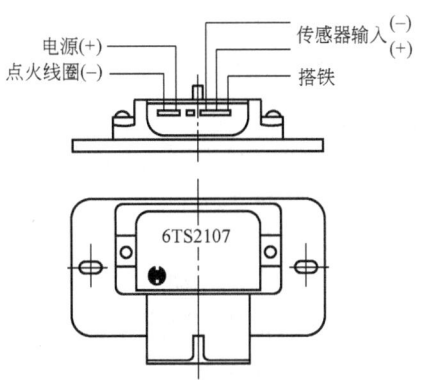

图5-19　解放汽车电子点火器

3．配电器

配电器安装在断电器的上方，它由胶木制的分电器盖和分火头组成。分电器盖的中央有一高压线插孔（中央电极，其内装有带弹簧的炭柱，压在分火头的导电片上）。分电器盖的四周均匀分布着与发动机气缸数相等的旁电极（各缸高压线插孔），可通过分缸高压线与各气缸火花塞相连。

4．点火线圈

点火线圈按磁路结构特点可分为开磁路和闭磁路两种类型。有触点点火系统广泛使用的是开磁路点火线圈，而闭磁路点火线圈多用于高能无触点点火系统。

（1）开磁路点火线圈　开磁路式点火线圈的结构如图5-20所示。

根据低压接线柱的数目不同，点火线圈又分为二接线柱式与三接线柱式。两者的主要区别是三接线柱式的外壳上装有附加电阻，为了固定该电阻，故增加了低压接线柱，附加电阻则接在"开关"接线柱和"＋"接线柱上。

如前所述，附加电阻可根据发动机的转速自动调节初级电流，明显改善点系统的工作特性。值得注意的是，附加电阻也可制成一根专用电阻线，串接在点火开关与点火线圈之间。如东风1090型汽车

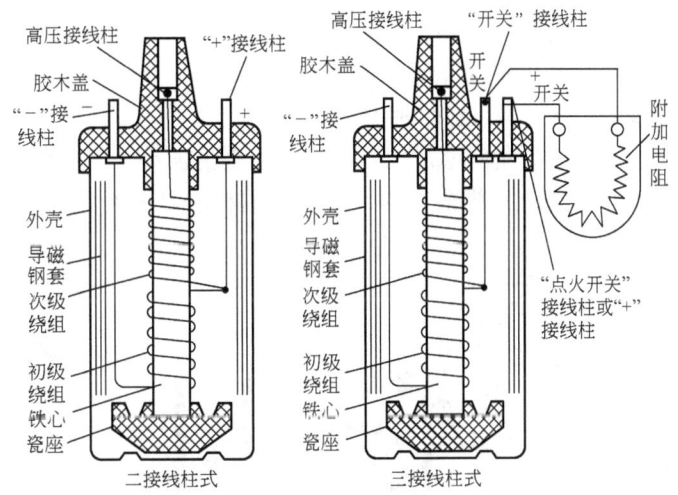

图5-20　点火线圈

装用的DQ125型点火线圈为二接线柱式，本身不带附加电阻。其"－"接线柱的导线接至分电器接线柱，而"＋"接线柱引出两根导线，其中一根蓝色导线接至起动机电磁开关的

附加电阻短路接线柱上,另一根白色导线接至点火开关。这根白色导线为附加电阻线,阻值为 1.7Ω,相当于三接线柱的附加电阻。两根线的用处不同,不可混装、漏装。

(2) 闭磁路点火线圈 在闭磁路点火线圈中,由硅钢片叠成口字形或日字形(图 5-21)的铁心,初级绕组在铁心中产生的磁通可形成闭合回路。其优点是漏磁少、磁路的磁阻小、能量损失小,其能量转换率可高达 75%(开磁路点火线圈只有 60%)。其次,体

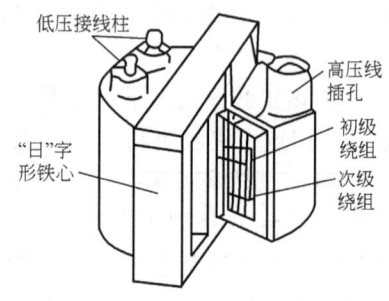

图 5-21　闭磁路点火线圈

积小,可直接装在分电器上,不仅结构紧凑,并可有效地降低次级电容 C_2,故在无触点式点火系统中被广泛采用。

5. 点火提前机构

分电器上装有随发动机转速和负荷的变化而自动改变点火提前角的离心提前机构和真空提前机构。在其他使用因素变化时,可适当地进行手动调节。

(1) 离心提前机构 离心提前机构通常是安装在断电器底板的下方,其结构如图 5-22 所示。当发动机的转速升高时,在离心力的作用下,重块克服弹簧拉力向外甩出。其上的销钉推动拨板(凸轮)顺旋转方向相对分电器轴朝前转过一个角度,使凸轮提前顶开触点,点火提前角增大。转速降低时,重块在弹簧力的作用下收回,使点火提前角自动减小。

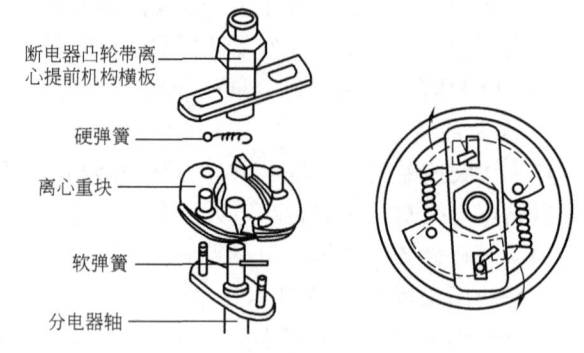

有一些点火离心提前装置装有弹力不同的两组弹簧,低速范围内只有细弹簧起作用,点火提前角增大得较快;而在高速范围内,粗细两根弹簧同时工

图 5-22　离心点火提前机构

作,故点火提前角的增加比较平缓,使之更加符合发动机的要求。

(2) 真空点火提前机构 真空提前机构装在分电器的外侧,内部构造如图 5-23 所示。

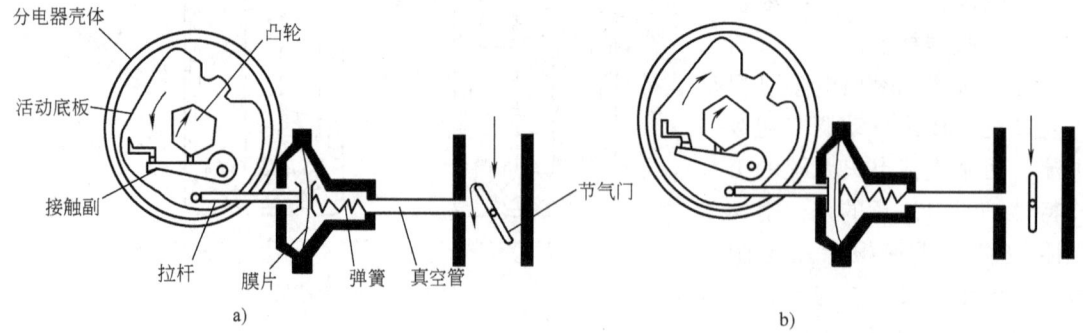

图 5-23　真空提前机构工作原理
a) 节气门开度小　b) 节气门开度大

主要由膜片、弹簧、拉杆、活动底板、触点等组成。调节器内的膜片一侧通大气，另一侧则与节气门下方的小孔相通，拉杆一端与膜片相连，另一端则与分电器活动底板或外壳相连。

发动机小负荷时，节气门开度小，由于进气歧管的真空度较大，膜片两侧形成压力差，使膜片克服弹簧力向右拱曲，拉杆拉着活动底板或分电器外壳，连同触点逆凸轮旋转方向相对分电器轴朝后转过一定角度，使触点提前顶开，使点火提前角增大；当大负荷时，进气歧管的真空度小，膜片在弹簧力的作用下向左拱曲，使点火提前角自动减小；发动机起动或急速时，节气门几乎关闭，小孔位于节气门上方，膜片两侧的压力几乎相等，膜片在弹簧力的作用下使点火提前角最小或者不提前。

为了净化排气，国外一些厂家在真空提前机构上增加了一些附属装置，其中包括点火延迟（维持）阀、双膜片装置及双真空装置。利用适当延迟点火，来降低排放中的HC和NO_x的排量。如天津大发、夏利T7100型汽车配用的分电器便采用了双膜片真空提前机构。

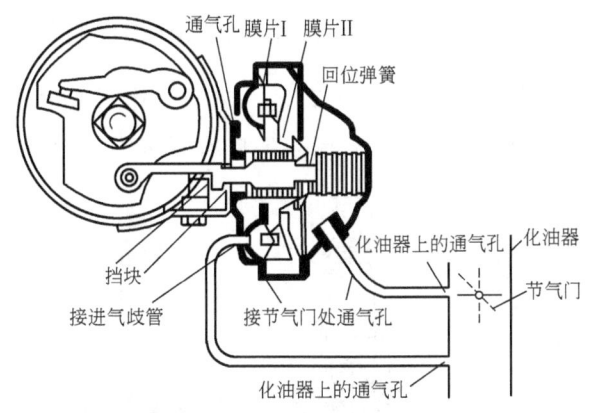

图5-24　双膜片真空提前机构

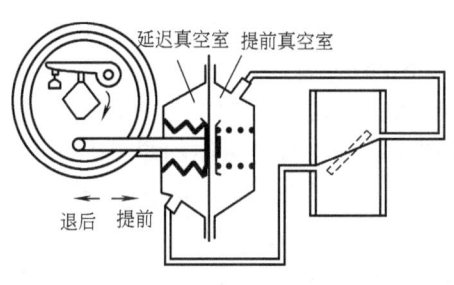

图5-25　双真空提前机构

双膜片真空提前机构见图5-24。
双真空提前机构见图5-25。

6. 火花塞

（1）火花塞的构造　火花塞的结构如图5-26所示，在钢质的壳体内固定有高氧化铝陶瓷绝缘体，绝缘体中心孔的上部装有金属杆，杆的上端有接线螺母，可接高压线；中心孔的下部装有中心电极，金属杆与中心电极之间利用导电玻璃密封。铜制内垫圈起密封和导热作用。壳体的上部有便于拆装的六角平面，下部有螺纹以备安装，壳体的下端固定有弯曲的侧电极、垫圈以保证火花塞的密封。

火花塞的间隙多为0.6～0.7mm，当采用无触点点火系统时，间隙可增至1.0～1.2mm。

（2）火花塞的热特性　发动机工作时，火花塞裙部直接与高压、高温燃气接触，导致裙部温度升高。同时，可通过热传递方式将这部分热量经缸体或空气散发。在火花塞吸收的热量和散出的热量达到一定的平衡

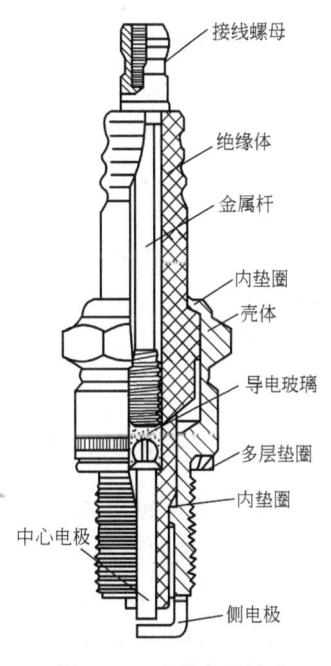

图5-26　火花塞的构造

时，可使火花塞的各个部分保持一定的温度（见图5-27）。实践证明，火花塞绝缘体裙部保持在500~600℃时，落在绝缘体上的油滴能立即烧去，这个不形成积炭的温度称为火花塞自净温度。低于这个温度时，火花塞可因冷积炭引起漏电，导致不点火；高于这个温度时，则当混合气与炽热的绝缘体接触时，可引起早燃或爆燃，甚至在进气行程中引起燃烧，产生回火现象。

火花塞的热特性是用来表征火花塞受热能力的物理量，主要取决于绝缘体裙部的长度。绝缘体裙部长的火花塞，其受热面积大、传热路径长、散热困难，裙部的温度较高，称为"热型"火花塞；反之，裙部短的火花塞，吸热面积小、传热路径短、散热容易，因此裙部的温度低，称为"冷型"火花塞。热型火花塞适用于低速、低压缩比的小功率发动机，冷型火花塞则适用于高速、高压缩比的大功率发动机，如图5-28所示。

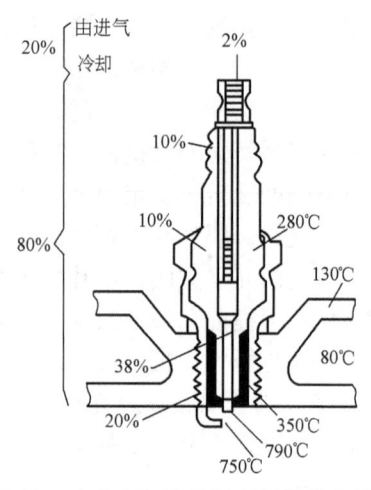

图5-27 火花塞各处的温度与散热途径

火花塞的热特性常用热值或炽热数来标定。我国是以火花塞绝缘体的裙部长度来标定的，并以1~11的阿拉伯数字作为热值代号，国产火花塞热值分别用1、2、3、4、5、6、7、8、9、10、11等阿拉伯数字表示。1、2、3为低热值火花塞；4、5、6为中热值火花塞；7、8、9及以上为高热值火花塞。热值数越高，表示散热性越好。因而，小数字为热型火花塞，大数字为冷型火花塞。

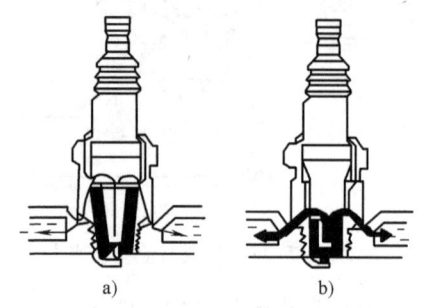

图5-28 热值不同的火花塞
a）热型 b）冷型

火花塞热值是根据发动机及汽车设计、试验结果而定，对于具体的一辆汽车，遇到的工况可能有所不同。如作为市内运输的车辆，发动机长期在低速，小负荷工况下运行，而用于长途运输的同一型号的汽车，发动机却长期在高速大负荷下运转。故选用的火花塞的热值有所不同，应视具体情况而定。火花塞的热特性选用是否合适，其判断方法是：若火花塞经常由于积炭而导致断火，表示它太冷，即热值过高；若经常发生炽热点火，则表示火花塞的热值选用过低。热值选择不合适时，原则上应选用比原标定值高一级或低一级的火花塞。

5.3.4 电子点火系统的正确使用、检测与维修

1. 电子点火系统的正确使用

电子点火系统的形式较多，电路、原理差异较大，使用要求也各不相同，应严格按厂家规定进行。使用中一般应注意的问题叙述如下。

1）接线必须正确、牢固，插接器要插接良好。系统中的晶体管器件应安放在易于散热、通风良好的位置上。

2）清洗发动机时，应断开点火开关，并且不得直接清洗电子组件。

3）拆卸、连接点火系统导线（包括高压线）及用仪器检测时，应先断开点火开关。同时，应谨慎使用"试火法"、"短路法"检查点火系统故障，以防发生意外。

4）电子点火系统的分电器、点火控制装置、高能点火线圈都是专用产品，不得随意替代。如果中途出现故障又一时无法排除，须用传统点火系统替换时，应将分电器、点火控制器和点火线圈全部拆下，换上传统点火装置组件，并按其要求接线、调试。

5）无触点信号发生器的定时转子与定子或凸齿之间的间隙应调整到规定值。如解放CA1092型汽车为0.3~0.5mm，日本丰田车为0.2~0.4mm。且在检查隔磁转盘凸齿与传感器铁心之间的间隙时，必须使用塑料塞尺，禁止使用一般的钢质塞尺。

6）电子点火系中电子元件较多，精度要求高，不得随意拆卸、焊接。确需更换损坏晶体管或集成块时，应选用型号相同或性能参数均较原件优良的代用件。装配时应注意管脚极性。焊接时，应选用尖嘴钳夹住管脚；焊接速度应尽可能得快，防止烙铁热量传入元件内，损坏晶体管或集成块。

2. 电子点火系统的检测与维修

电子点火系统的检修主要是点火线圈、分电器和电子控制器的检修。各种电子点火系统点火线圈、配电器、离心提前装置、真空提前装置与火花塞的检修方法基本相同，但点火信号发生器和点火控制器的检修方法有所不同，下面分别以桑塔纳轿车霍尔式电子点火系统和切诺基吉普车磁脉冲式电子点火系统为例，介绍其检修方法。

(1) 点火线圈的检修　点火线圈的检修主要是检查初级绕组和次级绕组有无断路、短路故障，可用万用表检查绕组电阻进行判断。电子点火系统采用两端子式点火线圈，其检修方法如下。

1）初级绕组的检修。将万用表置于 $R \times 1\Omega$（数字式万用表置于 $OHM \times 200\Omega$）档，两只表笔分别连接点火线圈端子"+15"、"-1"，如图5-29a所示，测得电阻值电子点火系统应为 $0.5 \sim 1.0\Omega$（20℃），传统点火系统应为 $1.5 \sim 3.0\Omega$（20℃）。如电阻值为无穷大，说明初级绕组断路，应予换用新品。

2）次级绕组的检修。将万用表拨到 $R \times 1k\Omega$（数字式万用表拨到 $OHM \times 20k\Omega$）档，一只表笔接点火线圈的高压插孔，另一只表笔接"+15"与"-1"中任意一个端子，如图5-29b所示，测得电阻值电子点火系统应为 $2500 \sim 4000\Omega$（20℃），传统点火系统一般为 $6000 \sim 8000\Omega$（20℃）。如电阻值为无穷大，说明次级绕组断路；如电阻值过小，说明次级绕组短路，无论断路或短路都应更换点火线圈。

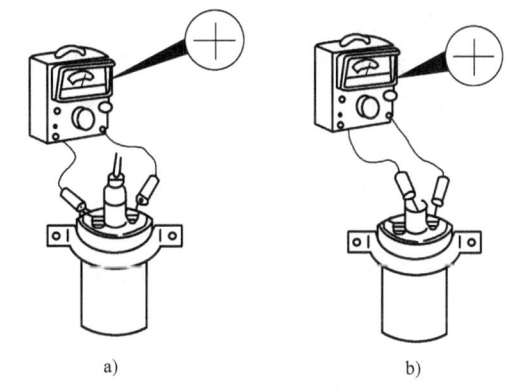

图5-29　检测点火线圈阻值
a）检查初级绕组　b）检查次级绕组

(2) 分电器的检修

1）分电器的分解。各型电子点火系统分电器的分解程序与方法大同小异，下面以桑塔纳系列轿车用霍尔式分电器的分解为例说明。

① 拆下分电器盖，拔下分火头，取下防护罩。

② 取下凸轮轴顶端的毛毡，拆下分电器轴顶端的凸轮轴轴向限位螺钉，然后用一字旋具拆下分电器壳体上的铝质椭圆孔盖，再用镊子伸入椭圆孔中将离心提前装置的弹簧从挂钩上拔下，以便拆卸触发叶轮。

③ 向上拔起凸轮轴，先用拆装卡环用的专用工具将触发叶轮下面一个卡环拨开，并将其向下移出卡环槽，然后下压触发叶轮使其定位销露出。

④ 先取下触发叶轮定位销，然后转动并拔下触发叶轮，再用专用工具拆下触发叶轮下面的一个卡环。

⑤ 用十字旋具拆下固定真空提前装置的两个螺钉（其中一个为分电器盖挂钩的固定螺钉），取下真空提前装置。

⑥ 先用尖嘴钳拔出信号发生器线束插座上的塑料螺钉，再将信号发生器线束插座从分电器壳体的槽中拔出。

⑦ 先用十字旋具拆下分电器壳体上固定霍尔信号发生器底板的两个螺钉，然后取出信号发生器底板和信号发生器，再从分电器轴上取下凸轮轴。

⑧ 拆下分电器轴下端的横销，从分电器壳体内取出分电器轴和离心提前装置。

如需更换霍尔信号发生器，则在信号发生器底板和信号发生器拆下之后，先将信号发生器底板上的卡环拆下，然后取下信号发生器，再将新品装到底板上即可。

组装分电器时，可按与分解时相反的程序进行。值得注意的是在安装凸轮轴时，应将离心提前装置的弹簧装好，并在毛毡和各个摩擦部位滴上几滴机油。

2）分电器轴的检修。分电器轴弯曲以及分电器轴与轴承（铜衬套）之间的配合间隙过大时，都会影响点火信号发生器正常工作，因此，需要在分解分电器时进行检查，以便进行修理或更换零部件。

① 检查分电器轴的弯曲度。分电器轴弯曲度的检查方法如图 5-30a 所示。先将千分表触针垂直顶在轴的上端，再转动分电器轴一周，千分表指针的摆差应不大于 0.05mm，否则，应予校直或更换分电器轴。

② 检查分电器轴与轴承（铜衬套）的配合间隙。该配合间隙的检查方法如图 5-30b 所示。先将千分表触针垂直顶在轴的上端，再沿触针轴线方向推拉分电器轴，千分表指针的摆差应为 0.02~0.04mm，最大不得超过 0.07mm。否则，应当更换轴承（铜衬套）。

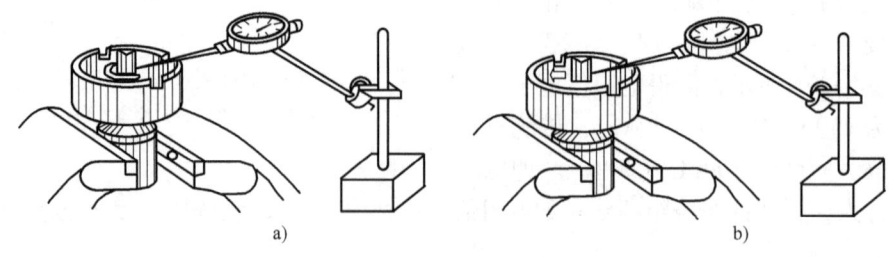

图 5-30 分电器轴的检查
a）检查轴的弯曲度 b）检查轴与轴承的配合间隙

3) 配电器的检修:

① 分火头的检修。检查分火头有无烧蚀、裂纹,并通过检查分火头导电片的表面状态判断分电器盖中央插孔内的炭柱是否过度磨损、弹簧张力是否过弱,常见故障发生的部位如图 5-31 所示。如有裂纹,则需更换分火头;如有烧蚀,可用细砂布打磨干净;如果炭柱过度磨损或弹簧张力过弱,可以通过拉伸弹簧,使其张力增大进行修复。

② 分电器盖的检修。检查分电器盖有无破损、裂纹、烧蚀、炭迹与磨损等故障,常见故障发生的部位

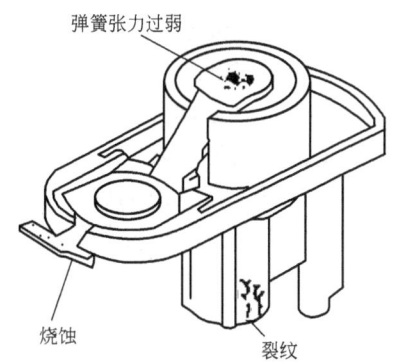

图 5-31 分火头常见故障

如图 5-32 所示。如有破损、裂纹或炭迹,则需更换分电器盖;电极烧蚀可用细砂纸打磨修复。

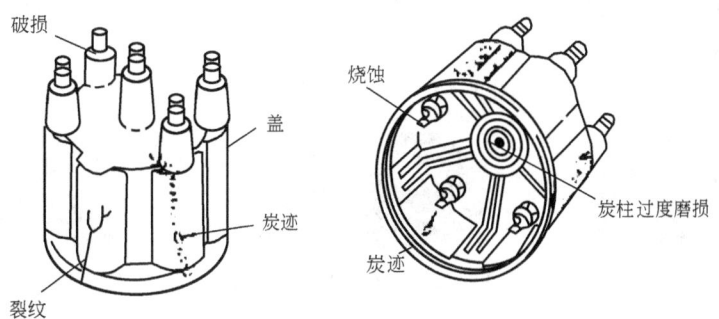

图 5-32 分电器盖常见故障

4) 离心提前装置的检修。离心弹簧不得有锈蚀、变形或折断现象,否则,应予换用新品。检修分电器时,离心块销孔与销配合处应加注几滴机油。

检查离心提前装置技术状态的简易方法如图 5-33a 所示,一手捏住分电器轴,另一手将信号转子轴沿分电器轴工作时的旋转方向转动到极限位置,当放松转子轴时应迅速复位。如果转子轴不能复位或出现卡滞现象,应当更换离心提前装置总成。

5) 真空提前装置的检修。真空提前装置的膜片不得有漏气现象。检查其技术状态的简易方法如图 5-33b 所示,用嘴吸吮真空管接头时,拉杆应能随之移动。否则,应予换用新品。

(3) 火花塞的检修 火花塞工作于高温、高压下,是汽油发动机的易损件之一,它的性能好坏直接影响着发动机的工作状况。研究表明,一台多缸发动机,若有一只火花塞不工作,则可能增加 10% ~ 15%

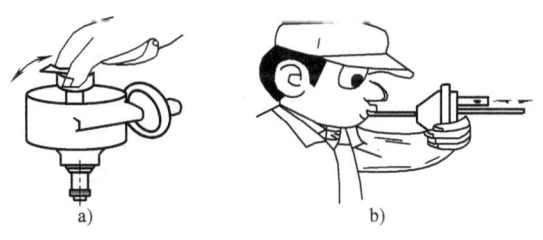

图 5-33 检查点火提前机构
a) 检查离心提前机构 b) 检查真空提前机构

的油耗,功率下降 18% ~ 35%,尾气中 CO、HC 质量分数则要成倍地增加,起动性能下降。因此,应定期地对火花塞进行检查维护。

1) 火花塞技术状况的检查。火花塞技术状况除用专用仪器进行密封发火试验以外,还

可采取下述方法检查。

① 就车检查法:

a. 触摸法。起动发动机,使其怠速运转,用手触摸火花塞绝缘陶瓷部位,如温度上升得很高很快,表明火花塞正常,反之为不正常。

b. 短路法。起动发动机,使其怠速运转,然后用旋具逐缸对火花塞短路,听发动机转速和响声变化,转速和响声变化明显,表明火花塞正常,反之为不正常。

c. 跳火法。旋下火花塞,放在气缸体上,用高压线试火,若无火花或火花较弱,表明火花塞漏电或不工作。

② 观色法。拆下火花塞观察,如为赤褐色或铁锈色,表明火花塞正常;如为渍油状,表明火花塞间隙失调或供油过多,高压线短路或断路;如为烟熏的黑色,表明火花塞冷热型选错或混合气过浓、机油上窜;如顶端与电极间有沉积物,当为油性沉积物时,说明气缸窜机油与火花塞无关;当为黑色沉积物时,说明火花塞积炭而旁路;当为灰色沉积物时,则是汽油中添加剂覆盖电极导致缺火。若严重烧蚀,如顶端起疱、有黑色花纹破裂、电极熔化,表明火花塞损坏。

火花塞状态判断如图 5-34、图 5-35、图 5-36 所示。

图 5-34 燃烧正常的火花塞　　图 5-35 热值过小的火花塞　　图 5-36 热值过大的火花塞

2) 检查火花塞的绝缘电阻值。现代汽车普遍采用电阻型火花塞,其绝缘电阻值为 3 ~ 15kΩ。检查方法是将万用表拨到 R×1kR 档,两只表笔分别连接中心电极和高压线插头进行测量。如阻值为无穷大,说明电阻断路,应更换火花塞;如阻值过小,则不能抑制无线电干扰信号,亦应更换火花塞。

3) 检查调整电极间隙。实践证明,汽车每行驶 1600km,火花塞电极烧蚀约为 0.025mm,因此,汽车行驶一段时间后,应当检查调整电极间隙。在一般情况下,汽车每行驶 15000 ~ 20000km(长效火花塞 30000km)或电极严重烧蚀时,应检查调整火花塞的电极间隙,方法如图 5-37 所示。

电极间隙应当使用火花塞专用量规进行测量和调整,标准间隙:桑塔纳轿车 AFE 型发动机为 0.7 ~ 0.9mm,AJR 型电喷发动机为 0.9 ~ 1.1mm,切诺基吉普车为 0.84 ~ 0.97mm。其他车辆用火花塞

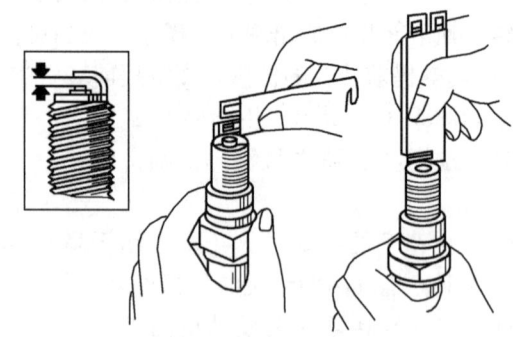

图 5-37 火花塞间隙的调整

的标准间隙可参照原厂维修手册的规定进行调整。

(4) 点火信号发生器的检修　信号发生器类型不同,检修方法也不相同。下面分别以桑塔纳轿车霍尔式信号发生器和切诺基吉普车磁感应式信号发生器为例说明。

1)霍尔式信号发生器的检修。霍尔式信号发生器的保护电路设在点火控制器中,因此,不能直接向信号发生器施加电源电压进行检测。其技术状态可在汽车上通过测量输入电压和输出电压进行判断。检测之前,先断开点火开关,再拆下分电器盖,拔出中央高压线并将其端头搭铁,如图3-38所示,然后进行测量。

① 检测输入电压:

a. 将直流电压表正极与信号发生器插座上" + "端子引线(红黑色导线)连接,电压表负极与插座上" - "端子引线(棕白色导线)连接。

b. 接通点火开关,无论触发叶轮的叶片是否进入气隙,电压表显示的电压都应接近于电源电压(当电源电压为14.4V时,输入电压应为13~13.5V;当叶片刚进入气隙时,虽然输入电压约为10.3V,但会迅速上升到13~13.5V)。

② 检测输出电压:

a. 首先断开点火开关,然后将直流电压表正极改接到信号发生器插座"O"端子连接的引线上(即绿白色信号输出线上),如图5-38中的虚线所示。

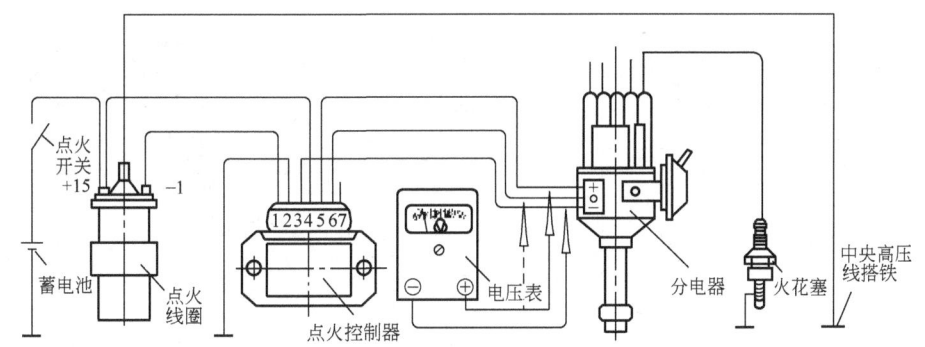

图5-38 检测霍尔式信号发生器输入与输出电压

b. 接通点火开关,转动触发叶轮。当触发叶片进入气隙时,电压应为9.8V,即比叶片刚进入气隙时的输入电压约低0.5V;当触发叶片离开气隙时,电压应为0.1~0.5V。

如输入电压和输出电压与上述检测结果相符,说明信号发生器良好,否则说明有故障,应予更换新品。

2)磁感应式信号发生器的检修。磁感应式信号发生器线圈是否良好可用万用表检测信号线圈的电阻值进行判断。检测电阻值时,将万用表拨到电阻 R×1Ω(数字式万用表拨到 OHM×2kΩ)档,两只表笔分别连接信号线圈引线端子进行检测,标准阻值应为800~4000Ω。阻值为无穷大说明线圈断路,阻值过小说明线圈短路。无论断路或短路,都应换用新品。

信号发生器转子凸齿与定子磁头之间的气隙可用塞尺进行检查,标准气隙应为0.2~0.4mm。否则,应予调整。

磁感应式信号发生器的技术状态也可用交流电压表或万用表交流电压档进行检查。方法是将万用表拨到交流电压 ACV×10V 档,两只表笔分别连接分电器线束插座上信号线圈两端引线连接的端子,然后快速度转动分电器轴,如万用表指示有2V左右的电压,说明信号发生器良好;如万用表指示电压为零,说明信号发生器有故障,应予修理或更换新品。

(5) 点火控制器的检修　电子点火控制器从车上拆下后,首先检查底部有无明显的烧蚀现象。如有烧蚀痕迹,说明控制器已经烧坏,应予换用新品。点火控制器类型不同,检修方法也不相同。下面分别以桑塔纳轿车霍尔式点火控制器和切诺基吉普车磁感应式点火控制器为例说明。

1) 霍尔式点火控制器的检修。桑塔纳轿车霍尔式点火控制器可在汽车上进行检查,方法如下:

① 首先断开点火开关,然后拔下分电器上信号发生器的线束插头。

② 将直流电压表正极接点火线圈"+15"端子,负极接点火线圈"-1"端子。

③ 接通点火开关,电压表读数应为 6V 左右且在 1~2s 内降低到 0V。如电压不下降到零或保持 6V 不降低,说明点火控制器失效,应予换用新品。

2) 磁感应式点火控制器的检修。切诺基吉普车磁感应式点火控制器检测线路如图 5-39 所示,检查方法如下:

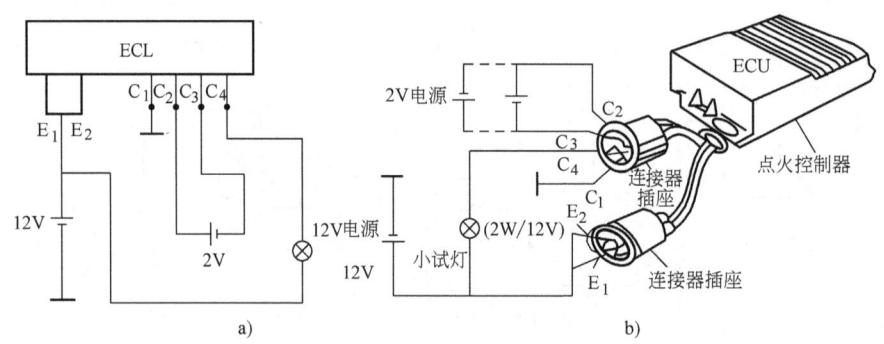

图 5-39　检查磁感应式电子控制器

a) 检测原理图　b) 检测线路图

① 用导线将四端子插座上的 C_1 端子搭铁。

② 在 C_4 端子与蓄电池正极之间串接一只小灯泡（2W/12V 左右）。

③ 用导线将两端子插座上的 E_1、E_2 端子连接 12V 蓄电池正极。

④ 在四端子插座的 C_2、C_3 端子之间连接 2V 左右的直流电压（两节 5 号电池也可）作为信号源,同时观察小灯泡工作情况。

⑤ 对调 C_2、C_3 端子与 2V 电源的连接极性,如小灯泡一次发亮一次不亮,说明点火控制器良好;如对调前后小灯泡始终不亮,说明点火控制器失效,应予换用新品。

5.3.5　电子点火系统故障诊断与排除

电子点火系的电路、工作原理差异较大,因此产生故障的部件和原因也不尽相同,诊断故障的方法自然区别较大,现就一般规律简述如下。

1. 直观检查

仔细检查接线、插接件是否可靠,电线有无老化与破损,蓄电池的技术状况是否良好。

2. 判断故障在低压电路还是在高压电路

判断方法与传统点火系基本相同。采用高压跳火法检查时,从分电器盖上拔出中央高压线,使其端头离缸体 4~6mm,然后接通点火开关,摇转曲轴,观察跳火情况。

1) 跳火正常,表明点火线圈输出的低压电正常,故障在高压电路。高压电路的故障诊断与传统方法完全相同。

2) 无火花,为低压电路故障。此时应分别检查点火信号发生器、电子组件和高能点火线圈。

3. 点火信号发生器

1) 检查转子凸齿与定子铁心或凸齿之间的气隙。

2) 检查传感器线圈电阻,并与标准值比较。电阻值若无穷大,为断路;电阻值若较小,为匝间短路。

3) 检查传感器的输出信号电压并与规定值(一般为 1~1.5V)比较,偏低或为零有故障。

4. 点火控制器(开关放大器或信号放大器)

1) 检测点火控制器的输入电压值与标准值比较,当差值较大时应检查插接器、屏蔽线和各级晶体管。

2) 霍尔效应式点火控制器可用电压表检测控制组件,将各测试点的电压读数与厂家规定值比较,判断其故障。也可用万用表测量一次绕组两端的电压。闭合点火开关,电压表的读数约为 5~6V,并在几秒内迅速降到 0。如果电压不降,则表明霍尔效应式点火控制器有故障。

5. 点火线圈

点火线圈的检查主要是用万用表测量初级绕组和次级绕组的电阻值,并根据其大小判断是否短路、断路。必要时应上实验台复检。

5.4 微机控制电子点火系统

自 20 世纪 70 年代以来,无触点电子点火装置在汽车上得到了广泛应用。它配合高能点火线圈及专用集成点火模块等先进技术,可以大大提高发动机点火系统的工作性能及控制功能。不仅能使发动机在各种转速下可靠点火,而且即使在突然加速、火花塞积炭、较稀混合气等恶劣工况下,仍能及时点燃混合气。

早在 20 世纪 70 年代中期,一些发达国家就开始了微机控制点火系统或叫电子点火提前(Electronit Spark Advance)即 ESA 控制系的研究。20 世纪 80 年代后,随着微机工作可靠性的提高和成本大幅度下降,在中高档轿车上纷纷引入微机控制技术,并由单独控制系统发展成为现代的集中控制系统。引入微机控制点火系统后,使得点火时刻的控制,通电时间的控制及爆燃防止的控制等,均能达到比较理想的控制精度。现国产奥迪、桑塔纳轿车和北京切诺基吉普车等车型的发动机均采用了这种微机控制点火系统。

该点火系统主要有以下优点:

1) 废除了真空和离心式点火提前装置。点火提前角由微机控制,从而使发动机在各种工况下都有最佳的点火提前角,提高了发动机的动力性和经济性,且保证排放污染最小。

2) 将点火提前到发动机刚好不致于产生爆燃的范围。

5.4.1 微机控制电子点火系统的组成及功能

目前，微机控制点火系统在设计和结构上，随着汽车生产厂家、生产年代的不同都有所不同，但基本结构大同小异，它主要由传感器、电子控制器、点火器、点火线圈等组成，如图 5-40 所示。

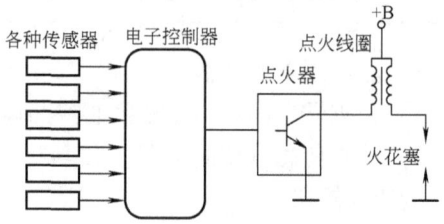

图 5-40　微机控制点火系统组成

1. 传感器及功能

传感器是监测发动机各种运行工况信息的装置。主要传感器有：

① 曲轴位置传感器：曲轴转角（发动机转速）信号、活塞位置（上止点）信号。

② 空气流量传感器（进气歧管绝对压力传感器）：进气量信号。

③ 冷却液温度传感器：冷却液温度信号。

④ 氧传感器：空燃比信号。

⑤ 节气门位置传感器：节气门开闭或全开、全闭、加速信号。

⑥ 车速传感器：车速信号。

⑦ 空档开关：变速器空档信号。

⑧ 点火开关：点火开关接通及起动信号。

⑨ 空调器开关：空调工作信号。

⑩ 蓄电池：蓄电池电压信号。

⑪ 进气温度传感器：进气温度信号。

⑫ 爆燃传感器：爆燃信号。

2. 电子控制器的组成及功能

电子控制器（又称电控单元，缩写为 ECU）的作用是根据发动机各传感器的输入信息及内存数据，进行运算、处理、判断，然后输出指令（信号），控制执行器的动作，达到快速、准确控制发动机的工作目的。

电子控制器的基本构成如图 5-41 所示，它包括输入回路、输出回路、A/D 转换器、微型计算机以及电源电路、备用电路等。

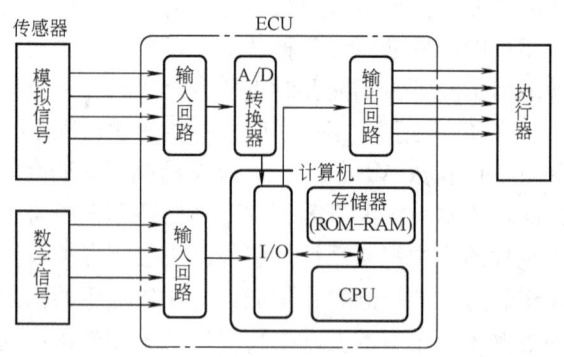

图 5-41　电子控制器的基本构成

3. 点火器的组成及功能

点火器的作用是根据电子控制器输出的指令（信号），通过内部大功率晶体管的导通与截止，控制初级电流的通断，完成点火工作。有些还具有恒流控制、闭合角控制、气缸判别、点火监视等功能。

5.4.2 微机控制电子点火系统的工作原理

1. 微机控制点火系统的分类

(1) 非直接点火系统　该系统仍然保留分电器,点火线圈产生的高压电是经过分电器中的配电器进行分配的,即由分火头和分电器盖组成的配电器,依照点火顺序适时地将高压电分配至各气缸,使各缸火花塞依次点火。

(2) 直接点火系统(无分电器点火系统)　直接点火系统取消了分电器,该系统中点火线圈上的高压线直接与火花塞相连,工作时,点火线圈产生的高压电直接送至各火花塞,由微机根据各传感器输入的信息,依照发动机的点火顺序,适时控制各缸火花塞点火。无分电器点火系统由于废除了分电器,因此不存在分火头和旁电极间跳火的问题,减小了能量损失,不存在分火头与旁电极之间产生火花问题,电磁干扰小,节省了安装空间。

直接点火系统又可分为以下两类:

① 同时点火方式:两个气缸合用一个点火线圈,对两个气缸同时点火。

② 单独点火方式:每个气缸的火花塞配一个点火线圈,单独对本缸点火。

2. 微机控制电子点火系统的工作原理

无分电器点火系统常称为DLI系统,它取消了传统的分电器,没有配电器,点火线圈产生的高压电直接送到火花塞。常采用以下两种方式:同时点火方式和单独点火方式。

(1) 无分电器同时点火系统　同时点火系统每两缸使用一个点火线圈(双缸点火系统),放电电路如图5-42所示。同时点火系统主要由传感器、电子控制器、点火器、点火线圈等组成,丰田皇冠车DLI系统组成如图5-43和图5-44所示。

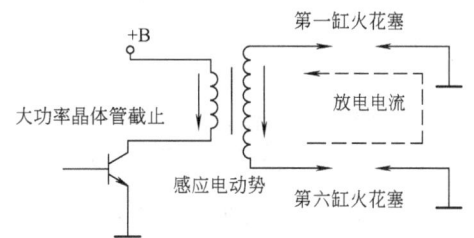

图5-42　同时点火放电电路

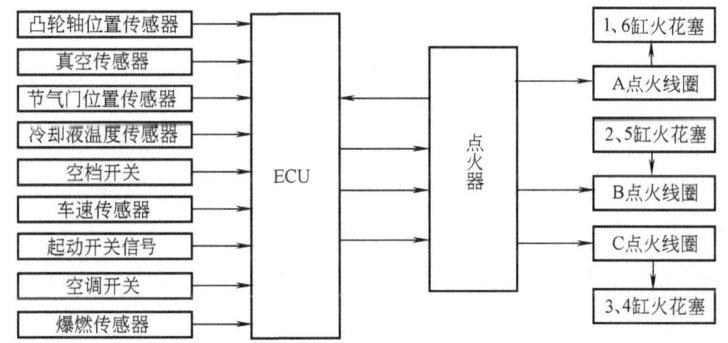

图5-43　丰田皇冠车DLI系统组成(1)

1) 凸轮轴位置传感器(磁电式)。凸轮轴位置传感器由G(G_1、G_2)和Ne两部分信号发生器组成,如图5-45所示。ECU根据G_1、G_2和Ne信号判别气缸、检测曲轴转角以及决定点火时刻的初始点火提前角。

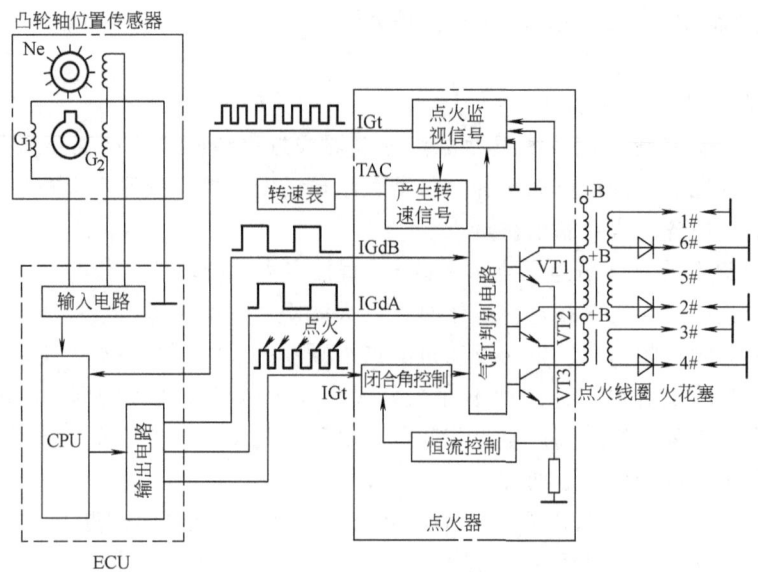

图 5-44 丰田皇冠车 DLI 系统组成（2）

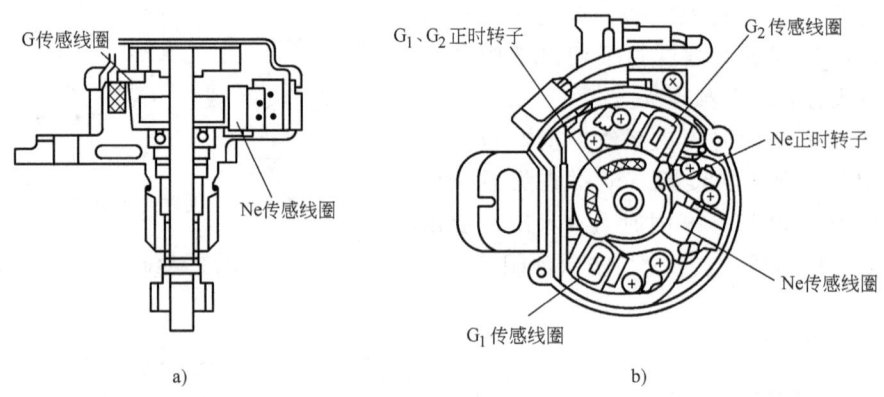

图 5-45 凸轮轴位置传感器（磁电式）
a) 侧视图 b) 俯视图

凸轮轴位置传感器的 G 信号转子每转一圈（相当于曲轴转两圈），分别产生一次 G_1、G_2 信号，G_1 信号可判别第六缸处于压缩上止点附近，表示第六缸完成点火准备，然后依 Ne 信号决定第六缸的点火时刻；G_2 信号可判别第一缸处于压缩上止点附近，依 Ne 信号决定第一缸的点火时刻。

Ne 信号发生器信号转子有 24 个齿，Ne 信号用以检测转子转角 15°（或曲轴转角 30°），作为点火时的基准信号、发动机转速信号。G_1、G_2、Ne 信号关系如图 5-46 所示。

2）电子控制器（ECU）。ECU 根据各传感器输入信号，经计算、处理，将点火时刻信号 IGt 和气缸判别信号（IGdA、IGdB），送至点火器，实现对点火的控制。

① 点火时刻（提前角）控制信号。当 G_1、G_2 信号产生后，第一个 Ne 信号即为第六缸

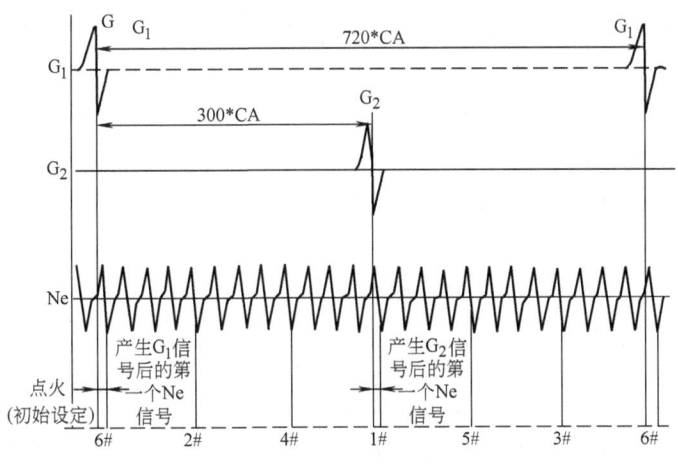

图 5-46 G_1、G_2、Ne 信号关系

或第一缸的初始点火时刻信号。当 G_1、G_2 信号产生时,以此信号为基准,由 Ne 信号控制其后三次点火信号(每 4 个 Ne 信号产生一个点火信号),之后再由 G 信号重设其后的三次点火信号。

② 气缸判别信号。ECU 根据 G_1、G_2、Ne 信号,经计算和分频电路,输出气缸信号 IGdA、IGdB。点火器根据 IGt、IGdA、IGdB 信号确定需要点火的气缸。判缸信号 IGdA、IGdB 的时序波形如图 5-47 所示。

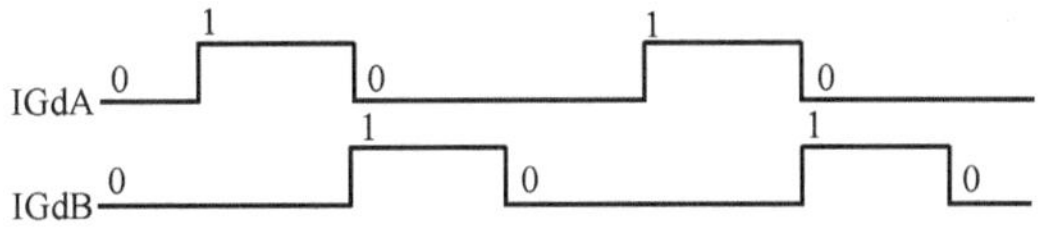

3) 点火器。点火器的工作电路如图 5-48 所示。点火器的最基本功能是接收 ECU 输出的 IGdA、IGdB 和 IGt 信号,依次驱动各点火线圈初级绕组的接通和截止,实现微机控制下的点火。

图 5-47 IGdA、IGdB 的时序波形

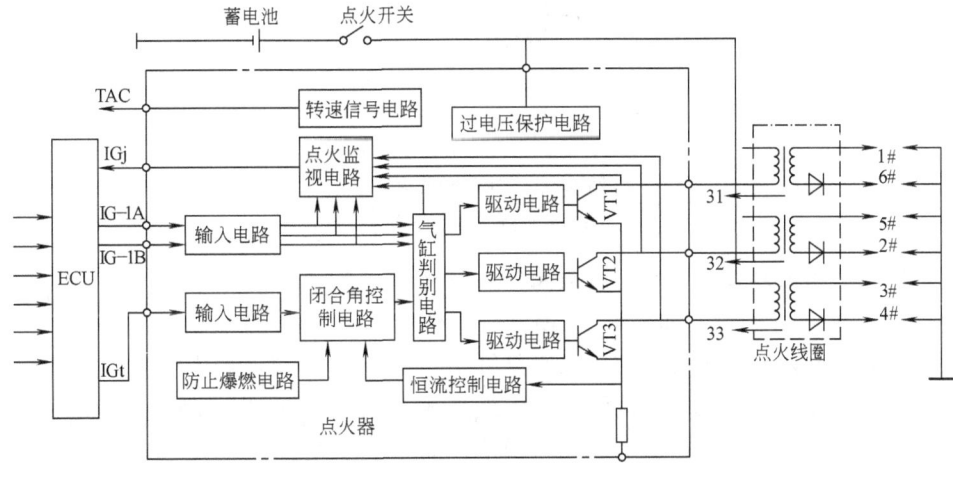

图 5-48 点火器的工作电路

当点火器从 ECU 接收到 IGdA、IGdB 和 IGt 信号后，点火器内的气缸判别电路判别出需要点火的气缸，点火器通过驱动电路，控制相应的点火线圈的大功率晶体管导通，初级绕组通电，当点火信号 IGt 变为低电位时，初级绕组断电，次级绕组产生高压电。整个发动机的点火正时流程图如图 5-49 所示。

4）点火线圈。DLI 用点火线圈采用小型闭磁路点火线圈，如图 5-50 所示。它由初级绕组、次级绕组、铁心、高压二极管、外壳、低压接柱、高压引线等组成。每组点火线圈供应两缸同时点火，示意图见图 5-51。当初级绕组电流被切断时，两个气缸中都有跳火现象发生，在能量分配上，压缩行程的气缸压力较高，所需跳火电压高，而排气行程气缸压力接近大气压，所需电压低，因此能保证压缩行程气缸有足够的点火能量。

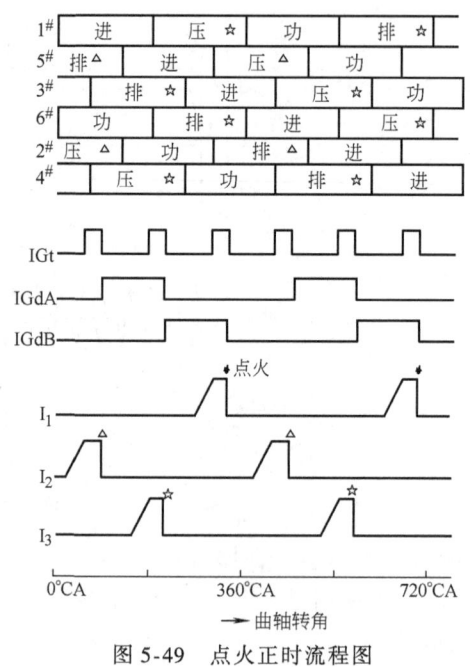

图 5-49 点火正时流程图

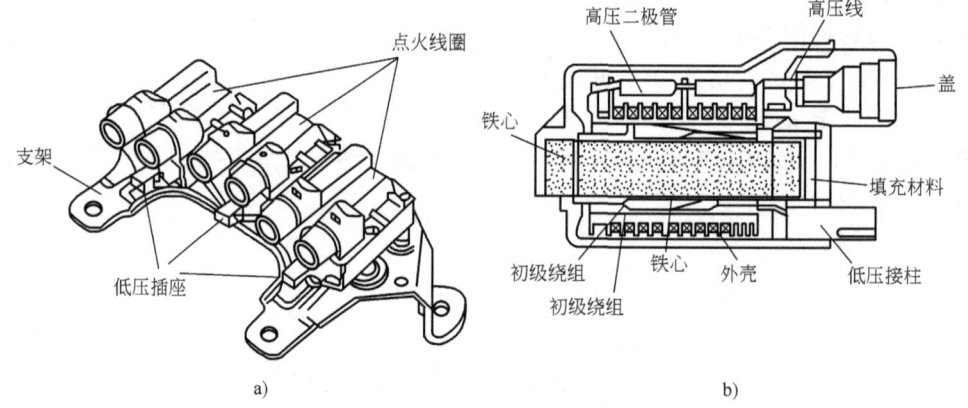

图 5-50 闭磁路点火线圈
a）外形图 b）内部结构

在点火器大功率晶体管 VT 导通瞬间，初级绕组产生反向的感应电动势，如图 5-52 所示，次级绕组也产生 1000V 左右的电压，由于此时气缸中气压低，火花塞可能跳火，高压二极管可避免点火线圈次级绕组产生的电压在火花塞造成跳火现象，如图 5-53 所示。

（2）无分电器单独点火系统 此点火方式适合

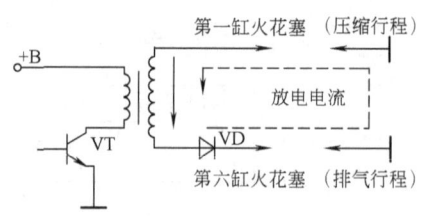

图 5-51 两缸同时点火

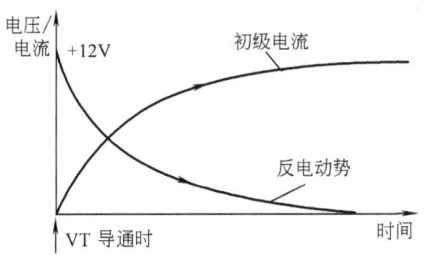

图 5-52 初级绕组产生反向的感应电动势

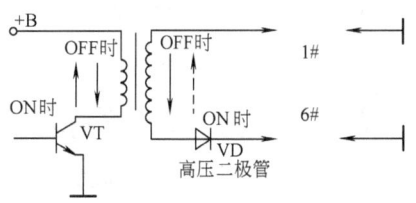

图 5-53 高压二极管的作用

在四气门发动机上配用,该系统每个气缸的火花塞配用一个点火线圈,单独对本气缸进行点火。

1)日产公司无分电器单独点火系统。该系统的原理图如图5-54所示。该系统由各缸独立的点火线圈和点火器、ECU等组成。发动机工作时,ECU根据曲轴位置传感器、空气流量传感器、点火基准信号传感器、冷却液温度传感器及开关输入信号,依据ROM中存储的数据,计算后适时地输出点火信号至点火器,由点火器中功率晶体管分别接通、切断各缸点火线圈初级电路,从而在次级绕组中产生高压。

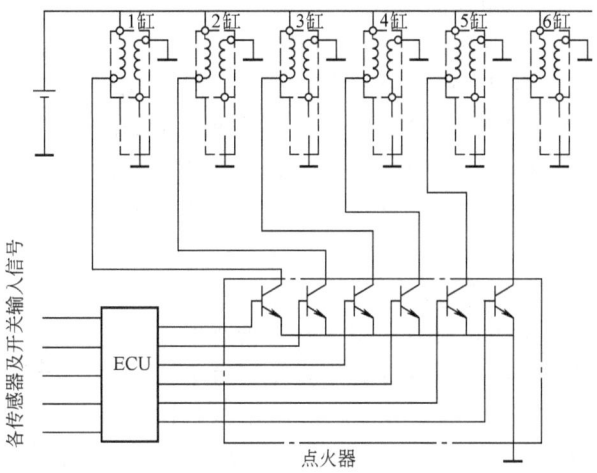

图 5-54 日产公司无分电器单独点火系统控制原理图

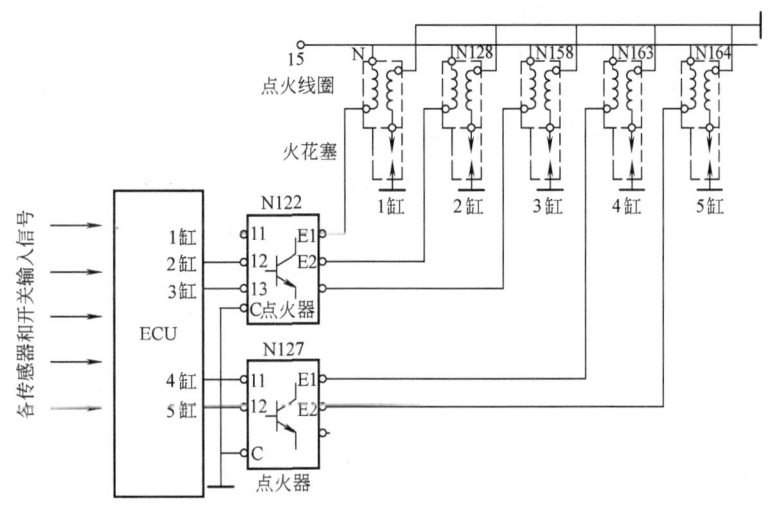

图 5-55 奥迪四气门五缸发动机单独点火系统电控原理图

2)奥迪四气门五缸发动机单独点火系统。该系统的原理图如图5-55所示。该点火系统的五个点火线圈分别接到两个点火器N122、N127上,其中N122控制1、2、3缸的点火线圈，N127控制4、5缸的点火线圈，两个点火器分别用导线与ECU相连。发动机工作时，电控单元通过1、2、23、20、21各接线柱上的点火信号输出线，适时地对各缸输出点火信号，通过点火器控制各缸点火。

5.4.3 微机控制电子点火系统的故障诊断

由于微机控制点火系统的许多部件，如点火线圈、点火器和火花塞，其结构原理与无触点电子点火系统的部件相同，故其检测方法也大致相同或相似。但是，由于微机控制点火系统还配装有微型计算机和各种传感器。相比之下，其故障检测也就稍许复杂一些。

1. 按规定步骤读取故障码

使用中，微机控制点火系统一旦出现故障，微型电子计算机便会自动记录发生的故障，并将其以故障码的形式储存在故障存储器中。与此同时，仪表板上的发动机故障指示灯点亮，提醒驾驶人注意。

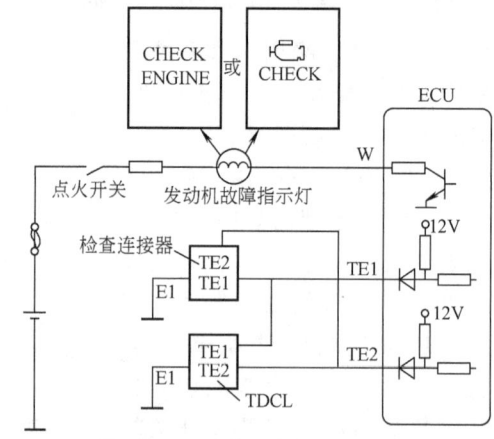

图5-56　发动机故障指示灯电路

不同车系故障码的读取方法不同，如丰田车系可用短接发动机室左悬架弹簧支座附近的检查插接器或TDCL的诊断端子（如图5-56所示），通过发动机故障指示灯闪烁显示故障码；切诺基汽车和克莱斯勒车系是将点火开关5s内开关3次，就可以通过发动机故障指示灯闪烁显示故障码。

注意：即使采用了OBD-Ⅱ诊断系统，采用统一的诊断插座，不同的车系，故障码的读取方法也不同，应以有关维修手册的规定为准。

2. 根据故障码，确定故障具体部位、原因，予以排除

维修人员读出故障码后，可根据故障码表，查出故障的含义、类别以及故障范围等。一般情况下故障码只代表了故障类型及大致的范围，不能具体指明故障的全部原因，因此必须以此为依据进行具体、全面的检查，发现故障，予以排除。

检查的范围除了与传统点火系统类似的点火控制器、点火线圈、配电器、高压线、火花塞等部件以外，还包括转速及曲轴位置传感器、空气流量传感器、进气歧管绝对压力传感器、节气门位置传感器、冷却液温度传感器、爆燃传感器、氧传感器和微机控制单元等。因为微机控制点火系统根据发动机转速、负荷、进气量、冷却液温度及空调负荷等不同的因素，综合计算出最佳的点火时间，任何一个采集信号的不正常都可能导致点火不正常。例如发动机转速及曲轴位置传感器故障将直接导致ECU不能产生点火正时信号而使点火中断，发动机不能工作。

传感器的检测应根据具体车型装备的传感器型号进行，数据查阅原厂维修手册。

3. 进行路试检查，确定故障彻底排除

故障全部排除完以后，进行路试检查。路试中，发动机故障指示灯应指示正常，即当点火开关旋至接通位置且不起动发动机时，发动机故障指示灯点亮；起动发动机后，发动机故障指示灯熄灭，说明故障已经彻底排除。若起动发动机后，发动机故障指示灯不熄灭，说明电子控制系统还存在故障。若出现原来的故障码,则说明故障部位未能彻底修理好;若出现新的故障码,则说明发生新的故障,需要继续修理。

4. 清除故障码

故障排除后,其故障码仍然存储在电子控制系统的储存器中,不会自行消掉,再读取故障码时,这些故障码会和新的故障码一起显示出来,给诊断维修增加了困难。因此,故障彻底排除、发动机故障指示灯指示正常后,应及时清除故障码。方法如下:

将点火开关旋至断开位置。然后,从发动机接线盒中拆下 EFI 熔丝,10s 后便可清除储存在 ECU 中的故障码。另外,拆下蓄电池负极电缆 10s 以上,也可清除故障码,但同时也会把时钟、音响等其他数据清除掉。如果在进行发动机检修而必须要拆开蓄电池负极电缆时,一定要先读取存储器中存储的故障码。

清除了故障码以后,要对车辆进行路试。在路试中,发动机故障指示灯应指示正常。

5.4.4 典型故障诊断与排除

AJR 发动机不能起动故障的诊断与排除

当蓄电池电压、起动机等工作正常情况下,发动机不能起动的检修过程如下:

(1) 检查发动机电子控制系统　接通点火开关至 I 档,仔细听节气门控制组件是否发出声音。

1) 如无声,则分别检查发动机电控单元的 1、3 号端子与中央电器板 D2、P2 之间的线路,电控单元的 2 号端子与搭铁点之间;及中央电器板与电线间的电阻值(该值应小于 1Ω)。如电阻值不正常,则检修或更换线路及中央电器板;如电阻值正常,则检修或更换电控单元。

2) 如有声音,则快速接通点火开关至起动档,观察发动机转速表指针是否移动。

① 如指针不移动,则检查发动机转速传感器(G28)。

a. 拔下转速传感器插头,测量传感器电阻值,应为 0.48~1kΩ。如阻值不正常,则检修或更换传感器,如正常,则进行下列检查。

b. 分别检查转速传感器的插头 2、3 与电控单元 63、56 端子之间线路,以及插头 1 与发动机搭铁点之间的线路。

② 如指针移动,则检查点火和燃油系统。

(2) 检查点火系统　先检查点火线圈供电电压,拔下点火线圈插头,测量点火线圈插头 4 号端子与蓄电池正极之间的电压,应为蓄电池电压(约 12V)。

1) 如不正常,则检查点火线圈插头 4 号端子与搭铁点之间的线路,应正常。

2) 如正常,则测量点火线圈插头 2 号端子与发动机搭铁点之间的电压,其值应为蓄电池电压。

① 如电压不正常,则检查中央电器板 D23 与点火线圈插头 2 端子之间的电线,该电线应完好。

② 如电压正常,则分别测量点火线圈插头 1、3 端子与发动机搭铁点之间的电压,应在 0.4V 左右。检查前应拔下各缸喷油器插头,起动发动机几秒。

a. 如电压不正常,则分别检查点火线圈插头端子 1、3 与电控单元 71、78 端子之间的电线,如不正常,则检修或更换;如正常,则检修或更换电控单元。

b. 如电压正常，则检查点火线圈。如点火线圈正常，则检修或更换火花塞、高压线或电控单元（火花塞紧固力矩 30N·m，电极间隙为 0.9~1.1mm，插头电阻 5kΩ）。

（3）检查燃油供给系统　接通点火开关至 I 档，仔细听燃油泵工作。

1）如没有声音，则分别测量燃油泵插头上火线与搭铁线情况。

① 搭铁线如不正常，则检修或更换。

② 如搭铁线正常，则检修并更换燃油泵。

③ 如火线不正常，则检查燃油泵插头与熔丝 S5 之间、熔丝 S5 与中央电器板 E14 之间、中央电器板 E14 与燃油泵继电器之间及燃油泵继电器的情况。

a. 电线、熔丝、燃油泵继电器如不正常，则检修或更换。

b. 电线、熔丝、燃油泵继电器如正常，则检修或更换中央电器板。

2）如有声音，则依次测量各缸喷油器插头与发动机搭铁点之间的电压，其值应为蓄电池电压。

① 如不正常，则检查熔丝 S123、插头与熔丝 123、熔丝 123 与燃油泵继电器之间的线路。如发现有熔丝熔断，还应检查氧传感器、进气流量传感器和活性炭罐清污电磁阀的火线。

② 如正常，则分别测量各缸喷油器插头与电控单元 73、80、58、65 端子之间的电线。

a. 如电线不正常，则检修或更换。

b. 如电线正常，则检修或更换电控单元。

3）以上都正常，则测量燃油供给系统的压力，应为 250~300kPa。

本 章 小 结

1. 点火系经历了磁电机式点火系、传统点火系、普通电子点火系和微机控制的点火系统四个阶段。

2. 发动机对点火系统有三大要求。

3. 传统点火系统主要由电源、点火开关、点火线圈、分电器、火花塞和附加电阻等组成，其中分电器包括断电器、配电器、电容器、离心式点火提前机构和真空点火提前机构。

4. 真空提前机构随发动机负荷的增大使点火提前角减小，离心式点火提前机构随发动机转速的提高使点火提前角增大。

5. 火花塞按其热值分为热型、中型和冷型，热型火花塞适用与低速、低压缩比、小功率发动机；冷型火花塞，适用于高速、高压缩比、大功率发动机。

6. 电子点火系统按信号发生器的不同，可分为电磁感应式、霍尔效应式和光电式三种。

7. 普通电子点火系统一般由点火信号发生器、电子点火器、配电器、点火线圈、火花塞等主要元件组成。

8. 微机控制点火系统主要有传感器、电子控制单元（ECU）、执行器（点火器、点火线圈、火花塞等）组成。

9. 微机控制点火系统的功能主要包括点火提前角、通电时间和爆燃控制等三个方面。

10. 微机控制点火系统按有无分电器可分为有分电器式和无分电器式。

11. 无分电器式又可分为独立点火式、分组点火式。

习题与思考题

一、选择题

1. 对于"发动机对点火系的要求"来说，下列说法哪一个是错误的（   ）。
   A. 当发动机的工况发生变化时，点火提前角要随之变化
   B. 火花塞跳火时，要有足够的能量
   C. 按气缸工作顺序点火
   D. 点火系统产生的高压电要达到 100～200V

2. 当发动机转速提高时，点火提前角应（   ）。
   A. 变大
   B. 变小
   C. 不变
   D. 不能确定

3. 当发动机负荷增大时，点火提前角应（   ）。
   A. 变大
   B. 变小
   C. 不变
   D. 不能确定

4. 当发动机起动不着火时，下列说法哪个是错误的（   ）。
   A. 可能是蓄电池容量低
   B. 可能是无高压电
   C. 可能是不来油
   D. 可能是发电机有故障

5. 对于电子点火系统来说，拨下分电器上的中央高压线对发动机机体试火时，无火花，下列说法哪个是错误的（   ）。
   A. 可能是点火线圈有故障
   B. 可能是点火控制器有故障
   C. 可能是分火头有故障
   D. 可能是信号发生器有故障

6. 电子点火系与传统点火系相比，最大特点是（   ）。
   A. 初级电流小，次级电压高
   B. 用信号发生器控制初级电路
   C. 点火正时更精确
   D. 用点火控制器代替断电器控制一次侧电路

7. 对于电子点火系统来说，下列说法哪个是错误的（   ）。
   A. 丰田车系所采用的信号发生器大都是磁脉冲式的
   B. 日产车系所采用的信号发生器大都是光电式的
   C. 大众车系所采用的信号发生器大都是霍尔式的
   D. 解放车所采用的信号发生器大都是霍尔式的

8. 当某个气缸不工作时，下列说法哪个是错误的（　　）。
   A. 个别气缸火花塞不跳火
   B. 个别气缸高压线漏电
   C. 点火正时不准
   D. 分电器旁电极漏电

9. 当汽车加速无力时，若是点火正时的问题，可能是（　　）。
   A. 点火过早
   B. 点火过晚
   C. 无法确定
   D. 与点火正时无关

10. 电子点火系的次级电压较高，主要原因是（　　）。
    A. 火花塞间隙大
    B. 点火线圈性能好
    C. 高压线不易漏电
    D. 初级电流大

二、判断题

1. 桑塔纳轿车转子与凸缘之间的间隙为 0.2~0.4mm。（　　）
2. 桑塔纳 ARJ 发动机采用 1-3-4-2 的顺序点火方式。（　　）
3. 触点式分电器容电器的电容值一般为 0.20~0.25pF。（　　）
4. 点火提前角太小会引起发动机过热。（　　）
5. 点火提前角太大会引起发动机过热。（　　）
6. 当更换点火模块时，应首先断开蓄电池的正极电缆。（　　）

三、简答题

1. 传统点火装置由哪些部件组成，并叙述其工作原理？
2. 汽车点火系统的作用是什么？
3. 为什么要在点火线圈设附加电阻？其作用是什么？
4. 怎样区分热型火花塞和冷型火花塞？
5. 点火过早或过迟对发动机工作有何影响？如何进行点火正时的调整？
6. 汽油发动机气缸中的可燃混合气为什么要提前点火？点火提前角过大或过小有何影响？
7. 如何判断低压电路和高压电路的故障？
8. 晶体管点火装置有哪几种类型？与传统点火装置相比较有何特点？
9. 介绍霍尔效应式点火信号发生器的工作原理。
10. 说明霍尔效应式点火系统的诊断方法。

实训项目十　点火系统电路连接及各元件结构认识

车辆牌号	车辆识别代码	发动机型号

一、实训目的与要求
　　1. 熟悉并掌握点火系统的线路连接电路图。
　　2. 熟悉并掌握点火系统各元件的结构情况。

二、实训仪器和设备
　　1. 桑塔纳电器实训台架一台。
　　2. 桑塔纳实车一台。

三、实训步骤
　　1. 熟悉点火系统电路。
　　2. 在桑塔纳电器台架上一一对应找到相关的连线和元件。
　　3. 在桑塔纳实车上一一对应找到相关的连线和元件实际位置。

四、数据整理
　　根据电路图和实车上元件的布置和线束排列，画出电器元件接线图。

五、思考题
　　1. 桑塔纳轿车电子点火系统的优点是什么？
　　2. 霍尔电压产生的条件是什么？

实训项目十一 点火系统各元件

车辆牌号	车辆识别代码	发动机型号

一、实验目的

1. 掌握点火系统的组成，能对其进行分解与清洗。
2. 掌握点火系统各部件的检修方法。
3. 能对点火系统各部件进行适当调整。

二、实验设备

1. 万能电器实验台，点火正时仪。
2. 万用表、兆欧表、游标卡尺、百分表及表座、塞尺、弹簧秤、试灯各一个。
3. 呆扳手一套，一字及十字旋具各两个，真空泵和真空表各一个。
4. 细砂纸、润滑脂、机油、棉纱、油盆、清洗剂及毛刷等。
5. 分电器一个，被测试的点火线圈、良好的点火线圈各一个。

三、实验步骤

以桑塔纳汽车的霍尔式无触点分电器为例，说明其检修步骤。

1. 分电器总成的解体与清洗

① 拆除分电器屏蔽罩及分电器盖。

② 取下分火头及防尘罩等。

③ 拆除挡圈，将两把旋具通过触发器转子的两相对切槽插至挡圈，以分电器壳为支点，小心地向下压旋具，取下触发器转子。

④ 拆下真空提前装置及霍尔元件。

⑤ 冲出连接销，拆下分电器驱动齿轮，取出分电器轴及离心提前装置等。

⑥ 解体后，用布或棉纱蘸适量清洗剂清洗擦拭各零件。

2. 分电器主要零件的检修

（1）分火头的检修

① 外观检查。分火头应无任何裂纹、烧蚀及击穿（分火头顶部金属有一些焦状物是正常的）。

② 绝缘检查。将高压电源（10~20kV）的一根触针接分火头导电片，另一触针对准分火头座孔内，若有火花产生，则说明分火头漏电；也可将分火头倒放在机体上，用发动机高压电进行跳火试验；还可采用兆欧表检测，阻值应为无穷大。注意：若在高压线与分火头距离很近时，勉强能够看到有很细弱的火花，一般为正常情况。

③ 分火头导电片电阻检查。用万用表检查分火头顶部导电片电阻，应符合规定。

分火头检查不符合要求应更换。

（2）分电器盖的检修

① 外观检查。用一块干燥的棉布将分电器盖擦拭干净，查看分电器盖应无裂纹及烧蚀痕迹，内部各电极应无明显的磨损、腐蚀及烧蚀，如有应更换分电器盖；中心电极应无卡滞，若烧蚀磨损致使其长度较标准长度减小 2mm 以上时，也应更换新件。

(续)

车辆牌号	车辆识别代码	发动机型号

② 绝缘检查。将高压触针分别插在分电器盖上的两个相邻的旁插孔内或中央插孔与旁插孔内进行试火,若有火,说明绝缘损坏,应更换。也可用兆欧表检测,阻值应为无穷大。

(3) 分电器轴、衬套及驱动齿轮的检修

① 检查分电器轴与衬套配合间隙。将分电器壳体夹在台虎钳上,使百分表的测量触头垂直顶到分电器轴上部外圆面上,沿百分表测杆方向晃动分电器轴,检查轴与衬套的配合间隙,应与规定相符,否则更换衬套。

② 检查分电器轴的直线度。转动分电器轴,观察百分表指针的摆差,分电器轴的直线度误差应与规定相符,否则更换新件。

③ 检查分电器驱动齿轮。轮齿磨损严重、齿面出现明显的疲劳剥落凹坑或出现裂损,也应予以更换。

(4) 离心式点火调节装置的检修

① 检查离心调节装置的离心块。离心块在轴上应转动自如,无卡滞,销钉与轴孔配合间隙应与规定相符,检后应加机油润滑。

② 检查离心调节装置的弹簧拉力。可用弹簧秤检查,拉长4mm时,弹力应在4.5~10.5N之间。也可采用简易实用的方法测试,即先在分电器上组装好离心式点火调节装置,将分电器轴固定好,然后捏住触发器转子或转子轴,沿工作时的转动方向拧到极限位置时松手,若转子或转子轴能自动回位,表示弹簧能起作用,否则说明弹簧失效,应更换新件。

(5) 真空式点火提前装置的检修　主要检查其密封性。使用真空泵和真空表检查漏气量,当真空度为33.2kPa时,在1min内,真空度降低不得大于3.32kPa。在无仪器时,可用嘴吸吮检查。若漏气,应更换总成。

3. 分电器的装复、调整与试验

(1) 分电器的装复与调整

① 分电器的组装可按解体的相反顺序进行。

② 进行组装时,应保证各零件的清洁,并在各相对运动的摩擦表面上涂抹少量润滑脂进行润滑。

③ 装复后,转动分电器轴时应灵活无卡滞;轴向推拉分电器轴时,应无明显的间隙感。否则可通过改变调整垫片的厚度进行调整。

(2) 分电器试验　如图5-57所示,分电器装复后,应在电器实验台上进行发火性能、发火间隔角度、点火提前装置性能试验。

① 发火性能试验。将分电器装在电器实验台上,并正确连接测试线,调整三针放电器间隙约为7~9mm;起动电动机,将分电器转速逐渐升高至最高转速,当真空提前机构的点火提前角分别在最小最大时,各保持运转30s,以检验发火强度及发火连续性;此时观察发出的火花应具有足够强度并无可察觉的断火现象。

② 点火提前装置性能试验。点火提前装置是指离心点火调节装置和真空点火提前装

(续)

车辆牌号	车辆识别代码	发动机型号

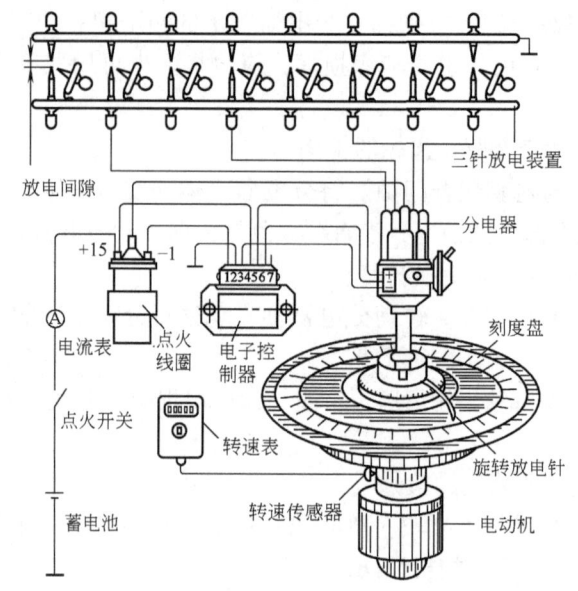

图 5-57 发火性能试验线路

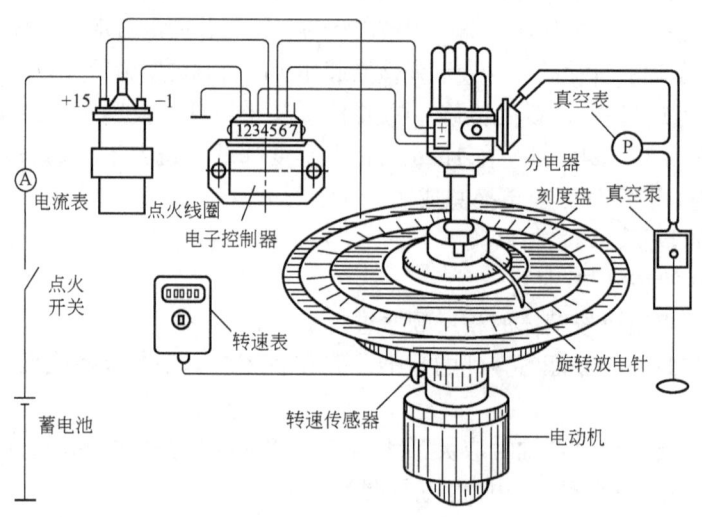

图 5-58 点火提前角试验线路

置。电路的连接如图 5-58 所示。

离心点火调节装置性能试验：在没有真空提前的情况下，将分电器调到最低转速（50~100r/min），并将旋转放电装置刻度盘上的零位对准火花，然后逐渐提高转速至规定转速（1150r/min，2400r/min），看点火提前角（14°~18°，22°~26°）是否符合标准。

真空点火提前装置性能试验：试验时，将分电器转速固定在1000r/min，使离心提前

(续)

车辆牌号	车辆识别代码	发动机型号

角不变,然后抽动真空泵,让真空度均匀地升高而后又均匀地下降,在各种真空度下(6~12kPa,20kPa),检查点火提前角(0°,5°~7°)是否符合标准规定。

(3)就车试验 在使用中,也可用点火正时仪就车检查点火提前装置的性能。

1)离心点火提前装置试验:

① 用上止点传感器检查:按操作说明书要求接好点火正时和转速检查仪。拔掉真空软管使真空调节装置不起作用,然后调节发动机(热车)转速至900r/min。此时,数字显示器所显示的点火提前角数值为基准值(6°±1°)。随后,再慢慢提高发动机转速至下一个要检查的转速值(2300r/min,4800r/min),读出检查仪上所指示的调节值。此值与基准值之差为该转速下的点火提前角离心调节值(14°~18°,22°~26°)。

② 用点火正时灯检查:用点火正时灯检查的步骤与用上止点传感器检查基本相同,所不同的是,它是以槽口对准正时标记来显示调节值。

2)真空点火提前装置试验:

① 真空点火提前装置密封性的检验:将真空检查仪接于进气歧管与点火提前装置真空室之间,打开检查仪,起动并使发动机怠速运转,使检查仪上指示出一定的真空度(如无真空,表明进气歧管内抽气装置阻塞,应予以排除),开着检查仪,1min内真空度的下降值应不超过10%,否则应更换真空调节装置。

② 真空提前装置工作性能的检验:连接好点火正时和转速检查仪及真空检查仪,打开检查仪,拔掉延迟点火真空罐软管,起动发动机将其转速调至约900r/min。记录上止点传感器显示的基准值(或用点火正时灯检查其基准值),然后逐渐提高发动机转速,直至检查仪上显示出作为调节检查值的较高真空度(6~12kPa,20kPa)。开着检查仪,使真空调节装置真空室内一直保持该真空度,再将发动机转速降至约900r/min,记录此时的调节值,该调节值与基准值之差(排除离心调节装置的对点火提前角的影响),即为所测真空度下真空调节装置的调节角度(0.5°~7°)。不符合要求时,应更换真空提前装置。

4. 点火线圈检测

(1)外部检验 目测点火线圈,若有绝缘盖破裂或外壳碰裂,就会受潮而失去点火能力,应予以更换。

(2)初次级绕组断路、短路和搭铁检验

① 测量电阻法。用万用表测量点火线圈的初级绕组、次级绕组以及附加电阻的电阻值,应符合技术标准,否则说明有故障,应予以更换。

② 试灯检验法。用试灯,接在初级绕组的两接线柱上,若灯不亮则是断路;当检查绕组是否有搭铁故障时,可将试灯的一端与初级绕组相连,一端接外壳,如灯亮,便表示有搭铁故障;短路故障用试灯不易查出。

(3)次级绕组的检验 因为次级绕组的一端接于高压插孔,另一端与初级绕组相连,所以检验中,当试灯的一个触针接高压插孔,另一触针接低压接线柱时,若试灯发出亮光,说明有短路故障;若试灯暗红,说明无短路故障;若试灯根本不发红,则应注意观察,当将触针从接线柱上移开时,看有无火花发生,如没有火花,说明绕组已断路。

(续)

车辆牌号	车辆识别代码	发动机型号

因为次级绕组和初级绕组是相通的,若次级绕组有搭铁故障,在检查初级绕组时就已反映出来了,无需检查。

(4) 发火强度检验

① 电器实验台检验。检查点火线圈产生的高电压时,可与分电器配合在实验台上进行试验。检验时将放电电极间隙调整到7mm,先以低速运转,待点火线圈的温度升高到工作温度(60~70℃)时,再将分电器的转速调至规定值,(一般四、六缸发动机的点火线圈为1900r/min,八缸发动机用的点火线圈为2500r/min),在0.5min内,若能连续发出蓝色火花,表示点火线圈良好。

② 用对比跳火法检验。此方法在实验台上或车上均可进行,将被检验的点火线圈与好的点火线圈分别接上进行对比,看其火花强度是否一样。

点火线圈经过检验,如内部有短路、断路、搭铁等故障,或发火强度不符合要求时,一般均应更换为新品。

5. 点火系统检测

(1) 接线检查 在实验前应检查点火系统的接线情况,有无接错、漏接、接触不良的现象,如有应首先处理后方可进行下面的检测。

(2) 供电电压的检测 用万用表检测点火线圈正极与搭铁之间的电压降,应与供电电池的电压降相等(无附加电阻的类型),如果差值大于0.5V,应检查电路的连接情况是否有断路、短路或接触不良。

(3) 发火性能的检测 接好系统后,运转检测发火性能,如果无火则进入下面的检修,如果有火但火花呈黄色,则检查电容本身和其线路,或点火线圈(方法见4. 点火线圈检测),或高压线、分火头的情况;正常点火火花为白色。

(4) 传感器检测 如果是无触点的点火系统,没有点火可先查传感器,无论是霍尔式、光电式都需要来自控制器的供电电压,所以先检查此电压是否正常,没有则检查控制器;有则检测传感器的输出信号(由于电磁式点火系统传感器不需供电电源,故可直接检测传感器),信号会随发动机运转相应变化(电磁式为0.4~0.8V,霍尔式为3~6V,光电式为2~3V),如果转速不低于1500r/min,且检测结果不符合要求,则更换传感器。

(5) 控制器检测 如果上述检测都没问题,只可能是控制器的故障,可采用替换法检测。

四、数据整理

记录以下数据:

① 不同转速下所对应点火提前角值。

② 当真空度变化时相应的点火提前角的变化情况。

③ 点火系统静态测量数据(蓄电池电压、初级绕组电阻、次级绕组电阻、高压线电阻、分缸线电阻)。

④ 动态数据(起动时电流、正常工作时电流、发动机点火顺序、发动机点火提前角)。

(续)

车辆牌号	车辆识别代码	发动机型号

五、思考题

1. 在进行分火头和分电器盖的漏电和点火线圈的发火强度检测时，一定要注意高压电。

2. 使用万能电器实验台时，先阅读使用说明书，一定要按规程操作。

3. 使用万用表检测时，应注意档位的选择。

4. 在发动机工作时，注意不要触摸高压电路，以免出现事故。

5. 实验结束后，应断开电源总开关。

实训项目十二　点火正时的检查与调整

车辆牌号	车辆识别代码	发动机型号

一、实验目的

1. 掌握使用点火正时灯（仪）检查发动机点火正时的方法。
2. 掌握发动机正时调整方法。

二、实验设备

1. 工作性能良好的发动机实验台架一台或汽车一辆。
2. 点火正时灯或点火正时仪一台；转速表、真空表各一个。
3. 一字、十字旋具各一个，呆扳手一套。

三、实验步骤

1. 检查点火正时

（1）一般检查　起动发动机，使冷却液温度上升到80℃，急加速，如转速不能随之立即提高，感到发闷，或在排气管中有突突声，说明点火过迟；如出现类似金属敲击声，说明点火过早。

（2）路试检查　发动机升温后，在平坦、坚硬路面上以最高档最低稳定车速行驶。急加速时，若听到轻微的敲缸声且瞬间消失（装有爆燃限制器的发动机就没有敲缸声），车速迅速提高，则为点火正时正确；若敲缸声强烈明显且长时间不消失，则为点火过早；若听不到敲缸声，且加速缓慢，排气管有突突声，则为点火过迟。

2. 调整点火正时

发动机大修（或分电器重新安装）时，必须确定点火正时。桑塔纳轿车点火正时的确定步骤如下：

① 转动曲轴，观察变速器壳体上的观察孔，使飞轮上的刻度线与壳体上的指针对齐，此时发动机一缸活塞置于正时位置。

② 转动凸轮轴，使凸轮轴上正时齿轮的标记与气门室罩底面平齐。

③ 使机油泵轴驱动端部凸起的矩形块长边与曲轴的方向一致，将分电器总成插入安装孔，使其轴端凹槽与机油泵轴端的矩形凸起相配，将分电器壳体逆时针转动30°，然后用压紧板固定分电器。

④ 使分电器上的分火头指向分电器壳体上的一缸标记，盖上分电器盖，以分火头所指的旁电极为第一缸，顺时针方向按 1—3—4—2 的顺序插好分缸线，插好中央高压线和霍尔发生器插接器。

⑤ 装好正时传动带，起动发动机，检查点火正时。若不合要求，则需调整。顺分火头转动方向转动分电器壳，则点火推迟。逆分火头转动方向转动分电器壳，则点火提前。

⑥ 调整完毕，再次检查点火提前角是否符合要求。否则再调整、再检查，直至符合为止。

3. 桑塔纳点火提前角技术参数

表 5-1 所示为桑塔纳 JV 轿车点火提前角技术参数表。

(续)

车辆牌号	车辆识别代码	发动机型号

表 5-1　桑塔纳 JV 轿车点火提前角技术参数表

怠速/(r/min)		800±50		
初始点火提前角		上止点前 6°±1°		
闭合角(真空管拔下)	规定值	19°±3°(800r/min)		
	导通率	22%±3%		
	使用极限	62°±3°(3500r/min)		
	导通率	69%±3%		
离心提前(真空管拔下)	转速/(r/min)	900~1100	2300	4800
	提前角度	0°	14°~18°	22°~26°
真空提前角(分电器已装)	真空度/kPa	6~2	20	
	提前角度	0°	5°~7°	

4. 注意事项

① 使用点火正时灯或点火正时仪时，应按规定方式连接仪器，按规程操作。

② 检查分缸线顺序时，应按与点火次序顺序一致的分火头转动方向检查。

四、数据整理

1. 点火正时检查数据。

2. 点火正时调整过程。

五、思考题

1. 点火正时的基本步骤。

2. 点火正时的安全措施。

实训项目十三　点火系统故障诊断与排除

车辆牌号	车辆识别代码	发动机型号

一、实训目的与要求

1. 掌握电子点火系统故障的诊断方法。
2. 了解电子点火系统故障的排除方法。

二、实训仪器和设备

1. 旋具等常用工具一套。
2. 桑塔纳实验车一辆。

三、实训步骤

1. 电子点火系统故障的诊断方法

当发动机不能起动或行驶中突然熄火而怀疑点火系统有故障时，可按下述程序进行诊断。

① 首先断开点火开关，然后拔出分电器盖上的中央高压线，并将其端头距发动机缸体 5~7mm（注意距离不能过大，否则诊断结果会有误）。

② 接通点火开关并使发动机转动，同时观察中央高压线端头与发动机缸体之间是否跳火。如有火花跳火，说明故障不在点火系统，可能是发动机燃油供给系统故障；如无火花跳火，则可断定点火系统有故障，可继续进行下述检查。

2. 点火电源供电能力的诊断

当确定电子点火系统有故障时，可将系统分成电源（低压电源和高压电源）、控制部件和线路三部分进行检查。首先检查电源部分，方法如下：

① 断开点火开关，拆下点火线圈"-1"端子上的全部导线。

② 拔出分电器盖上的中央高压线并将其端头距发动机缸体 5~7mm。

③ 另取一根跨接线并将其一端接到点火线圈"-1"端子上，如图 5-59 所示，另一端在接通点火开关时短时搭铁（每次搭铁时间不得超过 1s），然后断开（不搭铁），同时观察高压火花跳火情况。如有火花跳火，说明蓄电池和点火线圈工作良好，故障可能发生在点火控制部件，可继续进行检查。如无火花跳火，说明点火线圈、点火开关、蓄电池或低压线路有故障，应分别进行检查。

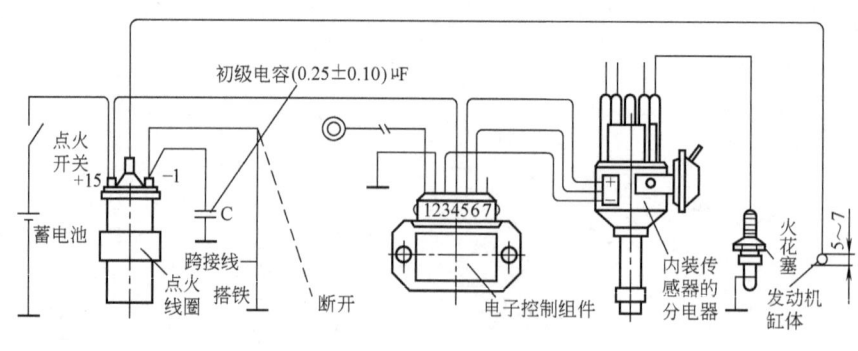

图 5-59　检查电源供电能力

(续)

车辆牌号	车辆识别代码	发动机型号

电子点火系统一般都采用高能点火线圈，没有设置初级电容。因此，间断搭铁的速度将直接影响跳火火花的强弱。为了防止人工操作跨接线使初级电流切断速度过慢而影响诊断结果，可在点火线圈"-1"端子与搭铁之间连接一只 $(0.25 \pm 0.10)\mu F$ 的电容器 C，以便提高初级电流的切断速度。

3. 点火控制部件故障的诊断

点火控制部件包括点火信号发生器和点火控制器，其技术状态好坏既可从车上拆下按前述零部件检修方法进行检查，也可在汽车上进行诊断。霍尔式点火系统诊断方法如下：

① 断开点火开关，拆下分电器盖。

② 转动曲轴使触发叶片离开霍尔式信号发生器气隙（如用起动机拖动发动机旋转，则在叶片位置调好后断开点火开关）。

③ 拔出分电器盖上的中央高压线并将其端头距发动机缸体 5~7mm，如图 5-60 所示。

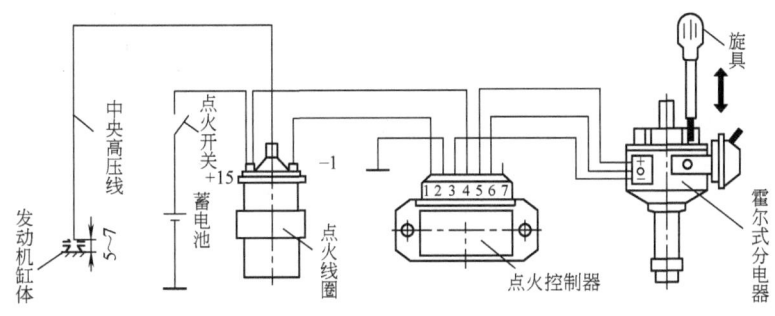

图 5-60　点火控制部件故障诊断

④ 接通点火开关，用小旋具或薄铁片在信号发生器气隙中轻轻插入和拔出（即模拟触发叶片在气隙中运动），同时观察高压线端头与发动机缸体之间是否跳火。如有火花跳火，说明控制部件工作良好。如无火花跳火，说明信号发生器、点火控制器或线路有故障。

为了确诊点火控制器与霍尔式信号发生器中谁有故障，常用旁路信号发生器的方法进行诊断，方法如下：

① 断开点火开关，拔下分电器盖上的中央高压线并将其端头距发动机缸体 5~7mm。

② 拔出分电器壳体上的线束插头，取一根跨接线，将其一端接在信号电压输出插片（绿白色导线所连接的插片）上，如图 5-61 所示。

③ 接通点火开关，将跨接线的另一端短时搭铁（时间不超过1s），同时观察跨接线搭铁瞬间，高压线端头与发动机缸体之间是否跳火。如有火花跳火，说明点火控制器良好，

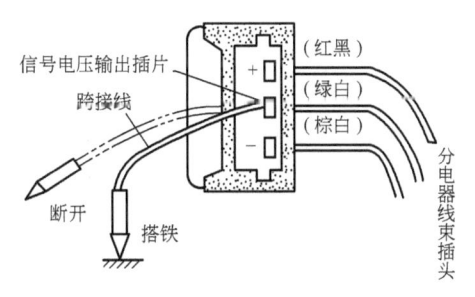

图 5-61　旁路霍尔式传感器的方法

(续)

车辆牌号	车辆识别代码	发动机型号

故障发生在霍尔式传感器。如无火花跳火，说明点火控制器及其线路故障。无论是传感器损坏，还是控制器损坏，都无法修理，只能更换新品。

四、数据整理

写出电子点火系统故障的诊断步骤。

五、思考题

1. 阐述常见点火系统的故障诊断方法。
2. 点火系统故障诊断过程中的安全注意事项。

第 6 章 汽车照明、信号装置

📝 **学习目标：**

- 了解照明与信号系统的基本组成、要求和分类。
- 掌握照明与信号系统的结构与工作原理。
- 掌握照明与信号系统检修调整方法。
- 掌握照明与信号系统常见故障及诊断。

6.1 概述

为了保证汽车夜间行驶的安全，在汽车上装有多种照明设备。在一段时间里，汽车照明系统只包括法律上要求的前照灯、尾灯和牌照灯。现在，为了汽车夜间行驶的安全，也为了给驾驶人提供一个方便、舒适的工作环境，一般轿车有 15~25 个外部照明灯和约 40 个内部照明灯，这充分说明照明系统在现代汽车上的重要作用。为使其他车辆和行人注意本车的行驶状况，保证车辆和行人的安全，汽车上装备有灯光信号系统和音响信号系统。

1. 照明装置

1）组成：前照灯、雾灯、顶灯和牌照灯等。

2）作用：保证汽车在光线不好的条件下行驶安全，减少交通事故的发生，同时增强汽车驾驶的舒适度。

3）要求：照明要好，同时不应使对面来车的驾驶人眩目。

2. 信号装置

（1）灯光信号装置

1）组成：示廓灯、尾灯、制动灯、转向信号灯、倒车灯等。

2）作用：保证汽车在光线不好的条件下指示本车车况和行车意图，对其他车辆的驾驶人、行人和交警给出明确的信号，并提供具有一定亮度的照明。

3）要求：灯光的颜色选择应兼顾灯具的数量、安装位置，并满足法规的要求。

（2）音响信号装置

1）组成：蜂鸣器、语言发声器、电喇叭。

2）作用：引起其他车辆的注意，保证行车安全。

3）要求：信号强度要达标，信号指示要准确。

6.2 汽车照明系统

6.2.1 前照灯的基本要求

世界各国都以法律形式规定了汽车前照灯的照明标准,其基本要求是:

1) 前照灯应保证车前有明亮而均匀的照明,使驾驶人能辨明车前 100m 以内路面上的任何障碍物。随着汽车行驶速度的提高,汽车前照灯的照明距离也相应要求越来越远。

2) 前照灯应具有防止眩目的装置,以免夜间两车迎面相遇时,使对方驾驶人眩目而造成交通事故。

6.2.2 前照灯的组成

前照灯的光学系统包括灯泡、反射镜和配光镜三部分。

1. 灯泡

(1) 普通充气灯泡　其灯丝是用钨丝制成的。为了减少钨丝受热后的蒸发,延长灯泡寿命,制造时将玻璃泡内空气抽出,再充以质量分数约 86% 的氩和约 14% 的氮的混合气体。虽然普通充气灯泡充满了惰性气体,但仍然不能阻止灯丝钨的蒸发,蒸发使灯丝耗损,并且蒸发出来的钨,沉积在灯泡上使其发黑。

(2) 卤钨灯泡　卤钨灯泡是目前国内外广泛使用的一种新型光源,它是利用卤钨再生循环反应的原理制成的。其再生过程是:从灯丝上蒸发出来的气态钨与卤素反应生成了一种挥发性的卤化钨,它扩散到灯丝附近的高温区又受热分解,使钨重新回到灯丝上去,被释放出来的卤素(指卤族元素如碘、溴、氯、氟等元素),继续参与下一次循环反应,从而减少了钨的蒸发和灯泡变黑。卤钨灯泡的尺寸小,泡壳的机械强度高,耐高温性强,所以充入惰性气体的压力较高,因而工作温度高,钨的蒸发也受到工作气压的抑制。

在相同功率下,卤钨灯的亮度为白炽灯的 1.5 倍,寿命比白炽灯长 2~3 倍。现在使用的卤素一般为碘元素或溴元素,分别称为碘钨灯泡或溴钨灯泡。目前我国生产的是溴钨灯泡。

普通充气灯泡和卤钨灯泡见图 6-1。

(3) 氙气灯泡　氙灯由小型石英灯泡、变压器和电子单元组成,其结构如图 6-2 所示。氙气灯泡的玻璃用坚硬的耐温耐压石英玻璃(二氧化硅)制成,灯内充入高压氙气,接通电源后,通过变压器,在几微秒内升压到 20000V 以上的高压脉冲电加在石英灯泡内的金属电极之间,激励灯泡内的物质(氙气、少量的水银蒸气、金属卤化物)在电弧中电离产生光亮。由于高温导致的原子碰撞激发,随着压力升高,线光谱变宽形成带光谱。在

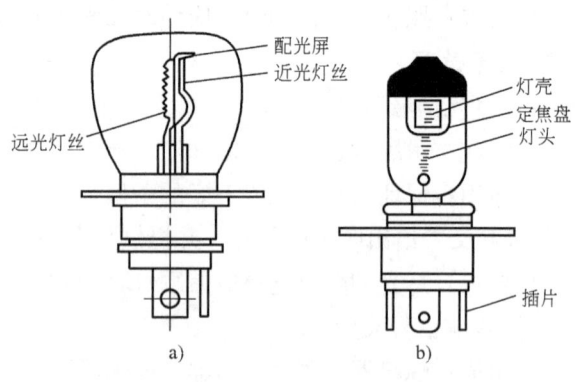

图 6-1　前照灯的灯泡
a) 普通充气灯泡　b) 卤钨灯泡

灯开关接通的一瞬间，氙灯即产生与55W卤素灯一样的亮度，约3s达到全部光通量。

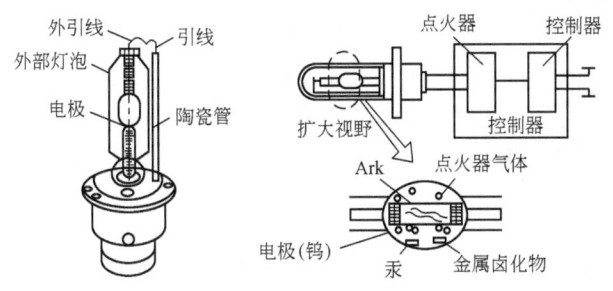

图 6-2 氙灯结构示意图

一个35W的氙灯光源可产生55W卤素灯2倍的光通量，使用寿命与汽车寿命差不多。因此，安装氙灯不但可以减少电能消耗，还相应提高了车辆的性能，这对轿车而言具有很重要的意义。

2. 反射镜

由于前照灯灯泡的灯丝发出的光度有限，功率仅40~60W，如无反射镜，只能照亮汽车灯前6m左右的路面。反射镜的作用，是将灯泡的光线聚合并导向前方，如图6-3所示。灯丝位于焦点上，灯丝的绝大部分光线向后射在立体角范围内，经反射镜反射后变成平行光束射向远方，使发光强度增强几百倍至上千倍，达到 $2 \times 10^4 cd \sim 4 \times 10^4 cd$ 以上，从而使车前150m甚至400m内的路面照得足够清楚。

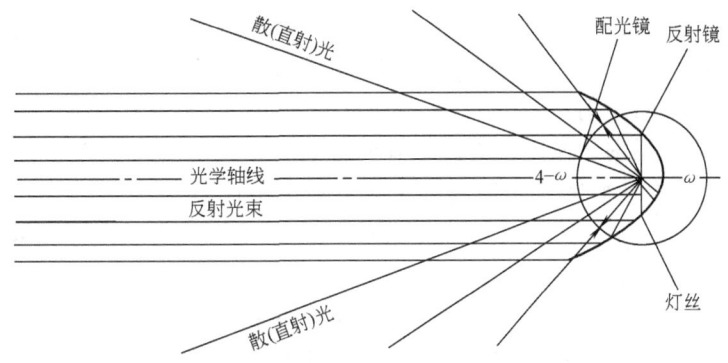

图 6-3 反射镜工作示意图

3. 配光镜

图6-4所示为配光镜，又称散光玻璃。它是用透光玻璃压制而成，是很多块特殊的棱镜和透镜的组合，其几何形状比较复杂，外形一般为圆形和矩形，其作用是将反射镜反射出的平行光束进行折射，使车前路面和路缘具有良好而均匀的照明。

6.2.3 前照灯的防眩目措施

眩目是指人的眼睛突然被强光照射时，由于视神经受刺激而失去对眼睛的控制，本能地闭上眼睛或只能看见亮光而看不见暗处物体的生理现象。

为了避免前照灯的强光线使对面来车驾驶人产生眩目而造成交通事故，并保持良好的路面照明，在现代汽车上普遍采用双丝灯泡的前照灯。其中一根灯丝为远光灯丝，光度较强，灯丝放在反射镜的焦点上；另一根灯丝为近光灯丝，光度较弱，位于焦点的上方或前方。当

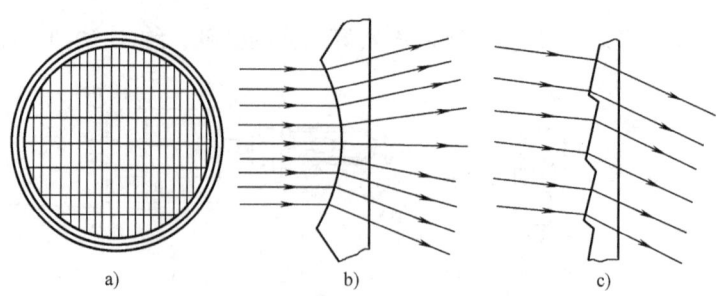

图 6-4 配光镜结构
a）散光玻璃 b）散射 c）折射

夜间行驶无迎面来车时，可通过控制电路接通远光灯丝，使前照灯光束射向远方，便于提高车速。当两车相遇时，接通近光灯丝，前照灯光束倾向路面，使车前50m内路面照得十分清晰，从而避免了迎面来车驾驶人的眩目现象。

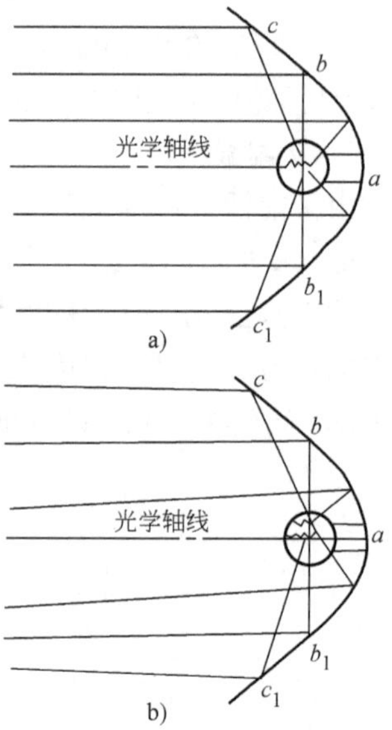

双丝灯泡有以下几种形式。

1. 普通双丝灯泡

普通双丝灯泡的远光灯丝位于反射镜的焦点上，而近光灯丝则位于焦点的上方并稍向右偏移，其工作情况如图6-5所示。

当接通远光灯电路时，远光灯丝发出的光线由反射镜反射后沿光学轴线平行射向远方，如图6-5a所示。当接通近光灯丝时，射到反射镜 bab_1 面上的光线由反射镜反射后倾向路面，如图6-5b所示，而反射到反射镜 bc 和 b_1c_1（由焦平面 bb_1 到端面）上的光线反射后倾向上方，但倾向路面的光线占大部分，使远射光减少从而减小了对迎面来车驾驶人的眩目作用。

图 6-5 普通双丝灯的工作情况
a）远光灯丝光线 b）近光灯丝光线

2. 具有配光屏的双丝灯泡

远光灯丝仍位于反射镜焦点处，而近光灯丝则位于焦点前上方，并在灯丝下面装有金属制的配光屏，由于近光灯丝射向反射镜上部的光线倾向路面，而配光屏挡住了灯丝射向反射镜下半部的光线，故没有向上反射出可能引起眩目的光线。带配光屏的灯泡的工作情况如图6-6所示。

3. 非对称配光屏双丝灯泡

现在国内又生产了一种新的防眩前照灯（如WD170F-2型），其配光屏安装时偏转一定角度，使近光的光形分布不对称，配光性能符合ECE标准，其工作情况如图6-7所示。这种灯的光形有一条明显的明暗截止线，即上方区Ⅲ是一个明显的暗区。该区点的标注 $B50L$ 表示相距50m处、迎面驾驶人眼睛的位置。下方区域Ⅰ、Ⅱ、Ⅳ及右上方15°内是一个亮区，可将车前面和右方人行道照亮。

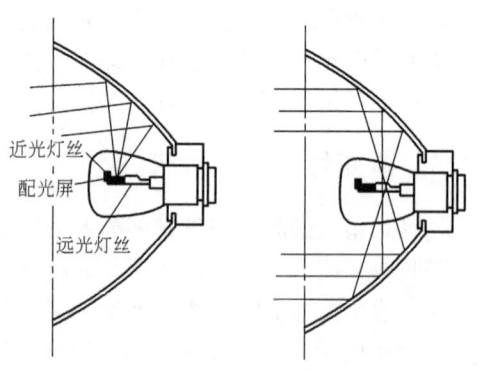

图 6-6 具有配光屏的双丝灯泡

第6章 汽车照明、信号装置

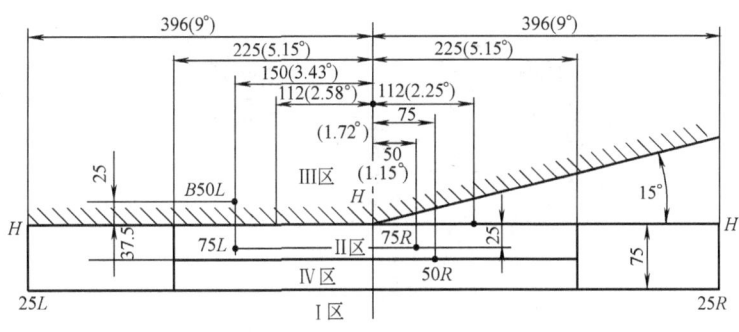

图 6-7 非对称近光配光图

（图注尺寸：cm，测定距离：25m）

近来，国外又发展了一种更优良的前照灯，其近光光形如图 6-8 所示。这种灯的明暗截止线呈 Z 形，故称 Z 形配光，不仅可以避免迎面来车驾驶人的眩目，还可以防止迎面而来的行人和非机动车使用者的眩目，更加保证了汽车夜间行驶的安全。

随着汽车行驶速度的提高，有些载货汽车、公共汽车，特别是轿车上，多采用 4 个前照灯，并排装在同一高度上。一般外侧灯为双丝灯泡，内侧灯为单丝远光灯泡。当需要远光时，4 个前照灯都亮，以加强照明效果。东风 EQ1090 型汽车则相反，其中内侧的两个前照灯为双丝灯泡，外侧为单丝远光灯泡，其光束偏向外侧，在山区行驶时，可使视野增大。

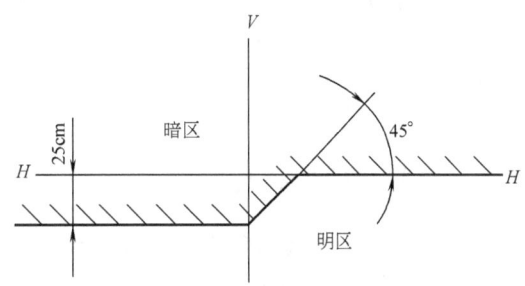

图 6-8 Z 形非对称配光示意图

6.2.4 前照灯的分类

1. 可拆卸式前照灯

这种灯因其气密性不良，反射镜容易受潮气和灰尘污染而降低反射能力，现已基本淘汰。

2. 半封闭式前照灯

其配光镜靠卷曲反射镜边缘上的牙齿而紧固在反射镜上，二者之间垫有橡胶密封圈，灯泡从反射镜后端装入，灯泡可以互换，目前仍被各国广泛采用，其结构如图 6-9 所示。

3. 全封闭式前照灯

其反射镜和配光镜用玻璃制成一体，形成灯泡，里面充以惰性气体。全封闭式前照灯反射镜不受大气中灰尘和潮气污染，它的发光率较高，一个功率约 30W 的前照灯可产生 750000cd 的发光强度，且使用寿命长。目前美国、日本生产的汽车几乎全部采用这种全封闭式前照灯，我国生产的汽车也已大量采用。这种前照灯的缺点是灯丝烧坏后，只能更换整个前照灯总成，其结构如图 6-10 所示。

4. 投射式前照灯

投射式前照灯结构如图 6-11 所示，其反射镜近似于椭圆形状，具有两个焦点。第一焦点处放置灯泡，第二焦点是由光线形成的，凸形配光镜的焦点与第二焦点一致。来自灯泡的光利用反射镜聚集成第二焦点，再通过配光镜将聚集的光投射到前方。在第二焦点附近设有

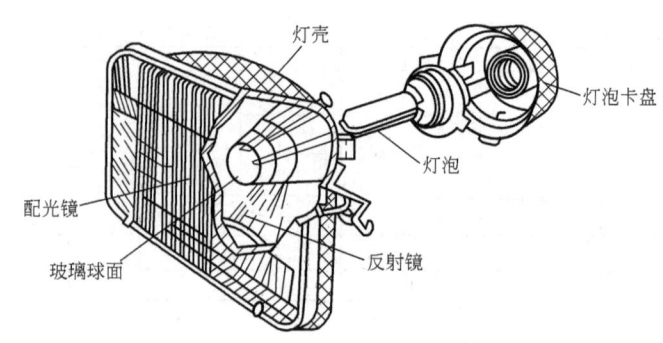

图 6-9 半封闭式前照灯结构

遮光板,可遮挡上半部分光,形成明暗分明的配光。由于具有这种配光特性,投射式前照灯也可用作雾灯。投射式前照灯采用的灯泡为卤钨灯泡。

投射式前照灯的反射镜采用扁长断面,光束横向分布效果好,结构紧凑,经济实用。

6.2.5 前照灯的检查与调整

前照灯光束的调整标准各国略有差异,调整时应参考原车说明书或技术手册进行。

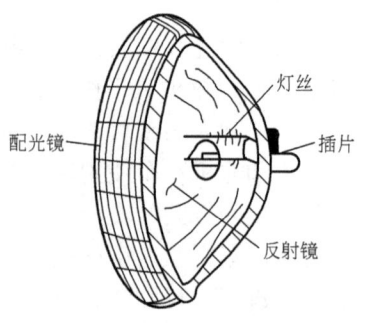

图 6-10 全封闭式前照灯结构

 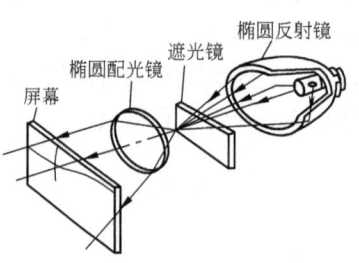 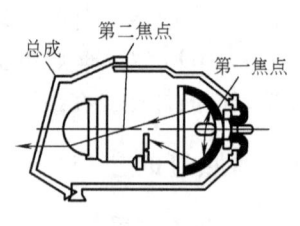

图 6-11 投射式前照灯结构

我国对于前照灯的技术标准和要求为:

1)近光光束照射位置为:其水平方向位置向左、向右偏均不得大于 100mm。

2)远光光束照射位置为:其左灯向左偏不得大于 100mm,向右偏不得大于 170mm;右灯向左或向右偏均不得大于 170mm。

3)前照灯发光强度:对于新车,两灯制的为 15000cd;四灯制的为 12000cd。对于在用车,两灯制的为 12000cd;四灯制的为 10000cd。

前照灯的调整有屏幕调整和仪器调整两种方法。目前越来越多的使用专用仪器进行检验及调整。

1. 利用屏幕调整

用屏幕检验调整前照灯的方法如下:将汽车停在平坦路面上,按规定充足轮胎气压,并擦净散光玻璃。在离前照灯 S 处挂一幕布(或利用白墙壁),在屏幕上画出两条水平线,一条离地 H,另一条比它低 D。再画一条汽车的垂直中心线,在它两侧距中心线 $A/2$(A 为两灯中心距）处再画两条垂直线，与离地 H 处的线相交点即为前照灯中心点，与下一条线相交点即为光点中心（图中 A、D、H、S 应参见车型规定标准数据），如图 6-12 所示。

调整时，先遮住右侧的前照灯，调整左侧前照灯，其射出的光束中心应对准屏幕上前照灯光点中心，否则应予调整。然后采取同样的方法调整右侧前照灯。

2. 利用前照灯检验仪调整

前照灯检验仪根据其结构与原理的不同，可分为聚光式、屏幕式、投影式及自动追踪式 4 种，它们的检验项目基本相同，可以检验前照灯的光束照射位置与发光强度（cd）或光照度（lx）。国产 QD-2 型前照灯检验仪属于屏幕式，结构如图 6-13 所示，其光度指示装置如图 6-14 所示。检验仪的使用方法如下（参见图 6-13）。

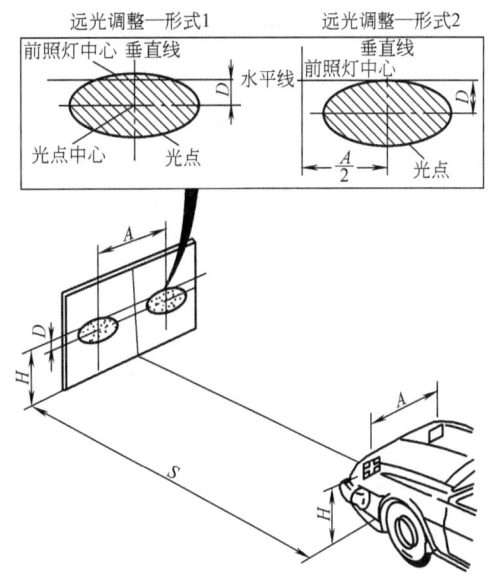

图 6-12 屏幕式调整前照灯的方法

1）将检验仪移至汽车正前方，使仪器的透镜镜面距前照灯配光镜镜面 (30 ± 5)cm，调整仪器箱高度，使其与前照灯中心离地高度一致。通过对正器观察仪器与汽车的相对位置，仪器应对正汽车的纵轴线，当仪器与汽车对正后，即可将仪器移至一任前照灯前开始检验工作。

2）接通被检验前照灯的近光灯，光束则通过仪器箱的透镜照到仪器箱内的屏幕上。从观察窗目视，并旋转光束照射方向选择指示旋钮，使光形的明暗截止线左半部水平线段与屏幕上的实线重合，这时光束照射方向选择指示旋钮上的读数即为近光光束的下倾值，它表示前照灯近光照射到距离为 10m 屏幕上的光束中心下倾值，

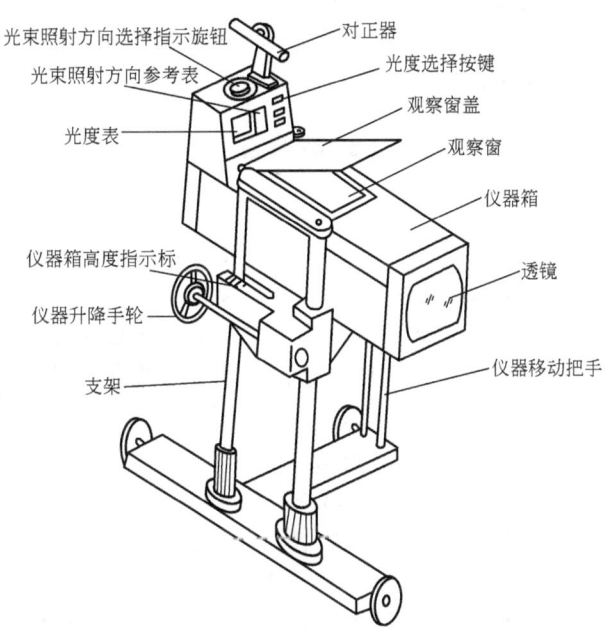

图 6-13 QD-2 型前照灯检验仪

单位为 cm。CA1090 型汽车前照灯近光光束下倾值为 25cm。若光束下倾值不符合规定，应旋转前照灯上方的调整螺钉，使光束向上或向下移动，直至符合要求。

3）读取近光光形明暗截止线的转角点与仪器屏幕上的 V-V 线不重合距离的读数，它表示被测近光灯射到距离为 10m 的屏幕上时，光束中心向左或向右的偏移值，单位为 cm。若不符合规定，应调节前照灯水平方向的调整螺钉，使光束左、右偏移值符合要求。

4）近光光束照射方向检验后，按下光度选择按键的近光Ⅲ按键（参见图 6-14），检验

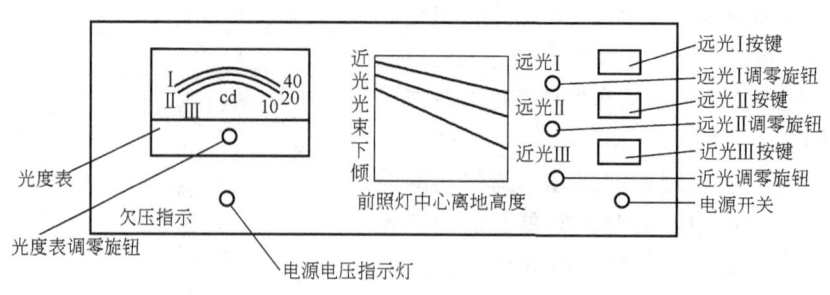

图 6-14 光度指示装置

近光光束暗区的光度。观察光度表，发光强度在 625cd 以下为绿色区域，即合格区；超过 625cd 为红色区域，即不合格区。

5）检验远光光束。接通前照灯的远光灯，远光光束照射到屏幕上的最亮部分应当落在以屏幕上的圆孔为中心的区域，说明远光光束照射方向符合要求，如有上、下或左、右偏移，均应调整。

6）检验远光灯的发光强度。按下远光Ⅰ按键，观察光度表，若发光强度不超过 20000cd，应按下远光Ⅱ按键，检验远光灯最小发光强度是否符合规定。发光强度超过 15000cd 为绿色区域，即为合格区域；发光强度低于 15000cd 为红色区域，为不合格区域。发光强度大于 20000cd 时，光度表以远光Ⅰ读数为准；发光强度低于 20000cd 时，以远光Ⅱ读数为准。

采用同样的方法检查另一前照灯。

6.2.6 前照灯电子控制装置

1. 安全式前照灯

在夜间行车时，若一个前照灯的灯丝坏了，只有另一个前照灯亮时，迎面来车的驾驶人就不能准确地看清在 30m 以外来车的轮廓，容易造成交通事故。美国 Tungsul 公司在全封闭式前照灯的主灯丝上，并联了一根高阻抗的备用灯丝，在正常情况下，它不发光，一旦主灯丝烧断，它立即起作用。这种备用灯丝发出的光，可使迎面来的汽车驾驶人，至少在相距 150m 时就能看到，从而可以预先让路，避免碰撞。

2. 前照灯关闭延时控制电路

1970 年，美国通用汽车公司研制出一种前照灯关闭延时固态元件控制装置，驾驶人将汽车停放在无照明的车库时，只要接通仪表板上的按钮开关，就能使前照灯延长一个时间关断，直到驾驶人离开车库后，再自动切断前照灯。图 6-15 为其电路原理图，图中的机油压力开关起控制作用，当发动机不运转时，它的触点闭合搭铁。而当发动机运转时，靠机油压力使触点断开。一般可延迟约 1min。

3. 提醒关灯电路

有时白天行车时，在细雨蒙蒙或雾天阴沉的早晨，驾驶人开灯，不是为了照明，而是为了安全，或者因通过较长的隧洞而打开前照灯等。由于是白

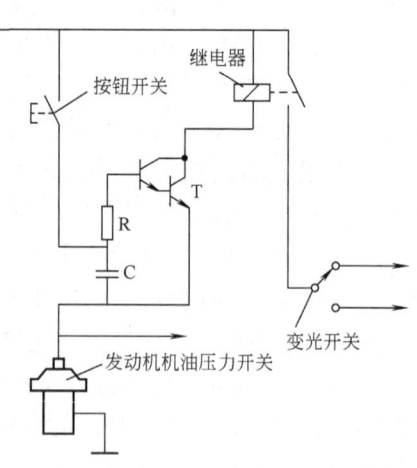

图 6-15 延迟切断前照灯电路图

天行车,有时人们会忘记前照灯开关是接通的,提醒关灯电路就是针对这种情况设计出来的。

图6-16所示为提醒关灯装置电路图。它在点火开关断开而前照灯(或停车灯)仍然亮着的情况下,电流经二极管 VD_1(或 VD_2),使 VT 产生基极电流而导通,蜂鸣器发出声音提醒驾驶人关灯;当接通点火开关时,VT 的基极电位提高,VT 截止,蜂鸣器不发出声音。

4. 前照灯自动减光电路

在夜间行驶时,为了防止迎面来车眩目,驾驶人必须频繁使用变光开关,分散了其注意力。前照灯自动减光装置,可根据迎面来车的灯光调节前照灯的近光和远光。图6-17为其电路原理图,具体工作原理如下。

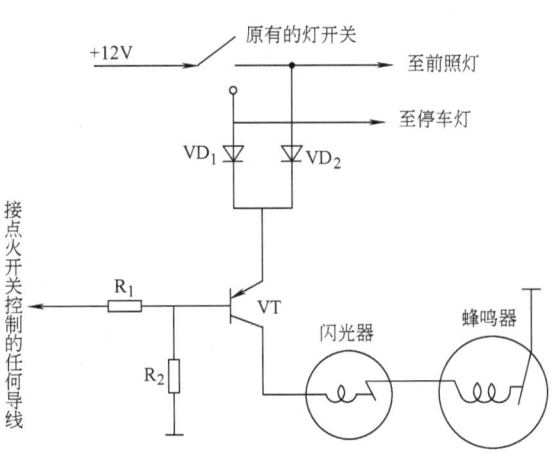

图6-16 提醒关灯装置电路原理图

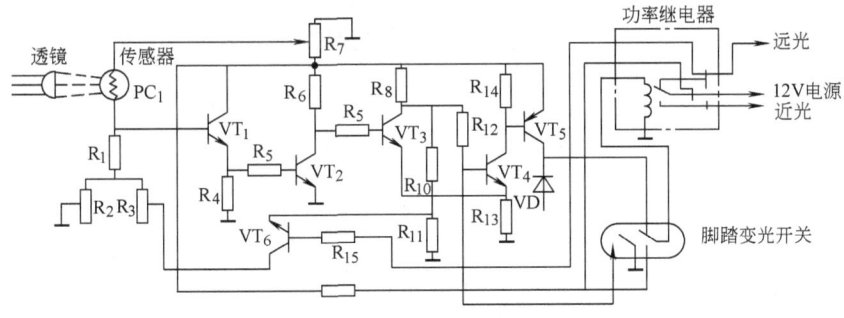

图6-17 前照灯自动减光电路原理图

当迎面来车的前照灯光线射到传感器——放大器组件时,通过透镜将光聚焦到光敏元件上,通过放大器输出信号触发功率继电器,将前照灯自动从远光转换到近光,如果迎面来车的前照灯也转换到近光,光敏元件接收的光通量减少,但系统设计成在光通量减少时,仍然能使前照灯保持近光照明。当迎面来车通过后,它的前照灯不再照射到传感器上,于是放大器不再向功率继电器输送信号,继电器触点又恢复到远光照明。

6.2.7 汽车照明电路举例

1. 解放 CA1092 汽车照明系统电路

解放 CA1092 汽车照明系统电路如图6-18所示。车灯开关为拉杆式,开关拉到Ⅰ档时接通仪表灯、示廓灯电路;开关拉到Ⅱ档时继电器的磁化线圈通电,继电器的触点闭合,然后电流由继电器到变光开关,由变光开关控制前照灯的远光灯和近光灯,前照灯电路接通的同时,仪表灯、示廓灯电路继续接通。开关不拉出时,旋转拉钮,可接通顶灯。在电路中除设置了多个熔断器外,还设置了前照灯继电器,设置继电器是为了避免前照灯的大电流直接通过车灯开关,保护车灯开关。

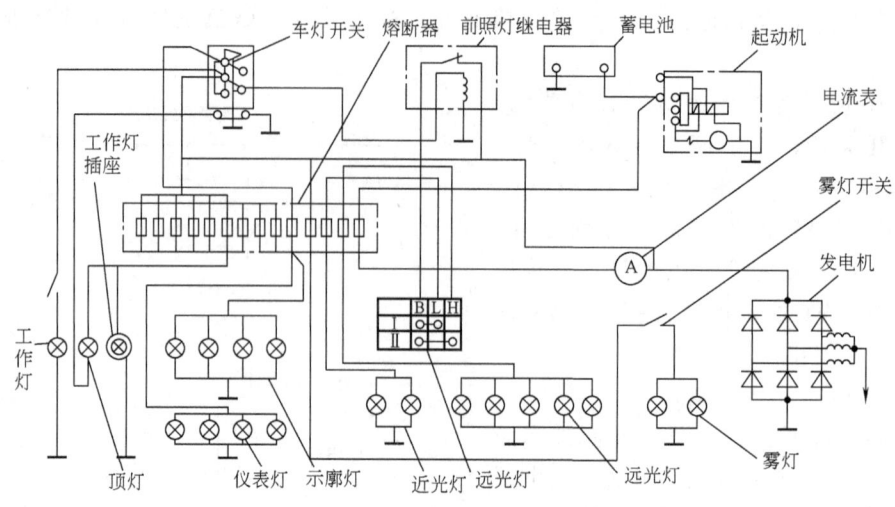

图 6-18 解放 CA1092 汽车照明系统电路

2. 桑塔纳轿车照明系统电路

桑塔纳轿车照明系统电路如图 6-19 所示。桑塔纳轿车的前照灯直接由车灯开关控制，车灯开关在 2 档时，通过变光开关进行远光和近光变换控制。此外，远光灯还可由超车灯开关直接控制，在超车前使用。

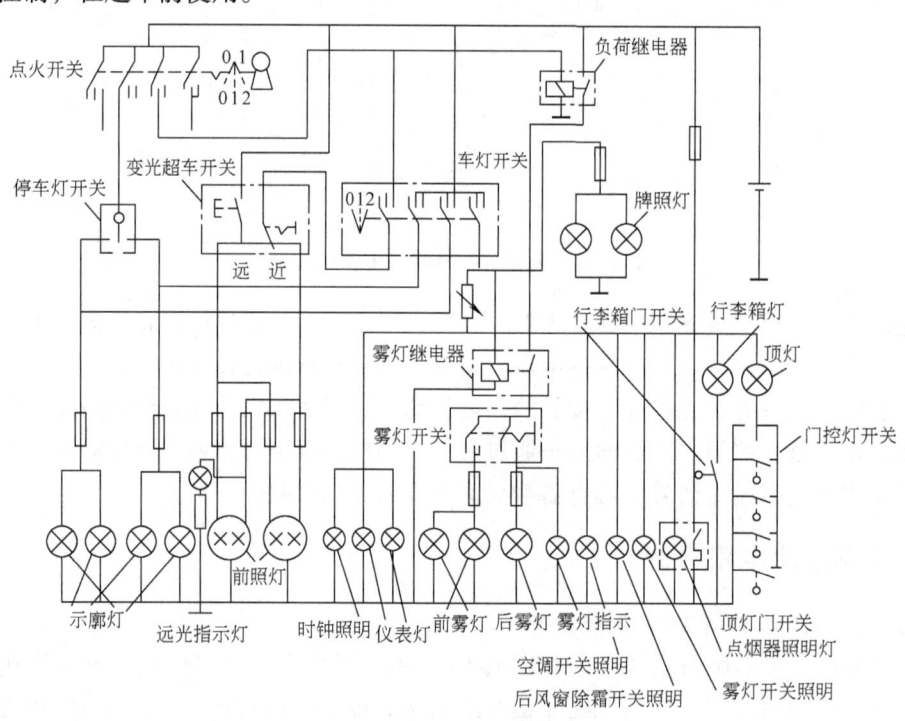

图 6-19 桑塔纳轿车照明系统电路

雾灯继电器由车灯开关的 1 档控制。雾灯开关的电源来自中间继电器控制的大功率火线。雾灯开关的 1 档接通前雾灯的电路，2 档同时接通前后雾灯的电路。

牌照灯由车灯开关控制，在车灯开关 1 档或 2 档时都接通。

前顶灯和行李箱灯由门控开关控制,当行李箱或车门打开时,其门控开关就会接通行李箱灯或顶灯电路。

仪表板、时钟、点烟器、后除霜器开关、空调开关、雾灯开关等照明灯也均由车灯开关控制。

当车灯开关在1档或2档时,上述照明灯均被接通,其亮度可通过仪表板上的调光器进行调节。

6.2.8 照明电路故障诊断

照明系统主要由蓄电池(发电机)、熔丝、灯控开关、灯光继电器、变光器、车灯及其线路组成。车型不同,其控制线路也不相同。在检修其故障时,应首先弄懂其控制线路的组成和原理,及部件之间的连接关系。

1. 断路故障诊断

1)用试灯检查:将试灯的一端夹在发动机或车架上(即搭铁),接通灯开关,把试灯的另一端与蓄电池到该灯之间连线上的各接点相接触,如灯亮,再与第二个接点接触……,直至试灯不亮为止。可以确定,断路处即在试灯亮时的测试点与试灯不亮时的测试点之间(如图6-20所示)。

2)用万用表直流电压档检测:其方法与试灯法基本相同。万用表"-"表笔搭铁,"+"表笔分别与蓄电池到该灯之间连线上各接点相接触,检测其电源电压是否正常,如不正常,则断路发生在有电压指示和无电压指示两个被测试点之间的这段线路中。

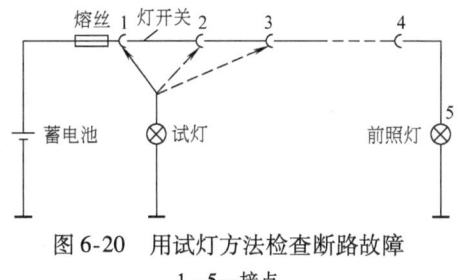

图6-20 用试灯方法检查断路故障
1~5—接点

2. 搭铁故障诊断

当接通灯开关时,熔断器立即烧坏,说明开关所接通的灯系线路有短路搭铁故障,其搭铁部位在灯开关与灯之间。

1)用试灯方法检查:首先断开导线与灯及灯开关连接处的导线(如图6-21所示),将试灯一端与蓄电池"+"极相连接,另一端与接灯(或灯开关)的线头相连接,如试灯亮,说明有搭铁故障存在,此时逐个拆开从灯开关到灯之间导线上的各个接点,如灯灭,则搭铁故障发生在灯灭时拆开点与上一个拆开点之间的导线上。

2)用万用表电阻档检查:将万用表一只表笔搭铁,另一只表笔与接灯的导线线头相连接,如万用表读数为零,说明有搭铁故障存在。检查方法与试灯方法相同。

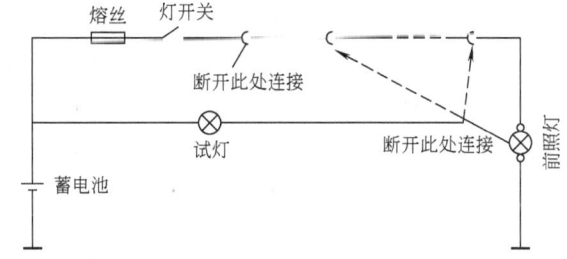

图6-21 搭铁故障的检查

6.2.9 典型故障诊断与排除

照明系统常见故障、原因及其排除方法见表6-1。

表6-1 照明系统常见故障、原因及其排除方法

故障现象	故障原因	排除方法
所有灯全不亮	蓄电池至灯总开关之间火线断路	重新接线
	灯总开关损坏	更换
	电源总熔丝断	更换
远光灯或近光灯不亮	变光器损坏	更换
	导线断路或导线插接器接触不良或灯泡坏	更换
	远光灯或近光灯熔丝坏	更换
	灯光继电器损坏	更换
	导线搭铁	排除
	灯总开关损坏	更换
前照灯灯光暗淡	熔丝松动	插紧
	导线接头松动	紧固
	前照灯开关或继电器触点接触不良	更换
	发电机输出电压低	维修发电机
	用电设备漏电,负荷增大搭铁不良	修复
一侧前照灯亮度正常,另一侧前照灯暗淡	前照灯暗的一侧搭铁不良	紧固
	导线插接器的插头接触不良	紧固
前照灯、后灯正常,示廓灯不亮	灯总开关损坏	更换
	熔丝熔断	更换
	示廓灯泡坏	更换
	示廓灯线路断路	修复
	继电器损坏	更换
接通小灯,一侧示廓灯亮,另一侧示廓灯亮度变弱且该侧指示灯和后转向指示灯也亮,但不闪烁	亮度暗淡的示廓灯搭铁不良(指灯壳搭铁的灯)	修复
踏下制动踏板,制动灯不亮	制动灯熔丝熔断	更换
	制动开关损坏	更换
	导线断路	修复
	搭铁不良	修复
	灯泡坏	更换
灯泡经常烧坏	发电机输出电压过高	维修发电机

诊断时,应根据不同的故障现象采取不同的诊断方法。下面具体举例说明。

1. 前照灯的远近光均不亮

如果远光灯和近光灯都不亮,应先查仪表灯是否亮,如果仪表灯亮,说明车灯开关的电源线正常,将点火开关接通、车灯开关置于2档(前照灯接通如图6-13)位置,测变光开关上的火线接线柱电压是否正常,若电压为零,说明车灯开关至变光开关之间断路或车灯开关有故障;若电压正常,可以用线短接变光开关试验,若灯亮,说明变光开关损坏,应更换。若灯不亮则查变光开关后的线路和灯丝。

2. 前照灯一侧亮,另一侧暗

先查两侧灯泡的功率是否相同,可采用互换左右灯泡的办法进行判断。若灯泡功率相同,可用一根导线,一端接车身,另一端接灯光暗淡的灯泡搭铁接线柱,若恢复正常,则表明该灯搭铁不良。若灯光无变化,常为变光开关接触不良,或连接该灯泡灯丝的插头松动,或锈蚀使接触电阻过大所致。可用电源短接法迅速判明故障部位。

灯泡搭铁不良时,灯光暗淡,表现在灯泡远光与近光都同时发光微弱。否则就不是灯泡搭铁不良故障，一般是前照灯反射镜有灰尘或氧化，可通过清洁或更换反射镜来排除故障。

6.3 汽车信号系统

6.3.1 汽车转向灯及闪光器

当汽车要转向时，由驾驶人打开相应的转向灯开关，转向信号灯亮并按一定频率闪烁，以告知前后车辆驾驶人、行人和交通警察。

闪光器是控制转向信号灯闪烁频率的装置。闪光器按结构和工作原理可分为热丝式、翼片式、电容式和电子式等多种。

目前国内仍广泛使用热丝式闪光器，它结构简单、制造成本低，但闪光频率不稳定、使用寿命短、信号灯的亮暗不够明显，且不能兼作危险报警闪光器，今后将趋于淘汰。而电容式和电子式闪光器，由于工作频率稳定，灯光亮暗明显，且可兼作危险报警闪光器，还可在电路中增加少量元件，对闪光灯灯泡损坏情况作出监视信号，现已广泛使用。

1. 热丝式闪光器

图 6-22 为热丝式闪光器的结构和工作原理图。转向开关未接通时，活动触点在镍铬丝的拉紧下，与固定触点分开。汽车转向时，接通转向开关，则电流便从蓄电池正极→接线柱→活动触点臂→镍铬丝→附加电阻→接线柱→转向开关→相应的转向信号灯和转向指示灯→搭铁→蓄电池负极，形成回路。此时，由于附加电阻和镍铬丝串入电路中，电流较小，转向信号灯和指示灯亮度较低。经过一较短时间后，镍铬丝受热膨胀而伸长，使触点闭合，此时电流从蓄电池正极→接线柱→活动触点臂→闭合触点→线圈→转向开关→转向信号灯和转向指示灯→搭铁→蓄电池负极，形成回路。由于附加电阻及镍铬丝被短路隔除，而线圈中有电流通过，产生电磁力，使触点闭合更为紧密，线路中电阻小，电流大，故转向信号灯及转向指示灯亮。与此同时，镍铬丝被短路隔除，逐渐冷却而收缩，触点又打开，附加电阻及镍铬丝又串入电路，灯光又变暗，如此反复，从而使转向信号灯及指示灯一明一暗地闪烁。我国规定闪烁频率为 60～120 次/min，最佳是 70～90 次/min。当频率过高或过低时，可扳动调节片，改变镍铬丝的拉力；或者对触点间隙进行调整。

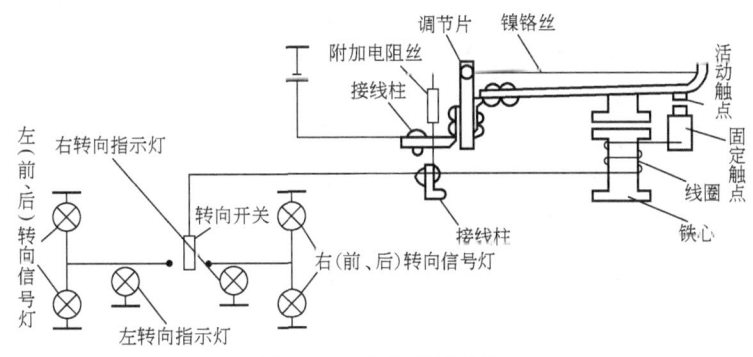

图 6-22 热丝式闪光器

2. 电容式闪光器

电容式闪光器，根据衔铁线圈的接线不同分为电流型和电压型。所谓电流型，就是衔铁线圈与转向灯泡串联工作，如图6-23a所示。电压型是闪光器的衔铁线圈与转向信号灯并联，如图6-23b所示。电容式闪光器，主要是利用向电容器的充电和放电来控制转向信号灯的闪烁频率，现以电流型电容闪光器为例说明其工作过程。

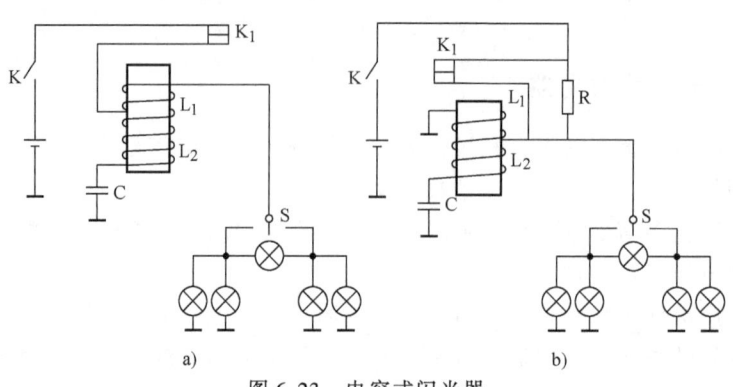

图6-23 电容式闪光器
a）电流型 b）电压型

当接通电源开关时，电流通过触点 K_1 经线圈 L_2 后向电容 C 充电。当转向开关接通转向信号灯时，电流通过串联线圈 L_1 到转向信号灯及转向指示灯，由 L_1 产生的电磁吸力，将常闭触点 K_1 打开，灯泡就不亮。触点 K_1 断开，电容 C 开始放电，L_1、L_2 两线圈的吸力继续使触点断开，直至放电电流基本消失。放电电流消失后，触点 K_1 在本身弹力作用下，回复闭合状态，此时流过 L_1 中的负荷电流与流过 L_2 的充电电流方向相反，磁力互相抵消，K_1 继续闭合，灯泡继续亮，当 C 接近充满电时，电流减小，两线圈产生的磁力失去平衡，吸下 K_1，灯泡熄灭。如此反复工作，故转向信号灯就以一定的频率闪烁。

3. 电子式闪光器

（1）带继电器的晶体管闪光器　带继电器的晶体管闪光器的工作原理如图6-24所示，它主要由晶体管开关电路和小型继电器组成。

当汽车打开右转向信号灯时，电流由蓄电池正极→电源开关 SW→接线柱 B→电阻 R_1→继电器的常闭触点 J→接线柱 S→转向灯开关 K→右转向信号灯→搭铁→蓄电池负极，形成回路，右转向灯信号灯亮。当电流通过电阻 R_1 上产生电压降，晶体管 VT 因正向偏压而导通，集电极电流通过继电器线圈 J，使继电器的常闭触点立即打开，右转向信号灯随之熄灭。

晶体管导通的同时，其基极电流向电容器 C 充电。电流由蓄电池正极→电源开关 SW→接线柱 B→晶体管的反射极 e→基极 b→电容器 C→电阻 R_3→接线柱轴转向灯开关 K→右转向灯→搭铁→蓄电池负极，形成回路。随着电容器电荷的积累，充电电流逐渐减小，晶体管的集电极电流也随之减小，当电

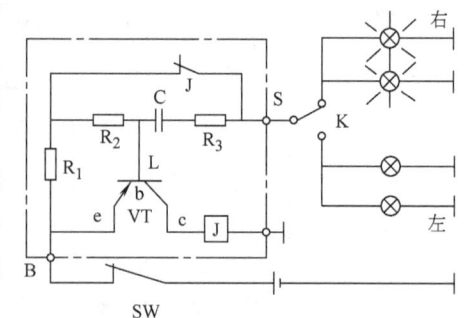

图6-24 带继电器的晶体管闪光器

流减小，线圈中产生的磁力不足以维持衔铁的吸合而释放时，继电器触点重又闭合，转向灯又再次发亮。这时电容器 C 通过电阻 R_2、继电器触点 J、电阻 R_3 放电。放电电流在 R_2 产生的电压降为晶体管 VT 提供正向偏压使其导通。这样，电容器不断地充电和放电，晶体管

也就不断地导通与截止，控制继电器触点反复地打开、闭合，使转向信号灯闪烁。

（2）无触点闪光器　国产SG131型无触点闪光器的如图6-25所示。当转向灯开关打开时，晶体管VT_1的基极电流由两路提供，一路经电阻R_2，另一路经电阻R_1和电容器C，晶体管VT_1导通，复合晶体管VT_2、VT_3处于截止状态，由于VT_1的导通电流很小，仅60mA左右，故转向灯不亮。与此同时，电源对电容器C充电，随着电容器C两端电压的升高，充电电源逐渐减小，晶体管VT_1由导通变为截止。这时A点的电位升高，当其电位达到1.4V时，晶体管VT_2导通，晶体管VT_3也随之导通，于是转向信号灯点亮。

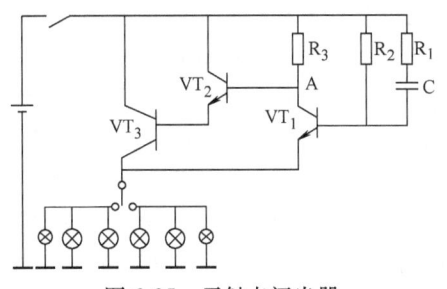

图6-25　无触点闪光器

此时，电容器C经过电阻R_1，R_2放电，电容器放完电后，接着电源又对电容器C充电，晶体管VT_1导通，VT_2、VT_3截止，转向信号灯熄灭，如此反复，使转向信号灯闪烁。闪光频率由电路中元件的参数决定。

（3）集成电路闪光器　图6-26所示为上海桑塔纳轿车装用的集成电路闪光器的工作原理图。U243B型集成块是一块低功率、高精度的汽车电子闪光器这样专用集成电路。U243B的标称电压为12V，实际工作电压范围为9~18V，采用双列8脚直插塑料封装。内部电路主要由输入检测器SR、电压检测器D、振荡器Z及功率输出极SC四部分组成。

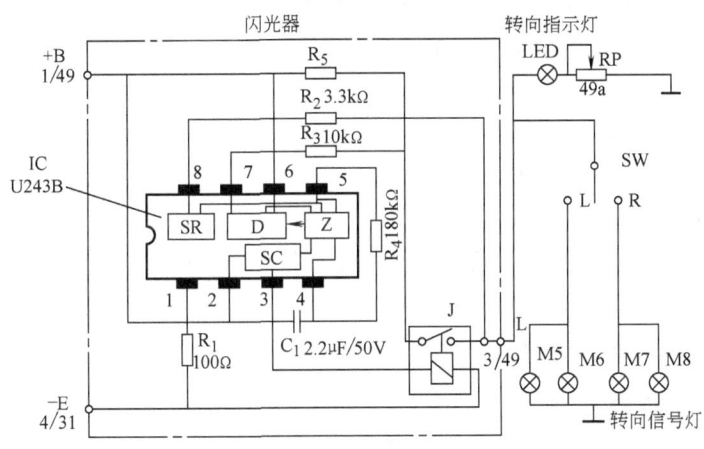

图6-26　集成电路闪光器

输入检测器用来检测转向信号灯开关是否接通。振荡器由一个电压比较器和外接的电阻R_4和电容器C_1构成。内部电路比较器的一端提供了一个参考电压，其值由电压检测器控制，比较器的另一端则由外接的电阻R_4和电容器C_1提供一个变化的电压，从而形成电路的振荡。振荡器工作时，输出极的矩形波便控制继电器线圈的电路，并使继电器触点反复打开和闭合。于是转向信号灯和转向指示灯闪烁，频率为80次/min。

如果一只转向信号灯烧坏，则流过取样电阻R_5的电流减小，其电压降减小，经电压检测器识别后，便控制振荡器电压比较器的参考电压，从而改变振荡频率，使转向指示灯的闪光频率加快一倍，以提示驾驶人及时检修。当打开危险警报开关时，汽车的前、后、左、右转向信号灯同时闪烁作为危险报警信号。

6.3.2 制动信号装置

制动灯装在汽车尾部,当汽车制动时制动灯点亮。1985年,美国还规定必须安装高位制动灯,它装在小轿车的后窗中心线的附近。这样,在前后两辆汽车靠得太近时,后面汽车驾驶人就能从高位制动灯的工作状况,知道前面汽车的行驶状况。制动灯开关通常有两种型式:一种是弹簧负载式常开开关,装在制动踏板的后面,当踏下制动踏板时,开关闭合,制动灯亮。另一种是液压或气压式开关,装在制动主缸出口处,当踩下制动踏板,液压管路(或气压管路)中压力增加时,经过开关薄膜的作用,开关闭合,制动灯亮;当释放制动踏板时,管路压力下降,开关又恢复到原来的常开位置。因为制动灯在汽车尾部,制动灯灯丝如烧断,不易被驾驶人发现,而一旦制动灯灯丝烧断,在紧急制动时,则失去了对后面车辆驾驶人的警告作用,危险性很大。

图6-27为制动灯监视电路,用以监视制动灯的工作情况,其工作原理如下:当踩下制动踏板时,电源经熔丝、线圈L_2到制动灯搭铁成回路,制动灯亮,但流过L_2线圈所产生的磁场,还不足以闭合干簧管继电器触点。但在点火开关接通的情况下,经可调电阻R、线圈L_2、搭铁形成回路,使L_1中也产生磁场。这两个磁场叠加时,干簧管继电器触点才闭合,12V电压加在指示灯上,表示制动灯的工作正常。当一只制动灯损坏时,流过L_2的电流减小一半,磁场减弱,干簧管继电器触点不闭合,制动指示灯不亮,表示制动灯有故障。监视制动指示灯的灵敏度可一次调整好,踏下制动踏板时,制动灯开关接通,调整可调电阻R,直到干簧

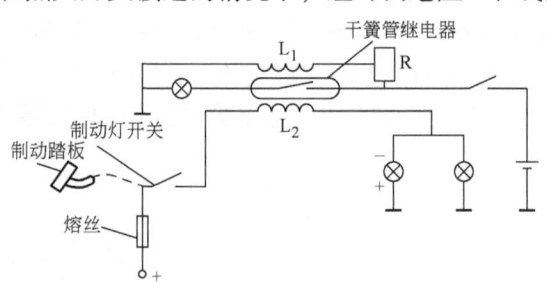

图6-27 制动灯监视电路

管触点闭合为止。为了模拟故障,可将一个制动灯拆下,这时,再踏下制动踏板时,制动指示灯应不亮。在制动灯电路中,短路的情况比较少见。由于制动灯电路有熔丝,当短路时,熔丝烧断,这时,踏下制动踏板时,制动指示灯也不亮。

6.3.3 倒车信号装置

1. 倒车灯及报警器电路

汽车倒车时,为了警示车后的行人和其他车辆注意避让,在汽车的后部装有倒车灯和倒车蜂鸣器(或倒车语音报警器),它们均由装在变速器上的倒档开关控制。当变速器挂入倒档时,在拨叉轴的作用下,倒档开关连通倒车报警器和倒车灯电路,从而发出声光倒车信号。图6-28为解放CA1092汽车倒车信号电路。

2. 倒车报警器

倒车报警器有倒车蜂鸣器和倒车语言报警器两种。

(1)倒车蜂鸣器 倒车蜂鸣器是一种间歇发声的音响装置,图6-29为解放CA1092型汽车装用的倒车蜂鸣器的电路。其发音部分是一只功率较小的电喇叭,控制电路是一个由无稳态电路(即"多谐振荡器")和反相器组成的开关电路。

晶体管VT_1、VT_2组成无稳态电路,由于VT_1和VT_2之间采用电容器耦合,所以VT_1

与 VT_2 只有两个暂时的稳定状态,或 VT_1 导通,VT_2 截止;或 VT_1 截止,VT_2 导通,这两个状态周期地自动翻转。

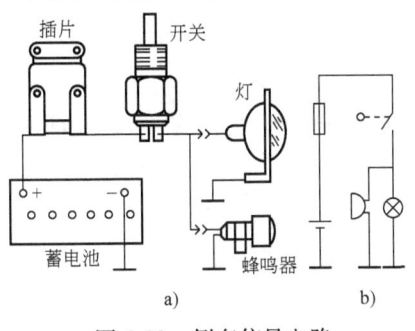

图 6-28 倒车信号电路
a) 示意图 b) 原理图

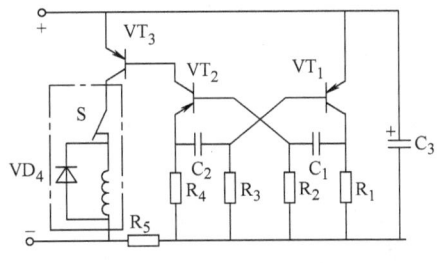

图 6-29 倒车蜂鸣器电路

VT_3 在电路中起开关作用,它与 VT_2 直接耦合,VT_2 的发射极电流就是 VT_3 的基极电流。当 VT_2 导通时,VT_3 基极有足够大的基极电流导通向 VD_4 供电。VD_4 通电使膜片振动,产生声音。当 VT_2 截止时,VT_3 无基极电流也截止,VD_4 断电响声停止,如此周而复始,VT_3 按照无稳态电路的翻转频率不断地导通、截止,从而使得倒车蜂鸣器发出"嘀—嘀—嘀"的间歇鸣叫声。

(2) 倒车语音报警器 随着集成电路技术的发展,现在已经能将语音信号压缩存储于集成电路中,制成倒车语音报警器。在汽车倒车时,能重复发出"请注意,倒车!"等声音,以此提醒车后行人避开车辆而确保安全倒车。倒车语音报警器的典型电路如图 6-30 所示。IC_1 是储存有语音信号的集成电路,集成块 IC_2 是功率放大集成电路,稳压管 VD 用于稳定语音集成块 IC_1 的工作电压。为防止电源电压接反,在电源的输入端使用了由 4 个二极管组成的桥式整流电路,这样无论它怎样接入 12V 电源,均可保证电子电路正常工作。

当汽车挂入倒档时倒车开关接通了倒档报警电路,电源便由桥式整流电路输入语音倒车报警器,语音集成电路 IC_1 的输出端便输出一定幅度的语音电压信号。此语音电压信号经 C_2、C_3、R_4、R_5 组成的阻容电路消除杂声,改善音质,并耦合到集成电路 IC_2 的输入端,经 IC_2 功率放电后,通过喇叭输出,即可发出清晰的"请注意,倒车!"等声音。

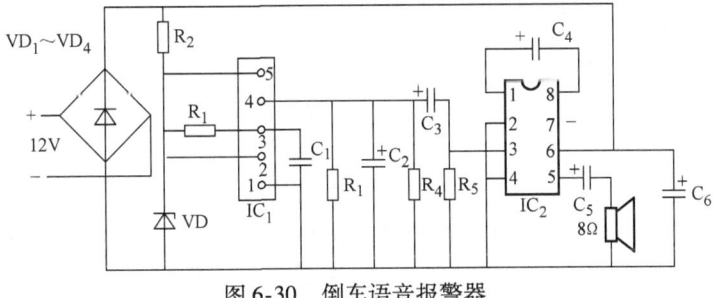

图 6-30 倒车语音报警器

6.3.4 电喇叭和电喇叭继电器

1. 电喇叭

汽车上都装有喇叭,用以警告行人和其他车辆,引起注意,保证行车安全。喇叭按发音动力有气动和电动之分。电动喇叭声音悦耳、体积小、质量轻，已广泛用于各型汽车上。

(1) 盆形电喇叭　图 6-31 为盆形电喇叭结构示意图。其电磁铁采用螺管式结构，铁心上绕有线圈，上下铁心间的气隙在线圈中间，所以能产生较大的吸力。它没有扬声筒，而是将上铁心、膜片和共鸣板固装在中心轴上。当电路接通时，线圈产生吸力，上铁心被吸下与铁心碰撞，产生较低的基本频率，并激励与膜片一体的共鸣板产生共鸣，从而发出比基本频率强得多，且分布又比较集中的谐音。触点间仍需并联一灭弧电容器。

(2) 无触点电喇叭　上述有触点电磁振动式电喇叭，由于触点烧蚀、氧化，影响输入电流，使喇

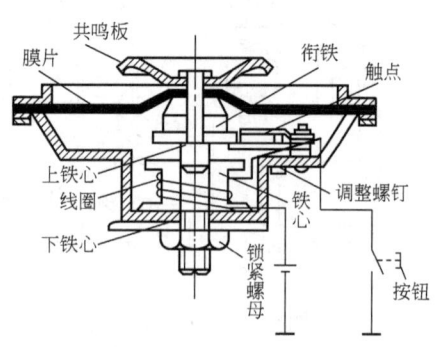

图 6-31　盆形电喇叭

叭变音，而且它的音色和音量不容易调整。无触点电喇叭则克服了上述缺点。晶体管控制的无触点电喇叭主要由多谐振荡器及功率放大器组成，图 6-32 为其电路图。图中的 VT_1、VT_2、VT_3 构成一多谐振荡器。

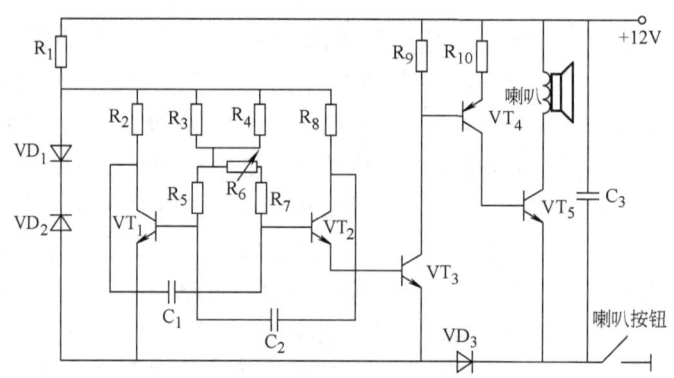

图 6-32　无触点电喇叭电路图

为了保证其振荡频率稳定，多谐振荡器接在稳压电源上，由 DW 稳压管供给稳压电源，二极管 VD_2 为稳压管作温度补偿。VT_4、VT_5 组成直接耦合放大器，喇叭的激励线圈就接在 VT_5 的集电极上。电容器 C 用于防止汽车点火电路引起的干扰。

2. 喇叭继电器

为了得到更加悦耳的声音，在汽车上常装有两个不同音调的喇叭。当装用双喇叭时，因为消耗的电流较大（约 15~20A），用按钮直接控制时，按钮容易烧坏，故常采用喇叭继电器，如图 6-33 所示。当按下按钮时，电流从蓄电池正极→线圈→按钮→搭铁→蓄电池负极。由于线圈电阻很大，所以通过按钮的电流很小。线圈通电后产生吸力，使触点闭合，则喇叭大电流从磁轭和触点流到喇叭。

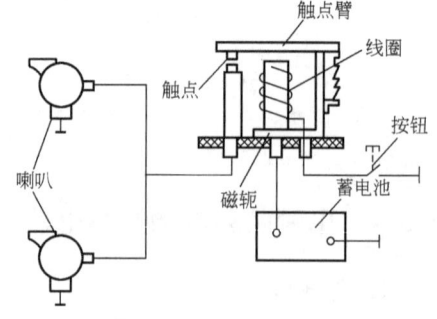

图 6-33　喇叭继电器

6.3.5 汽车信号电路举例

1. 桑塔纳轿车转向及警告系统电路

（1）电路组成　桑塔纳轿车转向信号灯及危险警告灯系统电路如图 6-34 所示，主要由危险警告灯开关、电子闪光器、转向信号灯开关、转向信号灯灯泡及熔断器等构成。

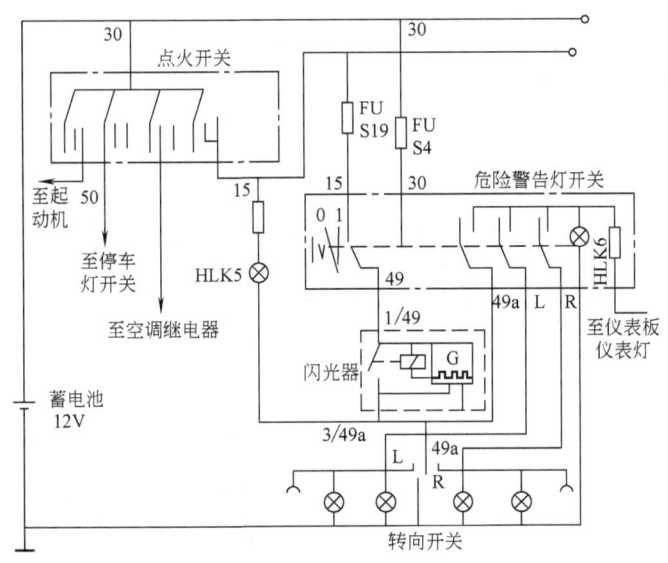

图 6-34　桑塔纳轿车转向及警告系统电路

（2）电路工作原理

1）供电。转向信号灯与危险警告灯共用一只电子闪光器。转向信号灯由点火开关控制的"15"号线经熔断器 FUS19 供电。危险警告灯电源直接由蓄电池经熔断器 FUS4 供电（"30"号线为不受点火开关控制的电源线）。

2）接通危险警告灯开关。当该开关接通后，电流由蓄电池正极→30 号线→熔断器 FUS4→中央接线盘 B28 插头（图 6-34 中中央接线盘均未画出，以下同）→警告灯开关 30 接线柱→警告灯开关 49 接线柱→中央接线盘 A18 插头→闪光器 1/49 接线柱→闪光器 3/49a 接线柱→中央接线盘 A10 接线柱→警告灯开关 49a、L、R 接线柱→中央接线盘 A7、A20 接线柱→中央接线盘 E1、C8、E6、C19 接线柱→转向灯泡→蓄电池负极，危险警告灯闪亮。

3）接通转向信号灯开关。此时，蓄电池正极电流→30 号线→点火开关 15 号线→中央接线盘 G2 接线柱→熔断器 FUS19→中央接线盘 A13 接线柱→警告灯开关 15 接线柱→49 接线柱→中央接线盘 A18 接线柱→闪光器 1/49 接线柱→闪光器 3/49a 接线柱→中央接线盘 A10 接线柱。

同时，危险警告灯开关处于断开位置，电流走向如下：

① 左转向信号灯：转向信号灯开关 49a 接线柱→转向开关 L 接线柱→中央接线盘 A20 接线柱→中央接线盘 E6 接线柱→中央接线盘 C19 接线柱→左前、左后转向信号灯泡→搭铁→蓄电池负极。

② 右转向信号灯：转向信号灯开关 49a′接线柱→转向开关 R 接线柱→中央接线盘 A7 接

线柱→中央接线盘 E11 接线柱→中央接线盘 C8 接线柱→右前、右后转向信号灯泡→搭铁→蓄电池负极。

4）危险警告灯。危险警告灯开关内的照明灯泡是经仪表板调光电阻 E20 通电的，平时较暗。接通危险警告灯时，灯泡点亮。闪光器使用三接线柱及带集成电路的有触点式继电器，当转向信号灯工作而有一只灯泡损坏时，闪光速度加快，以示要检查更换灯泡。闪光继电器位于中央接线盘上的 12 位。

2. 捷达轿车转向及危险警告电路

捷达轿车转向及危险警告电路如图 6-35 所示。

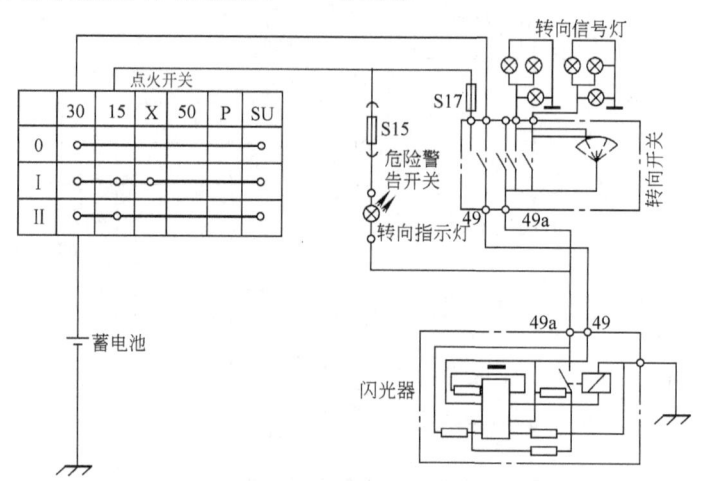

图 6-35　捷达轿车转向及危险警告电路图

电路工作原理讨论如下。

（1）转向信号　当点火开关处于 I 档，并拨动转向开关，蓄电池 +→点火开关触点→熔断器 S15→转向指示灯→转向开关的触点 49a→转向开关→左（或右）侧转向信号灯→搭铁→蓄电池 -，转向指示灯亮。由于这一电流较小，故转向信号灯不亮。当闪光器触点闭合时，转向信号灯亮。其电流由蓄电池 +→点火开关→熔断器 S17→危险警告灯开关常闭触点→闪光器接点 49→49a→转向开关左（或右）触点→转向信号灯→搭铁→蓄电池 -。这时转向指示灯两端电位差为零，转向指示灯灭。因此，转向指示灯的频闪状态与转向信号灯相反。

（2）危险警告　当汽车有紧急情况时，按下危险警告开关，则所有转向信号灯一起闪烁。其电流由蓄电池 +→危险警告开关（图左）→闪光器接点 49→49a→危险警告开关（图右）→所有转向信号灯→搭铁→蓄电池 -。从这一线路可知无论点火开关处于什么位置，只要按下危险警告开关，危险警告灯（即转向信号灯）都可以工作。

6.3.6　故障诊断

1. 转向信号灯系统的故障诊断

转向信号灯的电路一般是：电源→熔丝盒→闪光器→转向信号灯开关→右（左）转向信号灯及转向指示灯→搭铁，但随车型不同其电路也略有差别。在检修转向信号灯系统故障时，一定要首先弄懂该车转向信号灯系统的原理图和各元件间的连接关系。一般容易产生故障的部位是：电源、转向信号灯开关、转向信号灯、闪光器、线路等。转向信号灯系统常见故障及其原因如表6-2。

表6-2 转向信号灯系统常见故障及其原因

故障现象	故障原因
左右转向信号灯全不亮	1. 转向信号灯熔丝熔断 2. 蓄电池至转向开关之间线路有断路、接触不良的地方 3. 转向信号灯控制开关损坏 4. 闪光器损坏 5. 配线或搭铁故障
左(或右)转向信号灯不亮	1. 导线接头脱落 2. 闪光器不良 3. 搭铁不良 4. 转向信号灯灯泡烧坏
亮灭次数减少(闪烁频率慢)	1. 转向信号灯泡功率选用不当 2. 闪光器调整不当 3. 电源电压过低(应调整发电机电压调节器)
亮灭次数增加(闪烁频率快)	1. 转向信号灯泡功率选用不当 2. 某转向信号灯泡烧坏 3. 搭铁不良 4. 电源电压过高(应调发电机电压调节器) 5. 闪光器调整不当
转向信号系统有时工作有时不工作	1. 闪光器搭铁不良(对晶体管或带继电器式闪光器) 2. 导线接触不良或断路
转向信号灯常亮	1. 闪光器故障 2. 发电机电压调节器的限额电压过高 3. 转向开关故障 4. 短路故障
转向信号灯的熔丝熔断更换后再次熔断	1. 转向信号灯电路的火线直接搭铁 2. 灯泡或灯座短路 3. 转向开关搭铁 4. 闪光器不良
开示廓灯时转向信号灯亮(不闪)，开转向信号灯时示廓灯亮	双丝灯搭铁不良(非公共搭铁灯系的双丝灯泡)

2. 电喇叭的故障诊断

电喇叭电路有带继电器与不带继电器两类，目前以单线制、带继电器的螺旋形电喇叭较为广泛。若能掌握带继电器电喇叭电路的故障诊断与排除方法，则处理不带继电器电喇叭电路故障时便容易多了。表6-3为电喇叭常见故障及其原因。

表6-3 电喇叭常见故障及其原因

故障现象	故障原因
喇叭不响	1. 喇叭电源线路断路 2. 喇叭线圈烧坏或有脱焊处 3. 喇叭衔铁气隙过大 4. 灭弧电容击穿短路 5. 继电器触点烧蚀、线圈断路或气隙过大，弹簧过紧 6. 喇叭按钮接触不良、接地(搭铁)不良或其导线断路

(续)

故障现象	故 障 原 因
声音不正常	1. 蓄电池电压过低或喇叭电源线路接触不良 2. 喇叭触点烧蚀接触不良 3. 衔铁与铁心间隙及触点压力不正常 4. 振动膜片破裂或喇叭筒破裂 5. 固定螺钉松动（搭铁不良） 6. 断电器触点接触不良
时响时不响	1. 喇叭本身不良 2. 喇叭接线松脱 3. 按钮搭铁不良 4. 继电器工作不良
喇叭不响，但耗电量很大	1. 电容器（或电阻）短路 2. 喇叭触点不能打开 3. 喇叭线圈有搭铁处
喇叭触点经常烧坏	1. 装有灭弧电阻的喇叭，电阻值增大或断路 2. 装有灭弧电容的喇叭，电容断路或其电容量过大或过小 3. 喇叭触点间隙过小或线圈各匝间短路，工作电流过大 4. 发电机电压过高

6.3.7 典型故障诊断与排除

1. 转向信号灯系统的典型故障诊断与排除

（1）转向信号灯全不亮故障的诊断与排除 首先用电压表检测闪光器电源接线柱上的电压，点火开关为 ON 时，应为 12～14V。如果电压正常，则应拆下闪光器 B、L 两接线柱上的导线，并连接在一起，拨动转向开关：如转向信号灯亮但不闪，则闪光器已坏；如转向信号灯仍不亮，将电源直接引到转向信号灯接线柱，若灯亮，则闪光器至转向开关间导线断路或转向开关损坏；如转向信号灯一边亮一边不亮，则不亮的一边转向信号灯至转向开关之间的导线断路或搭铁。如果闪光器电源接线柱上的电压不正常，则为电源断路。

（2）转向信号灯单边亮和闪光失常故障的诊断与排除 故障现象为：将转向信号灯开关拨至某转向指示一边时（例如左转向）左边转向信号灯的亮度和闪光正常，而拨向右转向指示一边时，右边转向信号灯发光微弱。出现这种故障，大多是不正常一边的灯泡搭铁不良所致。因为现在多数汽车上转向信号灯和示廓灯是采用一只双丝灯泡。

遇到此类故障现象时，可将转向开关放在空档，开示廓灯进行检验。如出现一边示廓灯亮度正常，另一边示廓灯亮度暗淡，表明亮度暗淡一边的示廓灯搭铁不良。接好该灯的搭铁，故障即可排除。

（3）转向信号灯闪烁频率不正常故障的诊断与排除 故障现象为：拨动转向信号灯开关，左右转向信号灯的闪烁频率不一致或闪烁频率都不正常。当遇到这类故障现象时，应检查闪光器、转向信号灯开关接线柱上接线是否松动，转向信号灯灯泡功率是否与规定相符，左右灯泡功率是否相同。

对于电热丝式闪光器，灯泡功率对闪烁频率影响很大，若灯泡功率小于规定值，闪烁频率就低；反之，闪烁频率就高。

对于电容式闪光器，则灯泡功率大，闪烁频率低；灯泡功率小，闪烁频率高。

若灯泡功率都符合规定，则应检查是否有某一只灯泡烧坏。若左右转向信号灯闪光频率都高于或低于规定值（安全标准规定为50～120次/min，一般标准为80～90次/min），一般为闪光继电器失调，应予调整，调整无效的应更换新件。

2. 喇叭的典型故障诊断与排除

（1）喇叭不响 当按下喇叭按钮时，喇叭不响，应按一定程序进行诊断和排除。

1）喇叭无声。用电压表检查继电器"蓄电池"接线柱上电压，应为蓄电池电压。如不正常，则电源线路断路或接触不良，应按电池、熔丝、继电器"蓄电池"接线柱的顺序查找原因和修理。

2）喇叭"嗒"一声后不响。原因为喇叭触点烧蚀，不能接通电路，或者灭弧电阻或触点间短路。

（2）喇叭声响不正常 当按下喇叭按钮时，喇叭音响沙哑、发闷或刺耳，应从引起故障的外部原因着手。首先检查蓄电池存电是否充足。如蓄电池电量充足，则为喇叭及其电路有故障，其排除方法如下：

1）用跨接线将喇叭壳体搭铁，按下按钮，如声音正常，则为喇叭搭铁不良。

2）用跨接线将继电器"按钮"接线柱搭铁。如声音正常，则为喇叭按钮烧蚀，搭铁不良，应对其检查和修理。

3）用旋具短接继电器的"蓄电池"与"喇叭"两接线柱。如喇叭声音正常，则应检查继电器触点是否烧蚀；若声响不正常，则故障在喇叭内部，应拆下检修。

4）拆下喇叭盖罩，检查触点是否烧蚀或接触不良。如果修磨触点和调整接触状态后，声响仍不正常，则检查调整衔铁与铁心的间隙和触点间隙以及各零件的技术状态。

5）喇叭声音不正常，应以调整衔铁与铁心间隙为主。调整时先检查衔铁是否平整。当声音尖锐刺耳时，应增大衔铁与铁心的间隙；如声音低哑，应适当减小间隙。由于该间隙与触点间隙相互影响，所以在调妥该间隙后，还应调整触点间隙，使工作电流略小于规定电流。触点间隙调整后又会影响该间隙的大小，因此要反复调整，使两者均达到规定值。当调整无效时，应进而拆检膜片。若膜片损坏，应更换。

本 章 小 结

1. 照明系统包括前照灯、雾灯、仪表灯、顶灯、牌照灯、工作灯等。

2. 前照灯由灯泡、反射镜和配光镜组成，前照灯有规定的要求，必要时需进行检验与调整。

3. 汽车信号灯装置主要有转向信号灯、危险警告灯、示廓灯、尾灯、制动灯和倒车灯等。

4. 汽车的转向装置包括闪光器、转向信号灯开关、转向信号灯和转向指示灯等。转向信号灯应具有一定的频闪，国标中规定为60～120次/min。频闪由闪光器控制。

5. 制动灯由制动灯开关控制，应与汽车制动系统同步工作。

6. 倒车信号灯由倒车开关直接控制。

7. 汽车电喇叭工作消耗的电流较大，用按钮直接控制时，按钮容易烧坏，故常采用喇叭继电器控制，其音量和音调可以调整。

8. 汽车照明系统的常见故障有前照灯的远光均不亮；前照灯一侧亮，另一侧暗等，诊断时，根据不同的故障现象采取不同的诊断方法。

9. 汽车信号系统的常见故障有转向信号灯和危险警告灯故障、喇叭不响故障等，可用分段短路法诊断故障。

习题与思考题

一、选择题

1. 对汽车前照灯照明的要求，下列说法哪种是正确的（　　）。
   A. 有防眩目装置　　　　　　　　B. 照亮前方100m以上
   C. 灯泡亮度随外界环境自动调节　　D. 灯泡是卤钨灯泡

2. 下列哪种说法是错误的（　　）。
   A. 前照灯的光束是可调的　　　　B. 前照灯需要防水
   C. 远光灯的功率比近光灯的功率大　D. 前照灯的灯泡是不能单独更换的

3. 当转向开关打到某一侧时，该侧转向信号灯亮而不闪，故障可能是（　　）。
   A. 闪光继电器坏　　　　　　　　B. 该侧的灯泡坏
   C. 转向开关有故障　　　　　　　D. 该侧灯泡的搭铁不好

4. 当转向开关打到左右两侧时，转向信号灯均不亮，检查故障时首先应做的事是（　　）。
   A. 检查继电器
   B. 检查熔丝
   C. 检查转向开关
   D. 按下紧急报警开关观看转向信号灯是否亮，以此来判断闪光继电器

5. 闪光器的X线头应接到（　　）。
   A. 转向信号灯　　　　　　　　　B. 搭铁
   C. 指示灯　　　　　　　　　　　D. 电源

6. 使用电热式闪光器之转向灯开关，若接触电阻变大，则单位时间内之闪光次数（　　）。
   A. 时快时慢　　　　　　　　　　B. 不变
   C. 增加　　　　　　　　　　　　D. 减少

7. 转向信号灯正常闪烁每分钟为（　　）次。
   A. 130~150　　　　　　　　　　B. 120~130
   C. 80~120　　　　　　　　　　　D. 70~90

8. 前照灯灯泡上有"2"的记号者，其内部构造为（　　）。
   A. 双芯　　　　　　　　　　　　B. 单芯
   C. 石英灯泡　　　　　　　　　　D. 卤素灯

9. 行驶中前照灯熄灭，经检查灯泡良好但不亮，其原因可能为（　　）。
   A. 蓄电池电压不够　　　　　　　B. 发电机传动带断裂
   C. 蓄电池电源接头松　　　　　　D. 熔丝熔断

二、判断题

1. 灯光继电器的主要功能是保护灯光开关和灯泡。（　　）

2. 新型卤素灯泡是在惰性气体中渗入卤族元素，使其发光效率更高。（   ）
3. 汽车闪光频率一般在60~90次/min。（   ）
4. 雾灯的颜色规定为黄色和橙色。（   ）
5. 流过喇叭线圈的电流越大，则音量越大。（   ）
6. 雾灯采用红色灯泡或散光玻璃。（   ）
7. 电容式闪光继电器中电容充电时，闪光灯亮。（   ）
8. 桑塔纳前照灯电路中没有灯光继电器。（   ）
9. 所有的喇叭电路中均设有喇叭继电器。（   ）
10. 闪光继电器故障一定会导致危险警告灯故障。（   ）

三、简答题

1. 前照灯为什么要分远光和近光？各有何作用？
2. 什么是眩目现象？怎样防止眩目？
3. 汽车照明系统常见的故障及原因有哪些？
4. 简述汽车电喇叭继电器的工作原理？
5. 试述电热式、电容式、晶体管式闪光器的工作原理。
6. 在汽车上采取何种措施防止眩目？
7. 灯光继电器起什么作用？

实训项目十四　前照灯的检查与调整

车辆牌号	车辆识别代码	发动机型号

一、实训目的与要求

　　1. 掌握前照灯的检查方法。
　　2. 掌握前照灯的调整方法。

二、实训仪器和设备

　　1. 完好的汽车一部。
　　2. 前照灯检验仪一台。
　　3. 呆扳手、梅花扳手、一字旋具、十字旋具各一把。

三、实训步骤

　　1. 检测前的准备
　　① 根据前照灯检验仪的使用说明，严格执行标准，准备好仪器。
　　② 根据灯光检测的要求，准备好车辆。
　　2. 前照灯的检测
　　① 将检验仪移至汽车正前方，使仪器的透镜镜面距前照灯配光镜镜面（30±5）cm，调整仪器箱高度，使其与前照灯中心离地高度一致。通过对正器观察仪器与汽车的相对位置，仪器应对正汽车的纵轴线，当仪器与汽车对正后，即可将仪器移至任一前照灯前开始检验工作。如图6-12所示。
　　② 接通被检验前照灯的近光灯，光束则通过仪器箱的透镜照到仪器箱内的屏幕上。从观察窗目视，并旋转光束照射方向选择指示旋钮，使光形的明暗截止线左半部水平线段与屏幕上的实线重合，这时光束照射方向选择指示旋钮上的读数即为近光光束的下倾值，它表示前照灯近光照射到距离为10m屏幕上的光束中心下倾值，单位为cm。CA1090型汽车前照灯近光光束下倾值为25cm。若光束下倾值不符合规定，应旋转前照灯上方的调整螺钉，使光束向上或向下移动，直至符合要求。
　　③ 读取近光光形明暗截止线的转角点与仪器屏幕上的V-V线不重合距离的读数，它表示被测近光灯射到距离为10m的屏幕上时，光束中心向左或向右的偏移值，单位为cm。若不符合规定，应调节前照灯水平方向的调整螺钉，使光束左、右偏移值符合要求。
　　④ 近光光束照射方向检验后，按下光度选择按键的近光Ⅲ按键（如图6-14所示），检验近光光束暗区的光度。观察光度表，发光强度在625cd以下为绿色区域，即合格区；超过625cd为红色区域，即不合格区。
　　⑤ 检验远光光束。接通前照灯的远光灯，远光光束照射到屏幕上的最亮部分应当落在以屏幕上的圆孔为中心的区域，说明远光光束照射方向符合要求，如有上、下或左、右偏移，均应调整。
　　⑥ 检验远光灯的发光强度。按下远光Ⅰ按键，观察光度表，若发光强度不超过20000cd，应按下远光Ⅱ按键，检验远光灯最小发光强度是否符合规定。发光强度超过15000cd为绿色区域，即为合格区域；发光强度低于15000cd为红色区域，为不合格区域。

(续)

车辆牌号	车辆识别代码	发动机型号

发光强度大于 20000cd 时，光度表以远光 Ⅰ 读数为准；发光强度低于 20000cd 时，以远光 Ⅱ 读数为准。

采用同样的方法检查另一前照灯。

四、数据整理

1. 记录实训时的读数值。
2. 记录前照灯的调整方法。

五、思考题

1. 前照灯的亮度标准是什么。
2. 进行仪器式前照灯检测方法与屏幕式检测方法的比较。

实训项目十五 闪光器继电器的检测

车辆牌号	车辆识别代码	发动机型号

一、实训目的与要求

1. 掌握闪光继电光器的工作原理。
2. 掌握闪光继电器的检测方法。

二、实训仪器和设备

闪光继电器3个、导线、试灯、万用表、稳压电源、常用工具。

三、实训步骤

（1）闪光继电器的就车检查（以无触点电子闪光器为例且在转向信号灯及转向指示灯完好时进行）。

① 在点火开关置于 ON 位置时，将转向信号灯开关打开，观察转向信号灯的闪烁情况：如果闪光继电器正常，那么相应转向信号灯及转向指示灯应随之闪烁；如果转向信号灯不闪烁（常亮或不亮），则为闪光继电器自身或线路故障。

② 用万用表检测闪光继电器电源接线柱 B 与搭铁之间的电压，正常值为蓄电池电压；如果无电压或电压过小，则为闪光继电器电源线路故障。

③ 用万用表 R×1 档检测闪光继电器的搭铁接线柱 E 的搭铁情况，正常时电阻为零；否则为闪光继电器搭铁线路故障。

④ 在闪光继电器灯泡接线柱 L 与搭铁之间接入一个二极管试灯，正常情况下灯泡应闪烁；否则为闪光继电器内部晶体管元件故障。

（2）闪光继电器的独立检测 将稳压电源、闪光继电器、试灯按照如图 6-36 所示接入试验电路，检测闪光继电器工作情况。

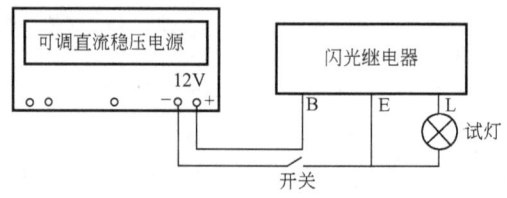

图 6-36 闪光继电器试验电路

将稳压电源的输出电压调至 12V，接通试验电路，观察灯泡闪烁情况。如果灯泡能够正常闪烁，则闪光继电器完好；如果灯泡不亮，则表明闪光继电器损坏。

四、数据整理

1. 记录实训测试值。
2. 判断所测继电器的好坏。

五、思考题

1. 绘制闪光继电光器的工作原理简图。
2. 如何正确判断继电器的好坏。

实训项目十六　电喇叭的调整及电喇叭继电器的检测

车辆牌号	车辆识别代码	发动机型号

一、实训目的与要求

1. 了解电喇叭的结构及工作原理。
2. 掌握电喇叭的音量和音调的调整方法。
3. 了解喇叭继电器的工作原理。
4. 掌握喇叭继电器的好坏检测方法。

二、实训仪器和设备

1. 电喇叭、常用工具、塞尺、万用表、稳压电源等。
2. 喇叭继电器、导线、试灯。

三、实训步骤

1. 喇叭的调整

① 喇叭音调的调整。减小衔铁与铁心间的间隙可以提高音调。为此，可先旋松锁紧螺母，再旋松调整螺母，并转动衔铁，减小衔铁与铁心间的间隙；反之增大间隙，则音调降低。衔铁与铁心的间隙一般为 0.5~1.5mm 之间，间隙太小会发生碰撞，太大则会吸不动衔铁。调整时铁心要平整，铁心与衔铁四周的间隙要均匀，否则会产生杂声。

盆形电喇叭的调整方法是先松开锁紧螺母，再旋转下铁心，改变其上、下铁心间间隙即可调整音调的高、低。参见图 6-37。

② 喇叭音量的调整。电喇叭音量的大小与通过喇叭线圈中的电流大小有关。需增大音量时，可先松开锁紧螺母，再旋松调整螺母，使触点的压力增大。由于触点的接触电阻减小，触点闭合的时间增长，通过线圈的电流增大，所以音量也相应增大；反之喇叭音量就减小。

额定电压为 12V 时，通过触点的电流一般为 7.5A（双音喇叭为 15A），喇叭音量的调整是通过旋转调整螺钉来改变触点的接触压力，即可改变音量的大小。

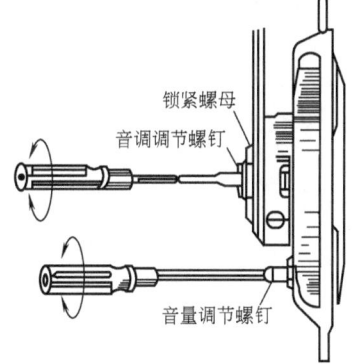

图 6-37　喇叭音调及音量的调整

此外，喇叭触点应保持清洁，其接触面积不应低于 80%。如果有严重烧蚀，应及时进行检修。喇叭的固定方法对其发音影响极大。为了使喇叭的声音正常，喇叭不能做刚性的装接，而应固定在缓冲支架上，即在喇叭与固定支架之间装有片状弹簧或橡皮垫。

2. 喇叭继电器的调整

(1) 喇叭继电器的就车检测（在喇叭完好状态下进行）

① 将点火开关置于 ON 位置，按下喇叭按钮，此时喇叭应发出清脆声响；否则为喇叭继电器故障。

② 用万用表电压档检测喇叭继电器"蓄电池"接线柱与"搭铁"接线柱之间的电压，该电压为电源电压；若无电压指示或电压过小，则为喇叭继电器电源电路断路或连接故障。

(续)

车辆牌号	车辆识别代码	发动机型号

③ 如果上步检测电压为蓄电池电压，按下喇叭按钮的同时，检测喇叭继电器"喇叭"接线柱与"搭铁"接线柱之间的电压，该电压也应为电源电压；如果无电压或电压过小，则为喇叭继电器触点未接触或接触不良故障。

（2）喇叭继电器的检测

① 喇叭继电器线圈的检测。用万用表的 R×1 档检测喇叭继电器"蓄电池"接线柱与"搭铁"接线柱之间的电阻值，正常情况下应有一定的阻值。可参见喇叭继电器的相关技术参数。

② 喇叭继电器触点的检测。用万用表的 R×1k 档检测喇叭继电器"蓄电池"接线柱与"搭铁"接线柱之间的电阻，正常情况下应为无穷大；否则为触点粘连故障。

四、数据整理

1. 记录实训测试数据。
2. 分析数据调整方法。

五、思考题

1. 阐述喇叭音调和音量调整的正确方法。
2. 分析喇叭故障产生的原因。

实训项目十七　照明、信号电路检测

车辆牌号	车辆识别代码	发动机型号

一、实训目的与要求

1. 了解桑塔纳轿车的照明和信号电路的基本原理。
2. 掌握桑塔纳轿车的照明和信号电路的检测方法。

二、实训仪器和设备

桑塔纳 2000 轿车一辆，高阻抗万用表一个、探针一个、常用工具一套。

三、实训步骤

1. 桑塔纳照明电路和信号电路的熟悉

根据桑塔纳 2000 电路图的标示，仔细核对轿车实物，切实做到理论联系实际。

2. 照明电路的检测

① 将点火开关置于 ON 位置，并将灯光开关置前照灯位，前照灯的近光灯应点亮，否则，应用万用表检查其电源电路、灯光开关、搭铁情况及灯丝的好坏。

② 在近光灯点亮的情况下，按动前照灯变光开关，远光灯应点亮，否则应用万用表检测电源电路中的变光开关的好坏、接地情况及灯光的好坏。

③ 前照灯开关的检测：将灯光开关开至"前照灯"的位置，用万用表检测其接线的导通情况，正常时电阻值应为"0"，否则为灯光开关故障。

④ 前照灯变光开关的检测：在未按动变光开关时，用万用表检测其接线柱之间的导通情况，正常时应导通，电阻为"0"，否则，为变光开关故障。

3. 信号电路的检测

① 将点火开关置于 ON 位置，并将危险警告开关置 ON 位置，左右转向信号灯应同时闪烁，否则，应用万用表检查其电源电路、转向信号灯继电器、危险警告开关、搭铁情况及灯丝的好坏。

② 将点火开关置于 ON 位置，并将转向信号灯开关置"L"，左转向信号灯应闪烁，否则，应用万用表检查其电源电路、转向继电器、转向信号灯开关、搭铁情况及灯丝的好坏。

③ 将点火开关置于 ON 位置，并将转向信号灯开关置"R"，右转向信号灯应闪烁，否则，应用万用表检查其电源电路、转向继电器、转向信号灯开关、搭铁情况及灯丝的好坏。

四、数据整理

1. 记录实训检测数据。
2. 总结灯光、信号系统电路的检测技巧。

五、思考题

1. 阐述桑塔纳前照灯电路的检测方法。
2. 分析桑塔纳前照灯故障产生的原因。

第 7 章 汽车仪表、报警装置

学习目标：
- 掌握传统仪表的结构、工作原理和故障检测方法。
- 理解数字仪表的组成和工作原理。
- 掌握数字仪表的检测方法。

汽车上常用的仪表有电流表或电压表、机油压力表、冷却液温度表、燃油表、转速表和车速里程表等。不同汽车装用的仪表个数及结构类型有所不同，常见车型仪表板型号及类型如表 7-1 所示。桑塔纳 2000 型轿车仪表板，如图 7-1 所示。

表 7-1 常见车型仪表型号及类型

表芯 \ 车型	BJ2020	CA1090	EQ1090	夏利	桑塔纳	奥迪	切诺基
仪表板型号	8018	8005	EQ1-2		801-ST		
充电指示	动磁电流表	动磁电流表		充电指示灯			电磁电压表
油压指示	电热式表芯 + 电热式传感器			油压过低报警灯			电磁 + 变阻
冷却液温度表	电热 + 电热	电热式表芯 + 热敏传感器					电磁 + 变阻
燃油表	电磁 + 变阻	电热式表芯 + 变阻传感器					电磁 + 变阻
仪表稳压器	无	电热式		电子式			无
转速表				电子式			
车速里程表	机械式				电子式		机械式

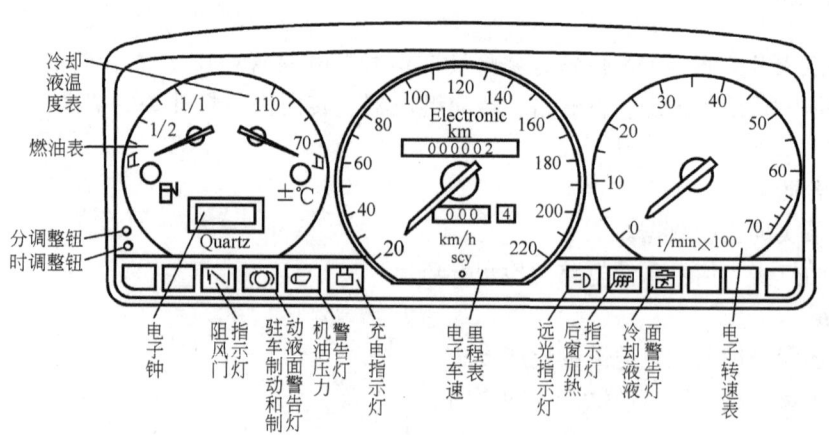

图 7-1 上海桑塔纳 2000 型轿车仪表板

7.1 汽车仪表

7.1.1 汽车电流表及电压表

1. 电流表

电流表又称安培表,汽车上用的是直流电流表。国产汽车大都装用电流表,而国外汽车一般不装电流表而用充电指示灯。电流表的用途,主要是指示蓄电池的充、放电电流值,同时通过电流表还可监视充电系工作是否正常。汽车上多使用电磁式电流表和动磁式电流表,其工作原理基本相似。下面以电磁式电流表为例说明其工作原理。

电磁式电流表的结构及工作原理如图 7-2 所示。条形永久磁铁两端分别用黄铜夹子紧固,再用螺栓将黄铜板条拧在绝缘底板上,螺栓即形成电流表的两个接线柱。永久磁铁的内侧,在转轴上装有带指针的 I 字形软钢转子。当没有电流流过电流表时,软钢转子被永久磁铁磁化而相互吸引,使指针停在中间的 "0" 刻度上。

当蓄电池向外供电时,放电电流通过黄铜板条,在它的周围产生磁场,其方向(可用右手螺旋定则判断)与永久磁铁的磁场方向相垂直,因此,便产生一个合成磁场。这个合成磁场磁感线的方向与永久磁铁磁感线方向成一个角度,因此软钢转子便带动指针偏转一个角度,即转到合成磁场的方向。电流越大,合成磁场就越强,指针偏转角度也就越大。如果电流方向相反,那么指针也反向偏转。

国产东风 EQ1092 汽车装用的电流表为动磁式电流表,其结构如图 7-3 所示。黄铜导电板固定在绝缘底板上,两端与接线柱相连,中间装有磁轭,与导电板装在一起的转轴上装有指针与永久磁铁,该表与电磁式电流表的区别在于转子是永久磁铁。没有电流流过电流表时永磁转子通过磁轭构成回路,使指针保持在中间 "0" 的位置。当蓄电池处于放电状态时,电流由电线经导电板流向接线柱,此时导电板周围产生磁场,使安装在转轴上的永磁转子带动指针向 "−" 方向偏转一定角度,放电电流愈大,偏转角度愈大,电流表的读数愈大;当蓄电池处于充电状态时,则指针随之反向偏转。

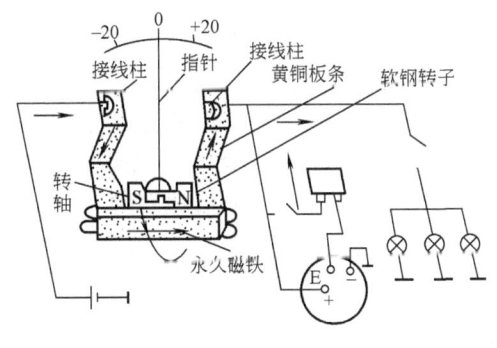

图 7-2 电磁式电流表

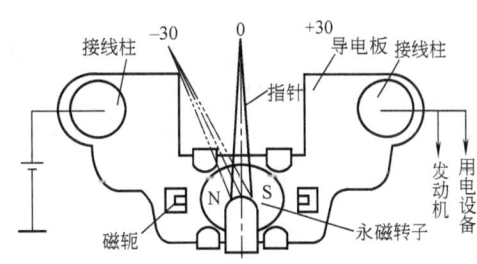

图 7-3 动磁式电流表

2. 电压表

电压表用来指示电源系统的工作情况。它不仅能指示发电机和调节器的工作状况,同时还能指示蓄电池的技术状况，比电流表和充电指示灯更为直观与实用，故近年来装用电压表的车辆不断增多。

电压表与蓄电池、发电机和负载并联连接，并由点火开关控制，其电路连接如图 7-4 所示。

当接通点火开关时，电压表即可指示蓄电池的端电压，对 12V 电系的车辆一般为 11.5～12.6V。接通起动机的瞬间，电压将下降至 9～10V，此值为正常，如起动时电压表指示值过低，则说明蓄电池亏电或有故障。

发电机以正常转速运转时，电压表应指示在 13.5～14.5V 的规定范围内。若起动前后，电压表读数不变，则表明发电机不发电；若起动后电压表指示值不在规定范围内，则说明调节器调整不当或损坏。

电压表一般有电磁式和双金属片式两种。双金属片式电压表结构简单，但当接通或切断电源时，指针摆动较迟缓，故应用较少。

图 7-5 为北京 BJ2021（切诺基）汽车上装用的电磁式电压表工作原理图。它由两只十字交叉的电磁线圈、永久磁铁、转子、指针及刻度盘组成。两只线圈相互串联，在电路中又串有一个稳压管和限流电阻。稳压管的作用是当电源电压达到一定数值时才能将电压表电路接通，其工作原理如下：在点火开关未接通时，电压表未加电压，永久磁铁将转子磁化，使指针指向最小刻度9V；当接通点火开关，电源电压高于稳压管击穿电压后，稳压管击穿导通，两线圈中便有电流流过，产生磁场，形成一个合成磁场，该合成磁场与永久磁铁的磁场相互作用，使转子带动指针偏转。电源电压越高，通过两线圈的电流就越大，其磁场越强，因此指针的偏转角度就越大，即可指示出相应的电压值。

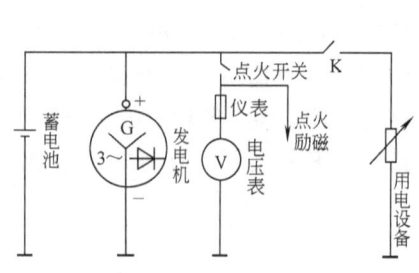

图 7-4 电压表的连接

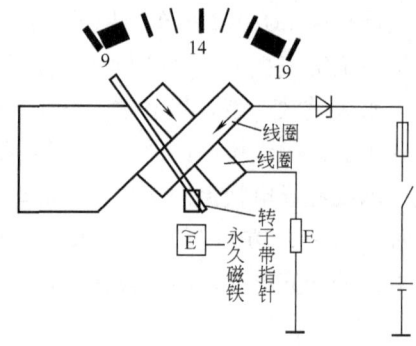

图 7-5 电磁式电压表

数字式电压显示表采用专门的集成电路，将待测电压与基准电压比较后使电路中的运算放大器的输出端输出高电平或低电平，使发光二极管点亮或熄灭，从而指示出汽车的电源电压值。这种电路电压显示的范围为 10～15V，每个发光二极管代表 1V 的电压升降变化。确保电压显示更加精确。

7.1.2 机油压力表

机油压力表用来检测发动机润滑系统的机油压力。它由装在发动机主油道上的机油压力传感器和装在仪表板上的机油压力指示表组成。传感器的作用是承受油压，使电路中的电流随油压的大小而改变。油压指示表的作用是使指针的偏转角随电路中电流的大小而改变，从而指示出机油压力的大小。

机油压力表有双金属式油压表（配双金属式传感器）、电磁式油压表（配可变电阻式传感器）和动磁式油压表（配可变电阻式传感器）3种。双金属式油压表（配双金属式传感器）构造与工作原理如图7-6所示。

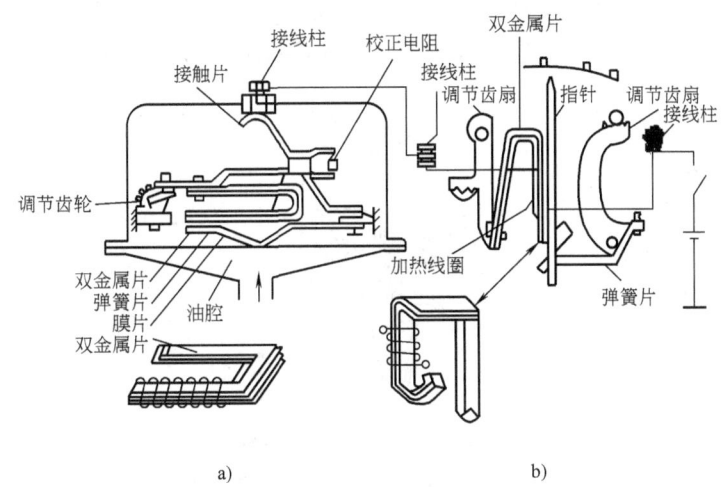

图7-6　双金属式油压表
a）油压传感器　b）油压指示表

传感器装在发动机机油通道上，其膜片中心顶着弯曲的弹簧片，一端焊有触点，另一端通过壳体搭铁。双金属片上绕有加热电阻丝，它一端与双金属片的触点相连，另一端则通过接触片、接线柱与油压指示表相连。校正电阻与加热电阻丝并联。油压指示表中的双金属片，一端固定在调节齿扇上，另一端与指针相连，其上绕有加热线圈。

双金属片由两种热膨胀系数不同的金属制成（例如锌和钢）。当加热线圈受热后，由于膨胀系数不同，双金属片受热后将产生弯曲变形。当电源开关接通时，电流由蓄电池正极→点火开关→接线柱→加热线圈→接线柱→传感器接线柱→接触片→传感器双金属片的加热线圈→触点→弹簧片→搭铁→蓄电池负极。由于电流流过双金属片和其上的加热线圈，使双金属片受热变形。

如果油压很低时，传感器膜片几乎没有变形，这时触点上压力甚小。当电流通过不久而温度略有上升时，双金属片就弯曲，使触点分开，电路即被切断。经过一段时间后，双金属片冷却伸直，触点又闭合，电路又被接通。重复上述过程，触点开闭频率约每分钟5~20次。因此，当油压甚低时，由于油压低，触点压力小，只要流过加热线圈较小的电流，温度略升高，触点就会分开，这样就会使双金属片触点的闭合时间短，打开时间长，因而电路中电流有效值小，使指示表中双金属片因温度较低而弯曲变形小，指针偏转角度就很小，即指示出较低的油压。

当油压增高时，膜片向上拱曲，触点压力增大，双金属片向上弯曲程度增大。这样只有在双金属片温度较高时，也就是加热线圈通过较长时间的电流后，触点才能分开，而且当触点分开不久，双金属片稍一冷却，触点又很快闭合。因此，当油压高时，触点闭合时间长，断开时间短，而且频率增高。流过双金属片的加热线圈电流平均值加大，变形也增大，指针偏转角度加大，即指示出较高的油压。

为使油压的指示值不受外界温度的影响,双金属片制成"Π"字形,其上绕有加热线圈的一边称为工作臂,另一边称为补偿臂。当外界温度变化时,工作臂的附加变形被补偿臂的相应变形所补偿,使指示表的指示值保持不变。在安装传感器时,必须使传感器壳上的箭头向上,不应偏出垂直位置±30°,使工作臂产生的热气上升时,不致对补偿臂产生影响,造成误差。

电磁式机油压力表与可变电阻式机油压力传感器的基本结构如图7-7所示。

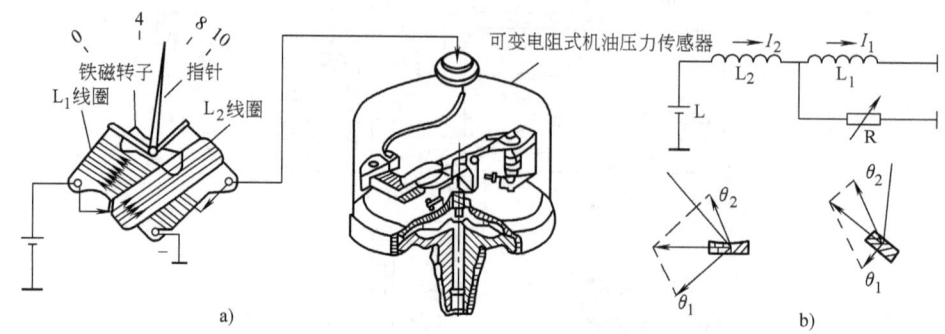

图7-7 电磁式机油压力表与可变电阻式机油压力传感器
a) 电磁式机油压力表与可变电阻式机油压力传感器 b) 电磁式机油压力表的等效电路

可变电阻式机油压力传感器是利用油压大小推动滑臂来改变可变电阻的阻值,当油压升高时,电阻值减小;当油压降低时,电阻值增大。电磁式机油压力表内部有两个线圈 L_1 和 L_2,中间置有铁磁转子,转子上连有指针。

当油压降低时,传感器的电阻值增大,线圈 L_1 中的电流减小,线圈 L_2 中的电流增大,转子带动指针随合成磁场的方向逆时针转动,指向低油压;当油压升高时,传感器的电阻值减小,线圈 L_1 中的电流增大,线圈 L_2 中的电流减小,转子带动指针随合成磁场的方向顺时针转动,指向高油压。

7.1.3 冷却液温度表

1. 电热式冷却液温度表和双金属式冷却液温度传感器

电热式冷却液温度表和双金属式冷却液温度传感器的基本结构如图7-8所示。冷却液温

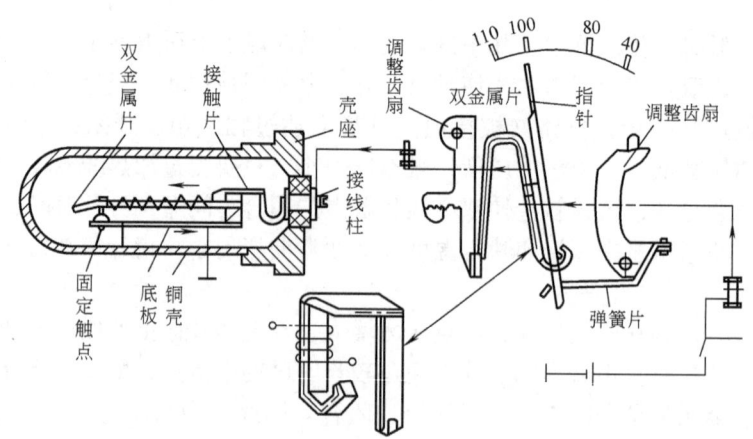

图7-8 电热式冷却液温度表和双金属式冷却液温度传感器

度表构造与油压表相同，只是刻度与油压表相反。当双金属片弯曲使指针指到最大位置时，指针指示低温。传感器在铜壳内装有固定触点，双金属片上绕的加热线圈，一端与焊在双金属片上的触点相连，另一端经接触片与接线柱连接。当点火开关接通后，电流由蓄电池正极→双金属片上的加热线圈→接线柱→接触片→双金属片上的加热线圈→触点→底板→搭铁→电源负极。

双金属片安装具有一定的初始压力，冷却液温度的升高使双金属片向离开固定触点的方向弯曲，使触点彼此接触的压力减弱。像油压表传感器一样，压力减弱要增加打开状态的时间，使通过加热线圈的电流平均值减小，冷却液温度表指针指向高温。冷却液温度降低时，触点压力增大，平均电流增大，表的双金属片弯曲增大，指针指向低温。发动机正常工作时，冷却液温度为75～85℃之间。

对冷却液温度表进行检验时，要将传感器放入热水中，当接通电流后，将冷却液温度加热到40℃和100℃时，保持3min，其指针指示的偏差在40℃时不大于±10℃，100℃时不大于±5℃。若不准确可调整齿扇，必要时拆开传感器壳调整触点螺钉。

2. 电热式冷却液温度表与热敏电阻式传感器

电热式冷却液温度表传感器一般采用负温度系数热敏电阻，负温度系数热敏电阻式的冷却液温度表的基本结构如图7-9所示。当低温时，热敏电阻阻值较大，进入发热线圈电流较小，指针仅微动在最低刻度。随着温度升高，热敏电阻阻值减小，进入发热线圈电流增大，使双金属片带动指针向高刻度方向转动。当温度达100℃时，热敏电阻阻值最小，流进发热线圈的电流达到最大，指针显示最高温度。电路中串有一个电源稳压器，当电压波动时，起稳压作用，以确保读数准确。这类冷却液温度表被用于桑塔纳系列轿车、东风EQ1090E、丰田货车和五十铃SBR372等车型上。

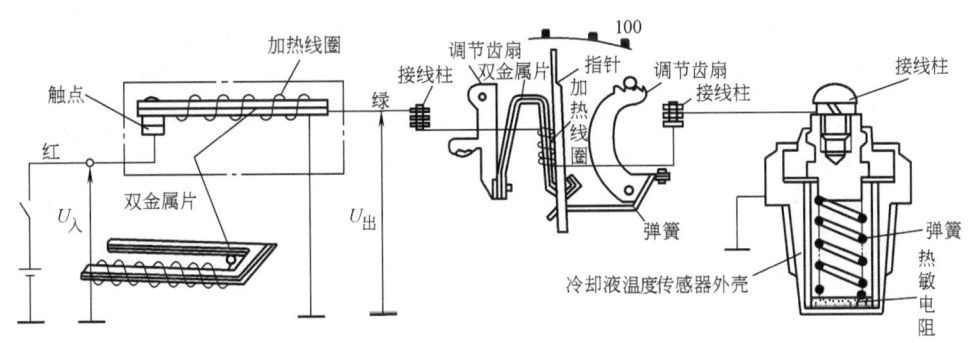

图7-9 电热式冷却液温度表与热敏电阻式冷却液温度传感器的工作电路

3. 电磁式冷却液温度表

电磁式冷却液温度表分为铁心式和无铁心式两种。

（1）铁心式电磁冷却液温度表 铁心式电磁冷却液温度表基本结构如图7-10所示，表内有两个铁心式线圈。在线圈交叉位置上，装有小磁片、配重和指针等组成的转子，传感器为负温度系数热敏电阻。低温时，传感器热敏电阻阻值约1000Ω，此时，线圈W_2和大电阻串联，通过的电流小，大部分电流流入线圈W_1，在综合磁场作用下，使指针停在刻度32℃处。当温度升高时，传感器受温度影响，热敏电阻阻值变小（约为150Ω），W_2所通电流较大，W_1相对减少，磁场的综合作用使指针向高温110℃刻度移动。这类冷却液温度表用于美国的道奇、雪佛兰和英国的摩利士等车型。

（2）无铁心式电磁式冷却液温度表　无铁心式电磁式冷却液温度表基本结构如图7-11所示。仪表由塑料支架、线圈 W_1、W_2 等组成，传感器为负温度系数热敏电阻式。工作时，电流经 W_1 到左接线柱，一路通传感器，一路通 W_2。如果没有传感器，等于接线柱上接上一个很高阻值的电阻，电流经 W_1 后，大部分电流流入线圈 W_2 搭铁，两线圈磁场的综合作用使指针停在40℃处。如果传感器电阻随温度增高逐渐变小，W_2 电流相对减小，指针指在100℃。这类冷却液温度表用在菲亚特等车上。

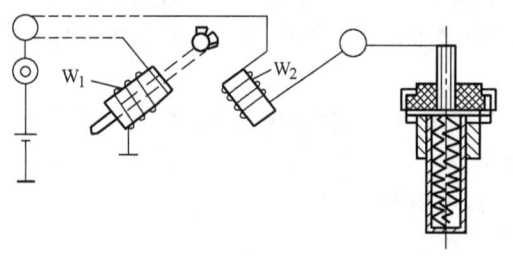

图 7-10　铁心式电磁冷却液温度表

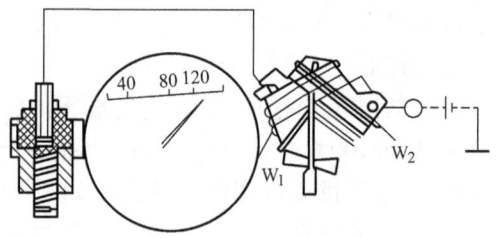

图 7-11　无铁心式电磁式冷却液温度表

7.1.4　燃油表

燃油表用来指示燃油箱内燃油的储存量。它由装在仪表板上的燃油指示表和装在燃油箱内的传感器两部分组成。燃油表一般有双金属片电热式和电磁式两种，传感器均为可变电阻式。

1. 双金属片式燃油表

解放 CA1091 和东风 EQ1090 型汽车装用带稳压器的燃油表，其结构如图 7-12 所示，当燃油箱无油时，浮子下沉，滑片处于可变电阻的最右端。当点火开关接通时，由于传感器的电阻全部串入电路中，此时电路中电流最小，燃油表加热线圈产生较小的热量，使双金属片产生较小的变形，带动指针，指示在"0"处，表示燃油箱无油。当燃油箱内油量增加时，浮子上升，带动电阻滑片移动，只有少部分电阻接入电路，于是流入加热线圈的电流增大，双金属片受热变形增大，带动指针向右偏转，指出相应较大的读数。当燃油箱充满油时，指针指示在最右边"1"处。

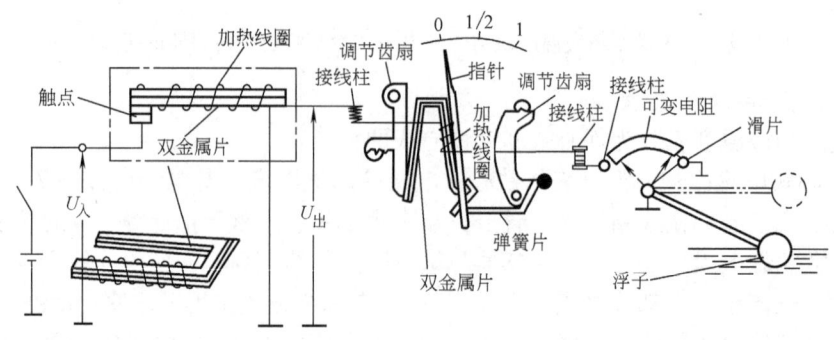

图 7-12　双金属片电热式燃油表的结构

电源电压受负载电流的影响较大,电压变化必然影响双金属片式仪表的测量精度。所以在双金属片式燃油表电路中串接一个电源稳压器,稳压器作用是当电源电压波动时起稳压作用。当电源电压提高时,稳压器中加热线圈的电流增大,双金属片温度升高,使触点间接触压力减小,闭合时间缩短,打开时间增长,从而使加热线圈中的电流减小,端电压下降(即指示表的端电压下降);当电源电压下降时,稳压器中加热线圈的电流减小,双金属片温度较低,触点闭合时间增长,打开时间缩短,线圈中平均电流增大,端电压提高。这样,就使指示仪表始终在一个比较稳定的电压下工作,减少了电源电压波动的影响。电源稳压器的电压波形如图 7-13 所示。电源稳压器的输出电压:EQ1090 型为 (8.64 ± 0.15) V;CA1091 型为 7V。

为了避免烧坏燃油指示表,使用中不得随意调整稳压器,更不能将燃油指示表直接接电源。解放 EQ1091 型汽车,燃油传感器上附有警告开关。当燃油箱油面高度低于规定值时警告灯亮,否则应检查灯泡、线路及开关。

2. 电磁式燃油表与可变电阻式传感器

电磁式燃油表与可变电阻式传感器的结构如图 7-14 所示。指示表中有左右两只铁心,铁心上分别绕有左线圈和右线圈,中间置有转子,转子上连有指针。当燃油箱无油时,浮子下沉,可变电阻被短路。此时右线圈两端均搭铁,电路被短路,无电流通过,因此左线圈在全部电源电压的作用下,通过的电流达最大值,产生的电磁吸力最强,吸引转子,使指针停在最左边的"0"位上。

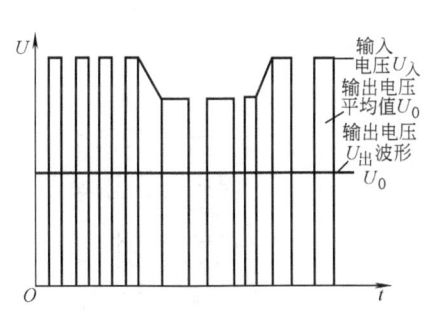

图 7-13 电源稳压器的电压波形

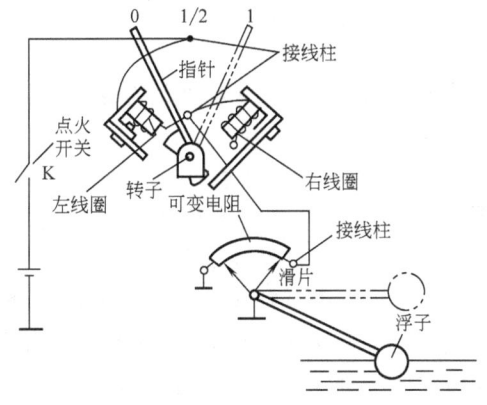

图 7-14 电磁式燃油表与可变电阻式传感器结构

随着燃油箱中油量的增加,浮子上浮,便带动滑片移动,可变电阻部分接入,此时左线圈由于串联了电阻,线圈内电流相应减小,使左线圈电磁吸力减弱,而右线圈中有电流通过产生磁场。转子带动指针在合成磁场的作用下向右偏转,使燃油量指示值增大。当燃油箱油满时,指针指在"1"位置。有些汽车上还装有副油箱,这时在主、副油箱中各装一个传感器,在传感器与指示表支间装有转换开关,可分别测量主、副油箱的油量。

3. 电子燃油表

电子燃油表电路如图 7-15 所示。电路由两块 IC 电压比较器及相关电路、发光二极管显示器、浮筒传感器三大部分组成。R_x 是传感器的可变电阻,电阻 R_{15} 和二极管 VD_8 组成稳压电路,给 IC_1、IC_2 两块电压比较器反向输入端提供基准电压信号。电容 C 和电阻 R_{16} 组成延时电路，接到电压比较器的同向输入端，R_x 产生的变化电压信号经延时后与基准电压信号进行比较放大。

当燃油箱内燃油加满时，R_x 阻值最小，A 点电位最低，IC_1、IC_2 两块电压比较器输出为低电平，6 只绿色发光二极管全部点亮，而红色发光二极管 VD_1 熄灭，表示燃油箱已满。当燃油箱内的燃油量逐渐减少时，R_x 阻值逐渐增大，A 点电位逐渐增高，绿色发光二极管 VD_7、VD_6、VD_5、……、VD_2 依次熄灭。燃油量越少，绿色发光二极管亮的个数越少。

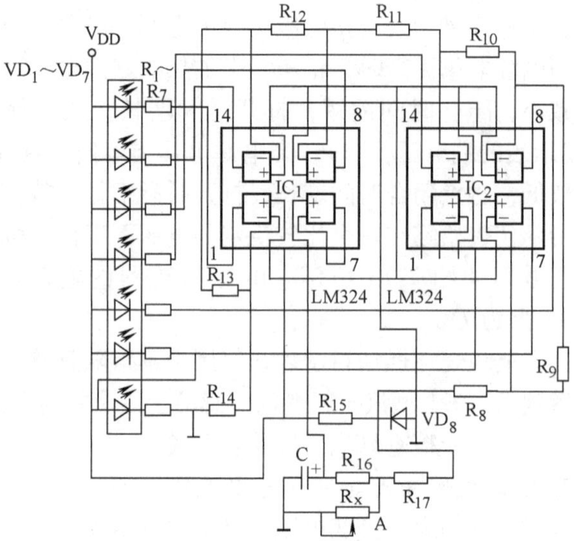

当燃油箱内燃油用完时，R_x 的阻值最大，A 点电位最高，IC_1、IC_2 两块电压比较器输出为高电平，6 只绿色发光二极管全部熄灭，而红色发光二极管 VD_1 亮，表示燃油箱无油。

图 7-15　电子燃油表电路

7.1.5　车速里程表

车速里程表是用来指示汽车行车速度和累计汽车行驶里程数的仪表。它由车速表和里程表两部分组成。

1. 磁感应式车速里程表

图 7-16 所示为磁感应式车速里程表的结构简图。它的主动轴由变速器传动蜗杆经软轴驱动。车速表由与主动轴紧固在一起的永久磁铁，带有轴与指针的铝罩，磁屏和紧固在车速里程表外壳上的刻度盘等组成。不工作时，铝罩在游丝的作用下，使指针位于刻度盘零的位置。当汽车行驶时，主动轴带着永久磁铁旋转，磁感线在铝罩上引起涡流，涡流产生的磁场与旋转的永久磁铁磁场相互作用产生转矩，克服游丝的弹力，使铝罩朝永久磁铁转动方向转过一个角度，与游丝的弹力相平衡，指针便在刻度盘上指示相应的车速。车速越高，永久磁铁旋转越快，铝罩上的涡流越强，因而转矩越大，指针指示的车速也越高。

里程表则由蜗轮蜗杆机构减速和用数字轮显示。蜗杆蜗轮具有一定的传动比，汽车行驶时，软轴带动主动轴，并经三对蜗轮蜗杆驱动里程表右边第一数字轮。第一数字轮上所刻数字为 1/10km，两个相邻的数字轮之间，又通过本身的内齿和进位数字轮传动齿轮，形成 1/10 的传动比。即当第一数字轮转动一周，数字由 9 翻转到 0 时，

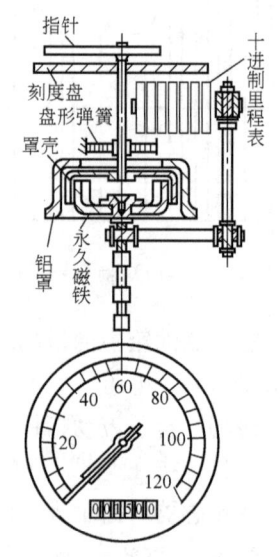

图 7-16　磁感应式车速里程表

使相邻的左面第二数字轮转动 1/10 周，成十进位递增。这样汽车行驶时，就可累计出其行驶里程数。

2. 电子式车速里程表

电子式车速里程表是用设在变速器上的传感器获取车速信号，并通过导线传输信号的，能够克服磁感应式车速里程表用钢缆软轴传输转矩带来的磨损等缺点。电子式车速里程表还具有精度高、指示平稳和寿命长等优点。因此，现代汽车，特别是小轿车普遍采用，国产桑塔纳 2000 型、奥迪 100 型轿车都采用了电子式车速里程表。

电子式车速里程表的结构如图 7-17 所示，主要由车速传感器、电子电路、车速表和里程表四部分组成，既能指示汽车行驶速度，又能记录行驶里程（包括累计里程和单程里程），并具有复零功能。

车速传感器一般采用舌簧开关式或磁感应式传感器，由变速器驱动，能够产生与汽车行驶速度成正比的电信号。桑塔纳 2000 型、奥迪 100 型轿车采用舌簧开关式传感器，由一个舌簧开关和一个具有 4 对磁极的转子组成。转子每转一周，舌簧开关中的触点闭合 8 次，产生 8 个脉冲信号，汽车每行驶 1km，车速传感器将输出 4127 个脉冲信号。

电子电路的作用是将车速传感器输入的与车速成正比的频率信号，经过整形、触发、输出一个与车速成正比的电流信号。电子电路主要包括稳压电路、单稳态触发电路、恒流源驱动电路、64 分频电路和功率放大电路，如图 7-18 所示。车速表的指示精度由电阻 R_1 调节，初始工作电流由电阻 R_2 调节，电阻 R_3 和电容 C_3 用于电源滤波。

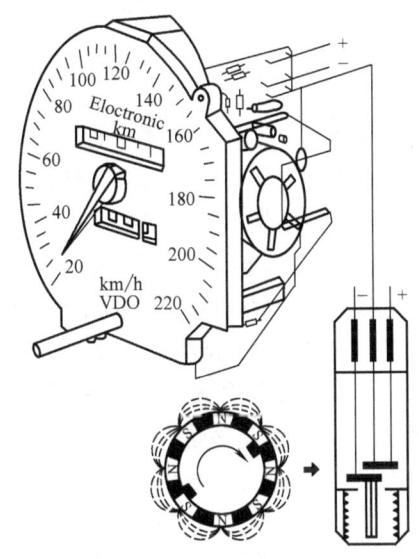

图 7-17 电子式车速里程表的结构

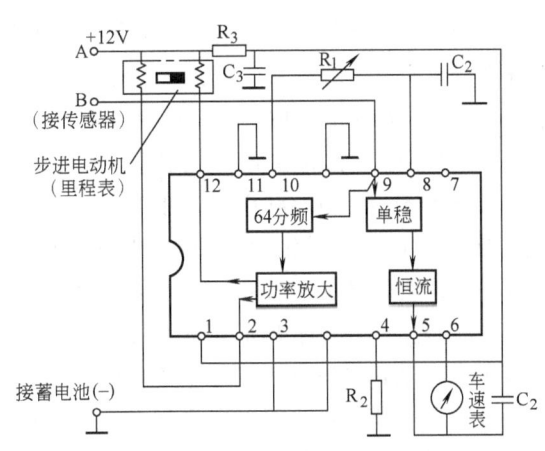

图 7-18 电子式车速里程表的结构

车速表实际上是一个磁电式电流表：当汽车以不同车速行驶时，从电子电路接线端子 6 输入与车速成正比的电流信号便驱动车速表指针偏转，从而指示相应的车速。在车速表刻度盘上 50～130km/h 的区域标有红色标记，表示经济车速区域。

里程表是由一个步进电动机及六位数字的十进位齿轮计数器组成。步进电动机是一种利用电磁铁的作用原理将脉冲信号转换为线位移或角位移的微型电动机。车速传感器输出的频率信号经过64分频后,再经功率放大器放大到具有足够的功率去驱动步进电动机,带动六位数字的十进位齿轮计数器工作,从而记录累计里程和日程里程。

累计里程和日程里程的任何一位数字轮转动一圈,进位齿轮就会使其左边的相邻计数轮转动1/10圈。车速里程表上设有一个单程里程计复位杆,当需要清除单程里程时,只需按一下复位杆,单程里程计的4个数字轮就会全部复位为零。

3. 数字车速表

数字式车速表系统构成如图7-19所示。车载微机随时接收车速表传感器送出的电压脉冲信号,并计算在单位时间里车速传感器发出的脉冲信号次数,再根据计时器提供的时间参考值,经计算处理可得到汽车行驶速度,并通过微机指令让显示器显示出来。无论前进还是倒退,汽车的速度都能显示出来。速度单位通常可由驾驶人用按钮选择,即显示km/h(公里/时)或MPH(英里/时)。车速信号还可传送到制动防抱死系统(ABS)和巡航控制系统(CCS)的电子控制单元中,用于它们的控制(备用信号)。当车速超过某极限值时还可向驾驶人发出警报。

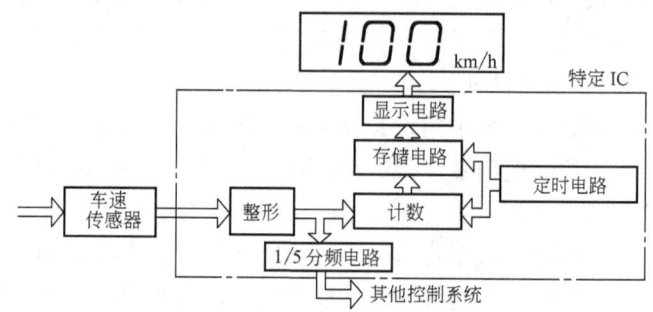

图7-19 数字式车速表系统构成

4. 数字里程表

数字里程表显示的每次行驶里程是利用集成电路通过车速传感器所产生的脉冲信号,来计算并存储汽车所走过的里程。累加各次行驶过的里程数,便可得到总里程数。通常这种里程表显示七位数字,最小的一位数字是里程单位的十分之一。里程范围由指定的一组数字存储空间限定,各国车辆安全规范都有其规定值,其中美国《联邦机动车辆安全规范》要求英制单位范围是从000000.0~500000.0mile,目前大多数里程表的英制范围为000000.0~199999.9mile。容量范围大的英制单位范围为000000.0~925691.9mile。对于米制单位,范围则从000000.0~858993.4km,然后转到000000.0,再继续增加到622113.6km(总里程数等于英制单位的925691.9mile)。一般采用EEPROM存储器,即使蓄电池断开,也不会使存储的数据丢失。

采用集成电路的里程表,如果集成电路坏了,有的制造厂能提供替换的芯片。不过新的芯片要进行程序化处理,以显示里程表最后的读数。大多数替换的芯片会显示一个X、S或*,表示该里程表已经换过了。集成电路里程表回零是不可能的。通常集成电路里程表读数的校正,只能在新车初驶的10mile内进行。

7.1.6 发动机转速表

1. 电子式转速表

电子式转速表获取转速信号的方式有三种,即取自点火系、发动机的转速传感器和发电机。图7-20所示为桑塔纳轿车取自点火系的转速表电路原理图。

工作原理：当初级电路导通时，晶体管 VT 截止，电容 C_2 被充电，充电电流由蓄电池正极→点火开关→电阻 R_3→电容 C_2→二极管 VD_2→蓄电池负极。当初级电路截止时，晶体管 VT 导通，电容器 C_2 放电，放电电流通过晶体管 VT→电流表→二极管 VD_1。当发动机工作时，点火系初级电路不停导通与截止，电容 C_2 不停充放电。因为初级电路通断的次数与发动机转速成正比，所以电流表中电流平均值与发动机转速成正比，从而可用电流平均值标定发动机的转速。

2. 数字式转速表

微机控制的数字式发动机转速表的系统构成如图 7-21 所示。它通过发动机点火系分电器中的断电器触点断开时产生的脉冲信号作为电路触发脉冲信号来测量（脉冲信号的频率正比于发动机的转速），这种前沿脉冲信号通过中断口输入微机。为减小计算误差，脉冲的周期通常采用四个周期的平均值来计算，如下式所示

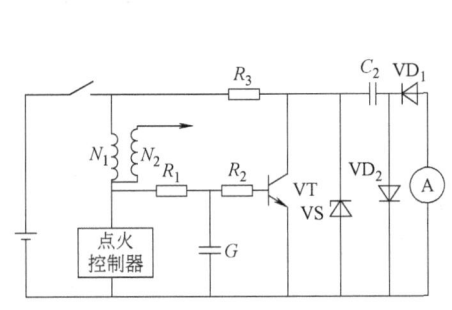

图 7-20 桑塔纳轿车电子式转速表电路原理图

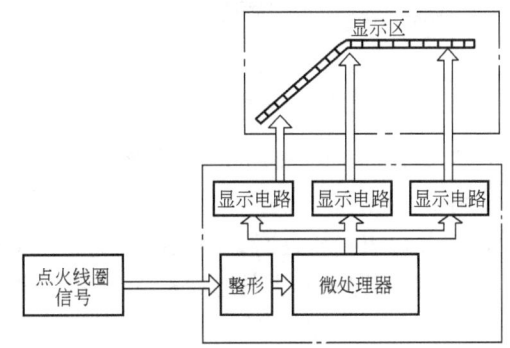

图 7-21 数字式发动机转速表系统构成

$$T = (T_1 + T_2 + T_3 + T_4)/4$$
$$n = K(1/T)$$

式中　T_1、T_2、T_3、T_4——参照图 7-22 计算（s）；

　　　n——发动机的转速（r/min）；

　　　K——系数。

显示的时间随脉冲时间周期大小变化而不同，并且随发动机的转速由大到小按比例缩短，以便与人的感觉相同。

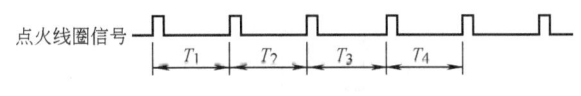

图 7-22 发动机转速计算脉冲周期

7.1.7 仪表稳压器

为了提高仪表的显示精度，避免电源电压变化时带来的不良影响，现代汽车在仪表电路中都串装仪表稳压器，常用的有电热式和电子式两类。

1. 电热式仪表稳压器

电热式稳压器的结构如图 7-23 所示。由双金属片、常闭触点、电热丝、座板和外壳等组成。双金属片上的电热丝一端搭铁，另一端焊在双金属片上。双金属片一端是活动触点，另一端用铆钉固定在调节片上，调节片的一端也用铆钉固定并与电源接线相连。调节螺钉可

调节两触点之间的压力。

其工作原理如图 7-24 所示。当电源电压偏高时，电热丝中的电流增大，双金属片加热快，触点很快断开，断开的触点需要较长时间冷却才能闭合，这样触点闭合时间短，断开时间长，从而将偏高的电源电压降低为某一输出电压平均值。

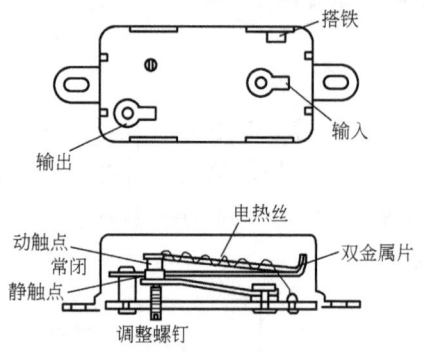

图 7-23 电热式仪表稳压器结构图

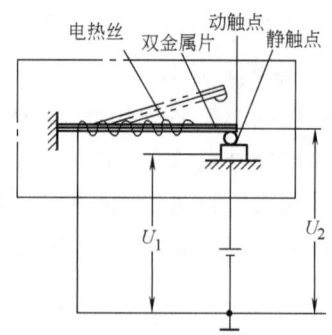

图 7-24 电热式仪表稳压器工作原理图

电热式稳压器工作时的电压波形如图 7-25 所示。

使用中应注意的问题：

① 安装仪表稳压器时，两接线柱的接线不得接错。

② 凡使用仪表稳压器的燃油表及冷却液温度表，不允许直接与电源相接，否则会烧坏仪表。

2. 电子式仪表稳压器

电子式仪表稳压器主要是采用汽车专用的三端集成稳压块，它具有结构简单、成本低、稳压效果好、使用寿命长等优点，因此被广泛应用。图 7-26 所示为桑塔纳、奥迪轿车仪表板专用的三端式电子稳压器。该稳压器输出电压为 9.5～10.5V。

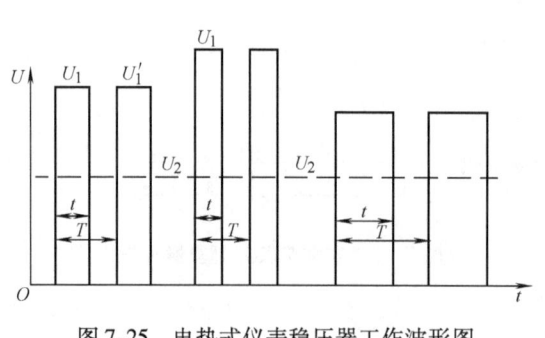

图 7-25 电热式仪表稳压器工作波形图

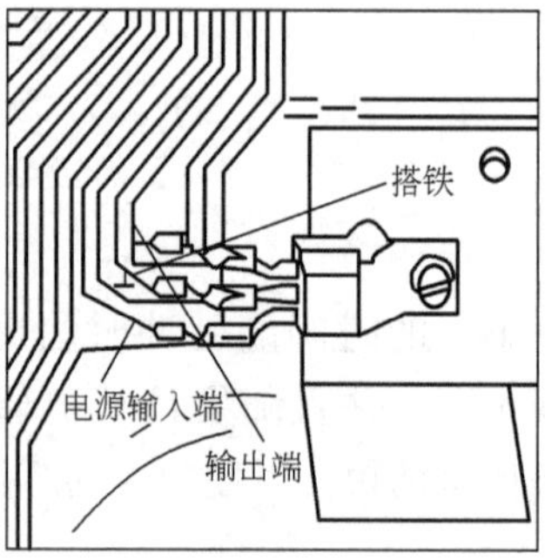

图 7-26 桑塔纳、奥迪轿车仪表板专用三端式电子稳压器

7.1.8 数字仪表

1. 数字式仪表的优点

随着现代汽车工业和电子技术的发展，汽车的环保性、安全性、经济性、智能化要求不断提高，驾驶人需要更多、更快地了解汽车运行的各种信息，常规指针式仪表已远远不能满

足现代汽车技术发展的要求。因此，汽车数字式仪表的使用比例正在逐年增加。数字式仪表的优点如下。

（1）能提供大量、复杂的信息，显示直观　为满足汽车排气净化、节能、安全性和舒适性的要求，汽车电子控制装置必须能迅速、准确地处理各种复杂的信息，并以数字、文字或图形显示出来，供驾驶人了解汽车的运行状况，并及时处理。另外，汽车的故障诊断、导航、定位等需显示大量的信息，数字仪表显示终端能完成这些任务。

（2）具有高精度和高可靠性　数字式仪表显示为即时值，故精度高，又因没有运动部件，故障率低，提高了可靠性。

（3）可满足小型、轻量化的要求　数字式仪表既可适用各种传感器和控制系统的电子化，又可实现小型轻薄化。既节省了仪表台附近的空间利用率，又可处理日益增多的信息。

（4）具有一表多用的功能　数字式仪表采用数字显示，既可用一组数字分时显示，又可同时显示几个信息，不必为每个信息设置一个指示表，故使仪表系统结构得以简化。

2. 常用显示器件

（1）发光二极管（LED）　它是应用最为广泛的低压显示器件，其结构如图 7-27 所示。正、负极加上合适正向电压后，其内半导体晶片发光，通过带颜色透明的塑料外壳显示出来。发光的颜色有红、绿、黄、橙等，可单独使用，也可用来组成数字、字母、发光条图。汽车一般用于指示灯、数字符号段或点数不太多的光杆图形显示。典型的显示电路如图 7-28 所示。

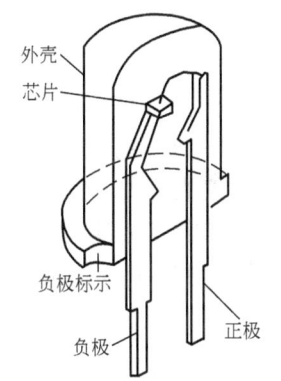

图 7-27　发光二极管结构图

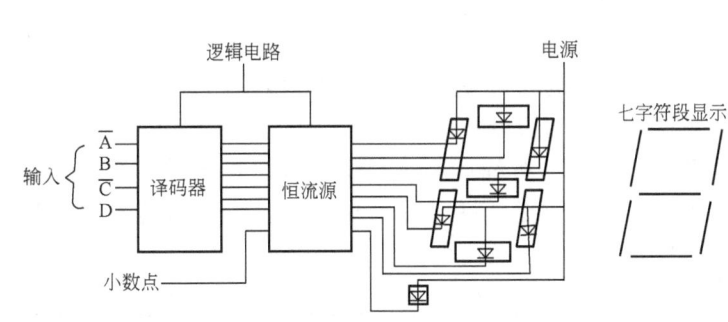

图 7-28　发光二极管构成的七字符段显示电路

（2）液晶显示器件（LCD）　液晶是一种有机化合物，在一定温度范围和条件下，既具有普通液体的流动性，也具有晶体的某些光学特性。液晶显示器的结构如图 7-29 所示。它由两块厚约 1mm 的玻璃基板，基板上涂有透明的导电材料作为电极，一面电极为图形。两基板间注入 10μm 厚的液晶，再在两玻璃基板的外表面分别贴有偏光板，四周密封。当两电极通上一定电压时，位于通电电极范围内（要显示的数字、图形等）的液晶分子重新排列，这样，通电部分电极就形成了在发亮背景下的字符或图形。由于 LCD 为非发光型显示器件，所以夜间显示必须采用照明光源，汽车上通常用白炽灯作为背景光源。液晶显示器件具有工作电压低（3V 左右）、显示面积大、耗能少、显示清晰、通过滤光镜可显示不同颜色、在阳光直射下不受影响的优点。液晶显示器电极图形设计自由度极高，设计成任何显示图形的工艺都很简单，现已被广泛应用在中、高档轿车上。

(3) 真空荧光管（VFD） 真空荧光管实际上是一种真空低压管，它由钨丝、栅极、涂有磷光物质玻璃组成。其发光原理与电视机中的显像管相似，其结构如图7-30所示。当屏幕接电源正极，灯丝接电源负极时，便获得正向电压，电流通过灯丝并加热，在电场力的作用下发射电子，由栅极控制电子流加速，射向屏幕，当电子高速碰撞数字板荧光材料时，数字板发光，通过前面平板玻璃的滤色镜显示出数字。真空荧光管（VFD）为发光型显示器件，具有色彩鲜艳、可见度高、立体感强等优点。但由于真空管需要一定厚度玻璃外壳制成，所以复杂的图形用VFD制作成本较高，且体积大，汽车上它常用作数字显示器。

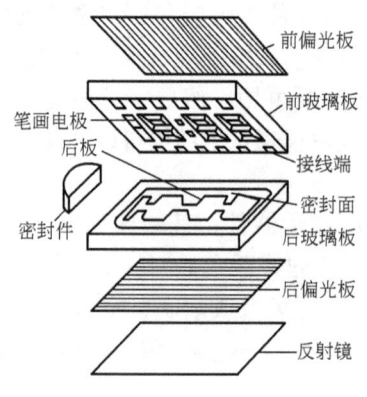

图7-29 液晶显示器的结构

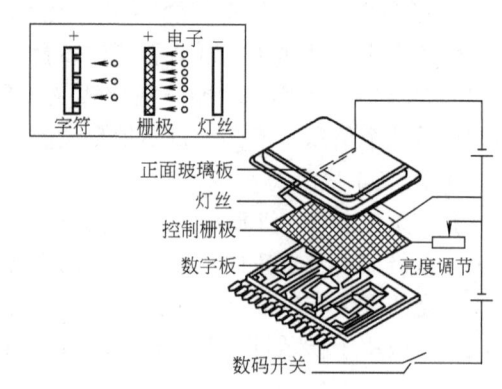

图7-30 真空荧光管的结构

3. 数字式组合仪表

数字式组合仪表由各种传感器、微机、显示器三大部分组成。数字式组合仪表具有自诊断功能，若仪表发生故障，则其故障码会存储在组合仪表的RAM存储器里，用专用仪器调码后，可以读出故障内容。图7-31所示为杆图式数字仪表，仪表有车速里程表、发动机转速表、机油压力表、电压表、冷却液温度表、燃油表等。组合仪表不可分解，只有普通灯泡的指示灯可以单独更换。在保修期内维修时，应该整体更换组合仪表。其工作原理如图7-32所示。

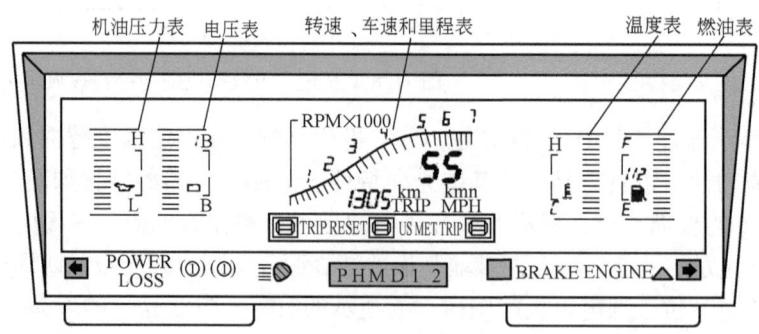

图7-31 杆图式数字仪表

7.1.9 仪表电路举例

桑塔纳轿车仪表电路如图7-33所示。所有仪表由点火开关控制，点火开关接通后，仪表及传感器进入正常工作状态。

点火开关置于I档时,电流由蓄电池正极→点火开关→编号为"15"线→如下电路。

① 稳压器 J_6→燃油表 G_1→浮筒燃油传感器 G→搭铁。

② 稳压器 J_6→冷却液温度表 G_3→冷却液温度传感器 G_2→搭铁。

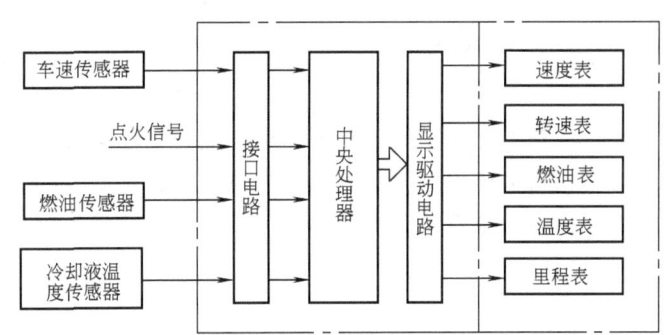

图 7-32 计算机控制系统的数字组合仪表工作原理

③ 稳压器 J_6→冷却液液位警告灯 K_{28}→冷却液温度传感器 G_2→搭铁。同时,至液位控制器 J_{120}→液位不足开关 F_{66}→搭铁。

④ "15"→转速表 G_5→搭铁。同时,转速信号来自于点火线圈。

7.1.10 典型故障诊断与排除

仪表电路在掌握仪表工作原理与电路工作过程后,检修起来较容易,它们由传感器和仪表两部分构成,可采用分段的方法处理。下面以燃油表故障和所有仪表不工作为例介绍仪表电路常见故障及诊断方法。

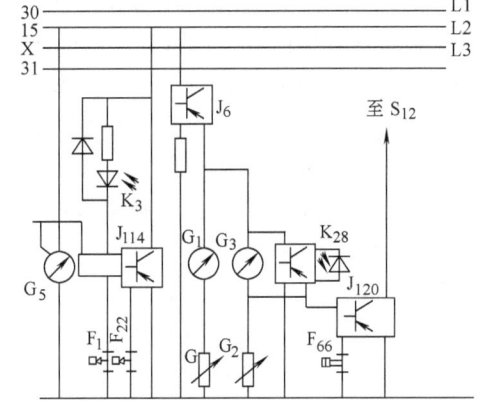

图 7-33 桑塔纳轿车仪表电路

1. 燃油表无指示

故障现象及故障原因详述如下。

① 故障现象:燃油箱内无论多少燃油,指针总显示无油。

② 故障原因:燃油表本身故障、电路有断路处、燃油表传感器故障、稳压器工作异常等。

检修方法:拔下燃油表传感器接线插头并搭铁,打开点火开关,观察燃油表。若指针向满油刻度方向移动,说明故障在燃油表传感器;若无反应,则说明故障在仪表本身或在稳压器,或线路已断路。接好燃油表传感器接线插头,打开点火开关,用万用表测量仪表上的电源电压,若有电压,则表内部已坏。若无电压,则说明稳压器已坏或电路线已断。

2. 所有仪表无指示

故障现象及故障原因如下。

① 故障现象:打开点火开关,所有仪表均无指示。

② 故障原因:熔丝熔断、稳压器故障、电路断路等。

检修方法:先查熔丝是否熔断,然后检查电路接线是否松动、脱落,搭铁是否良好,最后用万用表测量稳压电源电压。

7.2 汽车报警装置

在现代汽车上，为了保证行车安全和提高车辆的可靠性，安装了许多报警装置。如冷却液温度过高、机油压力过低、燃油储存量过少、制动液液面高度不足及制动管路失效等，便会发出报警信号。报警装置一般均由传感器和红色警告灯组成。

7.2.1 机油压力报警装置

在多数汽车上，除装有油压表之外，还装有机油压力警告灯。其作用是当润滑系统机油压力降低到允许范围以外时，点亮红色警告灯，以提请驾驶人注意及时停止发动机运转。

目前汽车上使用的机油压力警告灯有弹簧管式和膜片式两种。

1. 弹簧管式机油压力警告灯

弹簧管式机油压力警告灯原理如图 7-34 所示。

传感器金属壳体内有一弹簧管，弹簧管一端管接头与发动机润滑油道相通，另一端则焊接在动触点上。静触点经接触片与接线柱相连。当发动机润滑系主油道机油压力低于 0.05 ~ 0.09MPa 时，弹簧管变形小，动、静触点接触，接通警告灯电路，使警告灯点亮，以提请驾驶人注意并及时停止发动机运转。当润滑系主油道机油压力高于 0.05 ~ 0.09MPa 时，弹簧管变形大，动、静触点分离，切断警告灯电路，使警告灯熄灭，说明润滑系工作正常。

2. 膜片式机油压力警告灯

膜片式机油压力警告灯的原理如图 7-35 所示。钢制膜片将金属壳体分割成两个互不相通的腔室，上腔室内设有一弹簧片，弹簧片上焊有动触点，静触点固定在壳体上，动、静触点组成一对触点开关。下腔室与发动机润滑系主油道相通。

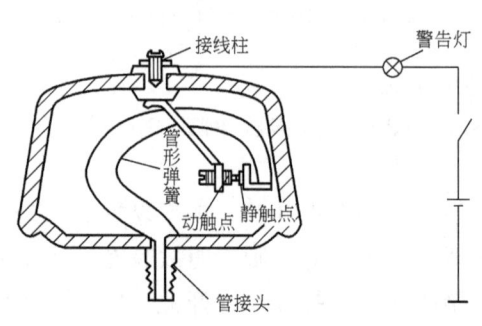

图 7-34 弹簧管式机油压力报警装置

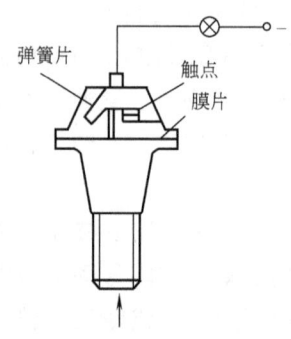

图 7-35 膜片式机油压力警告灯

当发动机润滑系主油道机油压力低于某一规定值时，膜片承受机油压力小，弹簧片使触点开关闭合，接通警告灯电路，使警告灯点亮，以提请驾驶人注意并及时停止发动机运转。当润滑系主油道机油压力达到正常值时，膜片承受机油压力大并向上拱曲，推动弹簧片使触点开关张开，切断警告灯电路，使警告灯熄灭，说明润滑系工作正常。

7.2.2 冷却液温度报警装置

冷却液温度警告灯的作用是：当冷却液温度升高到一定值时，警告灯自动点亮，以示警告。冷却液温度警告灯电路如图 7-36 所示。触点式传感器中的核心元件为双金属片。当冷却液温度到 95~98℃ 时，双金属片向静触点方向弯曲，使两触点接触，红色警告灯亮，表示发动机过热。

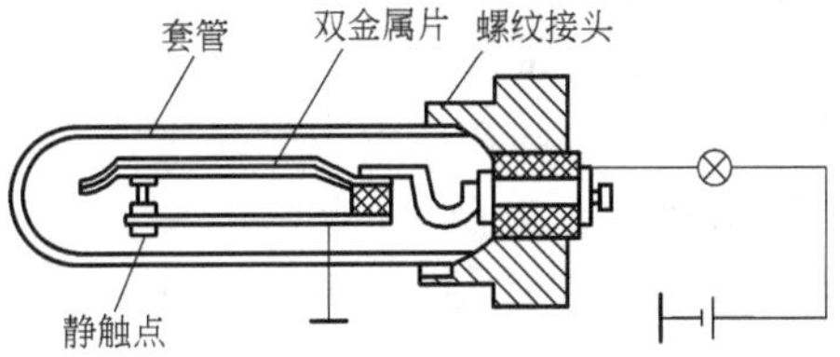

7.2.3 燃油量报警装置

图 7-36 冷却液温度报警装置

当燃油箱油储量少于某一规定值时，燃油油量警告灯点亮，以告之驾驶人及时加油。目前汽车上常用的燃油油量警告灯的形式有以下 3 种。

1. 热敏电阻式燃油油量警告灯

热敏电阻式燃油油量警告灯如图 7-37 所示。当燃油箱燃油储量多时，热敏电阻元件浸在燃油中，散热快，因此其温度低，使电阻值增大，与其串联的警告灯中通过的电流较小，警告灯不亮。当燃油箱燃油储量减少到规定值以下时，热敏电阻元件露出油面，散热慢，由于其温度高，使电阻值减小。与其串联的警告灯中通过的电流增大，警告灯点亮，以示警告。

2. 晶闸管式燃油油量警告灯

晶闸管式燃油油量警告灯与汽车上已有的燃油表和传感器一起工作，它适用于双金属片式燃油表，如图 7-38 所示。

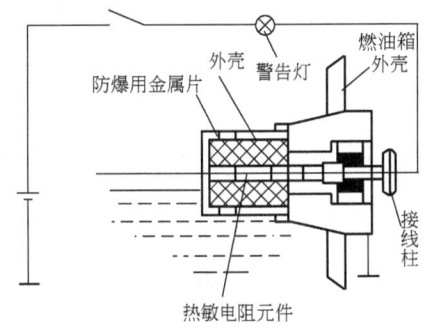

图 7-37 热敏电阻式燃油油量报警装置

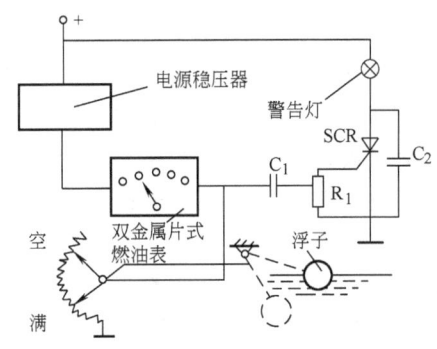

图 7-38 晶闸管式燃油油量警告灯

当仪表电源稳压器每输送一个电压脉冲给指示表，在可变电阻式传感器上，便会出现与液位成比例的脉冲电压。当燃油液位下降时，串入指示表电路中的可变电阻电阻值增大，脉冲电压振幅增大，当脉冲电压振幅达到一定值时，触发晶闸管导通，接通警告灯电路，使警告灯点亮。当脉冲电压消失时，晶闸管截止，警告灯熄灭。通过警告灯闪烁用于提示驾驶人及时加油。只有燃油箱内加入了一定量的燃油后，警告灯才熄灭。电阻 R_1 用来调整晶闸管的导通时机，使它与燃油表的读数相一致。

3. 电子式燃油油量警告灯

电子式燃油油量警告灯只适用于与电磁式燃油表一起工作，其电路如图 7-39 所示。晶体管 VT_1、VT_2 组成施密特触发器，控制可变电阻上的直流电压。该直流电压与燃油箱内的燃油液位成正比。当燃油箱全满时，浮子浮起，带动滑片位于可变电阻下端，使串联在指示表电路中的电阻值增大，电阻 R_1 上的电压升高，晶体管 VT_1 的基极电位升高而导通，晶体管 VT_2、VT_3 截止，警告灯不亮。当燃油箱内的燃油液位下降到规定值时，浮子下沉，带动滑片位于可变电阻上端，使串联在指示表电路中的电阻值减小，电阻 R_1 上的电压降低，晶体管 VT_1 的基极电位降低而截止，

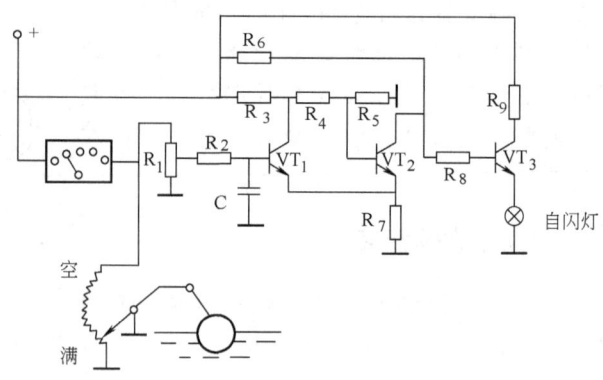

图 7-39 电子式燃油油量警告灯

晶体管 VT_2、VT_3 导通，接通警告灯电路使警告灯点亮，以示警告。

7.2.4 制动系统低压报警装置

在采用气制动的汽车上，当制动系气压过低时，制动系低气压警告灯即点亮，以引起汽车驾驶人注意。低气压警告灯开关装在气压制动系储气筒或制动阀压缩空气输入管路中，红色警告灯装在仪表板上，其电路如图 7-40 所示。低气压警告灯开关的结构如图 7-41 所示。

电源接通后，当制动系储气筒内的气压下降到 35~38kPa 时，由于作用在低气压警

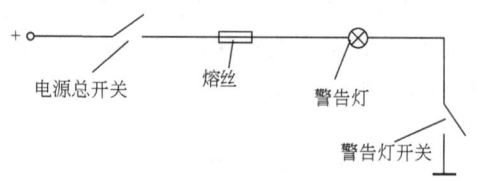

图 7-40 低气压警告灯电路图

告灯开关膜片上的压力减小，于是膜片在复位弹簧的作用下向下移动而使触点闭合，电路接通，低气压警告灯点亮。当储气筒中的气压升高到 45kPa 以上时，由于开关中的膜片所受的推力增大，而使复位弹簧压缩，触点打开，于是电路切断，低气压警告灯熄灭。因此，低气压警告灯突然点亮时，则说明制动系中气压过低，驾驶人应立即停止发动机工作，找出气压过低的原因，排除故障，使气压恢复正常值。

7.2.5 制动信号灯断线报警装置

在制动信号灯电路中接两个电磁线圈和舌簧开关串联，如图 7-42 所示，可起到制动信号灯断线报警作用。

在正常情况下制动时，踏下制动踏板，制动灯开关接通，电流分别经电磁线圈，使左右制动信号灯亮。此时，两线圈所产生的磁场互相抵消，警告灯不亮。若左（或右）制动信号灯灯线断路（或

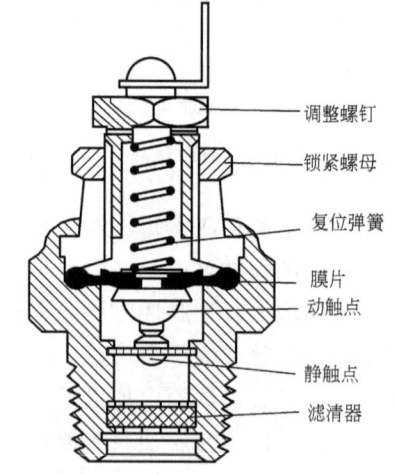

图 7-41 低气压警告灯开关结构

灯丝烧断）时，一发生制动，则电磁线圈无电流通过，而通电的线圈所产生的磁场吸力吸动舌簧开关触点闭合，警告灯亮，以警示驾驶人采取措施将制动信号灯电路修理好。

7.2.6 制动蹄片磨损过量报警装置

制动蹄片磨损警告灯的作用是当制动摩擦片磨损到使用极限厚度时点亮，发出报警信号。其结构类型有两种，如图7-43所示。

在图7-43a所示的装置中，是将一个金属触点埋在摩擦片内部。当摩擦片磨损至使用极限厚度时，金属触点就会与制动盘（或制动鼓）接触而使警告灯与搭铁接通，仪表板上的警告灯便会亮起，以示警告。

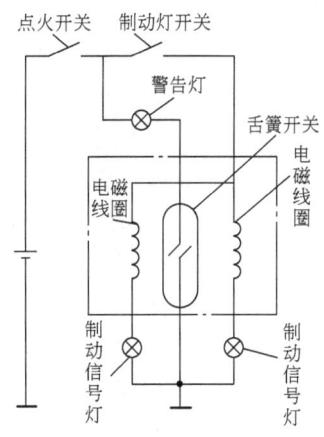

图7-42 制动信号灯断线警告灯线路图

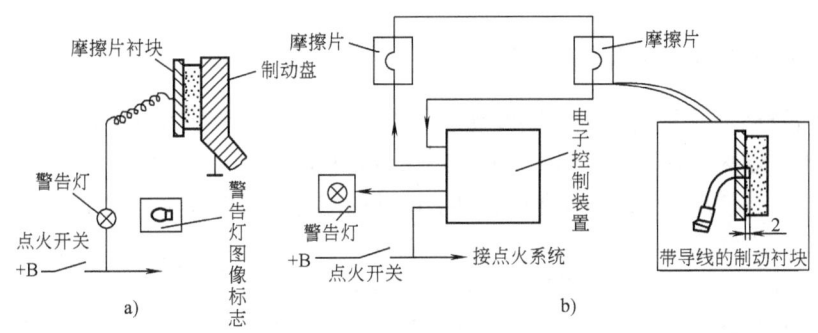

图7-43 制动蹄片磨损警告灯
a) 触点式 b) 导线式

在图7-43b所示的装置中，则是将一段导线埋设在摩擦片内部，该导线与电子控制装置相连。当接通点火开关后，电子控制装置便向摩擦片内埋设的导线通电数秒钟进行检查，如果摩擦片已磨损到使用极限厚度，并且埋设的导线已被磨断，电子控制装置则使警告灯亮起，以示制动摩擦片需要更换。

7.2.7 制动报警装置

现代轿车上一般均装置了制动警告灯，该警告灯指示出制动系统可能出现的两种情况：一是点火开关已打开，而驻车制动器仍停放在制动位置；二是双管路制动系统中任一管路失效。制动警告灯电路及其组成如图7-44所示。制动警告灯通过两个并联的开关与点火开关串联。当驻车制动器处于制动位置时，若打开点火开关，则制动警告灯点亮，用于提醒驾驶人在挂档起步之前，

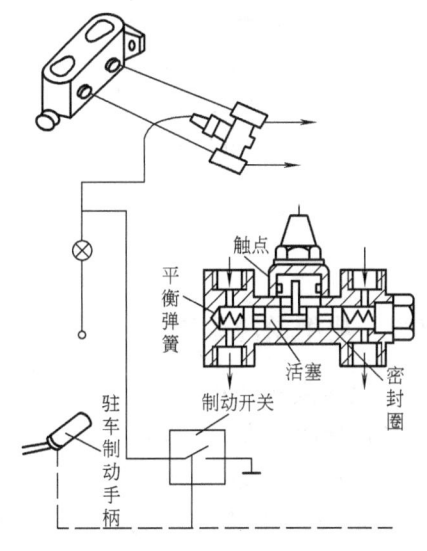

图7-44 制动警告灯

松开驻车制动器。当松开驻车制动器后，制动警告灯即熄灭。

在双管路制动主缸的制动管路之间并联一个差压开关。当两管路制动正常时，活塞处于由平衡弹簧控制的中间位置，制动警告灯不亮。但任一管路失效后，其管路压力下降，当压差达到1000kPa以上时，活塞将向一边偏移，接通触点，制动警告灯点亮，以示警告。

制动液液面警告灯的传感器安装在制动液储液筒上，如图7-45所示。传感器外壳内装有舌簧管，两接线柱中的其中一个接电源12V，另一个接警告灯，浮子上固装着永久磁铁。当浮子随着制动液面下降到规定值时，永久磁铁吸力作用使舌簧管触点闭合，接通警告灯电路，使警告灯点亮，以示警告。当补充制动液使制动液液面上升时，浮子带动永久磁铁上升，对舌簧管吸力作用减弱，舌簧管在自身弹力作用下使触点张开，切断了警告灯电路，使警告灯熄灭。

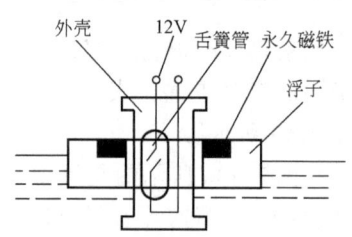

图7-45 制动液液面警告灯传感器

7.2.8 空气滤清器堵塞报警装置

空气滤清器堵塞报警装置如图7-46所示，由与空气滤清器滤芯内外侧相连通的气压式开关传感器和警告灯两部分组成。气压式开关传感器是利用其上、下气室产生的压力差，推动膜片移动，从而使与膜片相连的磁铁跟随移动。磁铁的磁力使舌簧开关开或闭，控制警告灯电路接通或断开。若空气滤清器滤芯未堵塞，则传感器上、下气室间压差小，膜片及磁铁的移动量小，舌簧开关处于常开状态；若空气滤清器滤芯被堵塞，则传感器上、下气室间压差增大，膜片及磁铁的移动量增大，磁铁磁力吸动舌簧开关而闭合，警告灯电路被接通，警告灯点亮。

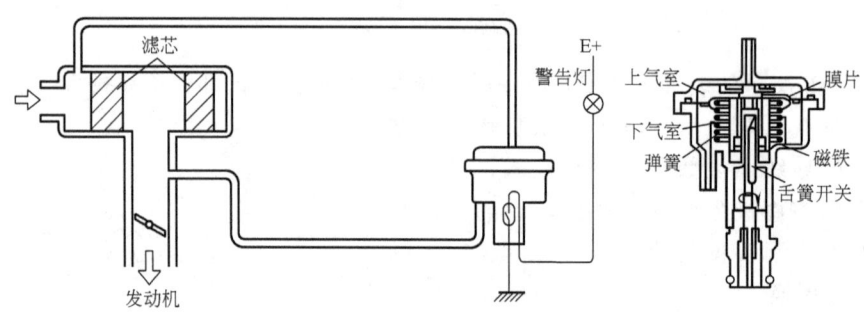

图7-46 空气滤清器堵塞报警装置示意图

7.2.9 典型故障诊断与排除

1. 电热式机油压力表的故障诊断与排除

（1）指针不动 按图7-47（电热式机油压力表指针不动的故障诊断）给出的方法进行。

（2）发动机未起动指针就动 按图7-48（发动机未动，电热式机油压力表指针就动的故障诊断）给出的方法进行。

2. 电热式冷却液温度表的故障诊断

（1）指针不动 按图7-49（电热式冷却液温度表指针不动的故障诊断）给出的方法进行。

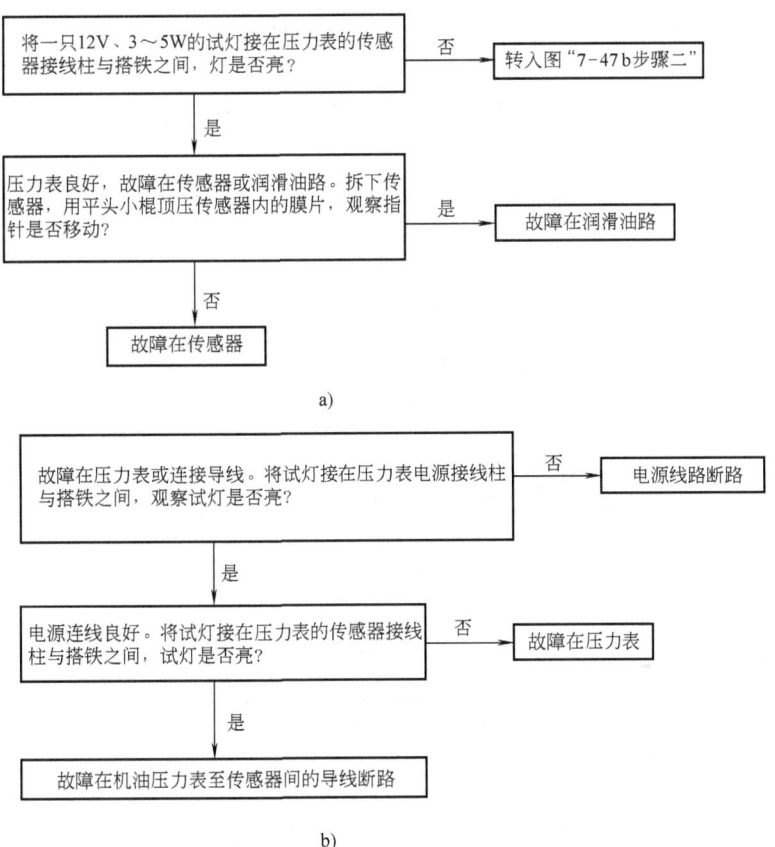

图 7-47 电热式机油压力表指针不动的故障诊断
a) 步骤一 b) 步骤二

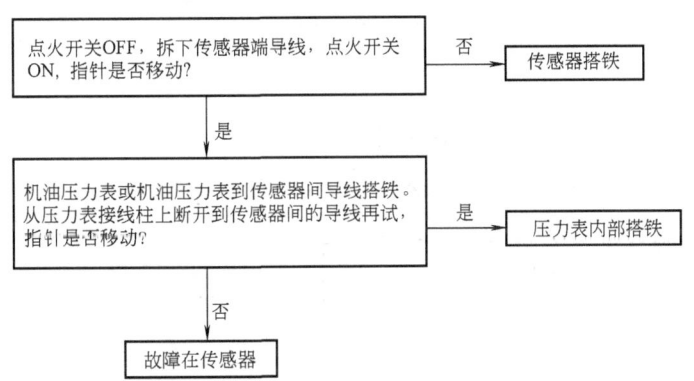

图 7-48 发动机未动,电热式机油压力表指针就动的故障诊断

（2）指针指向最大值不变 按图 7-50（电热式冷却液温度表指针指向最大值不变的故障诊断）给出的方法进行。

3. 燃油表的故障诊断

（1）燃油表指针总指示"1" 按图 7-51（燃油表指针总指示"1"的故障诊断）给出的方法进行。

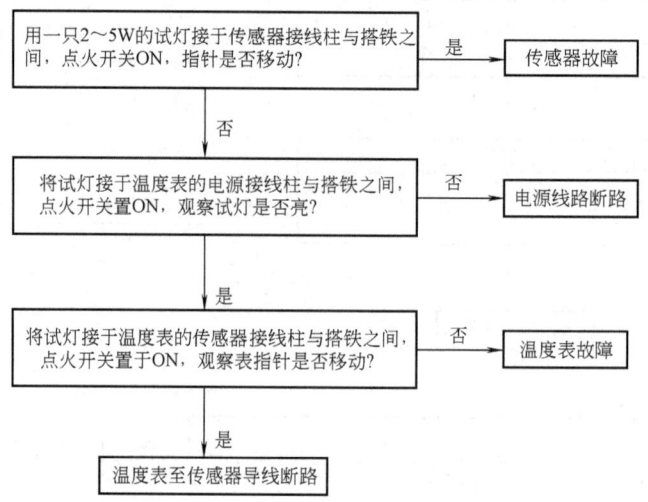

图 7-49　电热式冷却液温度表指针不动的故障诊断

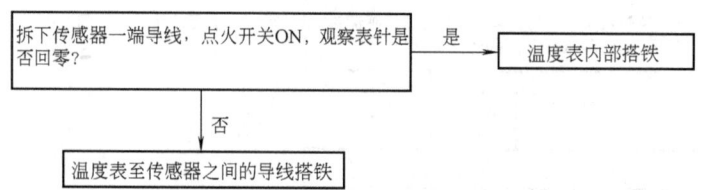

图 7-50　电热式冷却液温度表指针指向最大值不变的故障诊断

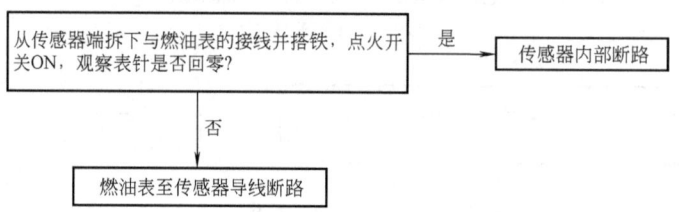

图 7-51　燃油表指针总指示"1"的故障诊断

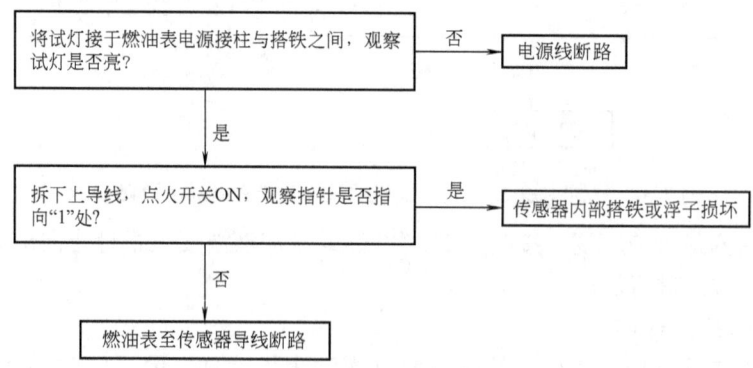

图 7-52　燃油表指针总指示"0"的故障诊断

(2) 燃油表指针总指向"0"

按图 7-52 （燃油表指针总指示"0"的故障诊断）给出的方法进行。

4. 电子式车速里程表的故障诊断

电子式车速里程表常见故障是不工作。一般按图 7-53 （电子式车速里程表不工作的故障诊断）给出的方法进行。

5. 发动机转速表的故障诊断

发动机转速表的常见故障是不工作，下面以桑塔纳轿车转速表为例说明其故障诊断方法。参见图 7-54、图 7-55。

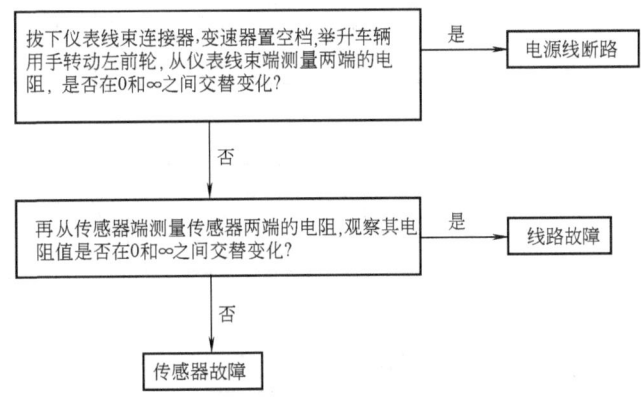

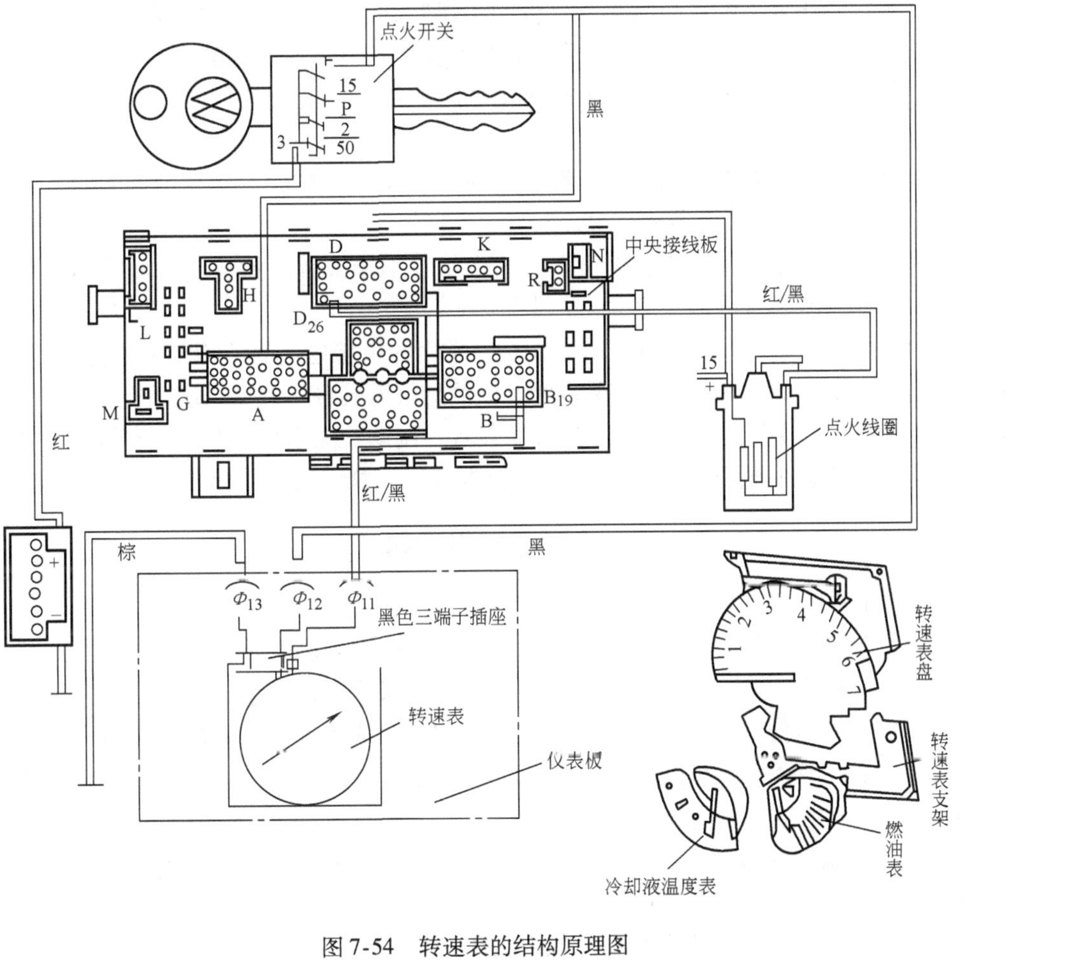

图 7-53 电子式车速里程表不工作的故障

图 7-54 转速表的结构原理图

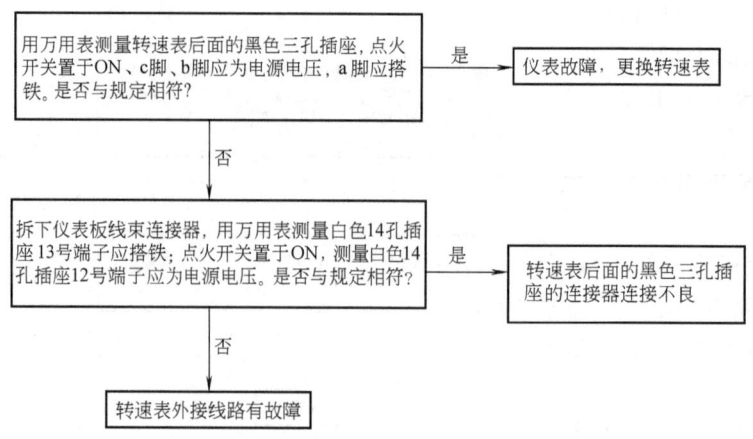

图 7-55 发动机转速表不工作的故障诊断

本 章 小 结

1. 汽车仪表用来了解观测汽车各系统的工作状况，常用的有电流表、机油压力表、冷却液温度表、转速和里程表、燃油表等，其主要类型有电热式和电磁式。

2. 电热式冷却液温度表和燃油表与可变电阻式传感器配合使用时，应该在电路中串入仪表稳压器。

3. 数字式仪表具有许多优点，在汽车上的应用越来越广泛，其显示器主要有：发光二极管、液晶显示器件、真空荧光管等。

4. 仪表的主要故障有：仪表无显示、仪表指示不准确等。检修时，可将仪表与传感器分段检测。

5. 汽车报警装置主要用来保证行车安全，常用的报警电路有：冷却液面过低报警装置、机油压力报警装置、冷却液温度报警装置、燃油量报警装置、制动系统低气压报警装置、制动信号灯断线报警装置、制动蹄片磨损报警装置、制动液液面报警装置、空气滤清器堵塞报警装置等。电路是由报警开关（传感器）、警告灯（或蜂鸣器）等组成。

习题与思考题

一、选择题

1. 随着车速的增大，仪表板内的响声越大，这种故障现象的原因可能是（　　）。

  A. 里程表线响　　　　　　　　　　B. 某个仪表松动

  C. 仪表台面板松动　　　　　　　　D. 仪表线束振动发出的声响

2. 对于桑塔纳轿车，在行驶过程中，当冷却液温度警告灯亮而冷却液温度表指示正常时，可能的故障是（　　）。

  A. 冷却液温度过高　　　　　　　　B. 冷却液温度传感器坏

  C. 冷却液温度警告灯电路坏　　　　D. 冷却液不足

3. 对于仪表来说，下列说法哪个是正确的（　　）。

  A. 大多数车都有发动机转速表　　　B. 大多数车都有电流表

C. 大多数车都有机油压力表　　　　　D. 大多数车都有车速表
4. 对于普通仪表，当只有燃油表不工作时，下列说法哪个是错误的（　　）。
A. 可能是燃油表有故障　　　　　　　B. 可能是燃油传感器有故障
C. 可能是燃油表及传感器的线路有故障　D. 可能是仪表稳压器有故障
5. 机油压力表有（　　）种。
A. 2　　　　B. 3　　　　C. 4　　　　D. 5
6. 电子式仪表稳压器的输出电压一般为（　　）V。
A. 6~7　　　B. 7~8　　　C. 8~9　　　D. 9~10
7. 机油压力表正常的指示压力为（　　）kgf/cm²。
A. 1~3　　　B. 2~4　　　C. 3~5　　　D. 4~6
8. 当冷却液温度到（　　）℃时，红色警告灯亮，表示发动机过热。
A. 90~93　　B. 93~95　　C. 95~98　　D. 98~100
9. 当制动系储气筒内的气压下降到（　　）kPa时，低气压警告灯点亮。
A. 30~32　　B. 33~35　　C. 35~38　　D. 38~40
10. 当两路制动管路的压差达到（　　）kPa以上时，警示灯点亮，以示警告。
A. 100　　　B. 1000　　　C. 5000　　　D. 10000

二、判断题
1. 当发电机对蓄电池进行充电时，电流表指向"+"的方向（　　）。
2. 电热式冷却液温度表的传感器是正温度系数的热敏电阻（　　）。
3. 燃油表一般有双金属电热式和电磁式两种形式（　　）。
4. 机油压力报警装置一般有高压和低压两种（　　）。
5. 燃油报警传感器用的是正温度系数的热敏电阻（　　）。
6. 制动蹄片磨损报警装置的传感器埋在摩擦片内部（　　）。
7. 当制动液面上升时，制动液液面传感器舌簧管断电关闭，切断警告灯电路（　　）。
8. 稳压器输出电压过高会导致仪表指示值偏低（　　）。
9. 燃油表传感器电阻为"0"时，燃油表指示为"1"（　　）。
10. 车速里程表的信号取自发动机点火线圈（　　）。

三、简答题
1. 汽车仪表有哪些？各自有何功能？
2. 以电子燃油表为例简述其工作原理？
3. 试述电热式冷却液温度表和电磁式冷却液温度表的工作原理，并比较他们的优缺点。
4. 电流表在汽车上有何作用？
5. 冷却液温度表的作用是什么？
6. 发动机转速表是如何获取发动机转速信号的？

实训项目十八　仪表及报警装置的结构认识及电路连接

车辆牌号	车辆识别代码	发动机型号

一、实训目的与要求
　　1. 掌握仪表及报警电路的结构。
　　2. 理解仪表电路的线路连接及电流的流向。

二、实训仪器和设备
　　1. 桑塔纳2000轿车一辆。
　　2. 常用工具一套，万用表一个，导线、试灯若干。

三、实训步骤
　　1. 汽车转速表系统部件认识。
　　2. 汽车燃油表系统部件认识。
　　3. 汽车冷却液温度表系统部件认识。
　　4. 汽车机油压力表系统部件认识。
　　5. 汽车车速里程表系统部件认识。
　　6. 汽车仪表电路连接流程认识。

四、数据整理
　　根据仪表系统的连线情况，绘制出接线简图。

五、思考题
　　汽车仪表的电路连线步骤是怎样的。

实训项目十九　传统仪表故障诊断

车辆牌号	车辆识别代码	发动机型号

一、实训目的与要求

1. 目的

掌握传统仪表的故障诊断一般方法。

2. 要求

① 熟悉各种测量的工量具的正确操作方法。

② 掌握传统仪表的电路分析方法。

二、实训仪器和设备

试灯、万用表、旋具等工具包各一套。

三、实训步骤

1. 电热式机油压力表的故障诊断

① 指针不动。按图 7-47（电热式机油压力表指针不动的故障诊断）给出的方法进行。

② 发动机未起动指针就动。按图 7-48（发动机未动，电热式机油压力表指针就动的故障诊断）给出的方法进行。

2. 电热式冷却液温度表的故障诊断

① 指针不动。按图 7-49（电热式冷却液温度表指针不动的故障诊断）给出的方法进行。

② 指针指向最大值不变。按图 7-50（电热式冷却液温度表指针指向最大值不变的故障诊断）给出的方法进行。

3. 燃油表的故障诊断

① 燃油表指针总指示"1"。按图 7-51（燃油表指针总指示"1"的故障诊断）给出的方法进行。

② 燃油表指针总指向"0"。按图 7-52（燃油表指针总指示"0"的故障诊断）给出的方法进行。

4. 电子式车速里程表的故障诊断

电子式车速里程表常见故障是不工作。一般按图 7-53（电子式车速里程表不工作的故障诊断）给出的方法进行。

5. 发动机转速表的故障诊断

发动机转速表的常见故障是不工作，下面以桑塔纳轿车转速表为例说明其故障诊断方法。按图 7-55（发动机转速表不工作的故障诊断）给出的方法进行诊断。

车辆牌号	车辆识别代码	发动机型号

四、数据整理

根据实训内容,整理数据,诊断故障。

五、思考题

1. 传统仪表的工作原理有哪些?
2. 传统仪表的故障诊断步骤有哪些?

实训项目二十 电子仪表故障诊断

车辆牌号	车辆识别代码	发动机型号

一、实训目的与要求
掌握数字仪表的故障诊断方法。

二、实训仪器和设备
专用检测仪、万用表等工具，上海大众帕萨特 B5 汽车一辆。

三、实训步骤
1. 熟悉帕萨特 B5 仪表电路的工作原理。
2. 帕萨特 B5 仪表的自诊断。诊断前应确保电源电压正常（至少 9.0V），熔丝正常，搭铁良好。

① 进入车载诊断系统功能模式。取下位于驾驶人侧护膝杆下部至左转向盘的数据传输接头（DLC）护盖，点火开关 OFF，将适配器电缆（VAG1551/3）一端连于读码器，一端连于 DLC 接头。

② 查询故障码储存器。该功能模式用于检索存储的故障数量。

③ 输出诊断。该功能可以检查车速表、转速表、冷却液温度指示器、燃油液面指示器、里程显示、多功能显示、数字时钟、油压报警蜂鸣器。

④ 清除故障码存储器。只有在查询故障码存储器并且排除所有故障后，才能清除故障码存储器。

⑤ 结束输出。诊断完毕后，应结束输出，退出车载诊断系统。

⑥ 读取测量数据流。使用该功能时，显示器上始终显示着传感器的实际值，而且组合仪表显示滤波后的数值，所以这些数值可能会有偏差。如果实际的冷却液温度大约在 75℃和 107℃之间，组合仪表就会显示 90℃。

四、数据整理
根据实训内容，整理数据，诊断故障。

五、思考题
1. 帕萨特仪表系统的电路特点是什么？
2. V. A. G1551 故障诊断仪的使用步骤和方法有哪些？

第 8 章 汽车辅助电器设备

> **学习目标：**
> - 掌握汽车辅助电器设备装置的作用、组成、结构及工作原理。
> - 学会辅助电器的电路分析方法。
> - 重点掌握典型车型的辅助电器的故障诊断及排除方法。

8.1 电动刮水器、洗涤及除霜装置

驾驶人在行车时，遇有雨天、雪天、雾天或扬沙天气时，会造成视线不良，给驾驶人的安全行车带来隐患。为了保证在上述不良天气时驾驶人仍具有良好的视线，汽车上都安装有刮水器。有的车上还安装有后风窗刮水器。

8.1.1 电动刮水器

刮水器有真空式、气动式和电动式三种。电动式又分为绕线式和永磁式两种。因电动刮水器动力大、容易控制、不受发动机工况的影响，故目前汽车上广泛应用的是永磁式。

1. 电动刮水器的结构

电动刮水器主要由直流电动机、蜗轮箱、曲柄、连杆、摆杆、摆臂和刮水片等组成。如图 8-1 所示。一般电动机和蜗杆箱结合成一体，组成刮水器电动机总成。曲柄、连杆和摆杆等杆件可以把蜗轮的旋转运动转变为摆臂的往复摆动，使摆臂上的刮水片实现刮水动作。

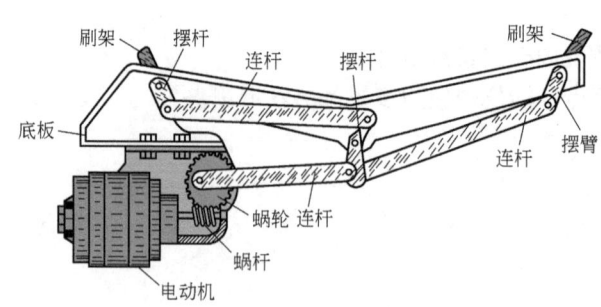

图 8-1 电动刮水器的组成

2. 电动刮水器的变速原理

刮水器的变速是利用直流电动机的变速原理来实现的，由直流电动机电压平衡方程式可得转速公式

$$n = \frac{U - IR}{KZ\phi}$$

式中　U——电动机端电压（V）；

　　　I——通过电枢绕组中的电流（A）；

　　　R——电枢绕组的电阻（Ω）；

　　　K——常数；

　　　Z——正、负电刷间串联的导体数；

　　　ϕ——磁极磁通（WB）。

在电压 U 和直流电动机定型的条件下，即 I、R、K 均为常数，当磁极磁通 ϕ 增大时转速 n 下降，反之则转速 n 上升。所以，刮水器变速是在直流电动机变速的理论基础上，采取改变电动机磁极磁通，或者改变两电刷之间的导体数来实现的。

（1）改变磁通变速　采用改变电动机磁极磁通变速的方法，只适用于绕线式直流电动机。绕线式直流电控刮水电动机的工作原理如图 8-2 所示。

当刮水器开关在Ⅰ档位置（低速）时，电流由蓄电池正极经点火开关→熔断器→接线柱①→接触片，然后分两路：一路通过接线柱②→串励绕组→电枢→搭铁→蓄电池负极形成回路；另一路通过接线柱③→并励绕

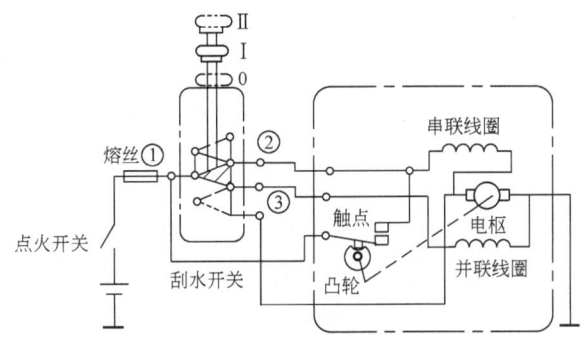

图 8-2　绕线式直流电控刮水电动机的工作原理
①、②、③—接线柱

组→搭铁→蓄电池负极形成回路。此时，在串励绕组 1 和并励绕组 3 的共同作用下，磁场增强，电动机以低速运转。

当刮水器开关在Ⅱ档位置（高速）时，电流由蓄电池正极→点火开关→熔断器→接线柱①→接触片→接线柱②→串励绕组→电枢→搭铁→蓄电池负极形成回路。此时由于并励绕组被隔除，磁场减弱，电动机以高速运转。

（2）改变电刷间导体数变速　改变电刷间导体数变速的方法只适用于永磁式直流电动机，如图 8-3 所示。其原理是：刮水电动机工作时，在电枢内同时产生反电动势，其方向与电枢电流的方向相反。如要使电枢旋转，外加电压必须克服反电动势的作用。当电动机转速升高时，反电动势增高，只有当外加电压等于反电动势时，电枢的转速才能稳定。

三刷永磁式刮水电动机工作时，电枢绕组产生的反电动势的方向如图 8-3 中箭头所示。当将刮水器开关 K 拨向"L"（低速）时，如图 8-3a 所示，电源电压 U 加在电刷 B_1 和 B_3 之间。在电刷 B_1 和 B_3 之间的两条并联支路中，每条支路中各有 4 个串联绕组，反电动势的大小与支路中反电动势的大小相等。由于外加电压需要平衡 4 个绕组所产生的反电动势，故电动机转速较低。

当将刮水器开关 K 拨向"H"（高速）时，如图 8-3b 所示，电源电压 U 加在电刷 B_2 和 B_3 之间。绕组 1、2、3、4、8 同在一条支路中，其中绕组 8 与绕组 1、2、3、4 的反电动势方向相反，相互抵消后，使每条支路变为 3 个绕组，由于电动机内部的磁场方向和电枢的旋

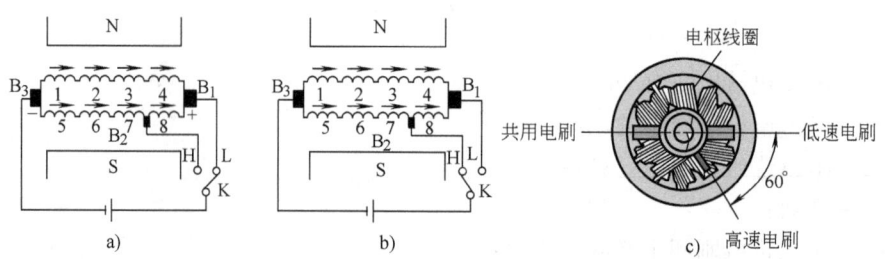

图 8-3 永磁式刮水电动机的变速原理
a) 低速旋转　b) 高速旋转　c) 电刷的布置

转方向没有变化，所以各绕组内反电动势的方向与低速时相同。但是外加电压只需平衡 3 个绕组所产生的反电动势，因此，电动机的转速增高。

3. 刮水电动机的自动复位装置

如图 8-4 所示的铜环式刮水器的控制电路，此电路具有自动复位的功能。当刮水器停止工作时，为了避免刮水片停在风窗玻璃中间，影响驾驶人视线，汽车上电动刮水器都设有自动复位装置。其功能是在切断刮水器开关时，刮水片能自动停在驾驶人视野以外的指定位置。

当刮水器的开关推到 0 档时，若刮水片没有停在规定的位置，如图 8-4b 所示，由于触点与铜环接触，电流由蓄电池 "+" →点火开关→熔断器→公共电刷 B_3 →电枢绕组→慢速电刷 B_1 →刮水器开关接线柱②→刮水器开关接线柱①→触点臂→触点→铜环→搭铁→蓄电池 "−" 形成电流回路，电动机仍然以低速运转，直至蜗轮转到特定位置时，铜环将两触点短接，电动机电枢绕组被短路。由于电动机存在惯性，不能立即停转，以发电机方式运行，电枢绕组将产生强大制动力矩，电动机迅速停转，使刮水片停在指定位置。

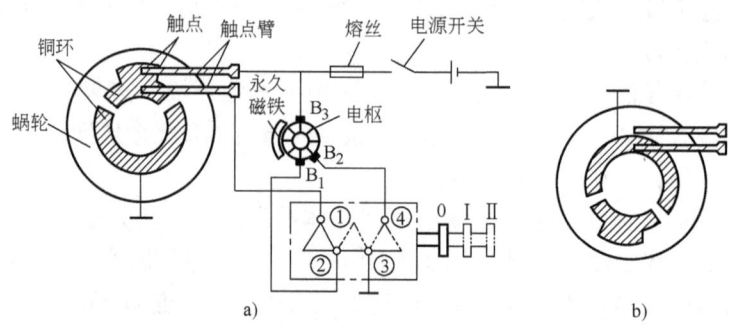

图 8-4 刮水器的自动复位装置原理图
a) 电路图　b) 触点位置
①~④—接线柱

4. 刮水器电子间歇控制

电动刮水器间歇控制的作用，一是在与洗涤器配合使用时，可以达到先洗后刮的循环刮洗工序，以提高刮洗效果；二是在毛毛细雨时，雨量很少，如果刮水器仍按原来那样不断地工作，会使玻璃模糊影响驾驶人视线，也会引起刮片的颤动，而且也会对玻璃有损伤。电动刮水器的电子间歇刮水器控制，按其间歇时间能否调节，可分为可调式和不可调式。可调式间歇控制是根据雨量的大小来确定间歇的时间，有一种带雨滴传感器的间歇刮水器，它利用压电元件制成的雨滴传感器对雨量进行检测，从而获得最佳的间歇时间。下面以无稳态方波发生器控制的间歇刮水器为例介绍其工作过程，其电路如图8-5所示。

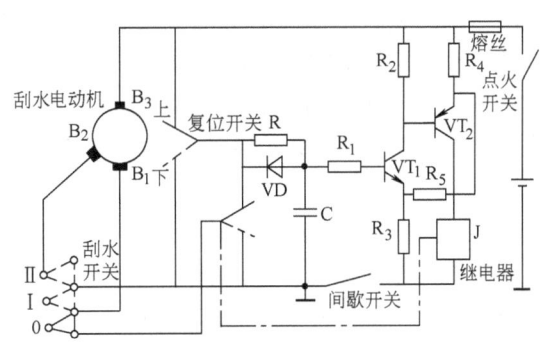

图 8-5 同步间歇刮水器控制电路

电路中电阻 R、电容 C、二极管 VD 组成间歇时间控制电路，调整其参数可改变间歇时间的长短。当刮水器开关置"0"档，且间歇开关闭合时，电流由蓄电池"＋"→点火开关→熔丝→复位开关"上"触点（常闭）→电阻 R→电容 C→搭铁→蓄电池"－"形成充电回路；使电容 C 两端电压上升，达到一定值时，VT_1 导通，VT_2 随之导通。继电器 J 中有电流通过，回路为：蓄电池"＋"→点火开关→熔丝→R_4→VT_2→J→间歇开关→搭铁→蓄电池"－"；继电器磁化线圈通电使其常闭触点断开（实线位置），常开触点闭合（虚线位置）刮水电动机电路被接通，回路为：蓄电池"＋"→点火开关→熔丝→公共电刷 B_3→电枢→低速电刷 B_1→刮水开关"0"位→继电器常开触点→搭铁→蓄电池"－"形成供电回路；使刮水电动机低速工作。当复位开关常闭触点被复位装置顶开至常开"下"位置时，电容 C→VD→复位开关"下"位置→搭铁；快速放电，一段时间后，VT_1 截止，VT_2 截止，继电器断电，其触点复位，但这时电动机仍运转，回路为：蓄电池"＋"→点火开关→熔丝→公共电刷 B_3→电枢→低速电刷 B_1→刮水开关"0"位→继电器常闭触点→复位开关常开触点→搭铁→蓄电池"－"，只有当复位开关常开触点被复位装置顶回至常闭"上"位置时电动机才停止。电容 C 再次充电，重复周期开始。

8.1.2 风窗玻璃洗涤装置

为了更好地消除附在风窗玻璃上的灰尘污物，在汽车上增设了洗涤装置，与刮水器配合使用，可以使汽车风窗玻璃更好地完成刮水工作，并获得更好的刮水效果。

1. 风窗玻璃洗涤装置的组成

风窗玻璃洗涤装置的组成如图8-6所示，它主要由储液罐、洗涤泵、输液管、喷嘴等组成。洗涤泵由永磁直流电动机和离心式叶片泵组装成为一体，安装在储液罐上或管路内，喷射压力达 70~88kPa。

2. 风窗玻璃洗涤装置的正确使用

洗涤泵喷嘴安装在风窗玻璃的下面，其喷嘴方向可以根据使用情况调整，喷水直径一般为 0.8~1.0mm，能够使洗涤液喷射在风窗玻璃的适当位置。洗涤泵的连

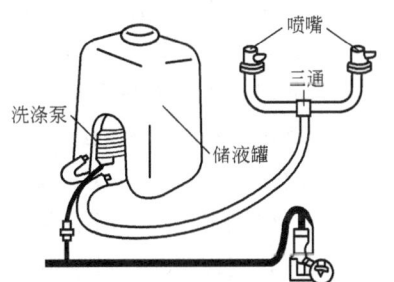

图 8-6 风窗玻璃洗涤装置

续工作时间不应超过1min，对于刮水和洗涤分别控制的汽车，而且应先开洗涤泵，再接通刮水器。喷水停止后，刮水器应继续刮动 3~5 次，以便达到良好的清洁效果。

常用的洗涤液是清水。为了能刮掉风窗玻璃上的油、蜡等物，可在水中添加少量的去垢

剂和防锈剂。强效洗涤液的去垢效果好，但会使风窗密封条和刮片胶条变质，还会引起车身喷漆变色以及储液罐、喷嘴等塑料件的开裂。冬季使用洗涤器时，为了防止洗涤液的冻结，应添加甲醇、异丙醇、甘醇等防冻剂，再加少量的去垢剂和防锈剂，即成为低温洗涤液，可使结冰温度下降到 -20℃ 以下。如冬季不用洗涤器时，应将洗涤管中的水倒掉。

3. 风窗玻璃洗涤装置的控制电路

桑塔纳轿车洗涤装置的控制电路如图 8-7 所示。从图中可以看出，刮水器控制开关有 5 个档位，分别为复位停止档、间歇档、低速档、高速档和点动档。通常在刮水器操纵手柄上 f 档为点动档，LO 档为低速刮水档，HI 档为高速刮水档。

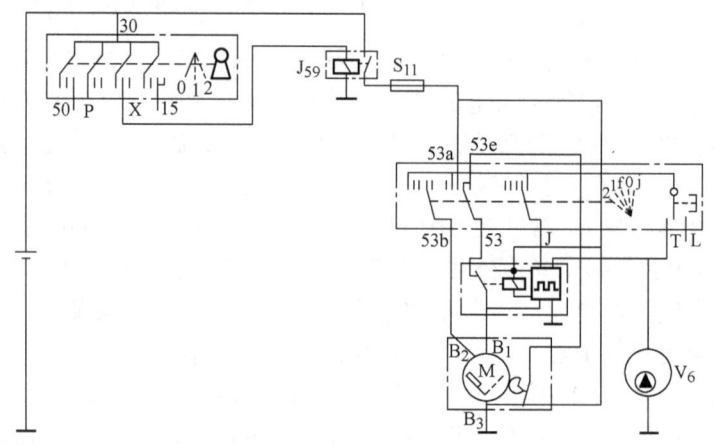

图 8-7　桑塔纳轿车 2000 洗涤装置的控制电路

将点火开关置于 ON，接通了蓄电池向中间继电器磁化线圈的放电回路，其电流为：蓄电池正极→点火开关 30 接线柱→点火开关 X 接线柱→中间继电器磁化线圈→搭铁→蓄电池负极。在电磁吸力的作用下，中间继电器触点闭合，为刮水电动机的工作做好准备。

将刮水器开关拨到 f 档（即点动档）时，蓄电池将通过刮水器开关、间歇继电器常闭触点向刮水电动机放电，其电流为：蓄电池正极→中间继电器触点→熔丝 S_{11}→刮水器开关 53a 接线柱→刮水器开关 53 接线柱→间歇继电器常闭触点→电刷 B_1→电刷 B_3→搭铁→蓄电池负极，此时电动机以低速运转。当驾驶人的手离开刮水器开关时，开关将自动回到"0"位，如果此时刮水片处在影响驾驶人视线的位置上，自动复位装置的常闭触点打开，常开触点闭合，刮水电动机电枢内继续有电流通过，其电流为：蓄电池正极→中间继电器触点→熔丝 S_{11}→复位装置的常开触点→刮水器开关 53e 接线柱→刮水器开关 53 接线柱→间歇继电器常闭触点→电刷 B_1→电刷 B_3→搭铁→蓄电池负极，故电动机仍以低速运转，只有当自动复位装置处在指定位置时，刮水电动机方可停止运转。

当将刮水器开关拨到 1 档（低速档）时，蓄电池仍然是通过中间继电器、刮水器开关、间歇继电器、电刷 B_1 和 B_3 向刮水电动机放电（放电回路与点动时相同），电动机以 42～52r/min 的转速低速运转。

当将刮水器开关拨到 2 档（高速档）时，蓄电池向电动机的放电回路为：蓄电池正极→中间继电器触点→熔丝 S_{11}→刮水器开关 53a 接线柱→刮水器开关 53b 接线柱→电刷

B_2→电刷 B_3→搭铁→蓄电池负极,此时刮水电动机以 62~80r/min 的转速高速运转。

当自动复位装置切断电动机电路,由于旋转惯性使电动机不能立即停下来时,电动机将以发电机运行而发电,由楞次定理可知,电枢绕组中所产生的感应电动势的方向与外加电压的方向相反,通过刮水器开关、自动复位常闭触点构成回路,其电流为:电刷 B_1→间歇继电器常闭触点→刮水器开关"53"接线柱→刮水器开关"53e"接线柱→自动复位装置的常闭触点→电刷 B_3,电枢绕组中即会产生反电磁力矩(制动力矩),刮水电动机迅速停止运转,使刮水片复位到风窗玻璃的下部。

当将刮水器开关拨到 J(间歇)位置时,电子式间歇继电器投入工作,使其触点不断地开闭。当间歇继电器的常闭触点打开,常开触点闭合时,蓄电池向电动机的放电回路为:蓄电池正极→中间继电器触点→熔丝 S_{11}→间歇继电器的常开触点→电刷 B_1→电刷 B_3→搭铁→蓄电池负极,电动机低速运转。当间歇继电器断电,其触点复位(常闭触点闭合,常开触点打开)时,电动机将停止运转。在此过程中,自动复位装置的工作与制动力矩的产生与上述相同。在间歇继电器的作用下,刮水电动机每 6s 使曲柄旋转一周。

当将洗涤开关接通时(将刮水器开关向上扳动),洗涤泵控制电路接通,其电流为:蓄电池正极→中间继电器触点→熔丝 S_{11}→洗涤开关→洗涤泵 V_5→搭铁→蓄电池负极。位于发动机盖上的两个喷嘴同时向风窗玻璃喷射洗涤液。与此同时,也接通了刮水器间歇继电器的控制电路,其电流为:蓄电池正极→中间继电器触点→熔丝 S_{11}→洗涤开关→刮水器间歇继电器→搭铁→蓄电池负极,于是刮水电动机工作,驱动刮水片刮掉已经湿润的尘土和污物。当驾驶人松开控制手柄时,开关将自动复位,切断洗涤泵的控制电路,喷嘴停止喷射洗涤液,刮水电动机在自动复位开关起作用后,将刮水片停靠在风窗玻璃的下方。

8.1.3 雨滴感知型刮水装置

电动刮水器虽然能够实现间歇控制,但不能够随雨量的变化及时调整刮片的刮水频率。雨滴感知型刮水器则能根据雨量的大小自动调节刮水频率,使驾驶人始终保持良好的视线。

1. 雨滴感知型刮水装置的组成

雨滴感知型刮水装置主要由雨滴传感器、间歇控制电路、刮水电动机三大部分组成。压电型传感器是利用雨滴下落撞击传感器的振动片,将振动能量传给压电元件,从而将雨量的大小转变为与之相对应的电信号,其结构如图 8-8 所示。

2. 雨滴感知型刮水装置的工作原理

其原理如图 8-9 所示,工作时,雨滴传感器将雨量的大小转变为与之相对应的电信号,经放大后送入间歇控制电路,给充电电路进行充电,使充电电路中电容两端电压上升,当电压上升至与基准电压相等时,驱动电路使刮水电动机工作一次,雨量越大,感应出电信号越强,充电速度越快,间歇工作频率越高,相反则工作频率越低。但当雨量很小时,雨滴传感器没有电压信号输出,只有定时电路对充电电路进行定时充电,一段时间后,充电电路的输出电压与基准电压相等,刮水器动作一次。根据下雨量的大小,电路可以实现无级调速。

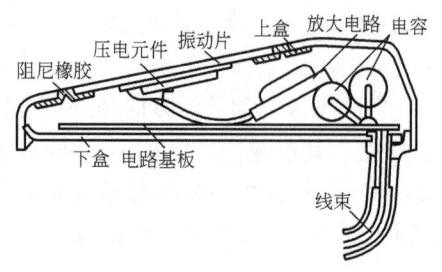

图 8-8 压电型雨滴传感器结构图

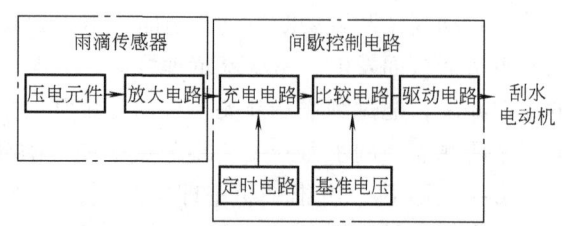

图 8-9 雨滴感知型刮水装置控制原理图

8.1.4 刮水系统和风窗洗涤系统常见故障

刮水系统和风窗洗涤系统常见故障有各档都不工作、个别档位不工作、雨刷不能停在正确位置、所有喷嘴都不工作和个别喷嘴不工作等。

1. 各档都不工作

故障现象：接通点火开关后，刮水器开关无论置于哪一档位，刮水器均不工作。

主要原因：熔丝烧断；刮水电动机或刮水器开关有故障；机械传动部分故障；线路断路或插接件松脱。

诊断与排除：首先检查熔断器是否熔断，插接件是否松脱，线路有无断路；然后检查开关是否正常；最后检查电动机及机械传动部分。

2. 个别档位不工作

故障现象：接通点火开关后，刮水器个别档位（低速、高速或间歇档）不工作。其余正常。

主要原因：刮水电动机或开关有故障；间歇继电器有故障；线路断路或插接件松脱。

诊断与排除：如果是高速或低速档位不工作，可先检查该档位对应的线路是否正常；开关是否正常；最后检查电动机电刷。如果是间歇档不工作，应检查刮水器开关的间歇档、所在线路及间歇继电器是否正常。

3. 刮片不能停在正确位置

故障现象：开关断开或间歇工作时，刮片不能停在风窗底部。

主要原因：自动停位装置损坏；刮水器开关损坏；刮水臂调整不当；线路连接错误。

诊断与排除：首先检查刮水臂的安装是否正确；开关线路连接是否正确；最后检查自动停位机构的触片和滑片接触是否良好。

4. 所有喷嘴都不工作和个别喷嘴不工作

故障现象：所有喷嘴都不工作和个别喷嘴不工作。

主要原因：洗涤电动机或开关损坏；线路断路或插接件松脱；洗涤液液面过低或连接管脱落；喷嘴堵塞。

诊断与排除：如果所有喷嘴都不工作，先检查洗涤液液面和连接管是否正常；然后检查洗涤泵电动机电路及插接件是否有断路及松脱处；再检查开关和电动机是否正常。如果是个别喷嘴不工作，则是喷嘴堵塞或输液管路出现问题。

8.1.5 除霜装置

在有雨或雪的时候开车,由于气温关系车内水蒸气易凝结于玻璃上,形成一层霜,尤其是后方的玻璃因为不易擦拭到,而且风也吹不到,对行车视野妨碍比较大,因此在一些汽车上安装有除霜装置,汽车前、侧窗玻璃上的霜可以利用空调系统产生的暖气进行除霜,后窗玻璃多使用电热丝除霜。

除霜装置是把电热丝一条一条地粘在后窗玻璃内部,以两端相接成并联电路,只需要供给两端要求的电压,即可加温玻璃,从而达到除去结霜的目的。除霜电热丝的电压控制方式分手动和自动两种。一般自动的除霜装置由开关、自动除霜传感器、自动除霜控制器、除霜电热丝和配线等组成,如图8-10所示。自动除霜传感器安装在后窗玻璃上,其作用是将后窗玻璃上是否结霜、结霜层的厚度告知除霜控制电路,结霜层厚度越大,传感器电阻越小。

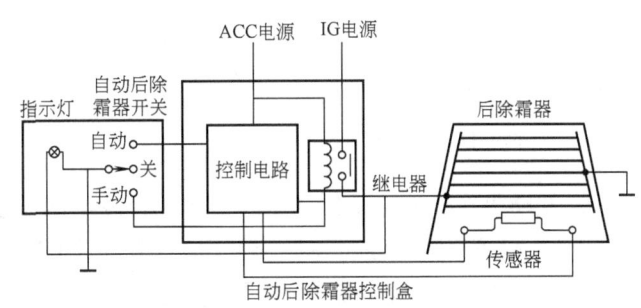

图8-10 后窗玻璃除霜装置电路

工作过程如下:

(1)除霜开关置于"关"位置 控制电路及指示灯电路断开,除霜装置及除霜指示灯均不工作。

(2)除霜开关置于"手动"位置 继电器线圈可经手动开关直接搭铁,继电器触点闭合,使除霜电路及指示灯接通,除霜装置及指示灯均工作。

(3)除霜开关置于"自动"位置 如果霜层凝结到一定厚度时,传感器电阻值减小到某一设定值以下。控制器即可使继电器线圈的电流经控制电路而搭铁,继电器闭合,于是,由点火开关"IG"档来的电源电压经继电器到除霜电热丝构成回路,另外经分路到仪表上的电流使指示灯点亮,表示除霜装置正在工作。当玻璃上结霜减少到某一程度后,传感器电阻值增大,控制电路切断继电器线圈回路,触点断开,电热丝断电,除霜装置停止工作,同时指示灯熄灭。

8.2 起动预热装置

为了使车辆在低温下可靠地起动,多数柴油机和少数汽油机上设有低温起动预热装置,来加热进入气缸的空气(或可燃混合气)温度。进气预热的类型有分缸预热和集中预热两种。柴油机一般采用分缸预热,安装在各气缸内或进气歧管上,汽油机一般采用集中预热,安装在发动机的进气管下方。

8.2.1 电热塞

分缸预热采用电热塞,结构如图8-11所示。汽车起动预热控制电路如图8-12所示。
工作过程如下:

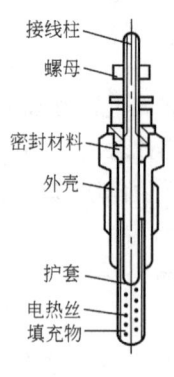

图 8-11 电热塞

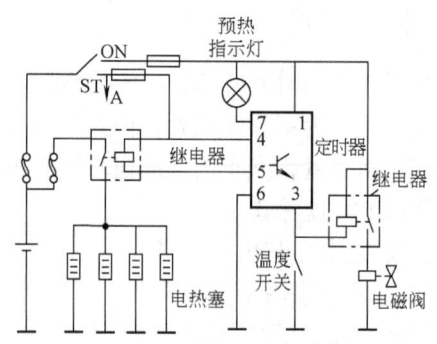

图 8-12 起动预热控制电路

（1）发动机冷却液温度低于 0℃　此时，冷却液温度传感器电阻很小，点火开关置于 ON 位置时，电流由蓄电池"＋"→熔丝→点火开关 ON→继电器线圈→冷却液温度传感器→搭铁→蓄电池"－"。继电器触点闭合，电磁阀通电动作切断溢油回路，提高喷油压力，使喷油提前进行。同时，定时器使电热塞继电器线圈通电，并接通预热指示灯搭铁回路，电热塞继电器触点闭合，电流由蓄电池"＋"→熔丝→电热塞继电器触点→电热塞→搭铁→蓄电池"－"。电热塞通电发热，同时仪表上的预热指示灯亮。随后指示灯灭，表示可以起动。

（2）点火开关置于 ST 位置　定时器仍然给电热塞继电器通电，使电热塞温度达到 1000℃ 左右，18s 后，定时器自动切断预热供电电路。

（3）发动机冷却液温度高于 0℃　冷却液温度传感器电阻很大，点火开关无论在 ON 位置或是 ST 位置，电磁阀继电器线圈与定时器电路均被断开，电磁阀、电热塞均不工作，预热指示灯亮约 0.3s 后熄灭。

8.2.2　进气加热器

集中预热采用进气加热器，常见的有 PTC 电热式和电热丝网式两种，结构如图 8-13 所示。PTC 是正温度系数热敏电阻，PTC 陶瓷预热器是利用陶瓷半导体材料的电阻随温度变化的特性制成的。

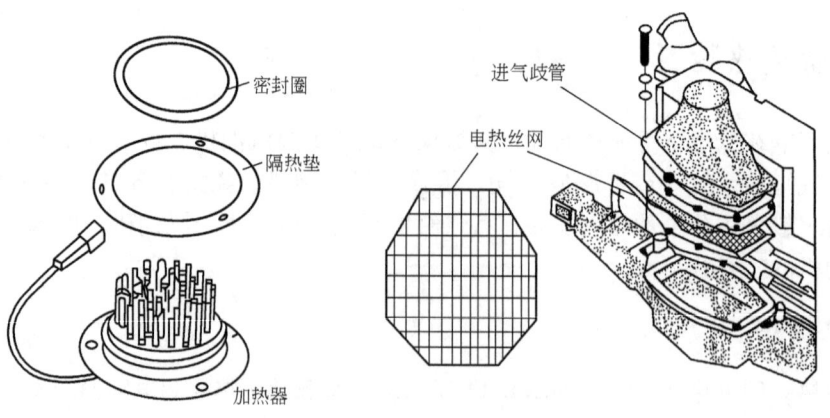

图 8-13 进气加热器结构

基本原理：给加热器通电后，使其发热，加热器表面温度上升（约180℃左右），当可燃混合气通过加热器时被预热，使发动机顺利起动。同时，若有未雾化的燃油通过时可受热蒸发，使混合气质量明显改善。

8.3 电动车窗和电动天窗

8.3.1 电动车窗

电动车窗也叫自动车窗，它可以使驾驶人更加集中精力驾车，方便驾驶人及乘客的操作，许多轿车装了这种装置。驾驶人操作时，可以使四个车窗中的任意一个上升或下降，乘员只能使所靠近侧的车窗上升或下降。

1. 电动车窗的组成

电动车窗主要由车窗玻璃、车窗玻璃升降器、电动机、继电器、断路器和控制开关等组成。车窗电动机、控制开关及车窗继电器在车上的布置如图8-14所示。

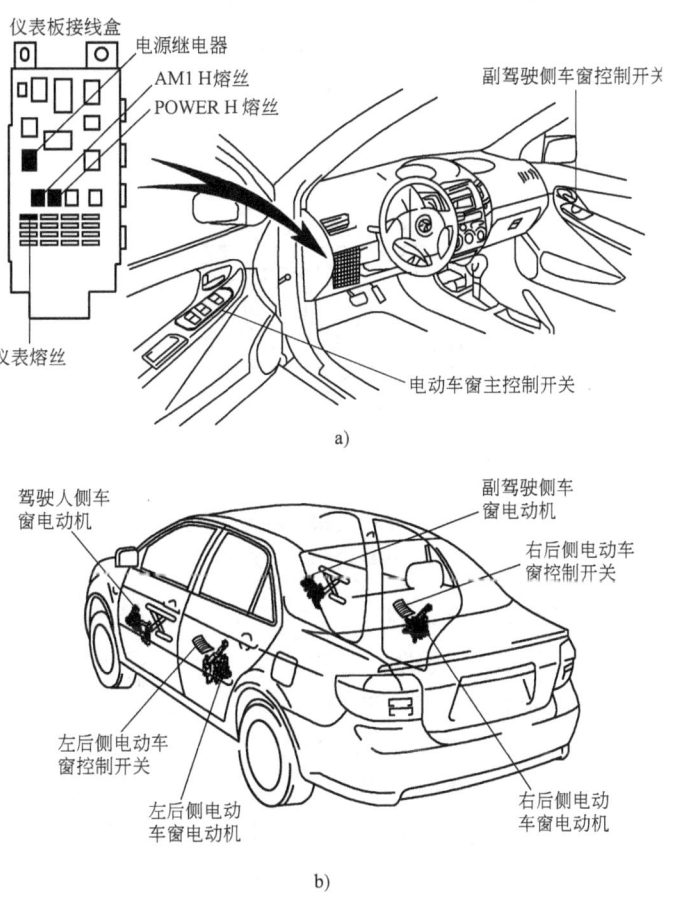

图8-14 电动车窗部件在车上的布置
a) 控制部位的布置 b) 电动机的布置

车窗上的电动机是双向的，有永磁和双绕组式两种。每个车窗上都装有一个电动机，通过开关控制它的电流方向，使车窗玻璃上升或下降。控制开关一般有两套，一套为总开关，安装在仪表板或驾驶人侧的车门上，因此驾驶人可以控制每个车窗的升降。另一套为分开关。安装在每个车门扶手上，可由乘客控制玻璃升降。主控开关上还装有控制分开关的闭锁开关，如果它断开，分开关就不起作用。有些车型装有带延迟开关的电动车窗系统，可在点火开关断后约10min内，或车门打开以前，仍提供电源，使驾驶人和乘客有时间关闭车窗。

常见的电动车窗升降机构有绳轮式、齿扇式和软轴式，图8-15所示为绳轮式和齿扇式升降机构，图8-16为软轴式的升降机构。

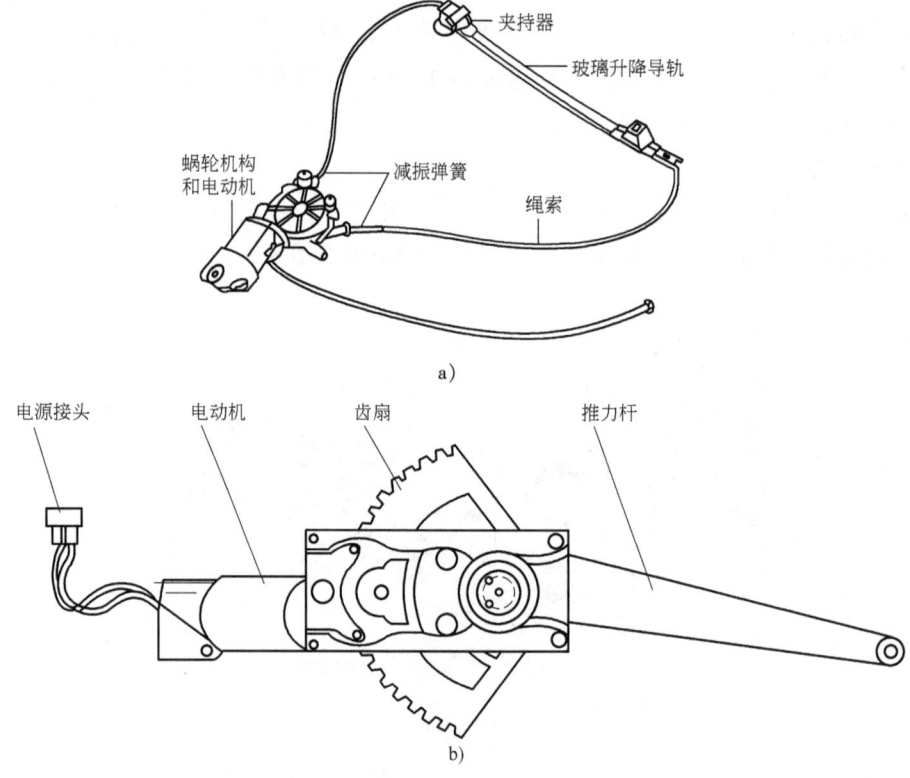

图8-15 绳轮式和齿扇式升降机构
a）绳轮式 b）齿扇式

2. 电动车窗的控制电路及工作原理

如图8-17所示为四车门电动车窗的主控制按钮，图8-18所示为该电动车窗的控制电路。该控制电路可以实现手动控制和自动控制，所谓的手动控制是指按着相应的手动按钮，车窗可以上升或下降，若中途松开按钮，上升或下降的动作即停止；而自动控制是指按下自动按钮，松开手后车窗会一直上升至最高或下降至最低。下面分别分析手动控制和自动控制过程。

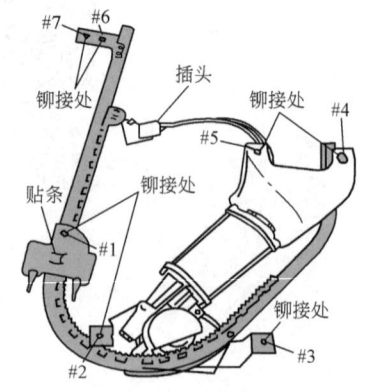

图8-16 软轴式升降机构

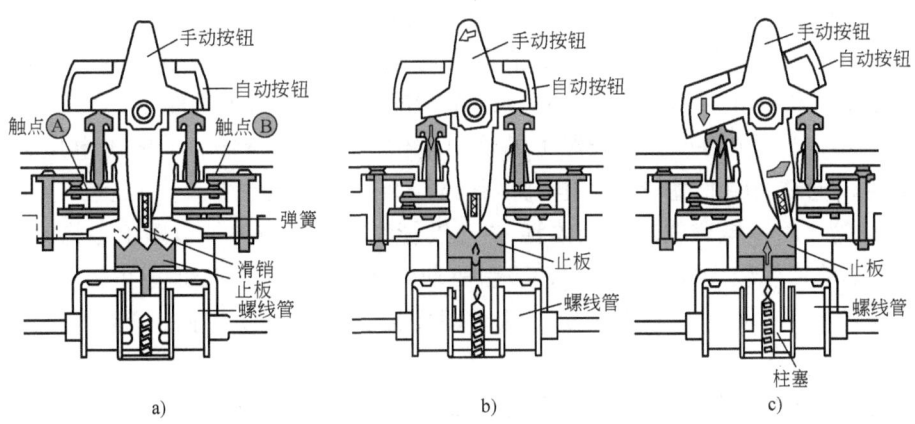

图 8-17 电动车窗的控制开关
a）结构图 b）手动控制 c）自动控制

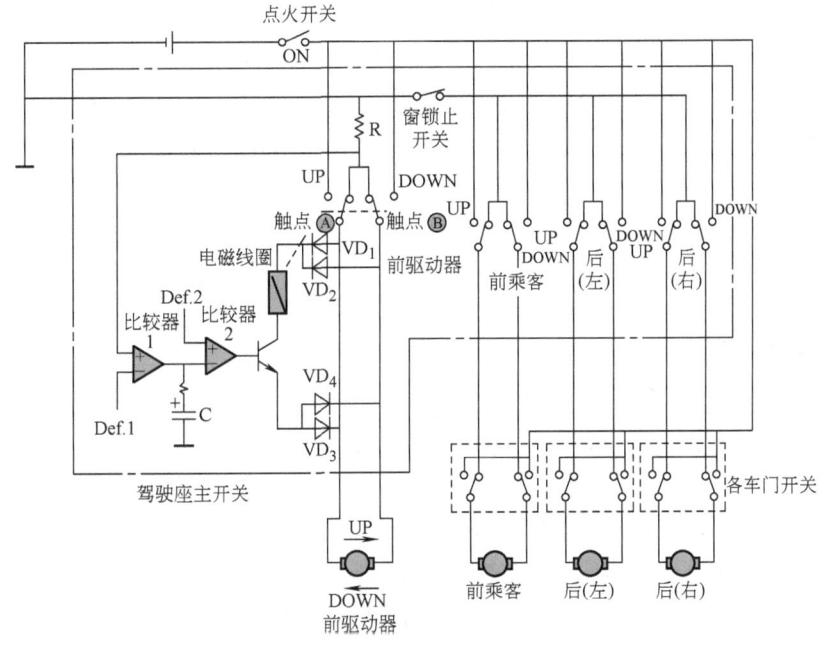

图 8-18 电动车窗控制电路

(1) 手动控制玻璃升降 以驾驶人侧的玻璃升降为例，如图 8-17b 图所示，向前按下手动按钮后，触点 A 与开关的 UP 接点相连，如图 8-18 所示，当把手动按钮推向车辆方向，车窗玻璃即上升。此时，触点 A 与 UP（向上）接点相连，触点 B 处于原来状态，电动机按 UP 箭头方向通过电流，车窗玻璃上升至关闭；当把手离开按钮时，利用开关自身的回复力，开关即回到中立位置。若把手动按钮推向车辆后方，触点 A 保持原位不动，而触点 B 则与 DOWN（向下）接点侧相连，电动机按 DOWN 箭头所示的方向通过电流，电动机反转，以实现车窗玻璃向下移动，直至下降到底。

(2) 自动控制玻璃升降 当把自动按钮向前方按下时，如图 8-18 所示，触点 A 与 UP

243

侧相连，电动机按 UP 箭头方向通过电流，车窗玻璃上升；与此同时，检测电阻 R 上的电压降低，此电压加于比较器 1 的一端，它与参考电压 Ref.1 进行比较。Ref.1 的电压值设定为相当于电动机锁止时的电压。所以，通常情况下，比较器 1 的输出为负位。比较器 2 的基准电压 Ref.2 设定为小于比较器 1 的输出电位，所以比较器 2 的输出电压为正电压，晶体管接通，电磁线圈通过较大的电流，其路径为：蓄电池"＋"→点火开关→UP→触点 A→二极管 VD_1→电磁线圈→晶体管→二极管 VD_4→触点 B→电阻 R→搭铁（蓄电池"－"）。此电流产生较大的电磁吸力，吸引驱动器开关的柱塞，于是把止板向上顶压，越过止板凸缘的滑销于原来位置被锁定，这时即使把手离开自动按钮，开关仍会保持原来的状态。

当玻璃上升至终点位置，在电动机上有锁止电流流过，检测电阻 R 上的电压降增大，当此电压超过参考电压 Ref.1 时，比较器 1 输出低电位，此时，电容 C 开始充电，当 C 两端电压上升至超过比较器 2 的参考电压 Ref.2 时，比较器 2 则输出低电位，晶体管立即截止，电磁线圈中的电流被切断，止板被弹簧通过滑销压下，自动旋钮自动回复到中立位置，触点 A 搭铁，电动机停转。

在自动上升过程中，若想中途停止，则向反方向扳动旋钮，然后立刻放松。这样触点 B 将短暂脱离搭铁，使电动机因回路被切断而自动停转。同时，通过电磁线圈的电流已被切断，止板弹簧通过滑销压下，自动旋钮自动回复到中立位置，触点 A、B 均搭铁，电动机停转。

车窗玻璃自动下降的工作情况与上述情况相反，操作时只需将自动旋钮压向车辆后方即可。

8.3.2 电动天窗

汽车的电动天窗通常称之为太阳车顶或电动车顶，这是汽车移动式车顶的一种，即在车厢的顶部有可以打开或关闭的部分，以改善车厢内的采光和通风、通气。

1. 电动天窗的组成

电动天窗主要由天窗组件、滑动机构、驱动机构和控制系统等组成，如图 8-19 所示。

1）天窗组件包括天窗框架、天窗玻璃、遮阳板、导流槽、排水槽等部分。

2）电动天窗驱动机构主要由电动机、传动机构、滑动螺杆等组成，如图 8-20 所示。工

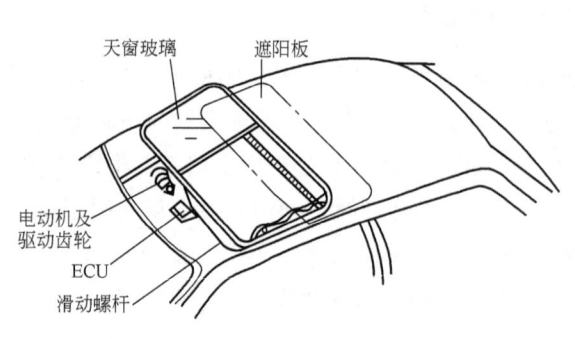

图 8-19 电动天窗的组成

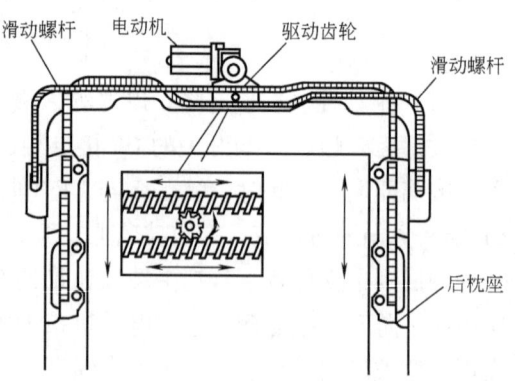

图 8-20 电动天窗驱动机构

作时,电动机驱动传动机构,使得天窗滑移开启或倾斜开启。驱动电动机正转使车顶玻璃向前滑动,驱动电动机反转使车顶玻璃向后滑动。

3)天窗控制机构系统主要包括天窗控制开关、电控单元(ECU)、继电器、限位开关等。

天窗控制开关有滑动开启和倾斜开启两种功能。滑动开关有滑动打开、滑动关闭和断开三个位置;倾斜开关也有斜升、斜降和断开三个位置。

电动天窗控制单元和中央控制器单元之间为电气相连,具有以下功能:通过中央门锁可方便地关闭电动天窗;点火开关关闭后或车门未开时,应具有上述功能。用车钥匙关闭电动天窗,必须在关闭所有车窗后将钥匙位于"中央门锁锁止"位置。如果所有车窗都关闭,车钥匙必须在:"中央门锁锁止"的位置上保持1s以上。出于安全考虑,电动天窗不能由无线电遥控关闭。

限位开关依靠凸轮来检测车顶玻璃所处位置。限位开关安装在车顶玻璃处全关闭位置前约200mm时停止的位置,车顶玻璃到达此位置便立即停止滑动。一旦松开限位开关或再次推动滑动开关时,车顶玻璃便会完全关闭。

2. 电动天窗的工作原理和工作过程

(1)工作原理 电动天窗的工作原理与电动车窗基本相同,利用开启和关闭两个继电器,改变电动机电流的方向,驱动电动机实现正反转,使天窗实现不同状态下的工作。

(2)工作过程 电动天窗的工作过程如图8-21所示。

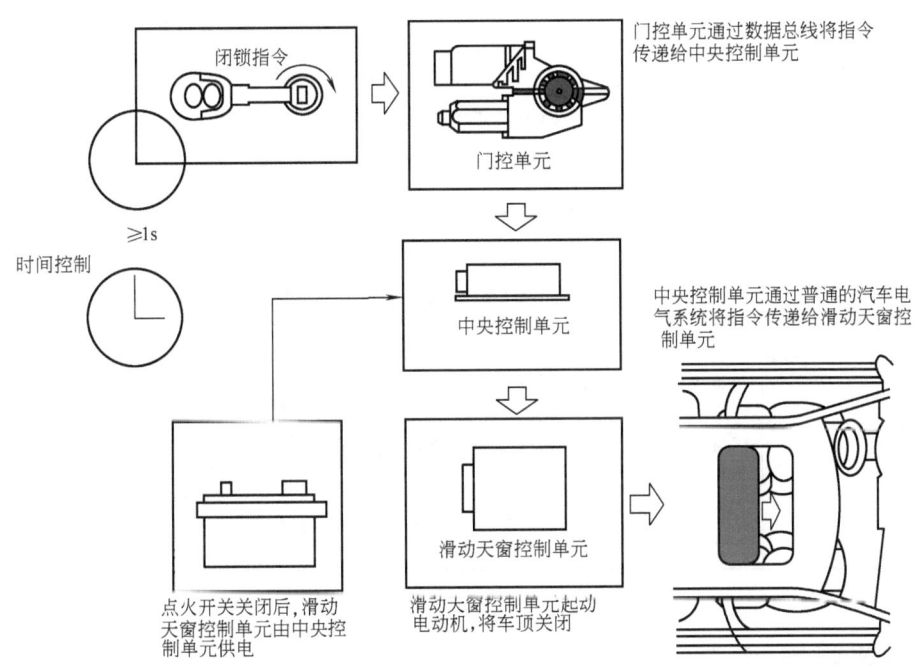

图 8-21 电动天窗的工作过程

8.3.3 电动车窗及天窗的故障诊断

电动车窗及天窗常见的故障及其原因,如表8-1、表8-2所示。

表8-1 电动车窗常见的故障及其原因

常见故障	故障原因	诊断思路
某个车窗只能向一个方向运动	分开关故障或分开关至主开关可能出现断路	检查分开关导通情况及分开关至主开关控制导线导通情况
某个车窗两个方向都不能运动	传动机构卡住 车窗电动机损坏 分开关至电动机断路	检查传动机构是否卡住 测试电动机工作情况，包括断路、短路及搭铁情况检查 查分开关至电动机电路导通情况
所有车窗均不能升降或偶尔不能升降	熔丝被烧断 搭铁不实	检查熔丝 检查、清洁、紧固搭铁
两个后车窗分开关不起作用	总开关出现故障	检查总开关导通情况

表8-2 电动天窗常见的故障及其原因

常见故障	故障原因	诊断思路
天窗漏水	排水槽脱落	重新安装排水槽。如果是水槽滑块破损，则更换水槽滑块
天窗渗水	• 前部框架与轨道之间密封不好 • 端盖与轨道密封不好	• 整个天窗框架报废。但是玻璃面板、电动机和遮阳板等仍然可以使用 • 取下端盖去除原有密封胶后，重新安装端盖
天窗无法正常工作	• 电动机失效 • 线束失效，或者线束插头连接不好 • 开关失效 • 电压不够 • 机械组揉控针螺母脱落	• 重新进行电动机初始化，或者更换电动机 • 检查线束及插头，改进或者更换线束 • 更换开关 • 蓄电池充电 • 重新安装揉控针螺母
天窗工作不正常	• 电动机不在零位 • 链条与电动机零位不一致，两根链条的零位不一致	• 调整电动机零位 • 调整链条的零位
天窗异响	• 电动机异响，链条与盖板干涉 • 挡风条弹簧未在正确位置 • 天窗护板未安装到位，天窗玻璃植绒胶条多灰尘 • 轨道中有导物，轨道缺乏润滑脂 • 遮阳板滑块脱落	• 更换异响超限的电动机，更换盖板 • 将挡风条弹簧安装正确 • 重新安装到位，用乙醇擦拭 • 清理轨道异物，添加轨道润滑脂 • 取出脱落的滑块，并更换新滑块

8.4 电动后视镜

驾驶人采用人工调整后视镜的位置比较困难，特别是乘客车门一侧的后视镜，使用电动控制系统可以很方便地解决这个问题，驾驶人只需要在驾驶位置上操纵电动后视镜开关，就可获得比较理想的位置。

8.4.1 电动后视镜的组成

电动后视镜一般由镜片、微型直流电动机、驱动器、控制开关等组成。在每个后视镜镜片的背后都有两个可逆电动机,可操纵其上下及左右运动。通常垂直方向的倾斜运动由一个永磁电动机控制,水平方向的倾斜运动由另一个永磁电动机控制。每个电动后视镜都有用一个独立控制开关,开关杆可多方向移动,可使一个电动机工作或两个电动机同时工作。有的电动后视镜还带有伸缩功能,由伸缩开关控制伸缩电动机工作,使整个后视镜回转伸出或缩回。电动后视镜的结构和控制开关分别如图 8-22 所示。

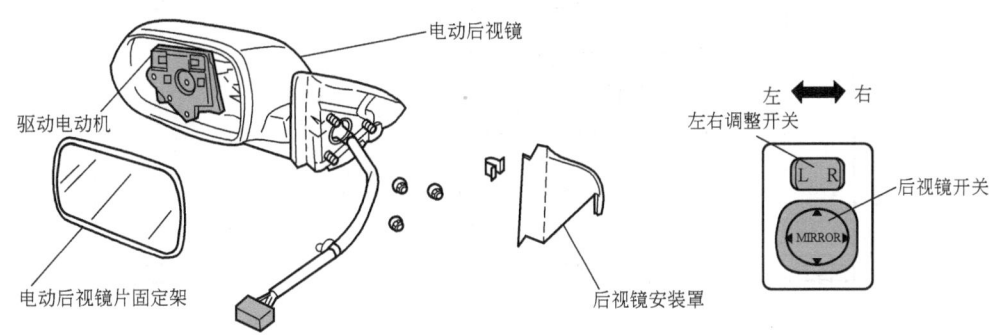

图 8-22 电动后视镜的结构和控制开关示意图

8.4.2 电动后视镜的控制电路及工作原理

如图 8-23 所示为北京现代索纳塔轿车的双电动后视镜控制电路。每个后视镜都用一个独立的开关控制。操纵开关能使一个电动机单独工作,也可使两个电动机同时工作。

具体工作过程如下:

首先说明电动后视镜开关中用实线框和虚线框分别表示操作时总开关内部的联动情况。在这里我们只讨论一侧后视镜中一个电动机的工作情况。若要调节左后视镜垂直方向的倾斜程度,按下"升/降"按钮。

(1)"升"的过程 实线框"升/降"开关中的箭头开关均和"升"接通,此时电流的方向为:电源→熔丝30→开关端子3→"升右"端子→选择开关中的"左"→端子7→左电动后视镜连接端子8→"升/降"电动机→端子6→开关端子5→升1→开关端子6→搭铁,形成回路,这时左后视镜向上旋转运动。

(2)"降"的过程 实线框"升/降"开关中的简头开关均和"降"接通,此时的电流方向为:电源→熔丝30→开关端子3→降1→开关端子5→左电动后视镜连接端子6→"升/降"电动机→左电动后视镜连接端子8→开关端子7→选择开关中的"左"→"降左"端子→开关端子6→搭铁,形成回路,此时后视镜向相反的方向旋转。

电动后视镜的左右运动的电路分析与此类似,此处不再赘述。

8.4.3 电动后视镜的检修

以北京现代索纳塔轿车电动后视镜为例,当电动后视镜出现故障时,首先检查熔丝、电

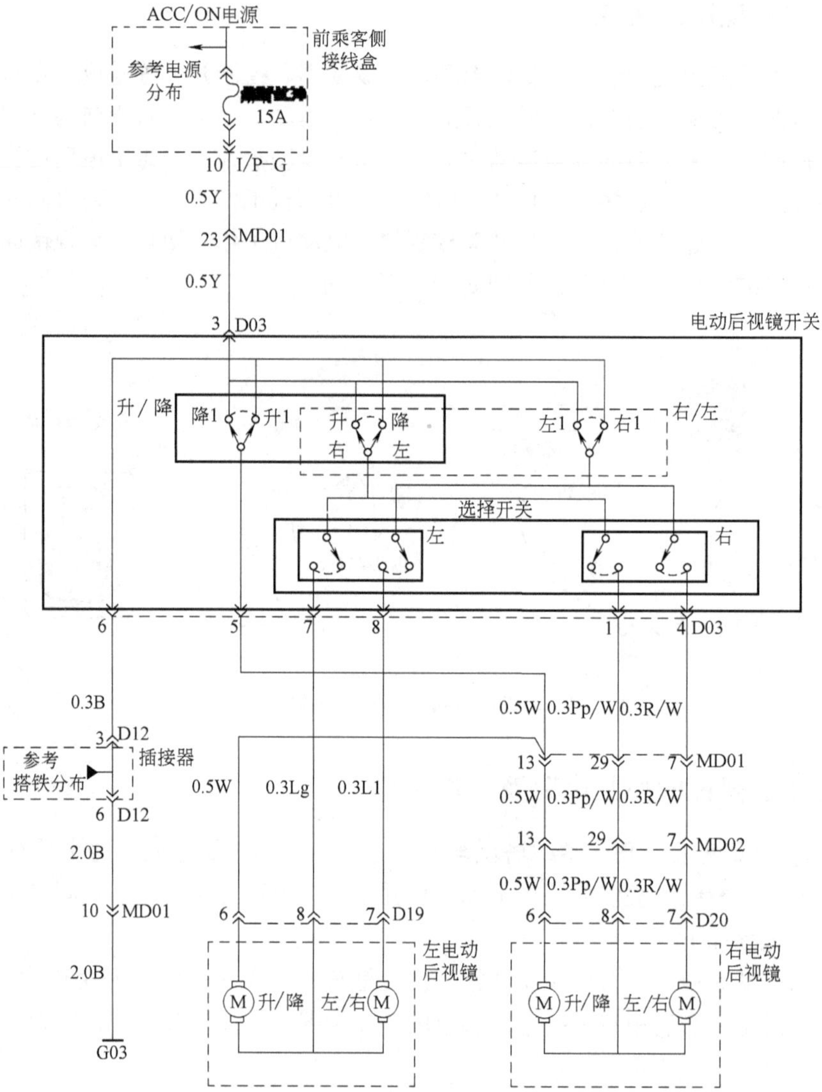

图 8-23 北京现代索纳塔轿车电动后视镜电路

路连接和搭铁情况，若仍不能排除故障，则应检查开关和电动机是否良好。出现故障时要结合电路、上述的检查顺序和表 8-3 来分析故障的原因和解决方法。

表 8-3 电动后视镜故障诊断表

故障现象	故障原因	故障排除方法
电动后视镜均不能动	熔丝熔断 搭铁不良 后视镜开关损坏 后视镜电动机损坏	检查确认熔断后更换 修理 更换 更换
一侧电动后视镜不能动	后视镜开关损坏 电动机损坏 搭铁不良	更换 更换 修理

(续)

故障现象	故障原因	故障排除方法
一侧电动后视镜上下方向不能动	上下调整电动机损坏 搭铁不良	更换 修理
一侧电动后视镜左右方向不能动	左右调整电动机损坏 搭铁不良	更换 修理

8.5 电动座椅

电动座椅可以通过控制电动机的正反方向旋转来调节座椅的空间位置，改变驾驶人或乘员的坐姿，尽可能减小驾驶人及乘员长时间坐车的疲劳，提高乘坐的舒适性。电动座椅前后方向的调节量一般为100～160mm，上下方向的调节量一般约为30～50mm，全程调节量所需的时间约为8～10s。

8.5.1 普通电动座椅的组成

普通电动座椅一般由双向直流电动机、座椅开关、传动机构和执行机构及控制装置（ECU）等组成，如图8-24所示。

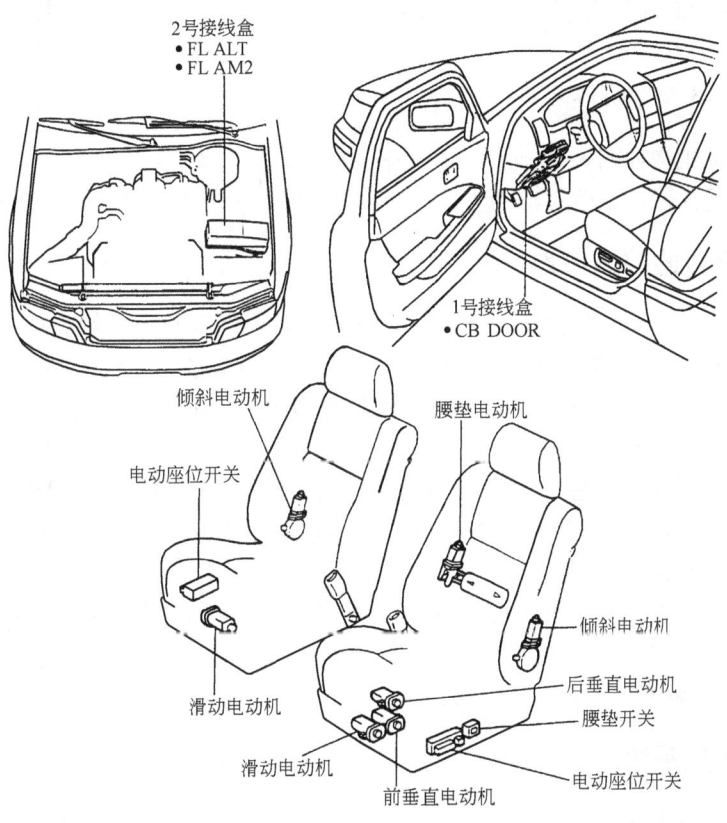

图8-24 电动座椅的结构

1. 双向直流电动机

电动座椅的电动机大多数采用永磁双向直流电动机，通过开关来操纵电动机按所需方向旋转。为了防止电动机过载，电动机内一般都装有断路器，由于座椅的类型不同，一般一个座椅可装 2 个、3 个、4 个或多个电动机。

2. 传动机构

电动座椅的传动机构主要由变速器、联轴装置、齿轮传动机构等组成。其作用是把直流电动机产生的旋转运动，变为座椅的位置调整动作。

前后调整传动机构如图 8-25 所示，由蜗杆、蜗轮、齿条、导轨等组成，齿条装在导轨上。调整时，直流电动机产生的力矩经蜗杆传至两侧的蜗轮上，经齿条的带动，使座椅前后移动。

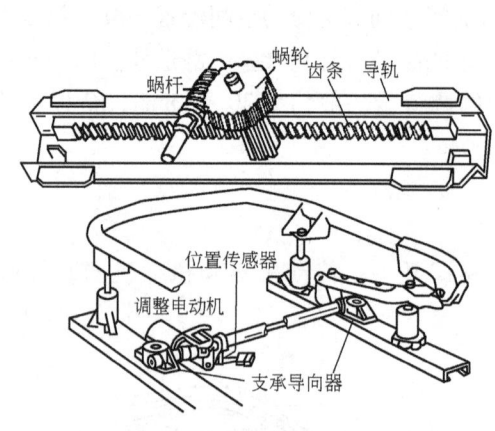

图 8-25 前后调整传动机构

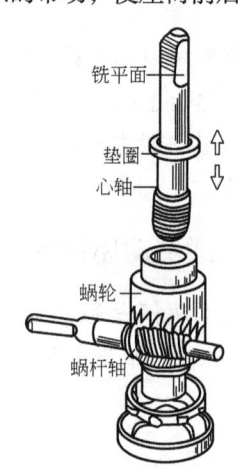

图 8-26 上下调整传动机构

上下调整传动机构如图 8-26 所示，由蜗杆轴、蜗轮、心轴等组成。调整时，直流电动机产生的力矩带动蜗杆轴，驱动蜗轮转动，使心轴在蜗轮内旋进或旋出，带动座椅上下移动。

8.5.2 电动座椅的控制电路

如图 8-27 所示，该电动座椅包括滑动电动机、前垂直电动机、倾斜电动机、后垂直电动机和腰垫电动机，可以实现座椅的前后移动、前部高度调节、靠背倾斜程度调节、后部高度调节及腰垫前后调节。下面以座椅靠背的倾斜调节为例，介绍电路的控制过程。

当电动座椅的开关处于倾斜位置时，如果要调整靠背向前倾斜，则闭合倾斜电动机的前进方向开关，即端子 4 置于左位时，电路为：蓄电池正极→FLALT→FLAM1→DOOR CB→端子 14→（倾斜开关"前"）→端子 4→1（2）端子→倾斜电动机→2（1）端子→端子 3→端子 13→搭铁。此时座椅靠背前移。

端子 3 置于右位时，倾斜电动机反转，座椅靠背后移。此时的电路为：蓄电池正极→FLALT→FLAM1→DOOR CB→端子 14→（倾斜开关"后"）→端子 3→2（1）端子→倾斜电动机→1（2）端子→端子 4→端子 13→搭铁。

8.5.3 座椅加热系统

为了改善驾驶人和乘客乘坐的环境，在一些轿车上设置了座椅加热系统。有些汽车座椅的加热速度可以调节，有些不可以调节。其电路如图 8-28 所示。

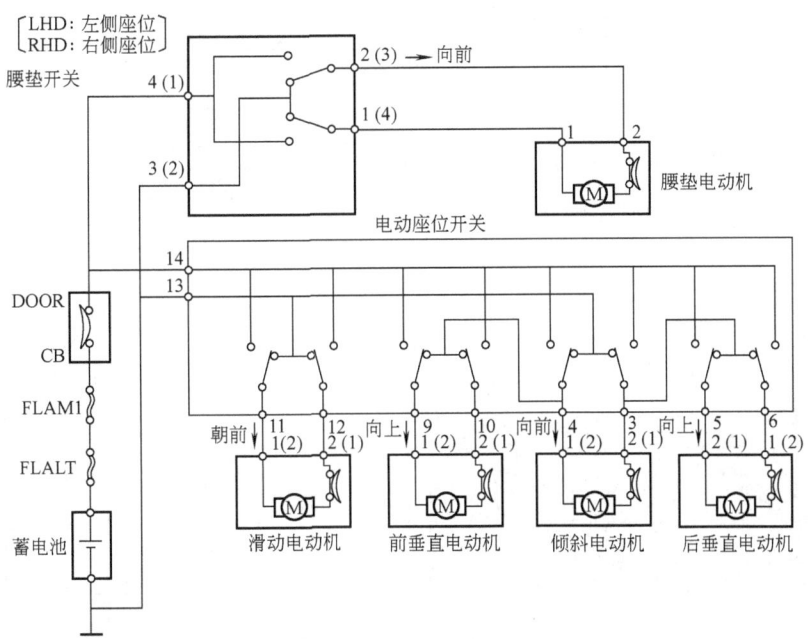

图 8-27 电动座椅的控制电路

图示座椅加热器的加热速度可以调节。驾驶人和副驾驶人座椅的加热器和加热控制开关相同。其中 HI 表示高位加热，LO 表示低位加热。该座椅加热系统可以单独对驾驶人侧或副驾驶人侧的座椅进行加热，也可以同时对两座椅进行加热。下面以驾驶人侧的座椅加热器为例，分析其工作过程。

1）当加热器开关断开时，加热系统不工作。

2）当加热器开关处于"HI"位置时，电流首先经过点火开关给座椅加热器的继电器线圈通电，线圈产生磁场使继电器开关闭合。此时加热器的电路为：

蓄电池"+"→熔丝→继电器触点→加热器开关端子5，然后电流分为三个支路：一路经指示灯→继电器端子4→搭铁，指示灯点亮。另一路经加热器开关端子6→加热器端子A1→节温器→断路器→靠背线圈→搭铁。还有一路经加热器开关端子6→加热器端子A1→节温器→断路器→座垫线圈→加热器端子A2→加热器开关端子3→加热器端子开关4→搭铁。此时靠背线圈和座垫线圈并联加热，加热速度较快。

3）当加热器开关处于"LO"位置时，电流流向为：蓄电池"+"→熔丝→继电器开关端子5，然后分为两个支路：一路经指示灯→加热器端子4→搭铁。低位指示灯点亮。另一路经加热器开关端子3→加热器端子A2→加热器座垫线圈→加热器靠背线圈→搭铁。此时靠背线圈和座垫线圈串联加热，电路中电流较小，因此加热的速度较慢。

8.5.4 带储存功能的电动座椅

随着计算机的发展及其在汽车上的应用，目前，许多高档轿车的电动座椅系统都带有存储器，具有记忆能力。带储存功能的电动座椅控制示意图如图 8-29 所示，它能够将设定的座椅调节位置进行记忆，使用时只要按指定的按键开关，座椅就会自动地调节到预先设定的座椅位置上。

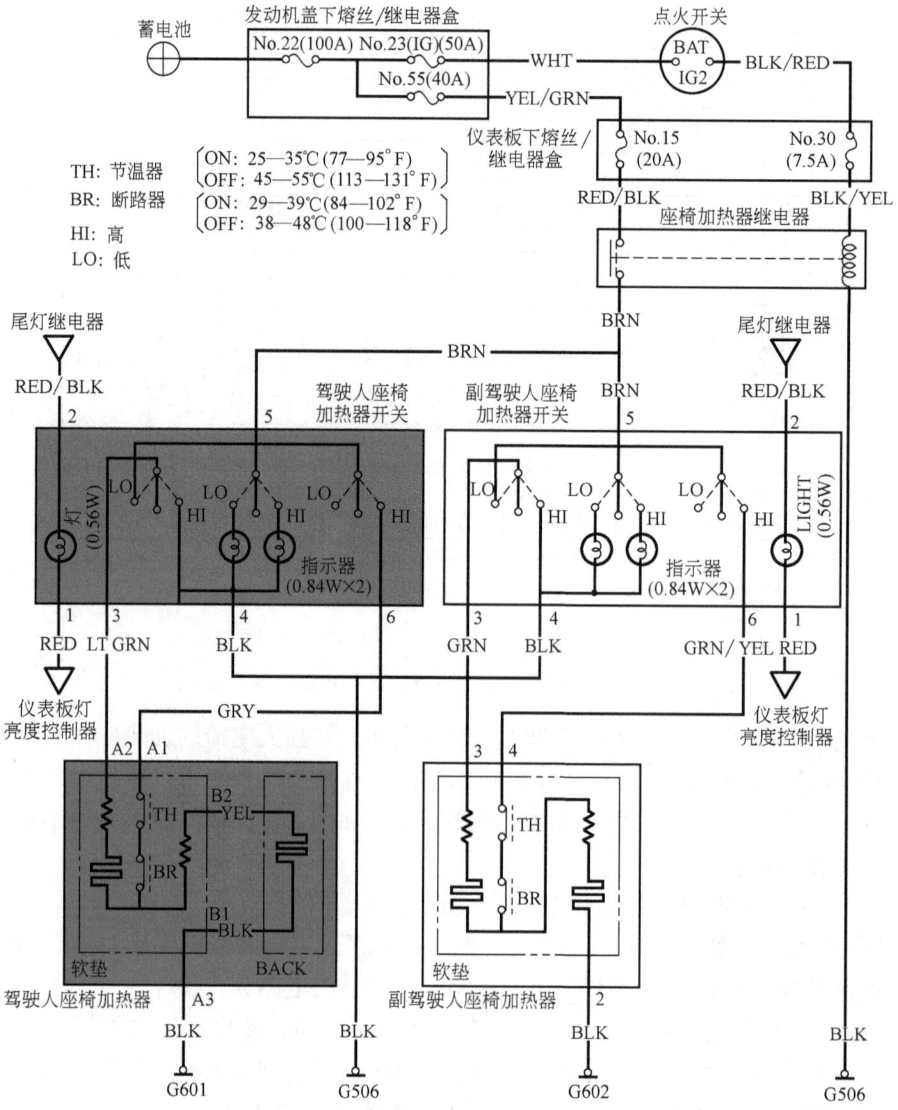

图 8-28 座椅加热系统

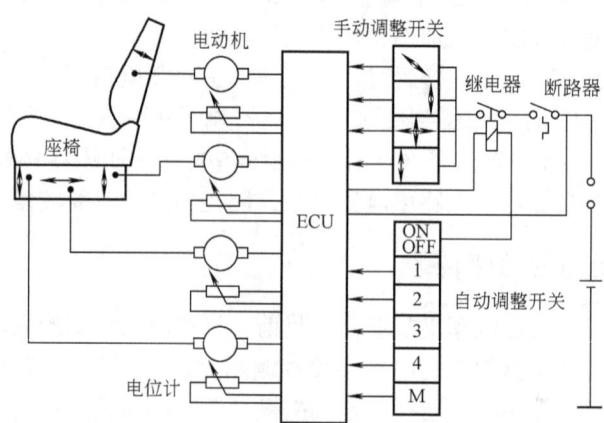

图 8-29 带储存功能的电动座椅控制示意图

该系统有一个存储器,存储装置通过4个电位计来控制座椅的调定位置。只要座椅位置调定后,驾驶人按下存储器的按钮,电子控制装置就把这些电压信号存储起来,作为重新调整位置时的基准。使用时,只要一按按钮,就能按存储时的状态来调整座椅位置。带储存功能自动座椅的结构布置如图8-30所示。

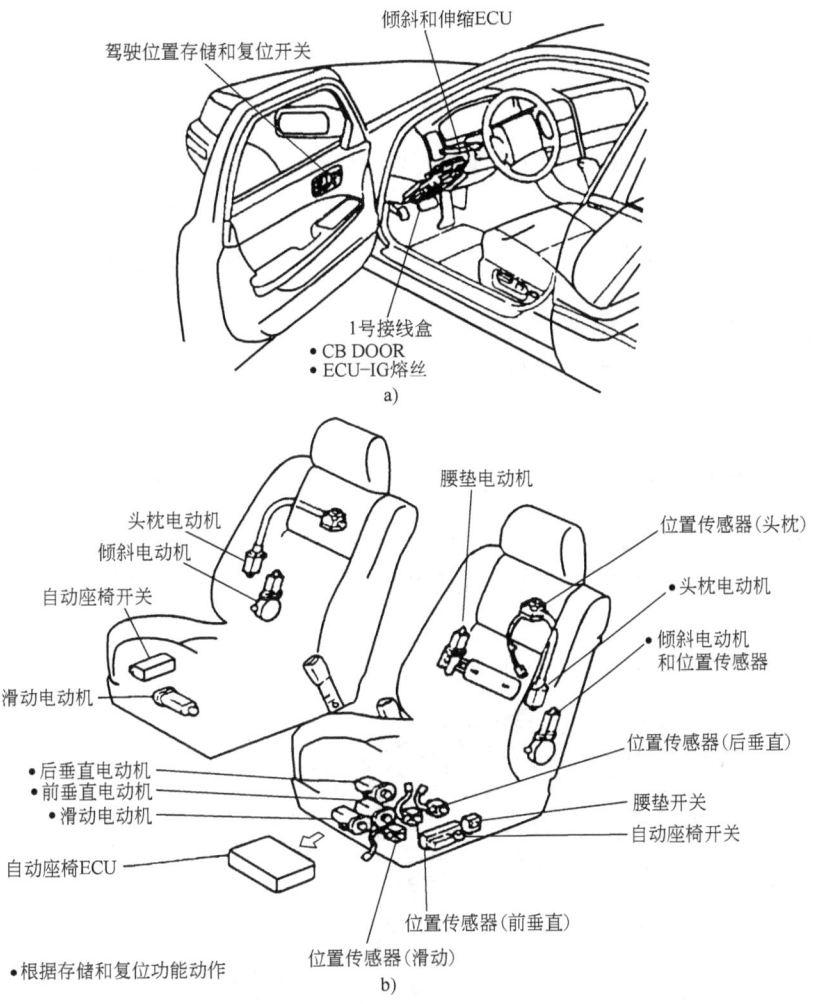

图8-30 带储存功能自动座椅的结构布置
a) 控制系统布置 b) 传感器和执行机构的布置

8.5.5 电动座椅的检修

电动座椅的检修参见表8-4。

表8-4 电动座椅故障诊断表

故障现象	故障原因	故障排除方法
座椅完全不能动作	熔丝熔断	检查确认熔断后更换
	电源电路及搭铁线路故障	修理
	线路及插接器松旷	更换
	座椅开关故障	更换
	座椅电动机损坏	更换

(续)

故障现象	故障原因	故障排除方法
某个方向不能动作	电动机损坏	更换
	座椅开关损坏	更换
	该方向对应的线路故障	修理

8.6 中控门锁

为了方便驾驶人和乘客开关车门,现在大部分轿车都安装了中央控制门锁系统。它具有以下功能:

1) 当驾驶人锁住自己的车门,其他几个车门、包括后车门或行李箱门都能同时自动锁住。

2) 开锁的情况与锁门的情况正好相反。

3) 为了方便起见,除中央控制系统外,乘客仍可以利用各车门上的机械弹簧锁来开关车门。

8.6.1 中控门锁的组成

中控门锁系统一般由门锁控制开关、钥匙操纵开关、门锁总成、行李箱门锁及门锁控制器等组成。图 8-31 所示为典型的中控门锁控制系统及其组件的安装位置。

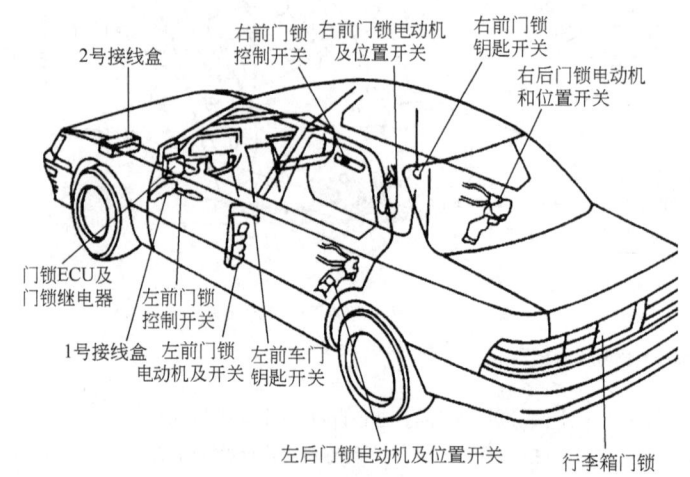

图 8-31 中控门锁系统各部件的安装位置

1. 门锁控制开关

一般安装在驾驶人侧前门内的扶手上,通过此开关可以同时锁上和打开所有车门,如图 8-32 所示。

2. 门锁总成

门锁总成主要由门锁传动机构、门锁位置开关、外壳等组成,如图 8-33 所示。

门锁传动机构主要由门锁电动机、齿轮和位置开关等组成,如图 8-34 所示。门锁电动机是门锁的执行器,当门锁电动机转动时,蜗杆带动蜗轮转动,蜗轮推动锁杆,车门被锁上

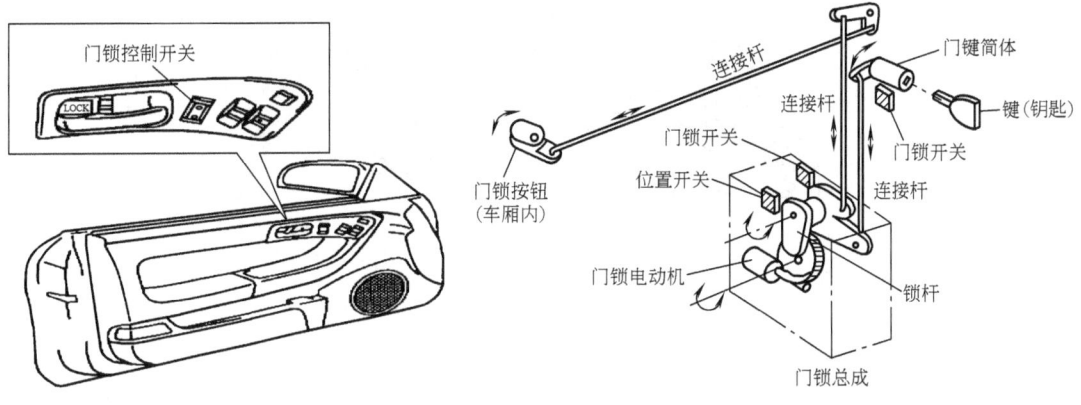

图 8-32 门锁控制开关的位置　　　　图 8-33 门锁总成示意图

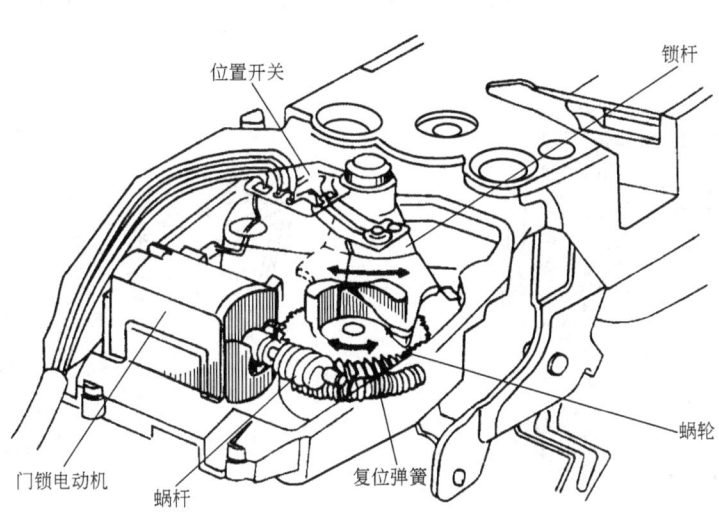

图 8-34 门锁的传动机构

或打开，然后蜗轮在回位弹簧的作用下返回原位置，防止操纵门锁按钮时电动机工作。

门锁位置开关位于门锁总成内，用来检测车门的锁紧状态，它由一个触点片和一个开关底座组成。当锁杆推向锁门位置时，位置开关断开，推向开门位置时接通。即当车门关闭时，此开关断开，当车门打开时，此开关接通。图8-35所示为门锁位置开关在车门锁紧和打开时的状态。

3. 钥匙操纵开关

钥匙操纵开关装在每个车门的钥匙门上，当从外面用钥匙开门或关门时，钥匙控制开关便发出开门或锁门的信号给门锁控制ECU或门锁控制继电器。钥匙操纵开关的位置如图8-36所示。

4. 行李箱门开启器开关

一般该开关位于仪表板下面或驾驶人座椅左侧车厢底板上，拉动此开关便能打开行李箱门，如图8-37所示。行李箱的钥匙门靠近其开启器，推压钥匙门，断开行李箱内主开关，此时再拉开启器开关也不能打开行李箱门。将钥匙插进钥匙门内顺时针旋转打开钥匙门，主开关接通，这样便可用行李箱门开启器打开行李箱。

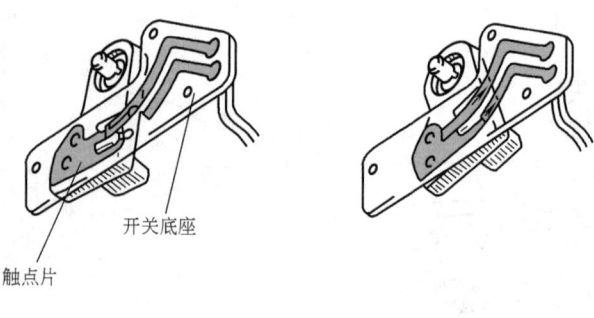

图 8-35 门锁位置开关的工作情况

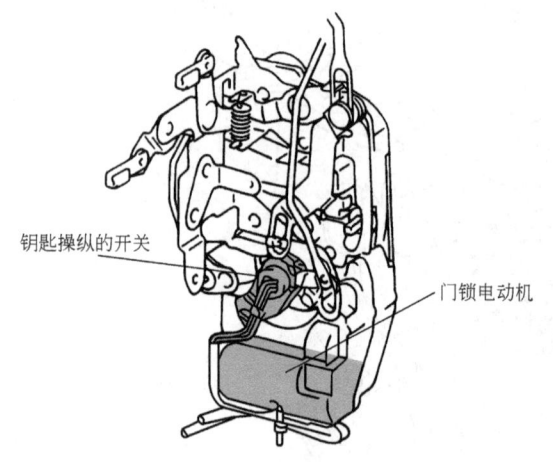

图 8-36 钥匙操纵开关的位置

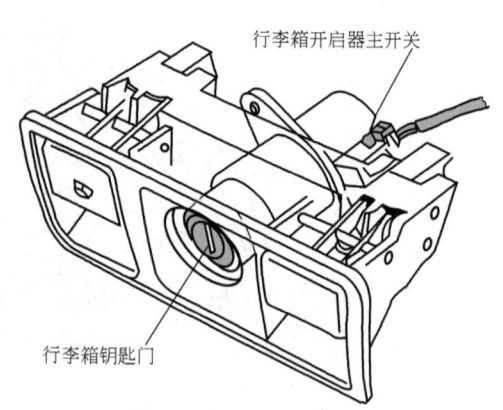

图 8-37 行李箱门开启器开关

5. 行李箱门开启器

行李箱门开启器装在行李箱门上,一般用电磁线圈代替电动机,由轭铁、插棒式可动铁心、电磁线圈和支架组成,如图 8-38 所示。当电磁线圈通电时,插棒式可动铁心将锁芯轴拉入并打开行李箱门。线路断路器用以防止电磁线圈因电流过大而过热。

8.6.2 中控门锁的控制电路

图 8-39 所示为中控门锁系统电路。它主要由两个门锁开关 S_1、S_2、门锁继电器 K、五个双向直流电动机(四个车门及一个行李箱门)及导线和熔丝等组成。门锁继电器实际上由开锁和锁定两个继电器组成,其线圈不通电时,动触点都和搭铁触点接通;通电时动触点与搭铁触点断开,与另一触点接通。通过触点位置的改变,来改变电路及电动机中的电流方向,从而改变电动机的旋转方向,完成对车门的锁定和开锁动作。

如图 8-40 所示是左前门锁开关在开锁位置时的电流方向示意图。将左前门锁开关置于开锁位置时,电源通过左前门锁开关给开锁继电器线圈供电,继电器动作,使其常闭触点打

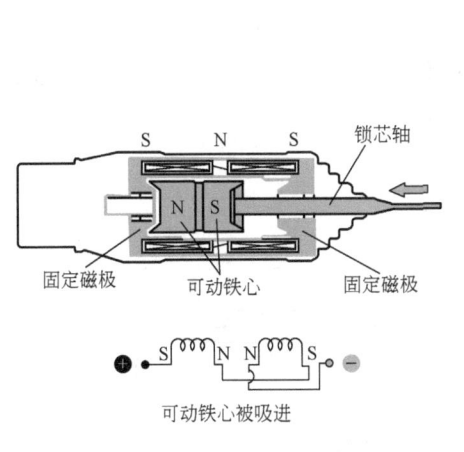

图 8-38　行李箱门开启

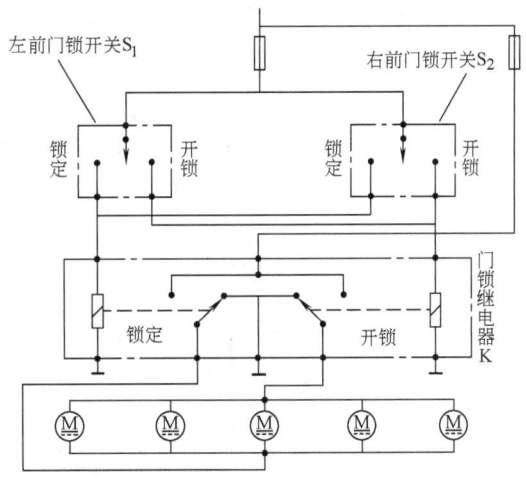

图 8-39　电动门锁控制电路

开，常开触点闭合。电动机的一端经该触点与电源正极接通，另一端经锁定继电器的常闭触点搭铁，电动机转动将四个车门锁及行李箱门锁打开。当门锁断开电源时（开关回到中间位置），开锁继电器释放。

将开关置于锁定位置时，锁定继电器线圈通电，继电器吸合，其常闭触点打开，常开触点闭合。电动机一端经触点与电源正极接通，另一端经开锁继电器触点搭铁，电动机中的电流方向与图 8-40 中的方向相反，电动机反向转动，将四个车门锁及行李箱锁锁定。当门锁开关断开电源时（开关回到中间位置），锁定继电器释放。

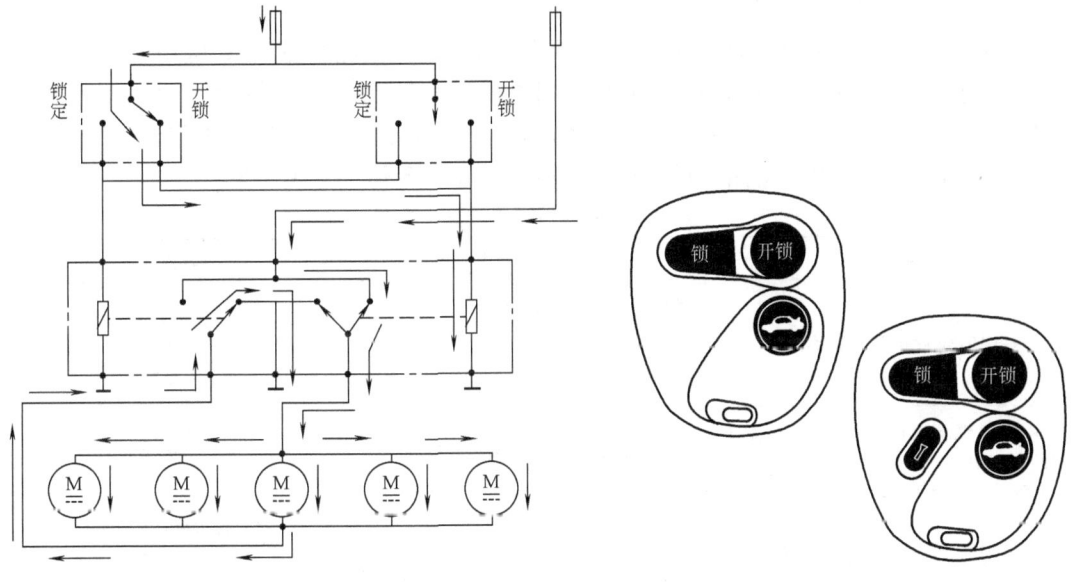

图 8-40　左前门锁开关在开锁位置时的电流方向　　　图 8-41　遥控发射器外观图

8.6.3　遥控门锁系统

为了便于操作，现在很多汽车的中控门锁系统均配备了遥控发射器来实现锁门和开门等功能。图 8-41 所示为发射钥匙的外观图。

遥控门锁的基本原理是通过遥控门锁的发射器发出微弱电波，此电波由汽车天线接收后送至中控门锁系统中的 ECU 进行识别对比，若识别对比后的代码一致，ECU 将把信号送至执行器来完成相应的动作，其工作过程如图 8-42 所示。

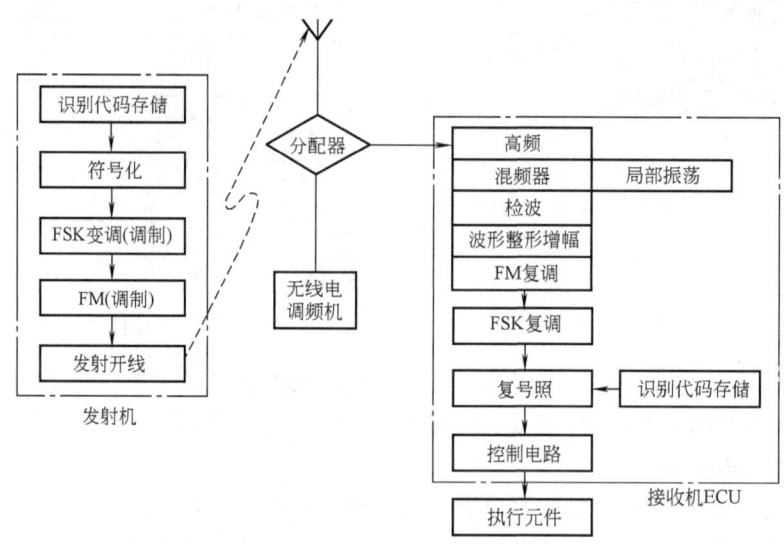

图 8-42 遥控门锁工作示意图

8.6.4 中控门锁系统的检修

中控门锁系统出现故障后，应对其电路进行检查。其电路包括 ECU 电源电路、执行机构电源电路、门锁电动机电路、行李箱门开启电磁阀电路、门锁控制开关电路、钥匙控制开关电路、钥匙开锁报警开关电路、位置开关电路、行李箱门开启主开关和开启开关电路、门锁开关电路、门控灯开关电路。还需检查或更换 ECU。具体参考表 8-5。

表 8-5 中控门锁的故障诊断表

故障现象	故障原因	故障排除方法
中控门锁不工作，车门锁不住	中控门锁控制器损坏 供电熔丝熔断 供电导线或负极搭铁导线有断路处	检查确认后更换 更换 更换
中控门锁不动作，门锁电动机发出"吱、吱"异响	中控门锁电动机传动齿轮损坏	更换
中控门锁及玻璃升降器同时不工作	控制单元故障 控制单元搭铁线路故障 有关线路插头松脱	检查确认后更换 修理 修理
车门锁系统不工作	电源熔丝熔断 门锁控制继电器有故障 车门锁电动机有故障 线路故障或系统通过开关后搭铁不良	更换 更换 修理或更换 修理

8.7 汽车防盗系统

8.7.1 汽车防盗系统的功用与种类

汽车防盗系统的功能是防止盗窃者非法进入或非法移动车辆。

常见的汽车防盗系统有机械式、电子式、网络式。

1. 机械式防盗系统

它利用机械的方法对油路、变速杆、转向盘、制动器等进行控制，如变速杆锁是锁住变速杆使其不能移动，转向盘锁也叫拐杖锁，挂在转向盘和离合器踏板之间等。这些方法，虽然费用低，但使用不便、安全性差，已经逐渐被淘汰。

2. 电子式防盗系统

当前广泛采用的是电子式防盗系统，当电子防盗系统起动后，如果非法移动车辆、划破玻璃、破坏点火开关锁芯、拆卸轮胎和音响、打开车门、打开燃油箱加注盖、打开行李箱门等，防盗器会立刻报警。

电子式防盗器按功能又可分为以下三类：

（1）防止非法进入车辆的防盗系统　防盗系统启用后，通过监视是否有移动物体进入车内达到防盗目的。

（2）防止破坏或非法搬运车辆的防盗系统　系统启用后，通过超声波传感器、振动传感器或倾斜传感器监测是否有人破坏或搬动车辆。

（3）防止车辆被非法开走的防盗系统　此类防盗系统多采用带密码锁的遥控系统，通过校验密码，确定是否容许接通起动机、点火电路等，防止车辆被非法开走。

现代防盗系统采用电子应答的方法来判断使用的钥匙是否合法，并以此确定是否容许发动机 ECU 工作。水平较高的防盗器还具备遥控器报警、遥控起动等功能。

3. 网络式防盗系统

网络式汽车防盗系统利用 GPS 卫星定位系统，对汽车进行监控，以达到防盗目的。该防盗系统不但可以锁定汽车点火或起动，还可以通过 GPS 卫星定位系统（或其他网络系统），将报警信息和报警汽车所在的位置传送到报警中心。GPS 汽车防盗报警器目前用在有特殊需要的车辆上（如运钞车和高档出租车）或高档轿车上。

8.7.2 汽车防盗系统的组成及工作原理

电子防盗系统的组成有三个部分：开关和传感器、防盗 ECU 以及执行机构，防盗系统的组成如图 8-43 所示。

点火开关、车门开关（开门和锁门）、发动机室盖开关以及行李箱门开关向防盗 ECU 输入各开关的状态信号。防盗 ECU 的作用是根据各开关输入的信号判断车门是正常打开还是非法打开，从而向防盗执行器（防盗指示灯、报警喇叭、报警灯以及起动继电器等）发出控制指令。防盗指示灯用于指示防盗系统的工作状态。报警喇叭的作用是当汽车被盗时发出报警声响。报警灯的作用是当汽车被盗时开始闪烁。起动继电器的作用是当汽车被盗时切断起动机的工作电路，使发动机不能起动。

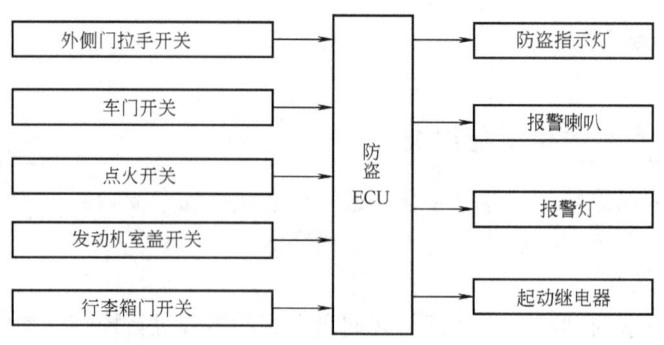

图 8-43 防盗系统的组成

防盗系统 ECU 通常有报警状态设置、防盗检测、定时报警和解除报警状态等几个控制模块组成，当锁好所有车门时，该系统进行约 30s 定时检测，随后指示器开始断续闪光，表明系统处于预警状态。当防盗与门锁控制 ECU 根据各开关（点火开关、行李箱门开关等）信号判断车门正常开启时，报警状态解除；判断为非法开启车门时，便控制各执行器动作，使防盗喇叭和汽车喇叭响起来，前灯、尾灯和防盗指示灯闪烁，同时切断发动机起动线路，使起动机不能工作，发动机不能发动。

8.7.3 汽车防盗系统的电路及实例

下面以桑塔纳 2000GSi 时代超人轿车电子防盗装置为例，介绍防盗系统的组成和工作原理，其结构如图 8-44 所示。

1. 电子防盗系统的组成

它主要由防盗控制单元（装在转向柱左支架上），防盗器识读线圈（点火锁上），防盗器警告灯（仪表板上）以及带转发器的汽车钥匙等组成。防盗控制单元经过与发动机控制单元匹配后，介入到发动机管理系统中。

2. 防盗系统的工作原理

桑塔纳 2000GSi 型轿车的电子防盗控制系统框图见图 8-45，系统电路如图 8-46 所示，它利用钥匙中转发器与收发线圈之间的电磁感应，并通过无线电波识别技术来阻止非法盗用汽车。

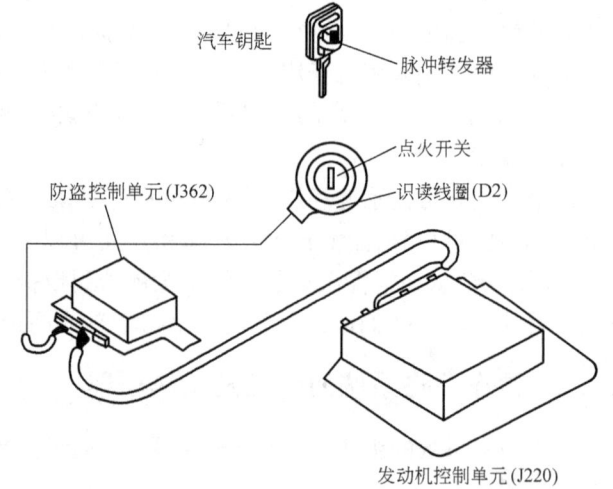

图 8-44 桑塔纳 2000GSi 时代超人轿车电子防盗系统

在经过上海大众公司的出厂匹配工序后，每辆桑塔纳 2000GSi 的防盗控制单元中就存储了本车发动机控制单元识别码以及钥匙中转发器的识别码，同时每个转发器中也储存了相应的防盗控制单元的有关信息。

第8章 汽车辅助电器设备

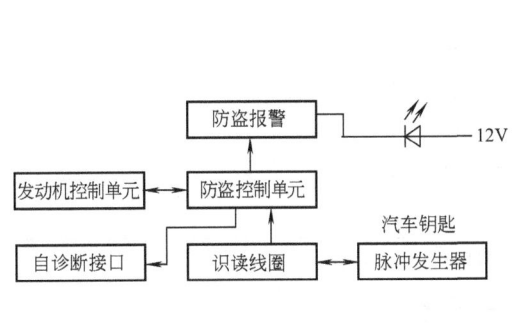

图 8-45 防盗控制系统框图

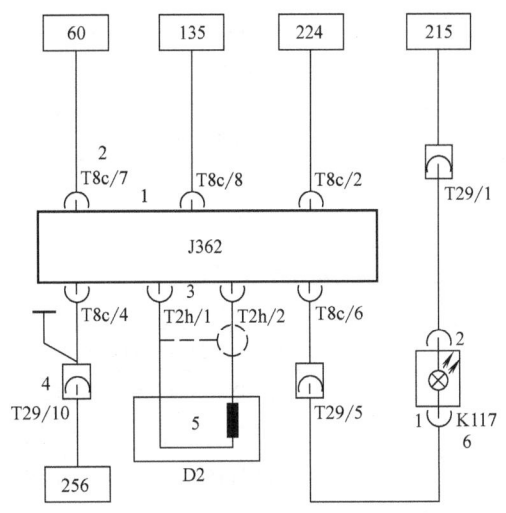

图 8-46 防盗控制系统电路
1—防盗控制单元　2—仪表板线束与防盗器
3—识读线圈与防盗控制单元插接器　4—插
接器　5—识读线圈　6—防盗警告灯

当用户把钥匙插入锁孔并打开点火开关时，防盗控制单元首先通过锁孔上的收发线圈将一随机数传递给钥匙中的转发器，经过一番特定的运算后，转发器将结果反馈回防盗控制单元；控制单元将之与自己经过相同特定运算的结果相比较，如果结果吻合，系统即认定该钥匙。防盗控制单元对发动机控制单元也要通过特定的运算过程。只有钥匙（转发器）、发动机控制单元吻合时，防盗控制单元才允许发动机控制单元工作。

防盗控制单元通过一根串行通信线（W-LINE）将经过编码的工作指令传到发动机控制单元，发动机控制单元根据防盗控制单元的数据决定是否起动。同时，V.A.G 诊断仪可以通过串行通信接口（K-LINE）对系统进行故障诊断、编码等操作。鉴别密码过程（大约2s）中，仪表板上的警告灯会保持点亮状态。如果有任何错误发生，发动机控制单元将停止工作，同时警告灯也会以一定频率闪烁。

8.7.4 防盗系统的常见故障及诊断方法

下面以雷克萨斯车型为例加以介绍，具体见表 8-6。

表 8-6　雷克萨斯 LS400 防盗系统的常见故障及其诊断方法

故障现象	检修部位
防盗系统不能设定	① 指示灯电路 ② 行李箱盖钥匙操纵开关电路 ③ 行李箱盖控灯开关电路 ④ 门控灯开关电路 ⑤ 位置开关电路 ⑥ 发动机罩控制灯开关电路
系统设定后指示灯不闪烁	指示灯电路

261

(续)

故障现象		检修部位
系统设定后	后门打开时 防盗喇叭不发声	系统不工作	位置开关电路 发动机罩控制灯开关电路
在系统发出报警期间	汽车喇叭不发声	汽车喇叭继电器
	电路防盗喇叭不发声	防盗喇叭电路
	前灯不闪	前灯控制继电器电路
	尾灯不闪	尾灯控制继电器电路
	起动机电路未能切断	起动机继电器电路
	后门锁处于打开状态,不能锁住	位置开关电路(后)
系统已设定	点火钥匙转至ACC或ON时不能消除	点火开关电路
	用钥匙打开行李箱盖时仍能工作	行李箱盖钥匙操纵开关电路
即使后门打开系统仍维持设定状态		门控灯开关电路
即使系统未设定	汽车嗽叭发声	汽车嗽叭继电器电路
	防盗嗽叭发声	防盗嗽叭电路
	前灯一直亮	前灯控制继电器电路
	尾灯一直亮	尾灯控制继电器电路

8.8 汽车安全气囊系统

8.8.1 安全气囊的功用和类型

汽车安全气囊系统（Supplemental Restraint System——SRS）是轿车上的一种辅助保护系统,与座椅安全带配合使用,可以为乘员提供十分有效的防撞保护。

1. 安全气囊的功用

当汽车时速超过30km/h发生前碰撞事故时,控制系统检测到冲击力超过设定值时,安全气囊立即接通充气元件中的电雷管引爆火药粉和气体发生剂,产生大量气体,气囊就会迅速充气膨胀,冲破缓冲垫（装饰板）,在30ms内迅速在乘员与车辆之间形成一道柔软的弹性屏障,使乘员免受伤害。当撞击发生后,气囊随即自动放气,它不会妨碍车内人员出逃,也不影响他们的视线。

2. 安全气囊的类型

（1）按传感器类型分类

1）机械式安全气囊。

2）电子式安全气囊。

（2）按保护对象的不同分类

1）驾驶人防撞安全气囊。

2）乘员防撞安全气囊。

3）侧面防撞安全气囊。

（3）按气囊数量分类
1）单气囊。
2）双气囊。
3）多气囊。

8.8.2 安全气囊的组成和原理

1. 安全气囊的组成

安全气囊主要由安全气囊传感器、安全气囊组件和电子控制装置组成。图8-47所示的是某种双气囊系统的组成部件布置。

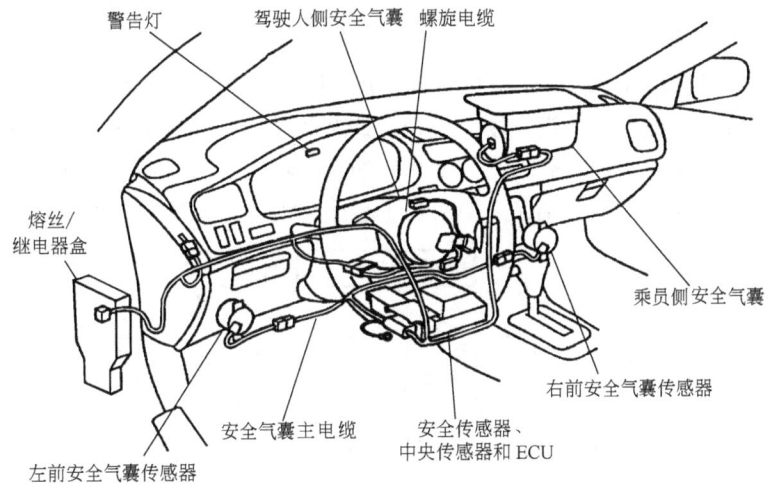

图8-47 安全气囊的组成

（1）充气装置 充气装置与气囊组合为一体安装在转向盘支架上，由气体发生剂、火药、雷管、过滤器和外壳等组成。碰撞发生后，雷管引燃火药，产生高温、使气体发生剂迅速生成大量气体，经过过滤后充入气囊，使气囊瞬间展开。

（2）安全气囊 气囊安装在充气装置上部，用塑料盖板护住。气囊一般由尼龙制成，上面有一些排气孔，充气结束后，排气孔立即排气使气囊变软，这样就能起到缓冲作用，以减轻对驾驶人和乘员的伤害。

（3）安全气囊传感器 气囊传感器包括前碰撞传感器、中央传感器和安全传感器，用来检测碰撞减速度、碰撞强度，作为电子控制装置计算气囊是否动作的参数。

（4）电子控制装置（ECU） 电子控制装置是SRS的控制中心，其功能是接受传感器输入的信号，判断是否起动安全气囊系统，并进行故障自诊断。

2. 安全气囊的工作原理

安全气囊控制原理如图8-48所示。当汽车受到前方一定角度内的高速碰撞时，安全传感器和中央碰撞传感器（装有前碰撞传感器时，由安全传感器和中央碰撞传感器或前碰撞传感器）同时检测到的车速突然变化（车辆减速度）信号，在0.01s之内迅速传递给安全气囊系统的ECU。ECU在经过分析确认碰撞强度超过其规定值时，立即引爆安全气囊包内的发火极（即电雷管），使其发生爆炸，这一过程一般只需0.05s左右。发火极引爆之后，充气器中的固态气体发生剂迅速气化，大量氮气立即吹涨气囊，并在强大的冲击力之下，气囊冲开转向盘上的盖而完全展开。在乘员压向气囊的同时，气囊内部的氮气就会因受压而从气囊上的小孔排出，从而减缓撞击力。如此，缓冲了乘员的冲击，避免了硬碰撞，保护了乘员。如果膨胀的气囊在受乘员压迫时不泄气，就会将乘员反弹回去，形成第二次碰撞而造成伤害。

3. 安全气囊的工作过程

安全气囊的工作程序框图如

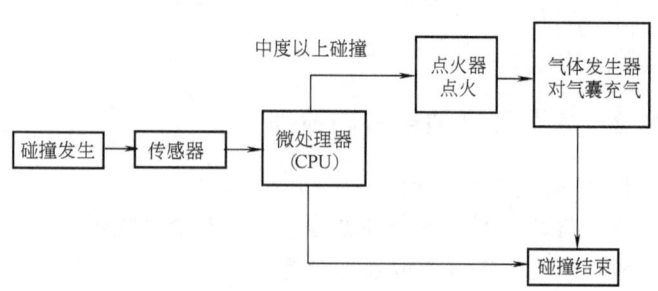

图 8-48　安全气囊的工作原理图

图 8-49 所示，作用过程如图 8-50 所示。当点火开关闭合接通仪表电路后，安全气囊系统就开始工作，自检子程序对电器元件进行逐个检查，如有故障，安全气囊故障警告灯将闪亮不熄，提示驾驶人要读取故障码，查出故障进行排除。如无故障，起动传感器子程序，对传感器进行巡回检测，如果没有碰撞发生，则又返回自检子程序，若一直无碰撞，程序就这样循环下去。

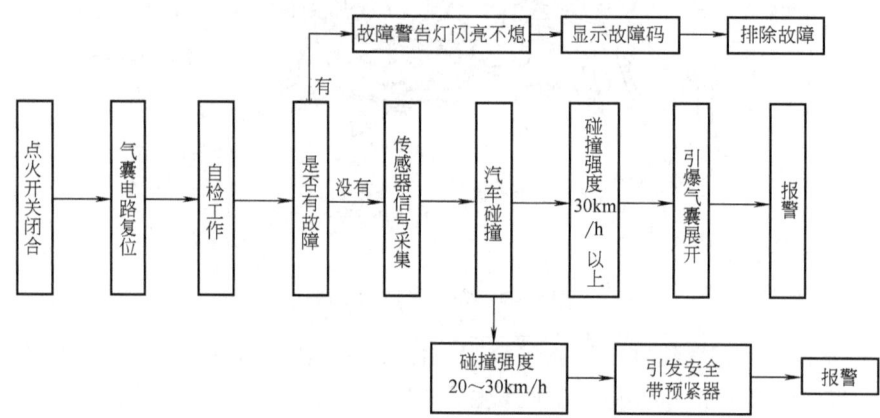

图 8-49　安全气囊工作程序框图

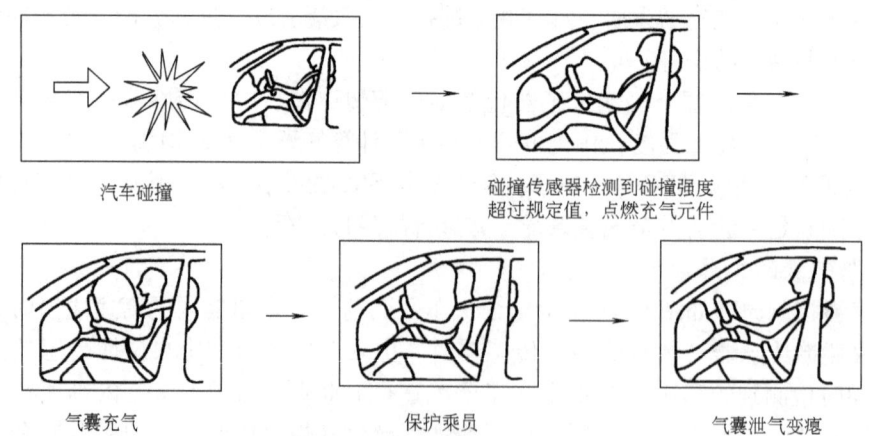

图 8-50　安全气囊的工作过程

如果汽车发生碰撞，碰撞强度能使传感器输出电信号而没达到使电控装置发出引发气囊膨胀的指令时（碰撞时汽车速度大约为 20~30km/h），电控装置就发出引发安全带预紧器的指令，使安全带拉紧，保护乘员。当碰撞强度很大（碰撞时汽车速度>30km/h），则引爆安全气囊，使之膨胀展开。若碰撞强度太大使主电源线断路，则备用电源电路仍可保证引爆安全气囊膨胀的用电需要，并使警告灯也同时闪亮。

安全气囊起安全保护的时间过程如下。

1）汽车碰撞 0~30ms，电子控制装置（ECU）接收到传感器电信号并进行判断，若此信号达到或超过引爆的最低数值时，则电子控制装置发出使驱动电路引爆传爆管指令，点燃火药，产生高温和大量气体，此时乘员因惯性和汽车还没产生相对位移。

2）汽车碰撞后 30~40ms，大量气体经冷却过滤后迅速使气囊膨胀，乘员逐渐向前移动，安全带被拉长起一定的缓冲作用，乘员已紧贴安全气囊，安全气囊吸收了乘员的惯性冲击能量。

3）汽车碰撞后 60~110ms，乘员压向安全气囊并使气囊压紧变形，气囊则进一步吸收惯性冲击能量。由于安全气囊上的排气孔排气，使气囊变软，乘员进一步沉向气囊中，使缓冲作用更加良好。汽车碰撞后 100ms，乘员惯性冲击能量已减弱，危险期已过。

4）汽车碰撞后 110ms，乘员惯性冲击能量消失，在安全带作用下将其拉回座椅上，气囊中气体也排出大部分，整个过程基本结束。

从汽车碰撞到乘员因惯性与车身产生相对位移后而碰撞受伤的时间间隔大约为 50ms，而安全气囊也正好抢在这 50ms 之前，大约只为 30ms 的时间，在乘员与车身之间形成一道柔软的弹性保护气囊，减少受伤程度。

8.8.3 安全气囊系统的有效范围

安全气囊系统并非在所有碰撞情况下都能起作用。正面防撞安全气囊系统在汽车正前方或斜前方 ±30°角（如图 8-51 所示）范围内发生碰撞且其纵向减速度达到某一值时，系统才能工作。在下列条件之一的情况下，安全气囊系统不会动作。

1）汽车遭受侧面碰撞超过斜前方 ±30°角时。
2）汽车遭受横向碰撞时。
3）汽车遭受后方碰撞时。
4）汽车发生绕纵向轴线侧翻时。
5）纵向减速值未达到设定阈值。
6）所有前碰撞传感器未接通或 SRS ECU 内部的安全传感器未接通时。
7）汽车正常行驶、正常制动和在路面不平的道路上行驶时。

8.8.4 安全气囊系统的控制电路

下面以雷克萨斯 LS400 型轿车装备安全带收紧器的双气囊 SRS 系统控制电路为例进行讲解。安全带是有效的防护装置，可大幅度地降低碰撞事故时车内乘员的受伤率和死亡率。电子控制式安全带一般与安全气囊并用，其控制电路如图 8-52 所示。

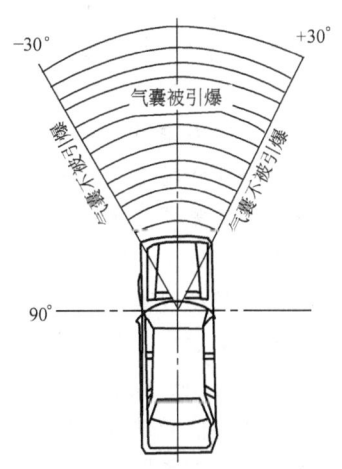

图 8-51 正面碰撞时安全气囊的有效范围

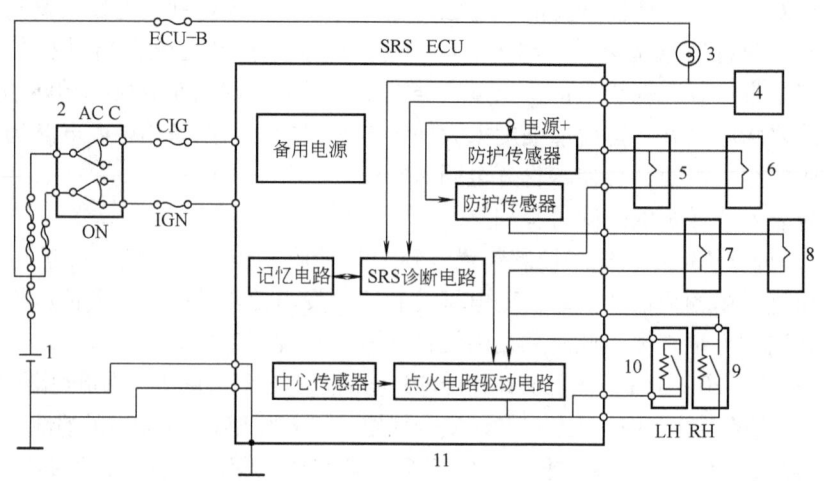

图 8-52 雷克萨斯 LS400 型轿车装备安全带收紧器的双气囊 SRS 系统控制电路
1—蓄电池 2—点火开关 3—SRS 指示灯 4—诊断插座 5—左侧安全带收紧器点火器
6—右侧安全带收紧器点火器 7—驾驶人气囊点火器 8—乘员位气囊点火器
9—右碰撞传感器 10—左碰撞传感器 11—SRS ECU

  前碰撞传感器 9、10 与安装在 SRS ECU 中的中央安全气囊传感器相互并联，驾驶人安全气囊点火器 7 与乘客安全气囊点火器 8 并联，左、右安全带收紧器的点火器 5、6 并联。

  在 SRS ECU 中，设有两只相互并联的安全传感器，其中一只与安全带收紧器 5、6 以及 SRS ECU 中的安全带驱动电路构成回路，收紧器的点火器受控于 SRS ECU。另一只安全传感器与安全气囊点火器 7、8 和碰撞传感器 9、10 构成回路，安全气囊点火器 7、8 也受控于 SRS ECU。

  电子控制式安全带由碰撞传感器（与 SRS 系统共用）、ECU（与 SRS 系统共用）、安全带收紧器、安全带等组成。

  安全带收紧器由气体发生器、带轮、离合器、导管、自动安全带卷筒、活塞、缆绳等组成。气体发生器由充气器和点火器组成（图 8-53a），结构原理与气囊组发生器基本相同。安全带缠绕在卷筒上，活塞安装在导管内；缆绳一端缠绕在带轮上，另一端固定在活塞上。

  安全带收紧器的工作原理与 SRS 系统中气体发生器的工作原理相似。当安全带收紧器点火器电路接通电源时，点火器引爆点火剂，充气剂受热分解，活塞在膨胀气体的作用下迅速移动，并推动收紧器的弹簧装置将安全带迅速收紧（图 8-53b），驾驶人和乘员向前移动距离缩短，从而防止其面部、胸部与转向盘、风窗玻璃或仪表板发生碰撞。

  在汽车行驶过程中，安全传感器、中央安全气囊传感器和前碰撞传感器随时检测车速变化信号，并将信号送到 SRS ECU。在 SRS ECU 中，预先编制的程序经过数学计算和逻辑判断后，再向收紧器的点火器或 SRS 点火器发出指令，使安全带收紧器动作，或使安全带收紧器与 SRS 同时作用。当汽车行驶速度低于 30km/h 时，碰撞产生的减速度和惯性力较小，安全传感器和中央安全气囊传感器将此信号送到 SRS ECU，ECU 判断结果为不引爆 SRS，仅引爆座椅安全带收紧器的点火器。与此同时，向左、右安全带收紧器的点火器发出点火指令使安全带收紧，防止驾驶人和乘客受伤害。

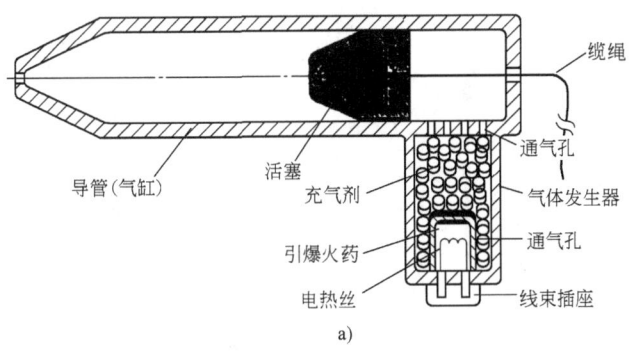

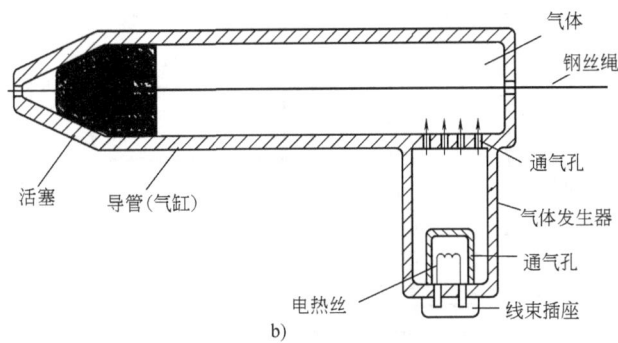

图 8-53 安全带收紧器
a) 未收紧 b) 收紧

当汽车行驶速度高于 30km/h 时，碰撞产生的减速度和惯性力较大，安全传感器、中央安全气囊传感器和前碰撞传感器将此信号送到 SRS ECU，ECU 判断结果为需要 SRS 和安全带收紧器共同作用来保护驾驶人和乘客。与此同时，ECU 向收紧器点火器和安全气囊点火器发出点火指令，引爆所有点火器，在座椅安全带收紧的同时，驾驶人安全气囊与乘客安全气囊同时膨胀。安全气囊的典型控制电路见图 8-54。

8.8.5 安全气囊的使用与维修注意事项

1. 安全气囊的正确使用

1）安全气囊必须和安全带配合使用。安全气囊属于辅助性防撞装置，只有和安全带配合使用，才能获得满意的结果，所以驾驶人和乘客在汽车运行时必须系好安全带。

2）及时排除安全气囊的故障。发现安全气囊系统故障，必须及时排除，绝对不能带病运行，否则会产生两种严重后果。一种是若汽车发生重度碰撞时，需要安全气囊膨胀展开起安全保护作用，它却不能工作。另一种则是在汽车正常运行安全气囊不应工作时，它却突然膨胀展开，给驾驶人和乘客造成不应有的意外伤害，甚至发生安全事故。

3）不要人为碰撞安全气囊传感器。安全气囊传感器对碰撞冲击很敏感，所以在对汽车进行维修作业，若有可能对传感器造成碰撞冲击时，应先将传感器拆下，以免安全气囊不必要的突然展开，待维修竣工后，再装好传感器。

4）按规范保管好安全气囊系统元器件。因安全气囊系统中有火药、传爆管等易燃易爆物品，所以其运输、保管必须严格按规范进行，否则将会造成严重后果。

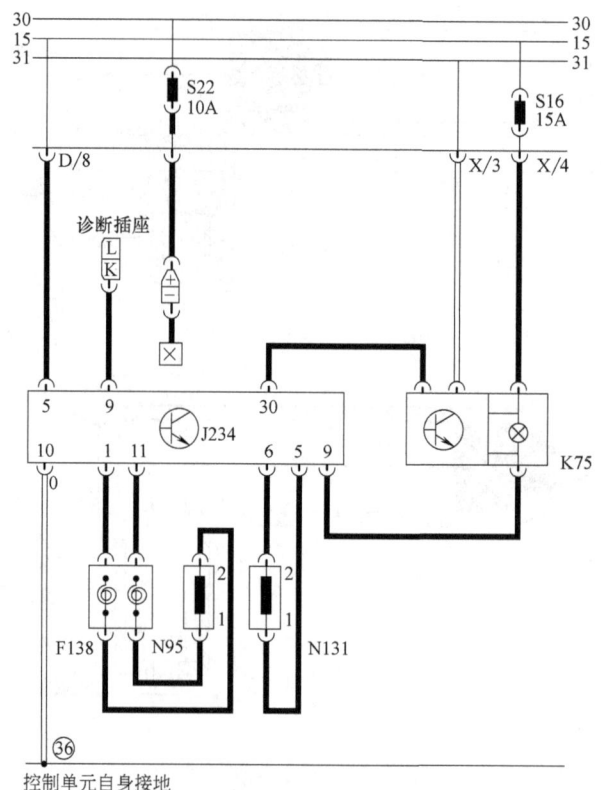

图 8-54 捷达轿车安全气囊电路图

F138—安全气囊螺旋电缆　J234—安全气囊控制单元　K75—安全气囊故障警告灯　N95—驾驶人安全气囊引爆器
N131—乘员安全气囊引爆器　S16—熔丝，15A　S22—熔丝，10A

2. 安全气囊维修注意事项

1）安全气囊系统元器件要保证原厂包装、单独、恰当地运输，妥善保管。

2）非安全气囊专业维修人员不得进行安全气囊的检查、维修工作。

3）不能使安全气囊的元器件受85℃以上的高温。

4）不能任意改动安全气囊系统的线路和元器件结构。

5）不能在装有安全气囊的部位粘贴饰物、胶条及摆放任何物品。

6）未成年儿童和身材短小乘员，乘坐有安全气囊的车辆时要坐后排，因气囊对他们的保护效果不如成年人。

7）对安全气囊进行所有的维修作业时，都必须在断开蓄电池电源线3min后再进行，以免发生气囊意外展开的事故。

本 章 小 结

1. 电动刮水器由直流电动机、传动机构、刮臂和刮片组成，电动机的旋转运动，经减速和传动机构的作用使刮片摆动，利用直流电动机的变速来实现刮水器的变速，有自动复位功能和间歇控制；风窗玻璃洗涤器主要由储液罐、洗涤泵、软管、三通、喷嘴等组成；除霜装置可利用暖风或电热丝除霜。

2. 起动预热装置是为了保证发动机在低温条件下能迅速可靠起动，常见的有 PTC 电热式和电热丝网式两种。

3. 电动车窗系统主要由双向直流电动机、车窗玻璃升降器、控制开关、继电器、断路器等组成，通过开关控制电动机的电流或磁场方向，使车窗玻璃上升或下降。车窗玻璃升降器常的有绳轮式、齿扇式和软轴式三种。

4. 电动天窗的主要功能有：开启、关闭、自动暂停、斜升和斜降。

5. 电动后视镜主要由微型直流电动机、驱动器、控制开关三部分组成。微型直流电动机采用双向永磁式，每个后视镜安装两个，上下方向由一个电动机控制，左右方向由另一个电动机控制，通过改变电动机的电流方向，使反射镜上、下、左、右转动。有的电动后视镜还带有伸缩功能，由伸缩开关控制伸缩电动机工作，使整个后视镜回转伸出或缩回。

6. 中控门锁系统一般由门锁控制开关、钥匙开锁、钥匙控制开关、门锁总成、行李箱门开启器及门控开关和执行元件等组成。中控门锁系统可做到驾驶人锁住自己的车门时，其他几个车门，包括后门或行李箱门都能同时锁住。直流电动机利用电动机的正反电流方向，使电动机正反转来完成门锁的开、关动作。

7. 电动座椅主要由双向直流电动机、传动机构和座椅调节开关、控制器（ECU）等组成。前后方向的调节量一般为 100~160mm，座位上下的调节量约为 30~50mm。全程移动所需时间约为 8~10s。高档轿车的电动座椅系统采用存储器，具有记忆功能。

8. 汽车防盗系统的任务是阻止偷盗者偷盗汽车的企图，并在偷盗者偷盗时使汽车发出声响、灯光等持续时间约为 1min 报警信号，给偷盗者一种心理上的冲击，同时使发动机起动电路断开，直到车主用车钥匙打开汽车门锁之前都始终处于断开状态。

9. 汽车安全气囊电控系统主要由碰撞传感器、SRS ECU、SRS 指示灯和气囊组件四部分组成。当发生碰撞时，能够瞬间膨胀打开气囊，隔开人体与车内构件，使其变成弹性碰撞，达到保护人体的目的。

10. 装备安全带收紧器的安全气囊，当安全气囊引爆的同时，安全带收紧器的点火器也得到点火指令使安全带收紧，防止驾驶人和乘员遭受伤害。

习题与思考题

一、选择题

1. 电动车窗的电动机一般为（　　）。
   A. 单向直流电动机　　　　B. 双向直流电动机　　　C. 永磁双向直流电动机

2. 检查电动机车窗左后电动机时，用蓄电池的正负极分别接电动机连接端子后，电动机转动，互换正负极和端子的连接后，电动机反转，说明（　　）。
   A. 电动机状况良好　　　　B. 不能判断电动机的好坏　　C. 电动机损坏

3. 在电动座椅中，一般一个电动机可完成座椅的（　　）。
   A. 1 个方向的调整　　　　B. 2 个方向的调整　　　　C. 3 个方向的调整

4. 每个电动后视镜的后面都有（　　）电动机驱动。
   A. 1 个　　　　　　　　　B. 2 个　　　　　　　　　C. 3 个

5. 中控门锁系统中的门锁控制开关用于控制所有车门锁的开关，安装在（　　）。
   A. 驾驶人侧门的内侧扶手上　　B. 每个车门上　　　　C. 门锁总成中

6. 门锁控制开关的作用是（　　）。
　A. 在任意一车门内侧实现开锁和锁门动作
　B. 在任意一车门外侧实现开锁和锁门动作
　C. 在驾驶人侧车门内侧实现开锁和锁门动作
7. 电动座椅前后方向的调节量一般为（　　）。
　A. 30mm　　　　　B. 80mm　　　　　C. 120mm　　　　　D. 180mm

二、判断题
1. 电动车窗一般装有两套开关，分别为总开关的分开关，这两个开关之间的电路互相独立的。（　　）
2. 每个电动后视镜的镜片后面都有4个电动机来实现后视镜的调整。（　　）
3. 永磁式刮水电动机是通过改变正、负电刷之间串联线圈的个数来实现变速的。（　　）
4. 检查电动刮水器的自动复位功能时，可以让电动机停在停止时的位置，然后进行相关的检查。（　　）
5. 电动车窗主控开关上的总开关控制分开关的搭铁线。（　　）
6. 带储存功能的电动座椅，采用了计算机控制，它能将选定的座椅调节位置进行存储，只要按指定的按键开关，座椅就会自动调节到预先选定的位置上。（　　）
7. 打开点火开关，防盗警告灯闪亮后熄灭，说明防盗装置有故障。（　　）
8. 只要碰撞传感器检测到汽车发生碰撞而触发，安全气囊就一定会引爆。（　　）
9. 汽车安全带是一种保护乘员的主动安全装置。（　　）

三、简答题
1. 简述两速永磁式刮水电动机的工作原理。
2. 电动车窗主要由哪些部件组成？其中升降机构有哪几种？
3. 何谓电动车窗手动升降？何谓自动升降？
4. 结合电动车窗、电动座椅、电动后视镜和中控门锁的相关知识，分析双向电动机的检查思路。
5. 目前常见汽车防盗装置有几类？各有何特点？
6. 简述安全气囊工作原理和工作过程？

四、思考题
1. 简述桑塔纳2000GSi电动刮水器和风窗洗涤装置故障诊断步骤。
2. 简述驾驶人侧的电动车窗不运转的故障诊断。
3. 如何进行后视镜开关的检测？
4. 如何进行座椅开关、电动机的检查？
5. 如何进行座椅储存功能的恢复？
6. 如何对中央控制门锁故障进行检修？
7. 简述桑塔纳2000GSi防盗系统的基本工作原理？
8. 检修安全气囊使用万用表时应注意什么？
9. 如何对安全带系统进行故障诊断？
10. 如何进行安全带系统的检查？

实训项目二十一　风窗玻璃刮水及洗涤装置故障的诊断与检测

车辆牌号	车辆识别代码	发动机型号

一、实训目的与要求

1. 掌握桑塔纳 2000GSi 轿车刮水系统和风窗洗涤系统的控制电路。
2. 掌握桑塔纳 2000GSi 轿车刮水系统和风窗洗涤系统的故障诊断与检测方法。

二、实训仪器和设备

汽车桑塔纳 2000GSi 轿车刮水系统和风窗洗涤系统电路图、常用工具等。

三、实训步骤

1. 桑塔纳 2000GSi 轿车刮水器及洗涤器控制电路

电路如图 8-55 所示。

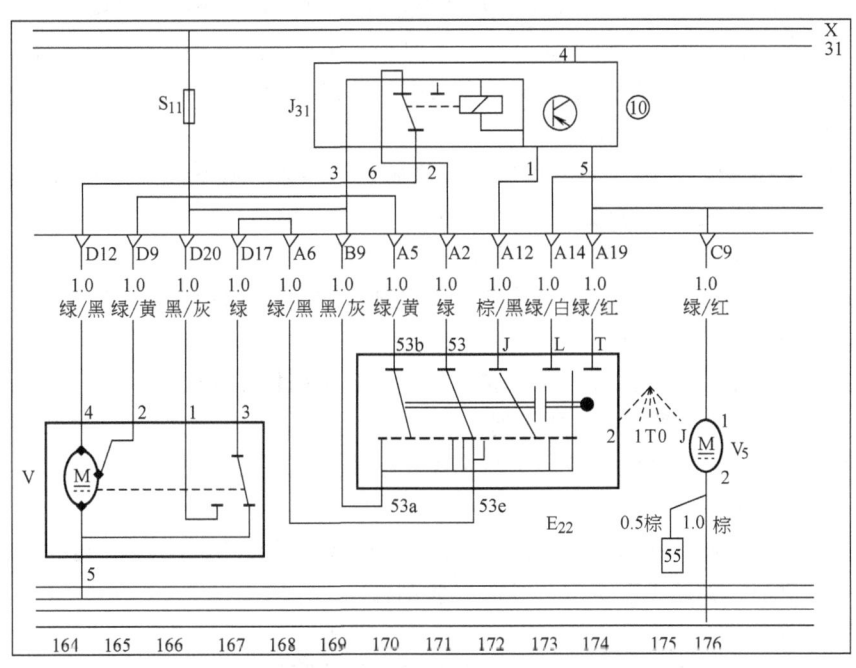

图 8-55　桑塔纳 2000GSi 轿车刮水器及洗涤器控制电路

2. 故障诊断与检测

1）接通点火开关，拨动刮水器各档开关，刮水器均不工作。

修理：

① 检查 S_{11} 熔断器。

② 检查刮水器电动机导线插接端子 53b 或 53 是否有电，端子 31 是否搭铁。

③ 刮水器电动机故障，如内部短路、转子卡死等。

2）刮水器"快档"工作，其余各档均不工作。修理：继电器有故障，需修理或更换。

（续）

车辆牌号	车辆识别代码	发动机型号

3）刮水器"慢档"工作，其余各档不工作。

修理：

① 检查中央线路板 D12 结点或中间的连接导线是否接触不良或断路。

② 检查继电器是否有故障。

③ 检查刮水器开关是否有故障。如发现问题应予修理或更换。

4）刮水器"间歇"档不工作，其余各档均正常。

修理：

① 检查中央线路板 A12 结点及其中间连接导线是否接触不良或断路。

② 检查刮水器开关是否有故障。

③ 检查刮水器继电器是否有故障。如发现上述问题，应予修理或更换。

5）刮水开关在"喷水"档，刮片与喷嘴均不工作，其余各档均正常工作修理。

① 检查中央线路板 A19 结点、C9 结点及中间连接导线。

② 检查刮水器开关是否有故障。

③ 检查洗涤系统，如洗涤泵电动机、洗涤泵、连接管、喷嘴是否堵塞或有故障。如发现上述问题，应予更换或修理。

6）刮水后玻璃上留有水迹擦痕或积水。

主要原因可能是玻璃上沾有油污或油漆抛光剂，或因刮水器橡胶条脏污、老化，或因其边缘磨损、断裂。

修理：首先用清洁剂擦拭玻璃和橡胶条，如橡胶条损坏应及时更换。

7）刮水器工作时，部分表面刮不到。

原因可能有三个，即刮水橡胶条部分从槽中脱出，或因变形在玻璃上不能贴合，也可能因压力不够而引起。

修理：把脱出的刮片重新塞入槽内，或更换刮片，如刮杆压力不够，可先在刮杆接头和弹簧上稍加机油，如还不能奏效，则需更换刮杆。

四、思考题

简述桑塔纳 2000GSi 电动刮水器和风窗洗涤装置故障诊断步骤。

实训项目二十二　后窗除霜故障的诊断与检测

车辆牌号	车辆识别代码	发动机型号

一、实训目的与要求

1. 掌握桑塔纳2000GSi轿车后窗除霜器控制电路。
2. 掌握桑塔纳2000GSi轿车后窗除霜器控制装置故障诊断与检测方法。

二、实训仪器和设备

汽车桑塔纳2000GSi轿车后窗除霜器系统电路图、常用工具等。

三、实训步骤

1. 桑塔纳2000GSi轿车后窗除霜器控制电路

电路如图8-56所示。

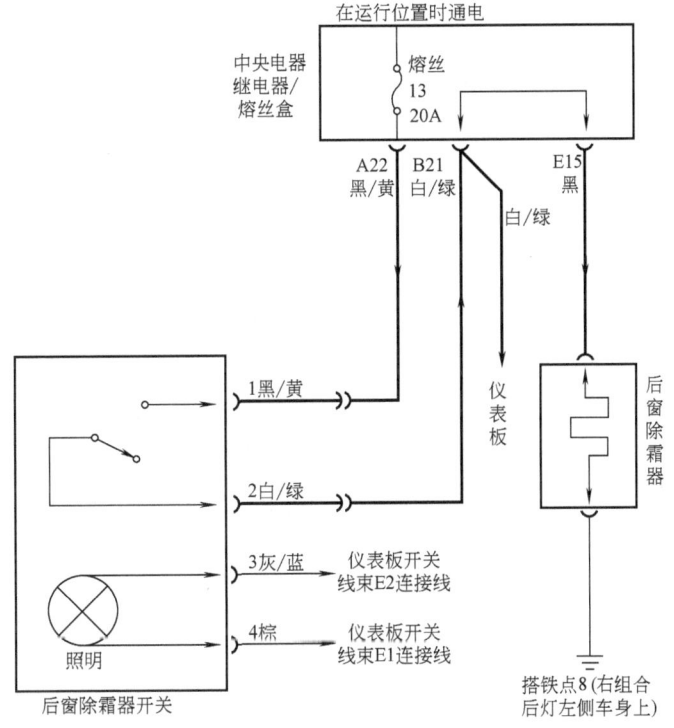

图8-56　桑塔纳2000GSi轿车后窗除霜器控制电路图

2. 桑塔纳2000GSi轿车后窗除霜装置常见故障与检修

（1）故障现象　除霜器不除霜；除霜器有时工作有时不工作。

（2）故障原因　熔断器或控制线路断路；加热丝或开关损坏；控制线路不良。

（3）诊断与检测

1) 首先检查熔丝是否熔断，如果熔断则更换相同规格的熔丝；如未熔断，进行下一步。

(续)

车辆牌号	车辆识别代码	发动机型号

2）检查除霜器开关 将除霜器开关周围装饰板拆下，打开点火开关，用一小段短接线将开关的 1 号和 2 号端子短接，观察除霜器工作情况。如除霜器工作正常，则开关损坏，应修理或更换；如除霜器仍不工作，进行下一步。

3）检查所在线路及插接件是否断路或松脱。将后窗除霜器（电热丝）两侧的两个插头拔下，打开点火开关，用万用表测两个插头间的电压应为 12V 左右。如无电压，应进一步检查搭铁线及火线是否有断路或接触不良（用万用表测电阻即可）；如有 12V 左右电压，进行下一步。

4）检查除霜器加热丝。一个人在后窗外用手电筒逐行缓慢照射加热丝，另一个人在车内仔细观察加热丝。如发现加热丝的某处充分闪亮，则该处为断路处，应用专用加热丝修理工具修理。

实训项目二十三　电动车窗故障的诊断与检测

车辆牌号	车辆识别代码	发动机型号

一、实训目的与要求
1. 掌握电动车窗的控制电路。
2. 掌握电动车窗故障诊断与检测方法。

二、实训仪器和设备
丰田雷克萨斯 LS400 车型、常用工具等。

三、实训步骤
1. 丰田 LS400 轿车电动车窗控制电路

电路如图 8-57 所示

2. 故障诊断与检修

丰田 LS400 轿车电动车窗故障诊断与排除见表 8-7 所示。表中的数字代表检查顺序。

表 8-7　凌志 LS400 型轿车电动车窗故障诊断与排除

故障现象 \ 故障部位		易熔线 FLAM1	断路器 CB	点火开关	仪表熔丝	电动车窗主继电器	电动车窗总开关	电动车窗开关	电动车窗电动机	配线
电动窗不工作	门锁不工作	1	2	5	3	4	6			
	门锁工作		1	3	2	4	5			
	组合仪表、刮水器和转向信号不工作			2	1	3	4			
	组合仪表、刮水器和转向信号正常					1	2			
"电动车窗系统"不工作						1				
只有一扇窗玻璃不动							1	2	3	
"窗锁系统"不工作							1			
"窗锁照明"不亮							1			

（1）电动车窗主开关的检查　电动车窗主开关各端子之间的导通情况如表 8-8 所示。

表 8-8　主开关工作情况表

检查条件		前						后					
		驾驶人侧				前排乘客侧			左			右	
开关位置 \ 连接端子		8	4	9	10	8	3	9	7	8	9	6	5	8	9	12	11
车窗未锁	UP	4、9 导通 8、10 导通				8、3 导通 9、7 导通				8、6 导通 9、5 导通				8、11 导通 9、12 导通			
	OFF	8、4、10 导通				8、3、7 导通				8、6、5 导通				8、12、11 导通			
	DOWN	8、4 导通 9、10 导通				3、9 导通 8、7 导通				9、6 导通 8、5 导通				8、12 导通 9、11 导通			
车窗锁定	UP	4、9 导通 8、10 导通				9、7 导通				9、5 导通				9、12 导通			
	OFF	8、4、10 导通				3、7 导通				6、5 导通				12、11 导通			
	DOWN	8、4 导通 9、10 导通				3、9 导通				9、6 导通				9、11 导通			

(续)

车辆牌号	车辆识别代码	发动机型号

主开关照明电路的检查：当开关为"未锁"，照明灯应亮，当开关"锁定"照明灯应灭，否则应更换主开关。

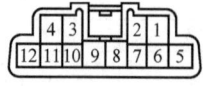

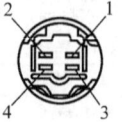
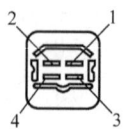

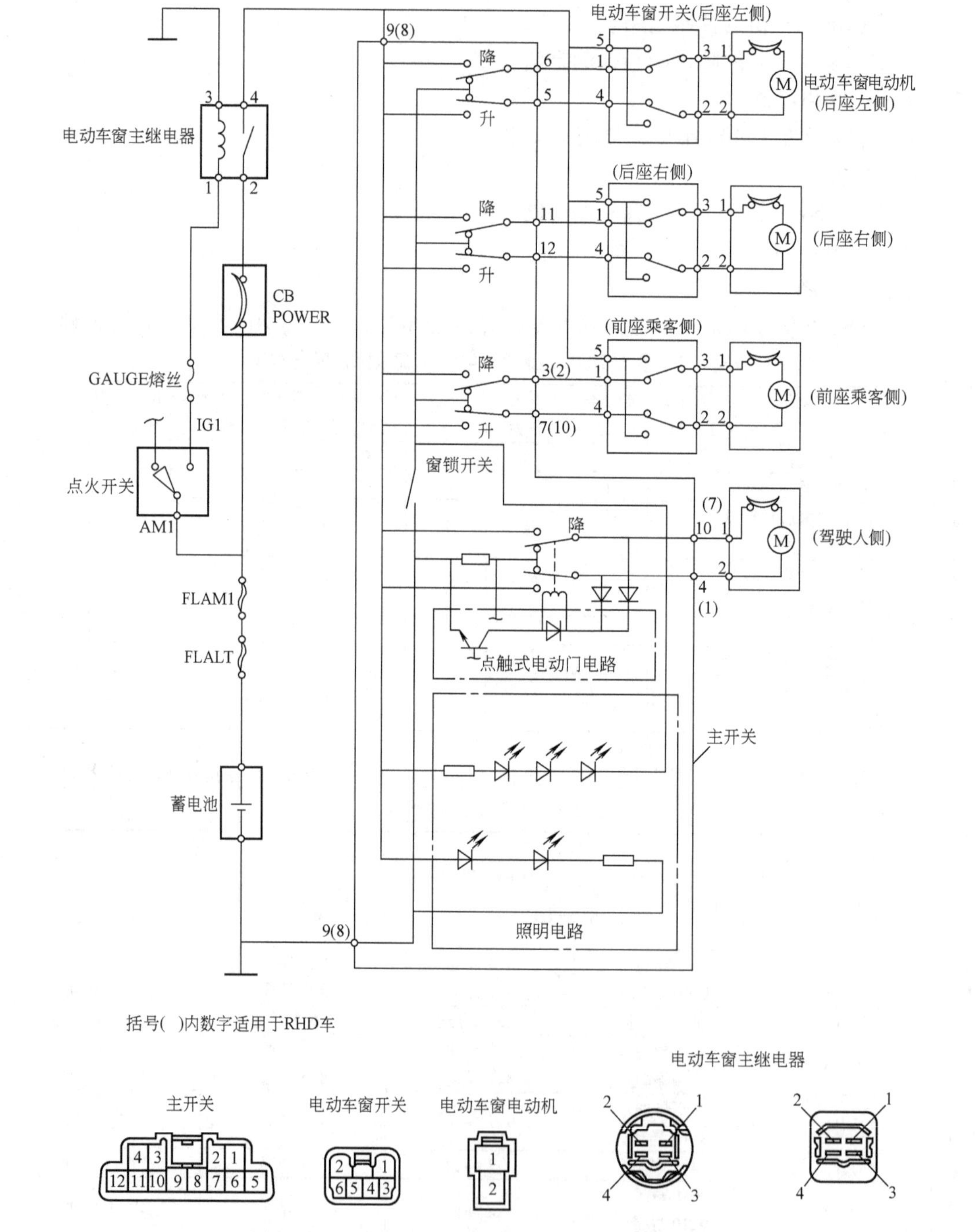

图 8-57　雷克萨斯 LS400 型轿车电动车窗控制电路

(续)

车辆牌号	车辆识别代码	发动机型号

（2）电动车窗开关的检查　其工作情况如表8-9所示。

表8-9　电动车窗开关的工作情况检查表

开 关 位 置	正常的端子导通情况
UP	1、3导通；5、2导通
OFF	1、3导通；2、4导通
DOWN	5、3导通；2、4导通

电动车窗开关电路的检测可在配线侧插接器上进行，正常结果见表8-10所示。

表8-10　电动车窗开关电路工作情况检查

检查项目	万用表连接	检测条件		规 定 值
电压	5—搭铁	点火开关置于ON		蓄电池电压
	4—搭铁	点火开关置于ON位置	UP	蓄电池电压
			OFF	无电压
	1—搭铁	点火开关置于ON位置	DOWN	蓄电池电压
			OFF	无电压

（3）电动车窗电动机的检查　将蓄电池的正负极分别接端子1、2，电动机应能分别正转、反转，且转速十分稳定。否则，说明电动机有故障，应予以更换。

（4）电动车窗主继电器的检查　在电动车窗主继电器的端子1、3之间加上蓄电池电压时，端子2、4之间应呈导通状态。

四、思考题

简述驾驶人侧的电动车窗不运转的故障诊断。

实训项目二十四　电动后视镜故障的诊断与检测

车辆牌号	车辆识别代码	发动机型号

一、实训目的与要求

1. 掌握电动后视镜的控制电路。
2. 掌握电动后视镜故障诊断与检测方法。

二、实训仪器和设备

桑塔纳2000GSi轿车电动后视镜控制电路图、常用工具等。

三、实训步骤

1. 桑塔纳2000GSi轿车电动后视镜控制电路

电路如图8-58所示。

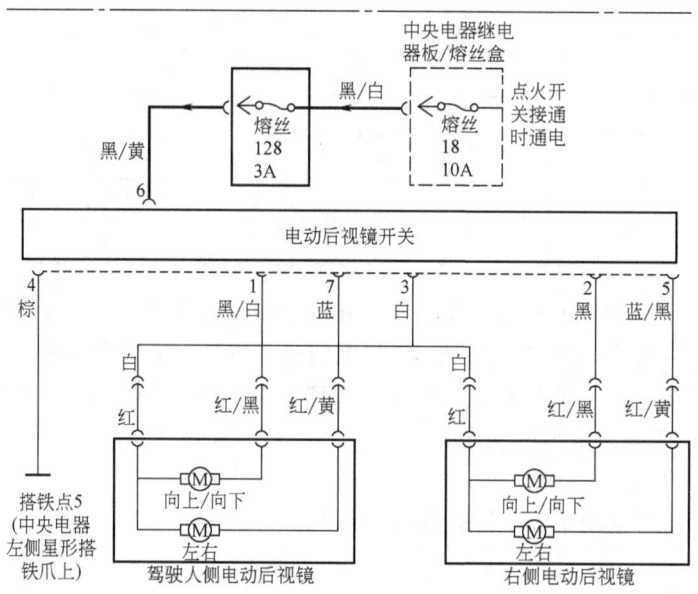

图8-58　桑塔纳2000GSi轿车电动后视镜控制电路图

2. 故障诊断与检查

电动后视镜如有故障，直接表现为电动后视镜无法操纵，此时可以进行如下检查：

1) 首先检查熔丝和断路器（过载保护），然后用万用表测试开关总成。

2) 如果开关完好，应用12V电源的跨接线检查电动机的工作情况，跨接线换向时，电动机也应反向转动。

3) 如果电动机工作正常，而后视镜仍不运动，应检查连接后视镜控制开关和车门或仪表板金属件的搭铁情况。

四、思考题

如何进行后视镜开关的检测？

第8章 汽车辅助电器设备

实训项目二十五　中控门锁故障的诊断与检测

车辆牌号	车辆识别代码	发动机型号

一、实训目的与要求
1. 掌握中控门锁的控制电路。
2. 掌握中控门锁故障诊断与检测方法。

二、实训仪器和设备
丰田轿车、常用工具等。

三、实训步骤
1. 丰田轿车的中控门锁系统电路图

电路如图 8-59 所示。

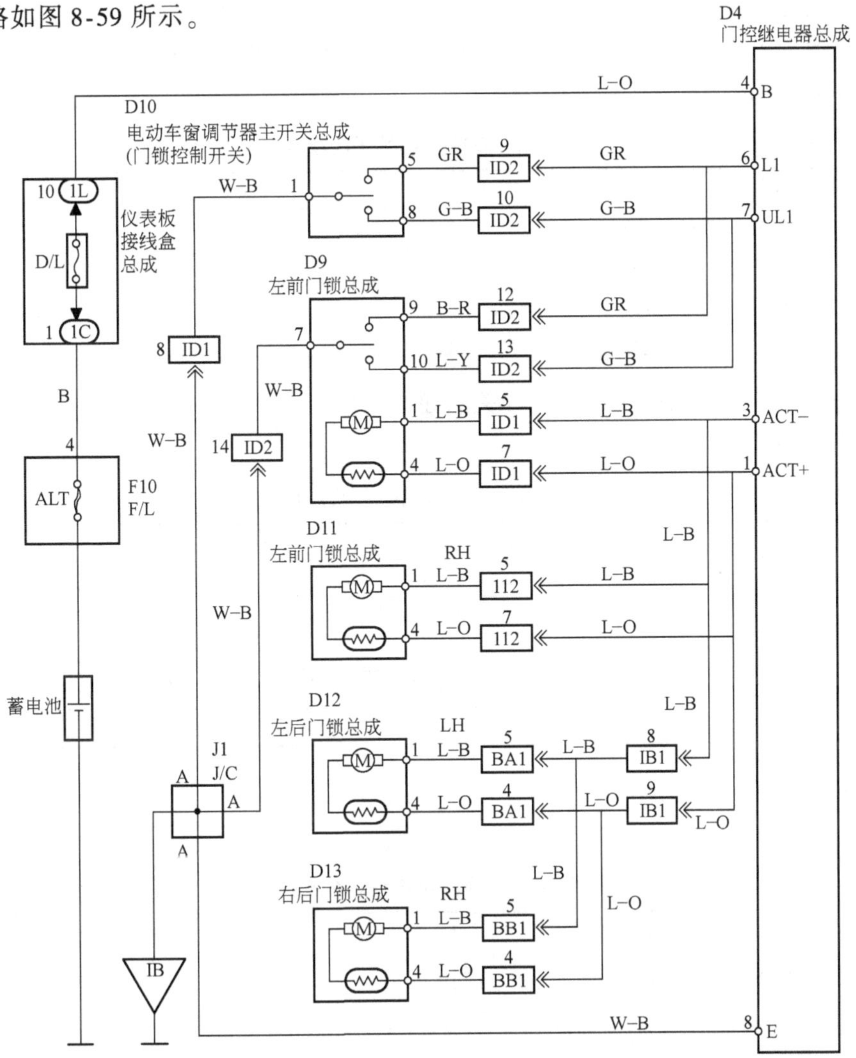

图 8-59　丰田轿车中控门锁电路

（续）

车辆牌号	车辆识别代码	发动机型号

2. 门锁控制开关的检查

拆下主开关，结合表 8-11 检查门锁控制开关的导通性。

表 8-11 门锁开关端子检查

端子号	开关位置	标准状态
1—5	LOCK	导通
—	OFF	不导通
1—8	Unlock	导通

3. 检查左前门门锁总成

用蓄电池的正负极直接连接端子 4 和端子 1，检查门锁电动机的工作情况。具体的标准结合表 8-12 所示。

表 8-12 左前门锁端子的检查

测量条件	标准状态
蓄电池"+"——端子4 蓄电池"-"——端子1	上锁
蓄电池"+"——端子1 蓄电池"-"——端子4	开锁

4. 检查门锁总成在开锁和锁门时开关的导通情况

如表 8-13 所示。

表 8-13 门锁总成端子的检查

端子号	门锁位置	标准状态
7 和 9	上锁	导通
—	OFF	—
7 和 10	开锁	导通
7 和 8	上锁	不导通
	开锁	导通

5. 检查右前门门锁总成

如表 8-14 所示。

表 8-14 右前门锁电动机的检查

测量条件	标准状态
蓄电池"+"——端子4 蓄电池"-"——端子1	上锁
蓄电池"+"——端子1 蓄电池"-"——端子4	开锁

第 8 章 汽车辅助电器设备

(续)

车辆牌号	车辆识别代码	发动机型号

6. 检查左后门门锁总成

如表 8-15 所示。

表 8-15　左后门门锁电动机的检查

测 量 条 件	标 准 状 态
蓄电池"+"——端子 4 蓄电池"-"——端子 1	上锁
蓄电池"+"——端子 1 蓄电池"-"——端子 4	开锁

7. 检查右后门门锁总成

如表 8-16 所示。

表 8-16　右后门门锁电动机的检查

测 量 条 件	标 准 状 态
蓄电池"+"——端子 4 蓄电池"-"——端子 1	上锁
蓄电池"+"——端子 1 蓄电池"-"——端子 4	开锁

四、思考题

如何对中央控制门锁故障进行检修?

实训项目二十六 电动座椅故障的诊断与检测

车辆牌号	车辆识别代码	发动机型号

一、实训目的与要求

1. 掌握电动座椅的控制电路。
2. 掌握电动座椅故障诊断与检测方法。

二、实训仪器和设备

带电动座椅的轿车、解码器、万用表、常用工具一套、蓄电池、导线若干。

三、实训步骤

1. 雷克萨斯 LS400 轿车自动座椅电路图

电路如图 8-60 所示。

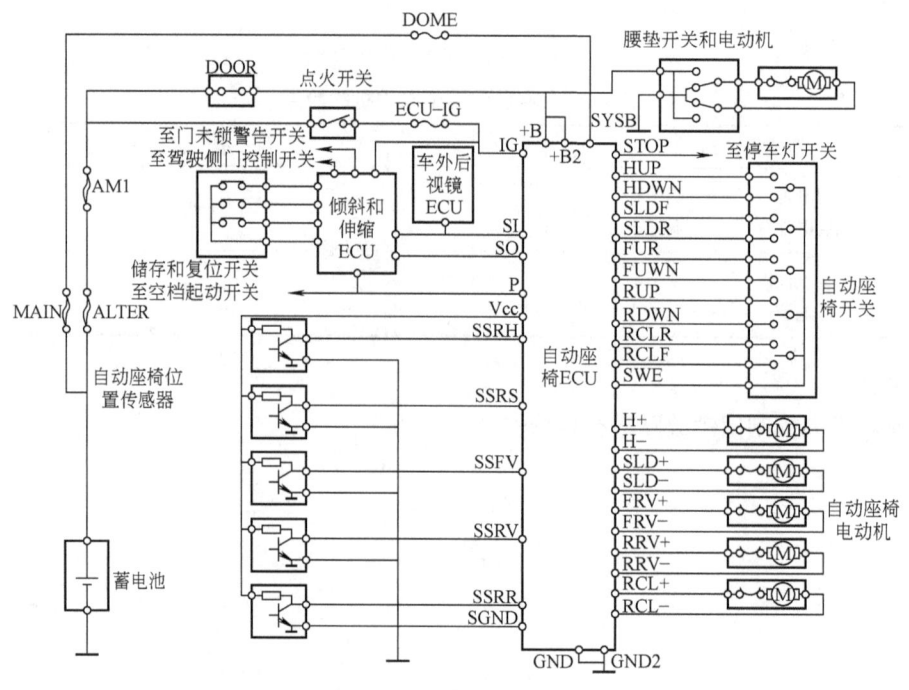

图 8-60　雷克萨斯 LS400 轿车自动座椅电路图

2. 故障诊断与检修

若电动机运转而座椅不动,同样首先看是否已到极限位置,然后检查电动机与变速器之间的相关联轴器是否磨损过大或损坏,必要时更换。

若电动机不工作,应检查电源线路,开关线路、电动机控制线路是否断路,搭铁点是否牢固,然后进行以下检查。

(1) 电动座椅开关的检测　检查电动座椅开关,检查各端子之间的导通情况,如表 8-17 所示。

(续)

车辆牌号	车辆识别代码	发动机型号

表8-17 座椅开关导通检测表

开关位置		端子 3	4	5	6	9	10	11	12	13	14	15	16
滑动开关	向前(FRONT)							\multicolumn{6}{c}{11、14 导通;12、13 导通}
滑动开关	关断(OFF)							11、13 导通;12、13 导通					
滑动开关	向后(BACK)							11、13 导通;12、14 导通					
前垂直开关	向上(UP)					9、14 导通;10、13 导通							
前垂直开关	关断(OFF)					9、13 导通;10、13 导通							
前垂直开关	向下(DOWN)					9、13 导通;10、14 导通							
后垂直开关	向上(UP)			5、14 导通;6、13 导通									
后垂直开关	关断(OFF)			5、13 导通;6、13 导通									
后垂直开关	向下(DOWN)			5、13 导通;6、14 导通									
倾斜开关	向前倾斜(FORWARD RECLINING)		4、14 导通;3、13 导通										
倾斜开关	关断(OFF)		4、13 导通;3、13 导通										
倾斜开关	向后倾斜(REAR RECLINING)		4、13 导通;3、14 导通										
头枕开关	向上(UP)									\multicolumn{4}{c}{14、15 导通;13、16 导通}	
头枕开关	关断(OFF)									13、15 导通;13、16 导通			
头枕开关	向下(DOWN)									13、15 导通;14、16 导通			

若导通情况不符合规定要求,应更换开关。

(2)腰垫开关的检测 腰垫开关共四个接线端子,各端子间的导通状况如表8-18所示。

表8-18 腰垫开关的检测表

开关检查	端子	1 (4)	2 (3)	3 (2)	4 (1)
向前(FORWARD)		\multicolumn{4}{c}{2、4 导通;1、2、3 导通}
关断(OFF)		\multicolumn{4}{c}{1、3 导通;2、3 导通}
松开(RELEASE)		\multicolumn{4}{c}{1、4 导通;2、3 导通}

注:( )内的数字适用于右置转向盘汽车。

(3)位置传感器检测

1)拆下驾驶座椅。

2)拆下前垂直调节器上的螺栓并将座垫略微抬高。但座垫不宜抬得过高,否则线束会被拉出,夹箍可能会松动。

3)随插接器一起从座垫下面的固定处拆下电动座椅ECU。

4)把电动座椅ECU的端子CHK连接车身搭铁,使ECU进入检查状态,检查座椅位置传感器,如图8-61所示。

（续）

车辆牌号	车辆识别代码	发动机型号

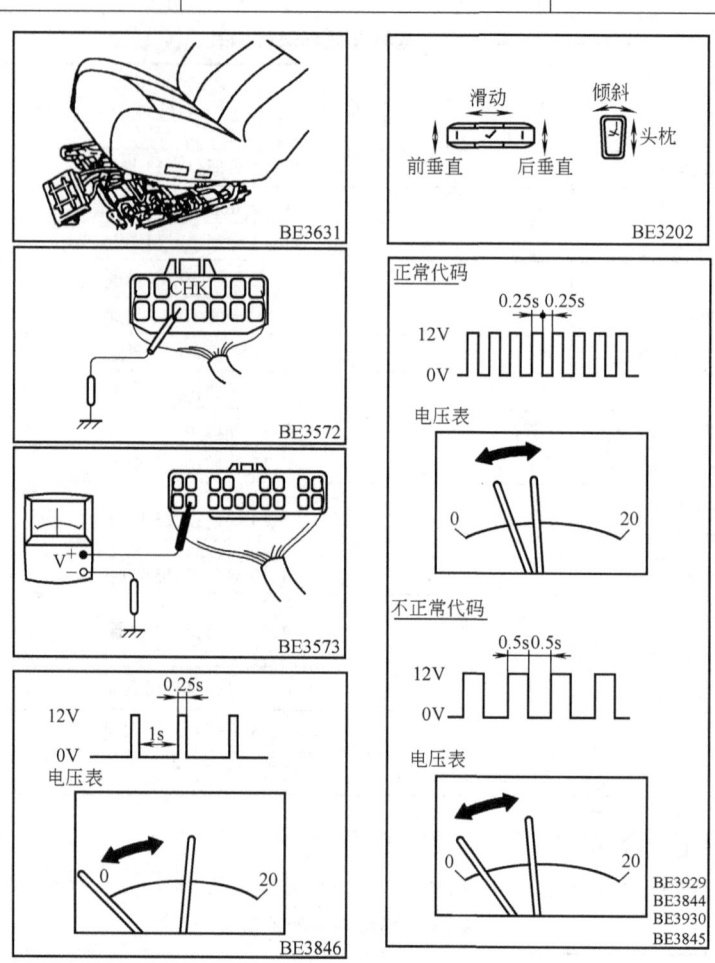

图 8-61 座椅位置传感器检测图示

5）测量电动座椅 ECU 的端子 S0 与车身搭铁间的电压（采用指针式电压表）。

6）检查应输出图示"已准备好"代码，如图 8-61 左下图所示。

7）分别打开电动座椅手动开关并检查座椅各向移动时的电压变化。

8）输入信号正常和不正常时，输出电压的变化如图 8-61 右下图所示。

当座椅移动到极限位置时，电压应从正常代码变为不正常代码。当证实其他系统功能完好，并通过对电压表指针的摆动量比较，确认正常和不正常代码后，再进行分析处理。电压表指针摆动量取决于仪表所选的量程。

四、思考题

1. 如何进行座椅开关、电动机的检查？
2. 如何进行座椅储存功能的恢复？

实训项目二十七　典型汽车安全气囊的使用与维修

车辆牌号	车辆识别代码	发动机型号

一、实训目的与要求

1. 掌握安全气囊控制电路图。
2. 掌握安全气囊故障诊断与检测方法。

二、实训仪器和设备

雷克萨斯 LS400 型轿车、汽车常用工具等。

三、实训步骤

1. 雷克萨斯 LS400 型轿车的安全气囊电路

LS400 型轿车安全气囊控制电路图如图 8-62 所示。

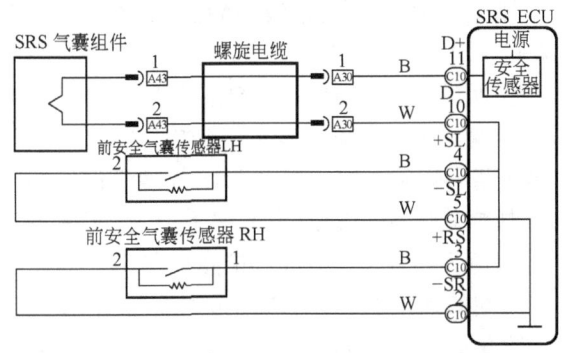

图 8-62　LS400 型轿车安全气囊控制电路图

2. 安全气囊的故障诊断与检修

（1）故障检测与诊断

1）利用 SRS 指示灯进行诊断。安全气囊系统是否正常，利用 SRS 指示灯进行初步诊断效果好。其诊断方法如下：

① 若点火开关转至 ON 位置后，SRS 指示灯点亮，并在 6s 后自动熄灭，则表示安全气囊系统正常。

② 若点火开关转至 ON 位置后，SRS 指示灯一直不亮，则说明 SRS 指示灯系统电路有故障。

③ 若点火开关转至 ON 位置后，SRS 指示灯亮后不熄灭，或将点火开关转至 OFF 位置时 SRS 指示灯仍然亮起，则说明 SRS 指示灯系统电路有短路故障。

④ 若点火开关转至 ON 位置后，SRS 指示灯一直点亮或闪烁，或发动机起动后汽车正常行驶时 SRS 指示灯亮起，则表示安全气囊系统存在故障。

2）利用诊断仪读取故障码，可参照各车型的维修手册进行维修。

（2）安全气囊的检修　当打开点火开关后，SRS 指示灯亮，大约 5~10s 后 SRS 指示灯熄灭，表示系统工作正常。如果 SRS 指示灯一直亮着，表明安全气囊系统存在故障，

(续)

车辆牌号	车辆识别代码	发动机型号

检修步骤如下：

1）将点火开关转到 LOCK 位置，然后拆下蓄电池负极电缆端子，等待 20s 以后拆下 SRS 气囊组件并按规定放置。

2）检查前安全气囊传感器电路。拨下 SRS ECU 插接器，测量插接器线束侧 +SR 与 -SR 端子、+SL 与 -SL 端子之间的电阻，其正常阻值为 755~855Ω。若阻值正常，则进行检修步骤3）；若阻值不正常，则脱开前安全气囊接线插头，用万用表测量传感器插头各端子之间的电阻，其各端子之间的阻值标准为：端子 +S 与 +A 之间的电阻为 755~855Ω、端子 +S 与 -S 之间的电阻为无穷大、端子 -S 与 -A 之间的电阻小于1Ω。若各端子之间的阻值符合标准，则表示前安全气囊传感器正常，此时应更换传感器插接器；若端子之间的电阻值不正常，则表明前安全气囊传感器存在故障，应予以更换。

3）测量插接器线束侧 +SR、+SL 端子与车身搭铁之间的电阻，其正常值应为无穷大。若阻值不为无穷大，说明端子 +SR 或 +SL 至前安全气囊传感器之间的线束搭铁，需要修理或更换线束；若阻值为无穷大，则进行下一步检修。

4）检查 SRS 点火器线路和螺旋电缆。脱开 SRS 气囊组件与螺旋电缆之间的插接器 1（见图 8-62）用万用表检测螺旋电缆一侧插头上端子 D+、D- 与车身搭铁之间的电阻，其正常值应为无穷大。若阻值为无穷大，则进行检修步骤5）；若阻值不为无穷大，则应脱开 SRS ECU 与螺旋电缆之间的插接器 2，再次测量螺旋电缆一侧插头上端子 D+、D- 与车身搭铁之间的电阻，如图 8-63 所示。此时，如果其阻值不为无穷大，则应修理或更换螺旋电缆；如果其阻值为无穷大，则应更换 SRS ECU 与螺旋电缆之间的配线和插接器。

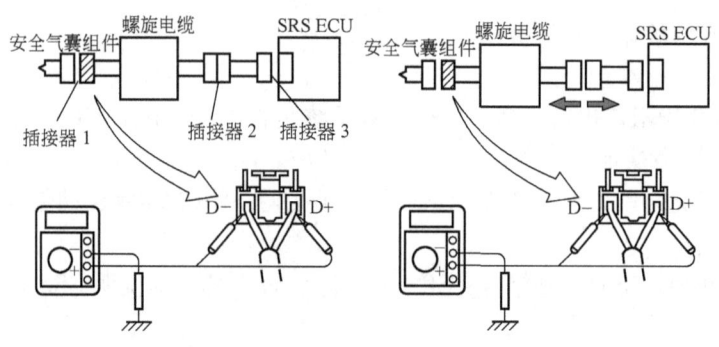

图 8-63 SRS 点火器和前安全气囊传感器线路

5）检查 SRS ECU。先将插接器 3 连接到 SRS ECU 总成上，然后将插接器 1 靠螺旋电缆侧的端子 D+、D- 用导线连接起来，再将负极电缆端子接到蓄电池上，至少等待 20s 以上时间后，将点火开关转到 ACC 或 ON 位置。再等待 20s 以上时间，用跨接线将诊断插座（TDCL）上的端子 TC、E1 连接，利用 SRS 指示灯读取故障码。若输出故障码 11，则说明 SRS ECU 总成有故障，应更换 SRS ECU 总成；若无故障码输出或不输出故障码 11，则说明 SRS ECU 正常，可进行下一步检修。

(续)

车辆牌号	车辆识别代码	发动机型号

6）检查 SRS 气囊点火器。先将点火开关转至 LOCK 位置，拆下蓄电池负极电缆端子，等待 20s 以上时间，再将点火开关转到 ACC 或 ON 位置。再等待 20s 时间以后，用跨接线将诊断插座（TDCL）的端子 TC、E1 连接，利用 SRS 指示灯读取故障码。若输出故障码 11，则说明 SRS 气囊点火器正常；若输出故障码 11，则说明 SRS 气囊点火器存在故障，应更换 SRS 气囊组件。

（3）检修后的电气检查　用一只 12V 的小灯泡代替安全气囊接入电路，在下列情况下小灯泡均不闪亮为正常：

1）接通点火开关。
2）起动发动机。
3）汽车行驶至车速超过 80km/h，紧急制动。
4）在崎岖的道路上行驶，或高速驶过常见障碍。

四、思考题

检修安全气囊使用万用表时应注意什么？

实训项目二十八　座椅安全带故障及检修

车辆牌号	车辆识别代码	发动机型号

一、实训目的与要求

掌握安全带故障诊断与检测方法。

二、实训仪器和设备

带座椅安全带的汽车、汽车常用工具等。

三、实训步骤

1. 注意事项

如果用万用表检查预紧安全带则可能会导致预紧安全带收紧，这会引发严重伤害。因此，不要用万用表检查预紧安全带，一般用车载诊断系统诊断预紧安全带。

2. 汽车安全带系统的自诊断

将诊断仪接到诊断接口上，进行"故障存储器查询"，读出其故障码。在更换任意一个部件前，应先按电路图检查诊断部件的导线有无短路、断路及搭铁情况。同时还应检查所有继电器有无安装松动故障。

3. 汽车安全带系统的检修

1）确认座椅安全带安装正确，此时安全带应能平滑移动。

2）检测座椅安全带的金属部件是否有损坏或者变形。

4. 收紧器的检查

安装收紧器之前，应检查安全带是否能自如地拉出。当收紧器从安装位置缓慢地倾斜15°时，确保安全带不会被锁住。此时，不要试图拆下收紧器。

如果出现任何异常情况，应更换一条新的安全带，不得以任何原因分解安全带的任何零件。

5. 锁扣开关的检查

1）断开蓄电池负极。

2）断开锁扣开关插头。

3）使用电阻表检测锁扣开关端子之间是否导通。

四、思考题

如何对安全带系统进行故障诊断？

实训项目二十九 防盗系统故障的诊断与检测

车辆牌号	车辆识别代码	发动机型号

一、实训目的与要求

1. 掌握防盗系统的控制电路。
2. 掌握防盗系统故障诊断与检测方法。

二、实训仪器和设备

桑塔纳 2000GSi 轿车的电子防盗控制系统、汽车常用工具等。

三、实训步骤

1. 桑塔纳 2000GSi 轿车的电子防盗控制系统框图

控制系统框图如图 8-64 所示。

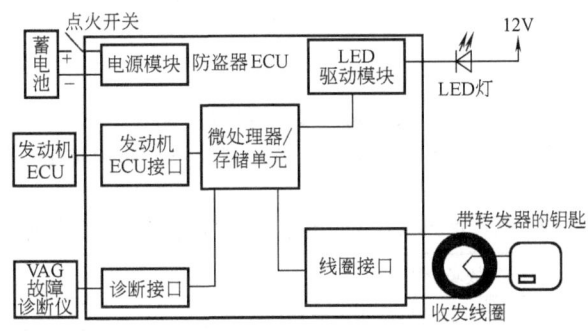

图 8-64 桑塔纳 2000GSi 轿车的电子防盗控制系统框图

2. 故障诊断与排除

防盗控制系统具有自诊断功能，每次用汽车钥匙将点火开关接通，防盗系统 ECU 都要进行自检。在自检中如发现故障或使用过程中出现故障，故障码都会被存储在防盗系统 ECU 中。维修时，用故障诊断仪读出故障码及相应故障提示，以便尽快消除故障，修理完毕，应清除防盗系统 ECU 中存储的系统故障码。

3. 桑塔纳 2000GSi 轿车的电子防盗控制系统故障码的读取方法

（1）故障初步识别

1）点火开关打开后，防盗警告灯亮大约 1min，说明防盗装置匹配的问题。

2）点火开关打开 2~5s 后，防盗警告灯开始闪亮并持续亮大约 1min，说明无钥匙密码或使用了不正确、未授权的点火钥匙。

3）点火开关打开后，防盗警告灯立即闪亮并持续大约 1min，说明防盗装置有故障。

（2）读取故障码 在初步识别故障的基础上，通过指定的诊断仪 V.A.G1552 或 V.A.G1551 可以对防盗系统进行故障诊断以及修复。诊断仪的连接如图 8-65 所示。连接好诊断仪后，输入防盗装置地址，然后读取并记录故障码，并根据表 8-19 分析排除故障。排除故障后，要清除故障码。

（续）

车辆牌号	车辆识别代码	发动机型号

图 8-65　诊断仪连接
a）诊断仪 V. A. G1551 的连接　b）诊断仪 V. A. G1552 的连接

表 8-19　桑塔纳 2000GSi 型轿车的电子防盗控制系统故障码

故障码	可能的故障原因	故障排除
00750	— 检查装置防盗系统 ECU 与防盗警告灯之间的连线故障 — 防盗警告灯故障	— 检查线路是否有短路或断路 — 检查防盗警告灯，损坏应更换
00112	— 装置防盗系统 ECU 与发动机控制单元连线故障或识别线圈故障 — 防盗系统 ECU 故障	— 检查插接器及线路。更换识别线圈 — 清除故障码并再次读取，如有必要更换防盗装置 ECU
01176	— 识别线圈故障或信号传输受阻 — 钥匙密码丢失 — 钥匙机械啮合不对	— 检查识别线圈和接线插头，如有故障要更换 — 检查更换钥匙，并重新匹配钥匙
01177	— 发动机控制单元与防盗系统 ECU 不能通信确认（不匹配）	— 重新进行匹配
01179	— 点火钥匙匹配故障	— 输入密码重新匹配并检查其功能
01202	— 诊断线短路（防盗系统 ECU 7 和 8 端子短路） — 防盗系统 ECU 故障	— 检查线束接头 — 清除故障码后再次读取，视情况更换防盗系统 ECU
65535	— 防盗系统 ECU 7 和 8 端子短路 — 防盗系统 ECU 不能识别正确信号 — 防盗系统 ECU 故障	— 检查线束接头 — 更换防盗系统 ECU

系统可以记录的故障有以下几类：
1）是否试图用非法钥匙起动。

(续)

车辆牌号	车辆识别代码	发动机型号

2）发动机 ECU 是否经过正确匹配。

3）钥匙中是否有 megamos 专用的转发器。

4）收发线圈是否完全正确。

5）学习过程是否完全正确。

四、思考题

简述桑塔纳 2000GSi 防盗系统的基本工作原理？

第 9 章 汽车空调系统

学习目标：

- 了解汽车空调系统的功能和特点。
- 了解制冷剂和冷冻机油的特性。
- 掌握汽车空调制冷系统的基本原理、组成和制冷循环工作过程。
- 掌握制冷系统的主要零件的结构、工作原理和控制过程。
- 了解汽车空调的控制原理。
- 掌握汽车空调系统的维护和检修基本方法。

9.1 概述

9.1.1 汽车空调系统的功能

① 制冷系统：对车内空气或由外部进入车内的新鲜空气进行冷却或除湿，使车内空气变得凉爽舒适。

② 暖风装置：主要用于取暖，对车内空气或由外部进入车内的新鲜空气进行加热，达到取暖、除湿的目的。

③ 通风装置：将外部新鲜空气吸进车内，起通风和换气作用。同时，通风对防止风窗玻璃起雾也起着良好作用。

④ 空气净化装置：除去车内空气中的尘埃、臭味、烟气及有毒气体，使车内空气变得清洁。

⑤ 控制系统：控制空调系统的工作。

9.1.2 汽车空调系统的特点

① 抗冲击能力强：制冷系统安装在运动的车辆上，承受剧烈频繁的振动和冲击，因此，要求各个零部件应有较强的抗振能力，接头牢固，并防漏。而且，空调压缩机以及冷凝器、蒸发器与压缩机之间都用软管连接。

② 动力源多样：汽车空调系统不能用电力作为动力源，原因是设计上比较困难，轿车、轻型汽车及中型客车其制冷所需的动力来自汽车驱动用发动机，这种空调系统叫非独立空调系统。对于大型客车、冷藏车，由于所需制冷量比较大，采用专用发动机驱动，故称为独立式空调系统。

③ 电力控制源多样：汽车空调系统电气控制所需的电力有所不同，一般车辆采用12V（单线制）作为电源，大型车辆则采用24V（单线制）作为电源，而高级豪华轿车采用5V（双线制）作为电力源。

④ 制冷效果强：汽车在野外工作，直接受太阳的辐射，产生热量较多，要使汽车空调能迅速地降温，在最短时间内达到舒适的环境，要求制冷系统的制冷量特别大。这就导致压缩机输送的制冷剂流量变化大，但不能无限制放大，如果过大，会导致汽车空调设计困难，制冷效果不佳，而且会引起压力过高或压缩机产生液击现象，使得故障频繁。

⑤ 控制方式不一样：由于车辆的性能要求不同，汽车空调的控制方式也就多样。一般车辆采用手动控制，高级豪华型轿车则采用自动控制或气动控制。

⑥ 结构紧凑、质量小：由于汽车车身的特点，要求汽车空调结构紧凑，能在有限的空间进行安装，而且安装了空调后不至于使汽车增重太多，影响其他性能。

⑦ 车内风量分配不均匀：这是由汽车车身的结构所造成的。汽车空调风道的设计是研制汽车空调最大的难点。

9.1.3 制冷剂和冷冻机油

1. 制冷剂

（1）对制冷剂的要求

① 在适当蒸发温度时，蒸发压力不低于大气压。

② 在适当冷凝压力时，温度不能过高。

③ 无色、无味、无毒、无刺激性，对人体健康无损害。

④ 不易燃烧，不易爆炸。

⑤ 无腐蚀性。

⑥ 价格合理，来源丰富。

⑦ 性能系数较高。

⑧ 与冷冻机油接触时，化学、物理安定性良好。

⑨ 有较低的凝固点，能在低温下工作。

⑩ 泄漏时容易检测。

在制冷系统中用于转换热量并循环流动的物质称为制冷剂。汽车空调系统中常用的制冷剂有R12、R134a两种。

R12进入大气会破坏地球的臭氧保护层，危害人类的健康和生存环境，引起地球的温室效应。我国从1996年起，汽车空调的制冷剂开始使用R134a，到2000年全部使用R134a。R134a对环境无害，即对大气臭氧层无破坏作用，不产生附加的温室效应。

（2）使用制冷剂的注意事项

① 装制冷剂的钢瓶要储存在阴凉、干燥、通风的地方，运输过程中要严防振动和撞击。

② 在充灌制冷剂时，对装制冷剂的容器加热，应在40℃以下的温水中进行，而不可将其直接放在火上烘烤。否则，会引起内储的制冷剂压力增大，导致容器发生爆炸。

③ 制冷剂在大气环境下会急剧蒸发，当其液体落到皮肤上时，会从皮肤上大量吸热而蒸发，造成局部冻伤，所以要避免接触皮肤。

④ 要避开明火：制冷剂不会燃烧和爆炸，但与明火接触时，会分解出对人体有害的气

体（光气）。

⑤ 在检查和添加制冷剂时，或打开制冷系统管路时，要在通风良好的地方进行操作。否则当制冷剂排到大气中超过一定量时，会使人窒息。

2. 冷冻机油

冷冻机油也叫冷冻润滑油，是制冷压缩机的专用润滑油，它能保证压缩机正常运转、可靠工作和延长使用寿命。其在空调制冷系统中有润滑作用、密封作用、冷却作用和降低压缩机噪声的作用。

（1）对冷冻机油的性能要求

① 在低温下具有良好的流动性。

② 冷冻机油的粘度要选择适当，且受温度的影响要小。

③ 冷冻机油与制冷剂的溶解性能要好。

④ 冷冻机油的闪点温度要高，具有较高的热稳定性，即在高温下不氧化、不分解、不结胶、不积炭。

⑤ 冷冻机油应无水分。

（2）冷冻机油的使用注意事项

① 必须严格使用原车空调压缩机所规定的冷冻机油牌号，或换用具有同等性能的冷冻机油。

② 冷冻机油吸收潮气能力极强，加注或更换时，操作必须迅速，在加注完后应立即将油罐的盖子封紧储存，不得有渗漏现象。

③ 不能使用变质的冷冻机油。

④ 只允许加到规定的用量，绝不允许过量使用，以免降低制冷效果。

⑤ 在排放制冷剂时要缓缓进行，以免冷冻机油和制冷剂一起喷出。

9.2 汽车空调制冷系统

9.2.1 制冷的基本原理

如 9-1 图所示，当液体变成气体时吸收了热量，从而降低了温度。汽车制冷就是通过消耗一定的动力把制冷剂由气体转变成液体，然后再利用由液体转变成气体的过程中吸收外部热量，来达到给汽车制冷的目的。

9.2.2 制冷系统的组成及制冷循环工作过程

1. 制冷系统的组成

目前实际应用于汽车上的空调制冷方式，全部为蒸气压缩式。蒸气压缩式

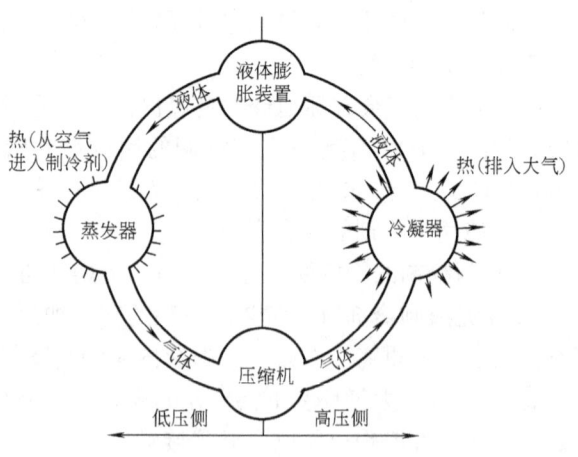

图 9-1 制冷循环流程

制冷系统主要由压缩机、冷凝器、液体膨胀装置和蒸发器等总成组成，各部件之间采用耐压金属管及耐压橡胶管连接成一个密闭系统。工作时制冷剂以不同的物态在这个密闭的系统内循环流动。工作原理如图9-2所示。

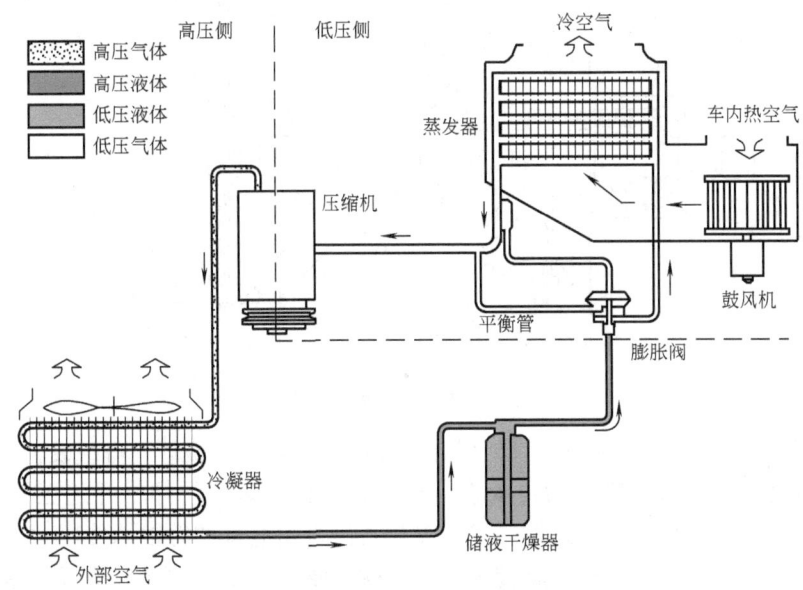

图9-2 制冷系统的制冷循环工作过程

2. 制冷系统的制冷循环工作过程

（1）压缩过程　压缩机从蒸发器吸入低温低压气态制冷剂，并将其压缩成高温（约65℃）、高压（约1300kPa）气态制冷剂送往冷凝器冷却降温。

（2）冷凝过程　高温高压气态制冷剂由发动机散热器前面的冷凝器散热，将其冷凝成高温（约55℃）、高压（约1300kPa）液态制冷剂。

（3）膨胀过程　冷凝后的高温高压液态制冷剂经热力膨胀阀节流降压后，将其转变成低温（约零下5℃）、低压（约150kPa）的液态制冷剂送入蒸发器。

（4）蒸发过程　低温低压液态制冷剂流经蒸发器时，不断吸收车内空气的热量而蒸发成低温（约为0℃）、低压（约150kPa）气态制冷剂。从蒸发器流出的气态制冷剂又被压缩机吸入而进入下一次制冷循环。

9.2.3 制冷系统的主要零件

1. 压缩机

汽车空调系统的压缩机安装在发动机前部，由发动机曲轴上的驱动带轮经传动带驱动旋转。压缩机是制冷循环系统的动力源，其功用是驱动制冷剂循环流动，将低温（约0℃）低压（约150kPa）的气态制冷剂压缩成高温（约65℃）高压（约1300kPa）的气态制冷剂。

空调压缩机种类繁多，形式各异，主要有斜盘式（翘板式）、曲柄连杆式、转子式、叶片式、螺杆式和涡旋式六种。目前，曲柄连杆式压缩机主要用于大、中型客车空调系统，小轿车普遍采用斜盘式压缩机。现以斜盘式压缩机为例进行分析。

斜盘式压缩机又称为翘板式压缩机。各型斜盘式压缩机的结构大同小异，桑塔纳2000GSi型轿车空调系统用SE5H-14型斜盘式压缩机的结构如图9-3所示，主要由电磁离合器、旋转斜盘、

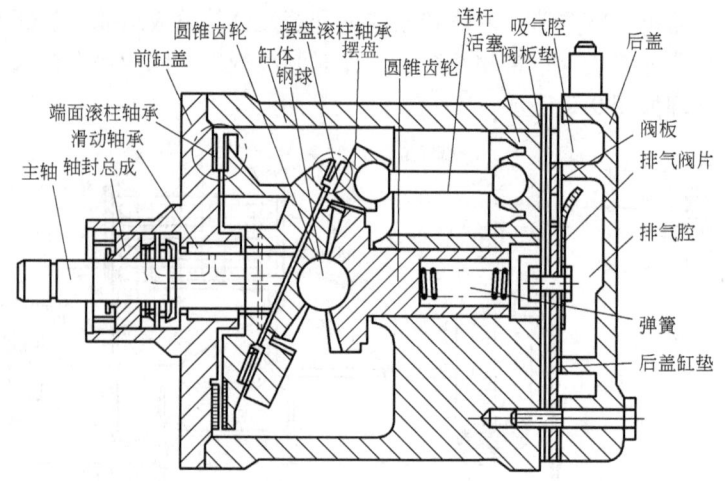

图9-3 斜盘式压缩机结构图

带锥齿轮的行星盘、气缸与活塞、吸气阀片与排气阀片以及缸体（壳体）等组成。

(1) 压缩机结构　斜盘又称为传动板，与压缩机轴压装成一体，并随压缩机轴一同旋转。带有锥齿轮的行星盘又称为翘板，行星盘与斜盘之间通过推力轴承传递动力。由于斜盘制作成楔形形状，因此当压缩机轴旋转时，斜盘就会驱动行星盘摆动，即行星盘的一边向后移动时，相对的另一边就会向前移动，并通过球形万向节驱动活塞前后往复运动。因为行星盘摆动时，一边升高则另一边降低，所以斜盘式压缩机又称为翘板式压缩机。

气缸与活塞（一般配置3~5只）以压缩机轴为中心，均匀分布在压缩机壳体（即缸体）内部的径向圆周上，活塞的运动方向与压缩机轴平行。活塞与行星盘之间用连杆连接，行星盘与连杆之间、连杆与活塞之间，均采用球形万向节连接，其目的是保证斜盘驱动行星盘摆动时，活塞的轴向运动不会受到干涉。行星盘中央压装有锥齿轮，该锥齿轮与固定锥齿轮之间采用钢球支承与定位，其目的是使行星盘只能以钢球为中心沿压缩机轴线方向摆动，而不能绕压缩机轴转动。

在压缩机后端盖一端设有吸气阀片、排气阀片和阀板，以便制冷剂进入或排出压缩机。阀板夹在吸气阀片与排气阀片之间，吸气阀片靠近活塞一侧，以便吸入制冷剂，排气阀片靠近后端盖一侧，以便排出制冷剂。每个气缸都设有一个吸气孔和一个排气孔，各个气缸的吸气孔均与吸气腔和制冷剂进口接头相连，各个气缸的排气孔均与排气腔和制冷剂出口接头相连。

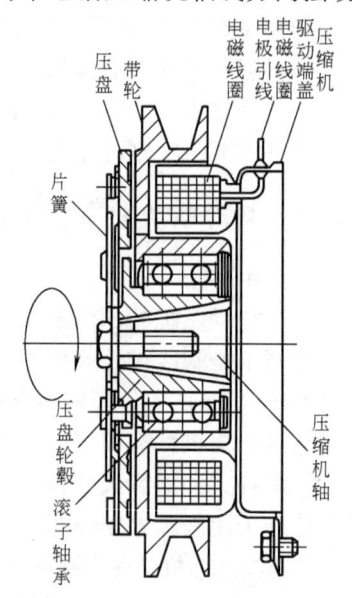

(2) 电磁离合器的结构原理　电磁离合器的功用是根据需要接通或切断发动机与压缩机之间的动力传递。电磁离合器一般安装在压缩机前端并作为压缩机总成的一部分，主要由电磁线圈、驱动带轮、压盘、轴承等零部件组成，结构如图9-4所示。

驱动带轮由发动机曲轴前端的驱动带轮通过一根V形传动带或多槽传动带驱动旋转，压盘一般用三只片簧与压盘轮毂相连接，压盘轮用一只平键与压缩机前端伸出的轴相连

图9-4 电磁离合器结构

接，电磁线圈固定在驱动带轮内的压缩机驱动端盖上。

当电磁线圈电路尚未接通时，压盘与驱动带轮之间在三只片簧的弹力作用下保持分离状态，此时压盘与驱动带轮外端面之间保持有一定的间隙（约 0.4～1.0mm），因此驱动带轮在曲轴的带动下空转，压缩机不工作。

当电磁线圈电路通电时，在驱动带轮外端面产生很强的电磁吸力，将压盘紧紧地吸合在驱动带轮端面上（故压盘又称为吸盘），驱动带轮便通过压盘带动压缩机轴一起转动，从而使压缩机进入工作状态。

（3）空调压缩机的工作过程 汽车空调压缩机与发动机之间的动力联系均采用电磁离合器进行控制。压缩机与电磁离合器的工作情况如图 9-5 所示。

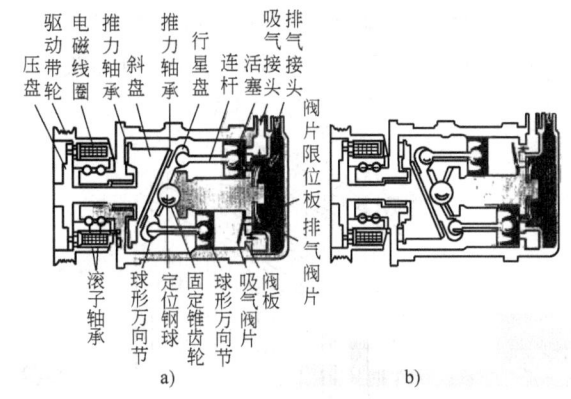

图 9-5 空调压缩机工作过程示意图

空调电磁离合器受空调 A/C 开关、温度控制器和压力开关等部件的控制。当电磁离合器线圈电路未接通时，发动机曲轴通过传动带驱动压缩机驱动带轮空转。

当电磁离合器线圈电路接通时，就会产生强大的电磁吸力将压盘紧紧地吸合在压缩机驱动带轮端面上（故压盘又称为吸盘），使压盘及其轮毂、压缩机轴、斜盘与驱动带轮结合成一体，随发动机曲轴旋转。

当斜盘旋转时，就会通过推力轴承驱动行星盘沿轴向往复摇摆运动，从而带动活塞往复运动使制冷剂循环流动。

当活塞左移使气缸内的压力低于吸气腔的压力时，如图 9-5a 下面一只活塞和图 9-5b 上面一只活塞所示，该气缸的吸气阀片被吸开，吸气腔内的低温低压气态制冷剂由吸气孔进入该气缸。当斜盘转过一定角度，活塞右移使气缸内的压力高于排气腔的压力时，如图 9-5a 上面一只活塞和图 9-5b 下面一只活塞所示，该气缸的排气阀片被压开，活塞将气缸内的气态制冷剂压缩成高温高压气态制冷剂从排气孔排入排气腔，并经高压管路送往冷凝器冷却。

当电磁离合器线圈电路切断时，线圈电流和电磁吸力消失，压盘在片簧弹力作用下与压缩机驱动带轮分开，曲轴带动压缩机驱动带轮空转，压缩机停止工作，制冷循环停止。

在压缩机工作过程中，活塞和气缸壁等运动部件的润滑主要依靠随制冷剂一起循环、并在吸气腔因压力和温度降低而析出的冷冻机油进行润滑。

2. 冷凝器

冷凝器的功用是将空调压缩机送来的高温、高压气态制冷剂中的热量散发到车外，使制冷剂冷凝成高温、高压液体再进入储液干燥器。

冷凝器一般都安装在汽车发动机冷却液散热器的后面，以利车辆行驶中的迎面来风冷却散热。为了保证良好的散热效果和提高制冷能力，在冷凝器前面还安装有电控风扇。当空调系统工作或发动机的冷却液温度上升到一定值时，温控开关自动接通风扇电路，增强冷凝器和散热器的散热效果。

冷凝器是一种由铜管（或铝管）与散热片（铝片或铁片）组成的热交换器，结构如图 9-6 所示。制冷剂在铜管或铝管中流动，散热片套装或焊接在管的周围以便散热。

按散热片结构不同，冷凝器可分为管片式和管带式两种。管片式冷凝器由铜管或铝管套装散热片而构成，其结构形状与家庭取暖用的新型热交换器相似，如图 9-6a 所示。管带式冷凝器由 S 形的异形多孔扁管，焊接 S 形散热带构成，结构如图 9-6b 所示。管带式冷凝器的散热效率可比管片式冷凝器提高 10% 左右，但工艺复杂、成本较高，一般用于小轿车空调系统。桑塔纳 2000 系列轿车空调系统使用 R134a 制冷剂后，由于制冷系统压力升高，为了提高冷凝效果，已将原来的管片式冷凝器改为传热效果更好的全铝管带式冷凝器。

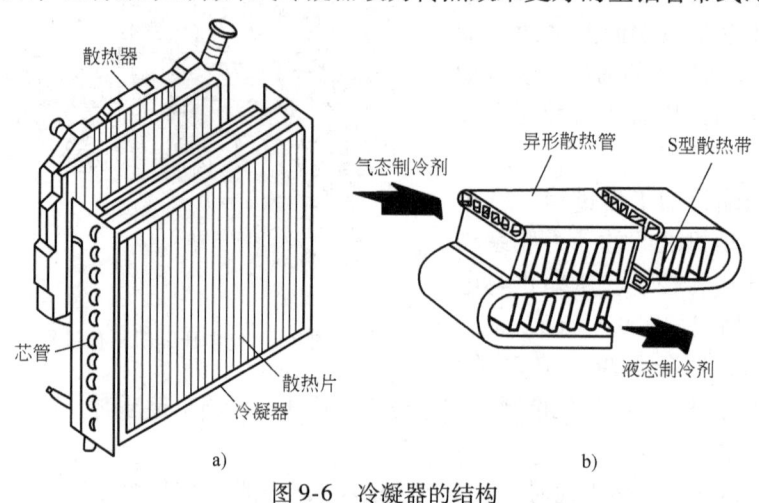

图 9-6 冷凝器的结构
a）管片式冷凝器与散热器 b）管带式冷凝器

3. 膨胀阀

膨胀阀又称为节流阀，汽车空调系统使用的膨胀阀为温度控制式膨胀阀，故又称为热力膨胀阀。热力膨胀阀是空调系统的重要制冷部件之一，安装在蒸发器入口处，图 9-7 所示为桑塔纳 2000 系列轿车空调系统膨胀阀、蒸发器、鼓风机和暖风加热器芯的安装位置。

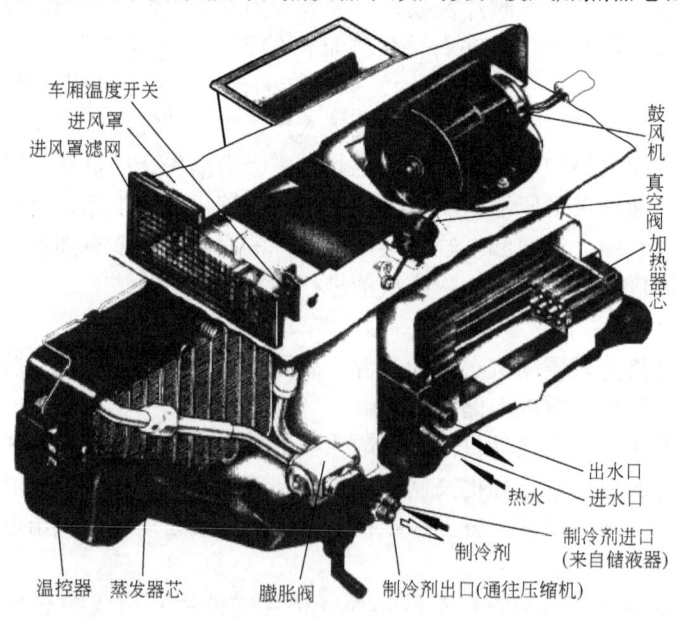

图 9-7 桑塔纳 2000 系列轿车空调系统膨胀阀、蒸发器、鼓风机和暖风加热器芯的安装位置

（1）热力膨胀阀的功用　热力膨胀阀具有两项功能：一是节流降压，即将来自储液干燥器的高温高压液态制冷剂通过节流变成低温低压液态制冷剂，保证制冷剂在蒸发器内蒸发汽化吸热，以便降低车内空气温度；二是调节流量，即调节制冷剂流入蒸发器的流量，使制冷剂流量适应制冷负荷变化的需求，避免压缩机发生液击现象和蒸发器蒸发不足而出现冷气不足现象。

所谓液击现象是指流入蒸发器的液态制冷剂过多，未蒸发的液态制冷剂进入压缩机后，由于压缩压力升高而导致压缩机阀片损坏的现象。过多的液态制冷剂流入蒸发器不仅会导致液击现象，而且还会导致蒸发器表面结霜或结冰，从而阻碍空气在蒸发器芯内流通而降低空调系统的制冷能力。

如果流入蒸发器的液态制冷剂过少，就没有足够的制冷剂供蒸发器蒸发吸热，因此会导致制冷系统（即车厢内）出现冷气不足现象。

（2）热力膨胀阀的结构原理　汽车空调制冷系统常用的热力膨胀阀有 H 形膨胀阀、内平衡式膨胀阀和外平衡式膨胀阀三种。H 形膨胀阀结构紧凑、工作可靠，因此新型汽车（如桑塔纳 2000、北京切诺基、神龙富康等轿车）普遍采用。下面就以 H 形膨胀阀为例，说明热力膨胀阀的结构原理。

H 形膨胀阀的结构如图 9-8 所示，主要由阀体、感温元件、球阀、调节螺栓和预紧弹簧组成。因为其内部结构与大写英文字母"H"相似，所以称为 H 形膨胀阀，又称为整体式膨胀阀。

在 H 形膨胀阀上，设有低压与高压两个通道和四个管路接头，如图 9-8 所示，分别与制冷系统的低压管路和高压管路连接。在图 9-8 所示结构示意图中，上面一个通道为低压通道，下面一个通道为高压通道。低压通道的入口接头经制冷管路与蒸发器出口连接，出口接头经制冷管路与空调压缩机入口连接；高压通道的入口接头经制冷管路与储液干燥器连接，出口接头经制冷管路与蒸发器入口连接。

在高压液体进口和出口之间，设有一个由球阀组成的节流阀，节流阀开度的大小由感温元件和预紧弹簧控制。感温元件内部充注有制冷剂，安放在低压通道上直接感受蒸发器出口蒸气的温度。转动调节螺栓即可调节弹簧的预紧力，从而便可调节节流阀的开度和流入蒸发器的制冷剂流量来调节车内空气的温度。

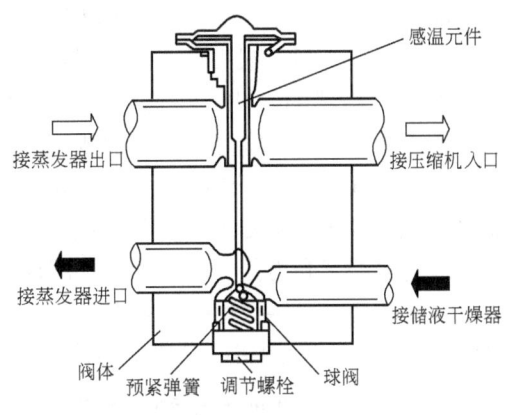

图 9-8　H 形膨胀阀的结构示意图

当蒸发器出口蒸气温度升高时，感温元件内部制冷剂吸热膨胀压力升高，迫使球阀压缩预紧弹簧使节流阀开度增大，进入蒸发器的制冷剂流量增大，蒸发器制冷量增大，车内空气温度降低。反之，当蒸发器出口蒸气温度降低时，节流阀开度减小，制冷剂流量减小，蒸发器制冷量减少，车内空气温度将升高。

4. 蒸发器

蒸发器安装在热力膨胀阀高压通道出口与低压通道入口之间，如图 9-7 所示。其功用是产生冷气、降温除湿。

(1) 蒸发器的结构特点　蒸发器的结构与冷凝器相似，也是由铜管（或铝管）与铝片（或铁片）组成的一种热交换器。有所不同的是冷凝器是通过散热片散热使制冷剂冷凝成高温、高压液体，而蒸发器则是通过铝片（或铁片）吸收其周围的热量使空气冷却降温变成冷气，故又称为冷却器。由于蒸发器的芯管管径较大、管壁较薄，因此不能与冷凝器互换使用。

蒸发器也分为管片式和管带式两种。为了提高蒸发效率，目前小轿车空调系统普遍采用全铝管带式蒸发器，桑塔纳2000系列轿车空调系统采用的管带式蒸发器的外形如图9-7所示。

(2) 蒸发器的工作原理　当热力膨胀阀节流降压后的低温、低压制冷剂在蒸发器内流动时，由于制冷剂蒸发汽化吸热，并通过管壁和吸热片吸收风道中空气的热量，因此空气冷却降温变成冷气（即产生冷源），再用鼓风机将冷空气从各出风口送入车内（乘员室内），从而达到降温目的。

在蒸发器产生冷气的同时，空气中的水分由于温度降低而凝结在蒸发器表面变成水滴滴落到收集器中排出，从而起到除湿作用。

5. 储液干燥器

储液干燥器又称为储液器，安装在冷凝器与膨胀阀之间，其功用一是临时储存制冷剂，保证制冷循环连续稳定地进行；二是吸收制冷剂中的水分，防止制冷系统发生冰堵。所谓冰堵是指温度过低导致水分结冰而发生堵塞。

储液干燥器由罐体、干燥剂、输液管、滤网、制冷剂充注阀、观察孔、制冷剂进口与出口接头等组成，图9-9所示为储液干燥器的结构，在储液干燥器上，还安装有高、低压力开关和易熔塞等安全保护装置。

储液罐罐体分为铁罐和铝罐两种，为提高罐体的抗腐蚀能力，使用R134a制冷剂的空调系统一般采用铝罐。由于R134a与水的亲和力强、脱水困难，因此对干燥剂性能的要求有所提高，表9-1所示为使用R134a制冷剂的桑塔纳2000系列轿车与使用R12制冷剂的桑塔纳普通型轿车储液干燥器技术参数的主要区别。

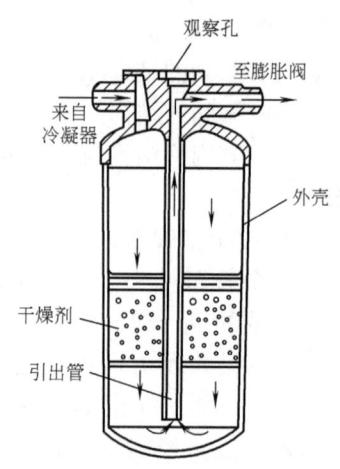

图9-9　储液干燥器的结构

表9-1　桑塔纳2000系列轿车与桑塔纳普通型轿车（R12制冷剂）储液干燥器的主要区别

项目名称	桑塔纳2000系列轿车	桑塔纳普通型轿车
储液干燥器型号	QKC05-1H	—
干燥剂牌号	XH-7 或 XH-9	4A
适用制冷剂	R134a	R12
储液干燥剂形状	颗粒分子	烧结块状分子
压力开关/MPa	高、中、低三位一体压力开关 高压切断：3.14 ± 0.20 中压：1.77 ± 0.10 低压切断：0.196 ± 0.1	中、低分开的压力开关 中压：1.448 ± 0.06895 低压：0.20 ± 0.03
气门芯	快速连接	螺纹连接
容量/L	0.5	0.5
平衡吸水量/g	3	3
易熔塞击穿温度/℃	103~110.5	—

储液罐用于临时性地储存一些制冷剂。当蒸发器制冷负荷变化或制冷系统有微量泄漏时，及时向制冷系统补充制冷剂，保证制冷循环连续稳定地进行，同时它还可起到气液分离的作用。

干燥剂是一种能从气体或液体中去掉潮气的固体物质，用以吸收制冷剂中的水分，防止制冷系统发生冰堵。过滤布和干燥剂都可过滤制冷剂中的杂质以及气缸与活塞磨损产生的金属颗粒，保证制冷剂的洁净。输液管管口伸入到储液罐底部，确保从储液罐输送到膨胀阀的制冷剂均为液态制冷剂。

观察孔设在储液器顶部，用以观察制冷循环系统是否具有足够的制冷剂，或制冷剂中是否含有水分。

9.2.4 汽车空调控制部件

1. 温度控制器

蒸发器温度控制器简称温控器，又称为恒温器。为了充分发挥蒸发器的最大冷却能力，同时又不致造成蒸发器表面的冷凝水（即除湿水）结冰、结霜而堵塞蒸发器换热片之间的空气通道，蒸发器表面的温度应当控制在 1~4℃ 范围内。温控器的作用就是根据蒸发器表面温度的高低，接通和切断空调压缩机电磁离合器线圈电路，使蒸发器表面温度保持在规定的（一般为 1~4℃）范围内。

常用的温控器有波纹管式（如桑塔纳轿车和奥迪 100 型轿车空调系统采用的温控器）和热敏电阻式两种。

（1）波纹管式温度控制器　波纹管式温控器又称为压力式温控器，结构如图 9-10 所示，主要由感温管、波纹伸缩管、温度调节凸轮、弹簧、触点等组成。在感温管内充有制冷剂饱和液体，一端与温控器内的波纹伸缩管相连通，另一端插入蒸发器吸热片内 20~25cm 左右。

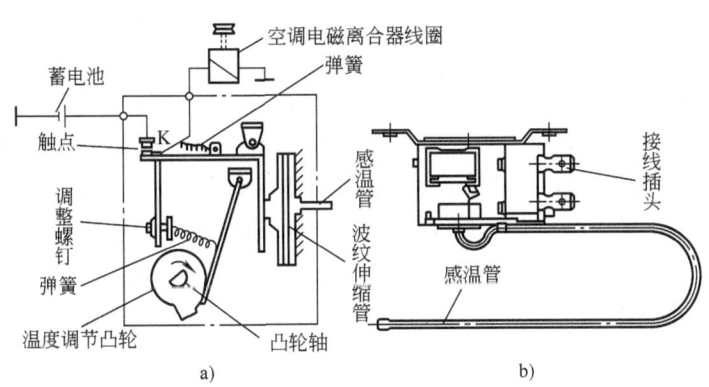

图 9-10　波纹管式温度控制器
a）原理图　b）外形图

当蒸发器温度较高时，插在其吸热片内的感温管的温度相应也较高，因此感温管内部制冷剂液体膨胀，压力相应较高而使波纹伸缩管伸长，推动传动杠杆放大机构使触点 K 闭合，接通电磁离合器线圈电路使压缩机运转制冷，蒸发器温度开始下降，感温管温度随之下降，其内部制冷剂压力下降而使波纹伸缩管逐渐收缩。

当蒸发器温度下降到某一设定值（一般为 1℃）时，波纹伸缩管的收缩量通过传动杠杆放大机构使触点 K 断开，电磁离合器线圈切断，压缩机停止运转，制冷系统停止制冷，因此蒸发器温度开始上升。

当蒸发器温度升高到设定温度的上限值（一般为4℃）时，温控器触点 K 再次闭合，压缩机重新运转制冷，蒸发器温度重又降低。温控器和制冷系统如此循环工作，便可使蒸发器温度控制在设定的温度范围内。

在使用过程中，转动温度调节凸轮可以改变弹簧的预紧力，从而便可改变蒸发器的温度调节范围。

（2）热敏电阻式温度控制器

热敏电阻式温控器又称为电子控制式温控器，由热敏电阻式蒸发器温度传感器、电子放大电路、电磁离合器继电器等组成。这种温控器具有反应迅速、控制精度高等优点。图9-11 所示为丰田航行者牌中型客车空调系统用电子温控器的电路原理图，主要由热敏电阻式温度传感器、四只晶体管 VT_1、VT_2、VT_3、VT_4、电阻、电容和二极管等电子元件，以及一只继电器组成。

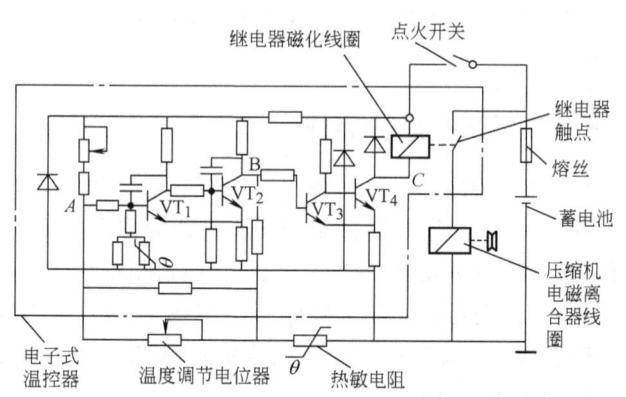

图9-11 热敏电阻式电子温控器原理

热敏电阻式温控器采用负温度特性的热敏电阻，具有温度升高电阻值减小、温度下降电阻值增大的特点。热敏电阻安装在蒸发器空气出口一侧，以便感测蒸发器出口冷气的温度。温控器的设定温度由电位器设定，触点常开型继电器由晶体管 VT_4 控制，继电器触点 K 串联在压缩机电磁离合器线圈电路中。当蒸发器温度高于设定温度值时，热敏电阻阻值较小，温控器电路中 B 点电位较低，晶体管 VT_3 截止、VT_4 导通，继电器磁化线圈通电，产生电磁吸力将触点吸闭，接通电磁离合器线圈电路，使压缩机运转制冷，蒸发器温度开始下降。当蒸发器温度下降到设定温度的下限值时，热敏电阻阻值增大，B 点电位升高，使晶体管 VT_3 导通、VT_4 截止，继电器磁化线圈电路切断、触点断开，使电磁离合器线圈电路切断，压缩机停止运转，蒸发器温度开始升高。当温度升高到设定温度的上限值时，温控器又会使压缩机运转制冷，蒸发器温度将再次下降，如此循环工作，便可使蒸发器温度控制在设定的温度范围内。

2. 怠速控制装置

在非独立式汽车制冷系统中，制冷压缩机是由发动机带动的。当发动机在怠速或低速时，冷却系散热器的散热主要靠风扇冷却，而低速时风压和风量不充足，散热效果差，冷却液温度升高；由于非独立式制冷系统的冷凝器通常安装在散热器前面，将进一步影响发动机散热器散热，发动机容易过热，影响发动机正常工作；同时在怠速或低速时，发电机发出的电能严重不足，制冷系统还要大量消耗蓄电池的电能，这是一种很不利的工况；再加上发动机的辐射热增加，会使冷凝器的冷凝温度和冷凝压力异常升高，压缩机功耗迅速增大。这些可能会引起两方面问题：一是增加了发动机在怠速时的负荷，导致工作不稳定，甚至熄火；

二是会引起电磁离合器打滑或传动带损坏。因此,由发动机带动制冷压缩机的非独立式制冷系统,为了保证汽车的怠速性能,必须增加发动机怠速控制装置。

(1) 怠速继电器　怠速继电器的主要功能是防止汽车怠速时,由于压缩机负荷造成的发动机工作不稳定,采用在发动机处于怠速运转时自动切断压缩机电磁离合器电流,使压缩机停止工作的方法来稳定发动机转速。这种方法是利用点火线圈的脉冲数作为控制信号的。汽车制冷系统的怠速控制线一般都是接在点火线圈的低压负极上。

发动机转速信号由点火线圈负极接线柱送入怠速继电器电路(如图9-12),电路中VT_1、VT_2及相应的阻容元件组成一频率/电压转换电路。

当发动机在怠速运转时,点火频率较低,经频率/电压变换电路得到的直流电压较高,施密特触发器的输入电压也较高,则VT_3导通,VT_4截止,使继电器K触点张开,切断了电磁离合器线圈电路,压缩机不工作。当发动机转速升高到某一值时,点火信号频率增加,输入到施密特触发器的电压下降,使VT_4导通,继电器K触点闭合,接通电磁离合器线圈电路,使压缩机工作。

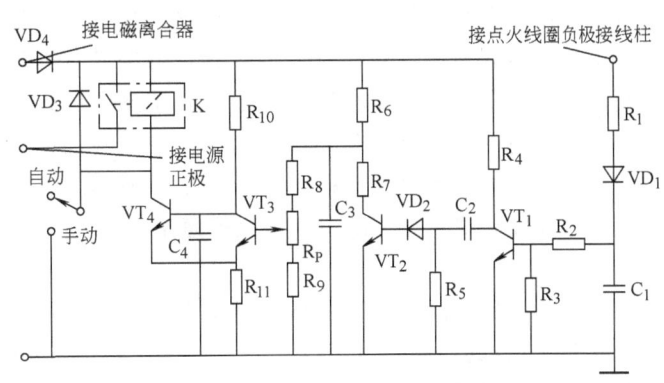

图9-12　怠速继电器电路原理

电位器R_P可用于调节输入到施密特触发器的输入电压,用来调节电磁离合器开始接通和断开时的发动机转速值,一般接通转速为900~1100r/min,断开转速为600~700r/min。该怠速继电器具有"手动"和"自动"两个控制档位,当"自动"控制档位出现故障时,可将开关S拨到"手动"控制档位以应急使用。此时,继电器线圈的电流经手动开关搭铁而构成回路,压缩机的工作状态将不再受发动机转速的控制。

(2) 怠速提高装置　电控燃油喷射系统怠速控制装置结构如图9-13所示。这是目前普遍采用的由步进电动机带动的怠速控制结构。由图可以看出,电控燃油喷射系统的怠速控制电路中,空调工作信号是发动机ECU(电子控制单元)的重要传感器信号之一,当空调制冷系统起动,ECU接收该信号后,驱动由步进电动机带动的怠速控制阀门,将旁通气道开度加大,增加怠速时的进气量,使发动机转速增加,以保证制冷压缩机正常工作。这种怠速提高装置可以根据发动机负荷变化的状况,精确地控制发动机,根据空调压缩机等其他负载稳定地工作。在中、高档轿车上还采用了节气门直动式怠速控制方式。

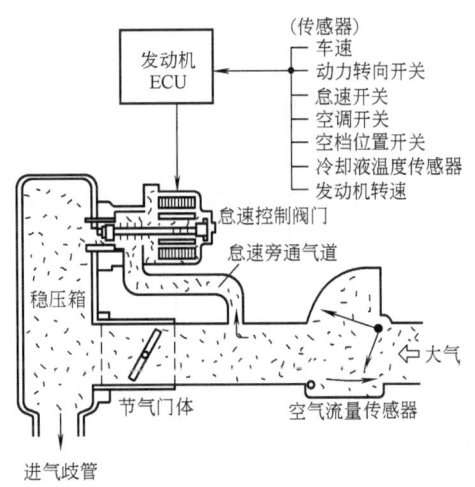

图9-13　电控燃油喷射系统怠速控制装置结构

3. 加速控制装置

汽车行驶加速或超车加速，都需要尽可能大的发动机功率来提高车速，此时应切断电磁离合器线圈电路，使压缩机停止工作。为此，大多数汽车上都设置了加速控制装置。目前汽车上使用较多的加速控制装置如图9-14所示。加速控制装置由加速开关和延迟继电器组成。加速开关一般装在加速踏板下，或装在其他位置通过连杆或钢索来操纵。当加速踏板踏下行程达到最大行程的90%时，加速开关及延迟继电器切断电磁离合器线圈电路，使压缩机停止工作，解除了压缩机的动力负荷，发动机的全部输出功率用来克服加速时的阻力，提高了车速。当踏板行程小于90%，或加速开关打开后延时十几秒后，则自动接通电磁离合器线圈电路，使压缩机又自动恢复工作。

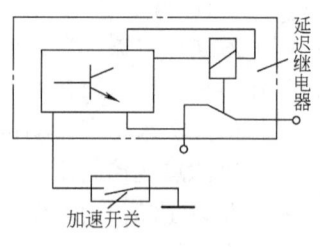

图9-14 桑塔纳轿车加速控制装置

4. 压力开关

压力开关又称为制冷系统的压力继电器，安装在制冷系统的高压管路上（一般安装在储液干燥器上），其功用是当制冷系统工作压力异常（过高或过低）时，自动切断电磁离合器线圈电路，使压缩机停止运转或接通冷凝风扇高速档使冷凝风扇高速运转，从而防止制冷系统压力过高或过低而损坏压缩机和制冷部件。

压力开关分为高压开关、低压开关和高、低压双向复合开关三种。高压开关又分为触点常闭型和触点常开型两种。高、低压开关的结构与外形大同小异，如图9-15所示。

触点常闭型压力开关的结构如图9-15a所示，其常闭触点串联在空调压缩机电磁离合器线圈电路中，当制冷系统压力升高到一定值时，作用在膜片上的制冷剂压力推动推杆使触点断开，切断电磁离合器线圈电路，从而使压缩机停

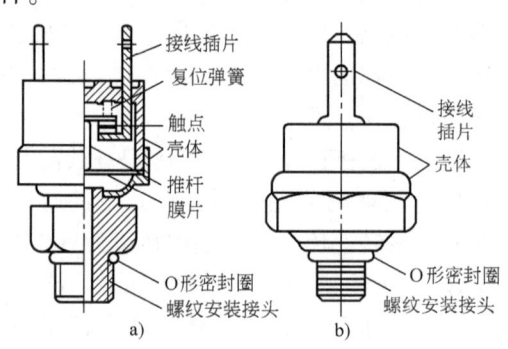

图9-15 高压开关和低压开关的结构及外形
a) 触点常闭型高压开关 b) 低压开关

止运转，避免制冷剂压力进一步升高而损坏压缩机或制冷部件。当高压管路的压力恢复正常值时，触点在复位弹簧作用下恢复闭合状态，压缩机又可正常工作。触点常闭型压力开关触点的断开压力和恢复闭合压力依车而异，断开压力一般为2.1～3.5MPa，恢复闭合压力一般为1.6～1.9MPa。

触点常开型压力开关的功用是当制冷系统压力升高到一定值时，接通冷凝风扇高速档电路高速运转，增强冷凝器的散热效果，降低制冷剂温度与压力。如奥迪100型轿车用触点常开型高压开关的触点闭合压力为（1.58±0.17）MPa，恢复断开压力为（1.335±0.17）MPa。

低压开关又称为制冷剂泄漏检测开关，其触点为常闭触点，并与空调压缩机电磁离合器线圈电路串联。低压开关的功用是在制冷系统严重缺少制冷剂，导致低压侧压力低于一定值（一般为0.2MPa，如桑塔纳2000系列轿车空调系统为（0.196±0.1）MPa）时，触点断开切断电磁离合器线圈电路使压缩机无法运转，防止压缩机在没有润滑保障的情况下运转而损

坏。因为车用小型压缩机是靠制冷剂将冷冻机油带入各润滑部位进行润滑的。

高、低压双向复合开关同时具有高压开关和低压开关的双重功能。如天津夏利轿车空调系统就采用了双向复合压力开关，其触点串联在电磁真空转换阀和电磁离合器线圈的供电回路中，当制冷系统压力过高（高于2.3MPa）或过低（低于0.2MPa）时，压力开关触点断开，用以保护压缩机和制冷部件。

5. 冷却液过热开关

冷却液过热开关又称为冷却液温度开关，其功用是防止在发动机过热的情况下使用空调。过热开关一般安装在发动机散热器或冷却液管路上，以便监测发动机冷却液温度。

当发动机冷却液温度超过某一规定值（如奥迪100型轿车的设定值为120℃）时，过热开关触点断开（或触点闭合），再通过空调放大器切断电磁离合器线圈电路，使压缩机停止运转。

当冷却液温度降低到某一规定值（如奥迪100型轿车的设定值为106℃）时，过热开关触点自动复位，空调压缩机恢复工作。

6. 环境温度开关

环境温度开关也是串联在压缩机电磁离合器电路中的一只保护开关，或者直接串联在空调放大器电路中。通常当环境温度高于4℃时，其触点闭合；而当环境温度低于4℃时，其触点将断开而切断电磁离合器的电路或者空调放大器电源。也就是说，当环境温度低于4℃时是不宜开动空调制冷系统的，其原因是当环境温度低于4℃时，由于温度较低，压缩机内冷冻机油粘度较大，流动性很差，如这时起动压缩机，冷冻机油还没来得及循环流动并起润滑作用时，压缩机就会因润滑不良而磨损加剧甚至损坏。汽车空调使用手册规定，在冬季不用制冷时，也要求定期开动空调制冷系统以使制冷剂能带动冷冻机油进行短时间的循环，以保证压缩机以及管路连接部位和阀类零件的密封元件不因缺油而干裂损坏，造成制冷剂的泄漏，膨胀阀、电磁旁通阀等卡死失灵。由此可见，这项保养工作应在环境温度高于4℃时进行，冬季低于4℃时最好不要起动压缩机。环境温度开关是为此而设置的，国产上海桑塔纳轿车的空调系统便装有这种保护开关。

7. 过热限制器

过热限制器主要用于在压缩机温度过高时，切断电磁离合器的电路，使压缩机停止运行，防止压缩机受到损坏。它包括过热开关和熔断器两部分。

过热开关是一种温度传感开关，装在压缩机后盖紧靠吸气腔的位置，其构造如图9-16所示。它的工作原理是：当制冷系统的制冷剂泄漏量较多时，压力会下降，若这时压缩机继续工作，它就会产生过热现象。此时制冷剂的温度上升，但压力不增加，冷冻机油会变质，进而损坏压缩机。这时，过热开关的传感器内的制冷剂蒸气将感受到入口的温度升高而使开关内部压力升高，推动膜片将导电触点与端子接通。导电触点通常直接与外壳连通，即过热开关的端子平时是断开的，压缩机温度过热时，才会闭合搭铁。

过热限制器的电路原理示意图如图9-17所示。熔断器有三个接头，S接过热开关，B接外电源，C接离合器。熔断器内部B和C之间接一个低熔点金属丝，S和C接电热丝。正常情况下，电流通过空调开关，经过熔断器低熔点金属丝到压缩机离合器的电磁线圈。当发生过热时，过热开关闭合，它使流经过热限制器的电热丝搭铁。电热丝发热后熔化低熔点金属丝，切断压缩机电磁离合器电路和过热保护开关的电路，使压缩机停止运行，起到过热保护的作用。

熔断器断路后，不会自行恢复，一定要仔细检查制冷系统是否因泄漏而缺少制冷剂。否则，接好低熔点金属丝后，很快又烧断。另外，如果仔细检查制冷系统后，确认不缺少制冷剂，那么就可能是过热开关损坏，此时需要更换新的过热开关。

8. 高压卸压阀

如果制冷剂的压力升得太高，它将会损坏压缩机。因此，在典型的空调系统中，有一个装在压

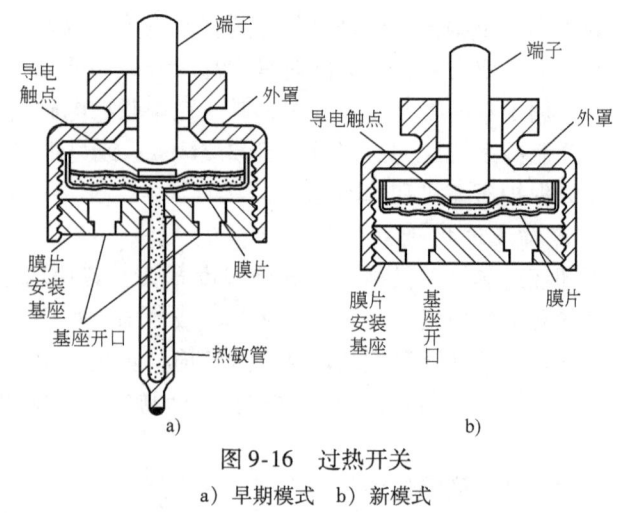

图 9-16 过热开关
a) 早期模式 b) 新模式

缩机或高压管路上由弹簧控制的卸压阀，其结构如图 9-18 所示。按不同系统和厂家，此阀的压力调整值有所不同，一般在 2.413~2.792MPa 范围内变化。当压力超出调整值时，卸压阀将开始使制冷剂放空溢出，直到压力降低到调定值为止，此时在弹簧作用下，阀又自动关闭，以保证制冷系统正常工作。

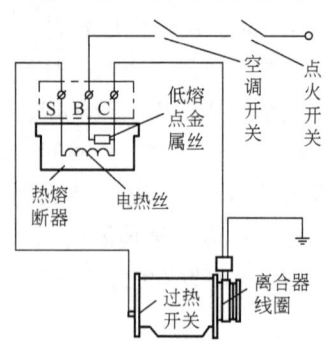

图 9-17 过热限制器电路

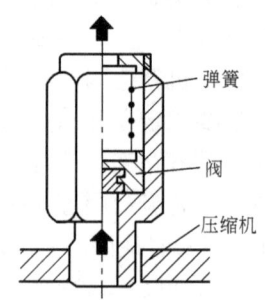

图 9-18 高压卸压阀结构

9.3 采暖系统与通风系统

9.3.1 采暖系统

暖风是汽车空调的重要组成部分，对车内空气或进入车内的外部空气进行加热的装置，称为汽车暖风装置。近代汽车空调是全年使用的冷暖一体化的装置，它通过冷热风的混合，人为设定冷热风量的比例，通过风门开闭和调节，满足人们对舒适性的要求。

1. 暖风系统的分类

按所使用的热源不同可分为：

① 水暖式暖风系统，利用发动机的冷却液热量采暖，多用于轿车。

② 独立热源式，装有专门的燃烧供热暖风装置，多用于客车和载货车。

③ 综合预热式，既利用发动机的冷却液热量，又装有燃烧预热的综合加热暖风装置，多用于大客车。

2. 暖风系统的作用

① 冬季天气寒冷，在运动的汽车内人们感觉更寒冷。这时，汽车空调可以向车内提供暖风，提高车室内的温度，使乘员不再感觉到寒冷。

② 冬季或者初春，室内外温差较大，车窗玻璃会结霜或起雾，影响驾驶人和乘客的视线，不利于安全行车，这时可以用暖风来除霜和除雾。

3. 水暖式暖风系统工作过程

水暖式暖风系统一般由控制开关、鼓风机、暖风水箱、循环水控制开关及相应的管路组成，如图9-19所示。需要暖风时，接通控制开关，循环水控制开关也自动接通，这样发动机的冷却液开始在暖风水箱及管路中循环。鼓风机同时开始转动，冷风通过暖风水箱后变成暖风通过出风口吹向车内。这种暖风装置结构简单、耗能少、成本低、维修方便，所以各种小轿车一般都采用这种暖风装置。

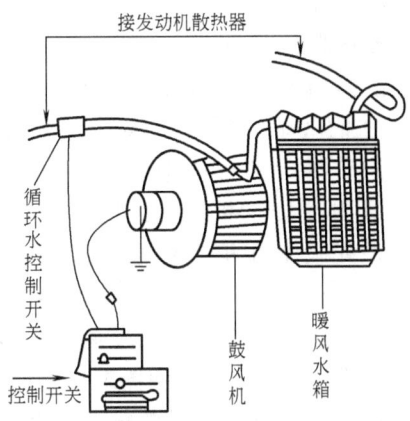

图9-19 水暖式暖风装置

9.3.2 通风系统

1. 通风装置

通风装置的作用是在汽车运行中从车外引入一定量的新鲜空气，并将车内的污浊空气排出车厢外，同时还可以防止风窗玻璃起雾。通风装置的通风方式一般有动压通风、强制通风和综合通风三种方式。

(1) 动压通风 动压通风也称自然通风，它是利用汽车行驶时对车身外部所产生的风压为动力，在适当的地方开设进风口和排风口，以实现车内的通风换气。因此，轿车的进风口设在车窗的下部正风压区，而排风口设置在轿车尾部负压区。

(2) 强制通风 强制通风是利用鼓风机强制将车外空气送入车厢内进行通风换气的。这种方式需要能源和设备，在备有冷暖气设备的汽车车身上大多采用通风、供暖和制冷的联合装置。

(3) 综合通风 综合通风是指一辆汽车上同时采用动压通风和强制通风。采用综合通风系统的汽车比单独采用强制通风或自然通风的汽车结构要复杂得多。最简单的综合通风系统是在自然通风的车身基础上，安装强制通风扇，根据需要可分别使用或同时使用。这样，基本上能满足各种气候条件的通风换气要求。

2. 空气净化装置

汽车空调系统采用的空气净化装置通常有空气过滤式和静电集尘式两种。前者是在空调系统的送风和回风口处设置空气滤清装置，它仅能滤除空气中的灰尘和杂物，因此，结构简单，只需定期清理过滤网上的灰尘和杂物即可，故广泛用于各种汽车空调系统中。后者则是在空气进口的过滤器后再设置一套静电集尘装置或单独安装一套用于净化车内空气的静电除尘装置。它除具有过滤和吸附烟尘等微小颗粒的杂质作用外，还具有除臭、杀菌、产生负氧离子以使车内空气更为新鲜洁净的作用。由于其结构复杂，成本高，所以，只用于高级轿车和旅行车上。

图 9-20 所示为静电集尘式空气净化装置的空气净化过程。

预滤器用于过滤大颗粒的杂质。静电集尘器则以静电集尘方式把微小的颗粒尘埃、烟灰及汽车排出的气体中含有的微粒吸附在集尘板上。灭菌灯用于杀死吸附在集尘板上的细菌，它是一只低压水银放电管，能发射出波长为 353.7nm 的紫外线光，其杀菌能力约为太阳光的 15 倍。除臭装置用于除去车厢内的油料及烟雾等气味，一般是采用活性炭过滤器、纤维式或滤纸式空气过滤器来吸附烟尘和臭气等有害气体。

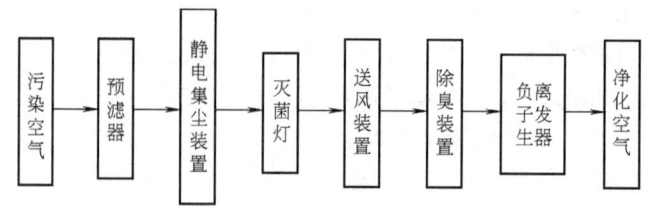

图 9-20 静电集尘式空气净化装置原理图

图 9-21 所示为实用的静电集尘式空气净化装置结构示意图，它通常安装在制冷、采暖采用内循环方式的大客车上，采用这种装置净化后的空气清洁度很高，可以充分满足汽车对舒适性的要求。

3. 配气装置

图 9-22 所示是汽车空调两种典型的配气方式：空气混合式和全热式。

（1）空气混合式 外气+内气→进入风机→进入蒸发器冷却→由风门调节进入加热芯加热→进入各吹出口。

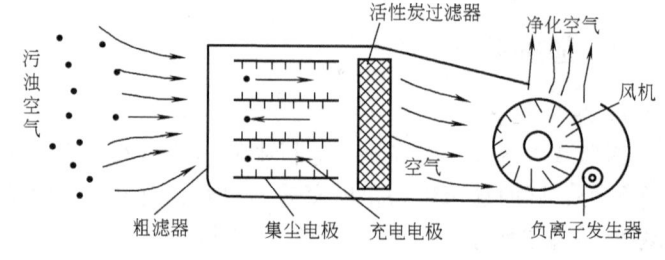

图 9-21 静电集尘式空气净化装置

风门顺时针旋转：进蒸发器（冷空气）后再进加热芯的空气量随着风门旋转而减少，即被加热的空气少，这时主要由冷气吹出口吹冷风。反之，风门逆时针旋转，吹出的热风多，处理后的空气进入除霜出口或热风出口。

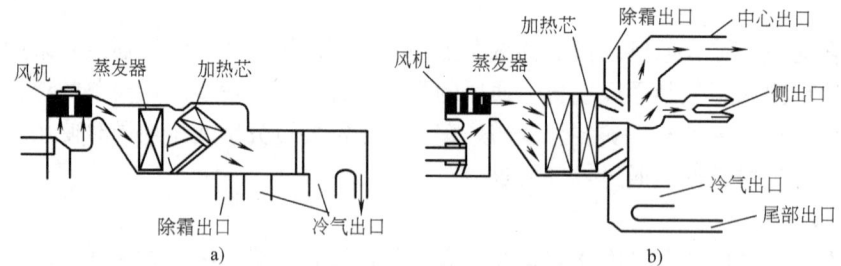

图 9-22 典型配气方式的温度调节
a) 空气混合式 b) 全热式

（2）全热式 外气+内气→进入风机→进入蒸发器冷却→全部进入加热芯→由风门调节风量后进入各吹风口。

全热式与空气混合式温度调节的最大区别是：由蒸发器出来的冷空气全部直接进入加热芯，两者之间不设风门进行冷热空气的混合和风量的调节。经过配气、温度调节后上述两种方式都能达到各吹风口要求的风量和温度，绝不是全热式只出热风，而空气混合式出冷、热、温风。实质上无论哪种温调方式都要进行冷却和加热处理，都要按进入车室内空气状态要求对空气进行冷却和升温处理。

9.4 汽车空调系统的自动控制

空调系统自动控制电路如图 9-23 所示，自动控制电路由传感器、空调 ECU 和执行器元件三部分组成。

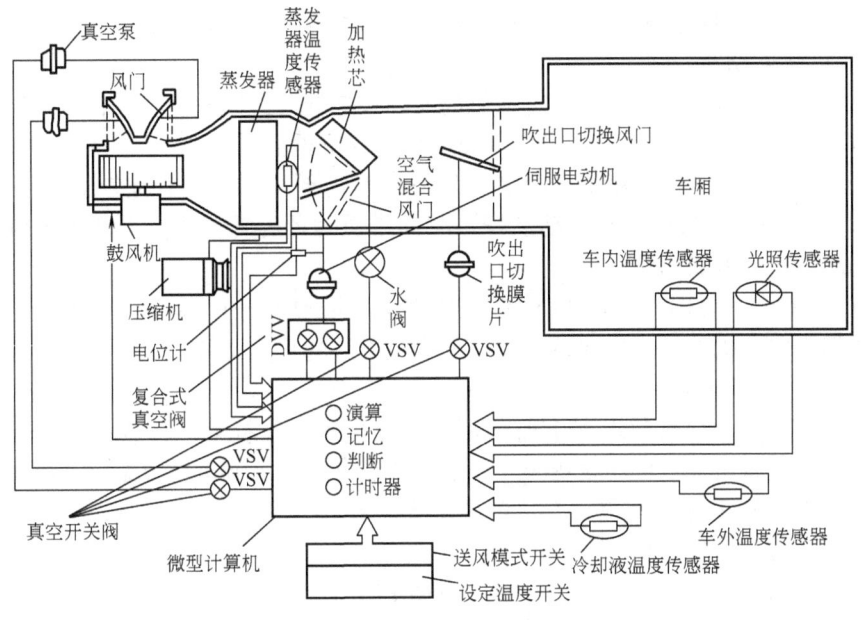

图 9-23 汽车空调系统的自动控制示意图

9.4.1 传感器

1. 车内温度传感器

车内温度传感器安装在仪表板的下端，多采用电动吸入空气型，内有一个具有负温度系数的热敏电阻。当车内温度发生变化时，热敏电阻的阻值改变，从而向空调 ECU 输送车内温度信号。

2. 车外温度传感器

车外温度传感器安装在前保险杠右下端，包在一个注塑树脂壳内，以免因温度的突然变化发生反应，它也是一个热敏电阻，向空调 ECU 输送车外温度信号。

3. 蒸发器温度传感器

该传感器安装在蒸发器表面，用以检测其表面的温度变化，防止其结霜。当蒸发器周围温度发生变化时，传感器电阻的阻值也随之改变，并向空调 ECU 输出电信号。

4. 光照传感器

也称阳光强度传感器，安装在汽车前风窗玻璃下面。该传感器将阳光照射强度转变成电信号，并输送给空调 ECU。

5. 冷却液温度传感器

它安装在发动机冷却液循环的水路上，检测冷却液温度。产生的冷却液温度信号输送给空调 ECU，用于低温时的冷却风扇转速控制。有些自动空调器没有冷却液温度传感器。

6. 压缩机锁止传感器

它是一种磁电式传感器，安装在空调装置的压缩机内，检测压缩机转速。压缩机每转一圈，该传感器线圈产生 4 个脉冲信号输送给空调 ECU。

9.4.2 执行器

执行元件包括风门伺服电动机、暖风电动机及压缩机电磁离合器等。

1. 进风伺服电动机

该电动机控制空调的进风方式，电动机的转子经连杆与进风风门相连，该伺服电动机内装有一个电位计，向空调 ECU 反馈进风伺服电动机的位置情况。

当驾驶人使用进风方式控制键选择"车外新鲜空气导入"或"车内空气循环"模式时，空调 ECU 即控制进风伺服电动机带动连杆顺时针或逆时针旋转，从而带动进风风门闭合或开启，达到改变进风方式的目的。

当按下"AUTO"键时，空调 ECU 首先计算出所需要的送风温度，并根据计算结果自动改变进风伺服电动机的转动方向，从而实现进风方式的自动调节。

2. 空气混合伺服电动机

进行温度调节时，空调 ECU 控制空气混合伺服电动机连杆顺时针或逆时针转动，改变空气混合风门的开启角度，从而改变冷、暖空气的混合比例，调节送风温度。电动机内电位计的作用是向空调 ECU 输送空气混合风门的位置信号。

3. 送风方式控制伺服电动机

当按下操纵面板上某个送风方式键时，空调 ECU 便将电动机上的相应端子搭铁，而电动机内的驱动电路据此使电动机连杆转动，将送风控制风门转到相应的位置上，打开某个送风通道。

4. 最冷控制伺服电动机

该电动机操纵的最冷控制风门有全开、半开和全闭三个位置。当空调 ECU 使某个位置的端子搭铁时，电动机驱动电路使电动机旋转，带动最冷控制风门处于相应位置。

5. 暖风电动机

暖风电动机的转速可以通过操作空调控制面板上的"高速"、"中速"和"低速"按键设定。当按下"AUTO"键时，空调 ECU 根据送风温度自动调整暖风电动机转速，若冷却液温度传感器检测到冷却液温度低于 40℃ 时，ECU 控制暖风电动机停止转动。

6. 电磁离合器

电磁离合器接受空调 ECU 的指令，控制压缩机的停止或工作。

9.4.3 空调 ECU

空调 ECU 与操作面板制成一体，它对输入的各种传感器信号和功能选择键的输入指令进行计算、分析、比较后，发出指令控制各个执行元件动作，使车内温度、空气流动状况等始终保持在驾驶人设定的水平上，极大地简化了操作，该系统主要用在高级汽车空调上。

空调 ECU 控制的汽车空调系统具有以下几种功能。

1. 空调控制

包括温度自动控制、风量控制、运转方式给定的自动控制、换气量控制等，以满足车内人员对舒适性的要求。

2. 节能控制

包括压缩机运转控制，换气量的最适量控制以及随温度变化的换气切换，自动转入经济模式运行，根据车内温度自动切断压缩机电源等。

3. 故障、安全报警

包括制冷剂不足报警、制冷压力过高或过低报警、离合器打滑报警、各种控制器元件的故障判断报警等。

4. 故障诊断存储

汽车空调系统发生故障，空调 ECU 将故障部位用故障码的形式存储起来，在需要修理时指示故障的部位。

5. 显示

包括显示给定的温度、控制温度、控制方式、运转方式的状态等。空调装置工作时，空调 ECU 同时从发动机点火器及压缩机锁止传感器采集发动机转速与压缩机转速信号，并进行比较，若两种转速信号的偏差连续 3s 超过 80%，ECU 则判定压缩机锁止，同时电磁离合器脱开，防止空调装置进一步损坏，并使操纵面板上的 A/C 指示灯闪烁，以提示驾驶人。

9.5 汽车空调系统的使用与维护

9.5.1 汽车空调系统的使用注意事项

正确使用空调系统是保证其发挥最大效率的必要条件，也是节约能源，延长使用寿命的关键，使用与维护空调时应从直观检查、运行检查、电气控制检查这三个方面考虑，具体注意事项如下。

① 使用前按标准量加足制冷剂，清除冷凝器、加热器上的污垢，放净蒸发器排水器的积水。

② 关闭车窗、车门，否则会降低制冷效率。

③ 调整风口、风向。

④ 发动机停转时，请勿使用空调，以免耗电。

⑤ 避免暴晒，以免加重空调负担。

⑥ 正确使用空调控制面板上的操作按钮。

⑦ 要作常规检查和定期维护。

⑧ 经常注意软管是否磨损、老化、堵塞。

⑨ 电路是否短路，熔丝是否匹配。

⑩ 制冷剂、冷冻机油的正确选用和保存。
⑪ 不要让制冷剂进入眼睛。
⑫ 不要在雨天进行空调维修作业,以减少制冷剂吸湿。

9.5.2 汽车空调系统常用的故障诊断方法

1. 看

用眼睛观察整个空调系统各个零件是否处于正常工作状态。起动空调,观察储液干燥器的观察窗,看制冷剂是否适量。

如果观察到连续不断的气泡出现,说明制冷剂严重不足。如果每隔1~2s就会有气泡出现,也表示制冷剂不足。

如果观察窗几乎透明,发动机转速变化时可能会出现气泡,说明制冷剂适量。看各接头处是否有油污,沾有灰尘。如果有油污和灰尘,说明可能有泄漏。观察冷凝器表面脏不脏,散热片是否变形。

2. 听

用耳朵聆听运转中的空调系统有无异常声音。如果有噪声则可能是电磁线圈老化,吸力不足,通电后由于打滑而产生噪声,也可能是离合器片磨损造成间隙过大使离合器打滑。听压缩机是否有液击声。如果有液击声,可能是制冷剂过多或膨胀阀开度过大,应释放制冷剂或调整膨胀阀。除此之外,就是压缩机内部损坏。

3. 摸

高压管路比较热,如果某处特别热或进出口有明显温差,说明这个地方堵了。用手感觉压缩机的进气管和排气管之间应该有明显的温度差,前者发凉、后者发烫。用手感觉比较冷凝器进入管和排出管的温度,正常情况下,前者热一些,冷凝器上部温度比下部温度要高。用手摸储液干燥器前后温度应一致。冷凝器输出管到膨胀阀输入管之间是制冷剂高压、高温区,温度应该均匀一致。

低压管路比较凉,用手摸膨胀阀前、后要有明显的温差,即前热后凉。膨胀阀出口到压缩机之间的软管应该凉而不结霜,正常情况应为结霜后即化,用肉眼看到的只是化霜后结成的水珠。用手感觉车内出风口有凉的感觉,车内保持适应人体的正常温度。

如果高压管路、低压管路没有明显温差,说明制冷系统不工作或系统泄漏,制冷剂严重不足。

4. 测

(1) 用检漏仪 用检漏仪检查各接头是否有泄漏。

(2) 用歧管压力表 用歧管压力表检查制冷系统的压力。运转压缩机,发动机转速2000r/min,观察歧管压力表。在一定的大气湿度内,轿车制冷系统正常工作时的高、低压范围是:高压端压力应为1.421~1.470MPa;低压端压力应为0.147~0.196MPa。若不在此范围内,则说明系统有故障。

(3) 用万用表 用万用表检查空调电路故障。

(4) 用温度计

① 蒸发器:不结霜的前提下,蒸发器表面温度越低越好。

② 冷凝器:正常工作时,冷凝器入口温度为70~90℃,冷凝器出口温度为50~65℃。

③ 储液干燥器：正常情况下应为50℃。如果上下温度不一致，说明储液干燥器堵塞。

9.5.3 汽车空调系统的使用维护基本操作

1. 工具、设备和材料

维护和安装空调器，添加制冷剂，检修故障和检测空调器性能时，需使用：真空泵、压力表组、检漏仪、制冷剂添加阀、呆扳手、组合套筒、温度计、万用表等。材料需准备：制冷剂、冷冻机油、密封圈、洗涤水。

真空泵：如图9-24所示，真空泵是与压力表组配合使用的，其作用为清洁制冷系统，除去制冷循环系统内的湿气，以及进行制冷剂补给。抽真空时间必须足够，以使制冷系统做到完全真空。

压力表组：如图9-24所示，抽出制冷系统中的空气、湿气，使其系统中为真空，填充制冷剂，测量制冷系统中的压力来诊断其故障部位。

检漏仪：如图9-25所示，用来检查制冷系统中制冷剂是否泄漏，确定泄漏部位。

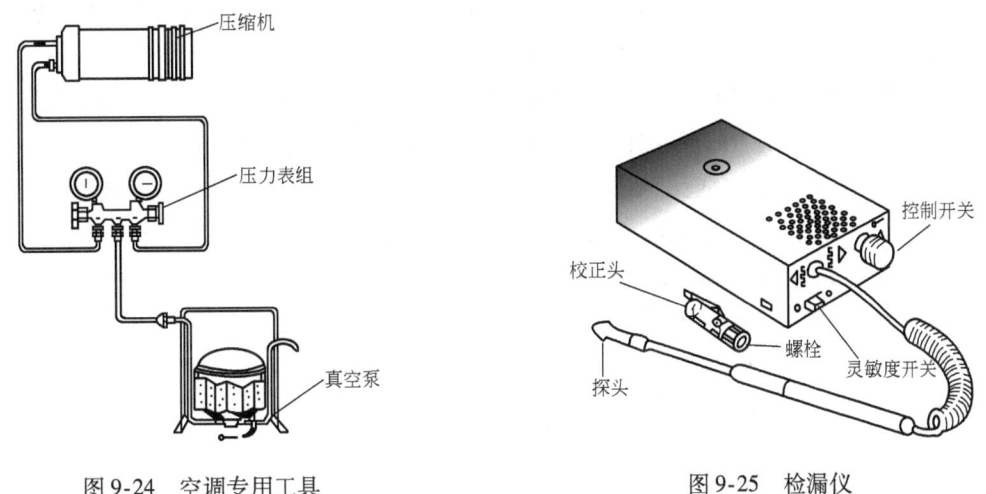

图9-24 空调专用工具 　　　　图9-25 检漏仪

制冷剂添加阀：如图9-26所示，补充制冷剂，以控制制冷剂的供给量。

2. 维护的基本操作

汽车空调故障有80%都是由制冷系统中的制冷剂泄漏造成的，系统制冷剂泄漏会引起高低压力不正常，这就应该对系统内的制冷剂进行排放、检漏、抽真空、加冷冻机油，加制冷剂和进行系统维修完成后的检验。

（1）排放　排放制冷剂是在检修过程中将剩余的制冷剂排放到大气中，排放时应慢慢进行，不要带走冷冻机油，对于R12应将制冷剂回收，以免排放到大气中，对地球臭氧层造成破坏。

（2）检漏
① 外观检漏法。
② 肥皂水检漏法。
③ 检漏仪检漏法。

④ 真空气密性实验法。
⑤ 压力检漏法。

(3) 抽真空

① 连接系统抽真空设备。
② 抽真空（观察压力表的负压值）。
③ 抽真空后检漏。
④ 检漏后的继续抽真空。

(4) 加注冷冻机油 选择适量和与制冷系统相匹配的冷冻机油进行加注。

(5) 加注制冷剂

① 运行前应从高压侧加注孔加注。
② 运行时应从低压侧加注孔加注。加注时应选用合适的制冷剂，把压力表组管道中的空气排放干净。

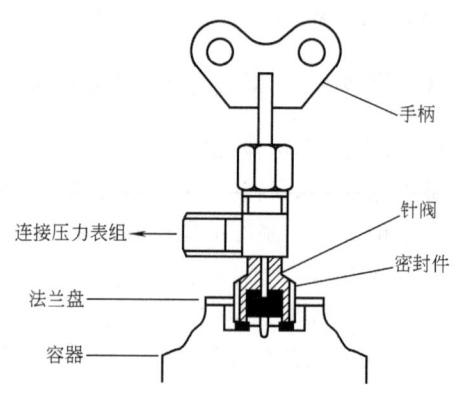

图 9-26 制冷剂添加阀

(6) 检验 起动发动机，使其转速为 1500r/min，并将控制旋钮置于最大位置，且使鼓风机为最高转速，然后打开汽车全部风窗和车门进行检查。

① 高压表读数应在 1.373~1.575MPa 之间，低压表读数应在 230~320kPa 之间。
② 在出风口插入一只温度计，在空调的进风口放置一干湿球湿度计。
③ 作出相对湿度曲线图：沿垂直坐标标出送风温度，沿横坐标标出进入空气的温度，确定某一点，利用进风口干湿球湿度计的度数画出通过该点的相对湿度曲线（一般为由左至右的斜上曲线），再画出比该相对湿度高 10% 和低 10% 的相对湿度曲线，则送风温度随进风口温度的变化，应该落在这两条相对湿度曲线之间，说明制冷系统性能正常。
④ 按同样方式完成低压侧检验和高压侧检验。

9.6 汽车空调控制电路举例

下面以桑塔纳轿车和雅阁轿车为例分析空调系统控制电路的控制过程。

1. 桑塔纳轿车空调系统控制电路

桑塔纳轿车空调系统控制电路如图 9-27 所示。

其工作过程如下：

① 点火开关断开（置于 OFF）时，减负荷继电器的线圈电路切断，触点分开，空调系统不工作。

② 点火开关接通（置于 ON）时，减负荷继电器线圈电路接通，触点闭合，主继电器中的 J_2 线圈通电，接通鼓风机电路。此时可由鼓风机开关进行调速，使鼓风机按要求的转速运转，进行强制通风、换气或送出暖风。

③ 需要制冷系统工作时，接通空调开关，便可接通下列电路：

a. 空调开关的指示灯亮，表示空调开关已经接通。

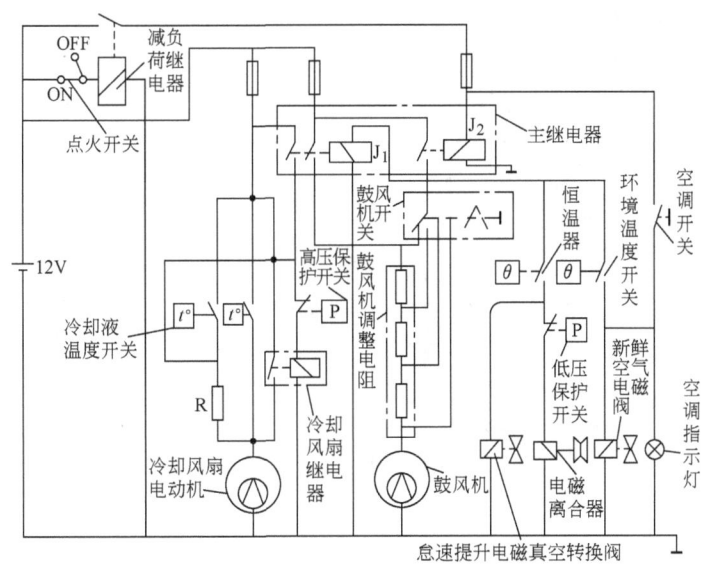

图 9-27 桑塔纳轿车空调系统控制电路

b. 新鲜空气电磁阀电路接通,该阀动作接通新鲜空气控制电磁阀的真空通路,而使鼓风机强制通过蒸发器总成的空气通道进风,否则将无法获得冷气。

c. 电源经环境温度开关、恒温器、低压保护开关对电磁离合器线圈供电,同时对怠速提升电磁真空转换阀供电。另一路对主继电器中的 J_1 线圈供电,使两对触点同时闭合,其中一对触点接通冷凝器冷却风扇继电器线圈电路;另一对触点接通鼓风机电路。

低压保护开关串联在恒温器和电磁离合器之间,当制冷系统缺少制冷剂,系统压力过低后,开关断开,停止压缩机工作。

高压保护开关串联在冷却风扇继电器和主继电器 J_1 的一对触点之间。当制冷系统高压值超过规定值时高压保护开关触点闭合,将电阻短路,使风扇电动机高速运转,以增强冷凝器的冷却能力。同时,冷却风扇电动机还直接受发动机冷却液温度开关的控制。当不开空调开关时,若发动机冷却液温度低于 85℃ 时,风扇电动机不转动;高于 95℃ 时,风扇电动机低速转动;当冷却液温度达到 105℃ 时,风扇电动机将高速转动。

主继电器中的 J_1 触点在空调开关接通时,即可闭合,使鼓风机低速运转,以防止蒸发器表面温度过低而结冰。

d. 点火开关置于起动(ST)位置时,减负荷继电器线圈电路切断,触点分开,中断空调系统的工作,以保证发动机起动时,蓄电池维持足够的电能。

2. 本田雅阁轿车空调电路

本田雅阁轿车空调有 KU、KY、KQ 等多种型号,KU 型如图 9-28 所示,包括散热器风扇与冷凝器风扇,二者均受发动机冷却液温度开关和空调开关的控制。

当发动机冷却液温度低于 93℃ 时,冷却液温度开关不闭合。此时若空调开关不闭合,散热器风扇继电器与冷凝器风扇继电器线圈均无搭铁回路,触点不闭合,两个风扇电动机均不运转。

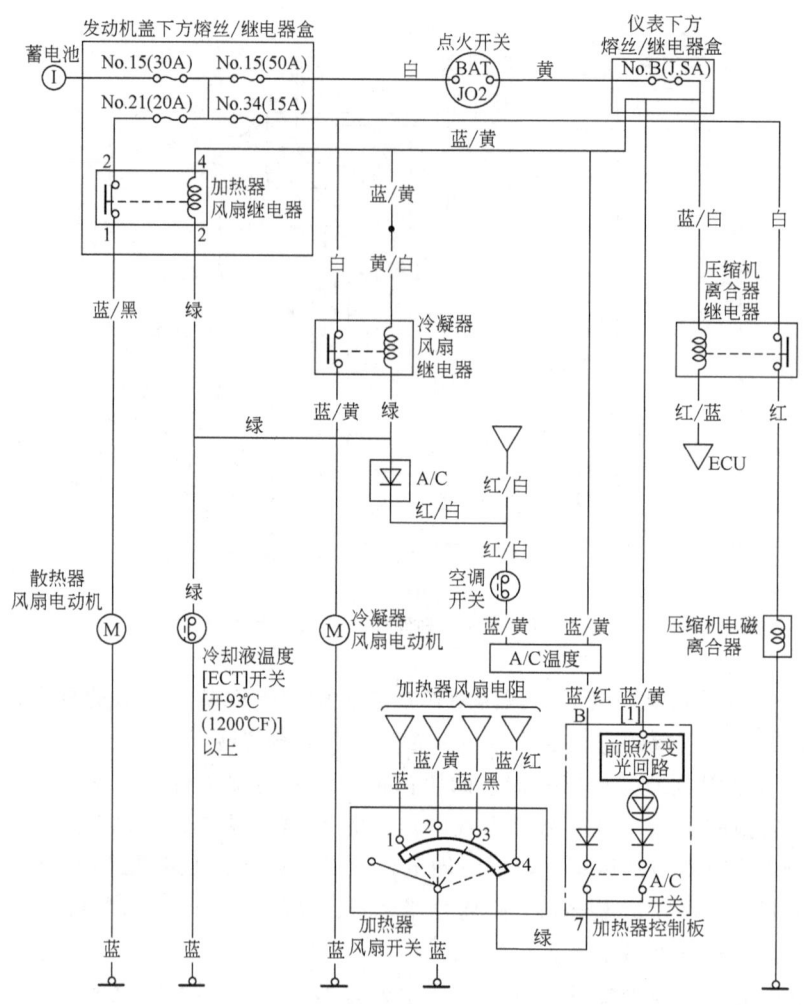

图 9-28 本田雅阁冷却风扇控制系统（KU 车型）

当发动机冷却液温度高于 93℃ 后，冷却液温度开关闭合，连通两个继电器线圈的搭铁回路，线圈通电，触点闭合，两个风扇同时运转。

当空调开关闭合时，不管发动机冷却液温度高低，由空调开关连通两个继电器线圈搭铁回路，两个风扇同时运转，以便提高空调制冷效果。

除 KU 以外其他车型冷却风扇控制系统如图 9-29 所示。与 KU 型相比较，这些系统增加了散热器风扇控制单元（计时单元）与高温冷却液温度开关 B。

当发动机冷却液温度高于 93℃ 时，冷却液温度开关 A 闭合，连通散热器风扇继电器与冷凝器风扇继电器线圈的搭铁回路，线圈通电，触点闭合，两个风扇同时运转。

当接通空调开关时，两个风扇也将同时运转。高于 106℃ 时，冷却液温度开关 B 闭合，冷却风扇通过控制单元将通过黄 1 导线为散热器风扇继电器线圈提供电源，触点闭合，散热器风扇还将运转 15min，以便使发动机冷却液温度迅速下降。

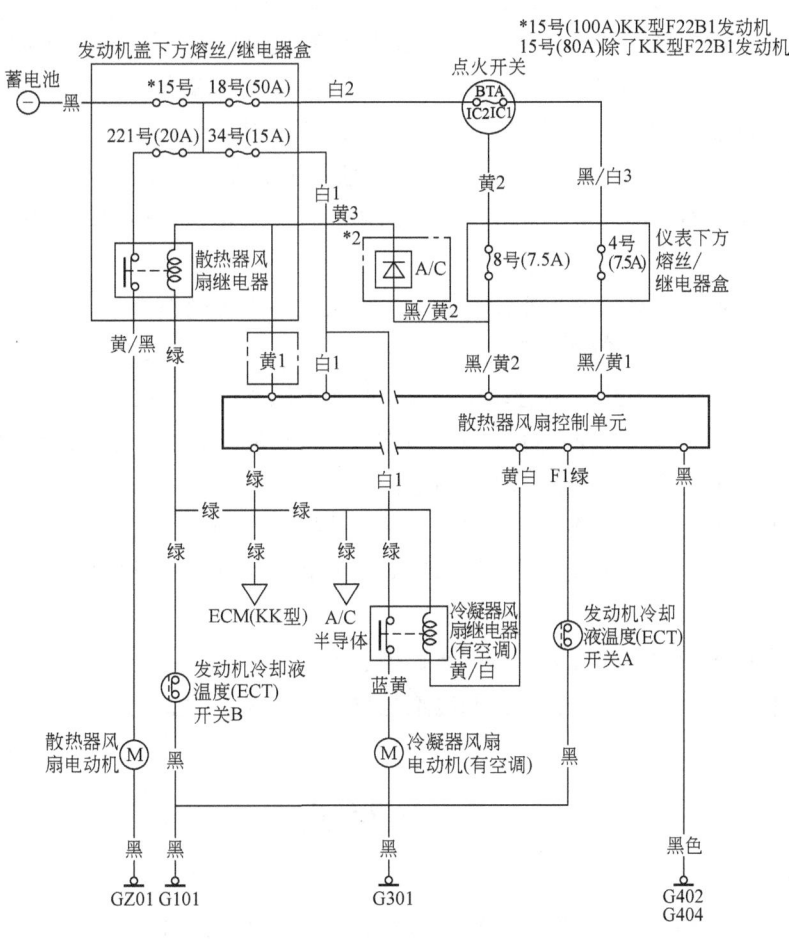

图 9-29 本田雅阁冷却风扇控制系统（除 KU 车型外的车型）

本 章 小 结

1. 汽车空调系统主要由制冷系统、暖风装置、通风装置、空气净化装置、控制系统五大部分组成。

2. 空调系统具有抗冲击能力强、动力源多样、电力控制源多样、制冷效果强、控制方式多样、结构紧凑、质量小、车内风量分配不均匀等特点。

3. 汽车空调系统中常用的制冷剂有 R12、R134a 两种。R12 因泄漏而进入大气会破坏地球的臭氧保护层，危害人类的健康和生存环境，引起地球的温室效应，从 1996 年起，汽车空调的制冷剂开始使用 R134a，到 2000 年全部使用 R134a。

4. 冷冻机油也叫冷冻润滑油，是制冷压缩机的专用润滑油，它保证压缩机正常运转、可靠工作和延长压缩机使用寿命。

5. 蒸气压缩式制冷系统主要由压缩机、冷凝器、液体膨胀装置和蒸发器等总成组成，各部件之间采用铜管和高压橡胶管连接成一个密闭系统。

6. 制冷循环过程分为压缩、膨胀、冷凝、蒸发四个过程。

7. 制冷系统主要由压缩机、冷凝器、储液干燥器、膨胀阀、蒸发器等组成。

8. 汽车空置部件主要由温度控制器、怠速控制装置、加速控制装置、压力开关、冷却液过热开关、环境温度开关、过热限制器、高压卸压阀等组成。

9. 汽车采暖系统主要分为水暖式暖风系统、独立热源式、综合预热式三类。

10. 水暖式暖风系统一般由控制开关、鼓风机、暖风水箱、循环水控制开关及相应的管路组成。

11. 通风系统的作用是：在汽车运行中从车外引入一定量的新鲜空气，并将车内的污浊空气排出车厢外，同时还可以防止风窗玻璃起雾。

12. 通风装置的通风方式一般有动压通风、强制通风和综合通风三种方式。

13. 汽车空调系统采用的空气净化装置通常有空气过滤式和静电集尘式两种。

14. 配气装置主要有空气混合式和全热式两种。

15. 自动控制电路由传感器、空调ECU和执行器元件三部分组成。

16. 正确使用空调系统是保证其发挥最大效率的必要条件，也是节约能源，延长使用寿命的关键。

17. 空调常用故障诊断方法为：看、听、摸、测。

18. 空调制冷系统维护的要领为：制冷剂的排放、检漏、抽真空、加冷冻机油、添加制冷剂和检验。

习题与思考题

一、选择题

1. 汽车空调系统中的哪个装置能够将气体制冷剂变为液态？（　　）
  A. 蒸发器　　　　B. 膨胀阀　　　　C. 冷凝器　　　　D. 压缩机

2. 关于汽车空调中的压缩机以下哪种说法不正确？（　　）
  A. 压缩机从蒸发器中吸入气态制冷剂
  B. 只有气态制冷剂可以压缩，否则会损坏压缩机
  C. 压缩机压缩制冷剂，产生高温高压的气态制冷剂进入蒸发器
  D. 低压侧压力高，高压侧压力低，此故障多数压缩机内部有泄漏

3. 若汽车空调高压侧正常值是 $15kgf/cm^2$ 相当于多少 Pa？（　　）
  A. 15　　　　　　B. 1.5　　　　　C. 1500　　　　　D. 1500000

4. 下列关于自动空调的各个传感器的安装位置的叙述，哪一个正确？
  A. 环境温度传感器安装在空调装置的蒸发器旁
  B. 空调冷却液温度传感器安装在发动机缸体出水口附近
  C. 车内温度传感器安装在仪表台附近
  D. 蒸发器传感器安装空调冷凝器前方附近

5. 将液态制冷剂注入完全排空的空调系统时，下列哪一个程序正确？（　　）
  A. 确信低压手动阀打开

第9章 汽车空调系统

B. 确保整个过程低压手动阀打开，并让制冷剂罐倒置

C. 在给系统注入液态制冷剂时，不要运转发动机

D. 注入完成后，完全关闭低压手动阀

6. 以下说法正确的是：（　　）

A. 延长抽真空的时间，可以有效的排除空调系统中存在的水分

B. 进入空调系统的水分是可以被干燥罐吸收的，所以不用担心水分的进入

C. 冰堵多在干燥罐处产生

D. 一滴水进入空调系统不足以对空调系统造成不良的影响

7. 关于冷凝器，下列说法正确的是：（　　）

A. 制冷剂进入冷凝器时几乎为100%的蒸气，离开时为100%的液态制冷剂

B. 制冷剂是由冷凝器的顶部进入，由底部流出

C. 冷凝器内部发生堵塞后可以用汽油清洗

D. 清洗冷凝器外部的污物时，用高压水枪更为有效

8. 能将制冷剂的热量散发到大气中，使高温高压的蒸气变为高温高压的液体，这个装置是（　　）。

　　A. 压缩机　　　　　B. 蒸发器　　　　　C. 冷凝器

9. 对于离合器循环控制系统，压缩机工作状况是（　　）。

A. 工作—停止—工作的循环状态

B. 一直工作

C. 不能确定

10. 斜盘式压缩机用于国产（　　）车型。

　　A. 桑塔纳2000　　　B. 神龙富康　　　　C. 北京2021

二、判断题

1. 电磁离合器是压缩机总成的一部分。（　　）

2. 冷凝器安装在车厢内。（　　）

3. 蒸发器安装在车厢内。（　　）

4. 膨胀阀能控制调节制冷剂流量的大小。（　　）

5. 通过观察窗可以看到制冷剂的流动状态，从而判断制冷系统的工作状况。（　　）

6. 空调开关用于控制汽车空调是否投入工作。（　　）

7. 空调不能作为强制通风换气装置使用。（　　）

8. 温度传感器通过检测蒸发器表面的温度，控制电磁离合器的工作。（　　）

9. R134a空调制冷系统压力比R12系统压力低。（　　）

10. 若在高速超车时，继续使用空调，会使车辆加速性能降低。（　　）

三、简答题

1. 汽车空调系统的功用是什么，主要由哪几部分组成？

2. 汽车空调制冷系统主要由哪些部件组成，各部件的功用是什么？

3. 什么是制冷循环？制冷循环过程分为哪四个过程？汽车空调系统是怎样将车内温度

降低的？

4. 汽车空调系统常用安全保护装置有哪些？其工作原理分别是什么？
5. 空调的控制装置有哪些？保护装置有哪些？
6. 说明微机控制自动空调的工作原理。
7. 如何正确使用空调？
8. 空调的日常保养有哪些内容？
9. 空调的基本电路组成及控制内容是什么？
10. 如何检测空调的零部件？

实训项目三十　制冷系统制冷剂的检漏、回收、抽真空和充注

车辆牌号	车辆识别代码	发动机型号

一、实训目的与要求

1. 掌握制冷剂的检漏方法。
2. 掌握制冷剂的回收方法。
3. 掌握制冷系统的抽真空方法。
4. 掌握制冷剂和冷冻剂的充注方法。

二、实训仪器和设备

1. 真空泵、压力表组、制冷剂回收机、检漏仪、制冷剂添加阀、呆扳手、组合套筒、温度计、万用表、拆装工具一套。
2. 桑塔纳轿车（或带空调的汽车）一部，制冷剂、冷冻机油、密封圈、洗涤水。

三、实训步骤

1. 制冷系统的检漏

（1）外观检查　制冷剂的泄漏部位往往会渗出冷冻机油，若发现某处有油污渗出，可进一步用毛巾擦拭或用手直接接触检查，如有油污，则可能是渗漏。

（2）电子检漏仪检查

① 将电子检漏仪接上电源，打开电源开关，预热10min。

② 将开关拨至校核档，确认指示灯和警报器正常。

③ 将仪器调到所要求的灵敏度范围。

④ 将开关拨至监测档，将探头放至检测部位，如果有超过灵敏度范围的泄漏量，则警报器会发出声响。

2. 制冷剂的回收

① 把回收机上低压管口接头和高压接头连接到汽车的空调系统中，连接前要弄清楚空调系统所使用的制冷剂类型。

② 把回收钢瓶与回收机连接起来，注意要排除软管中的空气。

③ 接上电源，打开主电源开关。

④ 按下回收起动开关，系统开始从车辆上回收。

⑤ 当车辆的空调系统真空度下降到280mmHg，机器自动关闭，指示灯熄灭。

⑥ 关上制冷剂罐上阀门，切断电源，卸下连接管。

3. 制冷系统的抽真空

① 将压力表组上的两根高、低压软管分别与压缩机上的高、低压阀接口相连；将歧管压力表上的中间软管与真空泵相连。

② 打开歧管压力表上的手动高、低压阀，起动真空泵，并注视两个压力表，将系统压力抽真空至98.7~99.99kPa。

③ 关闭歧管压力表上的手动高、低压阀，看压力表指针显示的压力是否回升，有回

(续)

车辆牌号	车辆识别代码	发动机型号

升表示系统泄漏,此时应进行检漏和修补。若压力表指针保持不动,则打开手动高、低压阀,起动真空泵继续抽真空15~30min,使真空压力表指针稳定。

④ 关闭歧管压力表上的手动高、低压阀。

⑤ 关闭真空泵。先关闭手动高、低压阀然后关闭真空泵,目的是为了防止空气进入系统。

4. 冷冻机油的充注

(1) 压缩机冷冻机油的检查

① 看观察窗:通过观察窗,应该看到冷冻机油的液面高度应该达到80%的高度,否则,应该补充冷冻机油。

② 看油尺:未装观察窗的压缩机,可用油尺测量其油量,应该在油尺的上下限之间,否则,应改补充冷冻机油。

(2) 添加冷冻机油

① 直接加入法。将冷冻机油按标准称量好,直接倒入压缩机内,这种方法只在更换蒸发器等部件时使用。

② 真空吸入法:

a. 将制冷系统完全抽完真空。

b. 将带刻度的注油器盛入机油并接在压力表组的低压接口和空调压缩机的低压阀门之间。

c. 起动真空泵,打开注油器的放油阀,加注冷冻机油,当达到规定量时,关闭真空泵。

d. 拆下注油器,把低压软管接在制冷系统的低压阀门上,对系统继续抽真空。

5. 制冷剂的充注

(1) 从高压端充注制冷剂

① 当系统抽完真空之后,关闭歧管压力表上的高、低压手动阀。

② 将中间软管的一端与制冷剂罐注入阀的接头连接起来,打开制冷剂罐开启阀,再拧开歧管压力表软管一端的螺母,让气体溢出几分钟,把空气赶走,然后再拧紧螺母。

③ 拧开高压侧手动阀至全开位置,将制冷剂罐倒立,以便从高压侧充注液态制冷剂。

④ 从高压侧注入规定量的液态制冷剂。关闭制冷剂罐手动阀及压力表上的手动高压阀,然后将仪表卸下。特别要注意,从高压侧向系统充注制冷剂时,不能开动发动机(压缩机停转),更不可拧开歧管压力表上的手动低压阀,以防产生液击。

(2) 从低压端充注制冷剂

① 打开制冷剂罐,拧松中间注入软管在歧管压力表上的螺母,直到听见有制冷剂蒸气流动的声音,然后拧紧螺母。其目的是将注入软管中的空气赶走。

② 打开手动低压阀,让制冷剂进入制冷系统。当系统的压力值达到0.4MPa时,关闭手动低压阀。

(续)

车辆牌号	车辆识别代码	发动机型号

③ 起动发动机,将空调开关接通,并将鼓风机开关和温控开关都调至最大。

④ 再打开歧管压力表上的手动低压阀,让制冷剂继续进入制冷系统,直至充注量达到规定值。

⑤ 在向系统中充注规定量制冷剂之后,从观察窗处观察,确认系统内无气泡、无过量制冷剂。随后将发动机转速调至2000r/min,冷风出口风量开到最高档,若气温在30~35℃,系统内低压侧压力应为147~192kPa,高压侧压力应为1370~1679kPa。

⑥ 充注完毕之后,关闭歧管压力表上的手动低压阀,关闭装在制冷剂罐上的注入阀,使发动机停止运转,将歧管压力表从压缩机上卸下,卸下时动作要迅速,以免过多制冷剂泄出。

四、数据整理
1. 记录测量的数据。
2. 根据数据分析空调制冷剂和冷冻机油的充注量。

五、思考题
1. 制冷剂的检漏方法。
2. 制冷剂的回收方法。
3. 制冷系统的抽真空方法。
4. 制冷剂和冷冻机油的充注方法。

实训项目三十一 压缩机的检修

车辆牌号	车辆识别代码	发动机型号

一、实训目的与要求

1. 加深对空调压缩机的认识。
2. 掌握空调压缩机的结构。

二、实训仪器和设备

压缩机一个，拆装工具一套。

三、实训步骤

1. 拆装压缩机

① 让发动机怠速运转，并让空调工作几分钟，然后关闭发动机。

② 如果车辆具有电子防盗系统，那么要确信您拥有无线电发射装置防盗编码。同时，要记下收音机的频率设定。

③ 断开蓄电池的负极电缆。

④ 拆除压缩机离合器插接器（A），然后断开插接器。拆除螺栓和螺母，然后从压缩机上断开吸入管路（B）和排出管路（C），断开后，应立即塞住或盖住管道，以免被水蒸气和灰尘污染。

⑤ 拆除螺栓和压缩机。在拆除压缩机时，小心不要损坏散热器片。

⑥ 按与拆卸相反的顺序安装，注意以下事项。

a. 如果安装一个新的压缩机，则必须计算出要排出的制冷剂量。

b. 每次安装时，要更换一个新的O形密封圈，并在安装前，涂上一层薄薄的冷冻机油。务必使用与R134a或R12相对应的O形密封圈，以免泄漏。

2. 压缩机的检修

① 检查压盘是否变色，剥落或损伤，如果损坏，更换离合器装置。

② 用手转动传动带，检查带轮轴承的间隙和阻力，如果出现噪声或间隙过大或阻力过大，则更换。

③ 用百分表测量带轮与压盘之间的间隙，应为 0.35~0.6mm。

④ 测量励磁线圈的电阻 4~4.5Ω。

四、数据整理

1. 记录测量的数据。
2. 根据数据分析空调故障状况。

五、思考题

1. 绘制压缩机的结构简图。
2. 阐述压缩机检修的思路。

实训项目三十二 空调系统的维护及故障诊断

车辆牌号	车辆识别代码	发动机型号

一、实训目的与要求

1. 熟悉空调控制系统电路。
2. 判断故障产生的原因并排除。
3. 了解空调技术标准。

二、实训仪器和设备

带空调系统的汽车一台;空调压力表组;万用表;常用工具等。

三、实训步骤

1. 排除空调不制冷故障

故障设置及选取原则:

序号	故障设置	选取原则
1	传动带松动	在所选故障中任选二项
2	压缩机故障	
3	膨胀阀故障	
4	线路短脱开或断线、开关或鼓风机的电动机不工作、熔断器熔断	
5	制冷剂管道破裂	
6	储液器或膨胀阀的细网或管道堵死	

2. 根据空调开关打开后压缩机不转的故障现象,找出故障原因

故障设置及选取原则:

序号	故障设置	选取原则
1	电磁离合器电源部分出现故障	在所选故障中任选二项
2	离合器电磁线圈断路	
3	离合器传动带盘和压力板接合面磨损严重或有油污	
4	系统内制冷剂太少、压力太低	
5	高低压开关故障	

四、数据整理

1. 记录测量的数据。
2. 根据数据分析空调故障状况。

五、思考题

1. 读取故障码的方法。
2. 空调维护的基本要领。

第10章 汽车声像、通信及导航系统

> 学习目标：
> - 了解汽车声像、通信及导航系统的工作原理。
> - 了解汽车声像、通信及导航系统的基本结构。
> - 掌握汽车音响的故障检修方法。

10.1 汽车音响系统

10.1.1 概述

随着社会的发展，人们对车载娱乐系统的要求越来越高，汽车音响系统已从最早的收音机发展到多功能、数字化、大功率输出的立体声音响系统。

10.1.2 汽车音响的基本组成

汽车音响系统由天线、接收装置、声场修正、可听频率增幅、扬声器五个部分组成，如图10-1所示。

1. 天线

接收广播电台的发射电波，通过高频电缆，向无线电调频装置传送。

2. 接收装置

有无线电调频装置、盒式磁带或激光唱片（CD）等。

3. 声场修正

按照车厢内声场特性及听者爱好，增强或减弱频率带，具有修正声场的功能。包括有只允许通过特定频率域的滤波器和增幅控制电路，可以提高车内音质。

4. 可听频率增幅

增强可听频率的模拟电压，加大扬声器音量。

5. 扬声器

它是决定车厢内音响性能的重要部件。扬声器口径大小和在车上安装方法及位置是决定音响性能的重要因素。为了欣赏立体声音响，车上最少要装2个扬声器。

10.1.3 汽车收音机

汽车收音机是车内信息和娱乐的传统来源之一，现代汽车几乎都装上了收音机。收音机

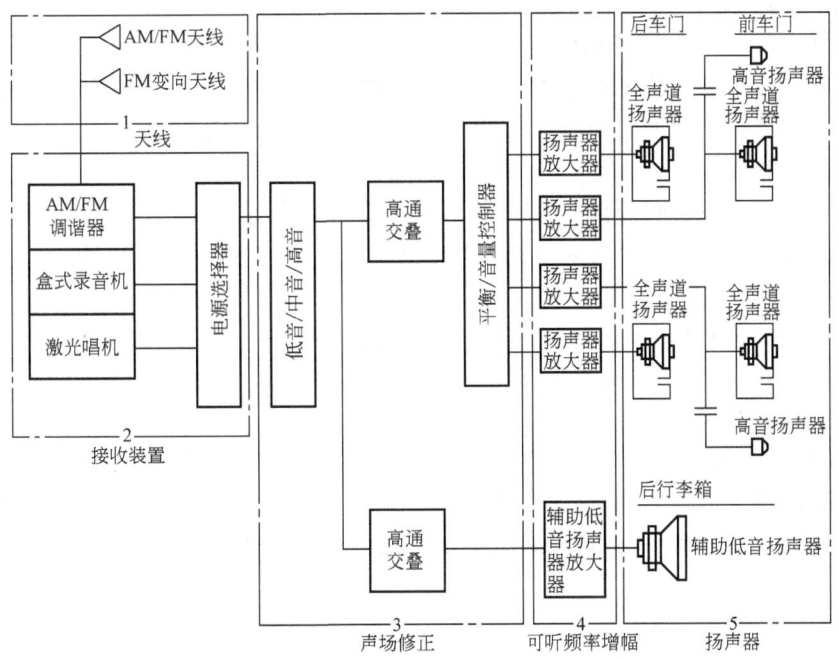

图 10-1　汽车音响的组成

所接收到的广播内容十分丰富，除文娱节目外，还可接收道路管理部门专门提供给驾驶人的关于道路、气象等方面的情报。

传统的模拟信号汽车收音机使用的是 AM/FM 调谐器。随着电子技术的发展，数字信号处理器（DSP）应用越来越多。它通过对模拟信号进行数字转换、解调和过滤，消除电噪声，提高声音质量。

RDS（Radio Data System）即无线电数据系统，1988 年在欧美出现。RDS 系统是在发送调频广播节目的同时，利用副载波 57kHz 频率附近的空隙，以数字信号的形式把电台名称、节目类型、节目内容以及其他各种与正在广播的节目有关、无关的信息一起发送出去。具有 RDS 功能的接收机收到这些信息后，可以变成字符显示在收音机的液晶显示屏上，就像电视机的台标和字幕一样。装备 RDS 系统的汽车音响会给驾驶人带来极大方便，RDS 系统具有如下优越功能。

1. 显示台位名称

在收到节目的同时，显示器上显示的是所收听台位的名称，而不是该台的发射频率。若正在播放音乐也可以知道曲名、演唱者等相关信息。

2. 自动跟踪调谐

一般电台的发射频率都有一个最佳收听范围，在这个范围之内，收音机将会保持最佳的接收状态。在一个城市内，由于受地理环境、磁场等因素的影响，每个点的最佳接收频率是有一定变化的。假设 A 点的最佳接收频率为 95.5MHz，而 B 点的最佳接收频率为 96.6MHz，如果开车从 A 点到 B 点时，收音机会自动从 95.5MHz 跳到 96.6MHz，从而使收音机保持在最佳接收状态工作。

3. 提供交通信息

RDS 系统中还有一个最基本的开关编码，用来指示有无交通信息正在发布。当有紧急交通信息发布时，此开关编码迅速响应，不管驾驶人当时在收听广播、CD、磁带或文艺台的什么节目，都会自动切换到交通信息发布台上，并有专门的指示灯提示。

4. 提供新闻广播

无论驾驶人正在收听收音机、磁带、CD，还是静音状态，如果事先按下"NEWS"键，一旦有新闻广播时，收音机会自动跳到新闻广播，不会错过重要的新闻广播。

5. 相关收音台信息

EON（Enhanced Other Networks，加强其他网络）是 RDS 的另一项重要服务。假如调谐到某个电台，此台通过 EON 同其他台联系在一起，此时就可以从被调谐的台和其他相关台中收到交通信息和新闻广播。

6. 按节目类型选台

使用 FIY 功能，收音机能自动识别和选择正在广播的节目。例如驾驶人想收听新闻、体育节目、古典音乐、摇滚音乐或轻音乐时，收音机会很快找到驾驶人所喜爱和需要的节目。

此外，RBDS（Radio Broadcast Data System，即无线电广播数据系统）内部有逻辑系统，从而使数据系统的使用范围更广、功能更强。逻辑系统能存储上万个电台的名称、频率、呼叫信号和节目表等信息资料。只要告诉系统想收什么节目，RDS 系统就会把所有当时正在放这类节目的电台一一显示给收听者，由收听者选定其中一个。如果选定了收听中央第一套节目，那么系统就会自动切换到当时这套节目信号最强的一个频率上。这种功能对驾驶人来说特别有意义，这样随着汽车的行驶，收听可始终保持在最佳的状态上。

10.1.4 汽车磁带录放机

磁带放音机一般由机心、电动机、磁头以及放音降噪电路、音频放大电路、自动选曲电路等组成。

1. 机心

机心即驱动机构，其主要功能是驱动磁带进行走带运动及变换控制。磁带放音机的机心一般有如下功能：放音（PLAY）、快进（F.F）、停止/出盒（STOP/EJECT），以及自动停机、选听、复听、自动选曲等。机心的结构，一般由以下功能部件组成。

（1）动力装置 磁带放音机驱动机构的动力源是低压直流电动机。这种直流电动机体积小，含有稳速装置。

（2）主导机构 主导机构的作用是牵引磁带以恒定的速度通过磁头，即产生放音时的恒速走带运动。主导机构由主导轴、压带轮及紧固在主导轴下端的飞轮构成。

（3）快速进带机构 快速进带机构用来完成磁带的快进运动。它包括变换机构、换向机构及供、收带机构。

（4）制动机构 制动机构的作用是当磁带从运动状态转换为停止状态，以及磁带从一种运动状态转换为另一种运动状态时（终止前一种运动状态，再进入另一种运动状态）能在很短的时间内实现对供、收带盘的制动，做到既不产生抛带现象，又不使磁带因拉得太紧而产生变形或伸长。

(5) 控制机构　控制机构也称为操作机构。它的作用是操纵机心变换各种工作状态。控制功能有：放音、快进、暂停、停止、出盒等。控制机构由组合为一体并能相互联锁的键式开关组成。

2. 磁头

磁头是录音座中电磁转换的器件。放音时放音磁头将磁信号转换成电信号。

(1) 磁头的种类　磁头有以下几种分类。

① 按功能分类：可分为录音磁头、放音磁头、抹音磁头和录放两用磁头等。

② 按铁心材料分类：可分为坡莫合金磁头、铁氧体磁头和铁硅铝合金磁头3种。坡莫合金磁头在录音机中用得最多，它适宜于制作录音、放音、录放磁头。铁硅铝合金磁头坚硬耐磨、高频特性好、寿命长，广泛用于高档录音座。

③ 按声道分类：可分为单声道磁头和双声道磁头两种。

(2) 磁头的结构　磁头主要由铁心、线圈、工作缝隙、屏蔽罩、固定支架及导带叉等组成。放音时，带有剩磁的磁带经过工作缝隙时，由线圈感应出信号电压并送入前置放大器放大。立体声磁头内有独立的左、右两个声道的铁心、线圈、工作缝隙等。

10.1.5　汽车激光唱机

激光唱机又称 CD（Compact Disc）机，具有自动选曲、程序重放、遥控操作等功能。多片激光唱机在 CD 唱片仓盒中可同时安放多张唱片，又称换片式 CD 唱机。

1. 激光唱机的组成

激光唱机主要由激光拾音器、伺服传动机构、数模转换系统、控制及显示电路等组成，如图 10-2 所示。

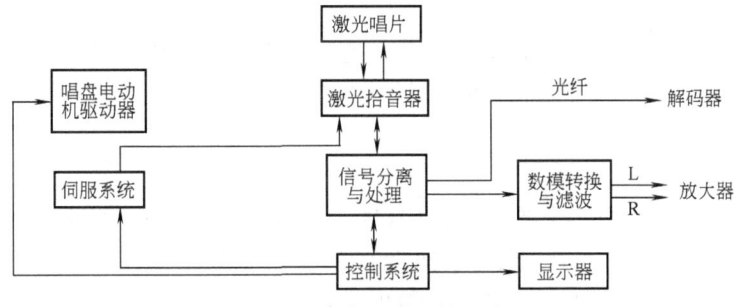

图 10-2　激光唱机的组成

(1) 激光拾音器　激光拾音器又称光学头，是激光唱机的信号传感器，按工作方式分为单光束和三光束两种。三光束激光拾音器是用主光束读取信号，两侧的副光束可测量循迹偏离，以保证主光束的准确工作。单光束拾音器则用单一光束兼顾读取信号和测量循迹偏离误差。

激光拾音器由激光源、聚光镜、反射镜等组成，如图 10-3 所示。以单激光束拾音方式为例，激光源产生一束直径 $0.8\mu m$ 的光源，通过偏棱镜和聚光镜射在 CD 唱片（唱片的结构如图 10-4）的信号凹点上。一个激光唱片上最多可录 25 亿个凹点，信号凹点的长度及彼此间隔随音乐信号的变化而不同。在凹点处，由于反射光干涉，返回聚光镜的光量少，在没有凹点处，唱片表面光滑如镜，反射光全部返回聚光镜。光敏接收器根据聚光镜返回光量的

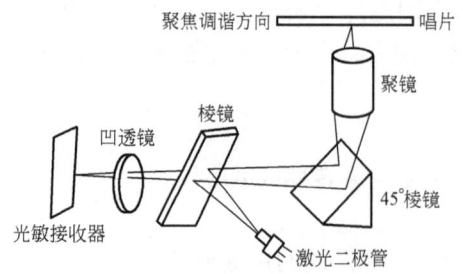

图 10-3 激光拾音器的组成

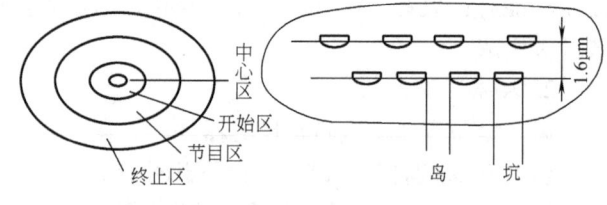

图 10-4 激光唱机的结构

多少判断出凹点的有无,并以数字 0 或 1 输出电平信号。在扫描过程中,激光拾音器随唱片的转动由内向外拾取信号。

(2) 信号分离与处理电路　激光拾音器输出的电信号送入信号分离与处理电路。该电路中的数据分离器能正确识别左、右声道信号及各种信号代码,分离后的信号送至信号处理器。信号处理器将含有音频信号的数字信号进行解码,使其变成标准的脉冲编码,送至数/模转换电路,同时信号处理器还将同步信号、纠错信号及电动机测速信号检出,将有关的控制信号送至控制系统。激光唱机中的信号分离与处理均采用大规模集成电路实现。

(3) 伺服系统　伺服系统采用聚焦伺服电路和循迹伺服电路处理 CD 唱片转动中的误差及唱片误差。聚集伺服可保证 CD 唱片的信息区正好位于聚光镜的聚焦平面上,循迹伺服用来克服唱片加工精度不好所引起的误差。自动稳速伺服电路,通过测速传感器给出的校正误差信号来控制电动机,使之转动稳定。

(4) 数模转换电路　数模转换电路又称 D/A 转换器,在激光唱机中也称 DAC,用于将激光拾音器送来的数字信号转换成音频模拟信号。D/A 转换电路输出的信号经滤波后,可直接送往放大器。

(5) 控制系统和显示器　控制系统对激光拾音器等传送的数字信号进行分析,获得各种控制依据,并对电动机、伺服系统和显示器实施控制。

2. 激光唱机的分类

汽车 CD 唱机一般分为以下几种。

① 单片型汽车 CD 唱机。主要与具有 CD 输入接口的汽车收放机相配合。其特点是不改变原来汽车音响的形式,并可通过原来汽车音响的遥控(RemoteLine)电源线与 CD 唱机电源线接通,开启主机电源,CD 唱机的电源同时接通。

② 通联型多碟汽车 CD 唱机。通联型汽车 CD 唱机分为两大部分:主机及多片 CD 唱机。通联型汽车 CD 唱机具有 AM/FM/TAPE 及 CD 控制功能,主机与多片 CD 唱机之间通过数据控制线和音频信号线相互通联。其特点是集 CD 放音、FM/AM 收音为一体化,同时具备了磁带放音的功能,操作显示一目了然。CD 唱机一般是 6~12 片连放,可放置在汽车上任意部位。

③ 射频输出(RF)型汽车多片唱机:RF 型 CD 唱机通过 FM 射频信号将音频信号送到收放机上,故其可放置在汽车的任意位置,而且不改变原有仪表板的布局,不受音频信号线的限制。

RF 型 CD 机 FM 波段频率一般设置有 88.3MHz 和 88.7MHz 两档。在 RF 型 CD 机的转换盒中,采用晶振作为主振源,故频率稳定性极佳,而频率信号的幅度可用"SEL"键改变低、中、高档,以适应原来汽车收放机 FM 接收灵敏度较低者。

3. 激光唱机的安装

图 10-5 所示为索尼激光唱机的安装图。主机 XR-7040 安装仪表板上，取代原来的收放机；CDX-70CD 换盘器有 10 张光盘可自动换片，一般安装在汽车行李箱内，也可安装在汽车其他空余地方。

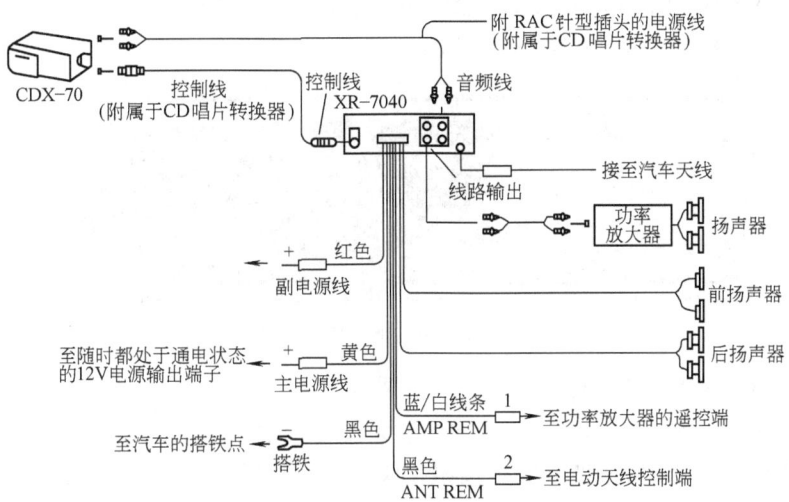

图 10-5　索尼激光唱机的安装图

10.1.6　车载 MP3

车载 MP3 把各类便携式音乐设备，如 MP3、CD、MD 等输出的音频信号，以无线发射方式发射到车载调频立体声收音设备中，车主只需将汽车收音机的频率设定为车载 MP3 的频率，或让收音机搜索到该频率即可进行播放。

1. MP3 的分类

目前，市面上销售的车载 MP3 一般有两种分类方法。

① 从供电方式上分：有点烟器式车载 MP3 和带电池式车载 MP3（7 号电池或钮扣电池）。

② 从音源来源分：有独立音频接口式车载 MP3、U 盘式车载 MP3 和车载集成 MP3 播放器。

2. 车载 MP3 的优点

① 个性化：想听什么就听什么，内容完全由自己选择。

② 容量大：一个 128M 的 MP3 的存储量，相当于四张 CD 的歌曲数量，而且车载 MP3 使用 128kbit/s 的压缩技术，从而保证了音质的效果。

③ 抗振性好：不需要对原车进行任何改装，也不必担心驾驶在崎岖不平的道路上时对汽车音响的损伤。

3. 车载 MP3 播放器举例

（1）朗科 A150（1G）　其外形如图 10-6 所示。

① 内存容量：1G。

图 10-6　朗科 A150（1G）

② 播放格式：MP3、WMA、WAV。

③ 显示屏：26万色，1.5in全彩OLED显示屏，同步歌名、歌词显示（2行）、自动滚屏、支持中英文ID3显示。

④ 主要功能：音乐一键发射（多达206个可调发射频点），JPEG图片快捷浏览，电子书阅读功能，SMV视频文件格式播放，MIC外部、FM内部录音功能。

（2）阿尔派CDA-9827　其外形如图10-7所示。

图10-7　阿尔派CDA-9827

① 播放格式：MP3，WMA。

② 主要功能：主机内置50W×4大功率放大器，3组前级输出（4V电压），可连接控制Ai-Net总线CD换片机，快速搜索曲目按钮和操作界面，高音中心频率控制、低音中心频率控制、低音电平控制、低音宽度控制、低音类型选择、黑屏降噪、MediaXpander媒体扩展。

（3）先锋DEH-P5750MP　其外形如图10-8所示。

图10-8　先锋DEH-P5750MP

① 播放格式：MP3，WMA，WAV。

② 主要功能：支持CD-R/RW播放，5模式预设均衡器、1模式自定预设均衡器、3频段参数均衡器、音像定位均衡器（SFEQ）、可选择3种模式的响度，直接副低音驱动系统，电平指示器，可连接CD换片箱。

（4）歌乐DXZ746MP　其外形如图10-9所示。

图10-9　歌乐DXZ746MP

① 播放格式：CD，MP3，WMA。

② 显示屏：液晶显示屏。

③ 主要功能：显示 CD 内容、CD 标题、电台标题、可调显示屏对比、附加使用者自设信息屏幕储存器，内置放大器旁通回路。

10.2 汽车多媒体

10.2.1 汽车 VCD/DVD 播放机

车载多媒体种类很多，以车用 VCD/DVD 系统最为普及，如图 10-10 所示的歌乐 VRX935VD 车载多媒体主机，一般主机多为 1DIN 结构（1DIN 指一个标准空间，宽、高固定而深度不限）。下面以 7in 宽屏幕彩色液晶电视连单片式 DVDNCD/CD 播放机为例加以介绍，其组成如下：

① 内置 MPEG2/1 解码器。

② 超薄 DVD/VCD/CD 播放机。

③ IP 母线输入、输出。

④ 96kHz/24bit DAC。

⑤ 由 IP 母线主机控制，即由 A/V 影音娱乐主机完全操控，并由 IP 母线主机进行外部操控。

⑥ 后座用 DVD 视频输出。

⑦ A/V 影音娱乐的光纤数码输出（DTS/杜比数码/杜比 PRO 逻辑/线性 PCM）。

图 10-10 歌乐 VRX935VD 车载多媒体主机

⑧ 附遥控器。

⑨ 7in TFT 主动式点阵 LCD 液晶彩色屏幕。

⑩ 全机动化装置可调显示角度。

⑪ RGB 输入。

⑫ 主动光暗调节。

⑬ AGLR（防耀眼、防低光）镀膜 LCD 液晶彩色屏幕。

⑭ 遥控器感应窗。

⑮ 装卸式面板安全装置，配有 LED 防盗闪烁信号灯。

车载 DVD 系统（以东芝微控制器 TMP87CH47 为核心的车载 DVD 系统为例）一般由以下几部分构成。

① 车载 DVD 子系统：具有 DVD 机心的伺服控制、音视频数据解码，根据用户选择的电视制式编码成模拟视频信号等功能。

② AM/FM 收音子系统：由收音机锁相环、收音高频头构成，用于 AM/FM 收音功能。

③ LCD 显示子系统：由 LCD 显示驱动 IC、LCD 显示屏构成，用于完成显示功能。

④ 板面控制模块：处理用户在车载 DVD 系统的前面板上的按键操作。

⑤ 遥控器处理模块：处理用户的遥控器操作。

车载 DVD 系统结构原理框图如图 10-11 所示，特点是硬件结构模块化、控制可靠、软硬件协调工作。

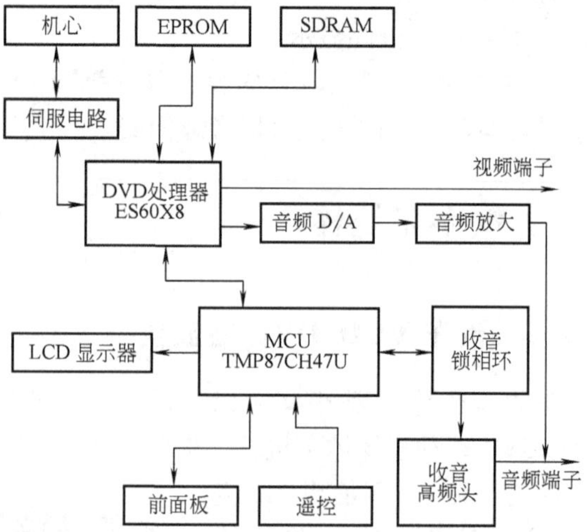

图 10-11　车载 DVD 系统结构原理框图

10.2.2　车载电视

由于车载电视达到了即时传播节目的效果，具有受众面广、接触频率高等特点，在民航、铁路、地铁、长途客运汽车、公共汽车等领域得到广泛应用。

10.3　汽车通信系统

10.3.1　车载电话的组成

车载电话主要由天线、无线机（移动机）和手持电话机等组成，不仅能进行通话声音信号的发送和接收，还能根据基地站的指令进行天线回路控制和电话机的信号授受功能的控制。

1. 无线机

无线机的结构原理框图如图 10-12 所示，由天线接收的电波通过收发分波器被输入接收回路中，由 FM 调谐波通过 2 个混频管进入解调器。汽车电话在待机时总是接收终端入呼控制通道，可以获知基地站呼号的情况。通话开始时，接收通话通道，通信控制将必要的数据分解为声音传送出去。在解调基带回路中，通信控制进行这种数据与声音的识别，把各种信号送入控制回路及电话机的受话器回路中。

从电话机送话器回路来的声音信号被传送到调制基带回路中，调整频率偏移量，然后被送到 FM 调制器进行调制，在送信混频器中变换为运载频率后，其信号增强，然后，通过天线作为电话被发射出去。

2. 电话机

电话机的种类大致有以下三种：

（1）持话器　也就是手持电话机，其托架利用配线与无线机连接，与持话器之间也用软线连接。

（2）对讲机　对讲机由送话用传声器、线路中断开关（收发开始或终了的开关）以

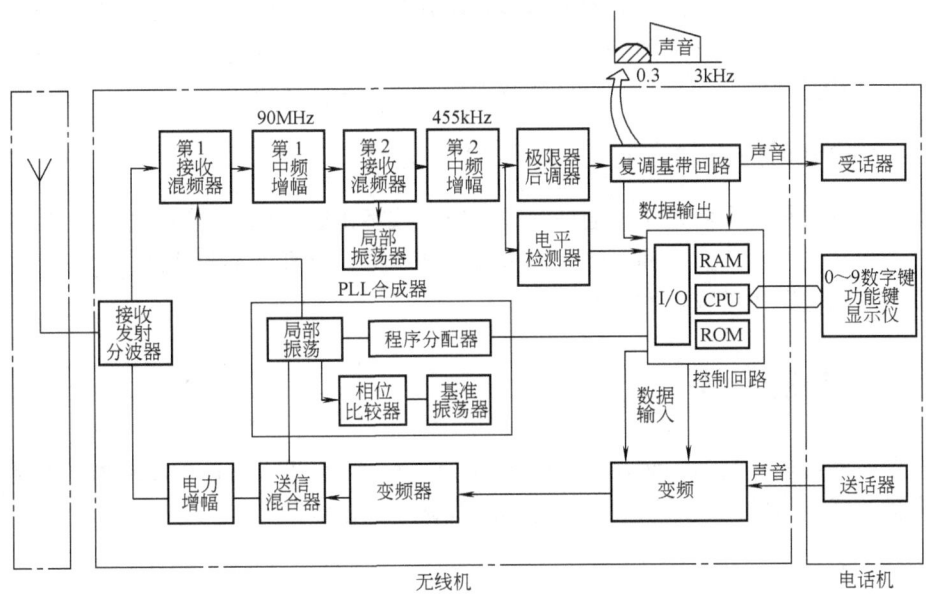

图 10-12 无线机的结构原理框图

及缩短号码发报用开关(把通话对方的电话号码进行存储,只要开动开关,就能呼叫对方)组成,采用如下闭环通信方式:从受信方的受话器扬声器输出一部分功率进入送话器的传声器中,转送到送信一方,再向送信一方的扬声器回送,重新进入送信一方的传声器。

(3)声音拨号盘 它是对非手持式受话器的电话系统追加声音识别功能的装置。使用者预先把对方电话号码及缩短号码从数字键转换器输入,把对方名字用声音记录下来,当发出登记声时,就能开始与对方进行通话。声音拨号盘电话机系统的框图如图 10-13 所示,当按下记录开关后,通过数码转换键缩短号码,对方电话号码的顺序被存储在存储器中。接着,面向传声器在 5s 之内就发出与对方名字相符的声音来。在声音分析回路中,分析人的特征,并使之符号化,存储在声音特性存储回路中,并与声音特性及预先输入的缩短号码进行对照。

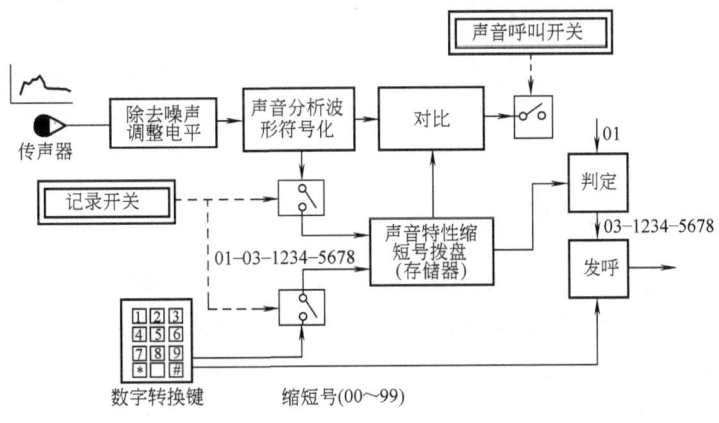

图 10-13 声音拨号盘电话机系统框图

利用发声拨盘进行呼号时，先按下声音呼叫开关，然后面向传声器发出对方的名字。在回路中，对发出声音进行相同的分析，分析存储器所登记的声音特征是否有类似情况。与类似声音特征进行对照的缩短号码相符合的对方电话号码被传送出去。

10.3.2　车载电话的发展方向

车载电话的发展趋向将是增大通话容量和应用数字化通信技术。新型数字化蜂窝式移动电话，不仅可传送声音信息，而且还可以传送各种数据，并可提供多种信息服务，数字化技术还能提高通信过程中的安全性。

10.4　汽车导航系统

汽车导航系统通常包括安装在汽车内部的一台微型计算机、方位检测器和显示器。该系统可将车辆位置、目的地交通情况以及行车路线显示在显示器上。

10.4.1　概述

当汽车在生疏地带行驶，有时会迷失方向。这时，就需要导航系统来确定汽车的位置和行车方向，帮助驾驶人脱离困境。

1. 汽车导航系统的主要功能

① 按照要求制定行车计划，并能随时确定具体方位。

② 遇到交通异常情况，能自动重新设计路线，并在彩色显示屏的地图上显示各种交通状况，如红线表示交通阻塞，绿线表示可选路线，甚至可以呈现出前方道路的实际图像。

③ 多语种的语言提示。

④ 提供相关服务信息（包括没人协助的意外事故）。

要实现以上的功能，关键技术在于全球定位系统（GPS）和汽车的轮速传感器。

2. 汽车导航系统的类型

（1）地磁导向系统　该系统可以检测出地磁的方向，输出方向信号。该系统功能有限，正在被淘汰中。

（2）电子地图导向系统　该系统没有引导功能，只是利用大容量的存储器，把全国及各城市的各种交通信息存入存储器中。

（3）无线电导向系统　无线电导向系统有卫星导向和无线电固定导向台导向两种，系统内的通信接收机可以接收导向卫星或地面无线电导向台的信号，精确地显示出汽车任意时刻的位置。

10.4.2　车载卫星导航系统

目前，在汽车中应用最多的就是无线电导航系统——GPS 导向系统（即车载卫星导航系统）。车载卫星导航系统可以分为内置式和外置式。内置式一般由汽车生产商在生产环节安装，外置式一般多为后期安装。

1. 丰田车载内置式卫星导航系统

丰田汽车公司的 G-BOOK 车用导航系统如图 10-14 所示。天津丰田已经推出预装有导

图 10-14　丰田公司的车用导航系统

航系统的威驰（VIOS）和花冠（COROLLA）车型。

2. STP Ⅲ 任我行语音车载导航系统

STP Ⅲ 任我行语音车载导航系统是美国 GARMIN 公司与北京合众思壮公司联合在国内推出的产品，可 24h 全天候使用，方便安装拆卸。

3. 星网迅达 PDC 车载导航系统

星网迅达 PDC 车载导航系统采用 Windows 操作平台，提供 GPS 导航、智能化选路，支持多种坐标转换。

本 章 小 结

1. 汽车音响系统由天线、接收装置、声场修正、可听频率增幅、扬声器五个部分组成。
2. 传统的模拟信号汽车收音机使用的是 AM/FM 调谐器。
3. RDS 广播系统具有显示台位名称、自动跟踪调谐、提供交通信息、相关收音台信息、按节目类型选台等优点。
4. 磁带放音机一般由机心、电动机、磁头以及放音降噪电路、音频放大电路、自动选曲电路等组成。
5. 激光唱机主要由激光拾音器、伺服传动机构、数模转换系统、控制及显示电路等组成。
6. MP3 一般有两种分类方法：供电方式、音源来源。
7. 汽车车载多媒体主要包括：汽车 VCD/DVD 视屏播放机、车载电视。
8. 车载电话主要由天线、无线机（移动机）和手持电话机等组成。
9. 汽车导航系统的组成通常包括安装在汽车内部的一台微型计算机、方位检测器和显示器。

习题与思考题

一、选择题

1. 决定音响性能的重要因素有（　　）。

A. 扬声器口径　　B. 扬声器安装方法　　C. 扬声器安装位置　　D. 前面三种都是

2. RDS（Radio Data System）即无线电数据系统是（　　）年在欧美出现的。
   A. 1987　　　　B. 1988　　　　C. 1989　　　　D. 1990

3. 激光拾音器的激光源能够产生直径（　　）μm 的光源。
   A. 8　　　　　B. 0.8　　　　 C. 0.08　　　　D. 80

4. MP3 的容量相当于（　　）CD 的容量。
   A. 1~2　　　　B. 2~3　　　　C. 3~4　　　　D. 4~5

5. 康佳车载电视 LCl560 系列液晶面板的分辨率达到了（　　）。
   A. 640×480　　B. 800×600　　C. 1024×768

6. 需要拐弯时，电子导航的语音提示系统会在离拐弯处（　　）mm 时首次提醒。
   A. 500　　　　B. 600　　　　C. 700　　　　D. 800

7. 需要拐弯时，电子导航的语音提示系统会在离拐弯处（　　）mm 时再次提醒。
   A. 200　　　　B. 300　　　　C. 400　　　　D. 500

8. 到（　　）年时，电子地图将覆盖全中国。
   A. 2008　　　 B. 2009　　　 C. 2010　　　 D. 2015

二、判断题

1. 调频信号的抗干扰性比调幅的要好。（　　）
2. 天线树得越高接受的调频信号越好。（　　）
3. RDS（Radio Data System）即无线电数据系统不能自动跟踪调谐。（　　）
4. RDS（Radio Data System）即无线电数据系统能够提供按节目选台功能。（　　）
5. MP3 的音质比 CD 片好（　　）。
6. 车载 DVD 系统一般包含 AM/FM 收音机子系统。（　　）
7. 汽车导航系统不能提供"没人协助的意外事故"信息。（　　）
8. 车载卫星导航系统简称"无线导航系统"。（　　）
9. 需要拐弯时，电子导航的语音提示系统会在离拐弯处 700m 时提醒。（　　）

三、简答题

1. 汽车音响系统的组成？
2. RDS 的优点？
3. 磁带放音机的组成？
4. 导航系统的分类？
5. 简述帕萨特轿车音响系统的故障检修？

实训项目三十三　汽车音响的检测与维修

车辆牌号	车辆识别代码	发动机型号

一、实训目的与要求

1. 了解汽车音响的工作原理。
2. 掌握汽车音响的检修方法。

二、实训仪器和设备

帕萨特 B5 轿车一辆，万用表一个，解码仪一个，常用工具一套。

三、实训步骤

1. 音响系统的解码

上海大众生产的新款 B5 的音响分为两种：一种为 α 型，另一种为 β 型，但其音响防盗原理是一样的，解码的程序也是一样的。

（1）便捷型收放机密码系统　在此以前，每次卸下收放机或拆除蓄电池接线后均需人工取消防盗密码。有了此新的便捷型收放机密码系统后，情况发生了变化，首次将编码数字输入收放机后，它还同时储存在您的车辆中。

车辆供电中断后，汽车收放机会自动将"它的"密码数字和储存有在车辆中的密码加以比较。如密码相符，则在短短几秒后，收放机便可工作。不再需要人工取消电子锁定。但如果密码不一致，则需人工取消电子锁定。

（2）取消电子锁定　当收放机断电后，防盗密码系统将收放机电子锁定，开机后则显示"SAFE"字样，解码程序如下：

① 开机显示屏显示"SAFE"字样。

② 3s 后显示屏上显示"1000"。

③ 使用存台键（数字）将贴在"收放机资料卡"上的密码输入，点击键"1"输入第一位，点击键"2"输入第二位。以此类推。

④ 其后按搜索键或按手动调谐键，按 2s 以上松开。

⑤ 如果输入的密码正确，则其后很快便会自动显示频率，此时的收放机便可工作。

（3）密码错误　如果在取消电子锁定时，由于疏忽输入一个错的密码，则显示屏先闪后持续显示"SAFE"字样。此时可重复一遍整个过程，可重复的次数，将在显示屏上显示。

如再次输入错误的密码，则收放机将被锁定 1h 左右，即无法开机。可从显示屏上左下方有个很小的"2"字识别此锁定状态，1h 后必须保持开机状态，且重复次数的显示消失，又可根据前面提供程序进行解除。仍为"两次输入，1h 锁定"的周期。

2. 上海大众帕萨特 B5 轿车音响使用与维修

（1）防盗密码系统　具有防盗密码系统的收放机在关机和拔出点火钥匙的情况下，发光二极管会闪烁。如果电源中断（如拆除蓄电池的接线或熔丝熔断），则收放机被电子锁定。开机后屏幕上显示"SAFE"，只有重新输入正确的密码后才能再开机。输入密码的程序：

(续)

车辆牌号	车辆识别代码	发动机型号

① 开机，数字屏上显示"SAFE"。
② 约 3s 后显示屏上显示"1000"。
③ 使用存台键将密码键入。点击键"1"输入密码的第 1 位，点击键"2"输入密码的第 2 位，以此类推。例：要输入的密码 2305，先按键"1"二次，按键"2"三次，按键"3"十次，按键"4"五次。
④ 按搜索键或手动调节键，按住 2s 以上松开。
⑤ 如果输入的密码正确，经过短暂的"学习阶段"显示当前频率，此时收放机又重新处于工作状态；
⑥ 如果输入的密码错误，则显示屏上先闪烁，后持续显示"SAFE"字样，可重新输入密码。如果第 2 次输入的密码也不正确，则收放机将自动锁定 1h，不能再输入密码。2h 后又可重新输入密码。

如果用户不慎将密码丢失，可以到上海大众特约维修站去，通过故障诊断仪 V.A.G1551/1552 或 V.A.S5051 进入到 56 地址词去查出收放机的 14 位代码，再到上海大众总部去查出防盗系统密码。部分收放机的密码也可以在其机壳上找到。

(2) 常见的故障及检修　检查故障前，应先确认各个操纵按键是否正确使用。如调节不好可能会引起没有声音或声音很小。检查前，使用故障诊断仪 V.A.G1551/1552 或 V.A.S5051 进入 56 地址词，然后键入 02 功能键进行故障查询。

进到 56 地址词后，可以进入 08 功能读取数据块的值。

显示组 002 前后扬声器的工作状态。
显示组 003 天线的工作状态。
显示组 004 电话是否开关。
显示组 005 CD 连接正常与否。
显示组 006 扩展显示正常与否。

可以采用随车带的专用工具插入收放机的卡槽，将收放机拉出来进行拆开检查。较常见的故障有如下几种。

(1) 收放机不工作、不显示
① 检查收放机的熔丝是否熔断。如果熔丝良好，需摇动收放机，听机内有无异响，或打开面壳观察机内有无异物。
② 检查收放机后的喇叭线束及电源线是否良好。

(2) 收放机在收音档时正常，放磁带时无声音或声音很小或者感觉声音失真。
① 检查磁头是否已脏或生锈，如果磁头脏，可用清洁磁头剂来清洗磁头。这种故障较常见，一般是由使用劣质磁带时磁粉脱落引起。
② 检查机心长/短传动带是否脱落，以及机心内是否有异物。如果是由旋具、纸屑等杂物引起的机心长传动带脱落，会引起磁带不停换而或绞带。如果机心短传动带脱落则会造成磁带不动。
③ 如果无放音，可能的原因还有机心静音开关闭合损坏，机心动力开关故障等。

(续)

车辆牌号	车辆识别代码	发动机型号

④ 如果是机心动力开关故障，放进磁带后呈快进状态。

(3) 磁带卡住，取不出来　打开面盒检查，可能由以下原因造成。

① 由磁带变形引起。

② 由磁带节目卡纸翘起引。

③ 机心内有明显杂物而导致绞带。

处理时可打开面盖，在按住出带键的同时，用手轻推出带钩。如果卡带是由磁带节目卡纸翘起引起的，粘好节目卡纸。如果有异物，应设法取出。但一定要注意不要强行取出磁带，否则会引起机心变形损坏。

有时是因为带舱变形，造成出入带不良。带舱变形多是由劣质磁带造成的或是由异物造成的。

(4) 卡碟　机心里有 2 张 CD 碟、碟片装反或 CD 碟有卡口，也有可能是由机心机械故障引起的。误把 VCD 当卡碟时，可拆下机心，给机心上控制出入碟电动机（机心右后边）的正负端通 5V 电，两碟片会一齐往外出而卡在入碟口上，此时可先用手将上面的碟片拉出，再取出下面的碟。注意不要强行取出碟片，否则易造成机心导入轮脱落，碟片划坏。

(5) 跳碟　在行车途中，放 CD 碟时，声音断断续续，造成的原因是 CD 碟表面刮划严重或路面太颠簸。

四、数据整理

1. 记录解码步骤。
2. 记录故障检修步骤。

五、思考题

1. 仔细阅读帕萨特轿车音响系统的电路原理图。
2. 分析帕萨特轿车音响系统故障的产生原因。

第 11 章 汽车电气设备总线路

学习目标：

- 了解汽车用导线的规格、型号和选用原则。
- 了解汽车线束的包扎、安装和汽车电路接头连接方式。
- 掌握汽车电路开关、保护装置的作用、种类和工作方式。
- 熟知汽车整车电路的组成和电路图的种类。
- 熟知汽车电路的接线规律和读识电路图的要点。
- 掌握汽车电气系统故障诊断的一般程序和方法。
- 学会利用原车电路图分析和查找电路故障。

导线及各种配电设备将汽车上各电器连接在一起，并使汽车电气设备形成一个系统。了解和掌握汽车电气设备间的相互联系，熟悉汽车的全车电路，对电气设备的正确使用和维修，特别是故障诊断与排除具有十分重要的意义。

11.1 汽车电路常用部件

11.1.1 汽车导线、线束及插接器

1. 导线

汽车电系的连接导线有低压和高压导线两种。低压导线中又有普通导线、起动电缆和搭铁电缆之分；高压导线则有铜芯线和阻尼线之分。

（1）低压导线

1）普通低压导线。普通低压导线为带绝缘层的铜质多股软线。低压导线的截面积主要是根据用电设备的工作电流选择，但对于功率很小的电器，仅以工作电流的大小选择导线，其截面积将太小，机械强度差，因此，汽车电系中所用的导线截面积不得小于 0.5mm^2。汽车用低压导线允许载流量见表 11-1。12V 汽车电系主要线路导线截面积推荐值见表 11-2。

表 11-1 低压导线允许载流量

导线标称截面积/mm^2	0.5	0.8	1.0	1.5	2.5	3.0	4.0	6.0	10	13
允许载流量/A			11	14	20	22	25	35	50	60

表 11-2　12V 汽车电系导线的推荐规格

导线的使用部位	标称截面积/mm^2
后灯、顶灯、指示灯、仪表灯、牌照灯、燃油表、刮水器等电路	0.5
转向灯、制动灯、停车灯、分电器等电路	0.8
前照灯、电喇叭（3A 以下）电路	1.0
前照灯、电喇叭（3A 以上）电路	1.5
其他 5A 以上的电路	1.5～4.0
电源电路	4～25
起动电路	16～95
柴油机汽车电热塞电路	4～6

为便于区分汽车线路，车上导线绝缘层采用了不同的颜色，其中截面积在 $4mm^2$ 以上的导线采用单色线，而在 $4mm^2$ 以下的采用双色线。

在电路图中，各国汽车厂商在电路图上多以字母（主要是英文字母）来表示导线绝缘层的颜色及条纹的颜色，一些国产汽车用汉字标出。有些只用单个字母，个别用双字母。有些国家用 2～3 字母表示一种颜色。如果导线上有条纹，则要书写较多字母。也有的厂商汽车导线采用数字代号表示颜色。导线颜色代号见表 11-3 所示。

表 11-3　部分汽车导线颜色代号

颜色	中国	英国	美国	日本	本田现代	德国	桑塔纳2000	帕萨特	奔驰	宝马	法国
黑	B	Black	BLK	B	BLK	SW	Pr	BK	BK	SW	BL
白	W	White	WHT	W	WHT	WS	br	WT	WT	WS	W
红	R	Red	RED	R	RED	RT	vcr	RD	RD	RT	R
绿	G	Green	GRN	G	GRN	GN	vc	GN	GN	GN	GN
深绿		Dark Green	DK GRN		DK GRN			DKGN			
淡绿		Light Green	LT GRN	Lg	LT GRN			LTGN			
黄	Y	Yellow	YEL	Y	YEL		am	YL	YL	GE	Y
蓝	Bl	Blue	BLU	L	BLU	BL	az	BU	BU	BL	BU
淡蓝		Light Blue	LT BLU	Sb	LT BLU			LTBU			
深蓝		Dark Blue	DK BLU		DK BLU			DKBU			
粉红	P	Pink	PNK	P	PNK			PK	PK	RS	
紫	V	Violet	PPL	PU	PPR	VI	li	PL(YI)	VI	VI	VI
橙	O	Orange	ORN	Or	ORN			OG		OR	G
灰	Gr	Grey	GRY	Gr	GRY		ci	GY	GY	GR	G
棕	Br	Brown	BRN	Br	BRN	BK	max	BR	BR	BR	Br
棕褐		Tan	TAN		TAN				TN		
无色		Clear	CLR		CLR			CR			

另外，导线颜色要容易区分，在导线上采用条纹标志要对比强烈。双色线的主色所占比例大些，辅助色所占比例小些。辅助色条纹与主色条纹沿圆周表面的比例为 1:3 至 1:5。双色线的标注第一色为主色，第二色为辅助色。我国规定汽车导线颜色的选用程序，应符合表 11-4 规定。

表 11-4 导线颜色的选用程序

选用程序	1	2	3	4	5	6	选用程序	1	2	3	4	5	6
电线颜色	B W R G	BW WR RW GW	BY WB RB GR	BR WRL RY GY	WY RG YBL	WG RBL GBL	电线颜色	Y Br BL Gr	YR BrW BLW GrR	YB BrR BLR GrY	YG BrY BLY GrBL	BrB BLG GB GrBL	YW BLO GrB

在电气线路图中对导线的标注，一般将其标称截面积和线色同时标出，如 1.5Y 表示其标称截面积为 1.5mm^2，单色（黄色），而 1.0GY 表示标称截面积为 1.0mm^2，双色导线，主色为绿色，辅色为黄色。

有些汽车导线端部还用彩色塑料套管作为区分标志，如 RW/Y 表示红底白色条纹导线，端部套有黄色塑料管；L/R 表示蓝色导线端部套有红色套管。

2）起动电缆。起动电缆为带绝缘包层的大截面铜质或铝质多丝软线，用来连接蓄电池与起动机开关的主接线柱。截面积有 25mm^2、35mm^2、50mm^2、70mm^2 等多种规格，允许电流达 500~1000A。为了保证起动机功率的发挥，要求在线路上每 100A 的电流所产生的电压降不超过 0.1~0.15V。

3）蓄电池搭铁电缆。蓄电池搭铁电缆有两种，一种外形同起动电缆，覆有绝缘层，另一种则是由铜丝编织成的扁形软导线，不带绝缘层，长度有 300mm、450mm、600mm、760mm 四种。搭铁电缆常用于蓄电池与车架、车架与车身、发动机与车架等总成之间的连接。

（2）高压导线 高压导线是点火系中承担高压电输送任务的导线，其工作电压一般在 15kV 以上，而工作电流很小，故其截面积较小（一般为 1.5mm^2），但绝缘层很厚，其绝缘材料有全塑料与橡胶/塑料复合材料之分。

按线芯的不同，国产高压导线分为铜芯线和阻尼线两种。高压阻尼线能抑制点火系对无线电设备的干扰，且效果较好。其型号和规格见表 11-5。

表 11-5 高压导线的型号和规格

型号	名称	线芯结构		标称外径/mm
		根数	单线直径/mm	
QGV	铜芯聚氯乙烯绝缘高压点火线			
QGXV	铜芯橡胶绝缘聚氯乙烯护套高压点火线	7	0.39	7.0±0.3
QGV	铜芯橡胶绝缘氯丁橡胶护套高压点火线			
QG	全塑料高压阻尼点火线	1	2.3	

（3）汽车电气数据总线 随着集成电路和单片机在汽车上的广泛应用，汽车上的电子控制器越来越多，线路越来越复杂。如果仍采用常规布线方式，将导致汽车上电线数目迅速增加。汽车计算机与计算机之间的通信和数据共享，现多采用 CAN 数据总线。

CAN 数据总线的作用是传输数据，它是双向数据线，分为 CAN 高位和 CAN 低位数据线。数据没有指定接收器，数据通过数据总线发送给控制模块，各控制模块接收到数据后进行计算。为了防止外界电磁波的干扰和向外辐射，CAN 数据总线采用将两根线缠绕在一起的方式。如图 11-1 所示。两根线上的电位总是不等的，如果一根线上的电压是 5V，另一根线上的电压是 0V，两根线上的电压和总是 5V，可以看成两根线朝一个方向合起来流过一个稳定的电流，同时起到屏蔽作用。一汽宝来、一汽奥迪 A6、上海帕萨特 B5 和大众波罗轿车上都采用了 CAN 双线式数据总线系统。

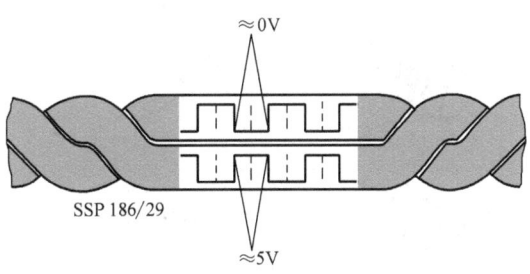

图 11-1 CAN 数据总线

2. 线束

为了使汽车全车繁多的导线不凌乱，方便安装和保护导线的绝缘层不被损坏，汽车用低压导线。除蓄电池导线外，一般都将同路的各导线用棉纱编织或用聚氯乙烯塑料带包扎成束，称为线束。近年来国外汽车为了检修导线方便，将导线包裹在用塑料制成开口的软管中，检修时将开口撬开即可。

一般汽车线束都分成几部分，再通过插接器来完成电路连接。发动机前置的汽车常分成发动机室盖下线束、仪表板转向盘开关线束、底盘后车灯线束等。

有些轿车电路往往将复杂的电路分解成许多小的线束，再用连接件与中央接线盒连接。

已制成的线束在安装时应注意以下几点：

1) 线束应用卡簧固定，以免松动磨损。

2) 线束不可拉得太紧，尤其在拐弯处更需注意，在绕过锐角或穿过洞口时，应用橡胶、毛毡类的垫子或护套保护，以防磨损线束。

3) 各接头必须切实紧固，接头间接触良好。

3. 插接器

插接器（也叫连接器），是汽车电路中不可缺少的元件，因连接可靠、检修方便而在汽车上广泛使用。按作用可分以下几类：第一类是连接线束和电器元件，如图 11-2 所示；第二类是连接线束与线束，如图 11-3 所示；第三类是线束与车身的连接，如图 11-4 所示；第四类是过渡连接，将插接器中需要连接的导线用短接端子连接起来，如图 11-5 所示。插接器种类很多，还可分为单路、双路或多路等多种形式，如图 11-6 所示。

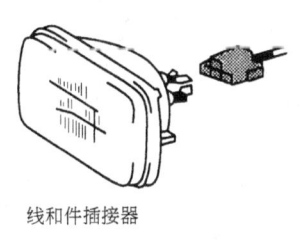

线和件插接器

图 11-2 线束和电器元件的连接

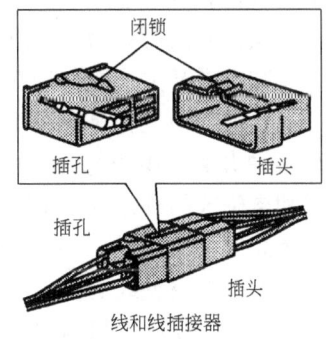

线和线插接器

图 11-3 线束和线束的连接

插接器由导线端子和壳体组成，如图 11-7 所示。插接器端子上设有锁扣，装入护套内以防脱出。插接器端子由表面镀锡（或镀银）的黄铜片制成，有柱状（针状）和片状两类。

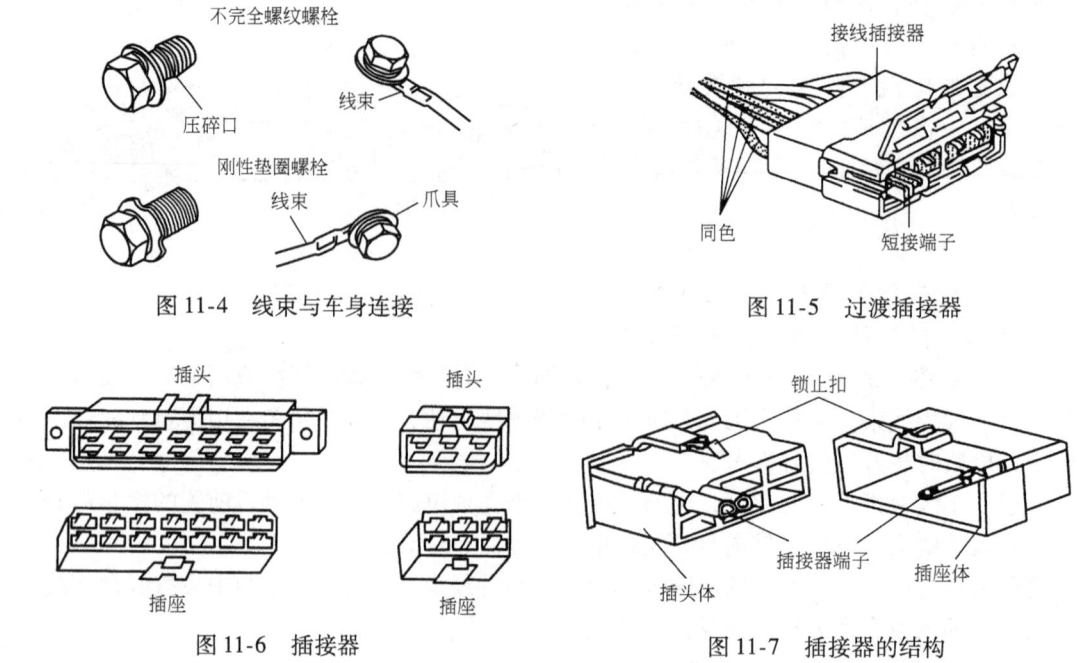

图 11-4 线束与车身连接　　图 11-5 过渡插接器

图 11-6 插接器　　图 11-7 插接器的结构

插接器护套由塑料或橡胶制成。

插接器接合时,应先将其导向槽重叠在一起,使插头和插孔对准且稍用力插入,这样就可以十分牢固地连接在一起。

为了防止汽车行驶过程中插接器脱开,所有插接器均采用闭锁装置,如图 11-3 所示。当要拆下插接器时,应先压下闭锁,然后再将其拉开。不压下闭锁时绝不可用力猛拉导线,以防止拉坏闭锁或导线。

11.1.2 汽车常见开关、继电器及保护装置

1. 开关

开关是用来控制汽车电路中各种用电设备的电器装置。它一般安装在驾驶人手足易于达到的范围。按操作方式可分为手操纵和脚踏式两种;按其结构原理可分为机械开关和电磁开关;按其用途分为点火开关、起动开关、电源开关以及灯光开关和小型直流电动机开关等五种。

(1) 电源总开关　电源总开关是用来接通或切断蓄电池电路,其形式有刀式和电磁式两种,其中电磁式使用较少。

刀式电源总开关由手柄、外壳和刀形触头等构成,如图 11-8 所示,一般用于蓄电池搭铁线的控制。它安装在驾驶人便于操作,但又不易误操作的部位,使用时只需将操作手柄向上扳至图中虚线所示位置,汽车电源即被接通。向下推动手柄,则电源断开(图中实线位置)。

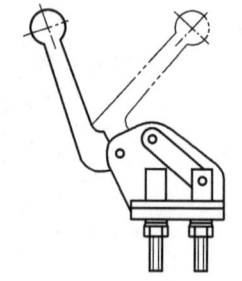

图 11-8 刀式电源总开关

(2) 点火开关　点火开关主要用来接通和切断点火电路,同时还用以控制起动机、发电机励磁、收录机、空调、刮水器、点烟器、转向盘锁止、仪表、信号灯、进气预热和其他

电器设备电路。常用的锁式点火开关配有主钥匙、副钥匙及钥匙编码标签,主钥匙与燃油箱锁盖、汽车门锁、行李箱锁通用;副钥匙仅与门锁通用;钥匙编码标签是在钥匙丢失后向厂家索配的依据。

1)点火开关的形式。常见点火开关的结构及表示方法如图11-9所示。

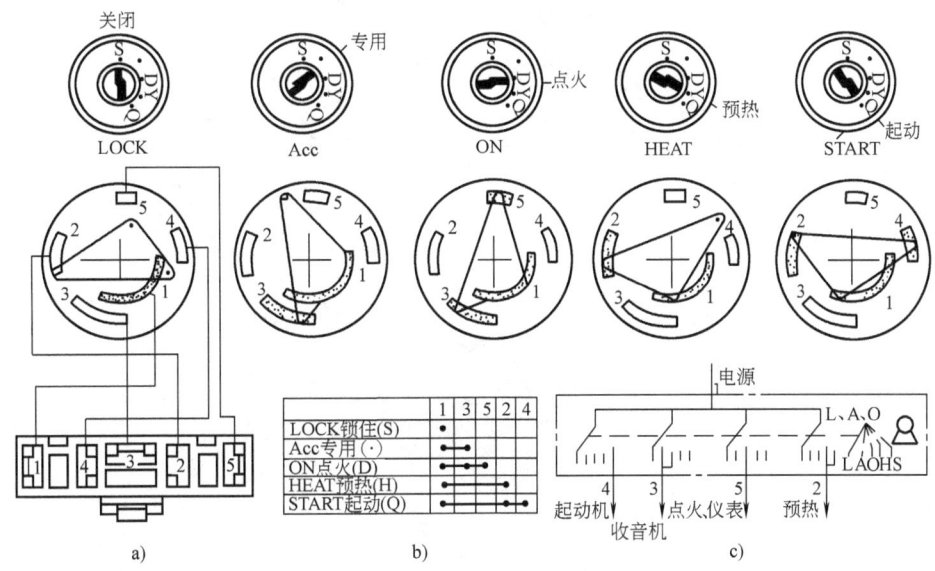

图11-9 点火(电源)开关的结构及表示方法
a)结构示意图 b)表格表示法 c)图形符号表示法

2)点火开关的使用与检修。要顺利锁住转向盘,必须使车辆处于直线行驶状态(居中位置),旋转钥匙至"LOCK"位置后再将钥匙拔出,转向器即被锁止;汽车行驶中,不允许点火开关转至"LOCK"位置。

点火开关各档位接触要良好,一般用万用表欧姆档测量各档位的导通情况,若不导通或有电阻,说明有断路或接触不良,应予更换;如导通情况不符合规定应调换其上的导线。

(3)组合开关 为了保证行车安全,操作方便,在汽车电气系统整体结构设计中,多将转向开关、危险报警开关、示廓灯与前照灯开关、变光开关、刮水器开关、洗涤器开关、喇叭开关等组装在一起,又称为组合开关。如图11-10所示。

2. 继电器

继电器有功能型和电路控制型两类。如闪光继电器、刮水器间歇继电器属功能继电器。电路控制继电器在汽车上常见的有卸荷继电器、前照灯继电器、雾灯继电器、起动继电器、喇叭继电器、鼓风机继电器、空调继电器等等,其作用是用小电流控制大电流,以减小控制开关触点的电流负荷,保护开关触点不被烧蚀。

继电器按外形分有圆形和方形2种;按端子数目分3端子、4端子、5端子等多种。按触点状态分为常开型、常闭型和开闭混合型。

继电器大部分采用电磁继电器,它由电磁铁和触点等组成。为防止线圈断电时产生的自感电动势将电子设备损坏,有的继电器磁化线圈两端并联泄放电阻或续流二极管。一般继电器外形和原理如图11-11所示。

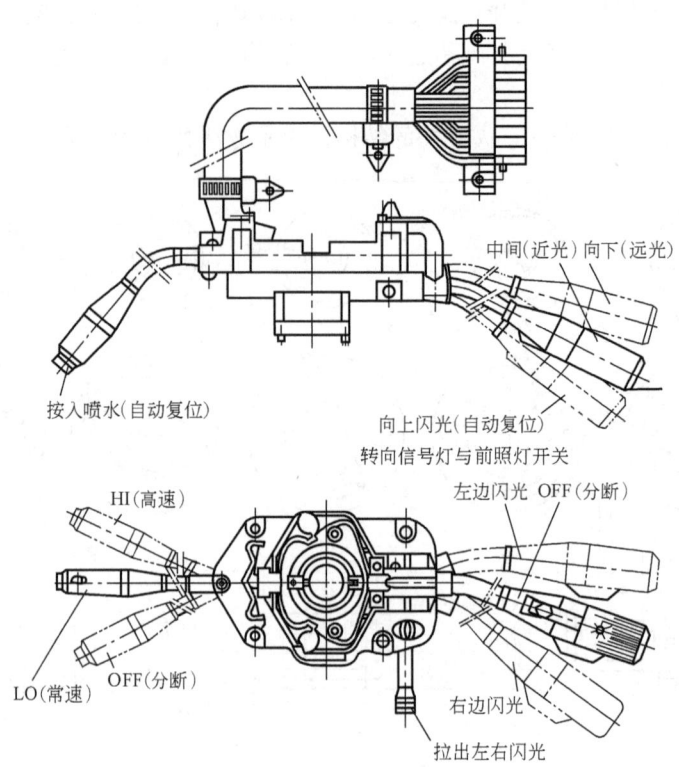

图 11-10　组合开关的结构及档位

继电器的连接方式分为接柱式和插接式 2 种。接柱式继电器触点容量可做得较大,在早期国产汽车的起动电路、喇叭电路上很常见,但连接烦琐,已被插接式继电器所取代。

继电器的工作电压分为 12V 和 24V 两种,分别应用于相应标称电压的汽车上。两种标称电压的继电器不能互换使用。

3. 电路保护装置

汽车电路保护装置用于线路或电气设备发生短路或过载时自动切断电路,保证电气设备及线路的安

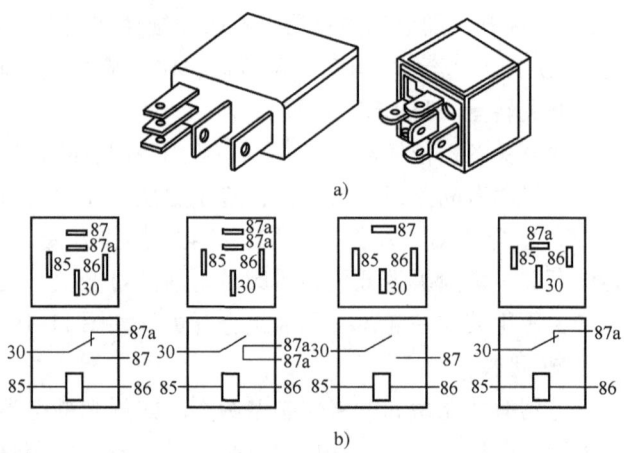

图 11-11　常见继电器的外形与内部原理
a) 外形　b) 内部原理

全。汽车上常用的电路保护装置有易熔线、断路器及熔断器(片)。

在电路原理图中,易熔线、断路器及熔断器这三种电路保护装置的常用符号如图 11-12 所示。

(1) 易熔线　易熔线是为在电流过大时熔化和断开电路而设计的导线。其截面积小于被保护导线的截面积,可长时间通过额定电流,一般为铜芯低压导线或合金导线。当电流超

过易熔线额定电流数倍时，易熔线首先熔断，以确保线路或电气设备免遭损坏。易熔线常用于保护总电路或大电流电路。易熔线的多股绞合线外面包有聚乙烯护套，比常见导线柔软，一般长度为 50～200mm，通过连接件接入电路，易熔线一般位于蓄电池和起动机或电气中心之间或附近，如图 11-13 所示。

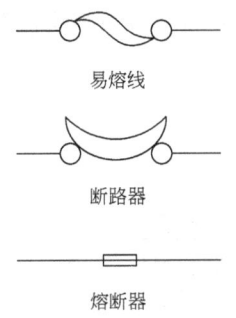

图 11-12　电路保护装置的常用符号

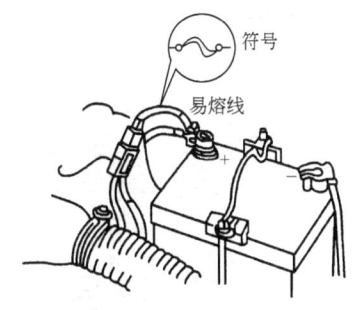

图 11-13　易熔线

易熔线用绝缘护套的颜色来区分其容量大小（Bp 负荷能力）。易熔线不能绑扎在线束内，也不得被其他物品所包裹。在含有易熔线的导线两端，利用断路检测仪或数字式万用表可确定它是否断开。如果断开，必须更换规格相同的易熔线。

（2）断路器　断路器是当电流负荷超过用电设备额定容量时将电路断开的一种可重复使用的电路保护装置。如果电路中存在短路或其他类型的过载条件，强大的电流将使断路器端子之间的线路断路。有些断路器需手工复原，有些则必须撤了电源才能复原。

（3）熔断器（熔丝）　熔断器常用于保护局部电路，其额定电流较小。熔断器的主要元件是熔丝（片），其材料是锌、锡、铅等金属的合金。熔断器是最常用的汽车线路保护方法。只要流经电路的电流过大，易熔部件就会熔断并形成断路。熔断器属于"一次性保护装置"，每次过载都需要更换。如果想确定熔断器是否熔断，只要拆卸怀疑的熔断器，检查熔断器中的元件是否断开即可。如果未断开，但仍有怀疑，可用数字式万用表或断路检测仪检查其导通性，或更换一只相同规格的熔断器试验。

现代汽车常设有多个熔断器。常见熔断器按外形可分为熔管式、绝缘式、缠丝式、插片式等，如图 11-14 所示。

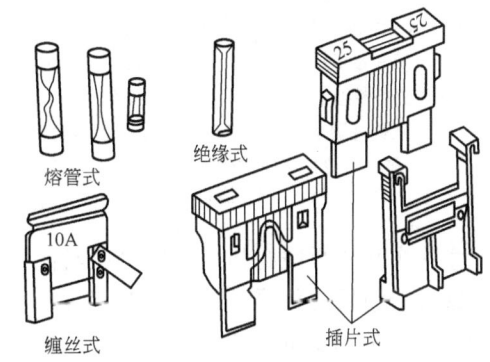

图 11-14　常见熔断器外形

插片式熔断器是现代汽车中应用最广泛的一种熔断器，不同额定电流的熔断器，其外形尺寸都一样。通常根据熔断器塑料外壳的颜色区分其最大允许电流。表 11-6 列出了不同颜色的熔断器相对应的最大允许额定电流。

表 11-6　插片式熔断器塑料外壳的颜色所代表的额定电流

颜色	深绿	灰	紫红	紫	粉红	棕黄	金	褐	橘色	红	黑	蓝	黄	白	绿
额定电流/A	1	2	2.5	3	4	5	6	7.5	9	10	14	15	20	25	30

4. 中央接线盒

为便于诊断故障、规范布线，现代汽车常将熔断器、断路保护器、继电器等电路易损件集中布置在一块或几块配电板上，配电板背面用来连接导线，这种配电板及其盖子就组成了中央线路板（或称中央接线盒）。

桑塔纳 2000GSi 轿车整车电气系统采用中央线路板，即大部分继电器和熔断器都安装在中央线路板正面，如图 11-15 所示。

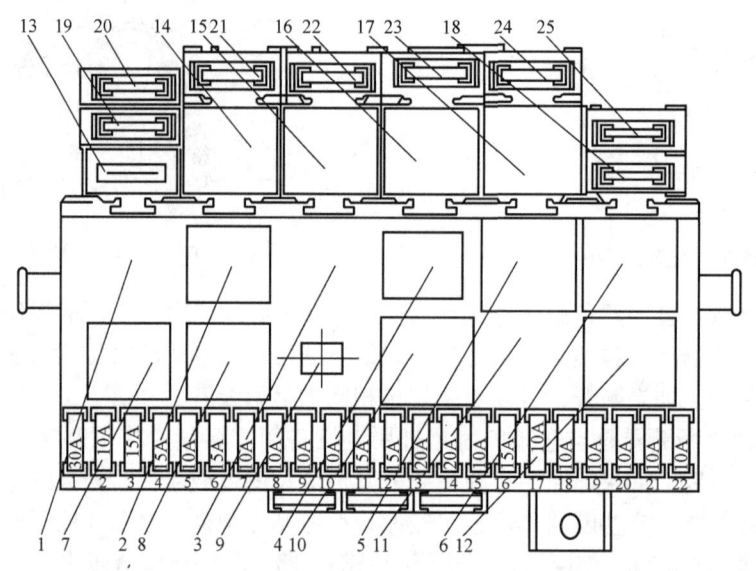

图 11-15　桑塔纳 2000GSi 轿车中央线路板正面布置

1—空位　2—燃油泵继电器　3—空位　4—冷却液液位继电器　5—空调继电器　6—喇叭继电器　7—雾灯继电器　8—X-接触继电器　9—拆卸熔丝专用工具　10—前风窗刮水及洗涤继电器　11—空位　12—转向灯继电器　13—诊断线接口　14—摇窗机自动下降继电器　15—摇窗机延时继电器　16—内部灯延时继电器　17—压缩机切断继电器　18—ABS 电磁阀熔丝（S129-30A）　19—喷油器、空气质量传感器、活性炭罐清污电磁阀、氧传感器熔丝（S123-10A）　20—后雾灯熔丝（S124-10A）　21—电动摇窗机过热保护器（S125）　22—空调鼓风机电动机熔丝（S126-30A）　23—自动升降天线熔丝（S127-10A）　24—电动后视镜熔丝（S128-3A）　25—液压泵熔丝（S130-30A）

主线束从中央线路板反面插接后通往各电器，如图 11-16 所示，中央线路板上标有线束和导线插接位置的代号及节点的数字号，主要线束的插接代号有 A、B、C、D、E、G、H、K、L、M、N、P、R。其中 P 插座插入常火线，R、K、M 均为空位插孔。查找时只要根据电路中导线与中央线路板区域中下框线交点处的代号就能了解该导线在某个线束中的第几个插头上。

11.1.3　汽车电器配件的选用

1. 根据汽车配件目录图册中零件编号选用配件

为便于配件管理，汽车制造厂均编印有专用的《汽车配件目录手册》。目录手册一般编有各总成的零件装配关系图，编有零件的编号、名称和用量。由于汽车车型变化较快，产品结构即使同一产家产品、随生产日期的变化，也有可能不通用，因此用户只有确认汽车零件号，才能准确无误地选用配件。

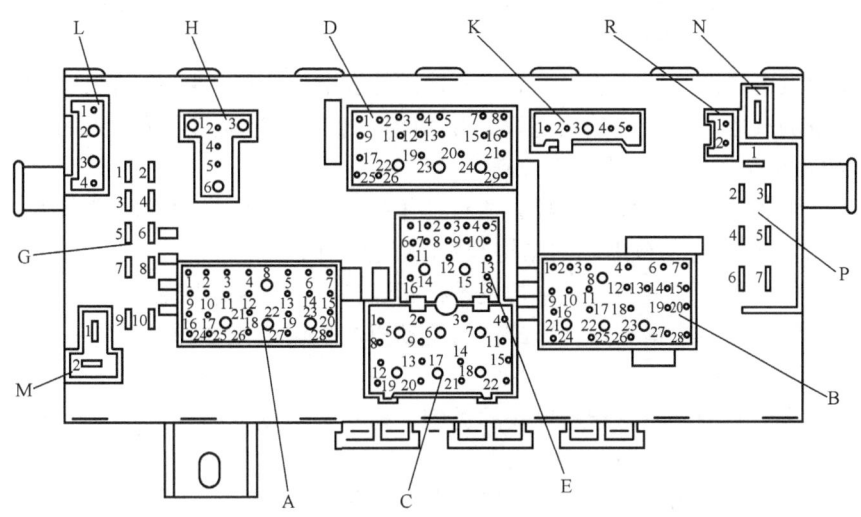

图 11-16 桑塔纳 2000GSi 轿车中央线路板反面布置

A—用于连接仪表板线束，插件颜色为蓝色　B—用于连接仪表板线束，插件颜色为红色
C—用于连接发动机室左边线束，插件颜色为黄色　D—用于连接发动机室右边线束，插件颜色白色
E—用于连接车辆后部线束，插件颜色为黑色　G—用于连接单个插头（主要用于冷却液不足指示控制器）
H—用于连接空调装置的线束，插件颜色为棕色　K—空位　L—用于连接双音喇叭继电器线束，插件颜色为灰色
M—空位　N—单个插头（主要用于进气歧管预热器的加热电阻的电源）　P—单个插头（主要用于蓄电池
火线与中央线路板"30"的连接，中央线路板"30"与点火开关"30"接线柱连接）　R—空位

根据车型配件目录选用配件的方法如下：

1）确认汽车 17 位识别码、发动机号码及底盘号码，以确定车辆的型号及生产日期。
2）选择适合于该车型号及生产日期的车型配件目录手册或配件缩印胶片。
3）确认记载有配件的手册（或胶片）页码。
4）从手册图上确认所需的零件序号；或用胶片阅读机读取所需零件的序号。
5）确认零件的名称及零件标准编号。
6）依据零件标准编号选用配件。

2. 根据汽车配件型号选用配件

汽车电器有许多配件属通用件。通用件在不同的汽车配件目录手册中零件编号却不相同，使用、维修过程中可根据配件型号选择合乎要求的配件。

配件型号可从几方面获得：

1）从旧配件的标签上查取。
2）从汽车配件目录手册上查取。
3）从汽车配件互换性手册上查取。
4）根据配件的额定电压、额定功率（或容量）、安装尺寸、线路方式等要素确定型号。

QC/T 73—1993《汽车电气设备产品型号编制方法》对汽车电器产品型号的编制作了统一规定。

3. 汽车电器配件选用注意事项

1）蓄电池的选用。应根据车型的要求选用类型、额定电压、容量。

2）硅整流发电机的选用。应以汽车用电设备所需用的电压、满载的电流来选用发电机的空载电压和功率（或电流）。

3）硅整流发电机调节器的选用。应与所选用的发电机电压、功率、搭铁极性相匹配。

4）起动机的选用。应首先确定起动机的功率、电压、起动机与发动机曲轴的传动比，以及蓄电池的容量。

5）点火线圈的选用。其性能参数必须与工作电压、点火形式和发动机车型相配套。闭磁路点火线圈的选用，应与分电器的结构和发动机型式相配套。

6）分电器的选用。除型号、规格与发动机相配套，还应注意安装形式。

7）火花塞的选用。应据其热特性或依据发动机燃烧温度来选择，且同一台发动机不允许混用不同型号的火花塞。

8）指示仪表的选用。注意指示仪表的类型、指示的标度、额定电压及传感器的类型与型号。

9）照明信号装置选用。注意灯泡的工作电压、功率。

11.2 汽车电路图识读

11.2.1 电路图的种类、表示方法

汽车电路图是利用各种符号和线条构成的图形，电路图清楚地表示了电路中的各组成元件、电源、熔丝、继电器、开关、继电器盒、接线盒、插接器、电线、搭铁等，有些电路图还表示出了电器零件的安装位置、插接器的形式及接线情况、电线的颜色，接线盒和继电器盒中继电器及熔丝的位置，线束在汽车上的布置等。但根据各种电路图的特点可分成以下几种。

1. 布线图

布线图就是汽车电线在车上、线束中的分布图，如图 11-17 所示。

布线图是按照汽车电器在车身上的实际位置相对应地外形简图画在图上，再用线将电源、开关、熔断器等装置和这些电器一一连接起来的。

其特点是：全车的电器（即电器设备）数量明显且准确，电线的走向清楚，有始有终，便于循线跟踪，查找起来比较方便。它按线束编制将电线分配到各条线束中去与各个器件的位置严格对号。在各开关附近用表格法表示了开关的接线与档位控制关系，表示了熔断器与电线的连接关系，表明了电线的颜色与截面积。

布线图的缺点：图上电线纵横交错，印制版面小则不易分辨，版面过大印装受限制；读图、画图费时费力，不易抓住电路重点、难点；不易表达电路内部结构与工作原理。

2. 电路原理图

它是用各国家、公司规定的图形符号，按原理把电源及各电器设备，按由上到下的原则合理地连接起来，然后再按各系统进行横向排列。可以是系统电路原理图，也可以是整车电路原理图（此时多为简图，电器则用简明图形符号表示）。

原理图与线路图有所不同，它是将线路图高度简化后得到的，故图面清晰、电路简单明了、通俗易懂，更好地反映了各个电路系统的组成及电路原理，对分析系统的电路工作原理

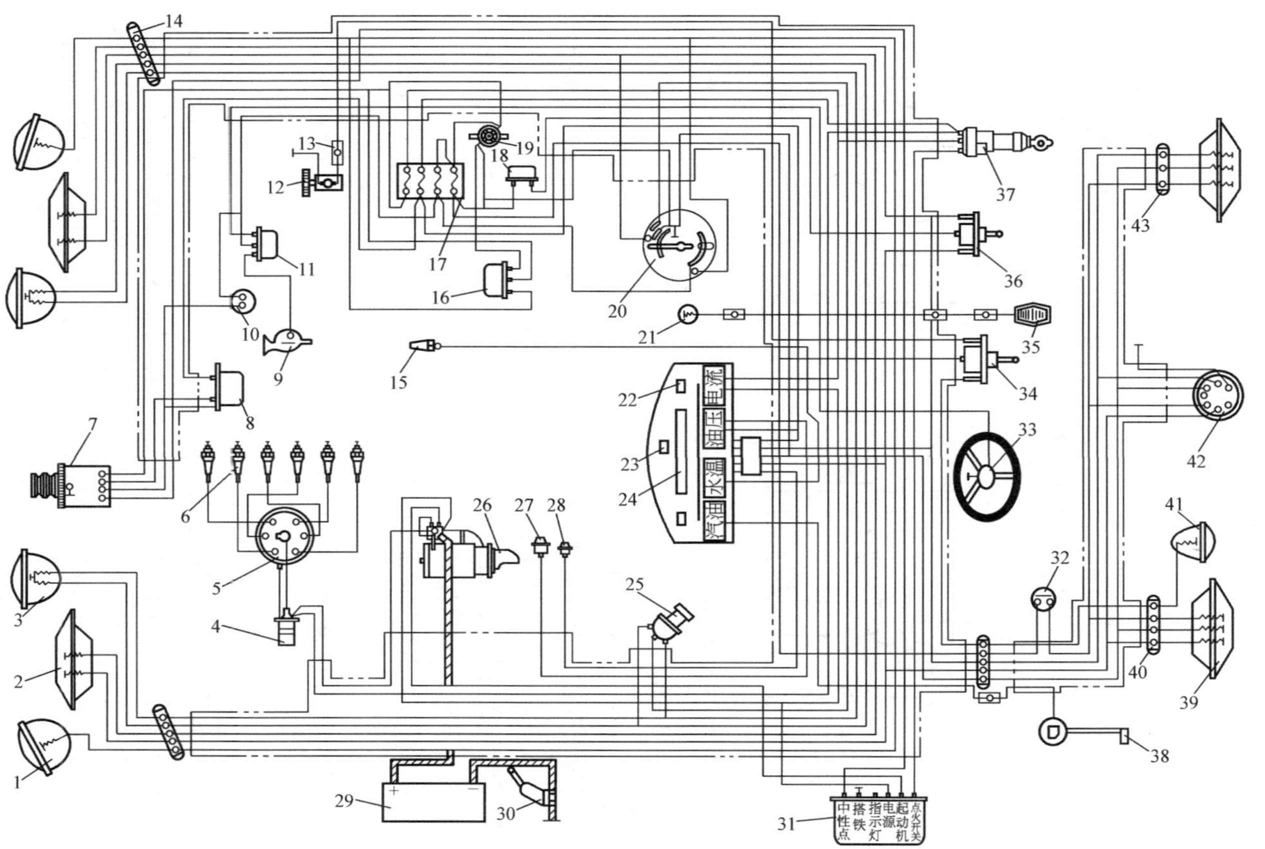

第11章 汽车电气设备总线路

图 11-17 东风 EQ1090 型汽车布线图

1—侧灯 2—示廓灯 3—前照灯 4—点火线圈 5—分电器 6—火花塞 7—硅整流发电机 8—调节器 9—电喇叭 10—工作灯插座 11—喇叭继电器 12—暖风电动机 13—接线管 14、40、43—接线板 15—冷却液温度传感器 16—灯光继电器 17—熔断器盒 18—闪光继电器 19—双金属丝熔丝盒 20—车灯总开关 21—发动机罩盖下灯 22—转向指示灯 23—低油压警告灯 24—车速里程表 25—变光开关 26—起动机 27—油压传感器 28—低油压报警器 29—蓄电池 30—电源总开关 31—起动继电器 32—制动灯开关 33—喇叭按钮 34—后灯和暖风机开关 35—顶灯 36—转向灯开关 37—点火开关 38—燃油传感器 39—组合后灯 41—后灯 42—挂车插座及电路故障诊断十分方便。图 11-18 是桑塔纳轿车电路原理图。

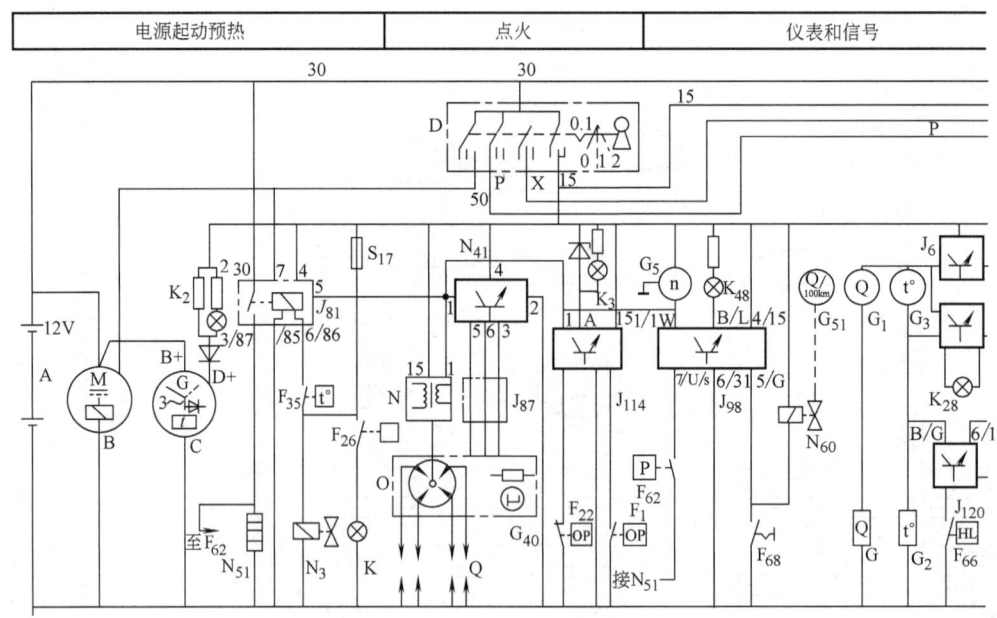

图 11-18 桑塔纳轿车电路原理图（局部）

原理图一般都具有以下的特点：

1）通过电器符号表达各电器。一般通过这些符号可了解该电器的基本结构和作用。

2）在大多数图中，电源线在图上方，搭铁线在图下方，电流方向自上而下。电路较少迂回曲折，电路图中电器串、并联关系十分清楚，电路图易于识读。

3）各电器不再按电器在车上的安装位置布局，而是依据工作原理，在图中合理布局，使各系统处于相对独立位置，从而易于对各用电设备进行单独的电路分析。

4）各电器旁边通常标注有电器名称及代码（如控制器件、继电器、过载保护器件、用电器、铰接点及搭铁点等）。

5）电路原理图中所有开关及用电器均处于不工作的状态，例如点火开关是断开的，发动机不工作，车灯关闭等。

3. 线束图

整车电路线束图常用于汽车厂总装线和修理厂的连接、检修与配线。如图 11-19 所示。

线束图主要表明电线束各用电器的连接部位、接线柱的标记、线头、插接器（连接器）的形状及位置等，它是人们在汽车上能够实际接触到的汽车电路图。这种图一般不去详细描绘线束内部的电线走向，只将露在线束外面的线头与插接器详细编号或用字母标记。它是一种突出装配记号的电路表现形式，非常便于安装、配线、检测与维修。如果再将此图各线端都用序号、颜色准确无误地标注出来，并与电路原理图和布线图结合起来使用，则会起到更大的作用且能收到更好的效果。

11.2.2 常用图形符号及标志

汽车上用电设备数量较多，用电器元件的结构图来表示汽车电路非常复杂。因此，通常

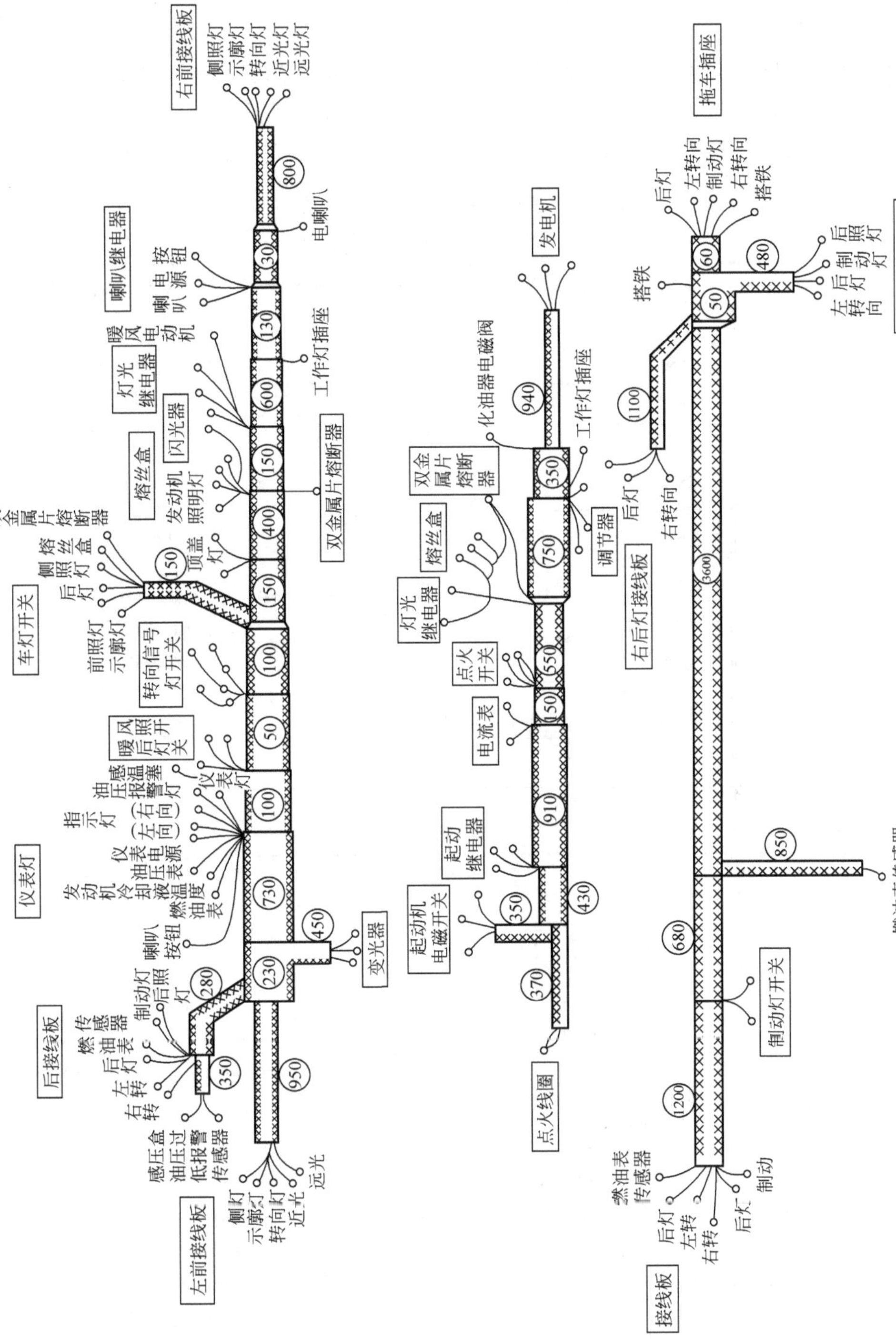

第 11 章 汽车电气设备总线路

图 11-19 东风 EQ1090 型汽车的电路束线图

用符号表示各电器元件,并用导线将电器元件按照一定的规律连接起来,形成汽车的电路图。

汽车电路中常用的图形符号有电路图形符号和仪表、开关、指示灯标志图形符号。

1. 电路图形符号

不同国家、不同汽车生产厂家的汽车电路上所用的电路图形符号也不相同。汽车常用图形符号主要分为限定符号、导线、端子和导线连接符号,触点与开关符号,电器元件符号,仪表符号,各种传感器符号,电器设备符号,其图形符号及含义见表 11-7 所示。

表 11-7 汽车电路图形符号及含义

(一) 限定符号、导线的连接

名称	图形符号	名称	图形符号	名称	图形符号	名称	图形符号
直流	-	正极	+	磁场	F	励磁二极管输出端子	D_+
交流	~	负极	-	搭铁(接地)	⏚		
交直流	≃	中性点	N	交流发电机输出接线柱	B	断开的连接片	
接点	·	导线的跨越					
端子	○						
可拆卸的端子	∅	插座的一极		多极插头和插座(图示为三极)		边界线	-----
导线的连接		插头的一极				屏蔽(护罩)(可画成任何形状)	
导线的分支连接							
导线的交叉连接		插头和插座		接通的连接片		屏蔽导线	

(二) 触点与开关

名称	图形符号	名称	图形符号	名称	图形符号
动合(常开)触点		双动断触点		旋转、旋钮开关(闭锁)	
动断(常闭)触点		定位(非自动复位)开关		单动断双动合触点	
先断后合的触点		按钮开关(不闭锁)		双动断单动合触点	
中间断开的双向触点	或	能定位的按钮开关		一般情况下手动控制	
双动合触点		拉拔开关(不闭锁)		拉拔操作	

(续)

名称	图形符号	名称	图形符号	名称	图形符号
旋转操作		热继电器触点		手动开关的一般符号	
推动操作		热执行器操作		旋转多档开关位置	0 1 2
一般机械操作		温度控制	$t°$	推拉多档开关位置	0 1 2
钥匙操作		压力控制	P	钥匙开关(全部定位)	0 1 2
液位控制开关		制动压力控制	BP	多档开关,点火、起动开关瞬时位置为2能自动返回到1(即2档不能定位)	0 1 2 0,1
机油滤清器警报开关	OP	液位控制			
热敏开关动合触点	$t°$	凸轮控制			
热敏开关动断触点	$t°$	联动开关			
热敏自动开关动断触点				节流阀开关	

(三) 电器元件符号及名称

名称	图形符号	名称	图形符号	名称	图形符号	名称	图形符号
电阻器		加热元件、电热塞		光敏二极管		一个绕组电磁铁	
可变电阻器		电容器		PNP型晶体管			
压敏电阻器	U	可变电容器		集电极接管壳晶体管(NPN型)		两个绕组电磁铁	
热敏电阻器	θ	极性电容器		具有两个电极的压电晶体管			
滑线式变阻器		穿心电容器		电感器、线圈、绕组、扼流圈			
分路器(带分流或分压接头的电阻器)		半导体二极管一般符号		带磁心的电感器		不同方向绕组电磁铁	
滑动触点电位器		单向击穿二极管、电压调整二极管(稳压管)		熔断器			
仪表照明调光电阻		发光二极管		易熔线		触点常开的继电器	
		双向二极管(变阻二极管)		电路断路器(双金属式片)			
				永久磁铁		触点常闭的继电器	
光敏电阻		晶闸管		操作器件一般符号			

（四）仪表及传感器

名称	图形符号	名称	图形符号	名称	图形符号
燃油表	Ⓠ	数字式电钟	8⌚	转速传感器	[n]
车速里程表	Ⓥ	氧传感器	[λ]	速度传感器	[v]
电钟	🕒	爆燃传感器	[K]		

（五）汽车电器设备

名称	图形符号	名称	图形符号	名称	图形符号
照明、信号、仪表、指示灯	⊗	信号发生器	[G]	制动器摩擦片传感器	[F]
双丝灯	⊗⊗	脉冲发生器	[G⊓]	燃油滤清器积水传感器	[W]
荧光灯	⊸⊳⊲⊷	闪光器	[G⊓⊓]	三丝灯泡	⊗⊗⊗
组合灯	⊗⊗	霍尔信号发生器	[⊓Ⓗ]	汽车底盘与吊机间电路集电环与电刷	⊖
预热指示器	⊖	磁感应信号发生器	[OE]	自记车速里程表	Ⓥ
电喇叭	◁	温度补偿器	[t° COMP]	电磁阀一般符号	⊐⊳⊦
扬声器	◁	蓄电池	⊢⊢	常开电磁阀	⊐⊳⊥
蜂鸣器	⌒	蓄电池组	⊢⊢⊢	常闭电磁阀	⊐⊳⊤
警报器、电警笛	△	蓄电池传感器	[B]	空调压缩机的电磁离合器	⊐⊳⊲
元件、装置、功能元件（填入或加上适当符号或代号）	▢ ○	制动灯传感器	[BR]	用电动机操纵的怠速调整装置	[Ⓜ]
		尾灯传感器	[T]	过电压保护装置	[U>]
				过电流保护装置	[I>]
				加热器（除霜器）	[▭]

第 11 章　汽车电气设备总线路

（续）

名称	图形符号	名称	图形符号	名称	图形符号
振荡器		喷油器		直流电动机	M
变换器、转换器		防盗警报系统		串励直流电动机	M
光敏发生器	G	天线一般符号		压力调节器	P
空气调节器		发射机		安全带开关定时器	ATM
滤波器	∽	收音机		加热定时器（非电子）	HT
仪表稳压器	U const	内部通信联络及音响		自动阻风门	
点烟器		收放机		灯泡自动检测器	
热继电器		无线电话		遥控继电器	
间歇刮水继电器		传声器一般符号		车速指示继电器	V
带电钟的自记车速里程表	V	点火线圈		超速警报继电器	n>
带电钟的车速里程表	V	分电器 图示为4缸		功率放大器	W
门窗电动机（垂直驱动）	M	火花塞		空调控制器	A-C
座椅安全带装置		电压调节器	U	防抱死制动 ECU	ABS
电子门锁（中央集控门锁）	EC	转速调节器	n	并励直流电动机	M
真空度开关	VP	温度调节器	t°	永磁直流电动机	M
缓冲传感器	PA	串励绕组	∽	起动机（带电磁开关）	M
洗涤液液位传感器	WF	并励或他励绕组	∽	燃油泵电动机、洗涤泵电动机	M
点火正时传感器		集电环或换向器上的电刷		晶体管电动燃油泵	

359

(续)

名称	图形符号	名称	图形符号	名称	图形符号
加热定时器	HT	星形联结的三相绕组	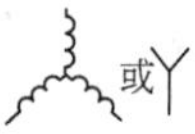 Y 或 Y	燃油喷射控制ECU（柴油）	 EDIC
点火电子组件	IG	三角形联结的三相绕组	 △ 或 △	排气控制ECU	 EC
空调鼓风电动机（室内用，可调风量与风向）	 M	定子绕组为星形联结的交流发电机	 G 3~	水平驱动电动机	 M
刮水电动机	 M	定子绕组为三角形联结的交流发电机	 G 3~	水平偏转驱动电动机	 M
天线电动机	 M	外接电压调节器的交流发电机	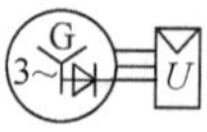 G 3~ U	垂直偏转驱动电动机	 M
直流伺服电动机	 SM	整体式交流发电机	 G 3~	车门锁电动机	 M
直流发电机	 G	燃油喷射控制ECU（汽油）	 EFI	空调系统空气流向控制电动机（伺服）	 M
				空调冷凝器与散热器电风扇（车前方用）	 M

大众汽车公司的电路图符号如表 11-8 所示。

表 11-8　大众汽车公司电路图符号

名称	图形符号	名称	图形符号	名称	图形符号
熔丝		点火线圈	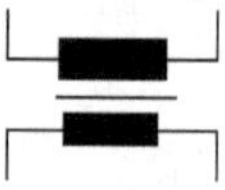	手动开关	 或
蓄电池		火花塞和火花塞插头		温控开关	 或
起动机	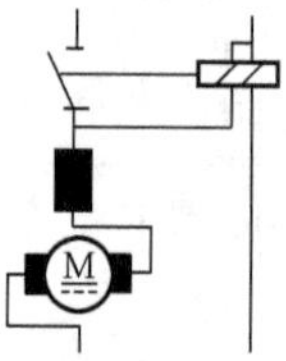	电热丝		按键开关	 或
		电阻		机械开关	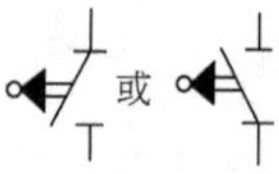 或
交流发电机	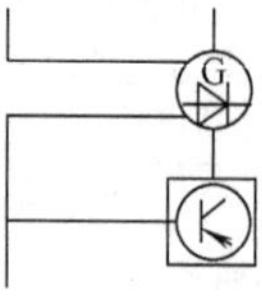	可变电阻	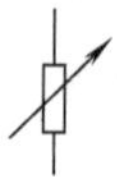	压力开关	 或

（续）

名称	图形符号	名称	图形符号	名称	图形符号
多档手动开关		接线插座		感应式传感器	
继电器		插头连接		爆燃传感器	
灯泡		元件上多针插头连接		数字钟	
双丝灯泡		元件内部导线接点		喇叭	
发光二极管		可拆式导线接点		扬声器	
内部照明灯		不可拆式导线接点		自动天线	
显示仪表		线束内导线连接		收放机	
电子控制器		氧传感器		点烟器	
电磁阀		电动机		后窗除霜器	
电磁离合器		双速电动机			

丰田汽车公司的电路图符号见表11-9。

表11-9 丰田汽车公司电路图符号

名 称	图形符号	名 称	图形符号
蓄电池		易熔线 装在强电流线路中的粗直径导线。由于超载而熔断,从而保护线路。其数字指示导线横截面的面积	(强电流熔丝及易熔线)
电容器		搭铁 线路接到机体的接点,从而为电器线路提供回路	⏚ 或 ⏛
点烟器		前照灯 单灯丝	或 ⊗
线路断路器 相当于一个重复使用的熔丝。如果通过电流过大,会变热并断开,某些断路器在冷却后自动接通,其余要手工接通		双灯丝	或
二极管	▶│ 或 ▶│	喇叭	
稳压二极管 允许单向电流通过,但在反向电流达到一个特定电压值时,它允许反向电流通过。它相当于一个简单的稳压器	▶│ 或 ▶│	点火线圈	
		灯	或 ⊗
分电器、点火线圈一体化装置(IIA) 它能将点火线圈的高压电流引到各个火花塞上	或	发光二极管	或
		计量器(模拟式)	
熔丝	 (中等电流熔丝)	计量器(数字式) 电流激励了一个或多个发光二极管、电感、电容、二极管或荧光显示以提供相关图案或数字显示	FUEL

(续)

名　称	图形符号	名　称	图形符号
电动机	Ⓜ 或 Ⓜ	扬声器	
继电器 1. 常闭式(动断式) 2. 常开式(动合式)		开关(机械式) 1. 常开(动合) 2. 常闭(动断)	
继电器(双掷) 使电流从两个触点中的任一个通过		开关(双投)	
电阻		开关(点火)	
电阻(多抽头) 提供2个或2个以上的不同的不可调电阻值的电阻			
可变电阻 带可变电阻的可控电阻器,也叫分压器或变阻器		开关(刮水器停驻) 当刮水器开关关闭,自动使刮水器返回停止位置	
传感器(热敏电阻) 随温度的变化而改变电阻值的电阻		晶体管	
传感器(速度模拟) 用磁场脉冲打开并关闭某个开关,从而产生信号使其他零部件激活		导线 1. 不连接　导线总是画成直线,两线相交处无黑点即为两线不连接 2. 绞接　相交处有黑点或○形记号是绞接点	
短销 用以提供带有接线盒的电路连接			
电磁线圈 电流通过能形成磁场的线圈。它可使活动铁心等移动			

美国通用汽车公司的电路图符号见表11-10。

表11-10 通用汽车公司电路符号

名　　称	图形符号	名　　称	图形符号
表示完整的零部件		零部件引线（输出线）上的插头	5灰色　8
表示零部件的一部分		导线绝缘为红色带黄色色条	2红色/黄色　79
电气元件名称 电气元件或其工作原理 详细说明	驻车制动器开关 驻车制动器制动时闭合	标明导线规格及绝缘颜色 标示出接头及编号 标示出电路编号，以便跟踪电路	5红色　2 S200 5红色　2
零部件外壳直接与车身金属部件连接（搭铁）		通过一护孔环，标示出参考编号 波浪线表示导线断续延伸	P100 5红色　2
导线连接在车身金属部件（搭铁） 搭铁点编号，参考零部件位置表	G103	标明易熔导线规格及绝缘颜色	1红色　易熔导线
虚线表示导线间搭铁与搭铁线相连，导线搭铁前可能有一个或多个接线柱或插头	G101	电路按标注延续 箭头显示电流方向，并再次指明电路延伸到何处	1黄色　5 A 至发电机
用于零部件定位表上的插头参考号 该表中还标示出可能的引脚总数，如C103(5插孔)	凹形脚 C103 凸形脚	接到另一条电路上的导线，该导线还会在那条电路中出现	1深绿　19 至组合仪表板
		断路器	
连接在零部件上的插头		开关触点一起移动，中间的虚线表示开关触点间的机械连接	

(续)

名 称	图形符号	名 称	图形符号
同一插接器上的两个接头。虚线显示两者间的机械组合（在同一插接器上）	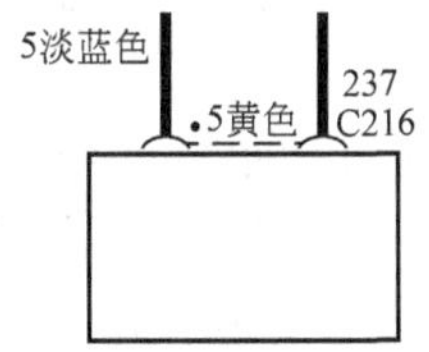 5淡蓝色 5黄色 237 C216	指示电路未全标示出，但在所指示的页中是完全的	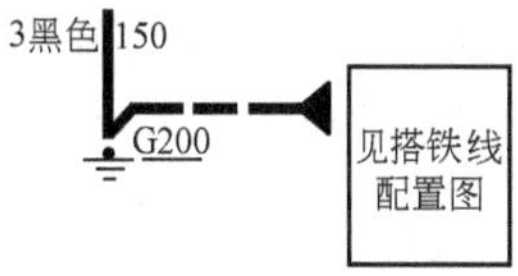 3黑色 150 G200 见搭铁线配置图
标示出静电放电(ESD)敏感装置	ECM插头识别 C1. 黑色 .32线 C2. 黑色 .24线 发动机控制模块(ECM) 5VOLTS A9 C1 D4 1D	表达并标注了供选择的或不同形式的可选择导线	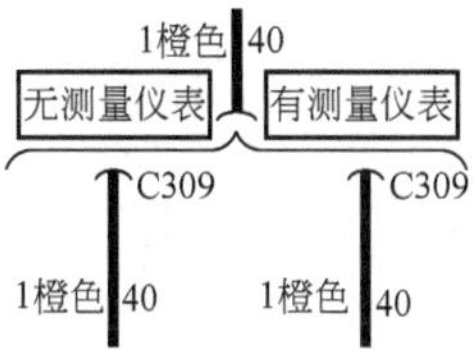 1橙色 40 无测量仪表 有测量仪表 C309 C309 1橙色 40 1橙色 40
除非另有说明，线圈无电流时继电器呈非激励状态	加热元件 热敏触点 常闭触点 常开触点	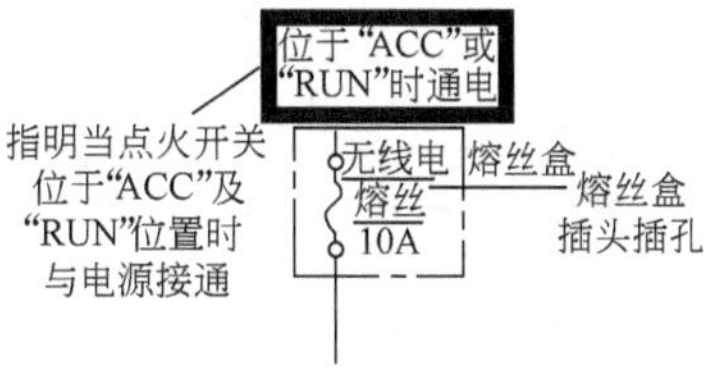 指明当点火开关位于"ACC"及"RUN"位置时与电源接通	位于"ACC"或"RUN"时通电 无线电熔丝 10A 熔丝盒 熔丝盒插头插孔
	易熔导线 易熔线接到螺纹接柱上，螺纹接柱另有说明	只允许电流沿一个方向通过	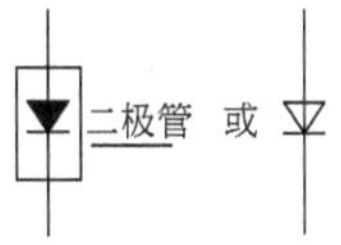 二极管 或
显示文字"BRAKE（制动）"的指示器	指明在装置中电路仍延续，即还有其他灯泡 "制动"指示器（红色）	三个插头一起连于接线盒上，第四根导线焊于接线盒的总插头上	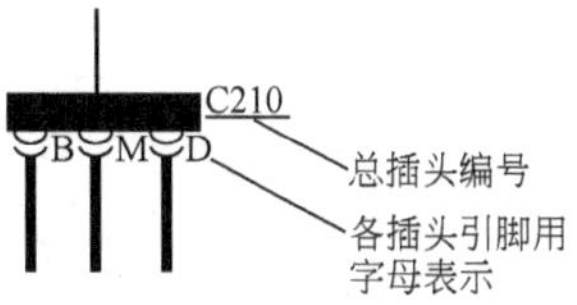 C210 B M D 总插头编号 各插头引脚用字母表示

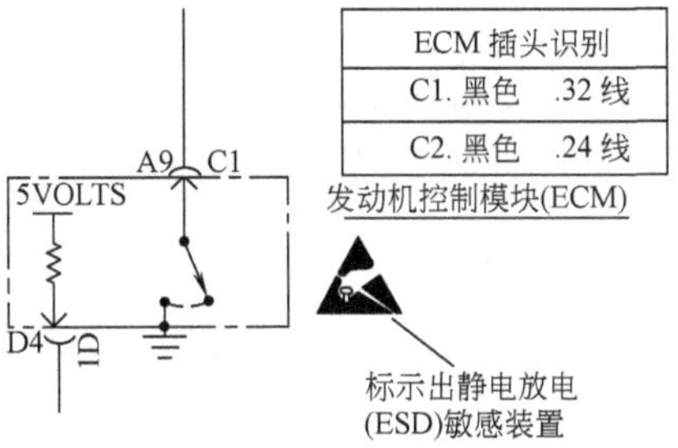

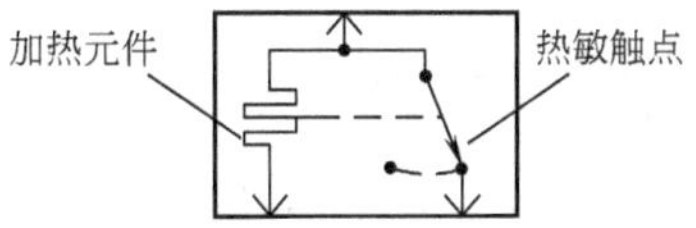

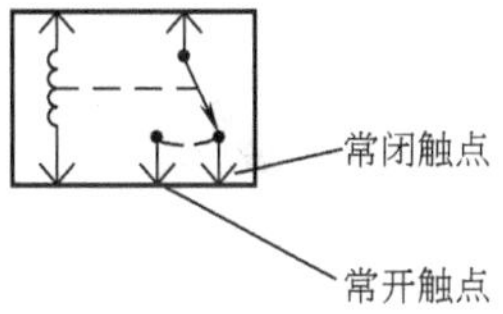

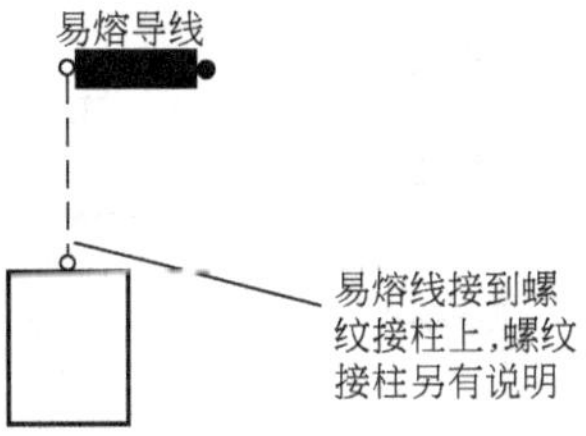

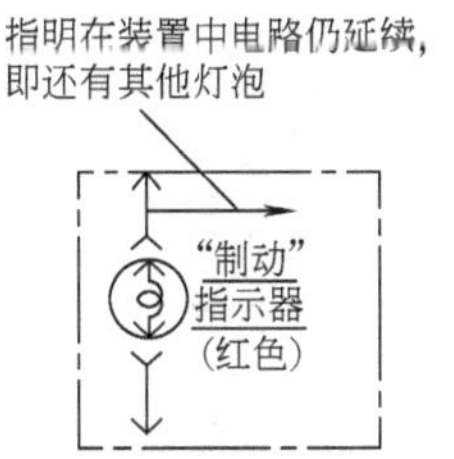

2. 仪表、开关、指示灯标志图形符号

在汽车转向柱和仪表板上通常安装有许多开关和指示灯，为了区别它们的功能，通常用各种图形标志印在其表面，有些车型还使用英文字母来表示，既形象又简明，便于人们认识。

仪表板里安装的各种图形标志（指示灯），在其所指示的系统正常工作时是不会点亮的，只有当某个系统失常时，指示该系统的指示灯就会点亮，表示该系统必须进行检查和维修。一般仪表的指示灯多为红色和黄色。国内汽车常用仪表、开关、指示灯图形标志见表11-11。

表11-11 仪表、开关、指示灯标志图形符号

序号	图形标志	含义	序号	图形标志	含义
1	（点火开关图）	点火开关	12	km/h	车速表
2	（柴油机电源开关图）	柴油机电源开关	13	(!)	制动指示灯
3	OIL-P	机油压力过低报警指示	14	P PKB	驻车制动指示灯
4	FUEL	燃油量不足报警指示	15	（冷却液位图）	冷却液位指示灯
5	CHARGE	蓄电池充电指示灯	16	（发动机室盖图）	发动机室盖拉手标志
6	CHECK	发动机故障指示灯	17	（行李箱盖图）	行李箱盖拉手标志
7	WATER OVER HEAT	冷却液温度过高指示灯	18	（车门图）	车门未关报警灯
8	（阻风门图）	阻风门关闭指示灯	19	（喇叭图）	喇叭按钮标志
9	（机油温度图）	机油温度过高指示灯	20	O/D OFF	超速档开关指示灯
10	r/min RPM	发动机转速表	21	SRS	安全气囊指示灯
11	20:08	数字时钟显示	22	AIR SUSP	电子空气悬架指示灯

第 11 章　汽车电气设备总线路

（续）

序号	图形标志	含义	序号	图形标志	含义
23	TRAC	驱动力控制指示灯	36		座椅加热器指示灯
24	CRUISE	自动巡航指示灯	37	BELT	安全带指示灯
25	EXP TEMP	排气温度高指示灯	38	HEAT GLOW	预热指示灯
26		前照灯远光指示灯	39		点烟器标志
27		灯光开关标志	40		车外空气循环指示
28		危险报警开关标志	41		车内空气循环指示
29		转向信号指示灯	42		空调系统压缩机开关
30		示廓灯开启指示灯	43		空调系统鼓风机开关
31		前雾灯开关标志	44		空调系统通风面部档指示
32		后雾灯开关标志	45		空调系统通风脚部档指示
33		顶灯开关指示灯	46		空调系统通风上冷下热档指示
34	ABS	防抱死制动故障灯	47		空调系统脚部和除霜档指示
35		制动蹄片磨损超限指示灯	48		前风窗玻璃除霜、除雾档指示

367

11.2.3 接线柱标记

现代汽车的电路接线和产品类型经常会发生变化，为了使维修人员在没有电路图的情况下也能熟悉各种车型线路，汽车电气采用了大量的接线柱标记。

现将我国常用的汽车电气接线柱标记的部分内容载录如下。

电源、起动、点火系统的电气接线柱标记（见表 11-12 ~ 表 11-14，图 11-20 ~ 图 11-29）。

表 11-12 电源、起动、点火系统的电气接线柱标记

电器名称	接线柱标记		接线柱标志含义	接线图应用示例
	基本标记	下标		
点火装置	1		在点火线圈和分电器上互相连接的低压接线柱；在电子点火装置中，点火线圈上输入信号的低压接线柱	见图 11-20 ~ 图 11-22
		1a	带两个分立电路的分电器 I 的低压接线柱（自点火线圈 II 的低压接线柱 1）	
		1b	带两个分立电路的分电器 II 的低压接线柱（自点火线圈 II 的低压接线柱 1）	
		1e	电子组件上输入信号的接线柱	
	7		在无触点分电器上输出信号的接线柱，电子组件上输出信号的接线柱	
	15		点火开关和点火线圈上互相连接的接线柱 电子点火装置中，在点火线圈、分电器、电子组件上的电源接线柱	
预热起动装置	15		预热起动开关上接其他用电设备的接线柱	见图 11-23
	19		预热起动开关上的预热接线柱	
	50		预热起动开关上的预热接线柱	
常用接线柱	30		接蓄电池正极或电源的接线柱	除发电机装置外，所有电路中都可使用
	31		接蓄电池负极的接线柱	
	E		搭铁接线柱	

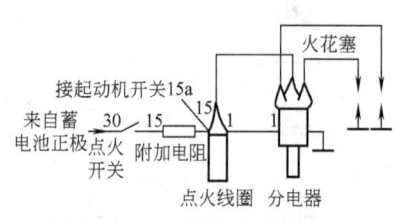

图 11-20 传统点火系统

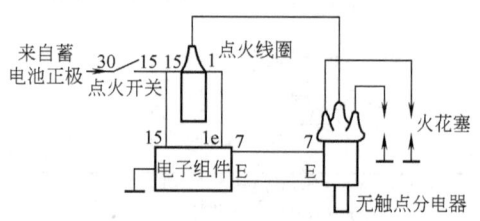

图 11-21 磁电式电子点火系统

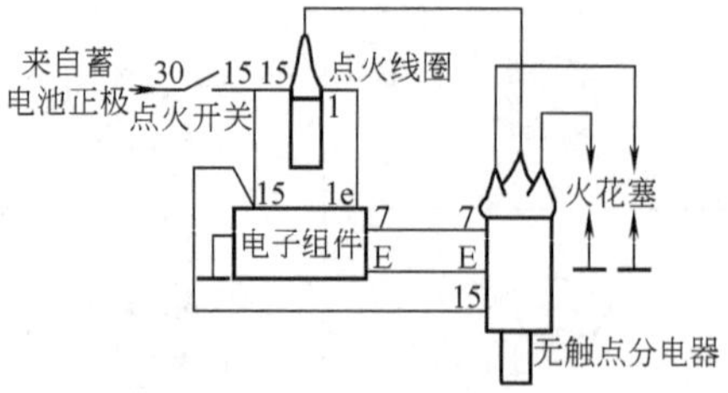

图 11-22 霍尔式电子点火系统

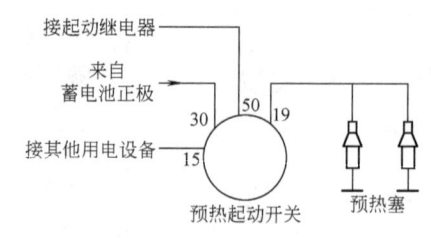

图 11-23 预热起动系统

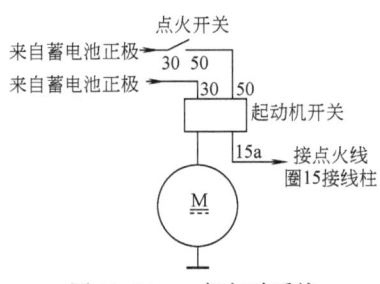

图 11-24 一般起动系统

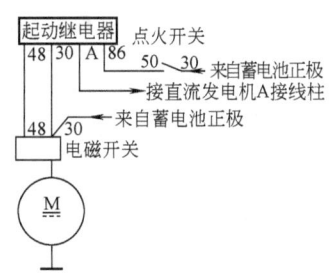

图 11-25 带起动继电器的起动系统

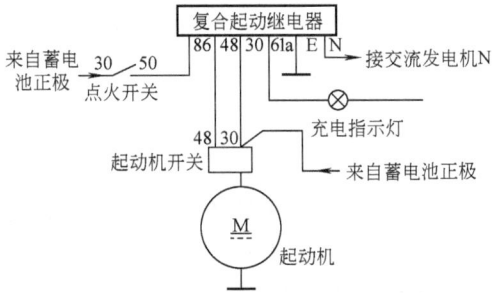

图 11-26 带复合起动继电器的起动系统

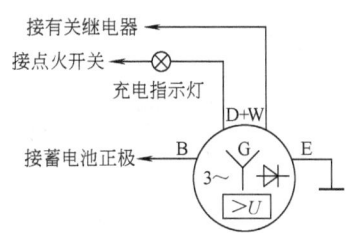

图 11-27 整体式交流发电机充电电路

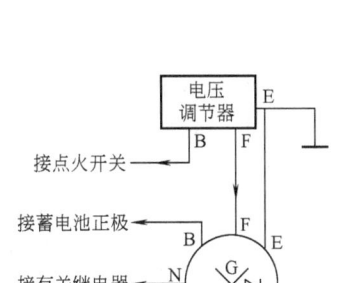

图 11-28 分立发电机与调节器电路

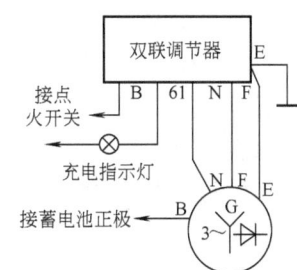

图 11-29 发电机与电磁振动式调节器电路

表 11-13 起动系接线柱标记

电器名称	接线柱标记		接线柱标志含义	接线图应用示例
	基本标记	下标		
起动装置		15a	在起动机开关上,用于连接点火线圈附加电阻接线柱	图 11-24
	48		在起动继电器上,用于控制起动机电磁开关	图 11-25、图 11-26
	50		在点火开关上,用于控制起动机开关,预热起动开关上	图 11-24、图 11-25
		61a	在复合起动继电器上,用于连接充电指示灯的接线柱	图 11-26
	86		在起动继电器上,用于给线圈提供电源	图 11-25、图 11-26
	A		在起动继电器上,用于连接直流发电机 A 的接线柱	图 11-25
	N		在复合起动继电器上,用于连接交流发电机 N 的接线柱	图 11-26

表 11-14 交流发电机和电压调节器的接线柱标记

电器名称	接线柱标记		接线柱标志含义	接线图应用示例
	基本标记	下标		
发电机装置	61		在交流发电机和调节器上,接充电指示灯的接线柱	见图 11-29
	B		交流发电机上的电枢接线柱,在调节器上接点火开关或电源开关的接线柱	见图 11-27 ~ 图 11-29
		D+	在交流发电机上,用于连接充电指示灯或励磁二极管的接线柱	见图 11-27
	F		交流发电机和调节器上的励磁接线柱	见图 11-28、图 11-29
	N		交流发电机和调节器上的中性点线柱	见图 11-28、图 11-29
	W		交流发电机上的火线接线柱	见图 11-27

11.2.4 汽车电路图识读的一般方法

当拿到一张汽车电路图,大多数是布线图或原理图,无论它是哪种电路图,一般都是线条密集、纵横交错、头绪多而复杂,不容易看懂。在认识了汽车电路图中的符号及有关标志,知道了汽车电路图的种类,清楚了汽车电路图中的导线及接线柱标记的基础上,可以按照以下要点及注意事项对整车电路图进行阅读。

1. 对整车电路图识读要点

（1）对整车电路图进行分解 从整车电路图中划分出各系统的电路图,只要掌握了单个系统的工作原理,就能按照系统的工作过程,查找线路的走向,这样,在分析时不会被多余的电路所影响。

（2）认真阅读图注 对照图注熟悉元器件的名称、位置等,通过阅读可以帮助读者尽快了解该汽车上安装了哪些电器装置,再通过电器装置间的线路走向,就可以掌握各电器元件的控制关系。

（3）熟悉线路的配线和颜色标记 由于电路中线路的走向是按照一定规律进行布置的,因此,在电路图中也会将电路走向按照不同的配线装置进行了划分,在分析时,一定要先阅读各系统的配线说明。另外,对于配线颜色也要有所了解,特别是要记住各种颜色的字母标记。这样,即便线路的跨距很远也不会影响读者的阅读。

（4）熟悉控制元件的作用 特别是开关的控制,在电路图中随处可见。开关在电路图中的状态和各位置的功能,我们必须首先了解;其次,要掌握电源是通过什么路径到达该开关的,各个接线柱分别与哪些元器件连接;同时要知道在不同的档位时,有哪些接线柱可以通电,哪些接线柱不能通电。

（5）熟记回路原则和搭铁极性 汽车上的电路一般由电源、熔断器、开关、用电器和导线等组成,它的电流流向必定是从电源正极出发,经熔断器、开关、导线等到达用电器,再通过导线搭铁回到电源负极,从而构成一个完整的回路。电路的搭铁极性一般为负极搭铁方式,正极搭铁形式现已取消使用。

（6）了解继电器的工作状态 现代汽车电路中经常采用各种继电器对一些复杂电路进行控制。可以把含有线圈和触点的继电器,看成是由线圈工作的控制电路和触点工作的主电路两部分。主电路中的触点只有在线圈电路中有工作电流流过后才能动作。电路图中所画为继电器线圈处于失电状态。了解继电器的工作状态，特别是一些电子继电器的工作状态，对分析电路会大有帮助。

（7）通过解剖典型电路，达到触类旁通　许多车型的局部电路都是相同或相近的，因此，剖析几个典型电路，掌握其共同特点和原则，就能了解许多其他车型的电路。

2. 电路图的识读注意事项

识读汽车电气线路图时应注意以下几点：

1）读电源系统电路时应从电源开始，先找到蓄电池、发电机及电压调节器。发电机励磁电路是受点火开关控制的。

2）查找起动电路必须先找到点火开关、起动继电器及电源开关的控制电路。

3）查找点火电路时，先找点火控制器（或分电器）、点火线圈、点火开关及火花塞。

4）查找照明电路时，先找车灯控制开关、变光器、前照灯、示廓灯及各种照明灯。照明电路的一般接线规律是：示廓灯与前照灯不同时亮；前照灯的远光与近光不能同时亮；仪表照明灯、尾灯、牌照灯等只有在夜间工作时才亮。

5）查找仪表电路时，先找组合仪表、点火开关、仪表传感器与仪表电源稳压器。仪表电路都受点火开关控制，电热式或电磁式仪表表头与传感器串联。有些汽车仪表和指示灯同时显示一种参数。如充电、油压、油量与冷却液温度等，它们的指示灯是闪烁的，由一个多谐振荡器控制，同时还有蜂鸣器报警。

6）查找信号控制电路时，由于信号装置属于随时使用的短暂工作设备，一般应注意它是接在经常有电的导线上，且仅受一个开关控制，以免影响信号的发出。

7）查找辅助装置控制电路时，应首先熟悉辅助装置的图形符号、有关控制开关及其功能，而后按照从电源熔断器控制开关到用电设备的顺序进行。

11.3　典型汽车电路分析

11.3.1　大众车系电路分析

1. 电路图特点

1）大众车系电路图遵循德国工业标准 DIN 725527。特点是图上部的灰色区域表示汽车的中央接线盒的熔丝与继电器。灰色区域内部水平线为接电源正极的导线，有 30、15、X、31 等。其中 30 线直接接蓄电池正极，称为常火线。15 线接点火开关，当点火开关处于"ON"及"START"档时通电，给小功率用电器供电。X 线是受点火开关控制的大功率用电器供电火线，当点火开关接至"ON"档时，中间继电器闭合，通过触点给大功率用电器供电。31 线为中央接线盒搭铁线。图最下端是标注图中各线路位置的编号，各线路平行排列，每条线路对准下框线上的一个编号。线路如在图中中断，断口处标注与之连接的另一段线路所在的编号。同时也在线上注出各搭铁点。所有电器件均处于图中间的位置。

大众汽车电路图符号说明，如图 11-30 所示。

2）采用断线代号法解决交叉问题。在线路的断开处标上要连接的线路号，例如在断线处标黄底方框内有 128 其线路图下端标号为 147，只要在线路图下端找到标号为 128，则其

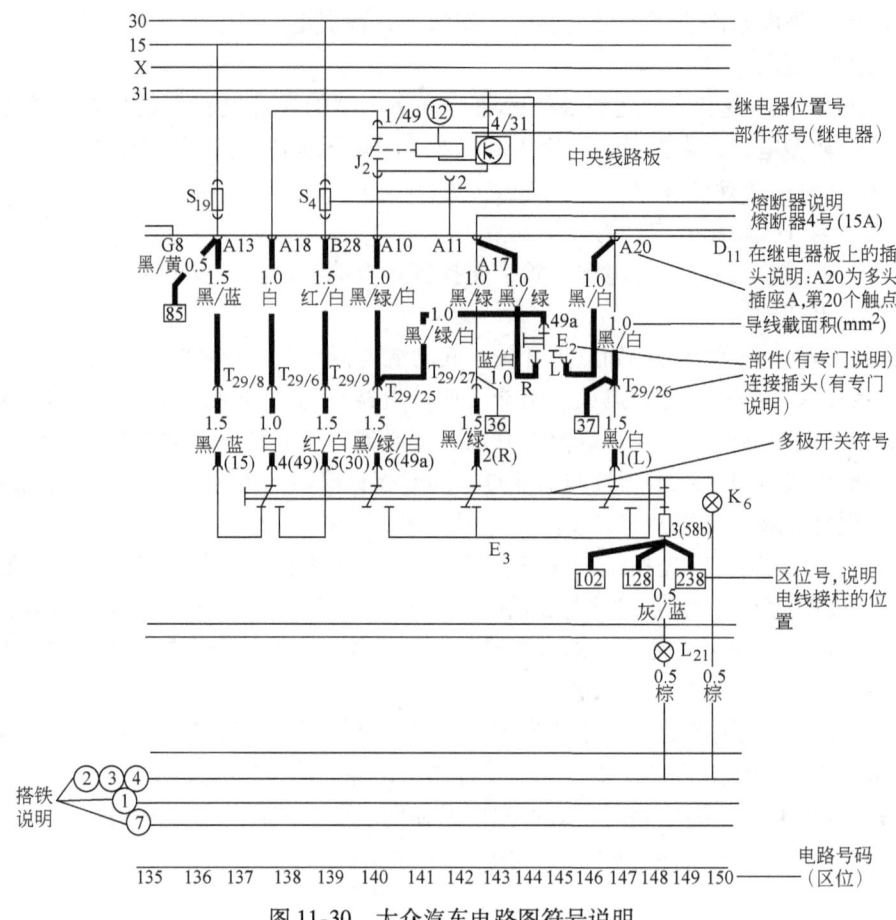

图 11-30 大众汽车电路图符号说明

上部断线处必标有 147，说明在两标号即 128 与 147 为断线连接处。通过以上两个数字，上、下段电路就有机地联在一起了。

3）在表示线路走向的同时，还表达了线路结构的情况。

2. 大众汽车电路图的识读方法

大众汽车电路图的识读方法如图 11-30 所示，图中的圈内数字标号是注释号，其各部含义如下：

（1）汽车整个电气系统以中央线路板为中心　中央线路板的正面插继电器和熔断器，在图纸的灰色部分里，画有汽车上的各种继电器，在这些继电器的右侧都有一个黄底小圆圈，其内标数字表示该继电器插在中央线路板正面板上的位置。例如小圆圈里标数字 2，表示该继电器插在板上的第 2 号位置上。

（2）以分数形式标明继电器插脚与中央线路板插孔的配合　例如，第 12 号继电器有 3 个插脚，在图纸上标有 1/49、3/49a、4/31，其中分子上的 1、3、4 是指板上第 12 号位置上的三个插孔；分母 49、49a、31 是指继电器上的三个插脚。分子与分母对应，且工艺上已保证它们不会插错。

（3）中央线路板上的插头与线束插座有对应的字母标记　中央线路板的背面是各种形式的组合插头，每一组合插头都有一个英文字母作为它的代号，并分别和各线束上的组合式插座插接。几根主要线束各自只有一只组合式插座,在同一线束里的所有导线在同一英文字母下被编成从 1 开始的不同序号。

(4) 导线颜色采用直观表达法　在总线路图上,车上的导线用什么颜色,线路图上就印什么颜色,一看便知。该车导线颜色也有一定规律:红色大多为控制火线,棕色为搭铁线,白黄色线用来控制灯,蓝线大多用于指示灯或传感器,全绿、红黑或绿黑多用于脉冲式的用电器。

(5) 电路图中使用了一些统一符号　除上面介绍的 30、15、X、31,四条线外,搭铁线也分三路:标有①为蓄电池搭铁线;标有②、③、④为中央线路板搭铁线;标有⑦的为尾灯线束搭铁线。

对照图 11-30 可知,J_2 为转向继电器,表示该继电器位于中央线路板上第 12 位。

S 代表熔丝,下脚标号代表该熔断器在中央线路板上的位置。如 S_{19} 表示该熔断器处于中央线路板第 19 位,熔丝的容量可通过它的颜色判断:紫色为 3A,红色为 10A,蓝色为 15A,黄色为 20A,绿色为 30A。

A13 为中央线路板接头说明,该蓝/黑导线连接位于中央线路板 A 线束第 13 位插头上。以此类推,B28 即在 B 线束第 28 位插头上。导线上标有的数字表示线的截面积,如 1.5、1.0、2.5 分别表示该线截面积为 $1.5mm^2$、$1.0mm^2$、$2.5mm^2$。

$T_{29/26}$ 表示连接插头,即 29 孔插头的第 26 位上。以此类推,$T_{29/6}$ 表示 29 孔插头的第 6 位。

导线尾部标号表示该导线连接的开关接线柱号,如 15 表示开关 E_3 的 15 接线柱。

K_6 表示报警闪光装置指示灯。

方框内 102、128、238 表示此导线与线路图下端第 102、128、238 编号上方的导线连接。

3. 大众车系电路分析实例

下面以上海桑塔纳系列轿车电路为例,分析各系统的工作原理及线路连接,电气设备的布置,线束布置。

上海桑塔纳系列轿车全车电路如图 11-31 所示。电气线路零部件及在电路中的位置见表 11-15。

中央线路板上的熔丝见表 11-16。

(1) 电源系电路　与电源系有关的元件主要有内装电子电压调节器的硅整流发电机、充电指示灯、点火开关、总熔丝及蓄电池(容量为 54A·h)。

电源系统电路包括:

① 发电机工作电路——发电机励磁电路及充电指示灯电路。

② 充电电路。

桑塔纳轿车电源系电路如图 11-31 (1) 所示。其电路编号 1~6、23~30。

1) 发电机他励电路。当点火开关 D 置于 1 档,发电机转速低于 1200r/min 时,蓄电池担负着向用电设备供电的任务,同时向发电机提供励磁电流。其励磁电路为:蓄电池正极→中央线路板单端子插座 P 端子→中央线路板内部线路→中央线路板单端子插座 P→点火开关 30 端子→点火开关 15 端子→组合仪表板下方 26 端子插接器的 11 端子→两只并联电阻和充电指示灯 K_2→二极管→组合仪表板下方 26 端子插接器的 26 端子→中央线路板 A16 端子→

表 11-15 电气线路零部件及在电路中的位置

符号	零部件名称	在电气线路图中的位置	符号	零部件名称	在电气线路图中的位置
①	蓄电池搭铁线		F_{18}	热敏开关	
②③④	中央线路板搭铁线		F_{22}	油压开关(30kPa)	53
⑤	发动机室左线束搭铁		F_{23}	空调高压开关	229
⑥	阅读灯搭铁线		F_{34}	制动液不足指示开关	55
⑦	尾灯线束搭铁线		F_{35}	进气预热温控开关	19
30	常火线		F_{38}	空调室温开关	240
15	小容量电器用火线		F_{66}	冷却液不足指示开关	56
X	大容量电器用火线		F_{69}	发动机室照明灯开关	107
31	中央线路板内搭铁线		F_{70}	杂物箱照明灯开关	104
A	蓄电池	5	F_{73}	空调压缩机开关	242
B	起动机	7	G	燃油表传感器	52
C	发电机	2	G_1	燃油表	46
C_1	发电机电压调节器	21	G_2	冷却液温度传感器	51
D	点火开关	23	G_3	冷却液温度表	48
E_1	灯光开关	92	G_5	转速表	35
E_2	转向灯开关	143	G_6	车速表	34
E_3	危险报警闪光开关	142	G_7	车速传感器	159
E_4	变光和转向灯开关	112	G_{40}	霍尔传感器	11
E_9	空调风速开关	234	H	双音喇叭开关	246
E_{15}	后窗加热器开关	131	H_1	高低音喇叭	251、252
E_{19}	停车灯开关	25	J_2	转向灯继电器	139
E_{20}	仪表板照明灯调节器	102	J_4	双音喇叭继电器	246
E_{22}	前风窗刮水器开关	172	J_5	雾灯继电器	124
E_{23}	雾灯开关	125	J_6	稳压器	48
E_{30}	空调开关	237	J_{26}	空调减负继电器	229
E_{33}	空调风量开关	242	J_{31}	前风窗刮水器及清洗装置	169
E_{39}	电动摇窗机安全开关	208	J_{32}	空调继电器	234
E_{40}	电动摇窗机开关(左前)	200	J_{51}	电动摇窗机自动继电器	188
E_{41}	电动摇窗机开关(右前)	195	J_{52}	电动摇窗机延时继电器	190
E_{52}	电动摇窗机开关(左后)	205	J_{53}	中央集控锁控制器(左前)	215
E_{53}	电动摇窗机开关(左后)	205	J_{59}	X—接触继电器	91
E_{54}	电动摇窗机开关(右后)	212	J_{81}	进气歧管预热继电器	18
E_{55}	电动摇窗机开关(右后)	212	J_{114}	油压检查控制器	33
E_{56}	后阅读灯开关(右)	66	J_{120}	冷却液不足指示控制器	
E_{59}	遮阳开关	64	J_{121}	内部照明继电器	59
F	制动开关	155	K_1	前照灯远光指示灯	42
F_1	油压开关(180kPa)	54	K_2	充电指示灯	31
F_2	前车门接触开关(左)	59	K_3	油压指示灯	31
F_3	前车门接触开关(右)	58	K_5	转向指示灯(右)	36
F_4	倒车开关	161	K_6	危险报警闪光灯指示灯	150
F_5	行李箱照明灯开关	57	K_7	驻车制动指示灯	38
F_9	驻车制动指示灯开关	56	K_{10}	后窗加热指示灯	41
F_{10}	后车门接触开关(左)	68	K_{17}	雾灯指示灯	127

(续)

符号	零部件名称	在电气线路图中的位置	符号	零部件名称	在电气线路图中的位置
F_{11}	后车门接触开关(右)	65	K_{28}	冷却液温度指示灯	47
K_{48}	空调开关照明灯	237	R	收放机	83
K_{49}	阻风门指示灯	39	R_2、R_3	扬声器	81、74
K_{50}	冷却液液位指示灯	43	R_4、R_5		83、75
K_{51}	燃油不足指示灯	46	S_1、S_2		226、155
L_1	前照灯双丝灯泡(左)	116、118	S_3、S_4		57、138
L_2	前照灯双丝灯泡(右)	117、119	S_6、S_7		120、96、
L_8	时钟照明灯	92	S_8、S_9		98、117
L_9	灯光开关照明灯泡	103	S_{10}、S_{11}	见表11-16	116、166、
L_{10}	仪表板照明灯	93~99	S_{12}、S_{13}		181、131
L_{20}	后雾灯灯泡	122	S_{14}、S_{15}		242、161
L_{21}	暖风开关照明灯	148	S_{16}、S_{17}		251、21
L_{22}	前雾灯灯泡(左)	120	S_{18}、S_{19}		244、136
L_{23}	前雾灯灯泡(右)	121	S_{20}		106
L_{28}	点烟器照明灯	89	S_{21}、S_{22}		119、118
L_{39}	后窗加热器开关照明灯	129	S_{23}	空调熔丝30(A)	230
L_{40}	雾灯开关照明灯	128	S_{27}	后雾灯熔丝	123
L_{53}	电动摇窗机开关照明灯	196、200、206、209、212	S_{37}	电动摇窗机热保护器	188
M	电动后视镜开关	181	S_{38}	电动后视镜熔丝(3A)	181
M_1	停车灯灯泡(左)	111	S_{39}	电动天线熔丝	87
M_2	尾灯灯泡(右)	109	U_1	点烟器	88
M_3	停车灯灯泡(右)	108	V	前风窗刮水电动机	164
M_4	尾灯灯泡(左)	110	V_2	鼓风机电动机	232
M_5	转向灯(前左)	152	V_5	前风窗洗涤泵	177
M_6	转向灯(后左)	151	V_7	散热器风窗	226
M_7	转向灯(前右)	154	V_{14}	电动摇窗机电动机(左前)	200
M_8	转向灯(后右)	153	V_{15}	电动摇窗机电动机(右前)	195
M_9	制动灯(左)	157	V_{26}	电动摇窗机电动机(左后)	205
M_{10}	制动灯(右)	156	V_{27}	电动摇窗机电动机(右后)	212
M_{16}	倒车灯(左)	163	V_{30}	中央集控锁电动机(右前)	218
M_{17}	倒车灯(右)	161	V_{31}	中央集控锁电动机(右后)	220
M_{18}	发动机室照明灯	107	V_{32}	中央集控锁电动机(左后)	222
M_{20}	空调控制装置指示灯	239	V_{33}	电动后视镜电动机(右)	179
N	点火线圈	15	V_{34}	电动后视镜电动机(左)	183
N_3	急速截止电磁阀	21	V_{44}	电动天线	87
N_{16}	空调升速电磁阀		W	车内前部照明灯	63

（续）

符号	零部件名称	在电气线路图中的位置	符号	零部件名称	在电气线路图中的位置
N_{23}	鼓风机换档电阻	232	W_3	行李箱内照明灯	57
N_{25}	电磁离合器	242	W_4	遮阳灯	64
N_{47}	晶体管点火开关装置	11	W_5	后阅读灯（右）	66
N_{51}	进气预热器	18	W_6	后阅读灯（左）	69
N_{62}	进气门电磁阀	241	X	牌照照明灯	105
O	分电器	15	Y_2	电子钟	71
P	火花塞插头	13~17	Z_1	后窗加热器	134
Q	火花塞	13~17			

表 11-16　中央线路板上的熔丝

编号	名　称	额定电流/A	编号	名　称	额定电流/A
1	散热器风扇	30	15	倒车灯、车速传感器	10
2	制动灯	10	16	双音喇叭	15
3	点烟器、收音机、钟表、车内灯、中央集控门锁	15	17	进气预热器温控开关、急速截止电磁阀	10
4	危险报警闪光灯	15	18	驻车制动、阻风门指示灯	15
5	燃油泵	15	19	收放机、转向灯、防盗器控制单元	10
6	前雾灯	15	20	牌照灯、杂物箱照明灯	10
7	尾灯和停车灯（左）	10	21	前照灯近光（左）	10
8	尾灯和停车灯（右）	10	22	前照灯近光（右）	10
9	前照灯远光（右）	10	23	后雾灯	10
10	前照灯远光（左）	10	24	空调	30
11	前风窗刮水器及清洗装置	15	25	自动天线	10
12	电动摇窗机、ABS 控制单元	15	26	电动后视镜	3
13	后窗加热器	20	27	ECU	10
14	鼓风机（空调）	20			

注：熔丝 23~27 为桑塔纳 2000GSi 型轿车的编号，插在中央线路板的旁边。

中央线路板内部线路→中央线路板 D_4 端子→单端子插接器 T_{1d}（蓄电池旁边）→交流发电机 D_+ 端子→交流发电机的励磁绕组→电子调节器功率管→电路编号 6 搭铁→蓄电池负极；充电指示灯亮，表示发电机处于他励。

2）发电机自励电路。在发电机转速达到或高于 1200r/min 时，发电机电压高于蓄电池电动势时，发电机自励，外电路用电设备由发电机（蓄电池协助）供电，同时发电机向蓄电池充电，充电指示灯熄灭，指示发电机工作状态良好。其自励电路：交流发电机内部小功率二极管的共阴极端→交流发电机的励磁绕组→电子调节器功率管→电路编号 3 搭铁→发电机负极。

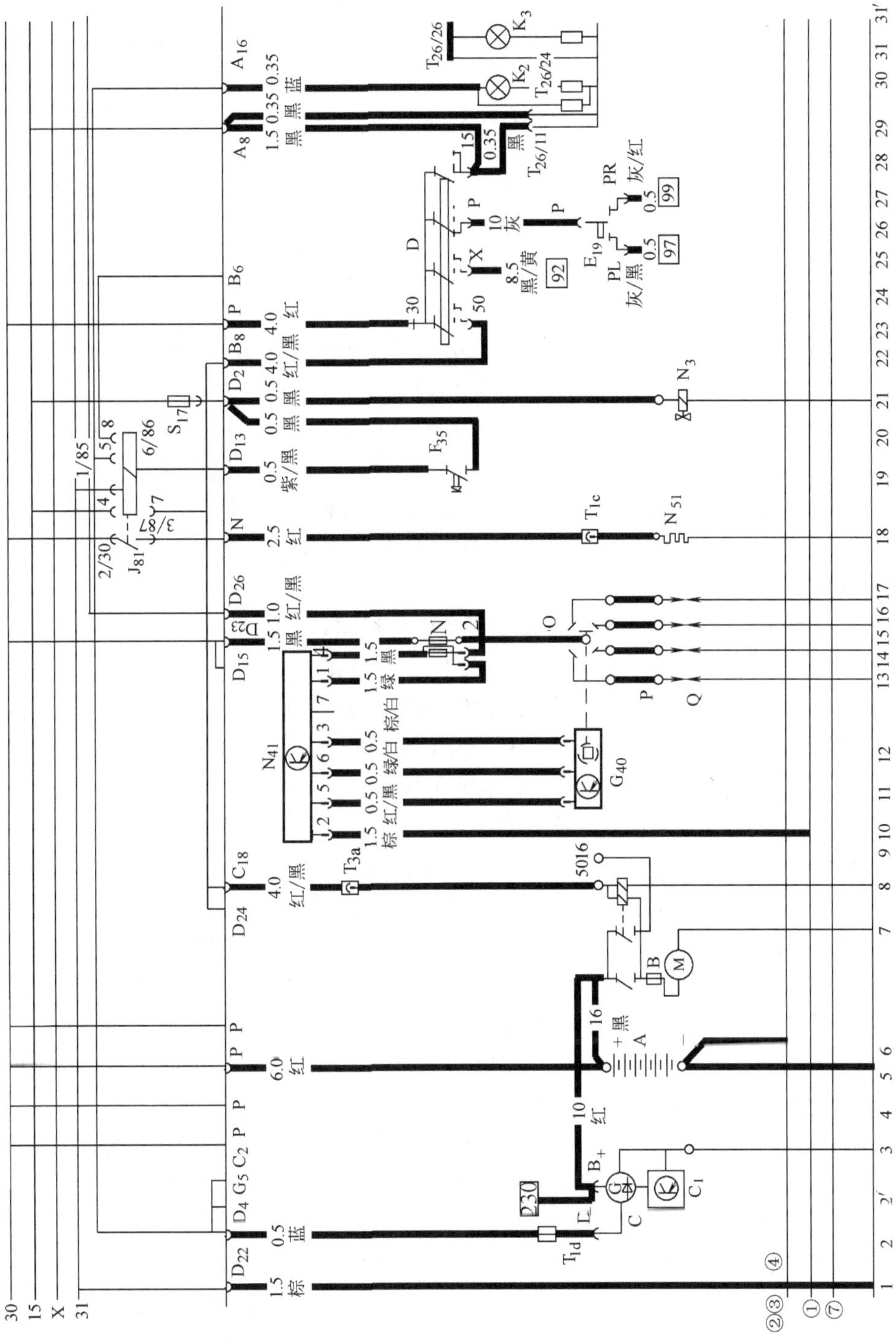

第 11 章 汽车电气设备总线路

图 11-31（1） 桑塔纳 2000 系列轿车电路图

3) 发电机充电电路为：交流发电机的 B 端子→起动机 30 端子→蓄电池 A 正极→蓄电池负极→电路代号 3 搭铁→发电机负极。

(2) 起动系统电路　直流串励式电动机（功率为 950W）由点火开关的起动档直接控制。起动系统电路一般有：起动机主电路和控制起动机线路通断的控制电路。如图 11-31 (1) 所示，图中电路编号 5~8、23~28。

当点火开关置于 3 档（即起动档）时，其 30 端子和 50 端子接通。起动机电磁开关电路和起动机主电路如下：

1) 电磁开关线圈电路为：蓄电池正极中央线路板单端子插座 P 端子→中央线路板内部线路→中央线路板单端子插座 P 端子→点火开关 30 端子→点火开关 50 端子→中央线路板 B_8 端子→中央线路板内部线路→中央线路板 C_{18} 端子→起动机 50 端子→进入电磁开关→
$\begin{bmatrix}保持线圈→搭铁→电路编号 8\\吸引线圈→起动机 C 接线柱→起动机励磁绕组→起动机电枢绕组→搭铁→电路编号 7\end{bmatrix}$→蓄电池负极。电磁开关产生电磁力接通起动机主电路。

2) 起动机主电路为：蓄电池 A 正极→起动机 30 接线柱→电磁开关接触盘→起动机 C 接线柱→起动机励磁绕组→起动机电枢绕组→搭铁→电路编号 7→蓄电池负极。

(3) 点火系统电路　点火系统的主要元件有点火线圈、分电器、点火控制器、火花塞、点火开关等，如图 11-31 (1) 所示，电路编号为 9~30。将点火开关置于 2 档（即点火档），点火系统的初级电路接通。

1) 初级（低压）电路为：蓄电池 A 正极→中央线路板单端子插座 P 端子→中央线路板内部线路→中央线路板单端子插座 P 端子→点火开关 30 端子→点火开关 15 端子→中央线路板 A_8 端子→中央线路板内部电路→中央线路板 D_{23} 端子→点火线圈 N 的 15 端子→初级绕组→点火线圈 N 的 1 端子→点火控制器 N41 的 1 端子→点火控制器内部大功率晶体管→点火器控制器 2 端子→电路编号 10 搭铁→蓄电池负极。

2) 次级（高压）电路为：点火线圈次级绕组"+"→点火线圈 15 接线柱→中央线路板 D_{23} 端子→中央线路板 A_8 端子→点火开关→中央线路板 P 端子→蓄电池→搭铁→火花塞→分缸高压线→配电器旁电极→分火头→中央高压线→次级绕组"-"。

3) 点火控制器电源电路。蓄电池 A 正极→中央线路板单端子插座 P 端子→中央线路板内部线路→中央线路板单端子插座 P 端子→点火开关 30 端子→点火开关 15 端子→中央线路板 A_8 端子→中央线路板内部电路→中央线路板 D_{23} 端子→点火线圈 N 的 15 端子→点火控制器 4 端子→点火控制器内部电路→点火控制器 2 端子→电路编号 10 搭铁→蓄电池负极。

4) 霍尔传感器信号电路。霍尔传感器的电源线（红/黑）、信号线（绿/白）、搭铁线（棕/白）分别与点火控制器 5、6、3 端子连接，将信号传给点火控制器，点火控制器内部大功率晶体管导通与截止，控制初级电路的通断。

(4) 进气预热和怠速截止阀电路

1) 进气预热电路。进气预热电路由点火开关、进气预热温控开关（F_{35}）、进气预热继电器（J_{81}）、进气预热器（N_{51}）等组成，如图 11-31 (1) 所示，电路编号 18~20。

点火开关闭合，当发动机的冷却液温度低于 65℃ 时，安装在发动机出水管的温控开关 F_{35} 闭合，进气预热继电器 J_{81} 工作，进气预热继电器线圈电路为：电源正极→中央线路板单端子插座→点火开关 30 端子→点火开关 15 端子→中央线路板 A_8 端子→熔断器 S_{17}→中央线

路板 D_2 端子→进气预热热敏开关 F_{35}→紫/黑色导线→中央线路板 D_{13} 端子→进气预热继电器 6/86 端子→进气预热继电器励磁线圈→进气预热继电器 5/85 端子→中央线路板引线→搭铁→电源负极。位于进气管内的进气预热器 N_{51} 通电加热混合气，其电路为：电源正极→中央线路板单端子插座 P→进气预热继电器 30 端子→进气预热继电器触点→进气预热继电器 3/87 端子→中央线路板单端子插座 N→插接器 T_{1C}→进气预热加热电阻→电路编号 18 搭铁→电源负极。在发动机冷却液温度高于设定温度时，温控开关 F_{35} 自动断开，进气预热器 N_{51} 断电停止工作。

2) 怠速截止阀电路。怠速截止阀电路由点火开关（D）、怠速截止阀（N_3）组成，如图 11-31（1），电路编码 21～29。点火开关闭合，通过点火开关、熔丝 S_{17}，怠速截止阀 N_3 通电，打开怠速量孔，使发动机怠速能稳定运转。当点火开关切断时，怠速截止阀 N_3 断电，关闭怠速量孔，保证发动机很快熄火，并能减少发动机燃烧室的积炭和排气污染。

(5) 仪表系统电路　仪表电路是指冷却液温度表、油压表、燃油表、油压警告灯、发动机转速表等。仪表系统都受点火开关（或电源总开关）控制。点火系工作的同时，仪表和指示灯电路也同时工作，如图 11-31（1）～（3）所示，电路编号 23～57。

1) 润滑系低压传感器电路。当发动机润滑系统的机油压力低于 30kPa 时，低压传感器闭合，其电路为：电源正极→点火开关 30 端子→点火开关 15 端子→油压检查控制器 J_{114} 的 15 端子→油压检查控制器 J_{114}→中央线路板 B_{15} 端子→中央线路板内部电路→中央线路板 D_{21} 端子→低压传感器 F_{22}（低压油压开关）触点→低压传感器 F_{22} 外壳→电路编码 54 搭铁→电源负极。当油压高于 30kPa 时，低压传感器触点断开。

2) 润滑系高压传感器电路。当发动机润滑系统的机油压力低于 180kPa 时，高压传感器触点断开；当油压高于 180kPa 时，高压传感器触点闭合。高压传感器电路为：电源正极→点火开关 30 端子→点火开关 15 端子→油压检查控制器 J_{114} 的 15 端子→油压检查控制器 J_{114}→蓝/黑色导线→中央线路板 A_4 端子→中央线路板 D_1 端子→高压传感器 F_1（高压油压开关）触点→高压传感器壳体→电路编号 53 搭铁→电源负极。若当发动机转速高于 2150r/min 时，油压仍不正常，则油压检查控制器 J_{114} 发出蜂鸣报警声，应停车检查。

3) 油压指示灯电路。电源正极→点火开关 30 端子→点火开关 15 端子→黑色导线→仪表板 26 端子插接器的 11 端子→降压电阻→油压指示灯→油压检查控制器 J_{114} 的 A 端子→油压检查控制器内部电路→油压检查控制器 J_{114} 的端子→仪表板 26 端子插接器 5 端子→棕色导线→电路编号 49 搭铁→电源负极。

4) 冷却液温度表电路。电源正极→中央线路板单端子插座 P→点火开关 30 端子→点火开关 15 端子→稳压器 J_6→冷却液温度表 G_3→插接器 $T_{26/16}$→中央线路板 B_7 端子→中央线路板内部电路→中央接线板 D_{29} 端子→冷却液温度表传感器 G_2→电路编号 51 搭铁→电源负极。

5) 冷却液液位报警指示电路。电源正极→中央线路板单端子插座 P→点火开关 30 端子→点火开关 15 端子→稳压器 J_6→液位报警灯 K_{28}→插接器 $T_{26/16}$→中央线路板 B_7 端子→中央线路板内部接线→中央线路板 D_{29} 端子→中央线路板内部接线→液位控制器 J_{120}→中央线路板 A_3 端子→插接器 T_{25}→冷却液不足开关 F_{66}→电路编号 57 搭铁→电源负极；当冷却液温度超过 124℃ 或液位低于限定值时，报警灯 K_{28} 点亮。

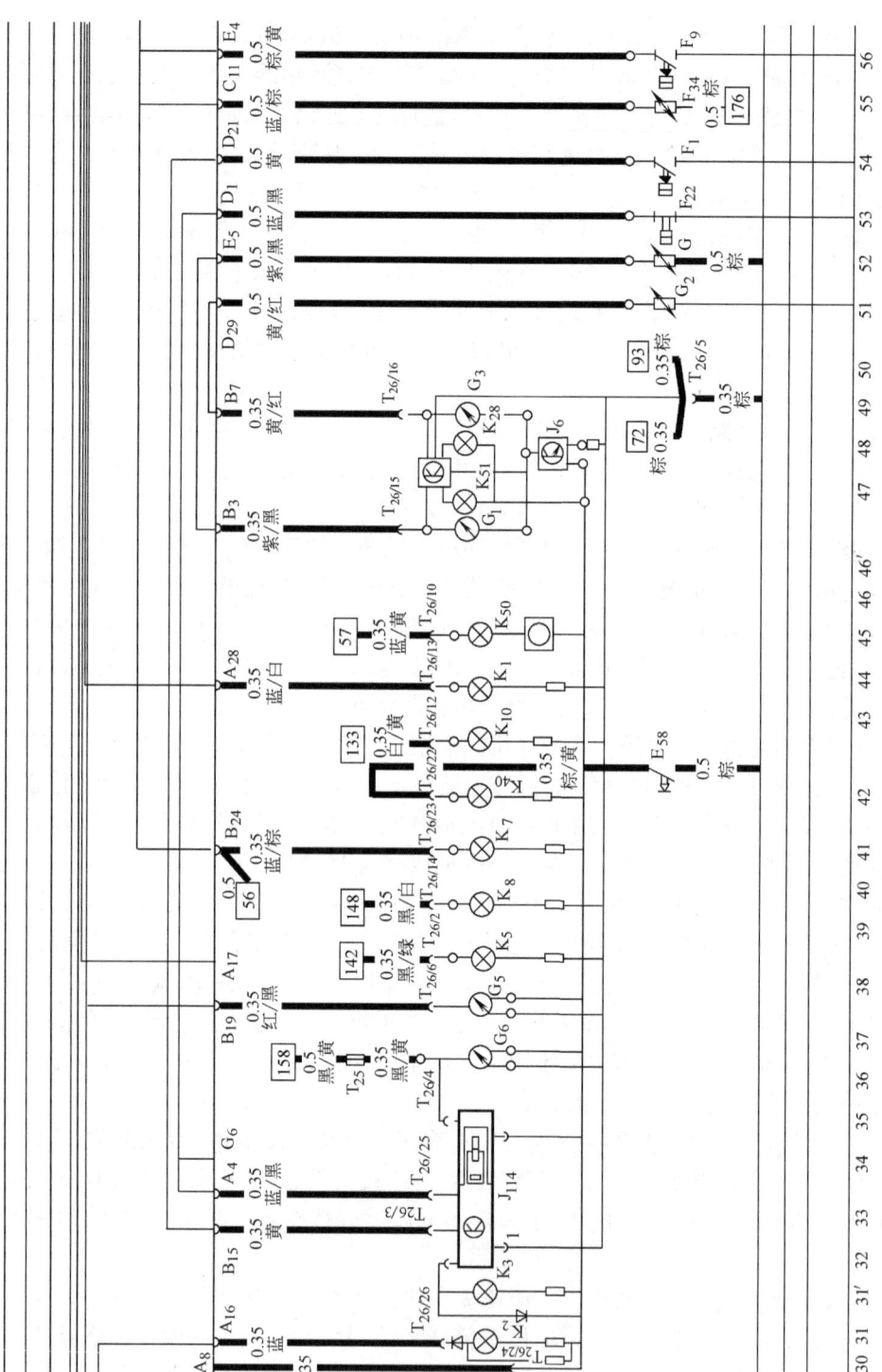

图 11-31 (2) 桑塔纳 2000 系列轿车电路图

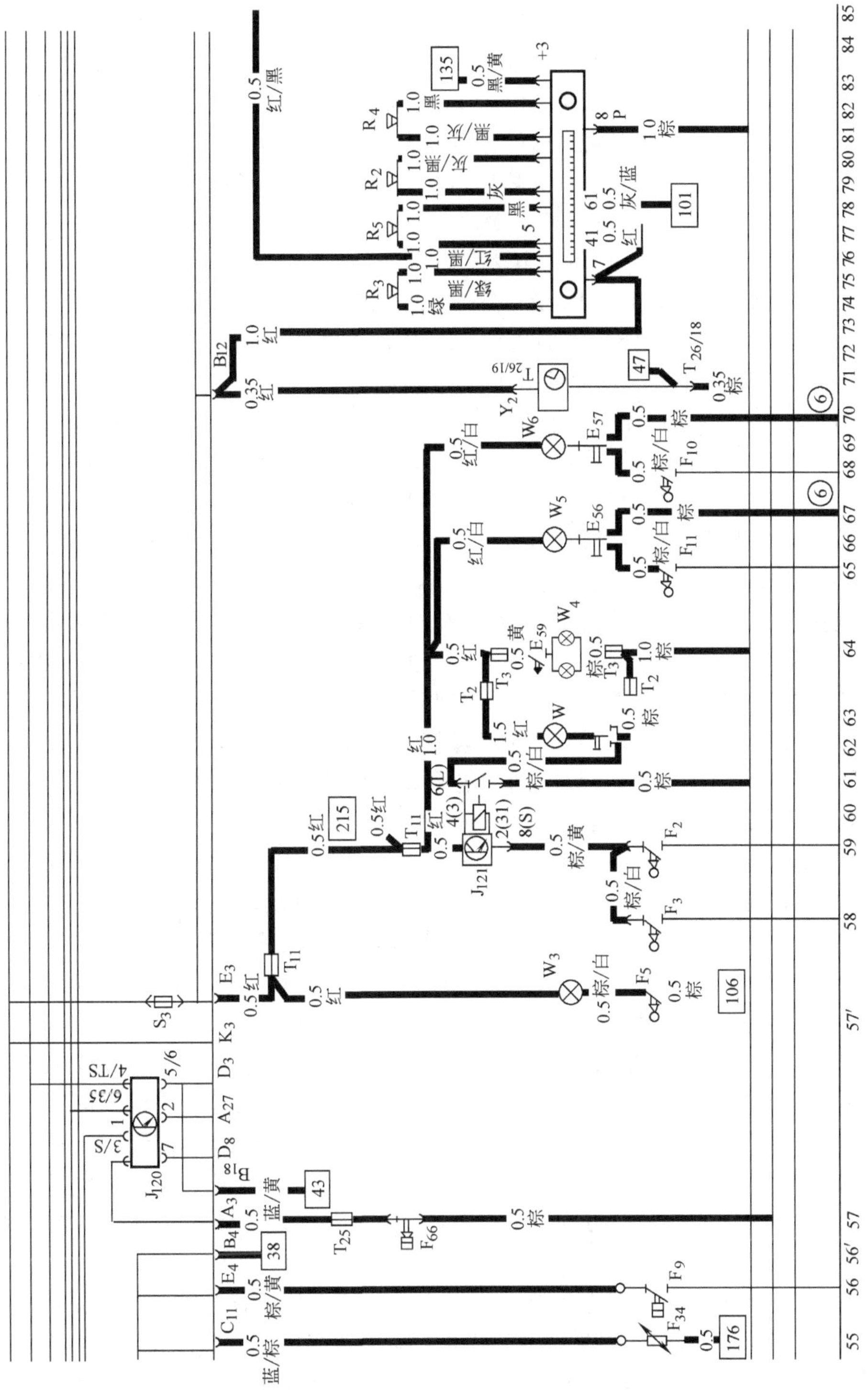

第11章 汽车电气设备总线路

图11-31（3） 桑塔纳2000系列轿车电路图

6) 燃油表电路。电源正极→中央线路板单端子插座 P→点火开关 30 端子→点火开关 15 端子→稳压器 J_6→燃油表 G_1→插接器 $T_{26/15}$→中央线路板 B_3 端子→中央线路板内部电路→中央线路板 E_5 端子→燃油传感器 G→电路编号 52 搭铁→电源负极。

7) 电子式发动机转速表。当点火线圈初级电流接通或切断时，产生的脉冲信号经中央线路板、仪表板印制电路板、仪表板白色 26 端子插座进入转速表控制电路。控制电路为数字集成电路，脉冲信号经集成电路处理后，由转速表指针指示出发动机转速。

(6) 照明系统及灯光信号电路 桑塔纳轿车的照明系统由前照灯（L_1、L_2）、仪表照明灯（L_{10}）、牌照灯（X）、停车灯（M_1、M_3）、尾灯（M_2、M_4）、雾灯（L_{22}）等组成。如图 11-31（4）和图 11-31（5）所示，电路编码 88~134。

1) 前照灯电路。前照灯 L_1、L_2 受车灯开关 E_1 和转向组合手柄开关中的变光与超车灯开关 E_4 控制。当向上抬起组合开关手柄时，E_4 中的变光与超车灯开关触点接通，30 号线电源经熔断器 S_9、S_{10} 直接接通左前照灯 L_1、右前照灯 L_2 的远光灯丝电路，与此同时，电源还从熔断器 S_9 向仪表板上的远光灯指示灯 K_1 提供电源，使左右远光灯与远光指示灯同时发亮。反复抬起与放松组合开关手柄，左右远光灯与远光指示灯同时闪烁，向前方汽车发出超车信号。当车灯开关 E_1 拨到第二档（位置 3）时，30 号线电源经点火开关 D 第二掷、车灯 E_1 第一掷加到变光开关与超车灯开关 E_4 上，当向上拨动一下组合开关手柄时，可依次接通左、右前照灯的近光灯丝电路（经熔断器 S_{21}、S_{22}）或远光灯丝电路（经熔断器 S_9、S_{10}），当左前照灯 L_1 右前照灯 L_2 的远光灯发亮时，仪表板上的远光指示灯 K_1 同时发亮。

2) 雾灯电路。雾灯受车灯开关 E_1 和雾灯开关 E_{23} 控制。当车灯开关 E_1 处于档位 2 或 3 时，30 号线电源将经过车灯开关 E_1 第四掷加到雾灯继电器 J_5 的线圈上，雾灯继电器触点吸闭，X 号线电源经雾灯继电器 J_5 的触点加到雾灯开关 E_{23} 上的电源端子上。当雾灯开关拨到位置 2 时，前雾灯 L_{22}、L_{23} 灯丝电路接通，电源经雾灯开关的第一掷、熔断器 S_6 加到前雾灯 L_{22}、L_{23} 上；当雾灯开关拨到位置 3 时，前雾灯 L_{22}、L_{23} 仍然亮，此时雾灯开关的第二掷后雾灯电路接通，电源经熔断器 S_{27} 加到后雾灯 L_{20} 上，前后雾灯均发亮，与此同时，安装在雾灯开关内的雾灯指示灯 K_{17} 电路也接通，前后雾灯和雾灯指示灯同时发亮。

3) 示廓灯、尾灯与停车灯。示廓灯与尾灯兼作停车灯使用，当汽车停驶时，用作停车灯；当汽车行驶时，用作示廓灯和尾灯。示廓灯 M_1、M_3 和尾灯 M_2、M_4 受点火开关 D（四掷第三位）、车灯开关 E_1（四掷第三位）和停车灯开关 E_{19} 控制。

① 作停车灯用。当汽车停驶时，点火开关断开（位于 1 位置），30 号线电源通过点火开关的第三掷加到停车灯开关上。当停车灯开关 E_{19} 处于位置 2（空位）时，示廓灯与尾灯电源切断。停车灯开关 E_{19} 在转向灯组合手柄开关内，当停车灯开关 E_{19} 处于位置 1（手柄向下拨动时），前左示廓灯 M_1 和左尾灯 M_4 电路接通；当停车灯开关 E_{19} 处于位置 3（手柄向上拨动）时，前右示廓灯 M_3 和右尾灯 M_2 电路接通，此时示廓灯与尾灯均用作停车灯。

② 作示廓灯与尾灯用。当汽车行驶时，点火开关处于 2 位置，停车灯电源被切断，此时示廓灯和尾灯受车灯开关 E_1 控制。车灯开关的 1 位为空位，示廓灯和尾灯均不亮。当车灯开关处于 2 或 3 位时，30 号线电源通过车灯开关 E_1 的第二掷经熔断器 S_7 加到前左示廓灯 M_1 和左尾灯 M_4，通过车灯开关 E_1 的第三掷经熔断器 S_8 加到前右示廓灯 M_3 和右尾灯 M_2，此时两只示廓灯和两只尾灯分别起示廓灯和尾灯的作用。

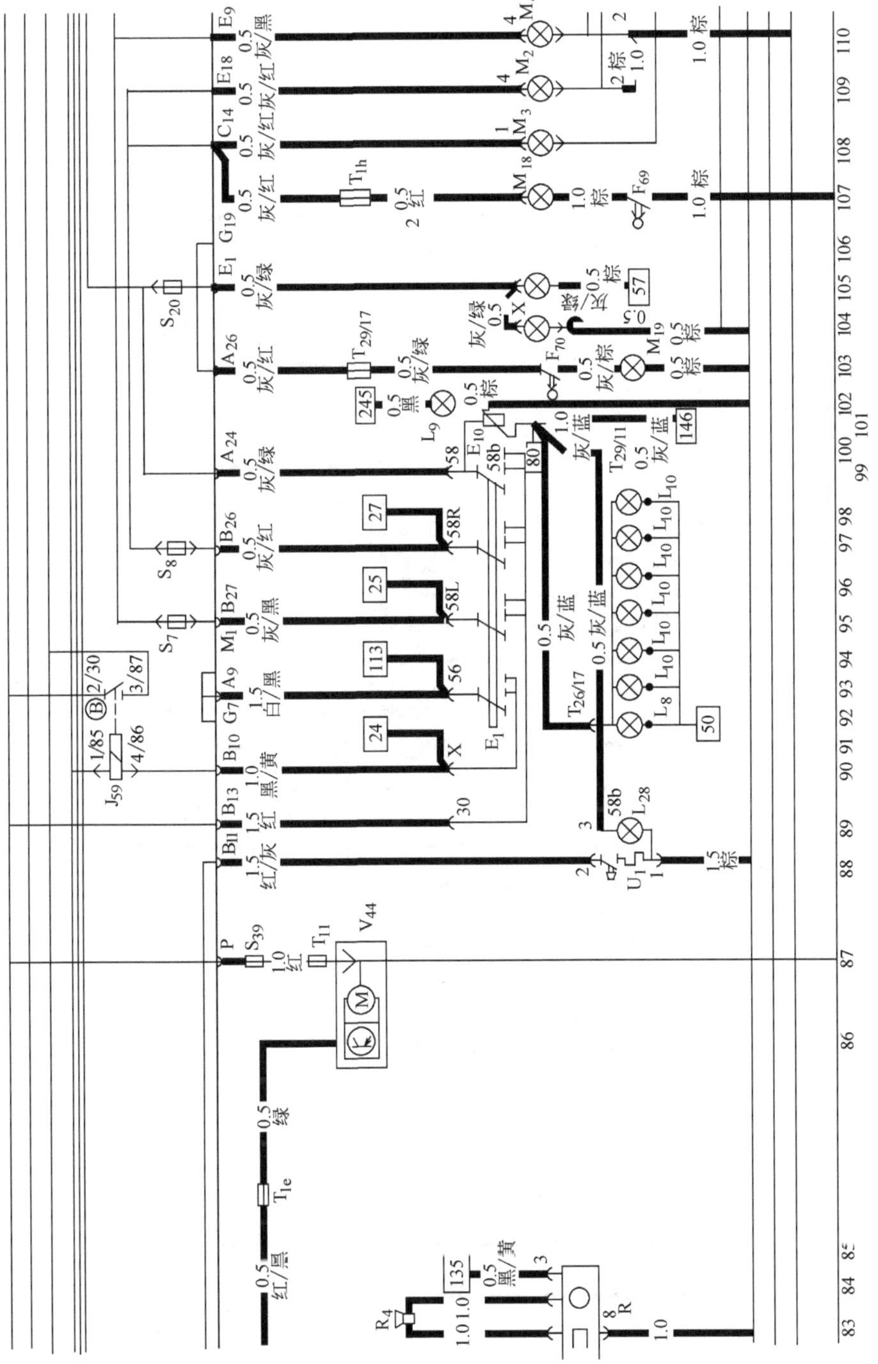

第11章 汽车电气设备总线路

图 11-31（4） 桑塔纳 2000 系列轿车电路图

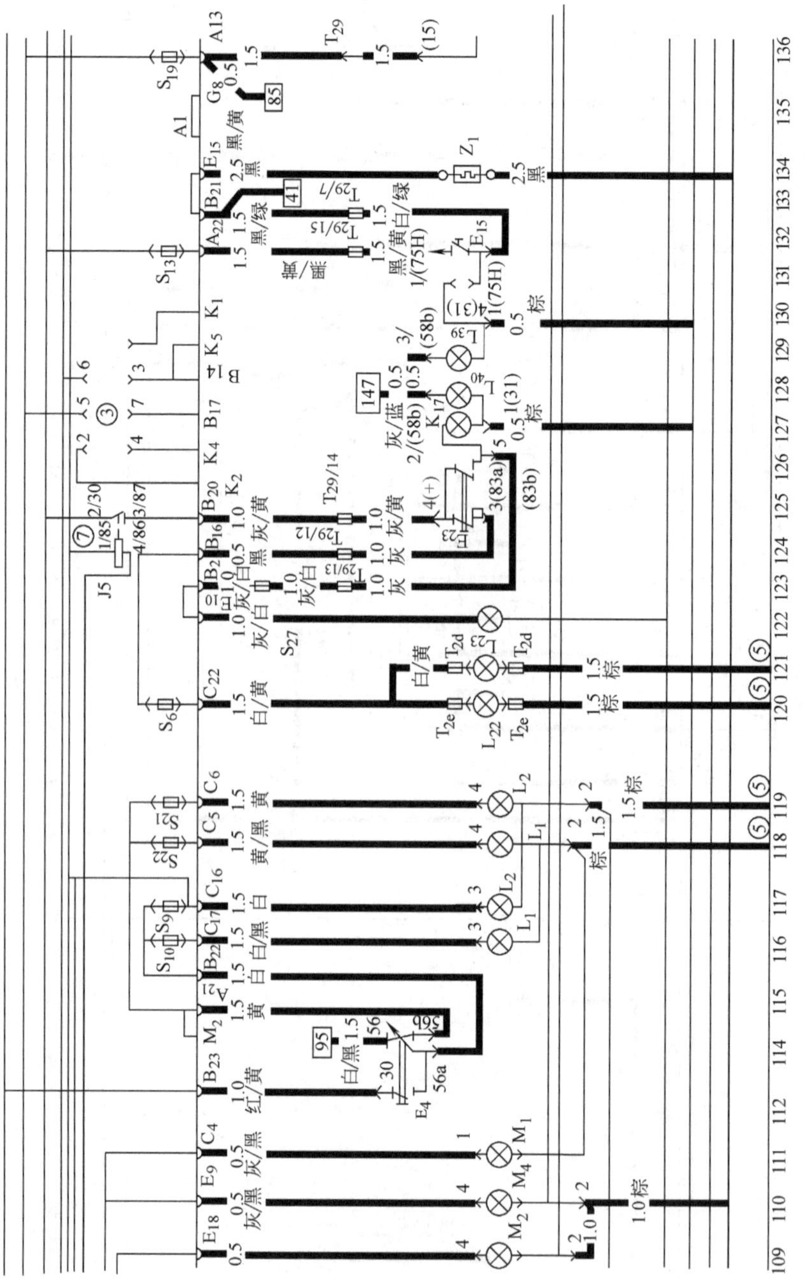

图 11-31（5） 桑塔纳 2000 系列轿车电路图

4) 行李箱照明灯。行李箱照明灯 W_3 由 30 号线电源经熔断器 S_3 供电，且受行李箱照明灯开关 F_5 控制。

5) 顶灯。顶灯 W 由 30 号线电源经熔断器 S_3 供电，并分别受到顶灯开关和四个并联的门控开关 F_2、F_3、F_{10}、F_{11} 控制。如图 11-31（3）所示，当任何一扇门打开时，相应的门控开关就会闭合，顶灯就会发亮，只有在四扇门都关闭状态时，顶灯才会熄灭。

6) 牌照灯。牌照灯有两只，受车灯开关控制。当车灯开关 E_1 处于 2 位或 3 位时，30 号线电源经车灯开关第四掷、熔断器 S_{20}、线束插头 T_{1V} 加到牌照灯 X 上，两只牌照灯 X 发亮。

7) 倒车灯与制动灯。倒车灯和制动灯分为左、右两只，与后转向信号灯、尾灯等组合在一起。如图 11-31（6）所示，当变速杆拨到倒车档时，倒车灯开关 F_4 接通，15 号线电源经熔断器 S_{15}、倒车灯开关 F_4 加到倒车灯开关上，倒车灯 M_{16}、M_{17} 发亮。当驾驶人踩下制动踏板时，位于踏板支架上部的制动灯开关 F 接通，30 号线电源经熔断器 S_2、制动灯开关 F 加到制动灯 M_9、M_{10} 上，制动灯发亮。

8) 其他照明。仪表板照明灯 L_{10} 两只、时钟照明灯 L_8、点烟器照明灯 L_{28}、烟灰缸照明灯 L_{41}、除霜器开关照明灯 L_{39}、雾灯开关照明灯 L_{40}、空调开关控制面板照明灯 L_{21} 等七种照明灯均受车灯开关控制。如图 11-31（3）、（4）、（5）、（6）所示，当车灯开关 E_1 处于 1 位时，七种照明灯熄灭；当车灯开关 E_1 处于 2 位或 3 位时，30 号线电源经车灯开关第四掷、仪表板调光电阻 E_{20} 接通七种照明灯电路，照明灯均发亮。

9) 转向信号灯与报警灯。转向信号灯与报警信号系统，如图 11-31（6）所示，电路编号 135~165。四只转向信号灯 M_5、M_6、M_7、M_8 兼作报警灯使用。

当汽车行驶过程中需要指示左转向时，向后拨动组合手柄开关，其转向灯开关 E_2 的 49a 端子与 L 端子接通，左转向信号灯电路为：

电源正极→中央线路板单端子插座 P 端子→中央线路板内部线路→中央线路板单端子插座 P 端子→点火开关 30 端子→点火开关 15 端子→中央线路板插座 A_8 端子→中央线路板内部线路→熔丝 S_{19}→中央线路板 A_{13} 端子→$T_{29/8}$→报警开关 E_3 的 15 端子→报警开关 E_3 的 49 端子→$T_{29/6}$→中央线路板 A_{18} 端子→复合式闪光器 J_2 触点→中央线路板 A_{10} 端子→$T_{29/25}$→转向开关 E_2 的 49a 端子→转向开关 E_2 的 L 端子→中央线路板 A_{20} 端子→中央线路板内部线路→中央线路板插座 C_{19}、E_6 端子→前左转向灯 M_5、后左转向灯 M_6→搭铁→电源负极。

当汽车行驶过程中需要指示右转向时，向前拨动组合手柄开关，其转向灯开关 E_2 的 49a 端子与 R 端子接通，右转向信号灯电路为：

电源正极→中央线路板单端子插座 P 端子→中央线路板内部线路→中央线路板单端子插座 P 端子→点火开关 30 端子→点火开关 15 端子→中央线路板插座 A_8 端子→中央线路板内部线路→熔丝 S_{19}→中央线路板 A_{13} 端子→$T_{29/8}$→报警开关 E_3 的 15 端子→报警开关 E_3 的 49 端子→$T_{29/6}$→中央线路板 A_{18} 端子→复合式闪光器 J_2 触点→中央线路板 A_{10} 端子→$T_{29/25}$→转向开关 E_2 的 49a 端子→转向开关 E_2 的 R 端子→中央线路板插座 A_7 端子→中央线路板内部线路→中央线路板插座 C_8、E_{11} 端子→前右转向灯 M_7、后右转向灯 M_8→搭铁→电源负极。

在转向的同时，转向继电器 J_2 的接线柱 49a 端子→中央线路板内部线路→中央线路板插座 A_{17} 端子→转向指示灯 K_5，转向指示灯闪亮。

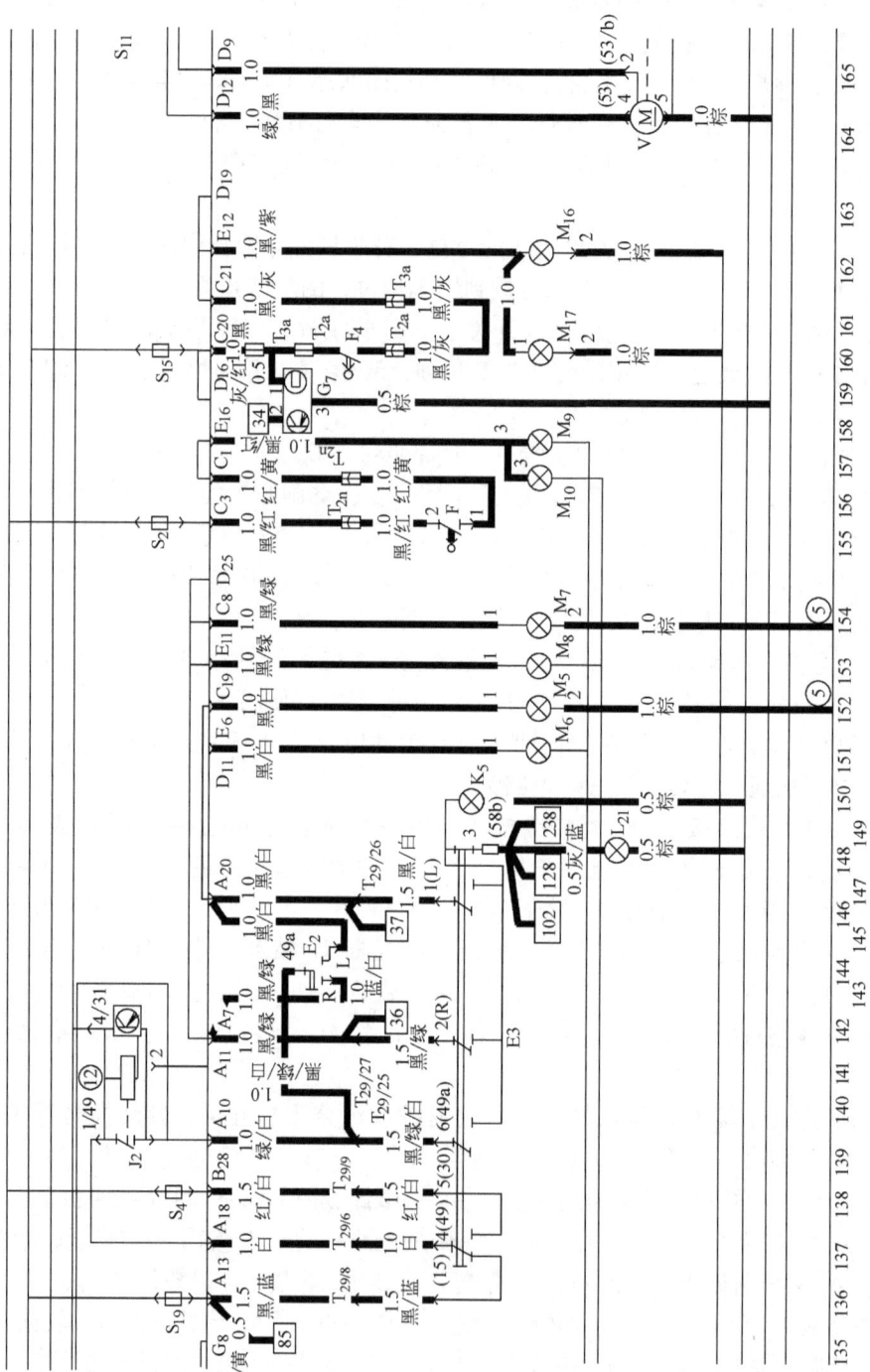

图 11-31 (6) 桑塔纳 2000 系列轿车电路图

当汽车故障或有紧急情况需要发出报紧信号时,按下报警灯开关 E_3,报警灯开关 E_3 的 R 和 L 端子都通电源,报警灯电路:电源正极→中央线路板单端子插座 P 端子→中央线路板内部线路→中央线路板 30 号电源线→熔断器 S_4→中央线路板 B_{28} 端子→仪表板插座 $T_{29/9}$→报警开关 E_3 的 30 端子→报警开关 E_3 的 49a 端子→报警灯开关 R、L 端子同时接通→中央线路板 A_7 端子(A20 端子)→中央线路板内部线路→中央线路板 C_8、E_{11}→(C_{19}、E_6 端子)→右前转向信号灯 M_7 和右后转向信号灯 M_8(左前转向信号灯 M_5 和左后转向信号灯 M_6)→搭铁→电源负极。所有转向灯同时闪亮,报警指示灯 K_6 闪亮。

(7) 辅助电器 为了提高汽车的操纵性、安全性和舒适性等,汽车电器的种类越来越多。除音响、通信设备、时钟、点烟器等服务性装置及电动门窗、暖风装置、空调装置、洗涤电动泵、除霜等外,还有安全气囊、电动燃油泵、防盗报警系统等电器。

桑塔纳轿车的辅助装置、音响电路如图 11-31(3)、(4)、(7)~(11)所示,电路编号为 70~87、164~243。

1) 刮水洗涤器电路。电路图如图 11-31(6)~(7)所示,电路编号为 164~177。刮水洗涤系统有 6 种工作状态:高速、低速、点动、间歇刮水、清洗玻璃和停机复位。刮水洗涤开关位于 1,刮水橡胶刷高速摆动;位于 2,刮水橡胶刷低速摆动;刮水洗涤开关位于 0 为空档;位于 T 不定位,驾驶人按下手柄开关时刮水橡胶刷低速摆动,放松手柄开关自动回到空位,实现点动刮水;刮水洗涤开关位于 J 时,接通刮水间歇继电器电路,在刮水间歇继电器的控制下刮水橡胶刷间歇摆动。

刮水洗涤开关手柄向转向盘方向拨动时,洗涤器电动机电路接通,洗涤液喷向风窗玻璃,同时刮水洗涤继电器电路接通,控制刮水橡胶刷摆动 3~4 次后停止。

2) 电动后视镜电路。电路图如图 11-31(7)所示,电路编号为 178~185。电动后视镜由 X 线供电,两侧后视镜各有两个永磁电动机 V_{33}/V_{34},通过控制电动后视镜开关(M),每个电动机可获得两种旋转方向,两个电动机即可完成镜面 4 个方位的位置调整。

3) 电动车门玻璃升降器电路。电路图如图 11-31(8)~(9)所示。电路编号为 195~214。组合开关的 4 个白色按键开关分别控制各自相应的门窗玻璃升降,中间黄色开关为锁定开关,按下此开关,后门的玻璃升降开关就失去作用。驾驶人一侧车门的操作与其他有所不同,只需点一下下降键,车门玻璃即可下降到底,如需中途停止,点一下上升键即可。由于延时继电器的作用,点火开关钥匙位于 OFF 后 50s 内,车门玻璃开关仍起作用。

4) 中央集控门锁电路。电路图如图 11-31(9)~(10)所示,电路编号 215~223。蓄电池通过熔断器(S_3,编号 215、60)直接给左前集控锁控制器(J_{53})供电,遥控器通过左前集控锁控制器控制所有门锁的开启或关闭,车门上的按钮可控制各自门锁的开启或关闭。

5) 空调装置电路。电路图如图 11-31(10)~(11)所示,电路编号 224~245。当外界气温高于 10℃时,才允许使用空调。当需要制冷系统工作时,接通空调开关"A/C",此时电源经空调开关、环境温度开关接通下列电路:

① 新鲜空气风门电磁阀电路接通,该阀动作接通新鲜空气风门控制电磁阀真空通路,使新鲜空气进口关闭,制冷系统进入车内空气循环。

② 经蒸发器温控开关、低压保护开关对压缩机电磁离合器线圈供电,同时电源还经蒸发器温控开关接通息速提升真空转换阀,提高发动机转速,以满足空调动力的需要。

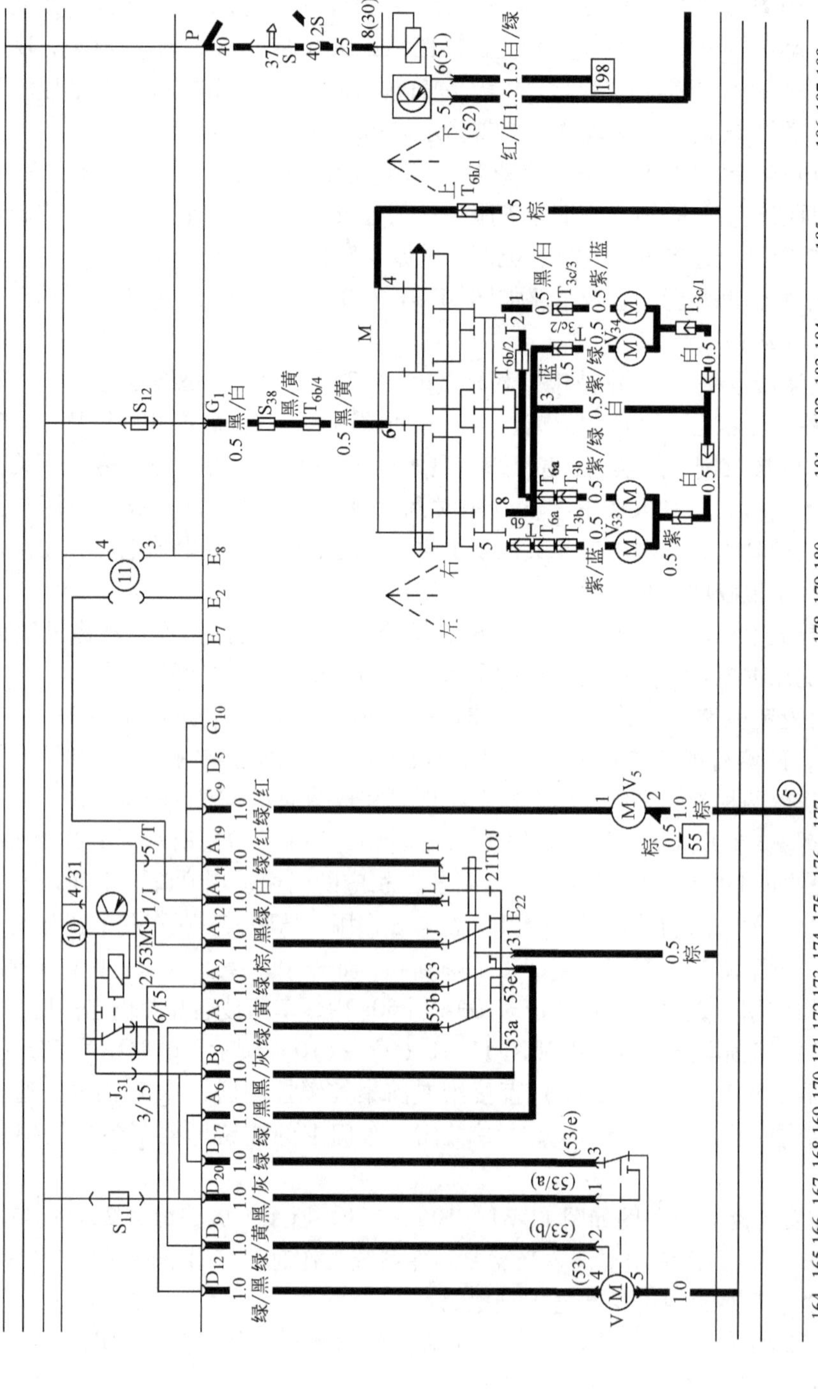

图 11-31（7） 桑塔纳 2000 系列轿车电路图

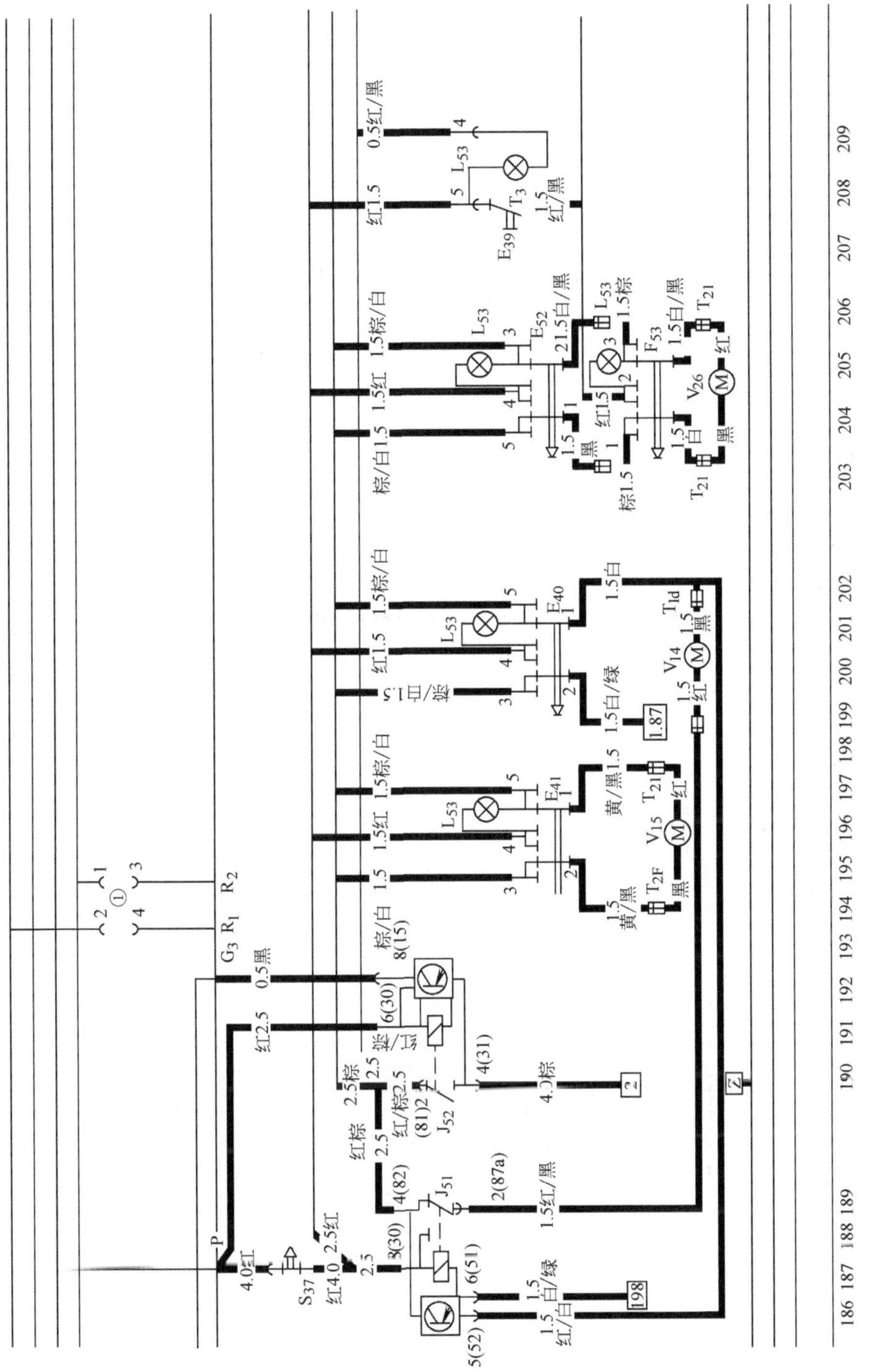

第 11 章 汽车电气设备总线路

图 11-31（8） 桑塔纳 2000 系列轿车电路图

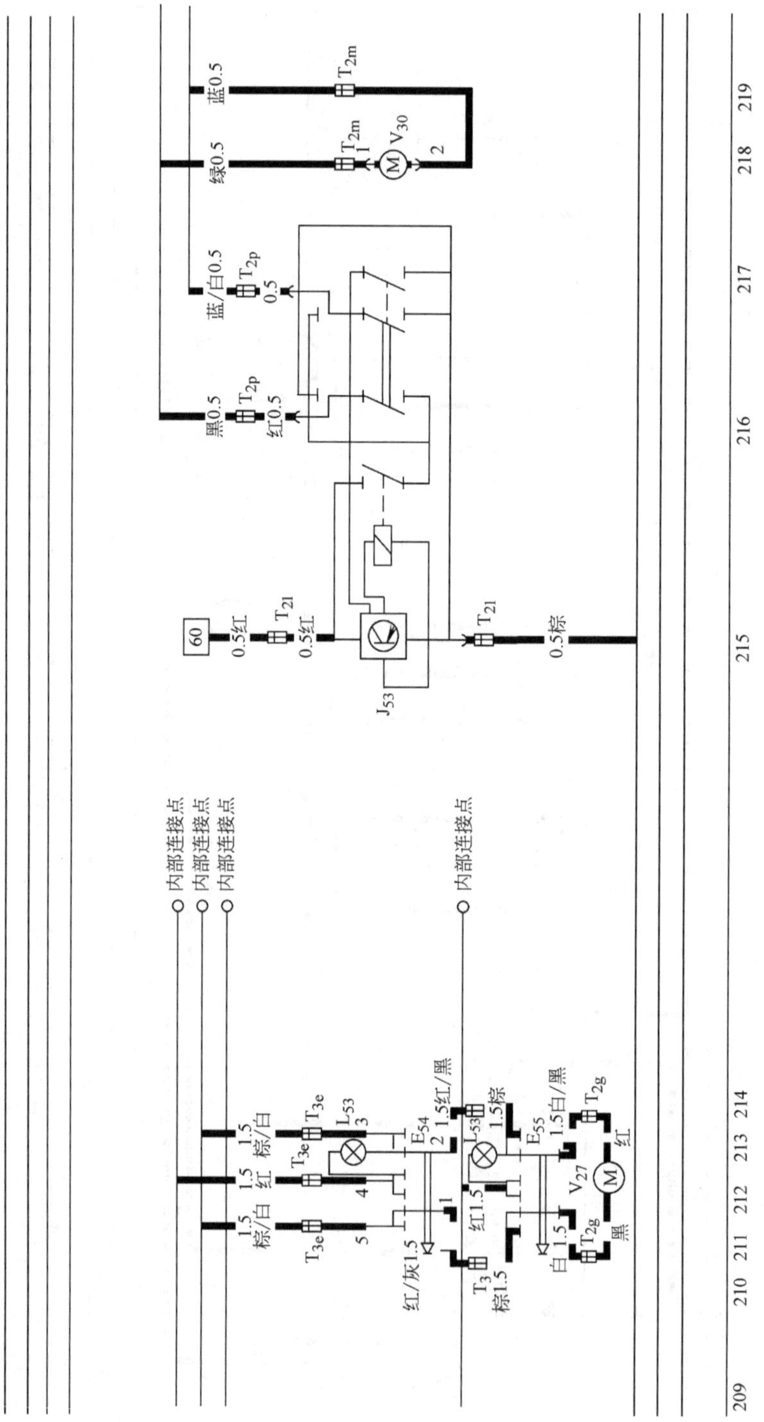

图 11-31（9） 桑塔纳 2000 系列轿车电路图

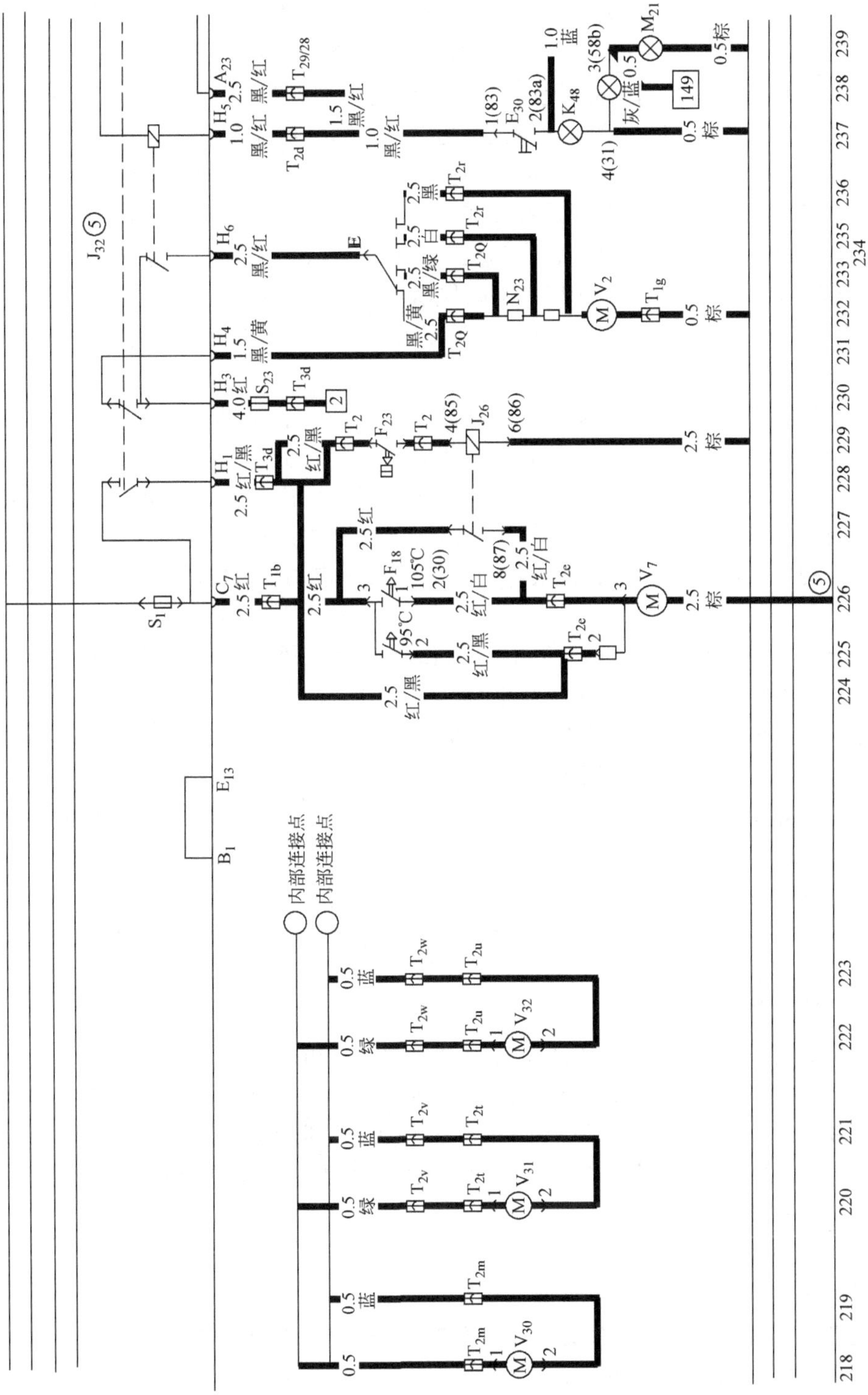

第 11 章 汽车电气设备总线路

图 11-31 (10) 桑塔纳 2000 系列轿车电路图

③ 对空调继电器中的线圈 J_1 供电,使其两对触点同时闭合,其中一对触点接通冷凝器冷却风扇继电器线圈电路,另一对触点接通鼓风机电路。

低压保护开关串联在蒸发器温控开关和电磁离合器之间,当制冷系统因缺少制冷剂使制冷系统压力过低时,开关断开,压缩机停止工作。高压保护开关串联在冷却风扇继电器和空调继电器 J_1 的一对触点之间,当制冷系统高压值正常时,触点断开,将鼓风机调速电阻 R 串入冷却风扇电动机电路中,使风扇电动机低速运转。当制冷系统高压超过规定值时,高压保护开关触点闭合,接通冷却风扇继电器线圈电路,冷却风扇继电器触点闭合,将 R 短路,使风扇电动机高速运转,以增强冷凝器的冷却能力。同时,冷却风扇电动机还直接受发动机冷却液温控开关控制,当不开空调开关时,发动机冷却液温度低于 95℃ 时风扇电动机不转动,高于 95℃ 时风扇电动机低速转动,达到 105℃ 时风扇电动机高速转动。

空调继电器中的 J_1 触点在空调开关一接通时即闭合,使鼓风机低速运转,以防止蒸发器表面因温度过低而结冰。

目前汽车大都使用电子控制空调,电子控制部分主要由电控单元、传感器和执行器等组成。汽车空调的电控系统采用了多个温度传感器。如:进风口温度传感器、车内温度传感器、出风口温度传感器、光照传感器等,安装在系统内的不同位置。这些传感器彼此并联,并与温度选择器的电信号(乘员选择的车内温度)相比较。电控单元根据这些信号向执行机构发出电信号。如:通过继电器控制各种电动机及电磁阀,使车内的温度保持恒温。

(8) 喇叭电路 如图 11-31 (11) 所示,电路编号 246~252。喇叭电路分喇叭控制电路和喇叭主电路。喇叭电路由点火开关控制的编号为 15 的线路控制,按下喇叭按钮时,喇叭控制电路为:15 号火线→熔丝 S_{18} 中央线路板 A_{25} 端子、L_1 端子→喇叭继电器 4/86 端子→喇叭继电器线圈→喇叭继电器 1/85 端子→L_4 端子→喇叭按钮 1-1→电路编号 246 搭铁→电源负极。电流流过喇叭继电器线圈使铁心磁化,吸下触点臂使触点闭合,接通喇叭主电路。喇叭主电路为:电源 15 号火线→熔丝 S_{16}→中央线路板 C_{13} 端子→插接器 T_{2b}→喇叭 H 接线柱→喇叭线圈、触点→中央线路板 C_{15} 端子、B_{25} 端子、L_2 端子→喇叭继电器 3/87 端子→喇叭继电器触点→喇叭继电器 2/30 端子→中央线路板 L_3 端子→电路编号 247 搭铁。

11.3.2 丰田车系电路分析

日本丰田汽车是我国进口汽车中数量最多的车种,丰田皇冠(CROWN)、雷克萨斯(LEXUS)、佳美(CAMRY)等车型均有一定的保有量。天津一汽与丰田汽车公司合资生产的夏利 2000、威姿、威驰、花冠和皇冠等轿车在国内也有一定的市场占有率。这些车型的中文维修资料都源自丰田公司的原厂资料,其电路与电子控制系统电路图通常都保留了丰田原厂资料汽车电路图的绘图风格。

1. 丰田车系电路图的主要特点

1)电路图中的电气元件通常有文字直接标注。

2)电路总图中各系统电路按长度方向逐个布置,并在电路图上方标出各系统电路的区域和代表该电路系统的符号及文字说明。

3)电路图中绘出了搭铁点,并标注代号与文字说明,可以从电路图了解线路搭铁点,直观明了。

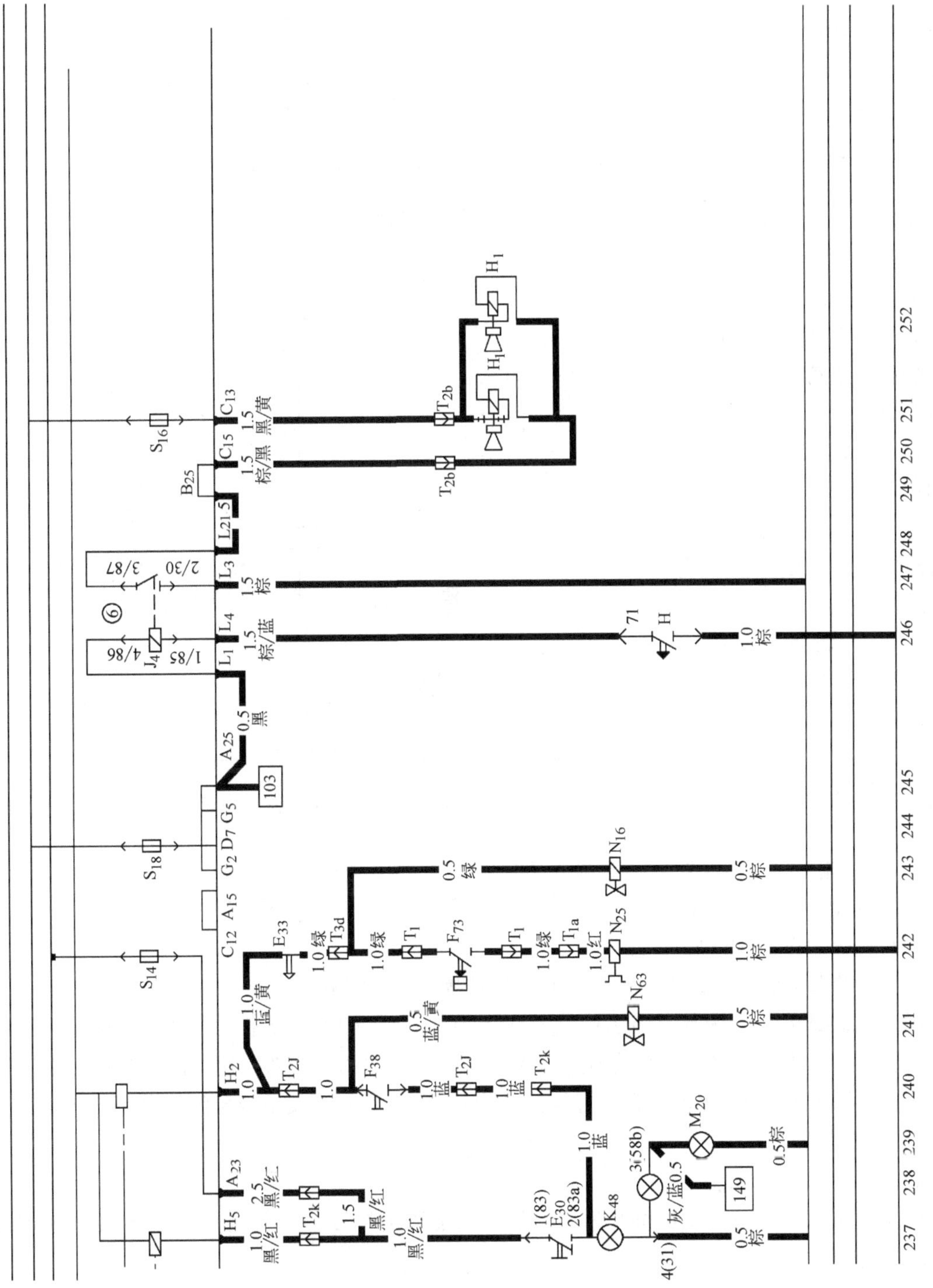

第11章 汽车电气设备总线路

图 11-31 （11） 桑塔纳 2000 系列轿车电路图

4) 电路图中,有的还直接标出线路插接器的端子排列和各端子的使用情况,给识图和电路故障查寻提供方便。

2. 丰田汽车电路图的识读

识读方法如图 11-32 所示,电路图中大圆圈内数字是注释符号,其各部分的含义如下:

① 系统标题。在电路图上方用刻线划分区域内,用文字和系统符号表示下方电路系统的名称。

② 表示配线颜色。见图 11-32 的图注。

③ 表示与电路元件连接的插接器(数字表示接线端子的编号)。

④ 表示插接器的接线端子编号,其中插座和插头编号的方法不同。在插座编号中,顺序为从左至右,从上至下;插头则从右至左,从上至下。

⑤ 表示继电器盒。图中只标明继电器盒的号码,亦不印上阴影,以有别于接线盒。图示继电器盒号码为1,表示 EFI 主继电器在1号位置。

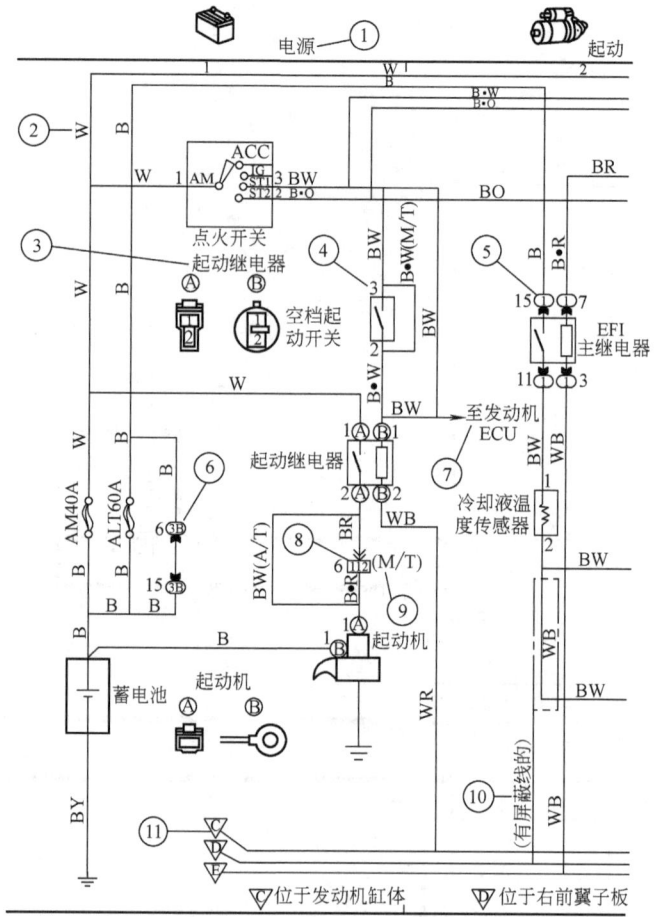

图 11-32 丰田汽车电路图的识读方法
①～⑪见正文

B—黑色　BR—棕色　G—绿色　GR—灰绿色　L—蓝色　LG—浅绿色
O—橙色　P—粉色　R—红色　V—紫色　W—白色　Y—黄色

⑥ 表示接线盒。圈内数字表示接线盒(J/B)号码,圈旁数字表示该插接器插座位置代码。接线盒上一般印上阴影,使其与其他元件区分。不同的接线盒,用不同的阴影标出,以便区分。例如图中的 3B 表示它在 3 号接线盒内;数字 6 和 15 表示两条配线分别在插接器 6 号和 15 号接线端子上。

⑦ 表示相关联的系统。

⑧ 表示配线与配线之间的插接器,带插头的配线用符号"⪢"表示,外侧数字 6 表示接线端子的号码。

⑨ 当车辆型号、发动机型号或规格不同时,用( )中内容来表示不同的配线和插接器等。

⑩ 表示屏蔽的配线。

⑪ 表示搭铁点位置。搭铁点在电路图中用"▽"符号表示。

3. 丰田车系电路分析实例

以雷克萨斯 LS400 UCF10 系列轿车刮水器和洗涤器、喇叭电路为例,介绍丰田车系电路的分析方法。

雷克萨斯 LS400 UCF10 系列轿车刮水器和洗涤器、转向信号和危险警告、喇叭电路如图 11-33（1）和图 11-33（2）所示。

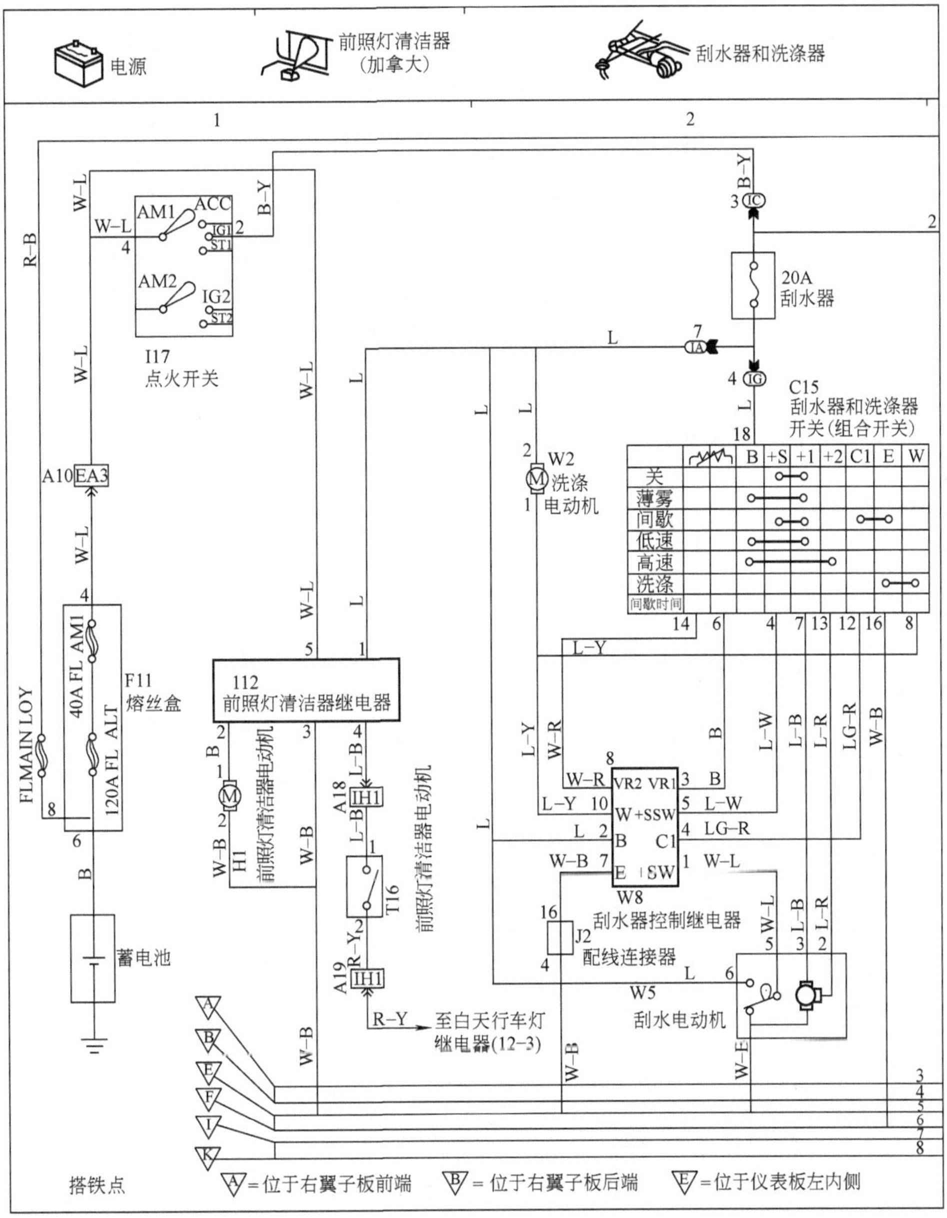

图 11-33（1） 刮水器和洗涤器、转向信号和危险警告、喇叭电路

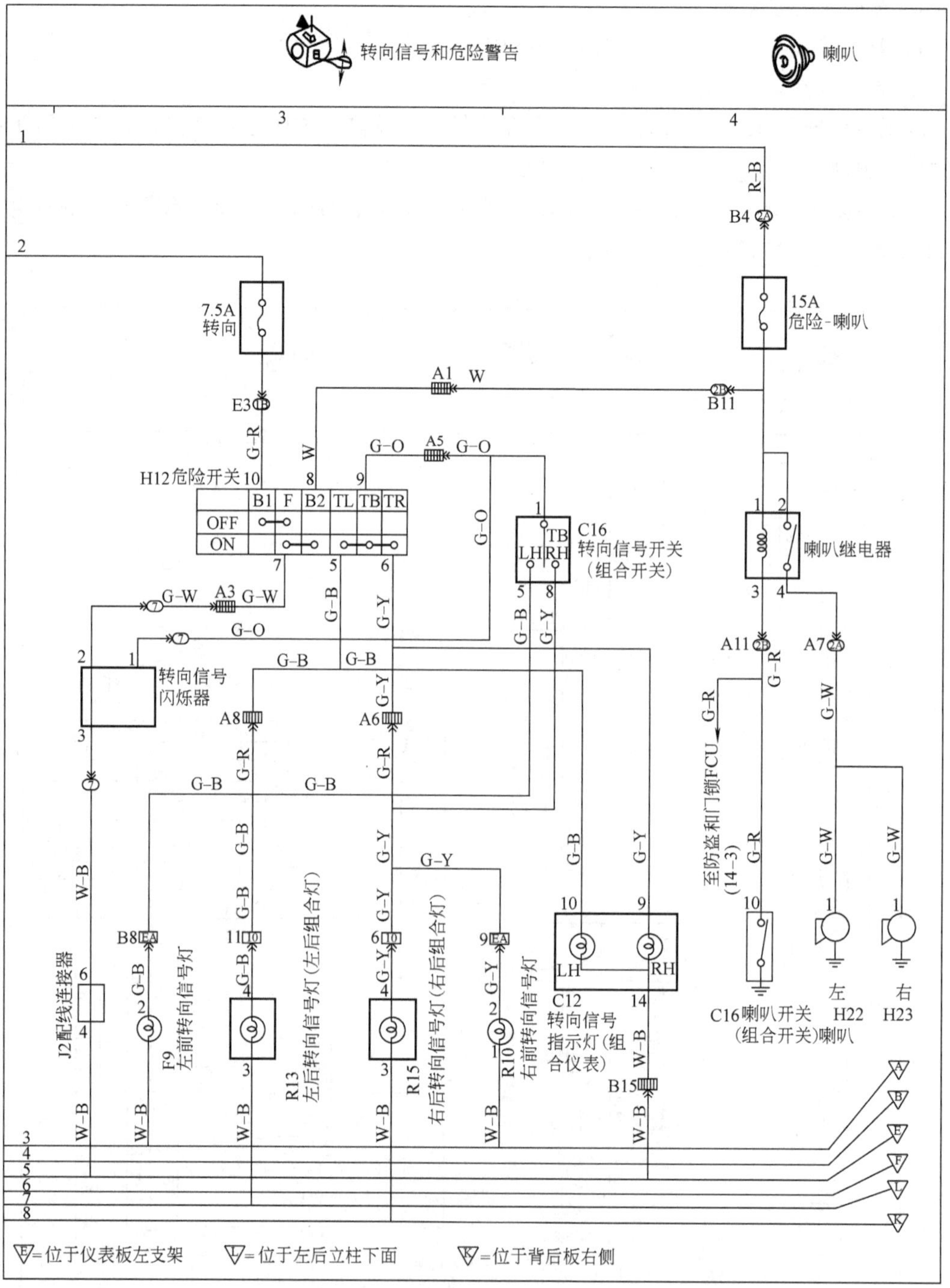

图 11-33（2） 刮水器和洗涤器、转向信号和危险警告、喇叭电路

（1）刮水器和洗涤器工作电路

1）刮水器低速工作。点火开关打至点火档，刮水器开关处于低速档位置，刮水器低速工作电流通路为：蓄电池正极→120A 熔断器→40A 熔断器→配线插接器 EA3 的 A10 端子（白/蓝线）→点火开关 I17 的 AM1 端子→点火开关 I17 的 IG1 端子→1 号 J/B（接线盒）1C

插头的 3 号端子→20A 熔断器→1 号 J/B（接线盒）1G 插头的 4 号端子→刮水器和洗涤器组合开关 C15 的 B 端子→刮水器和洗涤器组合开关 C15 的 7 号端子→刮水电动机 W5 的 3 号端子（蓝/黑线）→刮水电动机 W5 的 1 号端子（白/黑线）→仪表板左内侧 E 搭铁点搭铁→蓄电池负极。

2）刮水器高速工作。点火开关打至点火档，刮水器开关处于高速档位置，刮水器高速工作电流通路为：蓄电池正极→120A 熔断器→40A 熔断器→配线插接器 EA3 的 A10 端子（白/蓝线）→点火开关 I17 的 AM1 端子→点火开关 I17 的 IG1 端子→1 号 J/B（接线盒）1C 插头的 3 号端子→20A 熔断器→1 号 J/B（接线盒）1G 插头的 4 号端子→刮水器和洗涤器组合开关 C15 的 B 端子→刮水器和洗涤器组合开关 C15 的 13 号端子→刮水电动机 W5 的 2 号端子（蓝/红线）→刮水电动机 W5 的 1 号端子（白/黑线）→仪表板左内侧 E 搭铁点搭铁→蓄电池负极。

3）刮水器间歇工作。点火开关打至点火档，刮水器开关处于间歇档位置，刮水器间歇工作电流通路为：蓄电池正极→120A 熔断器→40A 熔断器→配线插接器 EA3 的 A10 端子（白/蓝线）→点火开关 I17 的 AM1 端子→点火开关 117 的 IG1 端子→1 号 J/B（接线盒）1C 插头的 3 号端子→20A 熔断器→1 号 J/B（接线盒）1A 插头的 7 号端子（蓝线）→刮水器控制继电器 W8 的 2 号端子→刮水器控制继电器 W8 的 5 号端子（蓝/白线）→刮水器和洗涤器组合开关 C15 的 4 号端子→刮水器和洗涤器组合开关 C15 的 7 号端子→刮水电动机 W5 的 3 号端子（蓝/黑线）→刮水电动机 W5 的 1 号端子（白/黑线）→仪表板左内侧 E 搭铁点搭铁→蓄电池负极。

刮水器开关打至间歇档时，刮水器控制继电器 W8 的 4 号端子由刮水器和洗涤器组合开关 C15 的 12 号端子与 16 号端子通过搭铁点 F 搭铁。刮水器间歇时间由刮水器控制继电器 W8 来决定。

4）刮水器停止工作。刮水器开关打至停止档位置，通过刮水器和洗涤器组合开关 C15 的 4 号端子与 7 号端子把刮水器控制继电器 W8 的 5 号端子与刮水电动机 W5 的 3 号端子连接起来。刮水器开关打至停止挡时，如果刮水器处在规定停止位置，刮水电动机 W5 的 5 号端子与刮水电动机 W5 的 1 号端子接通，使电动机进行能耗制动，刮水电动机停止工作。如果刮水器处在非规定停止位置，刮水电动机 W5 的 5 号端子与刮水电动机 W5 的 6 号端子接通，由 6 号端子供电使电动机继续工作，直至刮水器处在规定的停止位置。

5）洗涤器工作。点火开关打至点火档，洗涤器开关处于洗涤档位置，洗涤器工作电流通路为：蓄电池正极→120A 熔断器→40A 熔断器→配线插接器 EA3 的 A10 端子（白/蓝线）→点火开关 I17 的 AM1 端子→点火开关 I17 的 IG1 端子→1 号 J/B（接线盒）1C 插头的 3 号端子→20A 熔断器→1 号 J/B（接线盒）1A 插头的 7 号端子→洗涤电动机 W2→刮水器和洗涤器组合开关 C15 的 8 号端子→刮水器和洗涤器组合开关 C15 的 16 号端子→仪表板左支架搭铁点 F 搭铁→蓄电池负极。洗涤器工作的同时，触发刮水器控制继电器 W8 工作，使刮水器配合洗涤器工作一段时间。

(2) 喇叭工作电路　图 11-33 (2) 的喇叭工作电路比较简单，请读者自己练习阅读分析。

11.3.3　通用车系电路分析

1. 电路图的特点

(1) 电路图中标有特殊的提示符号

1）静电敏感符号，用于提醒检修人员，系统内含有对静电放电敏感的部件，在维修时应注意。

2）安全气囊符号，用于提醒检修人员，该系统为安全气囊系统或与安全气囊系统相关。

3）故障诊断符号，用于提醒读者该电路在车载诊断系统（OBD-Ⅱ）检测范围内，当该电路出现故障时，故障指示灯就会亮。

4）注意事项符号，用于提醒检修人员还有其他附加系统维修的信息。

（2）电路图中标有电源接通说明 系统电路图中的电源通常是从该电路的熔断器起，在电路图的上方，用黑框表示，并用黑框中的文字说明在什么样的情况下该电路接通电源。

（3）电路图中标有电路编号 通用车系的电路图中，各导线除了标明颜色和截面积外，通常还标有该电路的编号，通过电路编号可以知道该电路在汽车上的位置，以便读图和故障查寻。

2. 通用汽车电路图的识读方法

现以上海别克轿车自动变速器控制电路为例，说明通用汽车电路图的识读方法（如图11-34所示），电路图的大圆圈中数字是注释号，其各部含义如下：

①"运行或起动时通电"表示线路在点火开关处于运行或起动档时通电，电压为蓄电池或发电机工作电压。

②表示27号10A的熔断器。

③虚线框表示没有完全表示出接线盒所有部分。

④表示导线由发动机室盖下熔断器接线盒的C2连接插头的E2插脚引出，连接插头编号C2写在右侧，插脚编号E2写在左侧。

⑤符号P100表示贯穿式密封圈，其中P表示密封圈，100为其代号。

⑥"0.35粉红色"表示导线截面积为0.35mm^2，线的颜色为粉红色，数字"339"是车辆位置分区代码，表示该线束位置在乘客室。

⑦表示TCC（液力变矩器中的锁止离合器控制）开关，图中表示TCC处于接通状态，其开关信号经过P101和C101，由动力控制模块（PCM）中的C1插头30号插脚进入PCM中。

⑧表示直列型插接器，右侧"C101"表示连接插头编号（其中C表示连接插头），左侧"C"表示直列线束插接器的C插脚。

⑨表示输出电阻器，这里用来把TCC和制动灯开关的信号以一定的电压信号的形式输出给动力控制模块（PCM）的内部控制电路。

⑩表示动力控制模块是对静电敏感的部件。

⑪符号表示搭铁。

⑫表示在自动变速器内部的TCC锁止电磁阀，此电磁阀控制液力变矩器内部锁止离合器的结合。它在点火开关处于点火或起动档时，通过23号10A熔丝供电。

⑬表示带晶体管半导体元件控制的集成电路。这里为动力控制模块（PCM）内部集成的控制电路，控制电磁阀驱动电路，通过PCM搭铁。

⑭表示输出电阻。PCM提供5V稳压通过内部串接电阻与自动变速器油温度传感器（TFT）连接，同时将自动变速器油温度传感器（NTC型电阻）信号传给PCM。

⑮表示动力控制模块PCM的C2连接插头的68插脚。

⑯ 用虚线表示4、44、1插脚均属于C1连接插头。

⑰ 表示自动变速器内部的自动变速器油温传感器,它是一个随温度增加阻值减小的NTC型电阻。

⑱ 表示部件的名称及所处的位置。该发动机室盖下附件导线接线盒位于发动机的左侧(从车的前面看)。

⑲ 表示导线通往发动机室盖下附件导线接线盒的其他电路,对目前所显示的电气系统没有作用,是一种省略的画法。

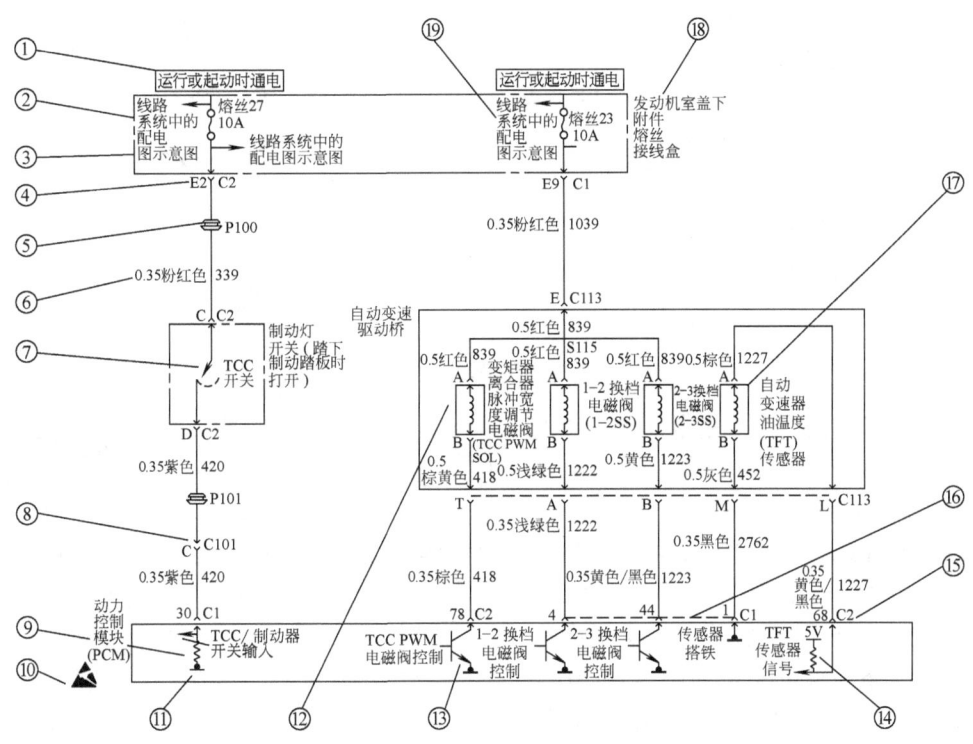

图 11-34　通用车系电路图的标示方法
①~⑲见正文

3. 通用车系电路分析实例

下面以上海通用别克轿车冷却风扇控制电路为例来介绍一下通用车系电路图的分析方法。上海别克轿车电路图已经过转化,这样阅读起来比较方便。

上海通用别克轿车冷却风扇控制电路如图 11-35 所示。

冷却风扇由两个熔丝(6号40A 和21号15A)分别向发动机冷却风扇供电。熔丝位于发动机室盖下附件接线盒内,如图 11-36 所示。

(1) 冷却风扇低速工作时电路　PCM 通过低速风扇控制电路为继电器 12 的控制电路提供搭铁。继电器 12 的控制电路的电流通路为:与电源直接连接(所有时间通电)→熔丝 6→继电器 12→PCM 的低速风扇控制电路搭铁。于是,继电器 12 的线圈中有电流通过,控制动合触点闭合,向冷却风扇电动机供电。此时由于左侧的冷却风扇电动机与右侧的冷却风扇电动机串联,所以风扇低速运转。电流通路为:与电源直接连接(所有时间通电)→熔丝 6→

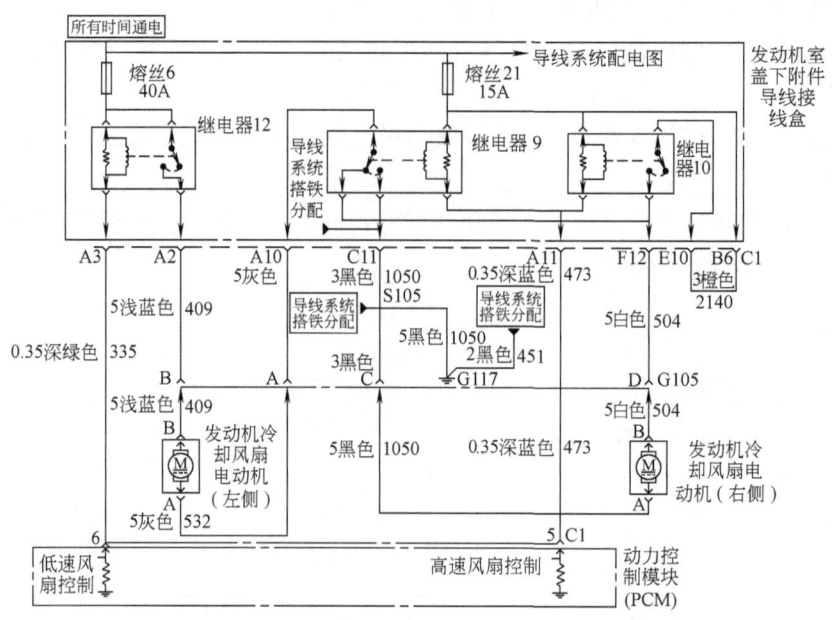

图 11-35 上海通用别克轿车冷却风扇控制电路

继电器 12→左侧的冷却风扇电动机→继电器 9 的动断触点→右侧的冷却风扇电动机→导线系统搭铁分配器搭铁。

（2）冷却风扇高速工作时电路 PCM 首先经低速风扇控制电路对继电器 12 提供搭铁路径。经 3s 延时后，PCM 经高速风扇控制电路为继电器 9 和继电器 10 提供搭铁路径。左侧风扇电动机继续由熔丝 6 提供电流。但熔丝 21（15A）为右侧风

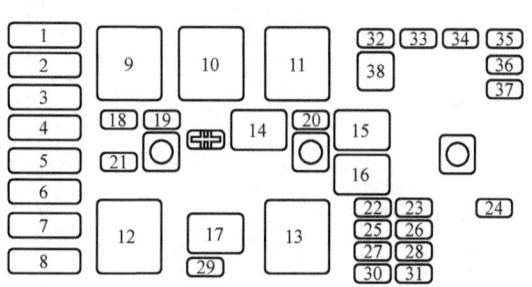

图 11-36 发动机室盖下熔丝、断路器及继电器位置

扇电动机提供电流。各风扇接收不同的搭铁路径。因此，风扇高速运行。左侧风扇电动机电流通路为：与电源直接连接（所有时间通电）→熔丝 6→继电器 12→左侧的冷却风扇电动机→继电器 9 的动合触点→导线系统搭铁分配器搭铁。右侧风扇电动机电流通路为：与电源直接连接（所有时间通电）→熔丝 21→继电器 10 的动合触点→右侧的冷却风扇电动机→导线系统搭铁分配器搭铁。

在看懂电路图的同时还应清楚 PCM 在什么情况下控制继电器 12 搭铁，其条件为：

① 发动机冷却液温度超过 106℃。
② 请求空调运转，且环境温度高于 50℃。
③ 空调制冷剂压力大于 1.31MPa。
④ 点火关闭且发动机冷却液温度高于 140℃。

对于风扇高速控制，PCM 延后右侧冷却风扇电动机和继电器 10 控制达 3s。3s 延时后可确保冷却风扇电负荷不超过系统的容量。

PCM 在以下各情况下为继电器 12、继电器 9 和继电器 10 提供搭铁。

① 当发动机冷却液温度超过110℃。
② 空调制冷剂压力大于1.655MPa。

11.4 汽车电气故障的检修方法

11.4.1 常见电路故障

汽车电路常见的故障有断路（开路）、短路、搭铁等。

1. 断路

一般由导线折断、导线连接端松脱或接触不良等原因所造成。

2. 短路

造成短路的原因有：导线绝缘破坏，并相互接触造成短路，开关、接线盒、灯座等外接线螺钉松脱，造成线头相碰；接线时不慎，使两线头相碰；导线头碰金属部分。

3. 搭铁

搭铁的原因：火线直接与金属机体相碰。

11.4.2 检修故障的思路

在进行汽车电路检修前，必须熟读使用说明书，查明电路，了解其结构，并使用合适的工具，才能收到事半功倍的效果。

汽车电路出现故障时，一般先要搞清楚故障的症状以及伴随出现的现象，判明故障所在的局部电路，然后再对该局部电路进行检验，查明故障所在部位，予以排除。

正常的汽车电路，必须是：

1）点火电路能够产生足够能量的正时火花。
2）电源电路充电稳定，并能满足用电设备在各种状态下的需要。
3）起动机起动有力，分离彻底。
4）照明及信号系统设备齐全，性能良好。
5）全车线路整齐，连接固定可靠；否则，应视为电路出现了或大或小的故障。

电路故障的产生原因是多种多样的，如元件老化，自然磨损，调整不当，环境腐蚀，机械摩擦、导线短路或断路等。电路出现故障时，要善于运用分析的方法，先对故障的发生范围进行初步的诊断。切忌在情况不明，或不加思考分析的情况下而盲目拆卸、乱接瞎碰。否则，不仅会延误检修，而且还会造成不必要的损坏。要善于发现故障前的异常征兆和故障特征，结合整车电路进行分析，尽可能把故障诊断缩小到一个较小的范围内。

在检修故障时，应根据故障发生范围，先检查故障率较高且容易检查的部件，然后检查故障较低的，不易检查的部件。只有当某部件的故障已经确诊，必须打开进行修理时，方可进行拆卸。要尽量做到不拆或少拆零件，以减小不必要的麻烦。检修故障还要采用正确的检查方法和测试手段，以提高检修故障的速度，避免意外损失。

电路出现故障，一般先就车对电路进行检查和测试，判断故障发生在哪个部件上，然后再对故障发生部位的外部性能及内部参数进行测试或检查，找出故障发生点，予以排除。在检修故障的同时，还应注意对有关部件及电路进行保养，使之恢复较好的状态。

若电气设备损坏无法修复，则应予以更换，部件的更换应与原部件的规格、型号相一致。导线的更换应尽量与原来的线径和颜色一致，若用其他颜色导线代替，应与相邻导线有所区别，以利于以后的检修。

11.4.3　汽车电气故障诊断的一般程序

在对汽车电路进行检修时，可以采用"五步法"。

第一步，验证车主（用户）所反映的情况。

可以将有问题或有故障的电路中的各个装置都通电试一试，查看车主（用户）所反映的情况是否属实，同时注意观察通电后的种种现象。在动手拆卸或测试之前，应尽量缩小故障产生的范围。

第二步，分析电路原理图。

在电路图上划出有问题的线路，分析一下电流由电源、负载到搭铁回路的路径，弄清电路的工作原理，如果对电路原理还不太清楚，应仔细看电路说明及相关资料，直至弄清为止。对有问题线路的相关线路也应加以检查。每个电路图上都给出了共用一个熔丝、一个搭铁点和一个开关的相关线路的名称。对于在第一步程序中漏检的相关线路要试一下，如果相关线路工作正常，说明共用部分没问题，故障原因仅限于有问题的这一线路中。如果几条线路同时出故障，原因多半出在熔丝或搭铁线。

第三步，重点检查问题集中的线路或部件。

对重点线路或部件进行认真测试，验证第二步所作出的推断。

汽车电气与电子系统故障检修的快慢以及成功与否，关键在于排除故障的程序是否合理，分析是否正确，判断是否准确，方法是否得当。一般是按先易后难的次序来对有问题的线路或部件进行测试，并逐个进行排查。

第四步，进一步进行诊断与检修。

主要是对汽车电路系统的检测，包括外观检查和仪表检测。

第五步，验证电路是否恢复正常。

在对电路进行一次系统检查后，查看问题是否已经解决。如果故障出在电源上，应对各熔断器（熔丝）、电路断电器（断路器），甚至易熔线都要进行全面检查。

11.4.4　故障诊断的基本方法

汽车电气设备的故障诊断，通常采用的方法有：直观诊断法、利用车上仪表法、刮火法、断路法、短路法、试火法、试灯法、万用表法、元件替换比较法、模拟法和仪器法等。

1. 直观诊断法

汽车电路发生故障时，有时会出现冒烟、火花、异响、焦臭、发热等异常现象。这些现象可通过人的眼、耳、鼻、身感觉到，从而可以直接判断出故障所在部位和原因。

例如汽车行驶中，突然发现转向灯与转向指示灯均不亮故障，用手一摸，发现闪光器发热烫手，说明闪光器已被烧坏。

2. 利用车上仪表法

通过观察汽车仪表盘上的电流表、冷却液温度表、燃油表和机油压力表等的指针走动情况，判断电路有无故障和故障产生部位。

例如，发动机冷态，接通点火开关时，冷却液温度表指示满刻度位置不动，说明冷却液温度表传感器有故障或该线路有搭铁。

凡用电设备通过电流表，电流表指示的电流值就可作为诊断的依据。当工作电压一定，接通用电设备后，电流表指示"0"或所指的放电电流值小于正常值，表明用电设备电路的某处断路或导线接触不良。若接通用电设备后，电流表迅速由"0"摆到满刻度外，然后又回到零。其中由"0"摆到满刻度外，表明电路中某处搭铁、短路；电流表由满刻度外回到"0"表明熔断器熔断。电流表诊断只能简单地判断是断路还是短路，具体部位还有待用其他方法判断。

例如，接通点火开关，电流表指针于"0"位不动，且发动机不能发动，表明点火电路低压电路有断路故障；电流表指针随起动机转动而摆动，且发动机不能发动，表明点火电路高压电路有故障。

3. 刮火法

刮火法又称试火法，通常应用于判断线束或导线有无断路。拆下用电设备的某一线头对汽车的金属部分（搭铁）碰试，根据火花的有无，判断是否断路。这种方法比较简单，是广大汽车电工经常使用的方法，搭铁试火法可分为直接搭铁和间接搭铁两种。

所谓直接搭铁，是未经过负载而直接搭铁产生强烈的火花。例如怀疑照明总开关至制动灯开关一段线路有故障，可拆下制动灯开关上的线头直接搭铁碰试，如出现强烈火花，说明这段线路正常；如火花弱，说明这段线路中某一线头接触不好或有脏污；若无火花出现，说明这段线路有断路。

所谓间接搭铁，是通过汽车电器的某一负载而搭铁产生微弱的火花来判断线路或负载的情况。例如将点火线圈低压侧搭铁，若火花微弱，说明这段线路正常，回路是经过点火线圈初级搭铁；若无火花，则表明电路有断路。

注意：刮火法不宜用来检查汽车电子电路，以免损坏电子元器件。但必要时，可采用一段细导线（通过电流很小）进行刮火试验。

4. 断路法

汽车线路发生搭铁（短路）故障时，可用断路法判断。将怀疑有短路故障的那段线路断开，以判定断开的那段线路是否搭铁。

例如，汽车行驶时，听到电喇叭长鸣，则可将喇叭继电器"按钮"接线柱上的导线拆开，若喇叭停鸣，表明喇叭按钮至喇叭继电器之间电路有搭铁现象；若喇叭仍长鸣，表明喇叭继电器触点烧蚀而不能分开，可进一步用断路法判断。

5. 短路法

短路法又叫短接法，即用一根导线将某段导线或某一电器短接后观察用电器的变化。

例如，当打开转向灯时，发现左、右两边的转向灯出现闪烁微光，这时就可用导线将某一边的转向灯灯壳人为地进行搭铁，若这时只有另一只转向灯亮，证明此处搭铁不良；若仍然是两边的灯均亮，则认为此处搭铁良好。可对另一侧转向灯进行同样检查。

6. 高压试火法

对高压电路进行搭铁试火，观察电火花状况，判断点火系的工作情况。具体方法是：取下点火线圈或火花塞的高压导线，将其对准火花塞或缸盖等搭铁部位，距离约5mm，然后接通起动开关，转动发动机，看其跳火情况。如果火花强烈，呈蓝白色，且跳火声较大，则表明点火系工作基本正常；反之，则说明点火系工作不正常。

7. 试灯法

用一个汽车灯泡作为临时试灯，检查线束是否断路或短路，电器或电路有无故障等。此方法特别适合于检查不允许直接短路的带有电子元器件的电器。

如蓄电池亏电，怀疑交流发电机不发电，可用试灯法进行测试。方法是：试灯的一端接交流发电机的电枢接线柱，另一端接搭铁，如果试灯亮，说明交流发动机工作正常，反之则可以认为发电机不发电。另外，在检查汽车电系的断路时，可在被怀疑断路处跨接上试灯，若试灯亮，说明电路有断路，反之则可认为电路正常。

使用临时试灯法应注意试灯的功率不要太大，在测试电子控制器的控制（输出）端子是否有输出，以及是否有足够的输出时尤其要慎重。

8. 万用表法

用万用表测量线路各点的直流电压，若有电压说明该测试点至电源间的电路畅通；若无电压，说明该测试点与上一个测试点之间的电路断路。另外，通过万用表对电路或元器件的各项参数进行测试，并与正常技术状态的参数对比，可以判断故障部位所在。如就车测量蓄电池的充电电流与端电压，判断充电电路是否充电；测量电气部件中线圈绕组的电阻值，判断绕组有无断路或短路；测量引线两端间的电阻，判断电路有无断路等。万用表检测法是检测电路或元件较为准确迅速的一种方法。

9. 元件替换法

元件替换法是指在检修电路时，怀疑有些元件的性能对电路正常工作有影响，但其性好坏还一时难以断定，因此就选用性能良好的元件将其替换，利用比较的方法来判断故障的一种方法。如火花塞火花弱，发动机不能发动，可用一个良好的火花塞将其替换，若发动机恢复工作，表明原先的火花塞有故障，应予以修理或更换。

10. 模拟法

模拟法应用于对各种传感器、指示机构（表头）的判断。例如，在汽车停车中，发动机怠速运转使用空调较长的时间后，发动机散热器盖的高温保护盖开启，高压水蒸气喷射出来，可冷却液温度表指示并不高。显然是冷却液温度表系统故障。在确认线束连接良好后，为了判断是否表头故障，可以立即模拟冷却液温度传感器的输入。许多进口日本汽车的冷却液温度传感器为负温度系数（NTC）电阻，在110℃高温时，电阻大约只有20Ω左右，此时，可以取下传感器插头，在表头一端的输入脚与搭铁之间串联进一个8W汽车灯泡，点火开关ON，如果表头指示能达到红线或接近红线，则说明表头正常，应检查或更换传感器；否则，可认为表头不良。

对于输出电信号的传感器，也可进行相同的模拟，如以干电池模拟转速传感器产生的电信号等。

使用模拟法的局限性在于必须熟悉汽车的电路参数，且可获得能用于模拟的输入信号。因此，该方法更适合于在修理间应用。

11. 仪器法

随着汽车电气设备的日趋复杂，在维修中，特别是维修装有电子设备较多的车辆时，使用一些专用的仪器是十分必要的。如检测桑塔纳2000和奥迪轿车电控系统时，经常使用V. A. G1551 和 V. A. G1552 型故障诊断仪。

11.4.5 利用电路图检查故障

1. 利用电路图检查故障的方法

当电气系统出现故障时，首先应确定故障的现象和发生故障的条件，这样可以大致确定故障的范围，检查时应首先对电源、故障系统的供电情况及故障元件本身进行检查，如果通过上述检查工作还不能确定故障原因时，就需借助电路图进行故障诊断。电路图可以提供电器设备的基本电路、电器元件的安装位置、线束及插接器的基本情况。在使用电路图进行故障诊断时，可按下述步骤进行。

1）在电路图中找出故障系统的电路，并仔细阅读。

2）通过阅读电路图找出故障系统电路中所包含的电器元件、线束和插接器等。

3）通过电路图找出上述电器元件、线束和插接器在车上的安装位置，以及电器元件和插接器上各端子的作用或编码。

4）对怀疑有故障的部件按前述内容进行检测。

5）根据电路图检查线束的短路和断路情况，直至查出故障的部位。利用电路图进行电压检测的情况，如果检测到的数据与正确的数据不符，就说明系统有故障。在开关断开时各点的电压应为万用表所示的数值，如果电压不符，就说明此处有接触电阻，故障为触点接触不良。

2. 利用电路图检查故障的实例

一辆车的右侧前照灯的近光和远光都不亮，诊断时应在电源检查的基础上仔细阅读电路图，前照灯的电路图如图 11-37 所示。阅读完电路图后可根据故障的现象分析故障可能发生的部位，这些部位包括蓄电池、FL MAIN 熔丝、前部右侧熔丝、前照灯右侧灯泡、组合开关、接线器和线束等，然后根据故障的现象分析排除此故障的原因，由于左侧前照灯无问题，所以蓄电池、FL MAIN 熔丝可以排除掉，组合开关和接线器同时控制左右前照灯的电路，左侧前照灯正常，说明组合开关和接线器也正常，通过上述分析，可能出故障的部位只有前部右侧熔丝、右侧灯泡和线束。

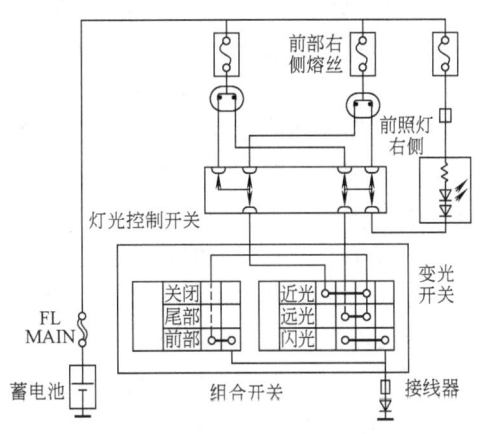

图 11-37　前照灯的电路图

11.4.6 一般电路故障诊断与检修注意事项

维修汽车电气系统的原则之一是不要随意更换电线或电器，这种操作有可能损坏汽车或因短路、过载而引起火灾。同时还应注意以下各项：

1）拆卸蓄电池时，总是最先拆下负极（－）电缆；装上蓄电池时，总是最后连接负极

（-）电缆。拆下或装上蓄电池电缆时，应确保点火开关或其他开关都已断开，否则会导致半导体元器件的损坏。

2）不允许使用欧姆表及万用表的 R×100 以下低电阻欧姆档检测小功率晶体管，以免电流过载损坏它们。更换晶体管时，应首先接入基极，拆卸时，则应最后拆卸基极。对于金属氧化物半导体管（MOS），则应当心静电击穿，焊接时，应从电源上拔下烙铁插头。

3）拆卸和安装元件时，应切断电源。如无特殊说明，元件引脚距焊点应在 10mm 以上，以免烙铁烫坏元件，且宜使用恒温或功率小于 75W 的电烙铁。

4）更换烧坏的熔丝时，应使用相同规格的熔丝。使用比规定容量大的熔丝会导致电气损坏或产生火灾。

5）靠近振动部件（如发动机）的线束部分应用卡子固定，将松弛部分拉紧，以免由于振动造成线束与其他部件接触。

6）不要粗暴地对待电器，也不能随意乱扔。无论好坏器件，都应轻拿轻放。

7）与尖锐边缘磨碰的线束部分应用胶带缠起来，以免损坏。安装固定零件时，应确保线束不要被夹住或被破坏。安装时，应确保接插头接插牢固。

8）进行保养时，若温度超过 80℃（如进行焊接时），应先拆下对温度敏感的零件（如继电器和 ECU）。

以上各项若能遵守，定会保持汽车电气与电子系统工作正常，并能延长其使用寿命。

本 章 小 结

1. 汽车电系的连接导线有低压和高压导线两种。
2. 熔断器俗称熔丝，在电路中起保护作用。
3. 插接器就是通常说的插头和插座，用于线束与线束或导线间的相互连接。
4. 继电器有功能型和电路控制型两类。
5. 开关在电路图中的表示方法有多种，常用的有结构图表示法、表格表示法和图形符号表示法等。
6. 汽车电路常见的有线路图、电路原理图、线束图等三种表示法。
7. 汽车电路中常用的图形符号主要有限定符号、导线、端子和导线连接的连接符号、触点与开关符号、电气元件符号、仪表符号、各种传感器符号、电器设备符号。
8. 采用了特定的图形标志或英文字母作为各种开关、报警灯和指示灯功能的表示。
9. 采用了大量的接线柱标记，并具有一定的含义。
10. 汽车电路图的读图要点：牢记回路原则、注意开关在电路中的作用、要善于化整为零。
11. 电路图识读方法：一般电路图识读、纵向排列式电路图的识读。
12. 各种车系都具有特定的布线方式和线路走向，节点标记也就具有固定的含义。
13. 汽车电路常用检修方法：直观法、利用车上仪表法、刮火法、断路法、短路法、高压试火法、试灯法、万用表法、替换法、模拟法、仪器法。

习题与思考题

一、选择题

1. 一般蓄电池与起动机之间连接导线上每 100A 的电流所产生的电压降不超过（　　）。

A. 0.1~0.15V B. 0.2~0.3V C. 0.3~0.45V

2. 高压导线是点火系中承担高压电输送任务的，其工作电压一般在15kV左右，而工作电流很小，故其截面积一般为（　　）。

A. 1.5mm^2 B. 2.5mm^2 C. 4.0mm^2

3. 属于汽车电路控制继电器是（　　）。

A. 闪光继电器 B. 刮水器间歇继电器 C. 喇叭继电器

4. 汽车线路中熔断器的作用是为了防止在电路中发生（　　）。

A. 断路 B. 短路 C. 过电压

二、判断题

1. 导线号码越大，其截面积就越大。（　　）
2. 连接蓄电池与起动机的导线应以工作电流大小来选定。（　　）
3. 高压点火线因其承载电压高，故线芯截面积选得都很大。（　　）
4. 起动继电器、喇叭继电器属于功能继电器。（　　）
5. 汽车电器配件车名相同，尽管车型不同，只要配件件号相同，就能确定通用互换关系。（　　）
6. 硅整流发电机调节器选用，应与所选用的发电机电压、功率、搭铁极性相匹配。（　　）

三、简答题

1. 新型汽车点火开关的作用？
2. 熔丝为什么能起"保险"作用？熔丝烧坏了，能否用铜丝代替？
3. 什么是电路原理图？有什么特点？
4. 汽车电路图的读图要点？
5. 上海桑塔纳轿车的总线路图采用了什么画法？简述其特点。
6. 上海桑塔纳轿车电气线路图上的一些统一符号，如"30"、"15"、"X"、"31"等分别表示什么？

实训项目三十四　开关、熔断器、继电器、插接器及相关线路的检测

车辆牌号	车辆识别代码	发动机型号

一、实训目的

1. 熟悉各种开关、熔断器、继电器、插接器的类型。
2. 掌握开关、继电器的状态判别和静态及动态检测。

二、实训器材

1. 各种开关、保护装置和继电器若干。
2. 万用表、试灯或发光二极管、试电笔、蓄电池、有关工具等若干个，导线若干根。

三、实训内容与步骤

1. 开关状态的识别及检测

（1）开关状态的识别　一般情况下，都可以从用途上判断出它的工作状态，如点火开关的工作状态；当处于 LOCK 位置时，转向盘被锁住；当处于 OFF 位置时，所有经过点火开关控制的电路被切断；当处于 ACC 位置时，电源通过点火开关向附件系统（音响设备）供电；当处于 ON 位置时，电源通过点火开关向除了起动机外所有电气装置供电；当处于 ST（起动）位置时，电源通过点火开关向除了附件系统外所有电气装置供电。

（2）开关检测

1）断路检测。用万用表电阻档或用数字式万用表二极管档直接检测其通断情况即可。对于组合开关的检测，可根据其工作状态逐一地作通断检查。

2）加电压检测。用万用表直流电压档，将开关拨到相应的位置测是否有电压，若有电压，开关接通；若无电压，开关不通。

2. 熔断器及相关电路的检测

1）直接观察。对于缠绕式、插接式、玻璃管式熔丝（片或管）拔下时可直接观察。

2）断路检测。用万用表电阻档或用数字式万用表二极管档直接测量熔断器是否熔断，如图 11-38 所示。

3）加电压检测。也可用万用表直流电压档或试灯直接接入，测试输入和输出端是否有电压，或试灯是否亮。

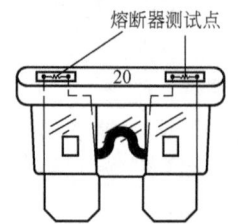

图 11-38　熔断器的检查

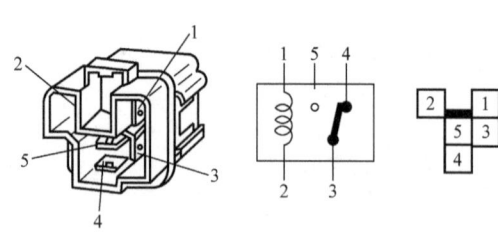

图 11-39　继电器的检查
1~5—端子号

3. 继电器及相关电路的检测

（1）继电器引脚功能的判断　可以通过两种方法判别：第一种方法是掌握各种继电

(续)

车辆牌号	车辆识别代码	发动机型号

器的引脚排列方式和引脚标注,第二种方法是利用万用表进行检测,通过检查继电器在常态下的导通方式可以确定。

(2) 继电器好坏的检测

1) 断路检测。采用万用表测阻法,如图 11-39 所示的继电器为例,用万用表 R×1 档检查:1 号端子—2 号端子有电阻且符合标准值,3 号端子—4 号端子通,3 号端子—5 号端子电阻∞,则正常,否则有问题。

2) 加电压检测。在测阻法检查无故障的情况下,可在继电器线圈的 1 号端子和 2 号端子之间加 12V 电压,则 3 号端子—4 号端子不通,3 号端子—5 号端子通,为正常,否则有问题。

4. 插接器的检测

用专用工具压端子并将导线从插接器上拆下,如图 11-40 所示。在检查线路的电压或导通情况时,不必脱开插接器,只用万用表两表针插入插接器尾部的线孔内进行检查即可。

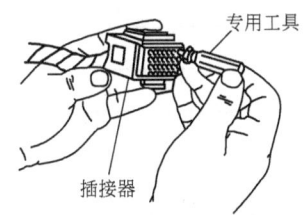

图 11-40 从插接器上拆下导线

5. 线路的检查

线路检查一般采用两种方法,一种是利用万用表的电压档,沿着电路图中的线路分段用万用表检查电压,或用试灯测试亮灭的情况;另一种方法是从电器上拆下,用万用表的电阻档测量相应导线的通断程度及搭铁情况,如图 11-41 和图 11-42 所示。

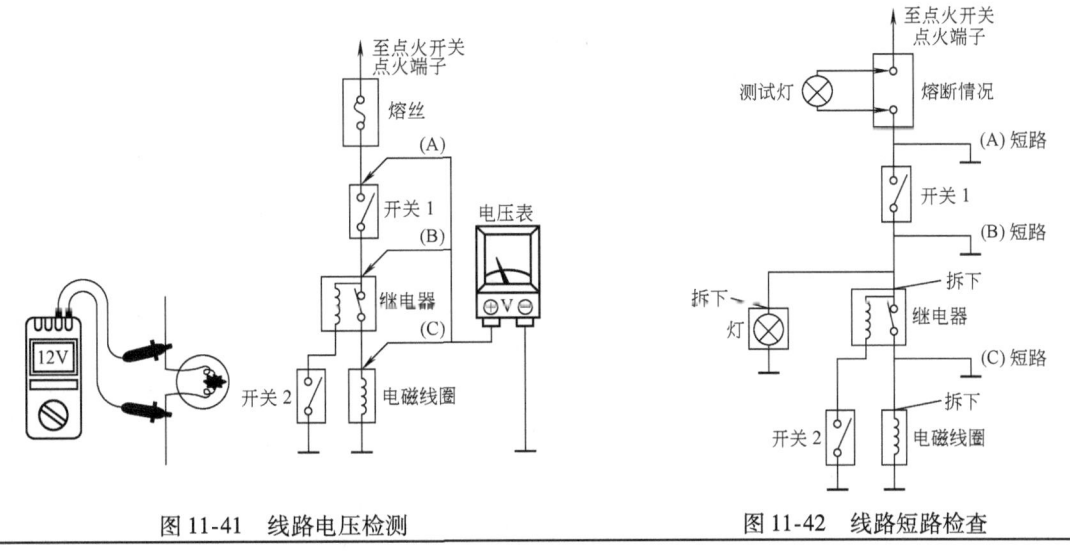

图 11-41 线路电压检测　　图 11-42 线路短路检查

(续)

车辆牌号	车辆识别代码	发动机型号

四、实训数据或现象记录、处理、分析

将实训数据记录入表 11-17，并加以分析。

表 11-17　电器检查记录与分析

检查项目/名称	记　录　内　容			结果分析
开关				
继电器				
插件器				
熔丝				

五、思考题

汽车上常用的继电器有哪些？其结构特点有什么？

第11章 汽车电气设备总线路

实训项目三十五　桑塔纳轿车全车线路识读

车辆牌号	车辆识别代码	发动机型号

一、实训目的

1. 读懂桑塔纳轿车总电路图；分析系统工作原理和线路电流走向。
2. 利用原车（或线路连接板）的电器元件重新连接各系统电路。
3. 初步掌握全车线路故障诊断与排除方法。
4. 学会电路故障诊断工具、量具、仪表的使用。

二、实训器材

1. 全车线路实训台架（包括发动机、线束和各系统电器）若干台。
2. 全车线路连接板若干块。
3. 万用表、试灯、有关工具、导线若干。

三、实训内容与步骤

1. 桑塔纳轿车电路图特点及读图要领（参见本章11.3.1中的内容）

桑塔纳轿车电路图主要包括电源系统、起动系统、点火系统、进气预热系统、仪表系统、照明系统、信号与报警系统、风窗刮水与洗涤系统、空调系统、收放机系统等。

2. 识读步骤

首先认识中央接线盒正面的各继电器、熔断器的作用及中央接线盒反面各组合插头的作用。

（1）找到电源系统。

1）找到（电源）蓄电池与起动机之间的连接（包括蓄电池总开关）。

2）找到发电机、蓄电池这条充电主回路。发电机"+"→蓄电池→搭铁→发电机"-"。

3）找出励磁电路。励磁电路分他励和自励。由蓄电池给发电机励磁线圈供电称他励电路。由发电机自身向励磁线圈供电称自励电路。其特点是：交流发电机的励磁电路由点火开关控制。

（2）找到起动机电磁开关的控制电路和主电路　其控制电路由点火开关起动档控制。

1）起动机电磁开关电路。该电路的作用是使电磁开关通电后产生电磁力，接通起动机主电路。

2）起动机主电路。该电路的作用是通电后，产生正常转矩，起动发动机。

（3）找到点火系统

1）找到点火模块及霍尔式信号发生器，并认识各脚接线；点火电路由点火开关控制。

2）找到高、低压电路和信号电路：

① 低压电路。该电路的作用是给点火线圈的初级绕组供电。

② 高压电路。该电路的作用是在点火线圈的次级绕组中产生高压电，击穿火花塞间隙，产生点火花。高压电路的高压线则按工作顺序与各缸火花塞相接。

③ 信号电路。霍尔式信号发生器给点火模块提供信号，其点火模块中的大功率晶体管控制低压电路。

(续)

车辆牌号	车辆识别代码	发动机型号

(4) 找到仪表系统

1) 组成：机油压力表、冷却液温度表、燃油表、车速里程表、电子式发动机转速表。

2) 特点：仪表系统都受点火开关控制。表头与传感器串联，各仪表之间并联。有的几个表共用一个稳压器或降压电阻，以获得较高的读数精度。

(5) 找出警报系统

1) 现代汽车为提高汽车的安全性、可靠性，装备了很多安全警报装置，这些装置基本上都是由警告灯开关和仪表板上相应的红色警告灯组成，有充电指示灯、机油压力警报装置、制动系低气压警报装置、制动液液面过低警告装置、制动信号灯断路警报装置、驻车制动警报装置、冷却液温度警告灯装置、燃油量警告灯装置、危险警告灯装置等。

2) 特点：警报系统都受点火开关控制。发动机未起动，点火开关在 ON 位置时，充电指示灯、机油压力过低警告灯、驻车制动警告灯、制动系低气压警告灯均亮，发动机工作后，充电指示灯、机油压力过低警告灯熄灭；

(6) 找出照明系统

1) 先找到车灯总开关，按接线符号分别找到电源火线、前照灯远近光、变光器、示廓灯、后灯、仪表灯、牌照灯、顶灯及其他灯。

2) 一般接线规律是示廓灯与前照灯不同时亮，前照灯远光与近光不同时亮且受变光器控制，仪表灯、后灯、牌照灯等在夜间工作时常亮。

(7) 找出信号系统

1) 组成：一般汽车都具有转向信号装置、制动信号装置、倒车信号装置和喇叭等。

2) 特点：

① 信号装置属于随时可能使用的短暂工作电器，都接在经常有电的接线柱上，只受一个开关控制，以免延误信号的发出。

② 转向信号灯配有闪光器，转向与危险报警共用。

③ 倒车时，倒车灯开关使倒车灯与倒车蜂鸣器同时工作。

④ 为了防止喇叭按钮烧坏，电喇叭都使用了喇叭继电器控制。

(8) 找出辅助电器 目前较常见的辅助电器如刮水器、暖风装置、空调电器、洗涤电动泵、门窗电动机、点烟器、除霜器等等。

3. 全车线路故障诊断

全车线路是否有故障，是根据仪表的指示情况和各电器的工作情况来判断的。所以进行本项目实训时，必须用装备完整的全车线路（装有技术状况完好的发动机的立体台架或用整台车）进行。首先按下列步骤操作：

1) 转动点火开关（起动发动机），并将发动机逐渐加速到 1500～2000r/min。

2) 逐个操纵各控制开关。

其次观察各步操作中，仪表的指示和各电器的工作是否正常，异常则说明有故障。

(续)

车辆牌号	车辆识别代码	发动机型号

① 线路检查

可通过万用表电压档或试灯逐段检查。

② 电源系统

可通过万用表测发电机电枢接线柱起动前后的电压,判断是否有故障。

③ 起动系统

若用点火开关不能正常起动,可通过短路起动机主电路和控制电路观察起动状况,从而判断故障部位。

④ 点火系统

通过测低压电路和高压跳火及信号变化初步判断。

⑤ 仪表、信号、照明、辅助系统

可以用万用表或试灯检查的线路或部件已在各章节中介绍,这里就不赘述。

四、实训数据或现象记录、处理、分析

桑塔纳轿车电源系、起动系、点火系电路的识读(用文字描述)。

参 考 文 献

[1] 周建平. 汽车电气设备构造与维修 [M]. 北京：人民交通出版社, 2005.
[2] 胡光辉. 汽车电器设备构造与检修 [M]. 北京：机械工业出版社, 2007.
[3] 于万海. 汽车电气设备原理与检修 [M]. 北京：电子工业出版社, 2005.
[4] 李春明. 汽车电器与电路 [M]. 北京：机械工业出版社, 2003.
[5] 翼旺年. 汽车车身电气设备系统及附属电器设备 [M]. 北京：电子工业出版社, 2005.
[6] 董宏国, 杨生辉. 汽车维修电工 [M]. 北京：电子工业出版社, 2003.
[7] 吴文琳. 怎样读新型汽车电路图 [M]. 北京：中国电力出版社, 2007.
[8] 潘承炜. 汽车电气设备构造与维修 [M]. 杭州：浙江科学技术出版社, 2006.
[9] 张立新. 桑塔纳2000/桑塔纳轿车电控与电气系统检修图解 [M]. 北京：机械工业出版社, 2000.
[10] 凌晨. 汽车电气设备构造与维修 [M]. 天津：天津科学技术出版社, 2010.
[11] 刘春辉. 汽车电气设备检修与技术详解 [M]. 北京：机械工业出版社, 2011.